RECUEIL

DE

VOYAGES ET DE MÉMOIRES.

OUVRAGES PUBLIÉS PAR LA SOCIÉTÉ DE GÉOGRAPHIE,

QUI SE TROUVENT CHEZ LE MÊME LIBRAIRE.

RECUEIL DE VOYAGES ET DE MÉMOIRES.

(Chaque volume se vend séparément.)

Tome 1er, contenant les Voyages de Marco Polo: un volume in 4°. Prix, 15 fr.

Tome II (1re et 2e parties), avec 18 planches. Prix, 18 fr.

Contenant: 1° Une relation de Ghanat et des coutumes de ses habitans;
2° Des Relations inédites de la Cyrénaïque;
3° Une Notice sur la mesure géométrique de la hauteur de quelques sommités des Alpes;
4° Les Résultats des questions adressées à un Maure de Tischit et à un nègre de Walet;
5° Des Réponses aux questions de la Société sur l'Afrique septentrionale;
6° Un Itinéraire de Constantinople à la Mecque;
7° Une Description des ruines découvertes près de Palenqué; suivie de Recherches sur l'ancienne population de l'Amérique;
8° Une Notice sur la carte générale des pachalicks de Hhaleb, Orfa et Bagdad;
9° Un Mémoire sur la géographie de la Perse;
10° Des Recherches sur les antiquités des États-Unis de l'Amérique septentrionale.

Tome III. Contenant l'Orographie de l'Europe, par M. L. Bauourkne, ouvrage couronné par la Société dans sa séance générale du 31 mars 1826, avec une carte orographique et 15 tableaux synoptiques, et vues des principales chaines de montagnes. Prix, 20 fr.

Tome IV. Contenant: 1° Description des merveilles d'une partie de l'Asie, par le P. Jordanus;
2° Relation d'un voyage à l'île d'Amat, d'après les manuscrits de M. Henri Ternaux;
3° Vocabulaires de plusieurs contrées de l'Afrique, d'après M. Kœnig.
4° Voyages de Guillaume de Rubruk, Plan Carpin, Bernard et Sœvulff, etc.

BULLETIN DE LA SOCIÉTÉ.

Ce Recueil paraît tous les mois, par numéros de quatre à cinq feuilles: les douze cahiers forment, à la fin de l'année, deux volumes in-8°, avec planches.

Prix: pour Paris, 12 fr.; pour les départemens, 15 fr.; pour l'étranger, 18 fr.

La première série du Bulletin se compose de vingt volumes, et comprend douze années de 1821 à 1833.

Il a paru six volumes de la 2e série du 1er janvier 1834 au 31 décembre 1836.

RECUEIL

DE

VOYAGES ET DE MÉMOIRES,

PUBLIÉ

PAR LA SOCIÉTÉ DE GÉOGRAPHIE.

TOME CINQUIÈME.

PARIS,

CHEZ ARTHUS BERTRAND, LIBRAIRE DE LA SOCIÉTÉ,
RUE HAUTEFEUILLE, N° 23.

M DCCC XXXVI.

GÉOGRAPHIE D'ÉDRISI.

TOME PREMIER.

كتاب نزهة المشتاق فى اختراق الافاق
تأليف الشريف الادريسى

GÉOGRAPHIE D'ÉDRISI

TRADUITE DE L'ARABE EN FRANÇAIS

D'APRÈS DEUX MANUSCRITS DE LA BIBLIOTHÈQUE DU ROI

ET ACCOMPAGNÉE DE NOTES

PAR P. AMÉDÉE JAUBERT

CHEVALIER DE LA LÉGION D'HONNEUR, DE L'AIGLE ROUGE DE PRUSSE, DU LION ET DU SOLEIL DE PERSE
CONSEILLER D'ÉTAT EN SERVICE EXTRAORDINAIRE
MEMBRE DE L'INSTITUT (ACADÉMIE ROYALE DES INSCRIPTIONS ET BELLES-LETTRES)
PROFESSEUR DE TURK A L'ÉCOLE ROYALE ET SPÉCIALE DES LANGUES ORIENTALES VIVANTES
ETC. ETC. ETC.

TOME PREMIER

PARIS
IMPRIMÉ PAR AUTORISATION DU ROI
A L'IMPRIMERIE ROYALE
—
M DCCC XXXVI

A MONSIEUR
ÉTIENNE QUATREMÈRE

MEMBRE DE L'INSTITUT
(ACADÉMIE ROYALE DES INSCRIPTIONS ET BELLES-LETTRES)
PROFESSEUR D'HÉBREU AU COLLÉGE DE FRANCE
PROFESSEUR DE PERSAN
A L'ÉCOLE ROYALE ET SPÉCIALE DES LANGUES ORIENTALES VIVANTES
ETC. ETC. ETC.

MONSIEUR ET CHER CONFRÈRE,

Parvenu à la moitié de la tâche que m'imposa, il y a près de dix ans, la confiance d'une Société savante, je crois devoir faire hommage de ce premier résultat de mes efforts à l'une des personnes de France dont les doctes recherches éclairent de la lumière la plus vive l'histoire et la géographie de l'antique Orient.

Vous offrir la traduction française de l'Édrisi, c'est vous dire tout le prix que j'attache à votre suffrage, c'est vous témoigner toute ma gratitude pour vos bons conseils, c'est enfin saisir une favorable occasion de vous renouveler l'assurance des sentiments de haute estime et de sincère attachement avec lesquels j'ai l'honneur d'être,

Monsieur et cher Confrère,

Votre très-humble et très-obéissant serviteur,
P. AMÉDÉE JAUBERT.

PRÉFACE DU TRADUCTEUR.

Durant le cours de mes voyages en Orient, et surtout depuis celui que j'entrepris en 1818, pour procurer à l'industrie française les moyens de fabriquer, en temps de guerre comme en temps de paix, les tissus dits *de Cachemire*, le contraste existant entre les mœurs asiatiques et les mœurs européennes s'est souvent présenté à mon esprit. Je me suis demandé, d'une part, à quoi tient une mollesse toujours croissante; et de l'autre, jusqu'à quel point il est raisonnable de croire à la possibilité d'une régénération. Dans un premier ouvrage accueilli par le public avec trop d'indulgence, j'avais essayé de peindre, sous ce point de vue, l'état des contrées comprises entre Constantinople et la nouvelle capitale de la Perse, et je m'occupais d'un travail à peu près semblable relativement aux steppes qui bornent au nord et à l'ouest la mer Caspienne, et aux fertiles vallées qu'arrosent le Tanaïs, le Terek et le Volga, lorsqu'un incident imprévu vint pour quelque temps me détourner de ce projet.

Tout le monde sait avec quelle obligeance sont accueillies les personnes que l'amour de l'étude attire à la Bibliothèque royale, et avec quel empressement les secours et les encouragements de tout genre leur sont offerts. Ce n'est pas l'un des caractères les moins distinctifs de notre patrie et de notre siècle, que cette noble hospitalité qui se consacre au développement de la pensée humaine, et dont les soins ont pour objet l'illustration de tous les faits utiles ou même simplement curieux.

Tandis que, profitant de cet avantage, je me livrais, au cabinet des manuscrits, à des recherches dont le résultat devait être d'éclaircir quelques points douteux de la géographie orientale, le hasard me fit tomber sous la main un volume écrit en arabe, assez peu lisible, non encore catalogué, mais dont le titre, le nombre des pages et la forme des caractères excitèrent d'abord, puis finirent par captiver tout à fait mon attention.

Je n'ignorais pas l'existence, dans la Bibliothèque Bodleyenne d'Oxford, de deux manuscrits rapportés, l'un d'Égypte par Greaves, l'autre de Syrie par Pococke, et contenant, selon toute apparence, l'ouvrage complet du célèbre géographe arabe Abou-Abd-allah-Mohammed ben-Mohammed *el-Édrisi*. Je savais, par les témoignages de Bochart, de d'Anville, de Reiske, de Casiri, de M. Hartmann et de M. Walckenaër, quelle lumière avait répandue sur la géographie de plusieurs parties du monde, et particulièrement sur celle de l'Afrique, l'apparition de *l'abrégé* tronqué qui fut publié en arabe à Rome, en 1592, et en latin à Paris, en 1619; mais je ne pouvais comprendre comment un ouvrage de cette importance avait jusqu'à ce jour échappé aux recherches des amateurs des lettres orientales, et à celles des savants français dont les élucubrations ont rendu presque populaire la connaissance d'un nombre prodigieux de faits inconnus à leurs devanciers.

Si je n'avais consulté que mes forces, me bornant à extraire de cet ouvrage les passages propres à jeter du jour sur les contrées que j'étudiais, je n'aurais point pensé à le reproduire en entier dans notre langue, alors surtout que d'habiles commentateurs, parmi lesquels le savant Hartmann tient sans doute le premier rang, avaient tiré tout le parti possible de l'*abrégé*. Une simple notice, offrant les variantes les plus saillantes et les détails les moins connus, eût pu suffire pour donner au public instruit une idée exacte de la partie inédite de l'ouvrage, et du moins j'eusse évité de me jeter dans des incertitudes sans nombre sur les distances et les véritables situations des lieux, dans des répétitions fastidieuses, dans des fables absurdes, dans des digressions sans fin.

Toutefois, plus j'apportais d'attention à démêler le vrai du faux, plus je restais convaincu que les passages omis par l'abréviateur étaient en général ceux qui pouvaient répandre le plus de lumière sur l'état des connaissances géographiques au moyen âge, sur l'histoire des productions naturelles et des monuments des pays décrits, sur les mœurs, les coutumes et l'industrie des habitants. J'étais d'ailleurs frappé de la naïveté du style, du ton de bonne foi et de l'esprit de défiance et de doute qui caractérisent l'Édrisi, et il m'était facile de voir à chaque page, que l'auteur écrivait en conscience, et qu'il ne donnait pour certain que ce qu'il croyait être la vérité.

Plein de ces idées, je consultai plusieurs personnes amies des sciences, et membres, soit de la Société de géographie, soit de la Société asiatique, sur la question de savoir si la publication d'un tel livre devait, pour être agréable et utile, être faite en totalité ou par extraits. Les opinions furent partagées. Les uns pensèrent qu'il n'en était point d'un travail de ce genre comme d'une production purement littéraire et classique, digne d'être reproduite dans son ensemble avec une scrupuleuse fidélité. D'autres, au contraire, furent d'avis qu'avec quelque soin que pût être fait le choix des fragments, les lecteurs qui se livrent à des études spéciales seraient toujours tentés de craindre qu'on ne leur eût dérobé la connaissance d'un trop grand nombre de faits curieux.

Cette dernière considération ne pouvait manquer de frapper surtout la Société de géographie, dont les travaux n'ont pas seulement pour objet l'acquisition de notions nouvelles sur l'état du globe, mais qui comprend aussi dans ses investigations l'histoire générale de la science, ainsi que le prouve la récente publication des voyages de Marco Polo.

Je fus donc invité, par la Commission centrale de cette Société, à entreprendre une version française du texte arabe de l'Édrisi complète en ce sens que rien d'essentiel n'y serait omis. Quant aux obscurités, aux motifs de doute qui pourraient s'offrir, on pensa qu'il ne serait vraiment utile de provoquer les éclaircissements, les commentaires et les remarques auxquels cette version pourrait donner lieu, qu'alors que sa publication aurait permis aux adeptes de prendre une idée générale du système géographique de mon auteur. En acceptant cette tâche honorable, je ne me suis dissimulé ni l'importance de l'entreprise, ni l'étendue des difficultés à vaincre; à la vérité j'avais en perspective l'honneur de mettre au jour un livre qui, durant plusieurs siècles, a fait autorité en géographie, comme d'Anville, Rennell et Ritter le font de nos jours; mais cette haute réputation n'était-elle pas un obstacle au succès de mon entreprise, et pouvais-je me flatter de ne pas nuire à l'Édrisi lui-même, en mettant sous les yeux du public instruit des descriptions souvent monotones, des détails toujours surannés? D'un autre côté, le travail de mon géographe n'étant pas fondé sur des observations célestes et ne présentant pas même approximativement, comme ceux de Cazwini, d'Abou'lféda et autres, la détermination des longitudes et des latitudes des lieux, comment ne pas craindre des erreurs notables sur les distances, et comment donner aux personnes qui s'occupent de géographie positive les moyens de reconnaître ces erreurs? Enfin, la version elle-même, quoique exacte et fidèle, devait cependant être exempte de cette sécheresse qui naît de la servilité, et qui n'est le plus souvent propre qu'à rebuter les lecteurs les plus patients.

Tandis que j'étais livré à ces réflexions, occupé à surmonter ces obstacles, le gouvernement de Charles X, voulant mettre un terme aux embarras de toute espèce qu'occasionnait la question grecque, me prescrivit de retourner à Constantinople, avec la mission de faire, s'il était possible, accepter aux Turks le protocole du 16 novembre 1828, protocole ayant pour objet de fixer définitivement les limites de l'état grec. Ce nouveau voyage interrompit durant deux ans le cours de mes travaux littéraires, sans ralentir toutefois le zèle de la Société de géographie dont l'influence protectrice avait si puissamment secondé mes premiers efforts. Grâce à ses soins, en effet, grâce à l'obligeance et au savoir de mon confrère M. Reinaud, conservateur-adjoint des manuscrits de la Bibliothèque royale, l'impression du premier climat fut terminée non point telle qu'elle paraît aujourd'hui, mais telle qu'elle pouvait être publiée à l'époque dont il s'agit, c'est-à-dire lorsqu'on ne possédait à Paris qu'un seul manuscrit.

Feu M. Asselin, chancelier-interprète du consulat général de France au Caire, avait profité des facilités que lui donnaient et les connaissances qu'il avait acquises, et les fonctions qu'il remplit durant longues années en Égypte, pour se former une collection de manuscrits orientaux, au nombre desquels se trouvait une copie de l'ouvrage de l'Édrisi, accompagnée de soixante-neuf tableaux ou cartes géographiques [1]. Cette circonstance, jointe à l'importance de la collection, ayant déterminé le gouvernement à faire l'acquisition des manuscrits Asselin pour la Bibliothèque royale, à mon retour de Constantinople en 1831, je dus recommencer mon travail, et je le repris en effet avec une nouvelle ardeur.

J'aurais voulu pouvoir faire, pour cette cosmographie, ce que M. de Sacy a si heureusement exécuté pour l'Égypte d'Abdallatif. Là sont réunis les différents genres de mérite qu'on peut souhaiter dans une version : saine critique,

[1] On trouvera à la fin de ce volume, comme spécimen, trois de ces cartes, contenant l'indication des pays compris dans la première, dans la deuxième et dans la troisième section du premier climat. En attendant qu'il devienne possible de tracer avec quelque précision un planisphère comparatif présentant la situation réelle des lieux et la rectification des erreurs commises par le géographe arabe, mon savant confrère M. Jomard a bien voulu se charger de dresser, pour être joint à la présente version, un tableau général d'assemblage des soixante-neuf cartes du manuscrit.

érudition variée et solide, élégante fidélité; mais il n'en est pas d'une description du monde entier comme de celle d'une province, et d'ailleurs j'ai trop de motifs de croire à mon insuffisance personnelle pour prétendre à l'illustration complète d'un traité de géographie générale, alors surtout qu'un tel ouvrage, composé dans les ténèbres du XIIe siècle, ne nous est parvenu qu'informe, mutilé et transcrit par d'ignorants copistes, en caractères d'écriture où le déplacement des points diacritiques suffit pour dénaturer le sens des mots. Lorsque ma bonne étoile m'eut fait exhumer ce monument de la poussière des bibliothèques, mon premier, mon unique soin dut être de le dégrossir, non de le restaurer; je mis la main à l'œuvre, persuadé que, malgré ses imperfections, le public accorderait quelque estime à un travail protégé par le souvenir des Arabes amis des lettres pour elles-mêmes, et par celui des Normands qui, dès le XIe siècle de notre ère, portaient au delà des mers nos armes, nos mœurs et nos lois.

Si j'atteins ce but honorable, si mes efforts sont couronnés de quelque succès, je le devrai surtout aux bienveillants conseils des savants illustres que j'ai eu si souvent l'occasion de citer durant le cours de la présente version. Avec leur secours, avec les ressources de toute espèce que m'offrait le zèle éclairé de M. le Directeur de l'Imprimerie royale, il m'eût été possible sans doute d'entreprendre la publication du *texte arabe* de l'Édrisi; mais une telle publication, utile seulement aux personnes qui font des langues orientales l'objet spécial de leurs études, ne pouvait entrer dans le plan que la Société de géographie s'était proposé. Je me suis donc borné à transcrire en caractères arabes la partie de l'ouvrage la plus susceptible de variantes, c'est-à-dire les noms de lieux. Pour représenter avec quelque exactitude la prononciation de ces noms, j'ai cru devoir me conformer autant que possible aux usages locaux, usages qui, dans l'Orient comme ailleurs, varient beaucoup selon les régions. J'ai fait plus : mu par le désir de reproduire avec fidélité les opinions de mon auteur, je les ai respectées alors même qu'elles me paraissaient peu d'accord entre elles ou même évidemment fautives. De ces erreurs plus ou moins grossières, de ces contradictions plus ou moins manifestes, jaillira peut-être un jour l'appréciation exacte de l'état des sciences géographiques chez les Arabes du moyen âge. D'après ce qu'ils tentèrent dès cette époque déjà reculée, on pourra juger sainement des découvertes où les auraient conduits leur esprit entreprenant et leurs habitudes aventureuses, s'ils avaient joint à la connaissance qu'ils possédaient de la direction de la boussole, celle de l'imprimerie, des effets de la poudre à canon, et des admirables propriétés de la vapeur.

PRÉFACE DE L'AUTEUR[1].

Grâces soient rendues à Dieu, être essentiellement grand et puissant, incorporel, doué de bonté, de bienfaisance et de longanimité, juge souverain qui peut tout, qui est clément et miséricordieux, qui gouverne tout, qui possède une science infinie, qui a donné à tout ce qu'il a créé des formes parfaites, dont la connaissance est gravée dans tous les cœurs et repose dans les esprits sur des preuves visibles et incontestables.

Sa force et sa puissance sont des indices certains et évidents de sa gloire. Toutes les langues publient sa bonté que confirme la foi. La conformation parfaite des êtres, qui émane de sa divine volonté, force à reconnaître son existence et son éternité. Parmi les chefs-d'œuvre de cette volonté, le ciel et la terre sont, pour l'homme qui a l'esprit juste et le sens droit, des signes de haute instruction. Il admire d'abord le ciel, son immense élévation, la beauté des astres et la régularité de leur cours; parmi ces astres,

---

[1] Je suis redevable de la première ébauche de la traduction de cette préface à l'obligeante amitié de M. Delaporte, mon ancien compagnon de voyage en Égypte, aujourd'hui consul de France à Mogador.

le soleil et la lune qui brillent dans le firmament; le soleil, foyer de lumière qui produit le jour; la lune qui, comme un flambeau, dissipe l'obscurité des nuits. Ces signes miraculeux l'instruisent de la marche des saisons et des révolutions des siècles. Il remarque ensuite la terre dont cette même volonté fixa le berceau, détermina l'étendue, des entrailles de laquelle elle fit jaillir les eaux, principes vitaux de la végétation et aliments nécessaires de la fertilité des campagnes et de la fraîcheur des prairies; la terre qu'elle permit à la jouissance et à la demeure de l'homme, objet de prédilection dans les mouvements imprimés à tous les corps célestes, de l'homme à qui cette divine volonté inspira l'instinct nécessaire pour distinguer le bien du mal et l'utile du dangereux, et accorda la facilité de se transporter là où il lui plairait, par terre et par mer, à travers l'immensité des espaces. Tout prouve l'existence du Créateur.

Au nombre des êtres formés par cette divine volonté, l'œil ne peut en remarquer, ni l'esprit en imaginer un plus accompli que l'illustre Roger, roi de Sicile, d'Italie, de Lombardie et de Calabre, prince romain (روجي). Ce grand roi, que le ciel a comblé de gloire et de puissance, protecteur de la religion du Christ, est le plus célèbre et le meilleur d'entre tous les monarques. Sa volonté absolue est le mobile de sa conduite dans les affaires. Il lie et délie suivant son caprice; il gouverne et juge avec équité et impartialité ses peuples, et écoute leurs plaintes avec patience et attention. Il a établi dans l'administration de ses états l'ordre le plus admirable et les éléments du bonheur le plus parfait; il a porté ses armes victorieuses de l'aurore au couchant, témoin les contrées voisines ou lointaines qu'il a soumises à son obéissance; témoin les souverains du même culte que le sien, dont il a humilié l'orgueil. Il doit ces étonnants succès à la valeur de ses armées bien pourvues de toutes choses, à la puissance de ses flottes dont le ciel protége les opérations. Sa gloire brille aux yeux de tous; son nom remplit le monde, est dans toutes les bouches, retentit dans toutes les oreilles. Quel désir forme-t-il qui ne soit suivi du plus prompt accomplissement? Quel projet, tout difficile qu'il puisse paraître, ne parvient-il pas à exécuter?

Les honneurs et les dignités sont le partage de ses partisans et de ses amis, la ruine et l'humiliation celui de ses antagonistes et de ses adversaires. De combien de grandeurs n'a-t-il pas jeté les fondements? Le lustre dont il environne ces dignités brille dans le monde de l'éclat des fleurs dans un parterre, est beau comme la verdure des arbustes, ornement des bosquets.

Ce grand monarque joint les belles qualités du cœur à la noblesse de la naissance, la pureté des mœurs à la beauté des actions, le courage à l'élévation des sentiments, la profondeur du jugement à la douceur du caractère, la justesse de l'esprit à une admirable intelligence des affaires et à un coup d'œil pénétrant qui, comme un trait rapide, va droit au but, et lui fait juger de tout sans erreur. Les portes des événements futurs, fermées pour les autres, s'ouvrent devant lui. Tout l'art de gouverner est venu se fixer en sa personne; les rêves de son sommeil même sont des bienfaits pour l'avenir; la justice et l'impartialité sont les bases de son administration; ses libéralités, semblables aux vagues de l'océan, sont aussi bienfaisantes que les pluies qui fécondent la terre; ses connaissances en mathématiques et en littérature sont immenses; l'étude approfondie qu'il a faite des sciences l'a conduit aux découvertes les plus extraordinaires; enfin, la réputation dont jouit ce grand prince est tellement supérieure à celle des autres souverains, qu'il est inutile de chercher à prouver une telle vérité par des exemples; les principales cites de la terre sont remplies de son nom. S'il fallait énumérer les merveilles qu'il a produites, mes poumons seraient fatigués et ma respiration ne pourrait suffire. Quel est celui qui, voulant compter tous les cailloux de l'univers, parviendrait à en connaître le nombre d'une manière précise?

Lorsque l'étendue de ses possessions se fut agrandie, que le respect qu'on portait à ses sujets se fut partout accru, et qu'il eut soumis à sa puissance des domaines conquis sur des princes chrétiens, ce prince, par suite de l'intérêt qu'il portait aux études nobles et curieuses, s'occupa de la statistique de ses vastes états. Il voulut non-seulement connaître d'une manière positive les limites dans lesquelles ils étaient circonscrits, les routes de terre et de mer qui les traversaient, les climats dans lesquels ils se trouvaient situés; les mers qui baignaient leurs rivages, les canaux et les fleuves qui les arrosaient; mais encore ajouter à cette connaissance celle des pays autres que ceux qui dépendaient de son autorité, dans tout l'espace qu'on s'est accordé à diviser en sept climats, en s'appuyant sur l'autorité des écrivains qui avaient traité de la géographie et qui avaient cherché à déterminer l'étendue, les subdivisions et les

DE L'AUTEUR.

dépendances de chaque climat; à cet effet il fit consulter les ouvrages suivants :

Le livre des Merveilles de Mas'oudi [1];

Le livre d'Abou-Nasser Saïd-el-Djihani [2];

Le livre d'Abou'l-Casem Abdallah-ben-Khordadbéh [3];

Le livre d'Ahmed-ben-el-A'dri [4];

Le livre d'Abou'l-Casem Mohammed el-Haukali el-Baghdadi [5];

Le livre de Djanakh ben-Khacan el-Kimaki [6];

Le livre de Mousa ben-Casem el-Cardi [7];

Le livre d'Ahmed ben-Ia'coub, connu sous le nom de Iacfouli [8];

Le livre d'Is'hak ben-el-Hasan, l'astronome [9];

Le livre de Kedamah el-Bassri [10];

Le livre de Ptolémée de Claudias [11];

[1] كتاب العجايب للسعودى

[2] كتاب ابى نصر سعيد الجيهانى

[3] كتاب ابى القسم عبد الله بن خرداذبه

[4] كتاب احمد بن العذرى

[5] كتاب ابى القسم محمد الحوقلى البغدادى

[6] كتاب جاناخ بن خاقان الكيماكى

[7] كتاب موسى بن قاسم القردى

[8] كتاب احمد بن يعقوب المعروف باليقفولى

[9] كتاب اسحق بن الحسن المنجم

[10] كتاب قدامه البصرى

[11] كتاب بطليموس الاقلودى. La ville de Claudias était située dans l'ancienne Comagène, non loin de l'Euphrate. Voyez d'Anville, *Géographie ancienne*, tome II. page 137.

PRÉFACE

Le livre d'Érésios d'Antioche [1].

Au lieu de trouver dans ces ouvrages des renseignements clairs, précis et détaillés, n'y ayant rencontré que des obscurités et des motifs de doute, il fit venir auprès de lui des personnes spécialement au fait de ces matières, et leur proposa des questions qu'il discuta avec elles; mais il n'en obtint pas plus de lumière. Voyant qu'il en était ainsi, il prit la détermination de faire rechercher dans tous ses états des voyageurs instruits; il les fit appeler en sa présence et les interrogea par le moyen d'interprètes, soit ensemble, soit séparément. Toutes les fois qu'ils tombaient d'accord, et que leur rapport était unanime sur un point, ce point était admis et considéré comme certain. Quand il en était autrement, leur avis était rejeté et mis de côté.

Il s'occupa de ce travail pendant plus de quinze ans, sans relâche, sans cesser d'examiner par lui-même toutes les questions géographiques, d'en chercher la solution et de vérifier l'exactitude des faits, afin d'obtenir complétement la connaissance qu'il désirait.

Ensuite il voulut savoir d'une manière positive les longitudes, les latitudes des lieux et les distances respectives des points sur lesquels les personnes susdites étaient tombées d'accord. A cet effet, il fit préparer une planche à dessiner لوح الترسيم; il y fit tracer un à un, au moyen de compas en fer, les points indiqués dans les ouvrages consultés et ceux sur lesquels on s'était fixé d'après les assertions diverses de leurs auteurs, et dont la confrontation générale avait prouvé la parfaite exactitude. Enfin, il

---

[1] كتاب ارسيوس الانطاكى

ordonna qu'on coulât en argent pur et sans alliage un planisphère دايرة[1] d'une grandeur énorme et du poids de quatre cent cinquante livres romaines, chaque livre pesant cent douze drachmes. Il y fit graver, par des ouvriers habiles, la configuration des sept climats avec celle des régions, des pays, des rivages voisins ou éloignés de la mer, des bras de mer, des mers et des cours d'eau; l'indication des pays déserts et des pays cultivés, de leurs distances respectives par les routes fréquentées, soit en milles déterminés, soit en (autres) mesures connues, et la désignation des ports, en prescrivant à ces ouvriers de se conformer scrupuleusement au modèle tracé sur la planche à dessiner, sans s'écarter en aucune manière des configurations qui s'y trouvaient indiquées.

Il fit composer, pour l'intelligence de ce planisphère, un livre contenant la description complète des villes et des territoires, de la nature des cultures et des habitations, de l'étendue des mers, des montagnes, des fleuves, des plaines et des bas-fonds. Ce livre devait traiter en outre des espèces de grains, de fruits, de plantes que produit chaque pays, des propriétés de ces plantes, des arts et des métiers dans lesquels excellent les habitants, de leur commerce d'exportation et d'importation, des objets curieux qu'on remarque ou qui ont de la célébrité dans les sept climats, de l'état des populations, de leurs formes extérieures, de leurs mœurs, de leurs coutumes, de leurs religions, de leurs habillements et de leurs idiomes.

J'ai donné à cet ouvrage le titre de : *Délassements de*

---

[1] Le mot دايرة signifie *cercle* ou *table ronde*, mais non point *globe*, ainsi que l'ont cru les premiers traducteurs de l'Édrisi.

l'homme désireux de connaître à fond les diverses contrées du monde.

Cet ouvrage a été terminé dans les derniers jours du mois de chewâl, l'an 548 de l'hégire (correspondant à la mi-janvier de l'an 1154 de J. C.).

NOTE EXPLICATIVE

DES PRINCIPALES ABRÉVIATIONS ET DU SYSTÈME DE TRANSCRIPTION
ADOPTÉS DANS LA PRÉSENTE VERSION.

ABRÉVIATIONS

Par *ms. A.* nous avons voulu désigner le manuscrit primitivement découvert à la Bibliothèque royale : il est in-folio et se compose de deux cent trente-six feuillets en papier de coton; l'écriture en est assez belle, mais dans les noms propres de lieux on remarque souvent l'omission des points diacritiques, ce qui porte à croire que le copiste ne connaissait pas bien la véritable prononciation de ces noms. Sauf les douze feuillets qui terminent le troisième climat, tout le manuscrit est en caractères dits *arabes-africains*. On lit au bas du deux cent trente-sixième feuillet l'indication suivante :

تم الكتاب بحمد الله وحسن عونه وصلى الله على خاتم النبيين وعلى آله وصحبه وسلم تسليمًا محمد بن عبد الله بن عبد المطلب وذلك بمدينته المرية حرمها الله تعالى بلطفه وكرمه وذلك في منصف شهر شوال المبارك عام اربعة واربعين وسبعماية

« Ce livre a été fini (de copier), grâce au secours divin (puisse la
« miséricorde de Dieu s'étendre sur le dernier des prophètes, sur sa fa-
« mille et sur ses compagnons; que le salut soit sur eux!), par Mo-
« hammed, fils d'Abdallah, fils d'Abd-el-Motalleb, dans la ville d'Alméria
« (puisse le Très-Haut la défendre et la couvrir de sa généreuse protec-
« tion!); et cela vers le milieu du mois béni de chewâl, l'an 744 (cor-
« respondant aux premiers jours du mois de mars, l'an 1344 de J.-C.). »

Le *ms. B.* est celui qui provient de la collection Asselin : il ressemble, par son format, à un in-4° et se compose de trois cent cinquante-trois feuillets en papier de coton. Écrit en caractères neskhis, il paraît avoir été copié, soit en Égypte, soit en Syrie, avec plus de soin que le précédent. Il est seulement à regretter qu'un grand nombre de feuillets aient été déchirés, salis ou usés; que les premières pages soient entièrement illisibles, et que le manuscrit s'arrête à la huitième section du septième climat. Le planisphère et les tableaux ou cartes géographiques qui l'accompagnent sont d'une exécution on ne peut plus grossière. On y remarque cependant quelques indications des longitudes et des latitudes des lieux.

Sous la dénomination d'*abrégé* nous avons voulu désigner le texte arabe imprimé à Rome en 1592, selon toute apparence, d'après le manuscrit n° 334 de la Bibliothèque du Roi.

Par *version latine* nous entendons l'ouvrage publié à Paris, en 1619, par Gabriel Sionite et Jean Hesronite, sous le titre de *Geographia Nubiensis, id est accuratissima totius orbis, in septem climata divisi, descriptio.*

Les passages compris entre guillemets sont ceux qui, du moins à notre connaissance, n'avaient jamais été traduits soit en italien, soit en espagnol, soit en latin, soit en français.

TRANSCRIPTION.

Pour la transcription des caractères arabes nous avons adopté les valeurs suivantes :

Lettres de l'alphabet arabe.	Valeurs adoptées.	Lettres de l'alphabet arabe.	Valeurs adoptées.
ا	A OU E.	ذ	DH, DZ OU D.
ب	B.	ر	R.
ت	T.	ز	Z.
ث	TH OU TS.	ژ	J.
ج	DJ OU DJI.	س	S.
ح	H.	ش	CH OU SCH.
خ	KH.	ص	SS.
د	D.	ض	DH.

NOTE EXPLICATIVE.

Lettres de l'alphabet arabe.	Valeurs adoptées.	Lettres de l'alphabet arabe.	Valeurs adoptées.
ط	T.	غ	GH ou GHI.
ظ	DH.	ل	L.
ع	A', O', I'.	م	M.
غ	GH.	ن	N.
ڡ ou ڢ	F.	ه	H.
ق	C dur ou K.	و	OU ou W.
ك	K ou KI.	ي	I, Ï ou Y.

Les points diacritiques de la lettre ة (par laquelle se terminent un très-grand nombre de noms de lieux) ont été souvent omis par les copistes. Nous avons représenté cette terminaison par un A ou par un E.

Pour l'indication des voyelles nous avons suivi l'orthographe donnée par les manuscrits; ainsi nous avons écrit *Hems* au lieu de *Homs*, *Tokrour* au lieu de *Tekrour*, *Telemsan* au lieu de *Tlemsen*, etc.

D.

TABLE DES SOMMAIRES

DU TOME PREMIER.

Préface du Traducteur.................................... Page vij
Préface de l'Auteur...................................... xv
Note explicative des principales abréviations et du système de transcription adoptés dans la présente version............................ xxiij
Prolégomènes. Figure de la terre.—Division du globe en hémisphères, en degrés et en climats.—Mers et golfes............................ 1
I" CLIMAT. 1" section. Afrique occidentale. — Oulil. — Sala. — Tokrour. —Berisa.—Lemlem.—Pays des noirs............................ 10
2° section. Afrique centrale. — Mellel. — Ghana. — Wangara. — Tirki. — Marasa.—Samghad.—Gharbil............................ 15
3° section. Suite de l'Afrique centrale.—Kaougah.—Berbers.—Koukou.—Lemlemèh. — Zaghawa. — Mathan. — Nouabé. — Femmes nubiennes.... 21
4° section. Suite de l'Afrique centrale.—Sources et poissons du Nil.—Kousa. —Dongola.—Galwa.—Asouan.—Oasis.—Markata................. 27
5° section. Abyssinie.— Djenbié.— Rivières qui se jettent dans le Nil. — El-Nedja'at.— Zalegh.— Naketi.— Batta.—Wadi-'l-Alaki.— Bodja..... 37
6° section. Afrique orientale.—Carfouna.—Bab-el-Mandeb.—Ile de Socotra et autres.— Côtes de l'Arabie heureuse.—Culture de l'aloès.—Sana'a.— Aden.—Commerce de cette ville.—Hasek........................ 44
7° section. Suite de l'Afrique orientale. — Medouna.—Singulière manière de pêcher.— Côtes du Zenghebar. — Melinde. — Monbasa. — El-Banes. — Ile de Zaledj ou de Zanedj.—Ile des Singes.—El-Cotroba.—Curiosités de la mer d'Oman... 55
8° section. Suite et fin de l'Afrique orientale.—Sofala.—Mines de fer et d'or. — Iles Roïbahat.—Comor.—Malaï.—Serendib................... 65
9° section. Mer des Indes et de la Chine.—Djesta ou Djebesta.—Daghouta. —Ile de Djalous.—Arbre du camphre.—Iles de Djaba ou de Djava, de Selahat et de Heridj.—Bayadères.—Tenouma ou Chouma.— Ile de Senf.— Khankou ou Khanfou.—Ile de Malaï.......................... 78

TABLE

10ᵉ SECTION. Suite de la mer des Indes et de la Chine. — Iles d'El-Moudja, de Suma, d'Almaïd... Page 87

IIᵉ CLIMAT. 1ʳᵉ SECTION. Afrique occidentale. — Iles Canaries. — Camnourié. — Désert de Tiser. — Audaghocht................................. 104

2ᵉ SECTION. Continuation du désert de Tiser. — Zaghawa. — Pays et ville du Fezzan... 110

3ᵉ SECTION. Suite de l'Afrique occidentale. — Wadan. — Kawar. — Tadjerins... 115

4ᵉ SECTION. Oasis. — Littoral de la Méditerranée. — Égypte................ 121

5ᵉ SECTION. Littoral de la mer Rouge. — Mocattam. — Adzab ou Aïdab. — Djidda. — la Mecque. — Médine...................................... 130

6ᵉ SECTION. Arabie. — Golfe Persique. — Hadramaut. — Oman. — Iémamé... 147

7ᵉ SECTION. Suite des côtes du golfe Persique. — Mekran. — Sedjestan. — Sind. — Moultan... 160

8ᵉ SECTION. Suite du Sind. — Partie de l'Inde. — Côtes du Guzarate et du Malabar. — Malwa. — Kaboul. — Candahar................................ 175

9ᵉ SECTION. Suite de l'Inde. — Chine................................... 185

10ᵉ SECTION. Chine orientale.. 193

IIIᵉ CLIMAT. 1ʳᵉ SECTION. Suite de l'Afrique occidentale. — Sous-el-Acsa. — Pays des Berbers. — Noun. — Sedjelmasa. — Dara'. — Aghmat. — Maroc. — Fez. — Meknez. — Sala. — Telemsan. — Melila. — Oran. — Alger. — Bougie. Constantine.. 197

2ᵉ SECTION. Baghaï. — Cabsa. — Bone. — Bizerte. — Tabarca. — Cabes. — Sfaks. — Tunis. — Ruines de Carthage. — Mahdia. — Tripoli. — Leptis........ 252

3ᵉ SECTION. Désert de Barca. — Adjedabia. — Audjela. — Zawila............ 286

4ᵉ SECTION. Alexandrie. — Missr ou Fostat. — Faioum. — Branches du Nil. — Lac de Tennis. — Damiette.. 294

5ᵉ SECTION. Suite des côtes de la mer Rouge. — Palestine. — Ascalon. — Jérusalem. — Naplouse. — Acre. — Tibériade. — Damas. — Ba'lbek. — Seïde. — Beirout. — Tripoli de Syrie. — Hems................................... 330

6ᵉ SECTION. Irâc (Babylonie). — Cadesia. — Koufa. — Wasit. — Obolla. — Bassora. — Khouzistan (Susiane). — Mochirkan. — Ahwaz. — Sous. — Asker-Mokarram. — Tuster ou Chuster. — Fars. — Chiraz. — Istakhar (Persépolis). — Djour. — Darabdjerd. — Siraf. — Sabour ou Chapour................. 363

7ᵉ SECTION. Suite du Fars et du Kerman. — Kethah. — Yezd. — Chirdjan. — Djireft. — Bam. — Hormuz ou Ormuz. — Khabiss. — Welasgherd. — Sedjestan. — Zarendj. — Lac de Derrah ou de Zerrah. — Khorasan. — Canein ou Caïn. Zouzan. — Tubbus... 416

8ᵉ SECTION. Suite du Sedjestan et du Khorasan. — Nord de l'Inde. — Dawar. — Ghaur. — Gharia ou Ghazna. — Kaboul. — Hérat. — Bousih ou Bouchindj. — Merw el-Roud. — Talecan. — Le Djihoun ou l'Oxus. — Termed. — Balkh.

—Bamian.—Badakhchan.—Saghanian.—Wasdjerd ou Wasgherd.—Nasef. —Montagnes de Botm.—Bikend.—Ouch.—Casan............. Page 456

9ᵉ SECTION. Tibet. — Bagharghar. — Tanbia'. — Bakhwan. — Djermac. — Buthink. — Lac de Berwan. — Oudj.................................. 490

10ᵉ SECTION. Suite du Bagharghar. — Pays des Khirkhirs. — Possessions chinoises voisines du pays des Turks................................. 507

GÉOGRAPHIE
D'ÉDRISI.

PROLÉGOMÈNES.

Figure de la terre. — Division du globe en hémisphères, en degrés et en climats. — Mers et golfes.

Nous commencerons par traiter de la figure de la terre, dont la description est désignée par Ptolémée sous le nom de *Géographie*, en invoquant le secours, la faveur et la protection de Dieu dans toutes les voies et dans toutes les circonstances; car Dieu a manifesté sa gloire par sa grandeur, et il est puissant en toutes choses.

Ce qui résulte des opinions des philosophes, des savants illustres et des observateurs habiles dans la connaissance des corps célestes, c'est que la terre est ronde comme une sphère, et que les eaux sont adhérentes et maintenues sur elle au moyen d'un équilibre naturel qui n'éprouve aucune variation.

La terre est, ainsi que les eaux, plongée dans l'espace comme le jaune l'est au milieu de l'œuf, c'est-à-dire dans une position centrale. L'air l'environne de tous les côtés, il l'attire vers l'espace ou l'en repousse; Dieu sait ce qui est la vérité sur ce point.

Feuillet 3 du m recto.

PROLÉGOMÈNES.

La terre est stable au milieu de l'espace, et tous les corps créés sont stables sur la surface de la terre, l'air attirant vers lui ce qui est léger, et la terre attirant vers elle ce qui est pesant, de même que l'aimant attire le fer.

Le globe terrestre est divisé en deux parties égales par la ligne équinoxiale, qui se prolonge de l'occident à l'orient; c'est la longueur de la terre et la ligne la plus considérable de la sphère terrestre, de même que le zodiaque est la plus considérable de la sphère céleste. La circonférence de la terre se divise en 360 degrés sous la ligne équinoxiale; chaque degré vaut 25 parasanges; chaque parasange, 12,000 coudées; chaque coudée, 24 doigts, et chaque doigt, 6 grains d'orge rangés et adhérents les uns aux autres (litt. dos à dos). D'après ces rapports, la circonférence de la terre est de 132,000,000 coudées ou de 11,000 parasanges[1]. Tel est le calcul des Indiens. Mais, d'après Hérates[2] qui mesura cette circonférence, et qui la divisa en parties égales, chacune composée de 100 milles, elle serait de 36,000 milles ou de 12,000 parasanges. A partir de la ligne équinoxiale, en se dirigeant vers l'un ou l'autre pôle, on compte 90 degrés, et toutes les latitudes correspondantes sont de même dimension. Mais il n'existe de terres habitables, à partir de la ligne, que jusqu'au 64ᵉ degré[3] : le reste est entièrement désert à cause de l'intensité du froid et de l'abondance des neiges.

La totalité de la population du globe habite la partie septentrionale; les régions qui sont au sud sont abandonnées et désertes à cause de la chaleur des rayons du soleil. Ces régions

---

[1] Il faut lire ici 108,000,000 coudées et 9,000 parasanges. Mais ce qu'il y a d'assez remarquable, c'est l'identité du rapport existant entre les nombres indiqués dans le texte et ces deux derniers.

[2] Ératosthènes ?

[3] Dans la Géographie de Ptolémée, la largeur de la terre habitée, depuis l'équateur, s'étend jusqu'au 63ᵉ parallèle. (*Géograph. de Ptol.*, trad. de M. l'abbé Halma, pag. 151.)

étant situées dans la partie inférieure de l'orbite de cet astre[1], il en résulte que les eaux se dessèchent, et qu'il y a absence de toute espèce d'êtres vivants; car les animaux, non plus que les plantes, ne peuvent vivre que là où il se trouve de l'eau et de la fraîcheur.

La terre est essentiellement ronde, mais non point d'une rotondité parfaite, puisqu'il y a des élévations et des bas-fonds, et que les eaux coulent des unes aux autres. La mer Océane entoure la moitié du globe sans interruption comme une zone circulaire, en sorte qu'il n'en apparaît qu'une moitié, comme si c'était, par exemple, un œuf plongé dans de l'eau laquelle serait contenue dans une coupe : c'est ainsi que la moitié de la terre est plongée dans la mer. La mer est elle-même entourée d'air, et l'air éprouve les attractions et les répulsions dont nous venons de parler.

La partie habitable de la terre a été divisée par les savants en sept climats, dont chacun s'étend de l'occident à l'orient[2]. Cette division n'est point établie d'après des lignes naturellement existantes, mais bien d'après des lignes idéales imaginées par les astronomes. Il y a dans chaque climat un grand nombre de villes, de forts, de villages et de peuples qui ne se ressemblent point entre eux. On y trouve aussi de hautes montagnes, de vastes plaines, des sources, des cours d'eau, des lacs tranquilles, des mines, des végétaux et des animaux d'espèces diverses[3].

Ces sept climats sont traversés par sept mers dont nous par-

Feuillet 3 verso

---

[1] Le ms. n° 334, contenant l'*Abrégé* du présent ouvrage, s'exprime en ces termes : لحرّ به وممرّ الشمس وهى فى اسفل فلكها على سمته . « A cause de la chaleur « qu'on y éprouve, et parce que le soleil y passe au zénith, lorsqu'il est au plus « bas de son orbite. »

[2] Les mots *juxta lineam æquinoxialem*, qu'on lit dans la version latine, ne se trouvent pas dans notre texte.

[3] Ces derniers mots sont transposés mal à propos dans le texte arabe.

lerons par la suite, s'il plaît à Dieu. Ces sept mers s'appellent (aussi) golfes. Six d'entre elles sont contiguës; une seule est séparée et sans communication avec les autres.

La première de ces mers, située dans la partie habitable du globe, est la mer de la Chine et des Indes, du Sind et de l'Iémen. Elle s'étend, à partir de l'orient et du 13ᵉ degré de latitude, au-dessus et le long de la ligne équinoxiale; elle baigne la Chine, puis l'Inde, puis le Sind, puis le midi de l'Iémen, et se termine au détroit de Bab el Mandeb باب المندب [1]. C'est là sa longueur, et d'après le rapport des voyageurs dignes de foi, des navigateurs qui s'y sont hasardés, et des personnes qui ont fait voile d'un pays à un autre depuis la mer Rouge jusqu'au Wakwak الـواق واق, cette longueur est de 4,500 parasanges [2]. Il s'y trouve environ trois cents îles, soit désertes, soit habitées, dont nous dirons subséquemment ce que nous en avons appris de plus certain, et ce que l'histoire en rapporte.

De cette mer de la Chine, dérive le Golfe-Vert qui est le golfe de Perse et d'Abila الابلة ; il s'étend du sud au nord, en tirant un peu vers l'ouest; baigne les côtes occidentales du Sind سند, du Mekran مكران, du Kerman كرمان et du Fars فارس, et se termine à Abila, près A'badan عبادان. Se détournant du côté du midi, les eaux de ce golfe baignent le pays de Bahreïn بحرين et du Iémamet يمامة, atteignent celui d'Oman عمان, les rivages de l'Iémen [3], et là, touchent à la mer des Indes [4]. La longueur de cette mer est de 440 parasanges; il y a beaucoup d'écueils et de bas-fonds. Sa profondeur est de 70 à 80 brasses. On y compte neuf îles habitées ou inhabitées dont nous parlerons ci-après.

[1] *Sic.* Ce détroit est en effet situé par 12° 48′ de latit. nord.
[2] Ou de la moitié de la circonférence du globe. Voyez ci-dessus, pag. 2, note 1ʳᵉ.
[3] On lit, dans le ms. n° 334, « وارض شجر من بلاد اليمن » et la terre de Chedjer (qui dépend) de l'Iémen. »
[4] Les mss. n° 334 et B portent *de la Chine.*

PROLÉGOMÈNES.

De cette mer de la Chine dérive encore le golfe de Colzoum خليج القلزم ¹, qui commence à Bab el Mandeb, au point où se termine la mer des Indes. Il s'étend au nord, en inclinant un peu vers l'occident, en longeant les rivages occidentaux de l'Iémen, le Téhama تهامة, l'Hedjaz الحجاز, jusqu'aux pays de Madian مدين, d'Aïla ايله, et de Faran فاران, et se termine à la ville de Colzoum, dont il tire son nom. Se détournant ensuite vers le sud, ses eaux baignent la côte orientale du Saïd الصعيد, Djoun el-Melik جون الملك, Azab عذاب ², l'île de Souaken سواكن, Zalegh زالع, le pays de Bodjah بجه, et enfin l'Abyssinie الحبشة, où elles rejoignent la mer des Indes. La longueur de la mer de Colzoum est de 1400 milles. Les profondeurs de cette mer sont remplies de bancs de sable sur lesquels périssent les navires, en sorte qu'il n'y a que les navigateurs expérimentés et connaissant ces écueils cachés et les passages praticables, qui osent s'y hasarder. Il existe dans cette mer des îles au nombre de quinze; nous en ferons mention en leur lieu.

La seconde grande mer, connue sous le nom de mer de Syrie ³, tire son origine de la partie de l'Océan qui est au couchant. Elle commence sous le quatrième climat, où elle porte le nom de mer de Zakak ou de Cul-de-Sac الزقاق ⁴, parce que sa largeur en cet endroit n'est que de 18 milles. « La dis-« tance de Tarifa à l'île Verte ⁵ est également de 18 milles. » Cette mer a au levant les côtes du pays des Berbers بلاد البربر au nord de l'extrême Afrique. Elle longe l'Afrique moyenne, l'Afrikia proprement dite ارض الافريقية jusqu'à la rivière des Sables واد الرمل, le pays de Barca برقه, de Lounia لونيه ⁶, de Marakebe

¹ La mer Rouge. — ² Ou Aïdab. — ³ La Méditerranée. — ⁴ Le détroit de Gibraltar.
⁵ Algéziras. Ce renseignement, aussi important qu'exact, manque dans le ms. n° 334. Nous l'avons placé entre guillemets; nous en userons de même, dans la présente version, pour tous les passages qui contiennent des variantes, et pour ceux qui n'avaient jamais été traduits.
⁶ Le ms. n° 334 porte Loukia لوقيه. M. de Sacy pense qu'il est ici question de

مراقبه[1] et d'Alexandrie, la partie septentrionale du désert (entre l'Égypte et la Syrie), la Palestine et le reste de la Syrie, jusqu'à Souaïdié السويديه[2] qui est à l'extrémité de cette mer. La côte forme ensuite un coude et se dirige vers le couchant « en passant « auprès d'Antioche انطاكيه, » atteint le détroit de Constantinople, puis le Péloponèse جزيرة بلبونس et Otrante, où est l'entrée du golfe de Venise, les terres de Sicile, de Rome, de Savone et de Narbonne, longe les Pyrénées جبل البرتات, passe à l'orient de l'Espagne, puis au midi (de la Péninsule), et rejoint les deux îles[3] où son point de départ a été fixé. La longueur de la mer de Syrie, depuis l'une jusqu'à l'autre de ses extrémités, est de 1136 parasanges. Il y a environ cent îles grandes ou petites, désertes ou habitées, que nous décrirons, s'il plaît à Dieu.

Deux golfes considérables dérivent de cette mer de Syrie. L'un est le golfe de Venise, qui commence à l'est de la Calabre بلاد قلوريه, dépendance de l'Italie, passe auprès de la mer d'Otrante, se dirige vers le nord-nord-ouest du côté de Bari بارى, sur la côte de Saint-Ange, puis à l'ouest vers Ancône, longe les côtes de Venise et d'Aqui ايكلايه ه où il se termine; de là, tournant à l'est, vers les rivages de la Croatie, de la Dalmatie et de l'Esclavonie[4], جرواسيه دلماسيه واسقلونيه, il atteint la grande mer où il avait commencé. La longueur du golfe de Venise, de l'une à l'autre de ses extrémités, est de 1100 milles; il contient quinze îles, dont six sont habitées et les autres désertes : nous en reparlerons.

---

la Libye. Nous adoptons d'autant plus volontiers cette leçon, qu'elle s'accorde avec le témoignage de Léon l'Africain, qui, dans la fixation des limites de l'Égypte, place la Libye immédiatement après le pays de Barca. Voyez Hartmann, *Édris. Afr.* pag. 325.

[1] Ou Marakié مراقيه. — [2] Séleucie?

[3] L'auteur n'a point encore fait mention de ces îles, mais tout porte à croire qu'il s'agit ici d'Algéziras et non de Cadix.

[4] Et non point de la Macédoine, ainsi qu'il est dit dans la version latine.

PROLÉGOMÈNES.

Le second de ces golfes s'appelle la mer du *Pont* بنطس; il commence au détroit d'Abidos[1], dont la largeur n'est à son embouchure que de la distance d'un jet de flèche, « se prolonge « sur une étendue de trois journées de navigation ou de 300 « milles, » et passe devant Constantinople, auprès de laquelle sa largeur est de quatre milles. Le Pont (Euxin) s'étend ensuite vers l'orient, atteint, du côté du midi, les pays d'Héraclée, de Sinope, de Trébizonde, d'Achkala اشكاله, des Alains[2], et se termine là où habitent les Khozars. A cet endroit sa direction change : les eaux du Pont se portent vers Métraha مطرحه[3], touchent au pays des Russes[4], du Berdjan برجان, à l'embouchure du Dniéper دياپرس et à celle du Danube[5], parviennent à l'entrée du détroit de Constantinople et longent la côte orientale de la Macédoine بلاد مقدونيه jusqu'au point d'où nous l'avons fait partir. La longueur du Pont est, depuis le détroit jusqu'à son extrémité, de 1300 milles. On y compte six îles, dont nous ferons une plus ample mention.

La mer de Djordjan et de Dilem جرجان وديلم[6] est isolée et sans aucune communication avec les autres; un grand nombre de fleuves et de cours d'eau s'y jettent. Du côté de l'occident, cette mer est bornée par l'Azerbaïdjan ادربجان et le Dilem; à l'est, par le pays des Aghzaz اغزاز[7]; au nord, par celui des Khozars[8]; au midi, par le Tabaristan طبرستان. Sa longueur, du côté de la Khozarie, jusqu'à la source du Timour عين التمر[9], est

---

[1] C'est ainsi du moins que j'entends le mot ابدُ, traduit dans la version latine par celui d'*Anda*; le nom d'*Avie* s'était conservé dans le moyen-âge. Voyez Villehardouin, etc.

[2] Le texte porte الانيه. — [3] C'est Matriga, ancien nom de la presqu'île de Taman.

[3] بلاد الروسيه. — [5] L'*Abrégé* porte دنو, notre manuscrit, دبرا.

[6] La Caspienne. — [7] Ou des Ghozzes, peuple bien connu.

[8] Le texte porte جزر; mais le ms. B. porte خزر.

[9] Le ms. n° 334 porte A'ïn-Elham عين الهم

PROLÉGOMÈNES.

de 1000 milles, et sa largeur, depuis la côte de Djordjan jusqu'à l'embouchure du Volga, de 650 milles. On y compte quatre îles dont nous parlerons ci-après, ainsi que des autres mers indiquées plus haut, lorsque nous ferons la description détaillée des pays et des habitants.

Ces mers contiennent diverses espèces de poissons, d'animaux et de choses curieuses, dont nous ferons également mention, s'il plaît à Dieu.

« Maintenant que nous avons terminé la description abrégée
« de la figure de la terre et sa division en climats; celle de ses
« mers, dont nous avons fait connaître l'étendue et les limites, et
« celle des rivages, dont nous avons indiqué sommairement les
« noms et les habitants, nous allons commencer à décrire les sept
« climats, les pays, les peuples et les raretés qu'ils contiennent,
« climat par climat et contrée par contrée, sans rien omettre de
« ce qui concerne les chemins et les routes, les distances en
« parasanges et en milles, le cours des fleuves, la profondeur des
« mers, les moyens de communication dans les déserts, le tout
« expliqué dans le plus grand détail et avec tout le soin pos-
« sible.

« Lorsque nous avons voulu tracer les noms des villes et indi-
« quer les distances, nous nous sommes aperçu que chaque cli-
« mat devait, à cause de sa longueur, se subdiviser en dix sections
« proportionnées, soit en latitude, soit en longitude, et que
« toutes les villes, les pays, les lieux habités, devaient être indi-
« qués dans chaque section, de telle manière que le lecteur pût,
« d'un coup d'œil et sans peine, acquérir la connaissance des
« voies et des peuples, et s'assurer de la justesse de ses obser-
« vations. Le nombre des tableaux suivants[1] s'est donc élevé à

[1] Ces tableaux ou cartes géographiques manquaient dans le premier manuscrit; mais nous avons été assez heureux pour les retrouver, au nombre de soixante-neuf (sans compter le planisphère), dans le manuscrit dont la Bibliothèque du roi vient

« soixante et dix, sans compter les deux extrémités, dont l'une
« forme la limite des lieux habités du côté du sud et la majeure
« partie de ceux que l'extrême chaleur et l'aridité rendent entiè-
« rement déserts, et l'autre, la limite des lieux habités du côté
« du nord, où le froid excessif produit un semblable effet. Au
« moyen de cette méthode, le lecteur verra dans les tableaux
« la situation véritable et la forme exacte des pays; mais il lui
« resterait à connaître l'état des contrées, la conformation, les
« habitudes, le costume des habitans, les routes frayées, ainsi
« que les distances en milles et en parasanges, et les curiosités
« dont l'existence a été attestée par les voyageurs, les marins et
« les historiens. D'après cela, nous avons jugé convenable de
« faire suivre chaque tableau de la description des lieux qu'il
« indique; et c'est ce que nous nous proposons de faire dans le
« présent ouvrage, autant que nos forces pourront nous le per-
« mettre, et en implorant le secours divin. »

Feuillet 4 verso.

Feuillet 5 recto.

de faire l'acquisition. Elles existent également dans les exemplaires de la Géographie d'Édrisi qui se conservent à Oxford. On peut consulter à ce sujet Hartmann, *Édris. Afr.* pag. LXXII, et M. Walckenaër, *Biographie universelle*, article *Édrisi*.

PREMIER CLIMAT.

PREMIÈRE SECTION.

Afrique occidentale. — Oulil. — Sala. — Tokrour. — Berisa. — Lemlem. — Pays des noirs.

Ce climat commence à l'ouest de la mer occidentale, qu'on appelle aussi la mer des ténèbres. C'est celle au-delà de laquelle personne ne sait ce qui existe. Il y a deux îles, nommées *les Iles Fortunées*, d'où Ptolémée commence à compter les longitudes. On dit qu'il se trouve dans chacune de ces îles un tertre construit en pierres, et de cent coudées de haut. Sur chacun d'eux est une statue en bronze qui indique de la main l'espace qui s'étend derrière elle. Les idoles de cette espèce sont, d'après ce qu'on rapporte, au nombre de six. L'une d'entre elles est celle de Cadix, à l'ouest de l'Andalousie; personne ne connaît de terres habitables au-delà.

Dans cette section « que nous avons tracée » sont les villes de Amlil امليل [1], de Sala سلا, de Tokrour نكرور, de Daou دو, de Bericha برشي [2] et de Modrah مدره. Elles appartiennent au pays de Maghraouat مغراوة [3] du Soudan. L'île d'Oulil est située dans la mer [4], non loin du rivage. C'est là (dans cette île) qu'on

---

[1] Certainement d'après le nouveau ms. Oulil. اوليل — [2] Pour Berisa.
[3] Le ms. n° 334 porte Mourah موره, et Maghzara مغزاره ou Makzarah مغزاره.
[4] Voyez, au sujet du problème géographique que présente la situation d'Oulil,

PREMIÈRE SECTION.   11

trouve cette saline si renommée, la seule qu'on connaisse dans le pays des noirs. On en tire le sel qui se transporte dans toutes ces contrées au moyen de navires venant de l'île où s'opère le chargement du sel, et d'où on le dirige vers l'embouchure du Nil, située à une journée de distance [1], et ensuite vers Amli املى, Bokrour بكرور [2], Bericha برشى, Ghana غانه et autres pays du Wangara وانقاره, Kaougha كوغه et autres pays du Soudan, qui pour la plupart n'ont d'autre eau pour s'abreuver que l'eau du Nil et celle des rivières qui se jettent dans ce fleuve. Le reste des contrées qui avoisinent le Nil est désert et sans habitations; il y existe cependant des mares d'eau de pluie qu'on rencontre après deux, quatre, cinq ou douze journées de marche, semblables à celles du désert situé sur la route de Sedjelmasa سجلماسه à Ghana, et où l'on ne trouve de l'eau qu'au bout de quatorze jours de marche, en sorte que les caravanes sont obligées d'en porter dans des vases à dos de chameau. Il y a beaucoup de lieux pareils dans le Soudan, dont la majeure partie se compose de sables soulevés et transportés çà et là par les vents: pays aride et où la chaleur est extrême, tellement que les habitants du premier climat, du second et d'une partie du troisième, brûlés par le soleil, sont de couleur noire et ont les cheveux crépus, contrairement à ce qui a lieu chez les peuples qui vivent sous le sixième et sous le septième climat. De l'île d'Oulil à la ville de Sala, on compte seize journées de marche.

Feuillet 5 recto
OULIL.

Sala est située sur la rive septentrionale du Nil. C'est une ville populeuse et un lieu de réunion pour les noirs. On y fait un bon commerce et les habitants sont courageux. C'est une dépendance du Tokrouri, prince puissant qui possède des escla-

SALA.

Hartmann, *Edrisii Africa*, pag. 30. Il est bien évident que par *Nil* l'auteur entend le Nil des noirs.

[1] Le texte porte بحرى; une journée de navigation ou cent milles.
[2] Lisez Sala et Tokrour.

ves et des troupes, et qui est connu par la fermeté, la sévérité et la justice de son caractère. Son pays est sûr et tranquille; le lieu de sa résidence et sa capitale est la ville de Tokrour, située au midi du Nil, à deux journées de marche de Sala, soit par terre, soit par le fleuve.

Cette ville de Tokrour est plus grande et plus commerçante que Sala. Les habitants de l'extrême Afrique occidentale y portent « de la laine, » du cuivre, « des coquilles marines [1], » et en retirent de l'or « et des esclaves. » Les habitants de Sala et de Tokrour se nourrissent de dhorra [2], de poisson et de laitages; leurs troupeaux se composent de chameaux et de chèvres. Les personnes du commun se vêtent de peaux de mouton, et portent sur leurs têtes des bonnets de laine; les gens riches portent des vêtements de coton et le voile [3]. De Sala et de Tokrour à Sedjelmasa, on compte quarante journées de marche de caravane. Le pays le plus voisin, du côté de Lamtouna لمتونة du désert, est Arca ارك [4]; on compte entre ces deux pays vingt-cinq journées. On s'approvisionne d'eau pour deux, quatre, cinq ou six jours. De même, de l'île d'Oulil à Sedjelmasa, on compte environ quarante journées, et de Tokrour à Berisa بريسى, située sur le bord du Nil à l'orient, douze journées.

Berisa est une ville petite, non entourée de murs; ses habitants sont marchands ambulants. C'est un lieu très-peuplé, qui qui est sous la dépendance du sultan de Tokrour. Au sud de Berisa, est le pays de Lemlem لملم, éloigné d'environ dix journées. Les peuples de Berisa, de Sala, de Tokrour et de Ghana font des incursions dans le Lemlem, réduisent en captivité les habitants, les transportent dans leur propre pays, et les vendent aux marchands qui y viennent, lesquels les font passer ailleurs.

[1] زرّ. — [2] Espèce de grand millet (*Holcus*). Le texte porte دُرة.
[3] El-mazar المزار, d'où dérive le mot italien *mezzaro*.
[4] L'*Abrégé* porte Azka ازكى.

PREMIÈRE SECTION. 13

Il n'y a dans tout le Lemlem que deux villes, qui ne sont pas plus grandes que des bourgs. L'une d'elles s'appelle Mellel ملل, et l'autre Daou دو. Elles sont éloignées l'une de l'autre de quatre journées. D'après ce qu'on rapporte, les habitants sont juifs, et pour la plupart plongés dans l'ignorance et dans l'impiété. Lorsqu'ils sont parvenus à l'âge de puberté, ils se stigmatisent la figure et les tempes au moyen du feu. Ce sont des signes qui servent à les faire reconnaître « eux et leur patrie. » Toutes les habitations sont construites sur les bords d'une rivière qui se jette dans le Nil. Au-delà du Lemlem, vers le sud, on ne connaît pas de pays habité. Celui de Lemlem touche du côté de l'ouest au Maghzara مغزاره, à l'est au Wangara ونقاره, au nord au Ghana غانه, au sud à des déserts. La langue des habitants du Lemlem diffère de celles des Maghzariens et des Ghaniens.

De Berisa à Ghana, on compte douze journées. Berisa est située à mi-chemin vers Sala et Tokrour. De Berisa à Oudghacht اودغشت douze journées. Cette dernière est au nord de Berisa.

On ne voit dans le pays des noirs aucuns fruits, ni frais ni secs, autres que les dattes provenant de Sedjelmasa et du pays de Zab بلاد الزاب, qui sont apportées par les habitants du désert de Wardjelan وارجلان. Le Nil coule dans cette contrée de l'orient à l'occident. Le roseau oriental [1], l'ébénier, le cèdre, le saule et diverses sortes de tamarisc croissent sur les bords du fleuve en forêts épaisses; c'est là que les bestiaux habitent et qu'ils se mettent à l'abri de l'excessive chaleur. On y voit des lions, des girafes, des gazelles, des hyènes [2], « des éléphants, » des lièvres et des belettes.

Il y a dans le Nil diverses espèces de poissons, soit grands,

---

[1] القصب الشرقى.

[2] Notre texte porte ضعبان : d'après Léon l'Africain, liv. 9, pag. 382, c'est une bête féroce qui dévore les cadavres durant la nuit.

soit petits, dont la plupart des noirs se nourrissent; ils les pêchent et les salent; ces poissons sont extrêmement huileux et épais.

Les armes dont ces peuples font usage sont l'arc et les flèches[1]; c'est sur elles qu'ils fondent leur sécurité. Ils se servent aussi de massues qu'ils fabriquent de bois d'ébène avec beaucoup d'art et d'intelligence. Quant aux arcs, aux flèches et aux cordes d'arc[2], ils les tirent de l'espèce de roseau nommée « cherki الشرى. » Leurs maisons sont construites en terre, « les « pièces de bois larges et longues étant rares parmi eux. » Ils se parent d'ornements en cuivre, de coquilles marines, de colliers de verre, de graines, de pierres nommées la'ab ul cheïkh لعب الشيخ, et de diverses espèces de faux onyx fabriqués avec du verre. Ce que nous venons de dire de leurs mœurs et coutumes, et de leur manière de se nourrir, de se désaltérer, de se vêtir et de s'orner, s'applique à la majeure partie du pays des noirs, pays extrêmement aride et brûlant. Quant à l'agriculture, ceux qui habitent des villes, cultivent l'oignon, la courge, le melon d'eau, qui deviennent d'une grosseur énorme. Ils n'ont guère de blé ni de céréales autres que le dhorra, dont ils retirent une espèce de boisson. Leur principale nourriture consiste en poisson et en chair de chameau séchée au soleil.

---

[1] Notre manusc. porte عساسات, mot dont le sens nous est inconnu ; on lit dans l'*Abrégé*, comme dans le ms. B., نشاب.

[2] En arabe وتر, en hébreu יתר.

DEUXIÈME SECTION.

Suite de l'Afrique centrale. — Mellel. — Ghana. — Wangara — Tirki. — Marasa. — Samghad. — Gharbil.

Les villes comprises dans cette section sont Mellel ملل, Ghana غانه, Chermi شرى[1]. Marasa مراسه, Saghmara سغماره, Amara عـاره[2], Gharbil غربيل et Semeghda سمغده. « Quant à la ville de Mellel, « qui dépend du pays de Lemlem, et que nous avons mentionnée « plus haut[3], c'est une ville qui n'est ni considérable, ni en- « tourée de murs; elle est construite sur une colline de terre « de couleur rouge, et forte par sa position. Les habitants s'y « mettent à l'abri des attaques des autres noirs; l'eau qu'ils boi- « vent sort d'une montagne située au milieu de la ville; mais, « loin d'être d'une douceur parfaite, cette eau est très-saumâtre. « A l'ouest de Mellel et sur les bords de ce cours d'eau jusqu'au « point où il se jette dans le Nil, on trouve plusieurs peuplades « de nègres qui vont tout nus, et qui se marient sans dot et sans « légitime. Il n'existe pas d'hommes qui donnent le jour à un « plus grand nombre d'enfants. Ils possèdent des chameaux et « des chèvres dont le lait sert à les nourrir; ils mangent aussi « du gibier et de la chair de chameau séchée au soleil; ils ont « pour voisins d'autres peuples qui les réduisent en captivité, « au moyen de diverses ruses, et qui les emmènent dans leur « pays, pour les revendre à des marchands; il en sort annuel-

---

[1] Ou plutôt *Tirki*, comme on le verra plus bas.
[2] L'*Abrégé* porte Abara عباره; le ms. B. Ghaiara غياره. — [3] Voy. ci-dessus, p. 13.

PREMIER CLIMAT.

« lement un nombre considérable, destinés pour l'extrémité de
« l'Afrique occidentale. Tous les habitants du Lemlem portent
« à la figure une marque (ou un stigmate), de feu; et c'est un
« signe auquel on les reconnaît, ainsi que nous l'avons déjà dit
« plus haut [1]. »

De la ville de Mellel à celle de Ghana la grande, on compte environ douze journées de marche dans des sables plus ou moins mouvants. Ghana se compose de deux villes situées sur les deux rives du fleuve d'eau douce, et c'est la ville la plus considérable, la plus peuplée et la plus commerçante du pays des noirs. Il y vient de riches marchands de tous les pays environnants et des extrémités de l'Occident; ses habitants sont musulmans, et son roi, d'après ce qu'on rapporte, tire son origine de Saleh, fils d'Abdallah, fils d'Hassan, fils d'Aly, fils d'Abou Taleb; il gouverne de sa propre autorité : mais toutefois il prête obéissance au prince des croyants de la race des Abbassides; il possède sur le bord du Nil un château solidement construit, bien fortifié, et dont l'intérieur est orné de diverses sculptures et peintures, et fenêtres vitrées; ce château fut construit en l'an 510 de l'hégire (1116 de J.-C.). Le territoire et les domaines de ce roi sont limitrophes au Wangara ou pays de l'or, dont nous avons déjà parlé, et qui est renommé à cause de la quantité et de la qualité de ce métal qu'il produit. Ce que les habitants de l'Afrique occidentale savent d'une manière certaine et incontestable, c'est que ce roi possède dans son château un bloc d'or du poids de trente livres et d'une seule pièce [2]. C'est une production entièrement naturelle, et qui n'a été ni fondue ni travaillée par la main des hommes; on y a cependant pratiqué un trou, et on l'a attachée au trône du roi; c'est une chose curieuse

---

[1] Voyez ci-dessus, pag. 13.
[2] Ceci n'a rien d'incroyable : il a été trouvé, dit-on, dans le voisinage de Lima, des masses d'or pesant 45, et même 64 marcs (*Encycl.* au mot *Or*).

et une particularité unique, dont le monarque se glorifie auprès des rois du Soudan. Du reste, ce prince passe pour être le plus juste des hommes; car (en ce qui touche sa conduite à l'égard de ses sujets et la justice qu'il exerce envers eux) on rapporte qu'il a des officiers qui se rendent tous les matins à cheval à son château, chacun portant sur sa tête un tambour dont il bat. Arrivés à la porte de cet édifice, ils cessent le bruit, et lorsqu'ils sont tous réunis auprès du roi, ce prince monte à cheval, et, précédant sa troupe, se rend « dans les lieux les plus étroits, « les plus misérables de la ville, » et dans les faubourgs. Si quelqu'un a à se plaindre de quelque injustice, le roi s'arrête, ordonne qu'on répare le mal, et reste là présent, jusqu'à ce que l'affaire soit terminée; ensuite il retourne au château, et ses officiers se dispersent. A trois heures après midi, lorsque la chaleur du jour commence à tomber, il remonte à cheval, accompagné de gardes; mais alors personne ne peut l'aborder ni s'approcher de lui. Cet usage de monter à cheval tous les jours pour rendre la justice, est une chose connue et certaine. Il porte un voile de soie pour se draper, ou un manteau pour s'envelopper et se couvrir, des caleçons et des souliers garnis de courroies, « soit « quand il marche à pied, soit quand il monte à cheval [1]. » Il se pare de beaux ornements et de riches habits, qu'il fait porter au-devant de lui les jours de fête. Il a plusieurs bannières [2], mais il n'a qu'un seul drapeau. Il se fait précéder par des éléphants, des girafes et par d'autres animaux sauvages des espèces qu'on trouve dans le Soudan. Ces peuples ont, dans le Nil, des barques solidement construites, dont ils se servent pour la pêche, et pour communiquer d'une ville à l'autre. Les vêtements des habitants de Ghana sont le manteau et la fouta [3], « chacun sui-

Feuillet 6 verso

---

[1] Notre texte porte في تقدمه وفي ركوبه.
[2] Benoud, pluriel de bend; en espagnol *bandera*.
[3] Sorte de vêtement ou de ceinture; en espagnol *falda* et en provençal *faouda*

« vant ses facultés. » Le pays de Ghana touche du côté de l'ouest à celui de Maghzara, à l'est au Wangara, au nord aux plaines désertes du Soudan et des Berbers, au sud au pays des infidèles du Lemlem et autres.

Depuis la ville de Ghana jusqu'aux premières terres du Wangara, on compte huit journées. Ce dernier pays est celui qui est renommé à cause de la quantité et de la bonté de l'or qu'il produit. Il forme une île de 300 milles de longueur sur 150 de large, que le Nil entoure de tous côtés et en tout temps. Vers le mois d'août, lorsque la chaleur est extrême et que le Nil est sorti de son lit, l'île ou la majeure partie de l'île est inondée durant le temps accoutumé ; ensuite le fleuve commence à décroître. Les nègres de tout le Soudan se rassemblent, et viennent vers cette contrée, pour y faire des recherches, durant tout le temps de la baisse du Nil ; chacun ramasse la quantité d'or, grande ou petite, que Dieu lui a accordée, sans que personne soit entièrement privé du fruit de ses peines. Lorsque le fleuve est rentré dans son lit, chacun vend l'or qui lui est échu en partage, et ils se le revendent les uns aux autres. La majeure partie est achetée par les habitants du Wardjelan وارجلان, et par ceux de l'extrémité de l'Afrique occidentale, où cet or est porté dans les hôtels des monnaies, frappé en dinars, et échangé dans le commerce contre des marchandises. C'est ainsi que la chose se passe tous les ans. « C'est la principale production du
« pays des noirs : grands et petits, ils en tirent leur subsistance.
« Il y a dans le pays du Wangara des villes florissantes et des
« forteresses renommées. Ses habitants sont riches ; ils possè-
« dent de l'or en abondance, et reçoivent les productions qui
« leur sont apportées des autres parties les plus éloignées de la
« terre. Ils se couvrent de manteaux, de voiles et d'autres sortes
« de vêtements ; ils sont entièrement noirs. »

Au nombre des villes du Wangara est celle de Tirki تِرْقِي, q-

est très-grande. « Quoique populeuse, elle n'est pas dans un
« état florissant ni prospère. Elle est sous l'obéissance du roi
« de Ghana, au nom duquel on fait l'invocation (la khotba), et
« au nom duquel on gouverne. De Ghana à Tirki, six journées de
« marche en suivant le Nil; » de Tirki, à Marasa, six journées.

« Marasa مراسه est une ville de médiocre grandeur, très-
« peuplée, très-commerçante et dont les habitants sont indus-
« trieux. Elle est située sur le bord septentrional du Nil, dont
« ils boivent les eaux; il y croît du riz, du dhorra ¹ et beaucoup
« de grains; les habitants se livrent au négoce. La base de leur
« nourriture est le poisson qu'ils pêchent; ils font le commerce
« de l'or. »

De la ville de Marasa à celle de Saghmara سغماره six journées.

« En se dirigeant de Marasa et de Saghmara vers le nord
« par le désert, on trouve une peuplade qui se nomme Beghama
« بغامه; ce sont des Berbers nomades qui ne résident en aucun
« lieu, et qui font paître leurs chameaux sur les bords d'une
« rivière venant du côté de l'est, et se jetant dans le Nil.
« Il y a dans ce pays beaucoup de laitages, qui servent à la
« subsistance des habitants. » De Saghmara à Samghada سمغده,
huit journées; cette ville de Samghada est très-agréable et située
sur les bords d'un fleuve d'eau douce. De là à Gharbil غربيل,
on compte neuf journées. De Saghmara à Gharbil, six journées,
en se dirigeant vers le sud.

« La ville de Gharbil est située au bord du Nil; ses habitants
« se vêtent de laine. Elle est agréablement placée au pied
« d'une montagne qui domine cette ville du côté du midi; ses
« habitants boivent de l'eau du Nil, se nourrissent de dhorra ²,

---

¹ Le ms. B porte: كبيرة للحبّ طعامها صالح « dont le grain très-gros fournit
« une nourriture excellente. »

² Ici se trouve une répétition évidemment fautive.

« de poisson et de laitage, et se livrent au commerce des di-
« vers objets qui ont cours parmi eux. » De Ra'bil رعبيل, en se
dirigeant vers l'ouest, à Ghaiara غيباره[1], onze journées. « Les
« habitants de ce dernier pays montent de très-beaux chameaux. »
Cette ville de Ghaiara est située sur le bord du Nil ; elle est entourée d'un fossé. Ses habitants sont nombreux et braves. « Ils
« font des incursions dans le pays de Lemlem, d'où ils enlèvent
« des captifs qu'ils emmènent chez eux, et qu'ils vendent aux
« marchands de Ghana. Entre Ghaiara et Lemlem, on compte
« treize journées. Ces peuples montent des chameaux excellents ;
« ils s'approvisionnent d'eau, marchent de nuit, arrivent de jour,
« se livrent au pillage, puis retournent dans leur pays avec le
« nombre des esclaves du Lemlem qui, par la permission de
« Dieu, leur sont échus en partage. De Ghaiara à Ghana, on
compte onze journées, durant lesquelles on trouve peu d'eau.
Tout le pays dont nous venons de parler obéit au sultan de
Ghana. « C'est à lui qu'ils payent les impôts, et c'est lui qui les
« protége. »

[1] Le ms. B. porte Gharbil غربيل et Ghounara غُناره ; sur la carte géographique on lit Ghoubara غباره.

TROISIÈME SECTION.

Suite de l'Afrique centrale. — Kaougha. — Berbers. — Koukou. — Lemlemèh. — Zaghawa. — Mathan. — Nouabé. — Femmes Nubiennes.

Les villes les plus renommées de cette section sont Kaougha كوغه, Koukou كوكو, Lemlemèh للمه, Zaghawa زغاوه, Fanan فانان [1], Alhamy الحمى [2], Nouabié نوابيه [3], et Tadjira تاجره [4].

Kaougha est située sur le bord septentrional du Nil, dont ses habitants boivent les eaux. C'est une dépendance du Wangara, mais quelques-uns d'entre les noirs la placent dans le Kanem كانم. C'est une ville bien peuplée, non entourée de murs, commerçante, industrieuse, et où l'on trouve les produits des arts et métiers nécessaires à ses habitants. Les femmes de ce pays se livrent à l'exercice de la magie, et l'on dit qu'elles sont très-versées, très-habiles et très-renommées dans cet art. De Kaougha à Samghada, on compte dix journées en se dirigeant vers l'ouest; de Kaougha à Damghala دمغله, un mois; de Kaougha à Chameh شامه, moins d'un mois; de Kaougha à Koukou, en se dirigeant vers le nord, vingt journées de marche de chameau.

« Le chemin passe à travers le pays de Beghama. Les Begha-
« miens sont des Berbers noirs, brûlés par le soleil, ce qui a
« changé la couleur de leur peau. Ils parlent la langue berbère,
« sont braves, et boivent l'eau des puits qu'ils creusent de leurs

---

[1] Mathan ماثان, d'après Hartmann; Manan مانان, d'après le ms. B.
[2] Ou plutôt Andjemy الجمى, d'après les mss. B. et 334.
[3] Ou Nouabé نوابه. — [4] Ou Tadjoua تاجوه, d'après le ms. B.

22 PREMIER CLIMAT.

« mains dans la terre, d'après la connaissance qu'ils possèdent
« des sources : c'est une chose éprouvée et connue d'une manière
« certaine. »

« Un voyageur digne de foi rapporte qu'en parcourant le pays
« des noirs, il y a environ vingt ans, il pénétra dans ce pays,
« c'est-à-dire dans le pays de Beghama; qu'il y vit un de ces
« Berbers marchant avec lui dans un terrain sablonneux, désert,
« et où il n'existait aucune trace d'eau ni rien de semblable;
« que le Berber prit une poignée de terre, l'approcha de son nez,
« et l'ayant flairée, se mit à rire et dit aux voyageurs de la cara-
« vane : Descendez, l'eau est avec vous. Ceux-ci descendirent,
« déchargèrent leurs bagages, entravèrent leurs chameaux et les
« laissèrent paître. Alors le Berber se dirigea vers un certain lieu,
« et dit : Creusez ici la terre. Les hommes (de la caravane) se
« mirent à l'œuvre, fouillèrent à moins d'une demi-brasse, et
« trouvèrent de l'eau très-douce, ce qui les étonna beaucoup.
« Ce fait est notoire et connu des marchands du pays, qui s'en
« entretiennent souvent. Sur la route dont nous venons de par-
« ler de Kaougha à Koukou, par le pays de Beghama بغامة, on
« voit deux citernes sans eau, éloignées l'une de l'autre de cinq
« à six journées de distance [1]. »

La ville de Koukou كوكو est l'une des plus renommées du
pays des noirs; elle est grande, située sur le bord d'une rivière
qui, venant du côté du nord, passe par Koukou, et dont les eaux
servent aux besoins des habitants. Plusieurs d'entre les noirs
affirment que cette ville est située sur les bords d'un canal;
d'autres disent que c'est sur une rivière qui se décharge dans
le Nil : mais ce qu'il y a de plus certain, c'est qu'avant d'arriver

---

[1] Ce passage a été transcrit en arabe par Hartmann, pag. LXXII, d'après un fac-similé pris sur le ms. n° 487 de la biblioth. d'Oxford, rapporté de Syrie par Pococke. Le ms. dont il est question, ayant été transcrit en 906 de l'hégire (1500 de J.-C.), est de 155 ans plus récent que le nôtre.

TROISIÈME SECTION.   23

à Koukou, cette rivière coule durant un grand nombre de jours, et qu'ensuite elle se perd dans des plaines de sable et des déserts, de même que l'Euphrate, qui traverse l'Irâc; mais la perte de ce dernier a lieu dans les marais des Nabathéens [1].

Au surplus, le roi de la ville de Koukou est absolu et indépendant; il a beaucoup de domestiques, de revenus, d'officiers et de soldats; il s'entoure d'un grand éclat et d'un grand appareil. Ces peuples montent des chevaux et des chameaux, et ils sont très-redoutables et supérieurs en force à leurs voisins. Les habitants de Koukou se servent de peaux pour couvrir leur nudité; mais les marchands portent des tuniques et d'autres vêtements, des bonnets sur la tête et des ornements en or; quant aux personnes considérables et notables, elles portent le voile et le manteau, visitent les marchands, s'asseyent auprès d'eux et font avec eux des échanges de marchandises. Il croît dans le pays de Koukou une espèce de bois qu'on appelle bois des serpents. Ce qui caractérise ce bois c'est que, si on le place au-dessus du lieu où un serpent est caché, le reptile sort aussitôt, et que la personne qui tient ce bois peut prendre avec la main les serpents sans en éprouver aucun dommage. Au contraire, elle sent naître en elle une force supérieure à celle qu'elle pouvait avoir. C'est une chose reconnue parmi les peuples de l'Afrique occidentale et du Wardjelan, que les serpents n'approchent pas de celui qui tient ce bois à sa main, ou qui le suspend à son cou. Ce bois ressemble au pyrèthre [2], en ce qu'il est couvert de rides et tortu, mais il est de couleur noire.

De la ville de Koukou à celle de Ghana, on compte un mois et demi de marche, et, du même point à Lemlemèh, quatorze journées. Cette dernière ville est petite; elle dépend du pays

---

[1] Entre Wassit et Bassora.
[2] On lit dans l'original عاقرقها; et le mot *pyrèthre*, par lequel nous l'avons traduit, désigne une espèce de plante à racine salivaire.

de Kawar كوار. « C'est un lieu de réunion où se rassemblent
« beaucoup d'individus. Il n'est point entouré de murs. Il y a
« un homme qui commande de sa propre autorité. Lemlemèh
« est située sur une montagne de peu d'élévation, mais d'un
« difficile accès à cause des fossés qui l'entourent de tous côtés.
« Il y a des palmiers et des bestiaux dans le pays; les habi-
« tants sont tout noirs; ils boivent de l'eau des puits qu'ils sont
« obligés de creuser à une grande profondeur. Ils possèdent des
« mines d'alun de médiocre qualité, qu'on vend dans le Kawar,
« après l'avoir mêlé avec du bon alun. On transporte cette mar-
« chandise de tous côtés. »

De Lemlemèh à Mathan ماثان qui dépend du pays de Kanem,
12 journées. Mathan est une ville petite, de peu d'industrie
et de peu de commerce. Ses habitants possèdent des chameaux
et des chèvres. De Mathan à Alhamy الحمي [1], huit journées. Cette
dernière ville dépend du Kanem; elle est très-petite et a un
petit nombre d'habitants, d'un naturel sauvage. Ce pays avoisine
la Nubie du côté de l'est. On compte d'Alhamy au Nil trois journées en se dirigeant vers le sud, et du même lieu à Zaghawa six
journées. On y boit de l'eau de puits.

La ville de Zaghawa زغاوه est entourée de villages peuplés où
l'on boit de l'eau de puits. Autour d'eux sont des hommes de
même race qui ont soin de leurs chameaux. Ils font un bon
commerce, fabriquent divers objets, boivent de l'eau de puits,
se nourrissent de dhorra, de viande de chameau séchée, du
poisson qu'ils peuvent prendre, et de laitages qui sont très-
abondants parmi eux. Ils s'habillent de peaux tannées. Ce sont
les coureurs les plus agiles d'entre les noirs.

De Zaghawa à Manan مانان [2], huit journées. C'est à Manan
que réside le prince ou le chef du pays; la plupart de ses sol-

---

[1] Voyez ci-dessus, pag. 21, note 2.
[2] Ou peut-être Mathan. Voyez ci-dessus pag. 21, note 1re.

dats sont nus et armés d'arcs et de flèches. De Manan à Tadjera تاجرو 13 journées. C'est la capitale des Tadjerins[1], peuple infidèle, sans croyance aucune, et dont le pays touche à la Nubie. Semnah سمنه est une petite ville qui dépend de ce pays. Diverses personnes qui ont voyagé dans le Kawar rapportent qu'un chef nommé Belac بلاق [2] commandant au nom du roi de la Nubie, s'est rendu à Semnah, l'a ravagée et en a dispersé les habitants de tous côtés. Cette ville est actuellement ruinée. De Tadjera à Semnah, 6 journées. De Tadjera à Nouabé نوابه, 18 journées. C'est de cette ville que la Nubie tire son nom[3].
« Elle est petite, mais très-peuplée. Ses habitants se vêtent
« de peaux tannées et de manteaux de laine. De là au Nil, on
« compte quatre journées. On y boit de l'eau de puits; on s'y
« nourrit d'orge et de dhorra; les dattes y sont apportées du
« dehors, mais le laitage y est abondant. Les femmes y sont
« d'une beauté ravissante (littéralement, de phénix) et circon-
« cises. Elles sont d'une bonne race, qui n'est aucunement la
« race des noirs. Dans toute la Nubie, les femmes sont d'une
« beauté parfaite; elles ont les lèvres minces, la bouche petite,
« les dents blanches, les cheveux lisses et non crépus. On ne trouve
« aucune chevelure comparable à celle des Nubiennes, ni dans le
« Maghadera بلاد مغادره [4] ni dans le pays de Ghana, ni ailleurs,
« comme par exemple chez les Kanemiens (habitants du Kanem),
« chez les Zendjes, les Abyssins, et les habitants du Bodja البجاه;
« on dit que cette beauté de la chevelure est une chose particu-
« lière aux Nubiennes. Au surplus, il n'est point de femmes qui
« leur soient préférables pour le mariage; c'est ce qui fait que le
« prix d'une esclave de ce pays s'élève jusqu'à 300 dinars ou en-

---

[1] Ou Tadjwins تاجوين, d'après le ms. B.
[2] Le ms. B. porte: صاحب بلاق « le chef du Ialac »
[3] Voir sur *Nouba*, le voyage de M. Cailliaud, t. III, pag. 210.
[4] Le ms. B. porte مغادره.

« viron, et c'est à cause de ces qualités que les princes de
« l'Égypte désirent tant en posséder, et les achètent à des prix
« très-élevés, afin d'en obtenir des enfants beaux et gracieux
« comme leurs mères. On raconte qu'un vizir d'Andalousie,
« nommé Abou'l Hassan el Masshafy, possédait une de ces Nu-
« biennes telle qu'on n'en n'avait jamais vu de pareille, sous le
« rapport de l'élégance de sa taille, de la beauté des joues, de
« la grâce du sourire, enfin une beauté accomplie. Ce vizir
« était tellement amoureux d'elle, qu'il ne pouvait presque pas
« la quitter. Il l'avait achetée 250 dinars marabouts. Indépen-
« damment de toutes les perfections dont cette fille était ornée,
« elle parlait de manière à ravir d'admiration ceux qui l'écou-
« taient, soit à cause de la pureté de son accent, soit à cause de
« la douceur de sa prononciation. Ayant été élevée en Égypte,
« elle s'était singulièrement perfectionnée sous tous les rapports. »

« De la ville de Nouabé à celle de Kousa كوسى, on compte huit
« petites journées. »

QUATRIÈME SECTION.

Suite de l'Afrique centrale. — Sources et poissons du Nil. — Kousa. — Dongola. — Galwa. — Asouan, oasis. — Markata.

Cette section comprend la description de la Nubie, d'une partie de l'Abyssinie, du reste du pays des Tadjerins, et d'une partie des oasis intérieures, الواحات الداخلة.

Les résidences les plus connues et les villes les plus renommées sont, dans la Nubie, Kousa كوسه, Alwa علوه, Dongola دنقلة, Bilac ou Boulac بلاق[1], Soula سوله. Dans l'Abyssinie, Markbada مركظه et el Nedja'a النجاعه. Dans les oasis et dans une partie de l'Égypte supérieure, Asouan اسوان et Anfour el-Radini انفور الرديني.

C'est à cette section qu'appartient le lieu où s'opère la séparation des deux branches du Nil; c'est-à-dire 1° du Nil d'Égypte, qui traverse ce pays, en coulant du sud au nord; la plupart des villes de l'Égypte sont bâties sur ses bords et dans les îles que forme ce fleuve; et 2° de la branche qui coule à partir de l'est, et se dirige vers l'extrémité la plus reculée de l'occident; c'est sur cette branche du Nil que sont situées toutes ou du moins la majeure partie des villes du Soudan.

La source de ces deux branches du Nil est dans la montagne de la Lune[2], dont le commencement est à 16 degrés au delà فوق[3]

---

[1] Koucha كوشا, Ghalva غلوه et Ialac يلاق, d'après le ms. B.

[2] Ou de *Komr*. Voyez la Relation de l'Égypte d'Abd-Allatif, traduite par M. de Sacy, pag. 7.

[3] Nous n'ignorons pas que ce mot فوق pourrait à la rigueur se traduire par *en deçà*, et nous désirerions, pour l'honneur de notre Géographe, que tel fût le sens résultant de son assertion. Mais les cartes jointes au ms. B. ne laissent aucun doute

de la ligne équinoxiale. Le Nil tire son origine de cette montagne par dix fontaines, dont cinq s'écoulent « et se rassemblent » dans un grand lac; les autres descendent également de la montagne vers un autre grand lac. De chacun de ces deux lacs sortent trois rivières qui finissent par se réunir et par s'écouler dans un très-grand lac près duquel est située une ville nommée Tarli طرلي, populeuse, et dont les environs sont fertiles en riz. Sur le bord de ce lac est une idole tenant les mains élevées vers la poitrine: on dit que c'est Masakh مسخ (ou Masnah مسنه), et qu'il fut ainsi transformé parce que c'était un méchant homme.

On trouve dans ce lac un poisson dont la tête, ayant un bec, ressemble à celle d'un oiseau; il y a aussi d'autres animaux dangereux. Ce lac est situé au-dessus, mais très-près de la ligne équinoxiale. Dans sa partie inférieure, là où se rassemblent les rivières, est une montagne « transversale » qui sépare en deux la majeure partie du lac, et qui s'étend ensuite vers le nord-ouest. Il sort de cette montagne un bras du Nil qui coule du côté de l'ouest, et c'est là le Nil du pays des Noirs, sur les bords duquel s'élèvent la plupart des villes de ce pays. Du revers oriental de la montagne sort l'autre bras. Celui-ci coule vers le nord, traverse la nubie et l'Égypte et se divise, dans l'Égypte inférieure, en quatre branches dont trois se jettent dans la mer Méditerranée, et la quatrième dans le lac salé qui se termine auprès, c'est-à-dire à six milles d'Alexandrie. Ce dernier lac n'est point contigu à la mer, mais il est formé par l'inondation du Nil; il est à peu de distance du rivage; nous en parlerons en son lieu, s'il plaît à Dieu. Au-dessous de la montagne de la Lune, c'est-à-dire dans l'espace compris entre les dix sources et les lacs, le Nil coule vers le nord, jusqu'au point où il se décharge dans le grand

---

sur la position qu'il assigne aux montagnes de la Lune et aux sources du Nil; position conforme aux idées de Ptolémée, qui paraissent avoir été adoptées avec des modifications plus ou moins grandes par les géographes arabes.

lac, sur une étendue de dix journées de marche [1]. Dans le pays qui vient d'être décrit, il existe trois montagnes, dont la direction est de l'est à l'ouest. La première, qui touche au mont de la Lune, fut appelée par les prêtres de l'Égypte *le Temple des images*. La seconde, qui touche à la même montagne, du côté du nord, a reçu le nom de *Mont d'or*, parce qu'il s'y trouve des mines de ce métal. La troisième, voisine de la seconde, s'appelle, ainsi que le pays où elle est située, *la Terre des serpents*. Les habitants du pays rapportent qu'on y voit des serpents qui tuent par leur seul aspect. Il y a aussi des scorpions, gros comme des moineaux, de couleur noire, et dont la morsure est mortelle. « Ceci est rapporté par l'auteur du livre *des Mer-* « *veilles*. Kedamet, auteur du livre intitulé *le Trésor*, dit que le « cours du Nil, depuis sa source jusqu'à son embouchure dans « la Méditerranée, est de 5634 milles. La largeur de ce fleuve « dans la Nubie est d'un mille, d'après ce que rapporte encore « l'auteur du livre *des Merveilles*; cette largeur, vis-à-vis du « Caire, est de 3 milles. Dans les petits lacs, et au-dessous dans « le Nil, on trouve des crocodiles. On y trouve aussi un poisson « nommé le porc, el-khanzir الخنزير, dont le museau est plus « grand que celui du buffle; il sort vers les lieux voisins du « Nil, se nourrit des végétaux qui y croissent, et retourne au « fleuve. On trouve aussi dans le Nil : 1° un poisson rond à « queue rouge, nommé el-lach اللاش; il est très-charnu, bon « à manger, mais rare. 2° El-abarmis الابرميس, poisson blanc à « queue rouge : on l'appelle le roi des poissons; il est très-bon « à manger, frais ou salé; il est de la longueur d'un palme [2], « et large de moitié. 3° El-raï الراى, grand poisson de couleur

---

[1] La version latine ajoute : *et latitudo, quæ inter duos parvos lacus intercipitur ab oriente in occidentem, est* VI *stationum*.

[2] Intervalle compris entre l'extrémité du pouce et celle de l'index, lorsque la main est étendue.

« rouge. Il y en a de grands et de petits : les grands pèsent
« environ 3 livres. Il est bon à manger, à peu près à l'égal de
« l'abarmis. 4° El-bouny البنى, grand poisson d'un goût très-
« délicat; on en trouve du poids de 5 à 10 livres, plus ou
« moins [1]. 5° El-ialty يلطي, poisson rond de l'espèce du ia'far
« يعفر [2], qu'on trouve dans le lac de Tibériade; il a peu d'arêtes
« et est bon à manger; on en trouve du poids de 5 livres.
« 6° El-loutis اللوطيس, poisson qu'on nomme el-farah الفرح en
« Egypte [3], bon à manger, du poids de 100 livres, plus ou
« moins; rare. 7° El-lebis [4] اللبيس, poisson très-bon à manger,
« d'un goût agréable, et ne conservant pas, lorsqu'il est cuit,
« l'odeur du poisson. On l'emploie dans la cuisine de la même
« manière que toute espèce de viande. Sa chair est ferme. Il y
« en a de grands et de petits. Il est du poids de 10 livres; il
« a des écailles. On trouve (dans le Nil) des poissons qui n'en
« ont pas. 8° El-samous السموس : c'est un poisson dont la tête
« est grosse; il est très-grand, et atteint quelquefois le poids
« d'un cantar, plus ou moins; on vend sa chair coupée par mor-
« ceaux. 9° El-nikariat النيقاريات [5], poisson long, à museau alongé
« comme le bec d'un oiseau. 10° Ommou abid [6] امر عبيد (mère
« des esclaves), poisson semblable au précédent et sans écailles.
« 11° El-djelbira الجلبره, poisson sans écailles, du poids d'une
« livre plus ou moins; venimeux. 12° Eschal [7] الشال, poisson
« qui porte sur son dos une arête dont la piqûre est prompte-
« ment mortelle. 13° El-ebklis الابكليس, poisson qui ressemble

---

[1] *Cyprinus binny* ou *benny* (Geoffr.-St.-Hil.) ? — [2] Le ms. B. porte Balty بلطي, et Afar عفر.

[3] C'est le *Latus* de Strabon, et le *Perca nilotica* Linn.; *Perca latus* (Geoffr.-St.-Hil.). Note communiquée, ainsi que la plupart des suivantes, par M. Geoffr.-St.-Hilaire.

[4] *Cyprinus niloticus.* — [5] *Mormyrus oxyrynchus.*

[6] Espèce du genre mormyre.

[7] Ces poissons sont des Pimelodes (Geoffroy-Saint-Hilaire).

« à un serpent, et qui est venimeux. 14° El-djeri ou djevi الجري
« ou الجوى, poisson dont le dos est noir, ayant des moustaches,
« la tête grosse et la queue mince. 15° El-ra'ada[1] الرعاده, pois-
« son rond à écailles rudes, venimeux à un tel point que, si
« une personne le touche, la main de cette personne reçoit
« une vive secousse, et qu'elle est obligée de lâcher prise. Il
« conserve cette propriété (fâcheuse) tant qu'il est vivant. 16° El-
« cafouré ou ghafouré[2], غافوره ou الغافوره, poisson rond qui a
« une peau rude et hérissée dont les femmes se servent pour
« carder le lin. 17° Kelab el-ma[3] كلاب الما (les chiens aquatiques);
« il a l'apparence d'un chien de couleurs variées. 18° Faras el-
« ma[4] فرس الما (le cheval aquatique); il ressemble au cheval sous
« le rapport du caractère, qu'il a très-doux. Ses pattes sont comme
« celles de l'oie; il les contracte quand il veut s'élever, et les
« ouvre quand il veut descendre ; il porte une longue queue.
« 19° El-sakankour[5] السقنقور : c'est une espèce de crocodile. Il
« diffère des poissons en ce qu'il a des pieds et des mains, et
« du crocodile en ce qu'il porte une queue mince et arrondie,
« tandis que celle du crocodile est aiguë et renflée. Sa graisse est
« comptée parmi les remèdes aphrodisiaques, ainsi que le sel
« qu'on emploie pour la conserver. Le sakankour ne se trouve
« nulle part ailleurs que dans le Nil, depuis (ou jusqu'à Syène).
« 20° Le crocodile El-temsah التمساح, qui n'existe non plus dans
« aucun fleuve ni dans aucune mer autres que le Nil d'Égypte.
« Il a la tête allongée de telle sorte, que la longueur de cette
« tête est à peu près égale à celle de l'autre moitié de son corps ;
« sa queue est également allongée. Il a des dents au moyen des-
« quelles il saisit l'homme et les animaux, mais seulement lors-
« qu'il est dans l'eau. Il est amphibie ; il descend à terre durant

---

[1] *Malapterurus electricus* (Geoffroy-Saint-Hilaire).
[2] *Tetrodon lineatus ou Fahaka* (Geoffroy-Saint-Hilaire).
[3] *Characinus dentex*. — [4] Espèce de *Syngnathus*. — [5] *Lacerta monitor*.

« le jour, et marche durant la nuit avec ses pieds et ses mains.
« Il a besoin de vivre à terre, mais son plus grand besoin est
« l'eau. Dieu lui a suscité un ennemi puissant dans un petit
« animal, du nombre des animaux du Nil, appelé el-fechk
« الفشك (ou el-mechk المشك), qui l'examine et l'observe au mo-
« ment où il ouvre la gueule ; alors il s'y introduit, pénètre dans
« ses entrailles, lui dévore le foie ainsi que les intestins, et le
« fait périr.

« Il existe un poisson remontant de la mer salée dans le Nil ;
« on l'appelle el-boury[1] البورى ; il est d'une jolie couleur, bon
« à manger à l'égal du raï, et il pèse de 2 à 3 livres. Il en est
« un autre, venant également de la mer au Nil, et qu'on appelle
« el-schabel[2] الشابل ; il est long d'une coudée, et même davan-
« tage ; il est bon à manger et très-huileux. Enfin un troisième,
« remontant aussi le fleuve, et nommé es-chanbout الشانبوت[3] :
« c'est une variété de l'alose, si ce n'est qu'il est plus petit. Il
« est de la longueur du chibir الشبر[4]. Au reste, plusieurs autres
« espèces de poissons pénètrent de la mer dans le fleuve. On
« prend encore dans le Nil inférieur, entre Rosette رشيد et Fouah
« فوه , une espèce de poisson appelée sarf صرف[5]. Il fraie à l'em-
« bouchure du fleuve, c'est-à-dire au point où s'opère le mélange
« de l'eau douce avec l'eau salée. Ce poisson s'appelle aussi del-
« finos ; c'est une petite espèce. Il porte sous le ventre une ex-
« croissance marquée d'une tache noire : c'est là sa tête. Les
« habitants de Rosette le salent et en expédient une quantité
« considérable dans toutes les provinces de l'Égypte. Nous donne-
« rons plus loin, s'il plaît à Dieu, des détails plus circonstanciés
« sur le Nil et sur les choses curieuses qui caractérisent ce fleuve. »

Quant à la Nubie, dont nous avons déjà parlé, on compte au

---

[1] Mugicephalus. — [2] Espèce d'alose. — [3] Le manuscrit porte الشنوط.
[4] Espèce voisine de la sardine. — [5] Sparus sarba (espèce de sargue).

nombre de ses villes Kousa كوسه l'intérieure, distante de 6 journées de Nouabié نوابيه. Cette ville, peu éloignée du Nil, est située en deçà de la ligne équinoxiale. « Elle n'est ni très-« peuplée ni très-commerçante; son territoire est aride et brûlant. « On y boit de l'eau de puits, quoique le Nil traverse la contrée. « Elle obéit à un roi de Nubie, dont le nom est *Kiamil* كامل, « nom qui passe en héritage à tous les rois de Nubie, dont la « capitale est Dongola دنقله. Cette ville est située à l'occident [1] « du Nil, sur le bord du fleuve, dont les habitants boivent les « eaux. Ils sont noirs, mais les plus beaux d'entre les noirs, « tant sous le rapport de la figure que sous celui des formes du « corps. Ils se nourrissent d'orge et de dhorra; les dattes leur « sont apportées du voisinage; ils font usage d'une boisson ex-« traite du dhorra, et de viande de chameau fraîche ou séchée « au soleil et pilée, et qu'ils font cuire avec du lait de chamelle. « Le poisson est très-abondant chez eux. Il y a dans ce pays des « girafes, des éléphants [2] et des chevaux. »

Au nombre des villes de la Nubie est celle de Ghalwa غلوه [3], située sur le bord du Nil, au-dessous de Dongola, à 5 journées en descendant le fleuve, « dont les riverains boivent les eaux, et « sur les bords duquel ils cultivent l'orge, le dhorra et divers « légumes, tels que le navet, l'oignon, le raifort, le concombre « et le melon d'eau. L'apparence et la construction de Ghalwa, « les mœurs et le commerce de ses habitants, sont semblables à « ceux de Dongola. » Les habitants de Ghalwa viennent en Égypte. La distance qui sépare Ghalwa de Boulac est, par terre, de 10 journées, et moins longue quand on descend le fleuve.

---

[1] Toutes les cartes placent cette ville à l'orient du fleuve, mais il y a aussi un lieu du nom de Dongola sur le bord opposé.

[2] Il paraît, d'après la description de M. Cailliaud, que ces races d'animaux ont disparu. Voyez le *Voyage à Méroé*, tom. II, pag. 23.

[3] Voir, sur Galoga غلوغه, le voyage de M. Cailliaud, tom. III, pag. 71.

La longueur totale de la Nubie, le long du Nil, est de deux mois de marche. « Les Nubiens vivent dans un état heureux, et « se nourrissent bien. Le bled leur est apporté du dehors, mais « l'orge et le dhorra sont très-abondants chez eux. Les marchands de « ce pays, ceux de l'Abyssinie et de l'Égypte se rassemblent à « Boulac بلاق [1], lorsque la paix règne entre ces peuples. Leur ha-« billement se compose de tuniques et de manteaux. Le pays « est traversé par le Nil et par le fleuve qui vient de l'Abyssinie, « lequel est considérable, et se décharge dans le Nil, dans le « voisinage de la ville de Boulac. Parmi les champs cultivés que « renferme le pays et que baigne le fleuve, sont ceux des Abyssins « et un grand nombre de villages dont nous parlerons ci-après. « Il ne tombe à Boulac ni pluie fine ni pluie d'orage, et il en « est de même dans le reste du pays des Noirs qui dépend [2] de « la Nubie, de l'Abyssinie, du Kanem, du Zaghawa et autres où « il ne pleut pas, et dont les habitants n'ont reçu de la Divinité « d'autre bienfait et d'autres moyens d'irrigation que la crue du « Nil, qui leur permet de cultiver leurs terres, et d'obtenir leur « nourriture, soit en dhorra, soit en légumes, soit en laitages, « soit en poissons, toutes choses très-abondantes à Boulac. De « cette ville à la montagne de Djenadil جنادل, on compte 6 « journées par terre, et 4 en descendant le Nil[3]. » C'est à la montagne de Djenadil qu'est le terme de la navigation des noirs; c'est de là qu'ils rétrogradent, ne pouvant pénétrer jusqu'en Égypte. La cause de cette impossibilité est que Dieu a créé et interposé cette montagne de peu d'élévation du côté de la Ni-

---

[1] Ce nom de Boulac existe dans l'Oasis de Selimé; Cailliaud, tom. III, pag. 246. — Les mss. nᵒ 334 et B. portent partout بلاق, Jalak.

[2] Ou peut-être « qui touche à la Nubie. » C'est à regret que je transcris ces observations si contraires au témoignage des voyageurs les plus dignes de foi.

[3] Notre ms. présente ici une lacune sur laquelle on peut consulter la version latine, pag. 17.

gritie, mais très-haute du côté de l'Égypte. Le Nil se précipite du haut en bas de cette montagne par une cataracte effroyable, à travers des pierres et des rochers énormes. Lorsque les navires des noirs sont parvenus à ce point du Nil, ils ne peuvent passer outre à cause de ce danger. Alors les marchands débarquent leurs marchandises, les chargent à dos de chameau, et les transportent à Asouan اسوان (Syene) par le désert. Depuis cette montagne jusqu'à Asouan, on compte environ 12 journées de marche de chameau. « Cette ville d'Asouan est une place frontière « du côté des Nubiens, qui la plupart du temps vivent en paix « (avec leurs voisins). » De leur côté, les navires de l'Égypte ne remontent le Nil que jusqu'à Asouan, qui est la limite du Sa'îd الصعيد. Cette ville (d'Asouan) est petite, mais peuplée; on y trouve beaucoup de blé et d'autres céréales, de fruits, de légumes, de bœufs, de gazelles, de chèvres, et autres viandes excellentes, toujours à bon marché. On y fait le commerce des marchandises destinées pour la Nubie. Les environs de ce pays sont quelquefois sujets aux incursions des cavaliers noirs connus sous le nom d'el-Belïn البلى [1]. On dit que ce sont des Grecs qui professent la religion chrétienne depuis le temps des Coptes, antérieurement à l'apparition de l'islamisme, à cela près qu'ils sont hétérodoxes et jacobites. Ils errent dans le pays d'el-Bodja البجة et l'Abyssinie, et viennent jusqu'en Nubie ; ce sont des hommes très-braves, nomades et sans résidence fixe, comme ceux du Lamtouna لمتونه, dans les déserts de l'Afrique occidentale.

A l'orient d'Asouan, les Musulmans n'ont d'autre pays limitrophe que la montagne d'el-Alaki العلاقى au bas de laquelle est une vallée profonde et sans eau; mais en creusant la terre on trouve des sources abondantes. Il existe dans cette montagne des

---

[1] *Sic.* Ce mot est écrit ailleurs البليون *el-Belioun.*

mines d'or et d'argent; diverses tribus s'y rendent, et se livrent à la recherche de ces métaux.

Non loin d'Asouan, « au midi du Nil, » est une montagne, au pied de laquelle se trouve une mine d'émeraudes. Elle est située dans un désert éloigné de toute habitation. Il n'existe dans l'univers aucune mine d'émeraudes autre que celle-ci, qui est exploitée par un grand nombre d'individus; les produits de cette mine sont ensuite exportés ailleurs.

Quant aux mines d'or (ci-dessus indiquées), elles sont situées à 15 journées au nord-est d'Asouan dans le pays d'el-Bodja. A l'ouest de cette ville, sont les oasis aujourd'hui désertes et sans habitants, jadis florissantes et arrosées; on y voit encore quelques arbres et des vestiges de villages ruinés. De ce point, jusqu'au pays de Kawar كوار et de Koukou كوكو, on ne cesse de trouver des oasis plantées de palmiers et des ruines d'habitations. Ebn-Haukal rapporte qu'on y trouve encore des chèvres et des moutons devenus sauvages, fuyant l'approche des hommes, et qu'on chasse comme toute autre espèce de gibier. La majeure partie des oasis a la même pente que le terrain de l'Égypte [1], et on y voit diverses ruines d'édifices dont nous parlerons ci-après.

De la ville de Boulac à celle de Markata مركطه, on compte 30 journées. Cette dernière est peu considérable et sans murs d'enceinte, mais très-peuplée; on y trouve de l'orge, du poisson et des laitages en abondance, et c'est là qu'arrivent les marchands de Zalegh زالغ, ville située sur le bord de la mer Rouge, et dont nous parlerons en son lieu, s'il plaît à Dieu.

---

[1] C'est ainsi du moins que j'entends ces mots : نازلة مع ارض مصر.

CINQUIÈME SECTION.

Abyssinie. — Djenbié. — Rivières qui se jettent dans le Nil. — El-Nedja'at. — Zalegh. — Naketi — Batta. — Wadi-'l-Alaki. — Bodja.

Cette section comprend la description de la majeure partie de l'Abyssinie ارض الحبشة, et de l'ensemble de ses provinces.

La plus considérable de toutes les villes de ce pays est Djenbié جنبيه [1], ville florissante, bien qu'elle soit située dans le désert et loin de tous les lieux habités. Ses maisons et ses champs sont sur les bords d'une rivière qui traverse l'Abyssinie et se jette dans le Nil, après avoir baigné les murs de la ville de Markada مركظه [2] et d'el-Nedja'at النجاعة. Cette rivière a sa source en deçà de la ligne équinoxiale, à l'extrémité des terres habitées du côté du midi; elle coule au nord-ouest jusqu'en Nubie, et décharge ensuite ses eaux dans la branche du Nil qui entoure la ville de Boulac, comme nous l'avons expliqué. Elle est large, profonde et d'un cours lent; c'est sur ses bords que sont les habitations des Abyssins.

La plupart des voyageurs se sont trompés lorsqu'ils ont pris cette rivière pour le Nil, voyant que sa crue, ses inondations et sa diminution avaient lieu à la même époque. Bien que ce phénomène ait lieu à une époque et d'une manière identiques, ces personnes ont commis une erreur lorsqu'elles ont confondu avec le Nil la rivière en question, par suite des observations

---

[1] Les mss. n° 334 et B. portent جنبيته *Djenbita*. Voyez sur ce nom Hartmann, *Edrisii Afric.*, pag. 88. — [2] Sic.

qu'elles avaient faites des particularités qui caractérisent le Nil, ainsi que nous l'avons expliqué. La vérité de notre assertion (que ce n'est point le Nil) est confirmée par les ouvrages qui traitent de cette matière et parlent de cette rivière, de son cours et de son embouchure dans un bras du Nil auprès de la ville de Boulac. C'est ainsi que s'explique Ptolémée dans son livre intitulé *Géographie*, et Hassan ben al-Mondar, dans l'endroit du livre des *Merveilles* où il traite des rivières, de leurs sources et des lieux où elles déchargent leurs eaux. « C'est une chose « qui ne peut former l'objet d'un doute pour les personnes ins- « truites, et relativement à laquelle ne sauraient errer celles qui « ont jeté les yeux sur les ouvrages où la matière est discutée. « C'est sur ce bras (du Nil) que sont bâties la plupart des villes « des Abyssins, dont la nourriture se compose en majeure partie « de dhorra, de millet, de haricots et de lentilles, qu'ils em- « magasinent pour s'en servir au besoin. Cette rivière est très- « considérable; on ne la traverse qu'au moyen d'embarcations, « et il y a sur ses bords, comme nous l'avons dit, beaucoup de « villages et d'édifices d'Abyssins. Au nombre de ces villages sont « ceux de Meïda ميدد, de Djenbié جنبيه, de Caldjoun قلجون, « de Batta بط, et autres situés dans le désert. Quant aux villes « maritimes, elles s'approvisionnent de dattes par eau. »

Au nombre de ces villes, il faut compter Zalegh زالغ, Mancouba منقوبه, Akent اقنت, et Naketi ناقطى, au territoire de laquelle touchent les villages du désert. Tous les habitants de ces villes se nourrissent du produit de leur pêche, de laitages, et de céréales apportées des villes situées sur les bords de la rivière dont il vient d'être fait mention.

El-Nedja'at الناجاة est une petite ville située sur les bords de cette rivière. Ses habitants sont agriculteurs; ils cultivent le dhorra et l'orge dont ils se nourrissent. Le commerce y est peu considérable, et l'industrie à peu près nulle. On y trouve

CINQUIÈME SECTION.

beaucoup de laitages et de poisson. On va d'el-Nedja'at à Markada مركظه, ci-dessus indiqué, en 6 jours, quand on descend la rivière : il en faut plus de 10 en la remontant. Les barques sont petites, à cause de la rareté du bois. Il n'existe au-delà de ces deux villes, du côté du midi, ni habitations ni choses dignes de remarque.

D'el-Nedja'at à Djenbié, 8 journées.
De Markada à Djenbié, 8 journées.

Cette dernière est, comme nous l'avons dit, située dans le désert et isolée de la terre cultivée. Ses habitants ne boivent que de l'eau de puits, « et encore ces sources sont-elles pour la plu-
« part du temps à sec. La majeure partie de la population de ces
« contrées se livre à l'exploitation des mines d'or et d'argent ; c'est
« leur principale occupation et leur ressource la plus importante.
« Ces mines sont placées dans la montagne de Soures سورس [1],
« laquelle est à 4 journées de Djenbié.

« De ces mines à Asouan, on compte environ 15 journées :
« et de Djenbié à Zalegh زالغ, ville située sur les limites de
« l'Abyssinie, environ 14 journées. »

Zalegh est sur les bords de la mer salée, qui touche à celle de Colzoum (la mer rouge). Le fond de cette mer est tellement rempli d'écueils jusqu'à Bab el-Mandeb باب المندب, que les grands bâtiments n'y peuvent naviguer, et que souvent, lorsque les petits s'y hasardent, ils y périssent surpris par la tempête. De Zalegh à la côte de l'Iémen [2], il y a juste 300 milles.

Zalegh est une ville d'une étendue peu considérable, mais très-peuplée. On y voit beaucoup de voyageurs étrangers, car la plupart des n... de Colzoum y abordent avec les diverses sortes de marchandises qui conviennent à l'Abyssinie. L'exportation consiste « en esclaves » et en argent. « Quant à l'or, il y

---

[1] Le ms. B. porte موريس Mouris.
[2] Notre manusc. porte المجى, mais l'ancien donne la vraie leçon : اليمن.

« est rare. Les habitants boivent....[1]. Ils portent des vêtements
« de laine et de coton. »

On va de Zalegh à Mancouba منقوبه en 5 journées par terre,
et en moins de temps par mer. On trouve à 12 journées de
distance, dans le désert, une ville qui s'appelle Caldjoun قلجون.
De Mancouba à Akent اڪنت 4 journées par terre. Cette dernière
est située sur le bord de la mer au midi. Les barques d'un faible
tonnage et peu chargées peuvent seules y aborder; car toute cette
mer, du côté de l'Abyssinie, est semée d'écueils et de bas-fonds
contigus qui s'opposent à la navigation, ainsi que nous l'avons
dit plus haut. La ville d'Akent est petite, mal peuplée et presque totalement ruinée. « Ses habitants se nourrissent, en ma-
« jeure partie, d'orge, de dhorra et de poisson; ils se livrent
« beaucoup à la pêche. Le bas peuple vit de la chair des co-
« quillages cachés dans les récifs sous-marins; on les sale pour
« s'en servir au besoin. »

D'Akent à Naketi ناقطى[2], 5 journées.

« Naketi est une petite ville ou un gros bourg non entouré
« de murs, mais construit sur une colline de sable à une portée
« de flèche de la mer. Ses habitants voyagent peu et ne voient
« aborder chez eux que peu d'étrangers, à cause du défaut de
« ressources de ce pays. Les vivres et les objets de commerce y
« sont apportés (du dehors). Les déserts y sont stériles et les
« montagnes aussi arides que celles des contrées situées plus au
« sud: point de villages, point d'habitations. La seule industrie
« et le seul commerce consistent dans l'éducation des chameaux. »

A 8 journées de Naketi, on trouve Batta بطا, dont le territoire touche à celui de Berbera بربرة, pays dont la première ville
est Djouah جوه, qui n'est pas très-éloignée de Batta.

[1] Il existe ici une omission dans notre ms.; le ms. B. porte: « de l'eau de puits. »
[2] Ou *Baketi*, d'après les manuscrits n° 334 et B.

CINQUIÈME SECTION. 41

« Tous les peuples de l'Abyssinie élèvent des chameaux, en
« font commerce, boivent leur lait, s'en servent comme de bêtes
« de somme et en ont le plus grand soin. C'est chez eux la mar-
« chandise la plus estimée; il se les dérobent entre eux, et les
« vendent à des marchands qui les conduisent en Égypte, par
« terre et par eau.

« L'Abyssinie confine du côté du nord avec le pays de Bodja
« البجة, lequel est situé entre l'Abyssinie, la Nubie et le Sa'ïd.
« C'est une contrée dans laquelle il n'existe ni villages ni lieux
« cultivés, enfin un vrai désert qui sert de passage ou de lieu
« de réunion pour les marchands qui se rendent à Wadi-'l-Alaki
« وادي العلاق, où se fait le commerce entre les habitants de la
« haute Égypte et ceux de Bodja. Cette vallée (Wadi-'l-Alaki)
« est très-peuplée et très-fertile.

« El-Alaki n'est en soi qu'un village ou un bourg. L'eau qu'on
« y boit et qui est douce, provient de puits. Les mines d'or,
« dont nous avons parlé plus haut et qui sont célèbres, sont
« situées au milieu de ce pays, dans une plaine qui n'est point
« entourée de montagnes et qui est couverte de sables mou-
« vants [1]. Dans les premières et dans les dernières nuits du
« mois [2], les chercheurs d'or se mettent en campagne durant la
« nuit. Ils regardent de tous côtés vers ce qui brille sur la terre;
« lorsqu'ils aperçoivent des scintillations dans l'obscurité, ils en
« concluent d'une manière certaine qu'il y a de l'or dans cet
« endroit. Ils y passent la nuit, et, lorsque le jour survient,
« chacun se met à l'œuvre dans la portion de sable qu'il a re-
« connue, prend ce sable et le transporte à Nedjibé نجبة, auprès
« des puits qui s'y trouvent. Ensuite on procède au lavage dans

---

[1] Abulféda fait aussi mention de ces mines. Voyez *Tab. Ægypt*, pag. 35 et 36; mais il n'entre pas dans autant de détails que notre auteur.

[2] C'est-à-dire probablement « lorsque la lune est nouvelle ou vers la fin de son « dernier quartier. »

« des baquets de bois, d'où on retire le métal ; puis on le mêle
« avec du mercure et on le fait fondre. Après cette opération,
« ils se vendent et s'achètent les uns aux autres ce qu'ils ont pu
« recueillir, et les marchands transportent l'or dans les contrées
« étrangères. C'est l'occupation habituelle de ces peuples ; ils ne
« cessent pas de s'y livrer, et ils en retirent leur subsistance et
« leur bien-être.

« De Wadi-'l-Alaki à Adzab عذاب, qui dépend du pays de
« Bodja[1], on compte 12 journées.

« Du pays de Bodja dépend aussi le pays de Bokht بخت[2].

« Bokht est un bourg habité ; on y trouve un marché peu sûr.
« Autour de ce pays, sont des peuplades qui élèvent des cha-
« meaux et qui en tirent la plus grande partie de leurs profits et
« leur subsistance. On n'en connaît pas dans l'univers de plus
« beaux, de meilleurs, de plus patients à supporter la fatigue, ni
« de plus rapides. Ils sont renommés en Égypte à cause de ces
« diverses qualités.

« Entre le pays de Bodja et la Nubie, il existe un peuple très-
« brave, qu'on appelle el-Belioun البليون. Ces hommes sont
« méchants, audacieux ; tous ceux qui les entourent leur sont
« soumis et les craignent. Ils sont chrétiens jacobites, ainsi que
« tous les peuples de la Nubie, de l'Abyssinie et la plupart de
« ceux du Bodja, comme nous l'avons déjà dit.

« L'Abyssinie confine du côté de la mer (ou du fleuve) avec
« le pays de Berbera, qui obéit aux Abyssiniens, et où l'on
« trouve un grand nombre de villages, dont le premier est Djouah
« جوه. De là à Naketi ناقطى on compte six journées ; à Batta بطا

---

[1] Ces mots عذاب من ارض البجه semblent résoudre la question élevée par Hartmann, qui était celle de savoir si Adab dépendait ou non du gouvernement de l'Égypte. D'Anville, d'après Abulféda (*Mém. sur l'Égypte*, pag. 234), penchait vers cette dernière opinion.

[2] Le nom de ce pays est omis dans toutes les éditions et commentaires d'Édrisi.

« du désert sept. La ville de Batta est celle dont nous avons fait
« mention ci-dessus. Elle est située en deçà de la ligne équi-
« noxiale, à l'extrémité des terres habitées. »

SIXIÈME SECTION.

Afrique orientale. — Carfouna. — Bab el-Mandeb. — Ile de Socotra et autres. — Côtes de l'Arabie Heureuse. — Culture de l'aloès. — Sana'a. — Aden. — Commerce de cette ville. — Hasek.

Cette section comprend la description, du côté du midi, des villes de Carfouna ترفونه [1], de Markah مركه et d'el-Nedja النجا.

Ces trois pays dépendent de celui de Berbera, forment la limite de ses dépendances, et sont situés sur les bords de la mer d'Iémen. Les habitants de Berbera se nourrissent, en grande partie, de la chair des tortues marines, « qui portent chez eux le « nom de lebeh اللبه . »

On peut se rendre par mer, en deux jours, de Djouah à Carfouna [2]. Ce pays est dominé par une haute montagne qui s'étend vers le sud. De Carfouna à Termeh [3] ترمه, 3 journées par mer. C'est ici que commence la montagne de Khakouï خاترى, laquelle a sept cimes très-hautes et se prolonge sous les eaux de la mer durant l'espace de 44 milles. Auprès de ces cimes sont des villages connus sous le nom d'el-Hadyé الهاديه . De Khakouï à Mar-

---

[1] Le ms. n° 334 porte Carcouna قرقونه.

[2] Je suppose que Carfouna répond au cap Guardafui; et Djouah, au point indiqué sur les cartes de d'Anville et de Berghaus, sous le nom de *Bandel-d'Agoa*. La distance indiquée autorise cette hypothèse, puisqu'on trouve en effet 60 lieues marines à l'ouverture du compas. On sait de plus que le cap Guardafui est très-élevé, et que la direction des montagnes dont il est formé est du *nord au sud*, ce qui s'accorde parfaitement avec le témoignage de notre auteur.

[3] Ras Terma, ou le cap de Terma, est situé sur la côte occidentale de la mer Rouge, à 160 lieues environ du cap Guardafui.

SIXIÈME SECTION.   45

kah[1], on compte par mer 3 petites journées, et 7 par terre. A 2 journées de Markah, dans le désert, est une rivière qui est sujette à des crues comme le Nil, et sur les bords de laquelle on sème du dhorra[2]. De Markah à el-Nedja, 1 jour et demi par mer, et 4 par terre.

El-Nedja est la dernière terre dépendante de Berbera[3]. D'el-Nedja à Karfouna 8 journées. El-Nedja est une petite ville située sur le bord de la mer. De là à Bedouna بدونه[4], 6 journées. C'est un bourg considérable et très-peuplé. Les naturels de ce pays mangent des grenouilles, des serpents et d'autres animaux dont l'homme a généralement horreur. Ce pays est limitrophe à celui des Zendjes زنج. Carfouna et Bedouna sont infidèles; leur territoire touche à celui des Zendjes, le long du rivage de la mer salée. Toute cette contrée a vis-à-vis d'elle, du côté du nord, l'Iémen, dont elle est séparée par un bras de mer de 600 milles d'étendue, plus ou moins, selon la profondeur des golfes dans l'intérieur des terres, et l'extension des caps dans le sein des mers.

Dans cette section sont également comprises quatre îles dont deux, situées du côté de l'orient, dans le golfe des Herbes جون الحشيش, sont connues sous les noms de Khartan خرتان et de Mertan مرتان.

La troisième est celle de Socotra سقطرى, connue par l'aloès qu'elle produit, et éloignée du rivage de deux journées de navigation par un vent favorable. Vis-à-vis de cette île, sur la côte

---

[1] Ce nom de Markah ou de Markat se retrouve sur les cartes.

[2] On trouve en effet une rivière du nom de Jubo dans le pays de Markat.

[3] El-Nedjà semble répondre au pays d'Ajan, situé sur la route du cap Guardafui au Zenghebar. Ce nom d'Ajan lui-même semble être une corruption de بر العجم (Voyez *Chrest. ar.* de M. de Sacy, 2ᵉ éd., tom. 1, pag. 454 et 455; voyez également la note insérée dans la carte de Berghaus.)

[4] Il est probable que Bedouna répond au cap *Bedouin* de Berghaus.

de l'Iémen, est la ville de Berbat برباط, et Hasek حسك [1], dont nous reparlerons en détail, s'il plaît à Dieu.

La quatrième île s'appelle Cabela قبلا [2]; elle est située dans la partie occidentale de cette section, déserte, mais ombragée d'arbres. On y trouve des montagnes hautes et escarpées, diverses espèces d'animaux féroces et autres, et une source dont les eaux s'écoulent dans la mer. Elle est quelquefois visitée par ceux qui viennent de l'Iémen et par les navires de Colzoum et de l'Abyssinie, « qui viennent y faire de l'eau. » Elle est située en face de la forteresse connue sous le nom de Mikhlaf Hakem مخلاف حكم sur la côte d'Iémen. De cette île à la montagne de Mandeb مندب, on compte 2 journées par mer. El-Mandeb est une montagne environnée de toutes parts par la mer, et dont la partie méridionale est la plus haute. Sa direction est nord-ouest, et sa longueur de 12 milles. Celui de ses côtés qui touche à l'Abyssinie est rempli d'écueils et d'îles qui se succèdent jusqu'à Zalegh, Akent et Naketi, ensorte que cette partie de la mer n'est pas navigable. « Au milieu de ces écueils et de ces « îles, il existe une montagne qui s'étend transversalement jus-« qu'auprès de Zalegh, du côté du midi ; on l'appelle Mourou-« keïn موروقين ; elle n'est pas très-élevée au-dessus du niveau de « la mer, mais elle la domine dans une certaine étendue : ailleurs « elle est cachée sous les eaux ; c'est une masse continue de ro-« chers. » L'auteur du Livre des Merveilles raconte qu'aucun vaisseau garni de clous de fer ne peut passer auprès de cette montagne sans être attiré et retenu par elle au point de ne pouvoir plus s'en tirer. La montagne d'el-Mandeb s'étend, comme nous l'avons dit, dans la même direction que la côte

---

[1] D'Anville a retrouvé la véritable orthographe du premier de ces noms : c'est Merbat ou Merbata qu'il faut lire. Hasek se trouve aussi sur la carte dans le Djoun el-Hachich, ou golfe des Herbes, dont il vient d'être question.

[2] L'*Abrégé* porte Cambela قبيلا.

SIXIÈME SECTION.   47

de l'Iémen, et les navires de Colzoum destinés pour cette province (l'Iémen) doivent nécessairement passer par-là, soit en allant, soit au retour; car le canal est tellement étroit, qu'un homme peut en apercevoir un autre sur la rive opposée. Il y a sur le sommet de cette montagne une grotte d'où il est impossible de sortir quand on y est entré, tant à cause des précipices qui s'y trouvent, que des bêtes féroces qui dévorent les explorateurs. Quelques personnes ayant été averties de ce danger, s'y rendirent et bouchèrent l'ouverture de l'antre avec des pierres et de la terre, en sorte qu'on n'y peut plus pénétrer aujourd'hui.

Quant à l'île de Socotra سقطرى, elle est grande, renommée, belle et couverte d'arbres. Sa principale production végétale est l'arbre qui produit l'aloès, et qui n'existe ni dans l'Hadramaut حضرموت, ni dans l'Iémen, ni dans le Sahar سحر [1], ni ailleurs, aloès qui égale en bonté celui de Socotra. Cette île est, comme nous l'avons dit, voisine du côté du nord et de l'ouest, de la province d'Iémen, dont elle est une dépendance et une appartenance. Elle est située en face des villes de Melinde ملنده et de Monbasa منبسه, dans le Zenghebar. La majeure partie des habitants de l'île de Socotra sont chrétiens; en voici la raison : lorsqu'Alexandre eut vaincu le roi des Perses, que ses flottes eurent conquis les îles de l'Inde et qu'il eut tué *Pour* بور roi des Indes [2], son maître Aristote lui recommanda de rechercher l'île qui produit l'aloès.

Alexandre conserva le souvenir de cette recommandation, et lorsqu'il eut achevé la conquête des autres îles de l'Inde, et qu'il les eut réduites sous sa domination, ainsi que leurs rois, il effectua son retour de la mer d'Inde à celle d'Oman, en

---

[1] *Sic.* On lit plus bas شجر Chedjer (pag. 48), et c'est la leçon que porte constamment le ms. n° 334.

[2] Probablement *Porus*.

conquit les îles, et, parvenu enfin à celle de Socotra, il admira la fertilité du terrain et la douceur de la température de l'air. D'après l'avis qu'il en donna par une lettre à Aristote, le philosophe lui conseilla de transporter ailleurs les habitants de l'île, et de leur substituer des Grecs, en enjoignant à ceux-ci de conserver et de soigner la culture de l'arbre d'aloès, à cause de toutes les propriétés utiles de cette substance, et parce que, sans aloès, il n'est pas possible de confectionner complètement les remèdes souverains. Il pensait d'ailleurs que le commerce et l'emploi de ce noble médicament seraient d'un grand avantage pour tous les peuples en général. Alexandre fit donc ce qui lui était prescrit; il éloigna les habitants primitifs de Socotra, établit dans cette île une colonie d'Ioniens auxquels il ordonna de veiller constamment à la conservation et à la culture de l'aloès : « ce qu'ils firent. Ils restèrent sous la protection (de ce prince et « de ses successeurs), et acquirent de grandes richesses, jusqu'au « moment où la religion du Messie apparut et fut embrassée « par ces peuples. Alors ceux de Socotra devinrent chrétiens, « et leurs fils sont demeurés tels, ainsi que les autres habitants « de l'île, jusqu'à l'époque actuelle. » Au mois de juillet, on recueille les feuilles de l'aloès; on en extrait le suc qu'on fait cuire dans des vases de cuivre et autres, après l'avoir fait sécher aux rayons du soleil; et, au mois d'août, on le dépose dans des outres. « On le vend dans cette île par quintaux, et on « l'exporte dans les diverses contrées que Dieu a créées à l'orient « et à l'occident. C'est de cette production que Socotra tire sa « célébrité. »

Quant aux îles de Khartan خرتان et de Martan مرتان, dont nous avons déjà fait mention, elles sont situées dans le golfe des Herbes, et dépendent du pays de Chedjer شجر, où croît l'encens. Elles sont dans un état florissant, habitées par une peuplade d'Arabes « qui s'y sont établis et y sont restés », et qui parlent

SIXIÈME SECTION.

la langue du peuple de Ad[1], ancienne et inconnue aux Arabes de nos jours. « Les habitants de ces îles vivent dans un état de « dénûment et de misère extrêmes durant l'hiver; mais lorsque « l'époque de la navigation est arrivée, ils s'embarquent sur leurs « navires et se dirigent vers les terres d'Oman عمان, et d'Aden « عدن, et vers les côtes de l'Arabie Heureuse. Alors leur situa- « tion s'améliore, et ils subsistent un peu moins misérablement. « Il leur arrive souvent de trouver du très-bel ambre qu'ils « vendent aux marchands étrangers qui viennent chez eux. Quel- « quefois, ils le transportent eux-mêmes sur la côte de l'Iémen, « où ils le vendent à un très-haut prix. » Ces îles produisent de l'écaille de tortue, du detilghan دتلغان, sorte d'écaille, et des conques de tortue dont les habitants de l'Iémen se servent en guise de vases pour les ablutions, et de huches pour pétrir le pain.

Au nombre des pays de l'Iémen compris dans la présente section, est Mikhlaf el-Djouda مخلان الجوده, château fort, situé sur le bord de la mer (car les Arabes appellent mikhlaf un châ- teau fort[2]). El-Djouda est peu considérable et mal peuplé; on y vit de viande, de laitages et de dattes, mais très-misérablement. De là à Mikhlaf Ghélabeka مخلان غلابقه, on compte 4 journées par terre. Ce dernier bourg est très-peuplé; il est situé sur la baie de Zebid, à 50 milles de cette ville.

La ville de Zebid زبيد, est grande, très-peuplée, très-opu- lente. Il y a un grand concours d'étrangers et de marchands de l'Hedjaz, de l'Abyssinie et de l'Égypte supérieure, qui y arrivent par les bâtiments de Djidda جده. Les Abyssins y amènent des esclaves[3]. On en exporte diverses espèces d'aromates de l'Inde,

Feuillet 13 verso.

CÔTES DE L'IÉMEN.

ZEBID.

---

[1] Notre ms. porte غادية; mais le ms. B. porte عادية, et c'est la vraie leçon, ainsi que l'avait déjà conjecturé M. de Sacy.

[2] Le mot مخلان, d'après Reiske (*Abulf. Ann. mosl.*, t. II, pag. 114), signifie, dans l'Iémen: *Certum quondam oppidorum et pagorum corpus, unius alicujus inspectioni subditum*.

[3] Et non point *merces suas*, comme il est dit dans la version latine, pag. 24.

diverses marchandises chinoises et autres. Cette ville est située sur les bords d'une petite rivière à 132 milles de Sana'a صنعا [1]. Tout le pays est couvert de villages, non point considérables à la vérité, mais bien peuplés et fréquentés par des voyageurs et par des marchands.

La ville de Sana'a صنعا offre en tout genre des ressources abondantes; elle est bien bâtie (litt. les maisons s'y touchent); et il n'y en a pas dans l'Iémen de plus célèbre, de plus considérable, ni de plus peuplée; elle est placée au centre du premier climat. Les environs en sont fertiles, la température de l'air douce, la chaleur et le froid modérés. « C'était la résidence des rois de tout l'Iémen et la capitale de l'Arabie. Ces rois y possédaient un palais aussi célèbre que vaste et bien fortifié. Ce palais est aujourd'hui ruiné, et il n'en reste que les débris, qui forment une haute colline. La plupart des maisons sont construites en bois et en planches : il y en a une où l'on fabrique les étoffes connues sous le nom d'étoffes de Sana'a.

« Cette ville est le chef-lieu de la province d'Iémen. Elle est bâtie sur une petite rivière qui vient des terres septentrionales de la montagne de Souafi سوافي. Cette rivière se dirige ensuite vers la ville de Damar دمار, et verse ses eaux dans la mer d'Iémen.

« Au nord de Sana'a, on trouve la montagne de Rehmer [2]

---

[1] Notre manuscrit offre ici une lacune que nous croyons convenable de remplir. L'ancien texte et le ms. B. s'expriment ainsi :

De Zebid à Djeïlan جيلان	36 milles
De Djeïlan à el-Han الهان	42
D'el-Han à Aden et el-O'rf العرف	30
D'el-O'rf à Sana'a	24
Total pareil	132

[2] Les points diacritiques manquent sur ce mot, dont l'orthographe et la prononciation sont par conséquent douteuses. Le ms. B. porte جبل المدخير.

SIXIÈME SECTION. 51

« رجر, qui est très-élevée et qui a 60 milles de circonférence.
« Cette montagne est cultivée. On y trouve des arbres à fruit,
« ainsi que la plante nommée ouars[1] ورس. Cette plante est
« jaune comme le safran; on s'en sert pour teindre les vête-
« ments. »

De Sana'a à Damar دمار, on compte 48 milles.

Damar est une ville petite, d'une faible population et de peu
de ressources. De Sana'a à la ville de ....[2] 104 milles. De Damar à Mikhlaf-Misan مخلاف ميسان, 24 milles. De là à Madjar
et Mobdar مجر ومبدار, qui sont deux petits bourgs voisins l'un de
l'autre, 60 milles. De là à Mikhlaf-Abïn مخلاف ابين, 72 milles;
et d'Abïn à Aden عدن, 12 milles.

La ville d'Aden est petite, mais renommée à cause de son port
de mer, d'où partent des navires destinés pour le Sind, l'Inde
et la Chine. « On y apporte de ce dernier pays des marchandises
« telles que le fer, les lames de sabre damasquinées, les peaux
« de chagrin[3], le musc, le bois d'aloès, les selles de chevaux,
« la vaisselle de terre, le poivre odorant et non odorant, la noix
« de coco, le hernout (graine parfumée), le cardamome, la can-
« nelle, le galanga[4], le macis, les myrobolans, l'ébène, l'écaille
« de tortue, le camphre, la muscade, le clou de girofle, les
« cubèbes[5], diverses étoffes tissues d'herbes, et d'autres riches
« et veloutées, des dents d'éléphant, de l'étain, des rottangs et
« autres roseaux, ainsi que la majeure partie de l'aloès amer des-
« tiné pour le commerce. » La ville d'Aden est entourée, au nord

---

[1] Golius dit que c'est une plante qui ressemble au sésame, qui ne vient que dans l'Arabie Heureuse, et dont on se sert pour teindre les étoffes en jaune. Castel ajoute que *ouars* est aussi le nom du curcuma.
[2] Le nom de cette ville manque. L'*Abrégé* et le ms. B. portent Aden.
[3] Ce mot français est dérivé du turc صغرى *saghri*.
[4] Sorte d'herbe odoriférante.
[5] Sorte de graine aromatique provenant de l'île de Java.

et à une certaine distance, d'une montagne qui forme une enceinte de la mer à la mer, et dans laquelle se trouvent deux ouvertures ou deux portes par lesquelles on entre et on sort. De l'un à l'autre de ces passages, on compte 4 journées de marche. Les habitans d'Aden n'ont pas d'autre moyen, pour pénétrer dans leur pays ou pour en sortir, que ces portes et la voie de mer. La ville est commerçante. « En face d'Aden, à une « journée dans le désert, il existe une très-grande ville nommée « Zi-djeblé ذى جبله ; elle est dominée par une citadelle connue « sous le nom d'El-ia'ken البعكن. »

D'Aden à el-Mahdjem المحجم on compte 8 petites journées, en passant par le pays de Dàhas داحس. El-Mahdjem n'est pas plus considérable qu'un fort; il est cependant assez peuplé. C'est la limite entre le district du Tehama تهامة et l'Iémen. De là à Sana'a on compte 7 journées; d'El-Mahdjem à Haïran حيران, 4 journées. Cette dernière ville est très-petite. Son territoire comprend des villages, des champs cultivés et des eaux courantes, auprès desquelles sont construites les maisons des habitans. Elle est située dans une plaine, à 3 journées de Sana'a. Sa population se compose de diverses tribus de l'Iémen. De Haïran à Soghda سغدة, 48 milles.

« A 18 milles, à l'ouest de Sana'a, est le Mikhlaf-Chakir « مخلاف شاكر, dont le principal commerce consiste en maro-« quins; c'est à Soghda que l'on fabrique le plus beau : il n'en « existe pas de mieux fabriqué. C'est un lieu de réunion com-« merciale dont les habitants sont très-riches, et où l'on trouve « beaucoup d'objets et de marchandises. » D'Aden, en suivant le rivage du côté de l'orient, au bourg d'Abïn ابين, on compte 12 milles. Ce bourg est situé sur le bord de la mer d'Iémen, et ses habitants passent pour être versés dans la magie. D'Abïn à Las'a لسع, on compte par mer 1 jour 1/2, et par terre 5 journées. Il existe entre ces deux points une montagne qui, s'étendant le long du rivage, sépare la mer des plaines et intercepte le chemin. Las'a est une petite ville située sur le bord de la mer, à deux journées de distance de Chouma شومه [1]. On trouve sur la route un grand bourg auprès duquel est une source et un bassin d'eau chaude, où les habitants font leurs ablutions et transportent leurs malades. Ceux-ci y trouvent un remède salutaire contre diverses infirmités. Les deux villes de Las'a et de Chouma sont sur la côte d'Hadramaut حضرموت à 2 journées par le désert.

Dans ce dernier pays, il existe deux villes éloignées l'une de l'autre d'une journée : ce sont celles de Sabam سبام et de Mariam مريم [2]. Au nombre des villes de l'Hadramaut est aussi celle de [3], qui est actuellement en ruines; c'était la ville de Saba سبا, d'où était issue *Belkis*, épouse de Salomon, fils de David (que le salut soit sur eux!). D'Hadramaut à Djidda [4], on compte 240 milles, et de Sana'a à Djidda 120 milles; d'Aden à Hadramaut, qui est à l'orient, 5 journées.

Il existe ici des sables contigus, connus sous le nom d'el-Ahcaf الاحقاف; peu d'habitations, peu de commerce. Ce pays produit l'aloès connu sous le nom d'hadramauti, lequel est d'une qualité inférieure à celle de l'aloès socotrin. « Des falsificateurs le « mêlent quelquefois, au moyen de la fusion, avec ce dernier. » La ville de Saba est habitée par des tribus d'Arabes de l'Iémen et du pays d'Oman عمان. C'est là qu'était la digue (السد), célèbre chez les Arabes avant leur dispersion. De Chouma شومه, dont il vient d'être fait mention, à Merbat مرباط, en suivant la

---

[1] Ou Chorma شرمه, comme portent les ms. n° 334 et B.

[2] Le manuscrit n° 334 porte Siabam سيبام; le ms. B. porte Schiam شيام. Quant au nom du second de ces deux lieux, les deux mss. portent Tarim تاريم.

[3] Le nom a été omis et la place même manque. Le manuscrit n° 334 porte Marob مارب, et le ms. B. Marib ماريب.

[4] Le ms. n° 334 porte Sa'ada صعده.

côte, par terre, 6 journées. On trouve sur la route Ghob-el-Camar غب القمر, ou la vallée de la Lune. Au fond de cette vallée est un pays nommé Khâlfat خلفات, et à son extrémité une montagne ronde et blanche présentant l'aspect de la lune. C'est de cette courbure en forme de croissant et de cette blancheur, que cette montagne tire son nom de *mont de la lune*. L'arbre de l'encens croît dans les montagnes de Merbat et c'est de là que cette gomme est transportée dans l'orient et dans l'occident. « La population de Merbat se compose d'habitants de l'Iémen et d'autres tribus d'Arabes. » De là au bourg de Hasek حاسك, le long de la mer et par terre, 4 journées; par mer, 2 journées.

En face de Hasek, sont les deux îles de Khartan et de Martan, dont il a déjà été question [1]. Au-dessus de Hasek, est une haute montagne nommée Lous لوس, qui domine la mer. La terre du peuple de Ad عاد est située vis-à-vis de cette montagne. De Hasek au tombeau de *Houd* [2] هود, on compte 2 milles. Hasek est un bourg peu considérable, mais peuplé. Il existe une pêcherie très-productive dans le golfe dit *Golfe des Herbes*, qui est très-profond. Lorsque des navires s'y engagent, ils n'en peuvent sortir qu'avec beaucoup de peine et qu'autant qu'ils sont aidés par un vent favorable; mais il en est peu qui aient ce bonheur.

[1] Voyez ci-dessus, pag. 45.
[2] Le nom du peuple de Ad et celui du prophète Houd sont très-célèbres parmi les Arabes. C'est à tort que le traducteur latin a mis Gad et Juda. Voyez à ce sujet les excellentes notes de Pococke (*Specimen historiæ Arabum*, pag. 36).

SEPTIÈME SECTION.

Suite de l'Afrique orientale. — Medouna. — Singulière manière de pêcher. — Côte du Zenghebar. — Melinde. — Monbasa. — El-Banes. — Iles de Zaledj ou de Zanedj. — Ile des Singes. — El-Cotroba. — Curiosités de la mer d'Oman.

Cette section comprend la description d'une partie de la mer des Indes et de la totalité des îles qui s'y trouvent, et qui sont habitées par des peuples de races diverses. Au midi des pays compris dans cette section sont le restant de la région des Cafres noirs, et divers pays voisins de la mer; notre intention est de décrire toutes ces choses avec clarté. « Nous disons donc que « cette mer est la mer des Indes, » et que sur son rivage est située la ville de Merouat مروة, à l'extrémité du pays des Cafres, peuples sans foi qui n'adorent que des pierres enduites d'huile de poisson. « Tel est le dégré de stupidité où sont tombés ces « peuples, et l'absurdité de leurs infâmes croyances. Une partie « de ce pays obéit au roi des Berbers, et l'autre dépend de « l'Abyssinie. » De Merouat مروة, située sur la côte, à Medouna مدونه[1], on compte 3 journées par mer. « Cette dernière ville « est ruinée, presque déserte, sale et désagréable à habiter. Ses « habitants vivent de poissons, de coquillages, de grenouilles, de « serpents, de rats, de lézards et d'autres reptiles dégoûtants. « Ces peuples se livrent à l'exercice de la pêche maritime sans « embarcations, et sans se tenir constamment sur le rivage. Ils « pêchent à la nage (ou en plongeant) avec de petits filets tissus

Feuillet 14 verso.

Feuillet 15 recto.

MEDOUNA.

SINGULIÈRE MANIÈRE DE PÊCHER.

---

[1] Le manuscrit n° 334 porte Beroua بروه et Nedouba نـدوبه. Le ms. B. Berouat بروة, et Bedouna بدونه.

« d'herbes, et fabriqués par eux. Ils attachent ces filets à leurs
« pieds; au moyen de liens et de nœuds coulants qu'ils tiennent
« avec les mains, ils resserrent le filet aussitôt qu'ils sentent que
« le poisson y est entré, et cela avec un art dans lequel ils ex-
« cellent, et avec des ruses dont ils ont une longue expérience.
« Pour attirer le poisson, ils se servent de reptiles terrestres.
« Bien qu'ils vivent dans un état de détresse et de misère pro-
« fondes, cependant ces peuples (Dieu aime ceux qui résident
« dans leurs foyers domestiques) sont satisfaits de leur sort, et
« se contentent de ce qu'ils ont. Ils obéissent au gouvernement
« du Zendj زنج[1]. »

On va de cette ville (Medouna) en suivant la côte, à Melinde ملنده, ville du Zendj, en trois jours et trois nuits par mer. Melinde est située sur le bord de la mer[2], à l'embouchure d'une rivière d'eau douce. « C'est une grande ville dont les habitants
« se livrent à la chasse et à la pêche. Sur terre ils chassent le
« tigre et d'autres animaux féroces. Ils tirent de la mer diverses
« espèces de poissons qu'ils salent, et dont ils font commerce. »
Ils possèdent et exploitent des mines de fer, et c'est pour eux un objet de commerce et la source de leurs plus grands bénéfices. Ils prétendent connaître l'art d'enchanter les serpents les plus venimeux, au point de les rendre sans danger pour tout le monde, excepté pour ceux à qui ils souhaitent du mal, « ou
« contre lesquels ils veulent exercer quelque vengeance. Ils pré-
« tendent aussi qu'au moyen de ces enchantements, les tigres et
« les lions ne peuvent leur nuire. Ces enchanteurs portent dans
« la langue de ces peuples le nom d'el-Mocnefa المقنفا. » De cette ville à Manisa[3] منيسه, sur la côte, 2 journées. Celle-ci est petite et dépend du Zendj. Ses habitants s'occupent de l'exploitation

---

[1] Du Zenghebar.
[2] C'est évidemment par erreur que le copiste a mis ici النيل au lieu de البحر.
[3] Pour Monbasa منبسه, comme portent le n° 334 et le ms. B.

SEPTIÈME SECTION. 57

des mines de fer et de la chasse aux tigres. Ils ont des chiens de couleur rouge qui combattent et vainquent toute espèce de bêtes féroces et même les lions. Cette ville est située sur le bord de la mer, et près d'un grand golfe que les navires remontent durant un espace de deux journées, « et sur les rives duquel il « n'existe point d'habitations, à cause des bêtes féroces qui y « vivent dans des forêts, où les Zendjes vont les poursuivre, ainsi « que nous venons de le rapporter. C'est dans cette ville que « réside le roi du Zenghebar. Ses gardes vont à pied, parce qu'il « n'y a point dans ce pays de montures; elles ne sauraient y « vivre. » De Manisa au bourg d'el-Banès البانس par terre, 6 journées, et par mer, 150 milles. El-Banès est un bourg très-grand et très-peuplé. « Les habitants adorent un tambour nommé erra-« him الرحم, aussi grand que .... البيد [1], couvert de peau d'un « seul côté, et auquel est suspendue une corde au moyen de la-« quelle on frappe le tambour. Il en résulte un bruit effroyable « qui se fait entendre à trois milles de distance ou environ. »

El-Banès[2] est la dernière dépendance du Zendj; elle touche au Sofala سفاله, pays de l'or. D'el-Banès à la côte de la ville nommée Tohnet تهنت, par mer, 150 milles, et par terre, 8 journées, attendu que dans l'intervalle il existe un grand golfe qui, s'étendant vers le midi, oblige les voyageurs à se détourner du droit chemin, et une haute montagne nommée Adjoud عجود, dont les flancs ont été creusés de tous côtés par les eaux qui tombent avec un bruit épouvantable. Cette montagne attire à elle les vaisseaux qui s'en approchent[3], et les navigateurs ont soin de s'en écarter et de la fuir.

[1] Mot dont il n'a pas été possible de déterminer la signification.
[2] Hartmann pense qu'il faut lire *el-Baies*. Nous suivons littéralement l'orthographe de notre manuscrit, qui est ici conforme à celle du ms. B.
[3] L'auteur veut probablement parler des courants qui peuvent porter sur la côte (Voy. d'Herbelot, *Bibl. or.* au mot *aguird*); peut-être aussi fait-il allusion aux prétendues montagnes d'aimant (Hartmann, *Edris. Afr.*, pag. 101).

8

« La ville de Tohnet تهنة dépend aussi du pays de Sofala, et
« touche à celui des Zendjes. Il y a beaucoup de villages, et ils sont
« tous placés sur le bord des *rivières*[1]. Dans tout le Zendj, les prin-
« cipales productions sont le fer et les peaux de tigres du Zen-
« ghebar. La couleur de ces peaux tire sur le rouge, et elles sont
« très-souples. Comme il n'existe pas de bêtes de somme chez
« ces peuples, ils sont obligés de porter sur leurs têtes et sur
« leurs dos les objets destinés pour les deux villes de Melinde
« et de Molbasa ملبسة, où se font les ventes et les achats. Les
« Zendjes n'ont point de navires dans lesquels ils puissent voya-
« ger; mais il aborde chez eux des bâtiments du pays d'Oman
« et autres, destinés pour les îles de Zaledj زالج qui dépendent
« des Indes: ces étrangers vendent (au Zenghebar) leurs mar-
« chandises, et achètent les productions du pays. Les habitants
« des îles de Raledj رالج [2] vont au Zenghebar dans de grands et
« de petits navires, et ils s'en servent pour le commerce de leurs
« marchandises, attendu qu'ils comprennent le langage les uns
« des autres. Les Zendjes ont au fond du cœur un grand respect
« et beaucoup de vénération pour les Arabes[3]. C'est pour cela
« que, lorsqu'ils voient un Arabe, soit voyageur, soit négociant,
« ils se prosternent devant lui, exaltent sa dignité, et lui disent
« dans leur langue : Soyez le bien-venu, ô fils de l'Iémen! Les
« voyageurs qui vont dans ce pays dérobent les enfants, et les
« trompent au moyen des fruits (litt. des dattes) qu'ils leur don-
« nent. Ils les emmènent çà et là, et finissent par s'emparer de
« leurs personnes, et par les transporter dans leur propre pays;
« car les habitants du Zenghebar forment une population nom-

---

[1] Le mot جوب signifie golfe ou vallée, d'après Castel. Mais nous avons tout lieu de croire que dans la langue de notre auteur le sens de ce mot a plus d'extension.

[2] Sic. Le ms. B. porte Zanedj زنج.

[3] Cette particularité se retrouve avec moins de détails dans les anciennes relations des Indes, pag. 112.

SEPTIÈME SECTION.   59

« breuse, et manquent de ressources [1]. Le prince de l'île de
« Keich كيش, située dans la mer d'Oman, entreprend avec ses
« vaisseaux des expéditions militaires contre le Zendj, et y fait
« beaucoup de captifs. »

En face des rivages du Zendj sont les îles de *Zaledj* [2] ; elles sont nombreuses et vastes ; leurs habitants sont très-basanés, et tout ce qu'on y cultive de fruits, de dhorra, de cannes à sucre et d'arbres de camphre, y est de couleur noire. Au nombre de ces îles est celle de Cherboua شربوه [3], dont la circonférence est, à ce qu'on dit, de 1200 milles, et où l'on trouve des pêcheries de perles et diverses sortes d'aromates et de parfums, ce qui y attire des marchands. Parmi les îles de Zaledj comprises dans la présente section, on compte aussi celle d'el-Andjebeh الانجبه, dont la ville principale se nomme, dans la langue du Zenghebar, el-Anfoudja الانفوجه, et dont les habitants, quoique mélangés, sont actuellement pour la plupart musulmans. La distance qui la sépare d'el-Banès البانس, sur la côte du Zendj, est de 100 milles ; cette île a 400 milles de tour ; on s'y nourrit principalement de figues bananes. Il y en a de cinq espèces, savoir : la banane dite el-kend القند, l'el-fili الفيلى, dont le poids s'élève quelquefois à douze onces ; l'omani العمانى ...... [4], et enfin l'el-sokri السكرى. C'est une nourriture saine, douce et agréable. « Cette île est tra-
« versée par une montagne nommée Wabra وبره, où se réfugient
« les vagabonds chassés de la ville, formant une brave et nom-
« breuse population, qui infeste souvent les environs de la cité,

---

[1] Il y a ici un jeu de mots assez difficile à traduire en français : اهل بلاد الزج كثيروا العدد قليلوا العدد.

[2] Notre manuscrit porte tantôt زالج, tantôt رالج et tantôt رانج, ce sont les îles que d'Herbelot, Hartmann et autres ont décrites, d'après les géographes arabes, sous le noms de *Raneh* et de *Ranah*.

[3] Le ms. n° 334 porte Saranda سرنده. Mais le ms. B. est ici d'accord avec le nôtre.

[4] Le nom de la quatrième espèce manque ici ; mais d'après l'abrégé, et d'après le ms. B., c'est el-moriani المريانى qu'il faut lire.

« et qui se maintient sur le sommet de cette montagne dans un
« état de défense contre le souverain de l'île. Ils sont courageux
« et redoutables par leurs armes et par leur nombre.

« Cette île est très-peuplée; il y a beaucoup de villages et de
« bestiaux. On y cultive le riz. Il s'y fait un grand commerce,
« et l'on y porte annuellement diverses productions et marchan-
« dises destinées au négoce et à la consommation. On dit que,
« lorsque l'état des affaires de la Chine fut troublé par les rebel-
« lions, et que la tyrannie et la confusion devinrent excessives
« dans l'Inde, les habitants de la Chine transportèrent leur com-
« merce à Zanedj زانج et dans les autres îles qui en dépendent;
« entrèrent en relations et se familiarisèrent avec ses habitants,
« à cause de leur équité, de la bonté de leur conduite, de
« l'aménité de leurs mœurs et de leur facilité dans les affaires.
« C'est pour cela que cette île est si peuplée, et qu'elle est si
« fréquentée par les étrangers. »

Auprès de cette île, il en existe une autre peu considérable, dominée par une haute montagne, dont le sommet et les flancs sont inaccessibles, parce qu'elle brûle tout ce qui s'en approche. Durant le jour, il s'en élève une épaisse fumée, et durant la nuit, un feu ardent. De sa base coulent des sources, les unes d'eau froide et douce, les autres chaudes et salées.

Auprès de l'île de Zanedj زانج, susmentionnée, on en trouve une autre nommée Kermedet كرمدة, dont les habitants sont de couleur noire. On les appelle Nerhin نرهين [1]. « Ils portent le
« manteau nommé azar ازار et la fouta فوطة [2]. C'est une peuplade
« audacieuse, brave, et marchant toujours armée. Quelquefois
« ils s'embarquent sur des navires et attaquent les bâtiments de
« commerce, dont ils pillent les marchandises. Ils ne laissent

---

[1] Le manuscrit n° 334 porte Karnoa كرنوة et Boûmin بومين; le ms. B. Kermebet كرمبة, et el-Boumin البومين.

[2] Sorte de vêtement. Voyez ci-dessus, pag. 17, n° 3.

SEPTIÈME SECTION. 61

« entrer chez eux que leurs compatriotes, et ne redoutent au-
« cun ennemi. » Entre cette île et le rivage maritime, on compte
un jour et demi de navigation; entre elle et l'île de Zânedj زابخ,
nommée el-Anfrandje الانفرنجه, on compte 1 journée. A une distance d'environ 3 milles de cette île, et à deux petites journées
du continent qui touche à l'Abyssinie, est l'île des Singes, qui
est très-grande, très-boisée et remplie de précipices d'un difficile
accès. On y trouve diverses sortes de fruits. Les singes s'y sont
multipliés à tel point qu'ils en sont totalement maîtres. « On
« prétend même qu'ils ont un chef auquel ils obéissent, qu'ils
« portent sur leur cou, et qui les régit de façon à ce qu'ils ne
« puissent se nuire entre eux. On assure que ces singes sont d'une
« couleur tirant sur le rouge, qu'ils portent des queues, et qu'ils
« sont doués de beaucoup d'intelligence et de sagacité. Lorsque
« quelque navire se brise sur cette île, et qu'un individu quel-
« conque y cherche un refuge, ils lui font éprouver de cruels
« tourments par leurs morsures. Mus par la haine dont ils sont
« animés contre les hommes, ils les vexent, les fatiguent, et
« finissent par les tuer promptement; et lors même que les mal-
« heureux peuvent supporter ces jeux cruels, ils ne tardent pas à
« périr de faim [1]. Les habitants des deux îles de Khartan et de
« Martan, emploient contre ces singes diverses ruses, les pour-
« chassent, et les transportent dans l'Iémen, où ils les vendent
« fort cher. Les habitants de cette province (je veux dire les mar-
« chands de l'Iémen) s'en servent en guise d'esclaves pour gar-
« der leurs marchandises et leur argent dans leurs boutiques. Per-
« sonne alors ne peut toucher à ce que gardent les singes, ni rien
« dérober de ce qu'ils ont, soit dans les mains, soit devant eux;
« car ils sont extrêmement intelligents. » De cette île à celle de
Socotra, on compte par mer 2 journées. « Les Socotrins font

---

[1] Le texte arabe offre ici quelque obscurité. Nous avons cru devoir suivre le sens
le plus probable.

« également la chasse aux singes, au moyen d'une ruse assez
« singulière. Voici en quoi elle consiste : ils fabriquent pour cette
« chasse, des barques extrêmement petites, mais longues, qu'ils
« placent sur leurs navires; la chasse se fait en tendant des
« filets au-dessus de ces barques, au moyen de cordes dis-
« posées avec art. Ils disposent ces filets le long des côtés des
« barques, afin que les singes ne se doutent de rien; puis ils se
« cachent. Lorsqu'ils sont arrivés auprès de l'île, ils poussent les
« barques vers la terre, après avoir eu soin d'y mettre pour appât
« des choses que mangent ces animaux. Les singes jettent des
« pierres aux chasseurs; et ceux-ci, abandonnant les petites bar-
« ques sur le rivage, s'éloignent sur leurs vaisseaux. Les singes,
« trouvant la nourriture qu'ils préfèrent, se précipitent au fond
« des barques). Alors les chasseurs, au moyen des cordes sus-
« mentionnées, tirent doucement les filets qui, peu à peu, cou-
« vrent (litt. habillent) la partie supérieure des embarcations.
« Celles-ci, quoique tirées par les chasseurs, ne sont point dé-
« sertées par les singes, qui ne voient pas les filets. Aussitôt on
« les effarouche avec des bâtons, et on use de supercheries, jus-
« qu'à ce qu'ils se prennent par le col dans les mailles des filets,
« d'où on les retire vivants, à moins qu'on ne préfère les tuer pour
« les écorcher et vendre ensuite leurs peaux dans l'Iémen. »

Au nord de l'île des Singes est une île qu'on nomme el-Cotroba القطربه. Elle est florissante et habitée par une peuplade
« chrétienne, qui a cependant conservé les usages arabes, qui
« parle arabe, et se dit issue de cette nation. Ce sont des gens
« très-entreprenants et très-braves. Ils attaquent les navires qui
« vont et viennent aux environs de Bahreïn حرين, de Bassora et
« jusqu'auprès d'Oman. Ce sont les ennemis les plus dangereux
« qu'on puisse rencontrer sur la mer. Il y a auprès de cette île
« des pêcheries de perles, qui étaient autrefois fréquentées et
« exploitées par les Arabes de l'Iémen; mais les habitants de l'île

« ayant dépouillé de leurs propriétés les pêcheurs, les marchands,
« et en général tous les étrangers, ceux-ci cessèrent absolument
« d'y venir. »

La mer décrite dans la présente section et dans la précédente, c'est-à-dire la mer d'Oman, se nomme en langue indienne Herkend هركند. Elle renferme beaucoup de choses curieuses et de poissons dont les formes sont variées aussi bien que les couleurs. 1° Il y en a une espèce dont la longueur est de cent coudées ou environ. « On l'appelle el-waly[1] الوالى ; il est blanc. Ce
« grand poisson est ordinairement accompagné d'un autre qu'on
« nomme lechk[2] لشك, qui, lorsqu'il est poursuivi par la ba-
« leine, la combat et la tue inévitablement; 2° il en existe un
« autre qui est de forme aplatie (litt. large), et dans le ventre du-
« quel on en trouve un second, et ainsi de suite jusqu'à quatre :
« 3° des tortues de vingt coudées de long, contenant dans leurs
« entrailles jusqu'à mille œufs qui éclosent et qui produisent.
« C'est de cette tortue que provient la meilleure écaille; 4° un
« poisson fait comme un bœuf, mettant bas, allaitant (ses petits),
« et dont la peau sert à faire des boucliers; 5° un poisson long
« d'une coudée, ayant la face d'une chouette, qu'on appelle el-
« sabh السبح ou le plongeon. Il vole au-dessus de l'eau par bon-
« heur pour lui, car il y en a un autre, nommé el-a'ncris العنقريس
« qui en fait sa proie, et qui le dévore quand il tombe dans l'eau :
« 6° d'autres poissons volants et nommés el-battak البطق, dont le
« fiel peut être employé pour écrire; lorsque l'écriture est séchée,
« on la lit dans l'obscurité de la nuit aussi bien qu'on pourrait le
« faire à la clarté des rayons du soleil; 7° un autre nommé el-nes
« النس, qui, depuis son thorax jusqu'à sa tête, ressemble à un bou-
« clier; cette partie de son corps est entourée d'yeux par lesquels

---

[1] La baleine. Ce mot d'origine arabe s'est conservé en anglais et en allemand.

[2] Ce nom ressemble beaucoup à celui que notre auteur donne à l'ichneumon. Voyez ci-dessus, pag. 32.

« il voit; sa taille s'élève, comme celle du serpent, jusqu'à vingt
« coudées; il est, depuis la poitrine jusqu'à l'extrémité de la
« queue, armé de défenses qui ressemblent aux dents d'une scie,
« et dont les atteintes sont mortelles. »

On tire de cette mer de l'ambre (gris) d'un parfum excellent, par pièces d'un quintal plus ou moins. C'est une substance qui coule des sources situées au fond de la mer, de même que la naphte coule des sources de *Hit* [1]. Lorsque les vagues de la mer sont soulevées par la tempête, l'ambre est jeté sur la côte. « Quel-
« ques personnes ont cru que c'était l'excrément d'un animal,
« mais il n'en est pas ainsi; la chose est comme nous l'avons rap-
« portée. Et, en effet, Ibrahim el-Mahdi, dans son livre intitulé
« Kitab ul-Tebib كتاب الطبيب, ou Livre du médecin, dit que
« Haroun Raschid envoya dans l'Iémen des individus chargés de
« prendre des informations positives au sujet de l'ambre. Les
« riverains des pays d'Aden, de Choumna شومنة et de Hasek, ré-
« pondirent que cette substance était produite par des sources
« au fond de la mer, et rejetée par les vagues sur le rivage,
« soit en petits, soit en gros morceaux. L'ambre n'est pas autre
« chose. »

[1] Ville bien connue de l'Irâc arabique. Voy. d'Herbelot, au mot *Hit.*

HUITIÈME SECTION.

Suite et fin de l'Afrique orientale. — Sofala. — Mines de fer et d'or. — Iles Roïbahat. Comor. — Malaï. — Serendib.

Cette section comprend la description du restant du pays de Sofala.

On y trouve (d'abord) deux villes ou plutôt deux bourgs, entre lesquels sont des villages et des lieux de campement semblables à ceux des Arabes. Ces bourgs se nomment Djentama جنطما et Dendema دندم. Ils sont situés sur les bords de la mer, et peu considérables. « Les habitants sont pauvres, misérables, et n'ont « d'autre ressource pour vivre que le fer; en effet, il existe un « grand nombre de mines de ce métal dans les montagnes du « Sofala. Les habitants des îles de Zanedj زانج [1] et des autres îles « environnantes viennent chercher ici du fer pour le transporter « sur le continent et dans les îles de l'Inde, où ils le vendent à « un bon prix, car c'est un objet de grand commerce et de « grande consommation dans l'Inde; et, bien qu'il en existe « dans les îles et dans les mines de ce pays, cependant il n'é- « gale pas le fer du Sofala, tant sous le rapport de l'abondance « que sous celui de la bonté et de la malléabilité. Les Indiens « excellent dans l'art de le fabriquer, dans celui de préparer le « mélange des substances au moyen desquelles, par la fusion, « on obtient le fer doux qu'on a coutume de désigner sous « le nom de fer de l'Inde. Ils ont des manufactures où l'on « fabrique les sabres les plus estimés de l'univers; c'est ainsi

Feuillet 17 recto.
SOFALA.

MINES DE FER.

---

[1] Le ms. B. porte les îles de *Ranèh* جزاير الرانح.

« que les fers du Sind, de Serendib et de l'Iémen السفــدى
« والسرندى واليمان, rivalisent entre eux sous le rapport de la
« qualité résultant de l'atmosphère locale, aussi bien que sous
« celui de l'art de la fabrication, de la fonte, de la forge, de
« la beauté du poli et de l'éclat; mais il est impossible de trouver
« rien de plus tranchant que le fer de l'Inde. C'est une chose
« universellement reconnue, et que personne ne peut nier. »

De Djentama à Dendema, on compte par mer 2 journées; par terre 7 journées.

Dendema est une des principales villes du Sofala; trois autres touchent au territoire de ce pays. L'une d'elles est Siouna صيونه, ville de médiocre grandeur, dont la population se compose d'Indiens, de Zendjes et autres. Elle est située sur un golfe où les vaisseaux étrangers viennent mouiller[1]. De Siouna à Boukha بوخه[2], sur le rivage de la mer, 3 journées; de là même à Dendema du Sofala vers l'ouest, par mer 3 journées, et par terre, environ 20 journées, parce qu'il y a, dans l'intervalle, un grand golfe qui s'étend vers le midi, et qui oblige à un détour considérable. De Boukha à Djentama par mer 1 journée, par terre 4 journées. Dans tout le pays de Sofala, on trouve de l'or en abondance, et d'excellente qualité. « Cependant les habitants préfèrent le cui-
« vre, et ils font leurs ornements avec ce dernier métal.

« L'or qu'on trouve dans le territoire de Sofala surpasse en
« quantité comme en grosseur celui des autres pays, puisqu'on
« en rencontre des morceaux d'un ou de deux mithcal, plus ou
« moins, et quelquefois même d'un rotl. On le fait fondre dans
« le désert au moyen d'un feu alimenté par de la fiente de vache,
« sans qu'il soit nécessaire de recourir, pour cette opération,
« au mercure, ainsi que la chose a lieu dans l'Afrique occiden-

---

[1] Le ms. B. ajoute : « c'est là que réside le gouverneur ; il a des soldats, mais « il n'y a point de chevaux dans le pays. »
[2] Le même ms. porte barkha برخه.

HUITIÈME SECTION.

« tale ; car les habitants de ce dernier pays réunissent leurs frag-
« ments d'or, les mêlent avec du mercure, mettent le mélange
« en fusion au moyen du feu de charbon, en sorte que le mer-
« cure s'évapore, et qu'il ne reste que le corps de l'or fondu et
« pur. L'or de Sofala n'exige pas l'emploi de ce procédé, mais
« on le fond sans aucun artifice qui l'altère. Nous terminerons ci-
« après ce que nous avons à dire de ce pays, s'il plaît à Dieu. »

A cette section appartiennent les îles indiquées en leur lieu, et entre autres celles dites el-Roïbahat الريبهات [1], qui sont très-voisines les unes des autres, et innombrables. La majeure partie de ces îles est déserte. Cependant la plus grande d'entre elles, qui se nomme Abouna ابونه [2], est florissante « et peuplée d'un
« grand nombre d'habitants qui la cultivent et qui cultivent aussi
« les plus considérables d'entre les îles environnantes. » Elles sont situées dans le voisinage de l'île el-Comor القمر. Tous les habitants de ces îles sont soumis à la domination d'un chef qui les rassemble, les protége et les défend autant qu'il est en son pouvoir. C'est sa femme qui rend la justice et qui parle au public sans être voilée, d'après une coutume constante dont on ne s'écarte jamais. « Le nom de cette reine [3] est Demhera دمهره.
« Elle porte des ornements tissus d'or, et sur sa tête une cou-
« ronne du même métal, enrichie de perles et de pierres pré-
« cieuses. Elle chausse des brodequins d'or, et personne autre
« qu'elle ne peut porter aucune chaussure, sous peine d'avoir
« les pieds coupés. Cette reine, dans les occasions et les fêtes
« solennelles, paraît en public, ainsi que les filles de sa suite,
« avec un grand appareil d'éléphants, de trompettes et de dra-

_{Feuillet 17 verso.}

_{ILES ROÏBAHAT.}

_{ILE DE COMOR.}

---

[1] On croit que ce sont les Maldives. Voyez Malte-Brun, *Précis de la géogr. univ.*, tom. I, pag. 378, et tom. IV, pag. 125.

[2] Le ms. B. porte Anberia انبريه, et je crois que c'est la vraie leçon.

[3] Le ms. A. porte : « de cette île, » mais c'est une erreur que rectifie le texte du ms. B.

« peaux. Son époux ainsi que les vizirs la suivent à une certaine
« distance. Cette reine possède des richesses qu'elle renferme
« dans des caveaux, pour les distribuer ensuite aux pauvres de
« ses états. On ne fait aucune de ces aumônes sans que ce soit
« en sa présence et sous ses yeux. Les habitants du pays sont
« dans l'usage de suspendre des étoffes de soie sur son chemin
« et sur les lieux de son passage, car elle a beaucoup de ma-
« gnificence, ainsi que nous l'avons expliqué. Le roi et la reine de
« ces îles habitent l'île d'Anberia انبريه.

« La principale production de ces îles est l'écaille de tortue
« nommée zabl زبل, qui peut se partager en sept morceaux, dont
« quatre pèsent une mine, c'est-à-dire 260 drachmes. Les plus
« lourds pèsent une demi-mine chacun. C'est avec cette écaille
« qu'on fait divers ornements pour la parure des femmes, et des
« peignes, attendu qu'elle est épaisse, transparente et bien va-
« riée dans ses couleurs.

« Les femmes de cette île vont la tête découverte, portent les
« cheveux tressés, et chacune d'elles emploie dix peignes dans sa
« coiffure, plus ou moins; c'est leur principal ornement, de même
« que chez les femmes des îles el-Sahab السحاب (ou des nuages),
« dont les habitants sont sans croyance religieuse, comme nous
« le dirons ci-après. »

Les îles connues sous le nom d'el-Roïbahat sont peuplées.
On y cultive le cocotier et la canne à sucre. Le commerce s'y
fait au moyen de coquillages [1]. Elles sont distantes les unes des
autres d'environ six milles. « Leur roi conserve les coquillages
« dans son trésor, et c'est lui qui en possède le plus. Les habi-
« tants sont industrieux, adroits et intelligents. Ils fabriquent
« des tuniques très-amples, ouvertes par en haut et garnies de

---

[1] Ce sont les cauris (cypræa moneta), employés en Afrique en guise de monnaie. *Précis de la géogr. univ.*, tom. IV, pag. 98.

« poches. Ils construisent des navires avec des pièces de bois
« très-minces; leurs maisons et leurs édifices les plus remar-
« quables sont en pierres très-dures, mais ils emploient aussi,
« à la construction de leurs demeures, des bois venus par eau et
« quelquefois même des bois odoriférants[1]. »

« On dit que les coquillages marins dont se compose le trésor
« royal se trouvent sur la surface des eaux en temps calme. On
« jette dans la mer des pièces de bois de cocotier, et le coquillage
« s'attache à ce bois. On l'appelle el-kendj الكنج. On trouve dans
« quelques-unes de ces îles une substance qui ressemble à de la
« poix-résine liquide, qui brûle les poissons au fond de l'eau,
« et qui s'éteint à sa surface. » La dernière de ces îles touche à
celle de Serendib [2], « par un de ses côtés les plus élevés, » dans la
mer nommée Herkend هركند. L'île nommée Comor قمر est éloignée des îles el-Roïbahat de 7 journées de navigation. Cette
dernière île est longue. Son roi demeure dans la ville de Malaï
ملاى. Les habitants disent qu'elle s'étend en longueur sur un espace de 4 journées[3] vers l'est. Elle commence auprès des îles
Roïbahat et se termine en face des îles de la Chine, du côté du
nord[4]. Le roi de ce pays n'est entouré ni servi, soit pour boire,
soit pour manger, que par des jeunes gens prostitués, vêtus d'é-
toffes précieuses tissues en soies de la Chine et de la Perse, et
portant au bras droit des bracelets d'or. Ces bracelets, en langue
de l'Inde, s'appellent *tanfouc* التنفق [5]; les prostitués *tenbabéh* التنبابه.
Dans ce pays, on épouse des hommes au lieu de femmes. Ceux-
ci, durant le jour, servent le roi, et la nuit ils retournent au-

Feuillet 18 recto

MALAÏ.

---

[1] Les deux manuscrits offrent ici quelques mots qu'il n'est pas possible de dé-
chiffrer.

[2] S'il y avait Sarandah, nous pourrions adopter l'opinion d'Hartmann, *Edr.
Afric.* pag. 115; mais les deux manuscrits portent Serendib.

[3] Les mss. B. et n° 334 portent 4 mois.

[4] Le manuscrit n° 334 porte « du côté du sud. »

[5] Le ms. B. porte lekankour لكنكور.

près de leurs femmes. « On cultive dans cette île des grains, le
« cocotier, la canne à sucre et le tanboul تانبول. Cette dernière
« plante est celle qui croît le plus abondamment dans l'île. »

« Le tanboul est une plante dont la tige est semblable à celle de
« la vigne; elle est grimpante et s'attache aux arbres voisins. La
« feuille ressemble à celle du Dend دند; mais elle est plus mince
« (litt. plus transparente); le goût en est âcre (litt. brûlant)
« comme celui du clou de gérofle. Celui qui en veut mâcher
« (litt. en manger) prend de la chaux vive الجيار pétrie avec de
« l'eau, et la mêle à chaque feuille dans la proportion d'un quart
« de dirhem. On ne peut en faire usage que de cette manière;
« celui qui en mâche lui trouve le goût du sucre, et son haleine
« répand un parfum agréable. Cet usage est connu dans les con-
« trées de l'Inde et dans les régions voisines [1]. »

« On fabrique dans cette île des étoffes avec une herbe dont
« la végétation ressemble à celle du papyrus البردى. Celle-ci est
« le cartas القرطاس, qu'on appelle ainsi parce que les habitants
« de l'Égypte s'en servent pour faire du papier. Les ouvriers pren-
« nent la meilleure partie (de cette herbe), et l'emploient à la
« fabrication d'étoffes comparables en beauté aux étoffes de soie
« coloriées. Ces étoffes sont transportées dans toutes les autres
« parties de l'Inde, quelquefois même dans l'Iémen, où elles
« servent à faire des habillements. Des voyageurs rapportent en
« avoir vu des quantités considérables dans ce dernier pays. On
« fabrique aussi dans cette île des nattes blanches ornées de
« peintures (ou de dessins) admirables. Les personnages consi-
« dérables les font étendre dans leurs maisons en place de tapis
« de soie et autres. Il croît dans cette île un arbre qu'on appelle
« el-bel (el-tel ou el-nel) البل, qui est une variété du palmier
« doum, et sous lequel dix personnes peuvent se mettre à l'om-

---

[1] Il s'agit ici du *bétel*, végétal dont il est parlé dans toutes les relations de l'Inde.

« bre. » Il sort aussi de cette île des navires nommés el-mechiat المشبعات [1], semblables aux ghazwanié غـزونـيـه, solidement construits, longs de soixante coudées, faits d'une seule pièce (de bois), et pouvant contenir cent cinquante hommes. « Un voyageur « moderne rapporte qu'il a vu, dans cette contrée, une table fa- « briquée d'une seule pièce (de bois) et autour de laquelle deux « cents personnes pouvaient manger. Il existe dans cette île des « bois tels qu'on n'en voit point de semblables ailleurs. Les habi- « tants sont blancs, peu barbus; ils ressemblent aux Turks, et « l'on rapporte qu'ils sont d'origine turque. »

Parmi les îles les plus célèbres de cette mer d'Herkend est l'île de Serendib سرنديب [2], qui est très-grande et très-renommée. Son étendue est de 80 parasanges dans tous les sens. Il s'y trouve une montagne, « sur laquelle descendit Adam [3] (sur qui soit le salut!). » La cime de cette montagne est si élevée, qu'elle peut être aperçue des navigateurs à plusieurs journées de distance. Elle se nomme la montagne d'el-Rahouk الرهوق [4]. « Les Brahmes, qui sont des religieux indiens, rapportent que « sur cette montagne on voit le vestige d'un des pieds d'Adam « empreint sur la pierre, et dont la longueur est de 70 coudées; « que sur ce vestige on voit toujours briller une lumière sem- « blable à un éclair; ils ajoutent que le second pied, dans l'in- « tervalle d'un pas, parvint jusques à la mer. Or, entre la mon- « tagne et la mer, la distance est de 2 à 3 journées. » Au-dessus et autour de cette montagne, on trouve des pierres précieuses et autres, de toute espèce, et dans les vallées, le dia-

---

[1] Le manuscrit n° 334 porte المسفيات et le ms. B. مشقبات.

[2] Ceylan.

[3] Le passage relatif à cette tradition a été barré dans le manuscrit n° 334; on retrouve mention de la même tradition dans les *anciennes relations de l'Inde et de la Chine*, traduites de l'arabe, par l'abbé Renaudot, pag. 3.

Le ms. B. porte el-Rahoun الرهون.

mant, « au moyen duquel on grave les chatons de bagues de pierres « de toute nature. » On trouve également sur cette montagne des aromates et diverses sortes de parfums, tels que le bois d'aloès et autres, l'animal qui porte le musc et la civette. On y cultive « le riz », le cocotier et la canne à sucre. Les rivières de cette île produisent du cristal de roche remarquable sous le rapport de la qualité et sous celui de la grosseur (des morceaux). Enfin sur toutes les côtes sont des pêcheries de perles magnifiques et d'un très-grand prix.

Au nombre des villes principales de l'île de Serendib, on compte celles de Mernaba مرنابا, d'Aghna اغنا, de Berescouri برسقوری [1], de Aïdi ایدی, de Mahouloun ماحولون, de Hamri حامری, de Telmadi تلمادی, de Sendouma سندوما, de Sedi سدی, de Kesli كسلی, de Berisli بریسلی, et de Medouna مدونا.

Le roi de cette île fait sa résidence à Aghna, où est un château, qui est le siége du gouvernement. C'est un prince ami de la justice, qui règne avec vigueur, vigilant, s'occupant beaucoup des intérêts de ses sujets, et les protégeant avec soin. Il a seize vizirs, dont quatre sont de sa nation, quatre Chrétiens, quatre Musulmans et quatre Juifs. Il leur a assigné un lieu où se réunissent les personnes appartenant à ces nations, et où l'on écrit leurs actes judiciaires et leur histoire. Auprès des docteurs de toutes ces sectes (je veux dire des Indiens, des Grecs, des Musulmans et des Juifs) se réunissent divers individus et grand nombre d'hommes (de races différentes) qui apprennent de bonne heure à écrire les actes de leurs prophètes et l'histoire de leurs anciens rois, et qui s'instruisent dans la science des lois et en

---

[1] L'auteur de la traduction latine, faite sur le n° 334, a lu plusieurs de ces noms comme il suit : Irescore, Abde, Calmadhe, Sanbadona, Sere, Kembele, Merolba ; les variantes du ms. B. sont Mernaia مرنايا, Forescouri فرسقوری, Kelmadi كلمادی, Senbedouna سنبدونا, Sendoura سندورا, Niberi نيبری, Kenbeli كنبلی, Bournichli برنشلی, Merouna مرونه.

HUITIÈME SECTION.

général des choses qu'ils ignorent. Ce roi tient à la main une idole d'or enrichie de perles, de rubis et de pierres d'un prix dont personne ne peut se faire une juste idée. Il n'existe dans l'Inde aucun prince aussi riche que le roi de Serendib en perles d'une beauté rare et en pierres précieuses de toute espèce; car la majeure partie de ces richesses se trouvent dans les montagnes, dans les vallées et dans la mer de son île, où (d'ailleurs) abordent des navires de la Chine et d'autres royaumes circonvoisins. On lui apporte des vins de l'Irâc et du Fars, qu'il achète de son argent et qu'il fait vendre dans ses états; car il boit du vin et défend le libertinage, tandis que les autres rois de l'Inde permettent le libertinage et prohibent l'usage des liqueurs enivrantes, à l'exception toutefois du roi de Comar قمار[1], qui défend l'un et l'autre. On exporte de Serendib de la soie, des pierreries de toute couleur, du cristal de roche, du diamant, et beaucoup de parfums. Entre cette île et le continent de l'Inde, il n'y a qu'une petite journée de navigation. La même distance la sépare de l'île de Balanc بلنق[2], dite riveraine. Cette île dépend des terres de l'Inde, ainsi que les vallées[3] par lesquelles se déchargent les rivières, et qu'on nomme vallées de Serendib. Les navires y mouillent, et les navigateurs « y passent un mois ou
« deux dans l'abondance et dans les plaisirs. Le climat y est tem-
« péré. On peut s'y procurer un mouton pour une demi-drachme,
« et de quoi régaler une assemblée, de vin doux cuit avec du car-
« damome frais, moyennant la même somme d'argent. Les habi-
« tants de Serendib jouent aux échecs, au trictrac et à divers jeux
« de hasard. Ils s'occupent avec un soin particulier de la culture

Feuillet 19 recto.

---

[1] S'agit-il ici de l'île désignée plus haut (pag. 67 et 69), sous le nom de *Comor*, s'agit-il d'une autre? C'est une question que ni le ms. A., ni le ms. B. ne mettent à portée de résoudre. L'un et l'autre portent les deux leçons.

[2] Les manuscrits n° 334 et B. portent Balabac بلبق.

[3] On lit dans le manuscrit n° 334 اغباب Aghbab.

« du cocotier dans les petites îles environnantes. Ils veillent à
« la conservation de cet arbre, et l'offrent aux allants et venants
« dans l'espoir d'une récompense; car les habitants d'Oman عمان
« et de Merbat مربط, dans l'Iémen, viennent souvent aux îles
« où croît le cocotier, coupent les pièces de cette espèce d'arbre
« qui leur plaisent, fabriquent des cordages avec les fibres du
« bois, et (avec le tronc) construisent des navires et façonnent
« des mâts. Ils filent aussi des cordes avec ses feuilles [1], puis
« chargent leurs navires de ce même bois et le transportent dans
« leur pays, où ils le vendent. »

Auprès de l'île de Serendib, on trouve celle d'el-Rami الرامى;
(el-Rami est aussi le nom d'une ville de l'Inde). Dans cette île
il y a plusieurs rois. Elle est cultivée, abondante en minéraux
et en parfums. Sa longueur est, à ce qu'on dit, de 700 parasanges. On y trouve l'animal nommé kerkedan كركدان (le rhinocéros). Il est moins grand que l'éléphant, mais il l'est plus
que le buffle. Son cou est courbé comme l'est celui du chameau,
mais dans un sens inverse, puisque sa tête touche presque à ses
pieds de devant. Il porte au milieu du front une corne longue et
d'une épaisseur telle, qu'on ne peut l'embrasser avec les deux
mains. On dit que dans quelques-unes de ces cornes, lorsqu'elles
ont été fendues, on voit des figures d'hommes, d'oiseaux et autres,
parfaitement dessinées en blanc, et qu'avec ces dernières on
fabrique des ceinturons d'un grand prix. Les figures qu'on y
remarque occupent toute la longueur (litt. d'une extrémité à
l'autre) des cornes.

« El-Djahez الجاحظ, dans son livre des *Animaux*, rapporte que
« le (jeune) rhinocéros reste durant sept ans dans le ventre de
« sa mère; mais que (pendant le temps de la gestation) il sort

---

[1] Peut-être avec l'étoupe renfermée dans la noix de coco. Voyez la Chrestomathie arabe de M. de Sacy, 1re édit. tom. III, pag. 378. Cependant on trouve des
détails pareils dans les *Anc. Relat. des Indes*, pag. 111.

HUITIÈME SECTION.   75

« sa tête et son cou hors de la vulve, qu'il mange de l'herbe,
« puis rentre dans la matrice; que, lorsque sa corne l'empêche
« de ressortir la tête pour prendre sa nourriture accoutumée, il
« frappe l'intérieur de la matrice, au point de la perforer, qu'il
« sort ensuite, et que la mère meurt : mais cela n'est pas pos-
« sible; c'est une fable qui n'est pas digne d'être écoutée; car si
« la chose était comme on la rapporte, certes l'espèce périrait,
« puisqu'il ne resterait plus que des mâles. » El-Djihani الجيهاني
rapporte aussi dans son livre qu'avec cette corne on fabrique
pour les rois de l'Inde des manches de couteau de table, qui
se couvrent d'humidité lorsqu'on apporte devant ces rois quelque mets dans lequel il entre du poison; en sorte qu'on connaît
aussitôt que l'aliment est empoisonné.

Le territoire de l'île d'el-Rami est fertile, le climat tempéré
et l'eau excellente. Il y a beaucoup de villes, de villages et de
châteaux. Elle produit le bekem بقم[1], dont la plante ressemble
exactement à celle du laurier-rose. Ce bois est rouge et ses racines sont employées comme remède contre la morsure des
vipères et des serpents. C'est une chose constatée par l'expérience.
On trouve aussi dans cette île des buffles sans queue « et, dans
« les forêts, des hommes tout nus, et dont le langage est in-
« intelligible. Ils fuient les autres hommes. Leur taille est de 4
« chibra (environ 36 pouces); les parties génitales chez les
« deux sexes sont de petites dimensions, leurs cheveux sont
« roux et crépus. Ils grimpent sur les arbres avec les mains sans
« le secours des pieds, et on ne peut les atteindre à cause de la
« rapidité de leur course. Il existe aussi sur les rivages de cette
« île une peuplade d'hommes qui peuvent atteindre à la nage les
« vaisseaux, lors même que ceux-ci sont favorisés par un bon vent.
« Ils échangent, avec les navigateurs, des perles contre de l'ambre
« qu'ils portent chez eux. On fait dans cette île le commerce de

[1] Bois de Brésil.

« L'or (car il s'y trouve beaucoup de mines de ce métal), d'ex-
« cellent camphre, de diverses sortes de parfums et de perles
« d'une rare beauté. » De là à Serendib, on compte 3 journées.
Celui qui veut aller de l'île susmentionnée de Balanc بلنق [1] à la
Chine, laisse l'île de Serendib à sa droite. De Serendib à l'île
de Lankialious لنكياليوس le voyage est de 10 journées. Cette île
s'appelle aussi Landjalious لنجاليوس, par un *djim*. « Elle est
« grande, et peuplée de blancs. Les hommes et les femmes y
« vont nus; ces dernières, toutefois, se voilent avec des feuilles
« d'arbre. Les marchands s'y rendent avec de gros et de petits
« navires, et s'y procurent de l'ambre et des noix de coco moyen-
« nant du fer. La majeure partie des habitants achètent des أهـ ـ ـ ـ es
« dont ils s'habillent dans certaines circonstances. Le froid et le
« chaud ont peu d'intensité dans cette île, à cause du voisinage
« de l'équateur. La nourriture des habitants se compose de figues
« bananes, de poisson frais et de noix de coco. L'objet le plus
« estimé chez eux est le fer. Ils accueillent bien les étrangers. »
Au midi de l'île d'el-Rami, il en est une autre bien peuplée
qu'on nomme el-Binan [3], où se trouve une grande ville. On y
mange des noix de coco; « c'est un mets dont on fait (grand)
« usage. La population est très-brave, très-courageuse, et parmi
« ses usages il en est un qui se perpétue de père en fils, et qui
« consiste en ce que, lorsqu'un homme veut se marier, sa
« famille ne le lui permet pas, à moins qu'il n'apporte la tête
« d'un ennemi tué par lui, en sorte que le prétendu se met à
« rôder dans tous les environs, jusqu'au moment où il peut par-
« venir à tuer un homme et à en apporter la tête; alors il épouse
« la femme à laquelle il avait été fiancé. S'il apporte deux têtes,
« il peut épouser deux femmes; s'il en apporte trois, il épouse

Feuillet 20 recto.

---

[1] Ou de Balabac. Voyez ci-dessus, pag. 73.
[2] Il y a probablement ici une faute de copiste.
[3] Les deux autres manuscrits portent Albinoman البينمان.

HUITIÈME SECTION.

« trois femmes; et dans le cas où il aurait tué cinquante hommes,
« il pourrait avoir cinquante épouses. (Alors) il jouit dans le pays
« de beaucoup de considération; on l'honore comme un brave,
« et c'est une obligation à tous de le respecter [1]. Cette île est
« peuplée d'un grand nombre de tribus. Elle produit le bois de
« Brésil, le rotang et la canne à sucre. » Non loin de là et à 2
journées de distance est l'île de Djalous جالوس, dont les habitants sont noirs, tout nus et antropophages, « c'est-à-dire que
« lorsqu'il leur tombe dans les mains un étranger, ils le suspen-
« dent par les pieds, le coupent en morceaux et le mangent. Un
« capitaine de navire raconte que, les habitants de cette île ayant
« surpris un de ses compagnons, il observa qu'ils le pendirent,
« le coupèrent en morceaux et le dévorèrent. Ces peuples n'ont
« point de roi. Ils vivent principalement de poisson, de figues
« bananes, de noix de coco, de cannes à sucre; ils choisissent
« pour demeures et pour asiles des bois fourrés et des marais.
« La plante la plus commune chez eux est le rotang. Ils vont tout
« nus, hommes et femmes, sans se voiler en aucune manière,
« et ne se cachent pas même au moment de la copulation; ils ne
« trouvent aucun inconvénient à ce que cet acte ait lieu publi-
« quement. Quelquefois un homme l'accomplit avec sa fille ou
« avec sa sœur, sans que personne trouve la chose blâmable ou
« honteuse. Ces peuples sont noirs, de figure désagréable; ils
« ont les cheveux noirs et crépus, le cou long ainsi que les
« jambes, et la figure très-maigre. »

D'el-Binan à Serendib, 3 journées de navigation. De Serendib
à l'île de Lankialious ou de Landjalious, 10 journées. De Landjalious à l'île de Keleh كله dont nous parlerons ci-après, 6 journées.

---

[1] Cette coutume est rapportée dans les *Anciennes Relations des Indes et de la Chine*, pag. 4, et dans une relation de Borneo qui se lit pag. 153 des *Nouvelles Annales des Voyages*, août 1828.

NEUVIÈME SECTION.

Mer des Indes et de la Chine. — Djesta ou Djebesta. — Daghouta. — Ile de Djalous. Arbre du camphre. — Iles de Djaba ou de Java, de Selahat et de Heridj. — Bayadères. — Tenouma ou Chouma. — Ile de Senf. — Khankou ou Khanfou. — Ile de Malaï.

Cette section comprend la description de la partie de la mer des Indes connue sous le nom de mer de la Chine, et d'une partie de la mer nommée Darlazouï دارلازوى [1]. Dans cette mer sont diverses îles dont nous ferons mention ci-après.

Nous disons donc qu'au midi de cette mer est une partie du Sofala (dont nous avons déjà parlé), et qu'au nombre des lieux habités de ce pays est la ville de Djesta جسطه, peu considérable. « On y trouve de l'or en quantité; son exploitation est la seule « industrie et la principale ressource des habitants. Ils mangent « des tortues marines et des coquillages. Le dourah est peu abon-« dant parmi eux. » Cette ville est située sur un grand golfe où peuvent entrer les navires. « Les habitants de Djebesta جسطه [2] « n'ayant ni navires ni bêtes de somme pour porter leurs far-« deaux, sont obligés de les porter eux-mêmes, et de se rendre « service réciproquement. Ceux de Comor قمر et les mar-« chands du pays de Mehradj مهراج [3] viennent chez eux, en sont « bien accueillis, et trafiquent avec eux. » De la ville de Djebesta

---

[1] Darlaroui d'après le ms. B., ou Darlaouï, d'après l'Abrégé.
[2] Le ms. B. porte constamment Djesta.
[3] Il est question des pays de Mehradj et de Comor, dans les *Anciennes Relations*, pag. 78 et suiv.

à celle de Daghouta داغوطه 3 jours et 3 nuits par mer; et à l'île de Comor, 1 jour.

La ville de Daghouta est la dernière du Sofala, pays de l'or; elle est située sur un grand golfe. « Ses habitants vont nus; ce- « pendant ils cachent avec leurs mains (leurs parties sexuelles), « à l'approche des marchands qui viennent chez eux des autres « îles voisines. Leurs femmes ont de la pudeur, et ne se mon- « trent ni dans les marchés, ni dans les lieux de réunion, à cause « de leur nudité; c'est pourquoi elles restent fixées dans leurs « demeures. On trouve de l'or dans cette ville et dans son terri- « toire, plus que partout ailleurs dans le Sofala. » Ce pays touche à celui de Wacwac واقواق, où sont deux villes « misérables et « mal peuplées, à cause de la rareté des subsistances et du peu « de ressources en tout genre. » L'une se nomme Derou درو et l'autre Nebhena نبهنه[1]. Dans son voisinage est un grand bourg « nommé Da'rgha دعرغه[2]. « Les naturels sont noirs, de figure « hideuse, de complexion difforme; leur langage est une espèce « de sifflement. Ils sont absolument nus et sont peu visités (par « les étrangers). Ils vivent de poissons, de coquillages et de tor- « tues. » Ils sont (comme il vient d'être dit), voisins de l'île de Wacwac « dont nous reparlerons, s'il plaît à Dieu. Chacun de ces « pays et de ces îles est situé sur un grand golfe. On n'y trouve « ni or, ni commerce, ni navire, ni bêtes de somme. Quant à « l'île de Djalous جالوس, ses habitants sont Zendjes, ils vont nus, « et vivent, comme nous l'avons dit, de ce qui leur tombe entre « les mains. Il existe chez eux une montagne dont la terre est « (mêlée) d'argent. Si on approche cette terre du feu, elle se dis- « sout et devient argent. » De là à l'île de Lankialious on compte 2 journées, et 5 de cette dernière à l'île de Keleh كله, « qui

[1] On lit dans le ms. n° 334, Dadou ددو et Iana'ana ينعنه et dans le ms. B. Dadoua ددوا et Nebhena نبهنه.
[2] Ou Daghdagha دغدغه.

« est très-grande et où demeure un roi qu'on nomme le Djaba
« ou prince indien. Il y a dans cette île une mine abondante d'é-
« tain. Le métal est très-pur et très-brillant; mais les mar-
« chands le mêlent frauduleusement après son extraction de la
« mine, et le transportent ensuite partout ailleurs. Le vêtement
« des habitants est la tunique; elle est de même forme pour
« les hommes et pour les femmes. » L'île produit le rotang et
d'excellent camphre. L'arbre qui donne cette résine ressemble
au saule, à cela près qu'il est très-grand : plus de cent personnes
peuvent se mettre sous son ombre. Le camphre s'obtient au
moyen d'une incision qu'on fait à la partie supérieure de l'arbre,
d'où il découle en assez grande quantité pour qu'on puisse en
remplir plusieurs jarres [1]. Lorsqu'il a cessé de couler par cette
ouverture, on en pratique une inférieure vers le milieu de l'arbre
d'où s'écoulent les gouttes du camphre; car c'est une gomme
produite par cet arbre, et qui s'épaissit dans le bois. Après cette
opération, l'arbre devient inutile; on le laisse et on passe à un
autre. Le bois de l'arbre du camphre est blanc et léger. On raconte, relativement à cette île, des merveilles dont la description
paraîtrait excessivement fabuleuse.

Dans le voisinage de cette île sont celles de Djaba جابه [2], de
Selahat سلاهط et de Heridj هريج [3]. Elles sont éloignées les unes
des autres (litt. chacune est éloignée de sa sœur) d'environ 2
parasanges plus ou moins. Elles obéissent toutes au même roi.
« Ce prince se nomme Djaba; il porte la chlamyde et la tiare en
« or, enrichie de perles et de pierres précieuses. Ses monnaies
« portent l'empreinte de ses traits (litt. de sa figure). Il a beau-
« coup de dévotion pour les Boud. Ce mot *buud* (pl. boudoud)
« signifie *temple* [4] en langue indienne. Celui du roi est très-beau

---

[1] Ce mot dérive de l'arabe جرّة. — [2] Java ?
[3] Ou Hazeleh, selon la traduction latine de l'Abrégé.
[4] وهي الكنايس بلغة اهل الهند.

« et revêtu extérieurement de marbre. Dans l'intérieur et tout
« autour du boud, on voit des idoles faites de marbre blanc, la
« tête ornée de couronnes d'or [1] et autres. Les prières, dans ces
« temples, sont accompagnées de chants, et ont lieu avec beau-
« coup de pompe et d'ordre. De jeunes et belles filles y exé-
« cutent des danses et autres jeux agréables, et cela devant les
« personnes qui prient et qui sont rassemblées dans le temple.
« A chaque boud sont attachées un certain nombre de ces jeunes
« filles, qui sont nourries et vêtues aux frais de l'établissement.
« C'est pour cela que, lorsqu'une femme est accouchée d'une
« fille remarquable par sa taille et par sa beauté, elle en fait
« présent au boud. Parvenue à l'âge de l'adolescence, la jeune
« personne est revêtue des vêtements les plus beaux qu'il a été
« possible de se procurer, et, accompagnée de sa famille et de ses
« parents des deux sexes, elle est conduite par la main de sa
« mère au boud auquel elle a été consacrée. On la confie aux
« serviteurs (du temple), et on se retire. De là elle passe aux
« mains de femmes instruites dans l'art de la danse, de la mimi-
« que et autres jeux qu'il lui est nécessaire de savoir. Lorsqu'elle
« est devenue suffisamment habile, on la revêt d'habits magni-
« fiques et de riches ornements, et elle est attachée d'une ma-
« nière indissoluble au service du temple. Elle ne peut plus en
« sortir, ni cesser désormais (ses fonctions). Telle est la loi des
« Indiens qui adorent les boud.

« Cette île produit en grande abondance des noix de coco,
« des figues bananes excellentes, du riz et du sucre. Il existe
« dans l'île de Hernedj حرنج (ou de Heridj) un grand précipice dont
« personne n'a pu mesurer la profondeur; c'est une particula-
« rité remarquable.

« Tout auprès de l'île de Djaba est celle de Maït مايط; elle est

---

[1] Le ms. B. ajoute : et revêtues de brocart et d'étoffes rayées (de l'Iémen).

« sous la dépendance du roi de Djaba, et produit aussi des noix
« de coco, des bananes, du sucre et du riz.

« L'île de Selahat سلاهط produit beaucoup de bois de sandal,
« du nard et du clou de gérofle. Le géroflier est un arbre qui
« ressemble au henné[1] sous le rapport de la végétation et de la
« ténuité de ses branches. Elles portent une fleur qui s'ouvre en
« un calice exactement semblable au (à celui du) cocotier. Lors-
« que la feuille tombe, on cueille le calice avec précaution pour
« pouvoir l'employer à l'usage qu'on désire; ensuite on l'expose
« (à l'air), on le fait sécher tout âcre et grossier (qu'il est), et
« on le vend aux marchands étrangers, qui le transportent dans
« tous les pays de la terre. »

Il existe dans cette île un *borkan* بركان[2] de feu, qui brûle et
qui s'élève à la hauteur de 100 coudées. Durant le jour on ne
voit que la fumée, et la nuit c'est un feu très-ardent. A gauche
de l'île de Habet هابط est celle de Tenouma تنومه; entre cette
dernière et celle de Maït مايط[3], on compte une journée de distance. « Celle-ci est très-peuplée; les habitants portent l'espèce
« de vêtement nommé *azar* ازر. On y trouve de l'eau douce, du
« riz, du sucre, des noix de coco et des pêcheries de perles.
« L'île de Tenouma produit le bois d'aloès indien العود الهندى
« et le camphre.

« Le bois d'aloès a les branches et les feuilles exactement sem-
« blables aux feuilles et aux branches de la plante appelée *sas*
« الصاى. On extrait ses racines à une époque particulière, et plu-
« sieurs mois après qu'on lui a coupé les branches : ensuite on

---

[1] Arbuste bien connu, d'où provient la couleur rouge qu'on emploie dans le Levant pour teindre les ongles, la barbe et les cheveux.

[2] Ce mot est traduit, on ne sait pourquoi, par *puteus* dans la version latine; il semble être une corruption du mot *volcan*.

[3] L'absence des points diacritiques porte à penser que Habet et Maït ne font qu'une seule et même île; le ms. B. porte constamment Mabet مابط.

NEUVIÈME SECTION.

« taille sa partie supérieure ; on enlève la partie tendre, et on prend
« le bois dur (litt. le cœur) qu'on râpe avec l'*eskarnadj* الاسكرناج [1],
« qui est comme la lime de bois d'aloès, jusqu'à ce qu'il soit net-
« toyé ; ensuite on le frotte avec du verre ; puis on le met dans des
« sacs de toile grossière, et on lui donne beaucoup de poli :
« enfin on le tire des sacs, et on le vend aux marchands qui
« affluent dans le pays et qui le répandent partout [2].

« De Chouma شومه [3] à l'île de Comor قمر, 5 journées.
« Le bois d'aloès que produisent ces îles [4] est bon ; mais celui
« qu'on nomme *sanfi* صنفى est encore meilleur. On trouve à
« Chouma du bois de sandal et du riz ; les habitants portent
« le vêtement nommé fouta ; ils accueillent bien et honorent les
« marchands étrangers. Ce sont des hommes justes, purs et re-
« nommés pour leur bienfaisance et pour leur équité parfaite.
« Ils adorent les idoles et les boud, et ils brûlent leurs morts. »
L'île de Senf صنف [5] est voisine de l'île de Comar قمر ; il n'y
a que 3 milles d'intervalle. « On trouve à Senf du bois d'aloès
« supérieur à celui de Comar, car, plongé dans l'eau, il ne sur-
« nage pas, tant il est lourd et excellent. Il y a, dans cette île,
« des bœufs et des buffles sans queue, des cocotiers, des bana-
« niers, des cannes à sucre et du riz. » Les habitants n'égorgent
aucune espèce de quadrupèdes, ni d'autres animaux tels que les
reptiles, etc. « Ils peuvent bien manger de la chair des animaux
« morts naturellement, mais la plupart d'entre eux répugnent à

Feuillet 21 verso.

ILE DE SENF.

---

[1] On pourrait lire aussi *eskarbadj*.

[2] On voit qu'il s'agit ici, non du suc proprement dit de l'aloès, mais du bois d'un arbre qui porte le même nom. Il y a plusieurs sortes de bois d'aloès ; M. Guillemin, savant botaniste, pense que l'auteur arabe veut parler d'une des espèces du genre *aquilaria* des auteurs modernes, sur lesquelles on trouve beaucoup de détails dans Rumphius, *Herbarium Amboinense*, tom. XI, pag. 29 et suivantes.

[3] Les mss. n° 334 et B. portent Tenoma.

[4] Le ms. B. porte : « Cette dernière île. » — [5] Il est question de cette île sous le nom de *Senef*, dans les *Anciennes Relat.*, etc. pag. 145-146.

« le faire, et n'en mangent pas. Celui qui tue une vache est puni
« de mort, ou du moins il a la main coupée. Lorsqu'une vache est
« hors d'état de servir, on la parque dans une étable et on l'y laisse
« jusqu'à ce qu'elle meure de sa mort naturelle. Il y a dans cette
« île un roi qui se nomme Ranid رنيد, et sa famille Semer سمر.
« L'habillement de chacun des habitants se compose de deux
« *fouta*: l'une employée comme manteau traînant, et l'autre ser-
« vant à voiler et à couvrir le corps. Il y a de l'eau douce. »
De cette île (de Chouma ou de Tenoma) à celle de Sendéfou-
lat صندفولات, 10 journées. De celle de Senfy à la ville de Lou-
kïn لوقين, 3 journées. C'est la première *échelle* de la Chine[1]. « On
« y fabrique diverses riches étoffes de soie de la Chine qui sont
« exportées au dehors, et notamment le ghazar-sini غزار صيني,
« dont on fait commerce dans les pays voisins aussi bien qu'au loin.
« On y trouve du riz, des céréales, des noix de coco, des cannes
« à sucre. Les habitants portent la fouta; ils accueillent bien les
« étrangers; ils sont très-magnifiques, et font un plus grand
« usage de parfums que les autres habitants de l'Inde. » De Loukin
لوقين à Khancou خانفو [2], 4 journées de navigation, et 20 par
terre. Cette dernière échelle est la plus considérable de la Chine.

« Ce pays est gouverné par un roi puissant et glorieux, qui
« a beaucoup de sujets, de troupes et d'armes. On s'y nourrit
« de riz, de noix de coco, de lait, de sucre et de mokl[3]. La ville
« est située sur un golfe (ou à l'embouchure d'un fleuve) qu'on
« remonte durant deux mois de marche jusqu'à la ville de Badja
« باجه, qui appartient au baghbough بغبوغ [4], lequel est le roi de

---

[1] Le texte arabe porte اوّل مراقي الصين, ce qui signifie exactement la première des échelles de la Chine. — [2] Ou plutôt Khan-fou خانفو.

[3] C'est le fruit du palmier doum. Voyez, à ce sujet, la *Chrestomathie arabe* de
M. de Sacy, 1re édition, tom. III, pag. 454 et suivantes.

[4] Ce nom paraît être le même que *faghfour*, فغفور, dont il est si souvent question
dans les géographes orientaux qui ont traité de la Chine.

« toute la Chine. Cette ville est le terme des voyages des Occi-
« dentaux; on y trouve toute espèce de fruits et de légumes, du
« blé, de l'orge et du riz. » On ne trouve ni raisin ni figues dans
la totalité de la Chine et des Indes, « mais bien le fruit d'un
« arbre qu'on nomme el-cheki الشكى et el-berki البركى. Cet arbre
« croît particulièrement dans le pays du poivre. C'est un arbre [1]
« dont les fruits sont durs, et dont les feuilles, d'un vert éclatant,
« ressemblent à celles du chou; il porte un fruit de la longueur
« de quatre palmes, rond, semblable à une conque marine, couvert
« d'une écorce rouge, et dans l'intérieur duquel est une graine
« ou un gland qui ressemble à celui du chêne; bouilli au feu,
« on le mange comme la châtaigne, dont il a exactement le
« goût. La pulpe de ce fruit forme un aliment très-doux et très-
« agréable, qui réunit au goût de la pomme celui de la poire,
« et quelque chose même de la saveur de la banane et du mokl.
« C'est un fruit appétissant, admirable, et le plus recherché de
« tous ceux qu'on mange dans l'Inde. On trouve également dans
« ce pays un arbre qu'on appelle el-i'nba العنبا; il est grand comme
« le noyer, ses feuilles ressemblent aux feuilles de cet arbre,
« et son fruit à celui du palmier doum. Lorsque ce fruit est
« noué [2], il est tendre; alors on le met dans du vinaigre, et son
« goût ressemble exactement à celui des olives. C'est chez les
« Indiens un hors-d'œuvre destiné à exciter l'appétit. »

De la ville de Khancou [3] à la ville de Djankou جانكو, on compte
3 journées [4]. (Nous en reparlerons dans la dixième section, s'il
plaît à Dieu.)

De la ville de Senf la riveraine à l'île de Chamel شامل, 4 journées.

---

[1] Je crois que c'est du jacquier ou de l'arbre à pain qu'il est ici question. Du reste, le mot ne se trouve pas dans les dictionnaires.

[2] Le texte arabe porte exactement la même chose : عقد.

[3] Le ms. B. porte Hankou حانكو.

[4] Le manuscrit n° 334 porte : huit journées.

« Cette dernière est située dans la mer de Senf; elle est floris-
« sante et peuplée. Elle produit du blé, du riz, des figues bananes
« en quantité et du sucre. On y pêche une espèce de poisson
» fort gros, d'un goût excellent et dont la chair peut remplacer
« la (meilleure) viande. »

De l'île de Chamel à celle de Achoura عاشورا, 4 journées. Celle-ci est mal peuplée. Son territoire est âpre, stérile et montagneux. Il y a beaucoup de scorpions et de reptiles. De là à l'île de Malaï ملای, une petite journée.

L'île de Malaï est grande; elle s'étend de l'occident à l'orient.
« Son roi demeure dans une ville, et il se nomme Melik-el-Djezer
« ملك الجزر. Sa monnaie est d'argent, et elle est connue sous le
« nom de *dirhem el-tatarièh* الدرهم الطاطريه. Il a beaucoup de trou-
« pes, d'éléphants et de vaisseaux. Les productions du pays sont
« la banane, la noix de coco et la canne à sucre. D'après le rapport
« des habitants, cette île touche à la mer résineuse البحر الرفتی,
« à l'extrémité de la Chine. La mer de Senf nourrit une grande
« quantité de poissons grands et petits, et produit diverses sub-
« stances curieuses, utiles ou nuisibles, dont nous ferons mention,
« lorsque nous traiterons des extrémités de cette mer, dans le
« second climat, et que nous rapporterons, autant que nos forces
« nous le permettront, ce qu'en disent les voyageurs ainsi que les
« marins, et (en général) les choses sur lesquelles leurs relations
« s'accordent avec celles des annalistes et des géographes anciens. »

DIXIÈME SECTION.

Suite de la mer des Indes et de la Chine. — Iles d'el-Moudja. — De Suma, d'Almaïd.

Cette section comprend les dernières terres habitables du côté de l'orient, au delà desquelles tout est inconnu; la mer de Chine nommée aussi Sakha ﺳﺨﺎ, et, par quelques personnes, mer de Senf; c'est un bras de la mer Océane appelée *mer obscure*, parce qu'elle l'est en effet, et qu'elle est presque toujours agitée par des vents impétueux et couverte d'épaisses ténèbres. Cette mer touche à l'Océan auprès du pays de Gog et de Magog, et par sa partie inférieure (litt. par ce qui est au-dessous d'elle), aux terres inhabitables du coté du nord. Cette mer des ténèbres s'étend beaucoup aussi du côté de l'occident, ainsi que nous l'avons dit [1], « et que nous en avons tracé le dessin. » Cette mer est agitée par des vents impétueux et sujette à des pluies abondantes. Les vents maritimes (la mousson) soufflent durant six mois dans une direction, et pendant six autres dans une direction contraire.

Il y existe un grand nombre d'îles, dont les unes sont visitées et les autres non fréquentées par les négociants, « à cause de la « difficulté des routes, de la frayeur qu'inspire la mer, des « variations dans le cours des vents, de la férocité des insulaires

Feuillet 22 recto.

---

[1] La version latine ajoute le passage suivant, qu'on retrouve dans le texte arabe du ms. B. : *protenditurque ad insulas Vacvac ex parte meridionali, et ad mare serpentum usque ad latus australe maris terram ambientis.*

« et du manque de communication et de relations de bon voisinage
« avec les peuples connus. »

« L'île nommée el-Moudja الموجه, située dans la mer Darlarouï
« دارلاروى, obéit à divers rois qui sont de couleur blanche, mais
« qui ne portent pas l'espèce de manteau nommé azar ازار. Ils
« (les habitants) ont, sous le rapport du costume et des orne-
« ments, beaucoup de ressemblance avec les Chinois. Ils ont un
« grand nombre de chevaux dont ils se servent pour aller
« combattre les rois leurs voisins. Cette île touche aux lieux où
« le soleil se lève. On y trouve l'animal qui porte le musc et la
« civette. Les femmes y sont les plus belles du monde; elles
« portent toujours les cheveux longs, et elles ne cherchent en
« aucune manière à les cacher. Elles vont tête nue, ornée (seu-
« lement) de bandelettes, auxquelles sont suspendus des coquil-
« lages de diverses couleurs et des fragments de nacre de perle. »
De cette île à celle de Suma سومه[1], 2 journées.

Cette dernière est très-considérable, très-fertile en grains et
« en céréales. On y trouve diverses espèces d'oiseaux bons à
« manger, qu'on ne voit point ailleurs dans l'Inde, et beaucoup
« de cocotiers. » Elle est entourée d'un grand nombre d'îles
petites, mais peuplées. Son roi se nomme Camroun قامرون. Il
y pleut et il y vente beaucoup. La profondeur de la mer qui
l'entoure est d'environ 40 brasses. Les montagnes de cette
île produisent du camphre supérieur à celui de tous les autres
pays. « Il existe dans quelques-unes d'entre ces îles un peuple
« nommé el-Fondjet الفنجت, à cheveux noirs et crépus, attaquant
« les navires avec des machines de guerre, des armes et des

---

[1] C'est très-probablement *Sumatra*; Voyez le *Précis de la Géogr. univ.*, tom. I, p. 379, et tom. IV, pag. 255 et suiv. Comme le paragraphe précédent avait été omis par l'abréviateur, il n'était pas possible de deviner à quoi se rapportaient les mots de la version latine: *ab hâc insulâ*, etc. Au reste, d'après les mss. n° 334 et B., il faudrait lire Soborma سبرمه, au lieu de Suma.

DIXIÈME SECTION.

« flèches empoisonnées. Il est difficile de résister à leurs attaques, « et peu d'entre ceux qui passent dans leur voisinage ou qui « tombent entre leurs mains parviennent à se sauver. Chacun « (de ces hommes) porte autour du cou un collier de fer, de « cuivre ou d'or. » A l'extrémité de cette mer, du côté de la Chine, est l'île d'Almaïd المايد, éloignée (de la Chine) de 4 journées de navigation. De l'île de Suma à celle d'el-Aiam الايام [1], même distance. De là on pénètre à la mer de Senf. « Parmi toutes les mers dont nous avons fait mention, il n'en « est point où les pluies soient plus fréquentes et les vents plus « violents; quelquefois les nuages laissent tomber la pluie durant « un jour ou deux sans interruption. Les îles de la mer de Senf « produisent du bois d'aloès et d'autres parfums. On ne connaît ni « l'extrémité ni l'étendue de cette mer. Sur ses rivages sont les « domaines d'un roi nommé Mihradj مهراج, qui possède un « grand nombre d'îles bien peuplées, fertiles, couvertes de champs « et de pâturages, et produisant de l'ivoire, du camphre, de la « noix muscade, du macis, du clou de gérofle, du bois d'aloès, « du cardamome, du kababé et autres substances (litt. graines) « qui s'y trouvent et qui y sont indigènes [2]. Le pays de ce prince « est très-fréquenté, et il n'est point de roi dans l'Inde qui « possède rien de comparable à ces îles, dont le commerce « est considérable et bien connu. » Au nombre de ces îles est celle d'Almaïd. Elle contient un grand nombre de villes, est plus vaste et plus fertile que celle de Moudja. « Ses habitants « ressemblent plus aux Chinois que les autres, je veux dire que « la population de tous les pays voisins de la Chine. Les rois « possèdent des esclaves noirs et blancs et de beaux eunuques. » Leurs îles et leurs pays touchent à la Chine. « Ils envoyent des « ambassadeurs et des présents au souverain de cet empire. »

[1] Ou Anam. — [2] مكنة

Feuillet 22 verso.

C'est là que se rassemblent et que stationnent les navires chinois venant des îles de la Chine; c'est vers cette île qu'ils se dirigent, et de ce point qu'ils partent pour se rendre ailleurs. De l'île de Senf aux îles de Sendi Foulat صندى فولات, 10 journées. « L'île « de Sendi Foulat est très-grande; il y a de l'eau douce, des « champs cultivés, du riz et des cocotiers [1]. Le roi s'appelle Resed « رسد [2]. Les habitants portent la fouta soit en manteau, soit en « ceinture [3]. » L'île de Sendi Foulat est entourée, du côté de la Chine, de montagnes d'un difficile accès, et où soufflent des vents impétueux. Cette île est une des portes de la Chine. De là à la ville de Khancou, خانقوا [4], 4 journées.

Feuillet 23 recto.

« Les portes de la Chine sont au nombre de douze; ce sont « des montagnes situées dans la mer : entre chaque montagne, « il y a une ouverture par laquelle on arrive à celle des villes « maritimes de la Chine vers laquelle on tend. Toutes les échel-« les de la Chine sont ainsi placées sur des golfes; c'est par-là « que montent les navires [5].

« Le peuple possède des richesses abondantes et des trou-« peaux de moutons. Quant aux eaux des golfes, elles sont « douces jusqu'au moment des marées; alors le fleuve se rem-« plit d'eau de mer, ce qui arrive deux fois pendant les 24 « heures (litt. par jour et par nuit).

« Dans ces échelles sont des marchés, des négociants, des gens « qui viennent, d'autres qui partent, des bâtiments, des marchan-« dises qu'on charge, d'autres qu'on décharge. On jouit cons-« tamment dans le pays d'une sécurité (parfaite). La justice

---

[1] Ces détails sont parfaitement conformes à ce qu'on lit dans les *Anc. Relat. des Indes et de la Chine*, pag. 14 et suiv.

[2] Le ms. B. porte Zenbid زنبد.

[3] تارزا وتوشكّا.

[4] Ou plutôt Khan-fou, Khan-pou. Voyez le Journal Asiatique, tom. V, pag. 37.

[5] Le manuscrit arabe renferme encore quelques mots qui présentent de l'obscurité; les voici : الشهر و الاكـثـر و الاقل بـيـن جنات وغياض.

DIXIÈME SECTION. 91

« caractérise leurs monarques; elle est la base de leurs lois et
« la règle de leur conduite. C'est pourquoi les habitations se
« touchent, le pays est florissant; il y a peu de sujets de tris-
« tesse et beaucoup de motifs d'espoir; on ne regarde point à
« la dépense, et l'on fait beaucoup de bien. Tous les peuples
« de la Chine et des Indes punissent de mort les voleurs, aiment
« la tranquillité, et se rendent justice à eux-mêmes, sans avoir
« besoin de recourir aux magistrats et à des arbitres. Tout cela
« tient à leur naturel, au caractère avec lequel ils ont été créés,
« et dont ils ont été *empreints*. Le roi Camroun tient sous son
« obéissance deux îles qui lui appartiennent; l'une se nomme
« Famousa فوصا et l'autre Lasma لسما. La couleur des habi-
« tants de ces îles tire sur le blanc; les femmes y sont d'une
« beauté ravissante. (Quant aux hommes) ils sont braves, en-
« treprenants; ils se livrent à la piraterie sur des vaisseaux d'une
« marche supérieure, particulièrement lorsqu'ils sont en guerre
« avec les Chinois, et qu'il n'existe point entre eux de paix (ou
« de trêve). »

De l'île de Moudja à celle des Nuages السحاب, 4 journées de
navigation et plus. Cette dernière île est ainsi nommée parce
qu'il s'élève quelquefois de son sein des nuées blanches très-
dangereuses pour les navires. Il en sort une pointe (litt. une
langue) mince et longue, accompagnée d'un vent impétueux.
Lorsque cette pointe atteint la surface des eaux de la mer, il
en résulte une sorte d'ébullition; les eaux sont agitées comme
par un tourbillon effroyable, et si elle (la pointe) atteint des
navires, elle les engloutit. Le nuage s'élève ensuite et se ré-
sout en pluie, sans qu'on sache si cette pluie provient des
eaux de la mer ou comment la chose se passe[1]. Il y dans cette
île des collines d'un sable qui, présenté au feu, se fond et de-

---

[1] Ce phénomène des trombes marines est décrit à peu près dans les mêmes
termes dans les *Anciennes Relat. des Indes et de la Chine*.

vient de l'argent pur. Dans la partie des îles de Wacwac واقواق voisine de celle-ci, sont des lieux coupés d'îlots et de montagnes, inaccessibles aux voyageurs, à cause de l'extrême difficulté des communications. Les habitants sont des infidèles qui ne connaissent point de religion, et qui n'ont point reçu de loi. Les femmes vont tête nue, portant seulement des peignes d'ivoire ornés (litt. couronnés) de nacre. Une seule femme porte quelquefois jusqu'à vingt de ces peignes. Les hommes se couvrent la tête d'une coiffure qui ressemble à ce que nous appelons alcaanès القانس, et qui s'appelle en langue indienne el-bouhari البهارى. Ils restent fortifiés dans leurs montagnes sans en sortir et sans permettre qu'on vienne les visiter ; cependant ils montent sur les hauteurs, le long du rivage, pour regarder les bâtiments, et quelquefois ils leur adressent la parole dans une langue inintelligible. Telle est constamment leur manière d'être. Auprès de ce pays est l'île de Wacwac, au delà de laquelle on ignore ce qui existe. « Cependant les Chinois y abordent quelquefois, « mais rarement ; c'est un assemblage de plusieurs îles inhabi« tées, si ce n'est par des éléphants et une multitude d'oiseaux. « Il y a un arbre dont Mas'oudi rapporte des choses tellement « invraisemblables, qu'il n'est pas possible de les raconter : au « surplus, le Très-Haut est puissant en toutes choses. »

De l'île de Senf à celle de Malaï, 12 journées, à travers des îles et des rochers qui s'élèvent au-dessus de la mer. L'île de Malaï est très-vaste..................[1]. « C'est la plus longue « des îles sous le rapport de l'étendue, la plus considérable sous « le rapport de la culture, la plus fertile dans ses montagnes, « renfermant les domaines les plus vastes. On se livre dans cette

---

[1] Notre manuscrit offre ici une lacune que la version latine et le ms. B. permettent de remplir comme il suit : *Hæc insula procurrit ab occidente in orientem, sed à parte occidentali, jungitur cum oris maritimis Zengitarum, et cursu transverso pergit semper cum oriente ad Aquilonem quousquè attingat littora Sin.*

DIXIÈME SECTION. 93

« île au commerce le plus avantageux, et il s'y trouve des élé- Feuillet 23 verso.
« phants, des rhinocéros, et diverses espèces de parfums et d'épi-
« ceries, telles que le clou de gérofle, la cannelle, le nard,
« le.... المرص [1]; et la noix muscade. Dans les montagnes sont
« des mines d'or d'une excellente qualité ; c'est le meilleur de
« la Chine. Les habitants de cette île possèdent des maisons et
« des châteaux construits en bois, transportés par eau aux lieux
« de leur destination; ils ont aussi des moulins à vent (litt.
« des meules tournant par le vent), où ils réduisent en farine
« le riz, le blé et les autres céréales dont ils se nourrissent. »

De l'île d'Almaïd المايد, en tirant vers l'est à celle de Sandji
صنجى, 3 journées faibles. « C'est une île fertile, peuplée, et
« où l'on trouve de l'eau douce. Leur couleur (des habitants)
« est intermédiaire entre le blanc et le fauve. Ils portent aux
« oreilles des ornements de cuivre. Les hommes portent une
« fouta, et les femmes deux. Leur nourriture consiste en riz.
« Il y a beaucoup de cannes à sucre et de cocotiers, et des
« mines d'or connues par l'abondance et la qualité de ce métal
« (qu'elles produisent). » On voit dans cette île diverses statues
placées sur le bord de la mer; chacune d'entre elles tient le
bras droit élevé comme pour dire au spectateur : Retourne au
lieu d'où tu es venu, car il n'existe point derrière moi de
terres où il soit possible de pénétrer. De cette île, on peut
se rendre aux îles de Sila سيلا[2], lesquelles sont en grand nombre
et rapprochées les unes des autres. Il y existe une ville nommée
Ankouah انكوا[3], dont le territoire est tellement fertile et abondant en toute sorte de biens, que les étrangers qui viennent
pour la visiter s'y fixent et ne veulent plus en sortir. Il y a
de l'or en si grande quantité, que les habitants fabriquent avec

[1] Ce nom spécifique est, comme plusieurs autres, écrit d'une main peu sûre et
d'un caractère d'écriture qui atteste l'incertitude du copiste. — [2] Ou Saila.
[3] Ou al-Kiouah الكيوه. Ms. B.

ce métal (jusqu'aux) chaînes de leurs chiens et aux colliers de leurs singes. « Ils fabriquent (aussi) des vêtements tissus d'or, « et ils les vendent. Il en est de même (je veux parler de l'a- « bondance de l'or) dans les îles de Wacwac. Les marchands y « pénètrent avec ceux qui se livrent à la recherche de l'or; ils « y opèrent la fonte de ce métal et l'exportent en lingots. Ils « exportent aussi de la poudre d'or, qu'ils font fondre dans leur « pays au moyen de procédés connus d'eux. Les îles de Wacwac « produisent aussi de l'ébène d'une incomparable beauté.

« La mer de la Chine, la partie de la mer de Senf qui lui est « contiguë, la mer Darladeri دارلادرى, ainsi que celles d'Herkend et « d'Oman, sont sujettes au flux et au reflux. On rapporte que, « dans les mers d'Oman et Fars [1], ce phénomène a lieu deux « fois dans l'année, en sorte qu'on éprouve le flux durant les « six mois d'été dans la mer orientale, tandis que le contraire a « lieu dans la mer occidentale; puis le reflux se reporte à l'ouest « durant les six autres mois.

« Comme il a été émis un grand nombre d'opinions au sujet « des marées, nous nous trouvons dans l'obligation de rapporter « sommairement ce qui a été dit, pour compléter l'explication « de ce phénomène.

« Aristote et Archimède [2] prétendent qu'il est dû à l'action « du soleil combinée avec celle du vent et des vagues (comme la « chose arrive dans la mer Atlantique اطليطيقس, qui est l'Océan), « ce qui produit le flux, tandis que, lorsque le vent tombe et « s'apaise, le reflux a lieu.

« Mais Satoïos ساطويس [3], pense que la cause du flux réside

[1] Le golfe Persique.

[2] Nous sommes redevables de cette dernière leçon au ms. B, dans lequel on lit très-distinctement, pag. 46 recto, ارشيمدس.

[3] Le nom de ce philosophe, probablement grec, est indéchiffrable. Notre auteur voudrait-il parler de Ctésias, ou bien de Posidonius, dont le système se rapprochait en effet des idées développées dans ce passage? Voy. Strabon, liv. III, pag. 173-174.

DIXIÈME SECTION.

« dans l'accroissement successif de la lune jusqu'à son plein, et
« que le reflux doit être attribué à la diminution des phases de
« cet astre. Cette opinion a besoin d'être développée et expliquée
« en détail. Nous disons donc au sujet du flux et du reflux (que
« nous avons vu de nos propres yeux dans la mer des ténèbres,
« c'est-à-dire, dans l'Océan qui baigne les côtes occidentales
« de l'Andalousie et de la Bretagne), que le flux commence à
« avoir lieu dans cette mer depuis la seconde heure du jour
« jusqu'au commencement de la neuvième [1]. Ensuite le reflux
« a lieu pendant six heures jusqu'à la fin du jour; puis la mer
« s'élève encore durant six heures, après quoi elle s'abaisse du-
« rant six heures; en sorte que le flux et le reflux se font chacun
« ressentir une fois pendant le jour et une fois pendant la nuit.
« La cause de cela est le vent qui soulève la mer au commen-
« cement de la troisième heure du jour. Tant que le soleil
« s'élève sur l'horizon, le flux augmente avec le vent. Avant la
« chute du jour, le vent tombe, parce que le soleil est plus sur
« son déclin, et le reflux a lieu. De même, au commencement
« de la nuit, le vent s'élève (de nouveau), et le calme ne s'éta-
« blit qu'à la fin de la nuit. Les hautes marées ont lieu durant
« les 13e, 14e, 15e et 16e nuits du mois (lunaire); alors les eaux
« s'élèvent excessivement et elles atteignent des points où elles
« ne parviennent jamais, si ce n'est aux jours correspondants
« des mois subséquents. C'est, dans ces mers, une des merveilles
« évidentes du Créateur : les habitants du Moghreb en sont té-
« moins et n'en peuvent douter. Ces marées se nomment *feïdh*
« ou inondations.

« Tous les navires chinois, grands ou petits, qui naviguent
« dans la mer de la Chine, sont solidement construits en bois.

---

[1] Il est probable que notre auteur n'a vu le phénomène des marées que durant quelques jours; car autrement il aurait remarqué que les heures du plus grand flux ou reflux font successivement le tour de la journée.

« Les pièces portant les unes sur les autres sont disposées géo-
« métriquement, garanties (de l'infiltration) au moyen de fibres
« de palmier, et calfatées avec de la farine et de l'huile (de
« poisson). Il existe dans la mer de la Chine et des Indes de
« grands animaux longs de cent coudées et larges de vingt-
« quatre, sur le dos desquels s'élèvent en bosse et comme par
« végétation [1], des rochers d'écailles sur lesquels les navires se
« brisent quelquefois. Les navigateurs racontent qu'ils attaquent
« ces animaux à coups de flèches et les forcent (ainsi) à se dé-
« tourner de leur chemin. Ils ajoutent qu'ils se saisissent des
« plus petits, qu'ils les font cuire dans des chaudrons [2], que
« leur chair se fond et se change en graisse liquide. Cette subs-
« tance huileuse est renommée dans l'Iémen, dans l'Aden, sur
« les côtes du Fars, de l'Oman, et dans la mer des Indes et de
« la Chine. Les peuples de ces régions font usage de cette subs-
« tance pour boucher les trous des navires.

« Au nombre des choses merveilleuses qu'on voit dans la mer
« des Indes et de la Chine, et dont parlent les marchands qui
« naviguent dans ces parages, sont les montagnes et les détroits
« qui se trouvent dans ces mers. Il en sort quelquefois des oi-
« seaux noirs, grands comme des enfants de quatre mois, qui
« entrent dans le navire sans faire de mal à personne, et ne le
« quittent plus. C'est pour les navigateurs un signe de l'approche
« du vent qu'on nomme le vent *trompeur*, et qui est très-dan-
« gereux. Ils cherchent à s'en garantir et prennent leurs pré-
« cautions à son approche, en allégeant le navire du poids de
« ses marchandises, en jetant à la mer tout ce qui en provient,
« et particulièrement le poisson et le sel, dont ils ne gardent
« absolument rien, et enfin en raccourcissant leurs mâts de
« deux coudées et plus, de peur que le vaisseau ne se brise. En

---

[1] ينبت. — [2] En arabe, Kidroun قِدْر.

DIXIÈME SECTION.

« effet, le vent ne manque pas de s'élever. Alors les navigateurs
« essuient la tempête en se confiant à la protection divine, et
« ils se sauvent ou ils périssent, selon qu'il plaît à Dieu. Ils ont
« un autre signe de salut, lorsque Dieu le permet; c'est l'ap-
« parition au-dessus d'un de leurs mâts, d'un oiseau de couleur
« d'or qui brille comme une flamme de feu, et qu'on appelle
« el-Behmen البهمن [1]. Lorsqu'ils le voient, ils savent qu'ils seront
« délivrés; c'est une chose qui a été vue très-distinctement, et
« de la réalité de laquelle les rapports réitérés (des voyageurs)
« ne laissent aucun motif (raisonnable) de douter.

« Il y a dans la mer de la Chine un animal connu sous le
« nom d'el-Ghaïda الغيدة. Il porte deux ailes au moyen des-
« quelles il s'élève du fond (de la mer), et se transporte, mal-
« gré son poids, sur les navires. Il est long de 100 coudées ou
« environ. Lorsque les marins l'aperçoivent, ils font du bruit au
« moyen de pièces de bois frappées les unes contre les autres :
« l'animal se retire et leur laisse le chemin libre. D'ailleurs,
« grâce à Dieu, le sort de ce grand animal est attaché à celui d'un
« petit poisson nommé el-Mabida المبيدة. Lorsqu'il l'aperçoit,
« il s'éloigne et s'enfuit dans les abîmes de la mer jusqu'à une
« profondeur telle qu'il soit à l'abri de la poursuite de ce petit
« poisson.

« Les rois des Indes et de la Chine font grand cas de la hau-
« teur de la taille chez les éléphants; ils les payent fort cher
« (litt. avec beaucoup d'or), en raison de cette qualité. La taille
« (ordinaire) d'un éléphant est de neuf coudées; mais les élé-
« phants nommés Khawar خوار, ont dix coudées de hauteur. Le
« plus grand roi des Indes est le Balhara بلهرا [2], ce qui signifie
« *le roi des rois*. Ensuite vient le Mekemkem المكمكم; son pays

---

[1] El-Behmen désigne le feu Saint-Elme.
[2] Le copiste de notre ms. a évidemment tracé ici divers noms dont il ignorait la véritable prononciation. Nous essayons de les rétablir d'après le ms. B.

98 PREMIER CLIMAT.

Feuillet 24 verso

« est le pays de Sadj ساج. Après lui vient le roi de Safen ou de
« Taben طابن¹; puis le roi de Djaba جابه¹; puis le roi de Djezer
« جنزر²; puis le roi nommé Camroun قامرون, dont les états tou-
« chent à la Chine.

« Les Indiens sont divisés en sept castes; la première est
« celle des Sakerié الساكريه. Ce sont les plus nobles; c'est parmi
« eux, et non ailleurs, que sont choisis les rois³. Toutes les
« autres se prosternent devant eux, et eux ne se prosternent
« devant personne.

« Viennent ensuite les Brahmes براهمه, qui sont les religieux de
« l'Inde; ils sont vêtus de peaux de tigre et autres. Quelquefois
« l'un d'entre eux, tenant un bâton à la main, rasemble autour de
« lui la foule. Debout depuis le matin jusqu'au soir, il adresse
« la parole aux assistants, leur parle de la gloire et de la puis-
« sance de Dieu, et leur explique les événements qui ont amené
« la ruine des autres peuples anciens, c'est-à-dire du peuple
« des Brahmes. Ils ne boivent ni vin, ni liqueurs fermentées. Les
« objets de leur adoration sont des idoles (considérées par eux
« comme) pouvant intercéder auprès du Très-Haut.

« La troisième caste est celle des Kasterié كستريه, qui peuvent
« boire jusqu'à trois rotls⁴ de vin, mais non davantage, de peur
« que leur raison ne s'égare. Cette caste peut prendre des femmes
« en mariage chez les Brahmes, mais non les Brahmes chez eux.

« Viennent ensuite les Cherdouié شردويه : ils sont laboureurs
« et agriculteurs; puis les Besié بسيه⁵, qui sont artisans et ou-
« vriers; puis les Sebdalié سبداليه⁶, qui sont chanteurs, et qui

---

¹ Probablement Java. — ² Ou de Hezer حنزر.

³ La caste des *Chatria* est bien en effet celle dans laquelle doivent être nés tous les princes et grands vassaux; mais, de nos jours du moins, elle cède le pas à celle des Brahmanes. — ⁴ Environ trois livres pesant.

⁵ Vaïchiès, Beïsès ou Vassiès; *Précis de la Géographie universelle*, tom. IV, p 139.

⁶ Ou Sandalié سنداليه.

DIXIÈME SECTION.

« possèdent des femmes renommées pour leur beauté; puis les
« Zekié زكيه, qui sont jongleurs, bâteleurs et joueurs de divers
« instruments.

« On compte parmi les principales nations de l'Inde qua-
« rante-deux sectes. Il y en a qui reconnaissent l'existence du
« Créateur et rejettent celle des prophètes; d'autres qui nient
« l'une et l'autre; d'autres qui admettent l'intercession des pierres
« sculptées (en forme d'idoles); d'autres qui adorent des pierres
« augurales, sur lesquelles ont été versées de la graisse et de
« l'huile; d'autres qui sont ignicoles et qui se précipitent dans
« les flammes; d'autres qui adorent le soleil, considérant cet
« astre comme le créateur et le régulateur du monde; d'autres
« qui adorent les arbres; d'autres qui adorent les serpents, les
« tiennent dans les étables et les nourrissent aussi bien qu'il
« leur est possible, ce qu'ils considèrent comme une bonne œuvre;
« d'autres enfin qui ne se mettent en peine d'aucun acte de
« dévotion, et qui nient tout.

« Nous nous proposons de rapporter une à une toutes les
« choses qui concernent l'Inde, lorsque nous traiterons de cette
« presqu'île, de la mer qui l'entoure et des îles qui en dépen-
« dent. Mais, pour rendre nos explications plus faciles, nous
« avons jugé convenable de compléter (d'abord) ce qui nous reste
« à dire au sujet des ports de la Chine situés sur le rivage (de
« la mer), comme nous l'avons précédemment indiqué.

« Le premier de ces ports est, comme nous l'avons dit, celui
« de Khankou خانفو[1] : c'est le plus considérable. Il est situé sur
« un fleuve par lequel on remonte dans la majeure partie du
« pays du Baghbough البغبوغ, qui est le roi de la Chine et de ses
« dépendances. Il n'en est point qui lui soit supérieur, mais, au
« contraire, tous les autres rois de cette contrée lui obéissent

---

[1] Pour Khanfou خانفو. Voyez *Anc. Relat. des Indes*, et *Journ. Asiat.* t. V, p. 38. et le ms. B.

« et le respectent. De Khankou à Djankou جانكو (la distance
« manque). Celle-ci est une ville célèbre, remarquable par l'élé-
« gance de ses édifices, la beauté de ses bazars et la fertilité de
« ses jardins et de ses vergers. Les fruits y sont en abondance.
« On y travaille le verre chinois, ainsi que toute espèce d'étoffes
« de soie, et l'on peut s'y procurer tout ce qui se trouve à
« Djanfou جانفو [1], laquelle est située auprès d'un grand fleuve
« qui l'entoure, et par lequel on remonte à un grand nombre
« de villes chinoises, comme nous l'avons dit plus haut.

« On rapporte qu'il existe en Chine trois cents villes floris-
« santes, gouvernées par des princes qui sont tous sous l'obéis-
« sance du Baghbough البغبوغ, qu'on appelle, ainsi que nous
« venons de le dire, le roi des rois. C'est un prince de bonnes
« mœurs, juste envers les peuples, doué d'une haute sollici-
« tude, puissant dans son gouvernement, sage dans ses projets,
« prévoyant dans ses entreprises, ferme dans ses desseins, facile
« dans son administration, doux dans ses commandements, gé-
« néreux dans ses dons, attentif aux affaires des étrangers et
« des pays lointains, considérant la fin des choses, et s'occupant
« des intérêts de ses sujets, lesquels peuvent parvenir jusqu'à
« lui sans intermédiaire et sans empêchement.

« Ce prince a une salle d'audience dont les murs et la toi-
« ture sont construits d'une manière également solide et élé-
« gante. Dans cette salle est un trône d'or où le roi s'assied
« entouré de tous ses vizirs; au-dessus de sa tête est une cloche
« d'où pend une chaîne d'or disposée avec art, qui aboutit à
« l'extérieur, et dont le bout atteint le bas de l'édifice. Lors-
« qu'une personne a quelque sujet de plainte à exposer, elle vient
« avec une requête écrite auprès de cette chaîne, et la tire. Alors
« la cloche se meut; un vizir étend la main hors de la fenêtre,

---

[1] Le ms. B. porte Khanfou, et c'est, je crois, la vraie leçon.

« ce qui veut dire au plaignant : « Montez vers nous. » Il monte
« en effet par un escalier expressément destiné à cet objet (litt.
« aux opprimés). Parvenu en présence du roi, le plaignant se
« prosterne, puis se relève. Le roi lui tend la main et reçoit la
« requête, l'examine, la remet à ses vizirs, et rend une décision
« conforme aux lois civiles et religieuses, sans autre sollicitation,
« sans délai, et sans qu'il soit nécessaire de recourir à la média-
« tion du vizir, ni à celle de toute autre personne [1].

« Ce prince est fervent dans sa piété, ferme dans l'observation
« des lois dont il est l'interprète et le gardien, et libéral dans
« les aumônes qu'il répand sur les pauvres. Sa religion, qui est
« le culte des idoles (ou le Boudhisme), diffère peu de celle
« des Indiens; car ces derniers, comme les Chinois, ne nient
« point l'existence du Créateur, reconnaissent sa sagesse et sa
« puissance éternelles, et, bien qu'ils n'admettent ni les pro-
« phètes ni les livres saints, cependant ils ne s'écartent pas des
« principes de la justice et de l'équité.

« Les peuples qui vivent sous le premier climat sont les uns
« basanés, les autres noirs. Dans le premier cas sont les habitants
« de l'Inde, du Sind, de la Chine et des bords de la mer. Quant
« à ceux qui errent dans les déserts du Zenghebar, de l'Abys-
« sinie, de la Nubie, du Soudan, et dont nous avons déjà parlé,
« ceux-là, à cause du défaut de l'humidité maritime et par suite
« de l'intensité de la chaleur des rayons solaires à laquelle ils
« sont constamment exposés ; ceux-là, disons-nous, ont tous, les
« cheveux crépus, le teint noir, la transpiration puante [2], la peau
« des jambes desséchée, le corps difforme, peu d'industrie et
« une intelligence bornée (litt. : viciée). Ils croupissent dans

---

[1] Cet usage est rapporté dans les *Ancien. Relat. des Indes et de la Chine*, pag. 32 et 87, mais avec moins de détails.

[2] On sait en effet que les nègres exhalent souvent une odeur désagréable.

« une ignorance extrême, et c'est sous ce rapport qu'on les « connaît. On ne compte point parmi eux d'homme de génie ni « de savoir, et tout ce que leurs rois connaissent en fait de « règles de justice et de gouvernement, ils l'ont appris d'hommes « venus du quatrième et du troisième climat, qui avaient lu « les annales et l'histoire des (anciens) rois. »

Au nombre des animaux existant dans ce premier climat et qui ne se trouvent point dans les six autres, il faut ranger l'éléphant, le rhinocéros, la girafe, les singes à queue, le bœuf et le buffle sans queue, « et les nisanis نسانس, sorte de créa- « tures dont nous avons parlé plus haut[1], et qui vivent sur des « arbres où l'on ne peut les atteindre; on peut encore citer le « serpent de Zaledj[2] dont parlent Ben Khordadébé[3], l'auteur du « livre des Merveilles, et divers autres écrivains qui s'accordent « à dire qu'il existe dans les montagnes de l'île de Zaledj une « espèce de serpent qui attaque l'éléphant et le buffle, et qui ne « les abandonne qu'après les avoir vaincus. » C'est sous ce climat seulement, dans les mines dont nous avons fait mention, qu'on trouve des émeraudes, et non ailleurs dans l'univers. Quant aux hyacinthes de diverses sortes et variétés, il n'en existe que dans l'île de Serendib. Il en est de même de l'animal dit el-Babé البابه, particulier à la mer d'Iémen et de Herkend, et qu'on ne trouve point ailleurs, non plus que le poisson nommé el-Ghaïda[4]. Quant aux poissons dont on extrait la colle, ces mers en produisent considérablement. Le Sacancour سقنقور ne se trouve également que dans la partie du Nil située sous le premier climat. On doit en dire autant de diverses drogues ou aromates, tels que le

---

[1] Voyez ci-dessus, pag. 59, le passage où il est question de la chasse aux singes; je remarque seulement que le nom de نسانس ne s'y trouve pas.

[2] Le texte arabe du ms. B. porte زالج.

[3] On lit dans le ms. B. خرداذبه.

[4] Le ms. n° 334 porte غنده, et la version latine *ghonda*. Voy. ci-dessus, p. 97.

clou de gérofle, le bois de sandal, le camphre, le bois d'aloès, qu'on ne recueille point hors du premier climat où les jours sont égaux aux nuits, c'est-à-dire composés d'un nombre égal d'heures. « Si, vers les extrémités (de la zone) en latitude, il
« existe quelque différence (à cet égard), elle n'est pas percep-
« tible aux sens, et ne peut se conclure que par induction.

« Toutes ces particularités sont le résultat des lois de la sagesse
« divine et de l'ordre établi par le Créateur omniscient.

« Ce que nous avons rapporté relativement à ce climat, pa-
« raîtra sans doute suffisant aux personnes amies des investiga-
« tions et de l'étude. Que le Tout-Puissant soit loué au com-
« mencement et à la fin de toutes choses! »

FIN DU PREMIER CLIMAT.

DEUXIÈME CLIMAT.

PREMIÈRE SECTION.

Afrique occidentale. — Iles Canaries. — Camnourié. — Désert de Nisir. Audaghocht.

Feuillet 25 verso.

Après avoir décrit avec les détails convenables, dans chacune des dix sections dont se compose le premier climat, tout ce qu'il y a de remarquable en fait de villes, de villages, de contrées cultivées et de déserts, ainsi que les animaux, les minéraux, les

Feuillet 26 recto.

mers et les îles, les royaumes, les mœurs, coutumes et religions des peuples, il convient de donner, à l'aide du secours divin, dans ce deuxième climat, la description des pays, contrées [1], grandes et petites villes, des lieux incultes et déserts, des mers, des îles, leurs noms et les distances qui les séparent, comme nous l'avons fait pour le premier climat.

Nous disons donc que la présente section du deuxième climat commence à l'extrémité de l'occident, c'est-à-dire à la mer ténébreuse ; on ignore ce qui existe au delà de cette mer. A cette section appartiennent les îles de Masfahan مسفهان et de Lamghoch لمغوش [2], qui font partie des six dont nous avons parlé sous

---

[1] Le ms. B. porte : *châteaux* قلاع, au lieu de بقاع. — [2] Le ms. B. porte : لغوس.

la désignation des (*îles*) *éternelles* et d'où Ptolémée commence à compter les longitudes des pays. Alexandre le Grand alla jusque-là et en revint.

« Quant à Masfahan, l'auteur du livre des Merveilles rap-
« porte qu'au centre de cette île est une montagne ronde, au-des-
« sus de laquelle on voit une statue de couleur rouge, élevée par
« Esaad abou-Kerb el-Haïri (Alexandre dzoul'carneïn), dont il sera
« question ci-après, dans son expédition, et qu'on donne ce nom
« (d'abou-Kerb el-Haïri) à tous les voyageurs qui sont parvenus aux
« deux bouts du monde. Abou-Kerb el-Haïri fit placer là cette
« statue, afin d'indiquer aux navigateurs qu'au delà de ce point
« il n'y a point d'issue, point de lieu de débarquement. L'on
« ajoute que dans l'île de Lamghoch (ou de Lagos لغوس) on voit
« aussi une statue de construction très-solide, dont l'accès est
« impossible. On dit que celui qui la fit élever y mourut, et que
« ses héritiers lui élevèrent un tombeau dans un temple bâti
« en marbre et en pierres de couleur. Le même auteur raconte
« que cette île est peuplée de bêtes féroces, et qu'il s'y passe
« des choses qu'il serait trop long de décrire, et dont l'admission
« répugne à la raison.

« Sur les rivages de ces îles et de plusieurs autres, on trouve
« de l'ambre de qualité supérieure, ainsi que la pierre dite el-
« behet البهت, renommée dans l'Afrique occidentale, où elle se
« vend à très-haut prix pour le pays de Lamtouna, dont les ha-
« bitants prétendent que celui qui en est porteur réussit dans
« toutes ses entreprises. On dit aussi que cette pierre jouit de
« la propriété de lier la langue.

« On y trouve aussi un grand nombre d'autres pierres de formes
« et de couleurs variées, qu'on recherche beaucoup et dont on fait
« le commerce, attendu, dit-on, qu'elles entrent dans la compo-
« sition de plusieurs remèdes excellents. Telles sont celles qu'on
« emploie à combattre les humeurs nuisibles et à calmer promp-

« tement les douleurs qui en résultent; telles sont encore celles
« qui facilitent les accouchements; celles au moyen desquelles,
« en faisant un signe à des femmes ou à des enfants, on s'en fait
« suivre. Les habitants de ces îles possèdent beaucoup de pierres
« semblables et sont renommés pour les opérations magiques
« qu'ils pratiquent (à l'aide de ces pierres), et auxquelles ils sont
« initiés.

« La présente section comprend le reste de l'Afrique occiden-
« tale المغرب, et du Soudan, où, comme nous l'avons dit, les lieux
« habités et les facilités pour voyager sont très-rares, à cause du
« manque d'eau, les voyageurs étant obligés d'emporter avec eux
« celle qui leur est nécessaire pour pénétrer, soit dans cette
« contrée, soit dans la partie limitrophe du pays de Camnourié
« قمنوريه.

« Ce dernier pays confine du côté du nord aux précédents;
« du côté de l'occident à l'océan, et du côté de l'orient au désert
« de Tiser تيسر [1], route des marchands d'Aghmat, de Sedjelmasa,
« de Dera', du Noul le plus éloigné [2], qui se rendent à Ghana
« et aux frontières du Wangara, pays de l'or. »

« Il existait (autrefois) dans le Camnourié des villes connues
« et des résidences remarquables, mais les peuples de Zaghawa
« et de Lamtouna du désert, qui habitaient les deux côtés de
« ce pays (je veux dire du Camnourié), en entreprirent la con-
« quête, anéantirent la plupart de ces villes et dispersèrent ou
« détruisirent leurs tribus.

« Les habitants du pays de Camnourié, d'après le rapport
« des marchands, se prétendent Juifs. Leur croyance est un mé-
« lange confus de toutes choses; ils ne reconnaissent ni rois ni
« droit de propriété. Ils sont repoussés et détruits par toutes

---

Nesir نسير ou Niser نيسر d'après le ms. Asselin.

[2] نول الاقصى. Je crois comme Hartmann qu'il s'agit ici du Wadinoun, si connu par l'intéressant récit du naufrage de M. Cochelet.

« les tribus voisines. Anciennement il existait dans ce pays deux
« villes connues, l'une sous le nom de Camnourié, l'autre sous
« celui de Taghiza تغيرا ¹; elles étaient l'une et l'autre très-peu-
« plées; il y avait des chefs et des vieillards qui administraient
« les affaires, rendaient la justice dans tous les cas d'oppression
« et autres qui pouvaient se présenter; mais, avec le temps,
« ces institutions se perdirent; la discorde et l'esprit de pillage
« prévalurent; le pays devint désert et ses habitants s'enfuirent
« dans les montagnes, se dispersèrent dans les déserts, tom-
« bèrent sous le joug de leurs voisins ou se cachèrent dans des
« retraites, en sorte qu'il ne reste plus qu'un petit nombre d'in-
« dividus appartenant au Camnourié, et vivant, dans ces déserts
« ou sur le rivage, de laitage et de poisson, ayant à peine de
« quoi subsister, dans la plus profonde misère, et errant sans
« cesse pour éviter les embûches de leurs voisins.

« La contrée comprise entre le pays de Camnourié et Sala
« et Tokrour est inculte, peu fréquentée et déserte. On n'y
« trouve de l'eau qu'à de grandes profondeurs, ainsi que le
« prouve la hauteur des déblais autour des puits. La distance
« entre Camnourié et Sala et Tokrour est de 5 journées. De
« Taghiza à Sala on compte environ 12 journées et autant de
« Taghiza à Azka ازل ², du pays de Lamtouna. L'eau y est très-
« rare, on est obligé de s'en approvisionner et de creuser des
« puits (pour s'en procurer).

« Dans le pays de Camnourié on voit la montagne de Ma-
« nan مانان ³, qui touche à l'océan. Elle est très-haute et de
« couleur rouge. On y trouve des pierres brillantes qui éblouis-
« sent la vue à tel point, qu'aux rayons du soleil il est impossible

---

¹ Ou Taghiz تغيز d'après une note marginale du ms. A. et ا تغير d'après la carte.

² C'est ainsi qu'il faut lire d'après le ms. Asselin et d'après Hartmann pag. 132. Notre ms. porte ارل Arka.

³ C'est ainsi qu'on lit dans nos deux manuscrits et sur la carte géographique qui

DEUXIÈME CLIMAT.

Feuillet 26 verso.

« d'en supporter l'éclat (comparable à celui du fer rougi). Au
« bas de cette montagne, on trouve des sources d'eau douce; on se
« munit de cette eau et on la transporte au loin dans des outres.

« Dans le pays qui dépend de Taghiza et au sud-est de cette
« ville, est située la montagne de Benberan بنبران [1], l'une des
« plus hautes du globe. Elle est stérile et de couleur blanche;
« il n'y croit d'autres végétaux que des absinthes et des alcalis
« épineux. L'auteur du livre des Merveilles rapporte que les
« nuages ne se résolvent en pluie que dans la partie inférieure
« de cette montagne.

DÉSERT DE TISER.

« C'est à cette contrée qu'appartient le désert de Tiser dont
« nous avons déjà parlé et par où passent les voyageurs qui se
« rendent à Audaghocht اودغشت [2], à Ghana et ailleurs, comme
« nous l'avons dit. Ce désert est peu habité et aride. On n'y trouve
« qu'un peu d'eau qu'on tire des puits, parmi lesquels le plus
« connu est celui qu'on nomme le puits de Tiser, dont nous
« avons parlé, et devant lequel est un espace totalement inculte

Feuillet 27 recto.

« de 14 journées. On trouve dans ce même désert des serpents
« d'une longueur et d'une grosseur énormes. Les nègres les
« tuent à la chasse, leur coupent la tête et mangent le reste
« accommodé avec de l'eau, du sel et de l'absinthe, ce qui pour
« eux est un régal.

« C'est en automne que les caravanes traversent ce désert.
« Voici la manière de voyager : on charge les chameaux de très-
« bonne heure et on marche jusqu'au moment où le soleil s'est
« élevé sur l'horizon, au point de communiquer à la terre une
« chaleur insupportable. Alors on s'arrête, on décharge les cha-
« meaux et on les entrave; on met en ordre les bagages et on

---

accompagne le ms. Asselin; la leçon de Hartmann (Matsen) ne paraît donc pas devoir être admise. — [1] Le ms. Asselin et la carte portent Benbouan بنبوان.

[2] La présence des points-voyelles nous met à portée de rétablir la vraie prononciation de ce mot.

« tâche de se procurer de l'ombre, afin d'éviter l'influence fâ-
« cheuse de la chaleur des rayons solaires. A trois heures après
« midi, c'est-à-dire lorsque le soleil commence à baisser, on
« repart et on marche jusqu'après la nuit close, époque à la-
« quelle on s'arrête de nouveau, quelque part qu'on se trouve,
« et on se repose durant le reste de la nuit : tel est l'usage cons-
« tamment suivi par les voyageurs qui parcourent le Soudan,
« car les rayons du soleil seraient mortels pour quiconque s'expo-
« serait à leur action lorqu'ils tombent verticalement. »

A cette section appartient aussi la partie septentrionale du pays de Ghana où se trouve Audaghocht, petite ville située dans le désert et où l'eau est rare. « Elle est, comme la Mecque, bâtie
« entre deux collines : la population en est peu nombreuse et
« le commerce misérable; il consiste principalement en cha-
« meaux. »

D'Audaghocht à Ghana, on compte 12 journées; d'Auda-ghocht aux villes du Wardjelan, 31 journées; d'Audaghocht à Djerma جرم, environ 25 journées; d'Audaghocht à la ville d'Oulil [1], où est la mine de sel, 30 journées.

« Divers voyageurs dignes de foi qui ont parcouru le Soudan,
« rapportent que dans le territoire d'Audaghocht on trouve, près
« des eaux stagnantes, des truffes dont le poids s'élève jusqu'à
« trois livres [2] et au delà. On en apporte en abondance à Auda-
« ghocht, où on les fait cuire avec de la chair de chameau; ce
« qui compose, dit-on, un mets excellent. »

[1] Le ms. Asselin porte « à l'île. » — [2] Rotls.

DEUXIÈME SECTION[1].

Continuation du désert de Tiser. — Zaghawa. — Pays et villes du Fezzan.

« La majeure partie des contrées dont la description est comprise dans cette seconde section se compose de déserts contigus, de solitudes sauvages, de montagnes âpres[2] et stériles où l'eau est très-rare. Le peu qu'on peut s'en procurer (litt. y puiser) ne se trouve qu'au pied des montagnes et dans les lieux à l'abri des infiltrations salines; on est obligé d'en emporter avec soi. Les habitants de ces contrées mènent une vie errante.

« On trouve dans les plaines, diverses peuplades d'hommes très-braves qui y font paître leurs troupeaux. Ils n'ont aucune demeure fixe, passant leur temps à voyager, sans toutefois sortir des limites de leur territoire, sans s'allier à des étrangers, sans se fier à leurs voisins. Chacun prend garde à soi et ne s'inquiète que de soi-même. Les habitants des villes voisines, qui sont de même race, dérobent les enfants des nomades du désert, les emmènent chez eux dans l'obscurité de la nuit, et les tiennent cachés jusqu'au moment où ils peuvent les vendre à vil prix aux marchands forains, lesquels les transportent aux extrémités de l'Afrique occidentale, où il s'en vend annuellement des quantités très-considérables. Cette coutume de dérober les enfants est générale et constante dans le Soudan, et l'on n'y voit aucun mal.

---

[1] On lit dans l'édition de Paris : DEEST IN ORIGINALI PARS SECUNDA. En effet, cette section n'avait point été publiée jusqu'à ce jour.

[2] حرش hurch, en anglais harsh.

« Ces peuples sont en géneral très-corrompus et polygames,
« et ils procréent un si grand nombre d'enfants des deux sexes,
« qu'il est rare de rencontrer une femme qui n'en ait pas au moins
« quatre. Au reste, ils vivent comme des animaux, sans s'inquiéter
« en rien des choses du monde, si ce n'est de satisfaire à leurs
« besoins physiques.

« Les deux résidences les plus considérables du Zaghawa
« زغاوه, sont celles de Sakouat سقوة, et de Chameh شامه. On y
« trouve une tribu voyageuse appelée Sadraïet صدراية, qui passe
« pour être Berbère. Les individus qui la composent ressemblent
« aux Zaghawiens; ils ont les mêmes habitudes, ils se sont iden-
« tifiés à leurs races et ils ont recours à eux pour tous les objets
« qui leur sont nécessaires, et pour leur négoce. Chameh est
« un gros bourg, aujourd'hui mal peuplé, dont les habitants se
« sont transportés pour la plupart à Koukou كوكو, ville située
« à 16 journées de distance. Ils boivent beaucoup de lait, leurs
« eaux étant saumâtres, et mangent de la viande coupée en la-
« nières et séchée au soleil. Ils se nourrissent aussi de reptiles,
« dont ils font une chasse abondante et qu'ils font cuire après
« leur avoir coupé la tête et la queue. Ces peuples sont très-
« sujets à la gale, en sorte qu'à ce signe, dans tout le pays et
« dans toutes les tribus du Soudan, on reconnaît un Zaghawien.
« S'ils s'abstenaient de manger du serpent, ils en seraient tota-
« lement exempts. Ils vont nus et cachent seulement leurs par-
« ties honteuses au moyen de cuirs tannés de chameau et de
« chèvre [1], qui sont couverts de diverses sortes d'incisions et
« d'ornements.

« Il y a dans ce pays une montagne nommée Loukia لوقيا [2],
« très-haute et d'un difficile accès, bien qu'elle soit formée d'une
« terre blanche et molle. Nul ne peut, sans périr, approcher des

---

[1] Le ms. A porte « de cuirs de vache. » — [2] Ou Lounia لونيا.

« cavernes qui se trouvent sur son sommet, attendu, d'après
« ce qu'on assure, qu'on y trouve des serpents d'une grosseur
« énorme qui s'élancent sur quiconque se dirige sans le savoir
« vers leurs retraites, ce qui fait que les habitants du pays les
« redoutent et les évitent. Des sources d'eau découlent du pied
« de cette montagne, mais leur cours ne s'étend pas loin. Les
« habitants de ce canton sont Zaghawiens et leur tribu se nomme
« Sakouat [1]; ils sont très-sédentaires, possèdent de nombreux trou-
« peaux de chameaux de race estimée, fabriquent leurs vête-
« ments et les tentes (litt. les maisons) où ils demeurent avec le
« poil de ces animaux, et se nourrissent de leur lait, de leur beurre
« et de leur chair. Chez eux les légumes sont rares; cependant ils
« cultivent le dhorra, qui (comme on sait) est la principale pro-
« duction du Zaghawa : on y apporte quelquefois du blé de
« Wardjelan et d'ailleurs.

« A huit journées vers le nord du canton habité par la tribu
« de Sakouat, est une ville ruinée qu'on appelle Neblata نبلته [2].
« Elle était anciennement très-connue; mais, d'après ce qu'on
« rapporte, elle a été envahie par les sables, qui ont couvert
« les habitations et les eaux, en sorte qu'il n'y reste plus aujour-
« d'hui qu'un petit nombre d'habitants, qui se sont fixés sur ses rui-
« nes. Au nord de cette ville est une montagne dite Ghargha غرغه,
« où, d'après l'auteur du livre des Merveilles, on trouve des
« fourmis d'une grosseur prodigieuse [3], dont se nourrissent les
« serpents de cette montagne, lesquels, dit-on, quoique très-
« gros, ne sont point nuisibles. Les nègres les poursuivent et
« s'en nourrissent, ainsi que nous l'avons dit plus haut.

« De Neblata à Tirki تيركي du Wangara, pays de l'or, on compte
« 17 journées.

« Dans le Zaghawa est compris le Fezzan, où sont les villes

---

[1] *Vide suprà*, pag. 111. — [2] Ou نبرنته Nebranta d'après le ms. B.
[3] Litt. : « de la grosseur des moineaux. »

« de Djerma جرمه, et de Tesawat تساوة. Les nègres nomment
« cette dernière *Djerma la petite*. Elles sont situées à un peu
« moins d'une journée de distance l'une de l'autre, et égales en
« grandeur et en population. On y boit de l'eau de puits. Il y
« croît des palmiers, du dhorra et de l'orge qu'on arrose au moyen
« d'une machine qu'on appelle *hiffa* الخفة, et qui est connue dans
« l'Afrique occidentale sous le nom de *khithara* خطارة. Il y a une
« mine d'argent nommée Djerdjis جرجيس[1], mais cette mine est
« trop peu productive pour valoir la peine d'être exploitée; elle
« est située à environ trois journées de Tesawat. De ce dernier
« lieu à la tribu berbère appelée Azkar ازكار, on compte 12 jour-
« nées vers l'orient. Cette tribu, qui possède beaucoup de cha-
« meaux et de laitage, se compose d'hommes très-braves, très-
« disposés à se défendre, mais vivant en paix et en bonne in-
« telligence avec leurs voisins. Il passent l'été dans les environs
« de la montagne dite Tantana طنطنة, de laquelle découlent
« diverses sources d'eau vive qui sont d'une grande utilité. Les
« flancs de cette montagne sont couverts de pâturages où les
« chameaux trouvent à se nourrir jusqu'au moment où la peu-
« plade retourne à sa demeure habituelle.

« De la montagne autour de laquelle errent les Azkar jusqu'à
« Beghama بغامة, on compte 20 journées par un pays désert,
« aride, brûlant, peu fréquenté et peu frayé. Des Azkar à Gha-
« damès غدامس, 18 journées. Des mêmes à la ville de Chameh
« شامة, 9 journées. On trouve dans l'intervalle deux puits peu
« abondants et qui sont totalement à sec lorsque le vent du dé-
« sert vient à souffler.

« Les Azkar sont, à ce qu'on dit, le peuple de l'Afrique le plus
« instruit dans la connaissance des caractères attribués au pro-
« phète Daniel, sur qui soit le salut! Dans tout le pays des Ber-

---

[1] Ou Kerkhis خرخيس d'après le ms. B.

DEUXIÈME CLIMAT.

Feuillet 28 recto.

« bers et dans leurs nombreuses tribus, il n'en est aucune de
« plus versée dans cette science. Lorsque l'un d'entre eux, grand
« ou petit, a perdu quelque chose, il trace des lignes dans le
« sable, et au moyen de ces lignes il devine où est l'objet per-
« du, se dirige vers ce point et le retrouve. Si un voleur dérobe
« un objet quelconque, et l'enfouit sous terre, près ou loin, le
« propriétaire trace des lignes pour connaître la direction qu'il
« doit suivre, puis d'autres pour trouver le lieu précis de la
« cachette, et il retrouve ainsi ce qu'on lui a pris. Il y a plus :
« les cheikhs de la tribu se rassemblent, tracent des lignes et
« discernent par ce moyen le coupable de l'innocent. L'opinion

Feuillet 28 verso.

« (de la réalité) de ces faits est très-répandue dans toute l'Afri-
« que. Divers voyageurs rapportent avoir vu à Sedjelmasa un
« homme de cette tribu qui se soumit à trois expériences suc-
« cessives, et qui réussit trois fois à retrouver, au moyen des
« lignes, un objet caché dans un lieu qu'il ne connaissait pas,
« et c'est une chose d'autant plus surprenante, que ces hommes
« sont d'ailleurs fort ignorants et fort grossiers. Mais en voilà
« assez sur ce sujet. »

TROISIÈME SECTION.

Suite de l'Afrique septentrionale. — Wadan. — Kawar. — Tadjerins.

Les pays dont la description est contenue dans cette troisième section sont : une partie du Wadan ودان ; la majeure partie du Kawar كوار ; une partie du pays des Tadjerins تاجرين [1] ; la majeure partie du Fezzan فزان.

Le Wadan se compose d'oasis plantées de dattiers et ayant la mer (Méditerranée) au nord-ouest. « Avant l'époque du maho« métisme, ce pays était très-peuplé et le gouvernement était hé« réditaire. A l'arrivée des musulmans, la crainte qu'en éprouvè« rent les habitants les porta à fuir et à se disperser dans le Saha« ra. Il ne subsiste plus actuellement que la ville de Dawoud داود, « à demi ruinée et habitée par quelques familles du Soudan, « vivant misérablement, au pied de la montagne de Tantana « طنطنة, avec un petit nombre de chameaux, et tirant pour la « plupart leur nourriture de la racine d'une plante nommée par « eux *gharastas* غرسطس, et par les Arabes *nedjil* نجيل [2], qui se « plaît dans les terrains sablonneux. Ils la font sécher, la rédui« sent en farine au moyen d'une pierre, et en font du pain pour « se sustenter. Ils vivent aussi de laitage, mais leur principal « régal est la chair de chameau séchée au soleil. Ils emploient « la fiente de ces animaux comme combustible, car les arbustes « épineux et le bois sont très-rares parmi eux. »

Au nord de Wadan est Zawila زاويله, fondée par Abdallah

---

[1] L'orthographe de ce nom est extrêmement douteuse. Hartmann lit Tadjwa تاجوه au lieu de Tadjera تاجره, et le ms. B. semble confirmer cette leçon. Voyez ci-dessus pag. 25, note 1. — [2] Cette plante paraît être une variété du pourpier.

116   DEUXIÈME CLIMAT.

ben-Khattab el-Hawari, « qui l'habita, lui et ses neveux, en 306 [1]
« de l'hégire. C'est de ce personnage qu'elle tire sa célébrité.
« Elle est actuellement florissante, et nous la décrirons, s'il plaît
« à Dieu, dans le troisième climat du présent ouvrage. Dans la
« montagne de Tantana il existe une mine de fer très-abondante.
« Au sud sont les lieux de campement et les pâturages des Az-
« kar, peuplade berbère et nomade dont nous avons déjà parlé [2],
« et qui fréquente cette contrée avec ses chameaux. Plus au sud
« encore sont le Koukou كوكو, et le Demdem دمدم [3], où se
« trouve la montagne de Loukia لوقيه, qui est de couleur blan-
« che, et où l'on voit, dit-on, des serpents à deux cornes, et
« même à deux têtes.

« Les opinions sont très-partagées, parmi les habitants du
« Soudan, au sujet du fleuve de Koukou. Les uns disent qu'il
« prend sa source dans les montagnes de Lounia [4] et qu'il coule
« du côté du sud jusqu'à Koukou, où il fait un coude pour se
« diriger ensuite vers le Sahara; d'autres disent que ce fleuve
« est autre que celui de Koukou; que ce dernier prend réelle-
« ment sa source au pied d'une montagne dont la cime est voi-
« sine du Nil. On rapporte que le Nil se perd sous cette mon-
« tagne pour reparaître de l'autre côté, qu'il coule ensuite jus-
« qu'à Koukou, puis se dirige vers l'ouest (de cette ville) par
« le Sahara, et qu'il finit par se perdre dans les sables [5].

[1] 919 de J. C. — [2] Voyez ci-dessus, pag. 113.
[3] C'est ainsi que portent les deux manuscrits.
[4] Les mss. portent tantôt Loukia et tantôt Lounia.
[5] Voici le texte arabe de ce passage important :

و قد اختلف قوم كثير فى نهر كوكو فبعض قالوا انه يخرج من جبال لونيه ويمر الى جهة للجنوب حتى يمر بكوكو فيخور بها و يمر فى الصحرا وبعض قالوا ان هذا النهر هو نهر غير نهر كوكو و ان نهر كوكو على الحقة يخرج من اسفل جبل يتصل راسه بالنيل زعموا ان النيل يغوض تحت ذلك الجبل و يخرج من طرفه الاخر حيـــث

« Le pays limitrophe de cette contrée à l'orient est en grande
« partie celui de Kawar كوار, très-connu et très-fréquenté.
« C'est de là qu'on tire l'alun si estimé pour sa qualité et si
« connu sous le nom de kawary. On voit dans le Kawar le lit
« d'une rivière courant du sud au nord, où l'on ne trouve point
« d'eau, si ce n'est en creusant un puits qui contient des sources
« abondantes. Il y a là une petite ville nommée el-Casraba
« القصبة, bien bâtie et entourée de palmiers et d'autres arbres
« du désert. Ses habitants sont à demeure fixe ; ils portent pour
« vêtements la fouta, le manteau dit azar, et d'autres tissus de
« laine. Ils voyagent pour le commerce et fréquentent beaucoup
« les contrées étrangères. Ils boivent de l'eau de puits, qui chez
« eux est douce et très-abondante. » De là à Casser-omm-Issa
قصر ام عيسى [1], on compte 2 journées vers le sud. « C'est une
« ville peu considérable, mais dont la population, qui est très-
« nombreuse, possède beaucoup de chameaux qui lui servent à
« se transporter à l'orient et à l'occident. Leur principale richesse
« est l'alun. Ils ont des palmiers et de l'eau douce. »

De là à Ankelas انكلاس, on compte 40 milles, en suivant le
lit de la rivière. « Ankelas est, sans contredit, la ville la plus
« considérable du Kawar. Ses habitants se livrent au commerce
« de l'alun, dont ils possèdent des mines abondantes dans leurs
« montagnes, et qui est de qualité supérieure. Ils vont du côté de
« l'orient jusqu'à l'Égypte, du côté de l'occident jusqu'à Wardje-
« lan et jusqu'aux extrémités de l'Afrique ; ils portent des vête-
« ments tissus de laine, et des turbans dont les bouts leur servent
« à se voiler la bouche. C'est un usage ancien parmi eux et dont

يظهر خروجه و يمرّ حتى يتّصل بكوكو ثم يمرّ مغربها في العمرا فيغوض في
الــــــــــــرمــــــــــــال

[1] Ce nom, qui avait été lu par Gabriel Siounite *Medhwam-Isa*, signifie, « le château de la mère de Jésus. »

118   DEUXIÈME CLIMAT.

« ils ne s'écartent jamais. Ils ont actuellement un chef né dans
« le pays, entouré d'une famille et d'une garde qui l'aide (dans
« ses entreprises). C'est un personnage honoré, d'une conduite
« irréprochable et qui gouverne légalement. Il est musulman. »

D'Ankelas à Abzar ابزر, village situé sur un monticule de
terre entouré de palmiers et dépourvu d'eau douce, 2 journées.

« Il y a, dans le voisinage, une mine d'alun qui serait d'excel-
« lente qualité s'il n'était mélangé de substances étrangères. Ses
« habitants portent la fouta et le mazar[1], et vivent du commerce
« de l'alun.

« D'Abzar à Telmelet تلملت[2], on compte 1 journée de marche.
« Telmelet est également un village de peu d'importance. L'eau
« y est rare, ainsi que les palmiers; mais les dattes y sont ex-
« cellentes. Il y a une mine d'alun peu productive, attendu
« qu'elle est sillonnée par diverses veines de terre[3]. Ce village
« dépend du Kawar : nous en avons parlé dans le premier cli-
« mat[4]. L'alun est, ainsi que nous l'avons dit, très-abondant et
« d'une qualité supérieure. Le commerce qu'on en fait dans cette
« contrée est immense, et cependant les mines ne s'épuisent
« pas. Les gens du pays rapportent que cette substance croît
« et végète, tous les ans, en quantité suffisante pour remplacer
« ce qu'ils en extraient. »

Non loin et à l'ouest d'Abzar est un lac considérable et profond;
il a 12 milles de longueur sur 3 de largeur. On y pêche un poisson
très-gros qui ressemble à l'el-boury[5] : c'est un mets délicieux.

---

[1] Voyez, relativement au sens de ces mots, les notes ci-dessus pag. 12 et 17.
[2] L'*Abrégé* et le ms. B. portent Balmela.
[3] Il est assez curieux que cette expression technique عروق تراب se retrouve dans la langue arabe.
[4] C'est le même qui est désigné ci-dessus, pag. 23, sous le nom de Lemleméh, ainsi que je l'ai vérifié d'après le nouveau manuscrit. — [5] **Mugicephalus**.

« On appelle ce poisson-el-bîn البين. La quantité qu'on en pêche
« est tellement considérable, qu'on le transporte dans tout le
« Kawar, où il se vend à très-bon marché.

« Vis-à-vis et dans le voisinage de ce pays, est celui des Ta-
« djerins تاجرين, dont nous avons parlé, dans la description du
« premier climat, comme d'un peuple infidèle et sans croyance.
« Ils sont très-nombreux, nomades, braves et enclins à com-
« battre leurs voisins, auxquels ils portent envie, et qu'ils cher-
« chent, par force ou par ruse, à réduire en captivité. Ils n'ont
« que deux villes, qui sont Tadjera et Semné تاجره وسمنه [1],
« dont nous avons parlé ci-dessus. Il y a dans ce pays une mon-
« tagne du nom de Macoun مغون, dont la couleur est grise
« tirant sur le blanc, et qui contient des veines d'une espèce
« de terre douce qu'on applique avec succès à la cure des oph-
« thalmies, de même qu'on emploie la substance dite ramdj el-
« ghar رمج الغار, qui vient de Talaveyra en Espagne, sous la
« forme d'une poudre verte, et dont on se sert avec beaucoup
« de succès contre les maladies de l'œil, en la prenant inté-
« rieurement, comme tout le monde sait.

« Cette contrée est voisine de l'oasis el-Khardjé, maintenant
« connue sous le nom de Santarié سنتريه, à cause du bourg
« qui s'y trouve et qui a été fondé dans ces derniers temps :
« nous en reparlerons ci-après.

« Au sud de Santarié sont les ruines d'une ville jadis flo-
« rissante et peuplée, nommée Chour شور [2] : son commerce, ses
« troupeaux, tout a disparu ; il n'y reste que des monticules cou-
« verts de décombres, et quelques bosquets de palmiers fréquen-
« tés par les Arabes dans leurs excursions. Au nord est une mon-
« tagne de peu d'élévation, mais très-escarpée, au pied de laquelle
« est un lac d'eau douce d'environ 20 milles d'étendue, mais

---

[1] Ou plutôt Tadwja et Semiet d'après le nouveau manuscrit. La carte porte Semnéh. — [2] Le ms. Asselin et la carte portent Tetsrou تشرو.

« peu profond, au milieu duquel croissent des roseaux. On y
« trouve une sorte de poisson désagréable au goût et rempli
« d'arêtes. Ce lac est alimenté par une source d'eau douce ve-
« nant du sud. Les caravanes du Kawar descendent sur ses bords
« et y trouvent souvent des troupes d'Arabes qui leur causent du
« dommage. Dans le même pays est la ville de Merenda مرندة,
« subsistant encore de nos jours, et peuplée autant par les
« voyageurs qui ne font qu'y passer, et qui sont peu nombreux
« à cause du défaut de productions et du peu d'industrie et
« de commerce, que par les familles qui y résident. Cependant
« c'est un lieu de repos et un asile pour les personnes qui vien-
« nent du désert.

« Au nord de cette région est Zala زالة, ville fortifiée et gou-
« vernée par un chef indépendant » et distante de 9 journées
au sud-est de Sort du côté de la mer [1]. De Zala à Wadan, on
compte 8 journées, et de Zala à Zawila, 10, en se dirigeant vers
le sud-ouest.

[1] Le texte porte que Sort est a neuf journées au nord-ouest de Zala, ce qui revient au même.

QUATRIÈME SECTION.
Oasis. — Littoral de la Méditerranée. — Égypte.

« Cette section comprend l'oasis dite el-Kharidjé ou l'extérieure الواح الخارجه ; le pays au sud limitrophe de celui des Tadjerins;
« la majeure partie d'el-Djofar الجفار, et de Bahreïn بحرين, en
« retournant vers Santarié (dont nous avons parlé plus haut),
« se dirigeant vers les demeures des Béni Hélal بنى هلال, et des-
« cendant vers la montagne dite de Goliath le Berber, ainsi
« nommée parce que l'armée de ce géant y fut défaite, et qu'il
« y vint chercher un refuge avec les siens. A l'est de cette mon-
« tagne est toute l'Égypte arrosée par le Nil, qui y descend de la
« Nubie supérieure. Nous décrirons ce dernier pays dans le plus
« grand détail, et tel qu'il est actuellement, s'il plaît à Dieu,
« ainsi que tous les lieux habités dans le voisinage du Nil jus-
« qu'à Ahrié اهريه, Cherouné شرونه, et Beiadh بياض, qui dépend
« des Bili بلى [1], jusqu'aux extrémités du Saïd [2] et jusqu'à el-Ala-
« ki [3]. Enfin nous parlerons des Teïm تم, des Nouhoum نحوم, et
« des Coptes قبط ou anciens Égyptiens.

« Nous disons donc que l'extrémité occidentale de la contrée
« décrite dans cette section est celle qui touche au pays des
« Tadjerins, désert immense, aride et pierreux, où l'on ne
« trouve point d'habitants, à cause des sables mouvants que les
« vents transportent çà et là. Nul ne peut y rester à demeure
« fixe, à cause de ces sables continuellement poussés par les

---

[1] Tribu d'Arabes qui existe encore et qui fut presque toujours hostile aux Français durant l'expédition d'Égypte.
[2] La Haute-Égypte. — [3] Voyez ci-dessus, pag. 41.

« vents, et qui envahissent non seulement les oasis, mais encore
« toutes les contrées comprises entre Sedjelmasa et l'oasis [1]. Ces
« déserts aujourd'hui si arides étaient jadis fertiles en palmiers,
« habités et fréquentés; il y avait jusqu'à Ghana des routes
« frayées et des aiguades bien connues, mais il n'en subsiste
« plus rien.

« On trouve dans l'oasis intérieure الداخلة, des vaches et des
« moutons devenus sauvages, ainsi que nous l'avons dit plus
« haut. » De là jusqu'aux frontières de la Nubie on compte 3
journées de distance, par une contrée stérile. On y voit une montagne dite Ghalsani غلسان, dont la cime est élevée et d'une lar-
« geur égale à celle de sa base; et une mine de lapis lazuli, pierre
« qu'on transporte en Égypte pour la travailler. » On y voit aussi
des serpents tels qu'il n'en existe point ailleurs. « Les gens du
« pays disent que ces reptiles sont d'une grosseur si énorme,
« qu'ils peuvent avaler un mouton, un veau, et même un homme :
« qu'ils ont des oreilles proéminentes, des dents canines et mo-
« laires, qu'ils se tiennent dans des cavernes ou dans les sables,
« et qu'ils s'élancent sur quiconque se présente devant eux, avec
« une telle force, qu'il est rare qu'on puisse échapper à la mort.
« C'est un fait notoire et bien connu.

« Quant à l'oasis extérieure, elle est habitée par des Berbers
« mêlés d'Arabes qui cultivent l'indigo dans les lieux arrosés. Cette
« substance est renommée pour sa qualité supérieure et connue
« sous le nom d'*indigo des oasis*. Le pays, jusqu'au voisinage d'Asou-
« an اسوان, produit aussi une espèce d'ânes plus petits que des mou-
« tons, et tachetés de blanc et de noir. Ils ne sont pas susceptibles
« de servir de monture, et ils meurent inévitablement lorsqu'on
« les fait sortir de l'oasis. Il existe dans le Saïd une variété de
« ces animaux qui est très-maigre, mais extrêmement légère et

---

[1] Dans toute cette description des oasis, nous croyons devoir suivre, de préférence au texte de l'ancien manuscrit, celui du manuscrit Asselin.

QUATRIÈME SECTION.

« rapide. On trouve dans les sables voisins d'el-Djofar beaucoup
« de serpents très-dangereux qui s'élancent sur les chameaux
« des caravanes et les font périr.

Feuillet 30 verso

« Le pays de Djofar est plus bas que les oasis. Il est actuel-
« lement désert, mais autrefois on y voyait un grand nombre
« d'habitations. On y cultivait le safran, l'indigo, le carthame
« et la canne à sucre. Il n'y subsiste plus que deux bourgs :
« l'un dit el-Djofar الجفار, et l'autre Bahreïn بحرين ; ils sont for-
« tifiés, entourés de dattiers et pourvus d'eau douce. »

DJOFAR.

D'el-Djofar à Bahreïn, on compte 2 journées ;
Du même lieu à l'oasis, 3 journées sans eau.

« Cette oasis est celle où nous connaissons de nos jours un grand
« nombre de petits villages peuplés de races mêlées, où l'on cul-
« tive la canne à sucre et l'indigo, et situés sur le penchant d'une
« montagne qui sépare l'Égypte du désert contigu au Soudan. »

De Bahreïn à Santarié, 4 journées.

« La ville de Santarié سنترية est petite ; il y a une mosquée ;
« elle est peuplée de Berbers et d'Arabes à demeure fixe, et si-
« tuée sur les confins du grand désert, à 9 journées au sud de
« la mer[1]. On y trouve le lacca (sorte de plante dont le suc sert
« à teindre le maroquin), un peu d'eau de puits, beaucoup de
« dattiers. »

SANTARIÉ.

De Santarié à la montagne de Malmouni ملموني[2], « où est une
« mine de fer », on compte 4 journées. C'est par Santarié qu'on
passe pour aller, soit dans le Kawar, soit dans le reste du Soudan.

De Santarié à Audjela اوجله, vers l'ouest, 10 journées.

« C'est dans ses environs qu'on voit la montagne dite Berim-
« el-Ahmar بريم الاحمر, dans laquelle on a, dit-on, taillé les deux
« obélisques d'Alexandrie[3]. »

[1] Même observation que ci-dessus, pag. 120, note 1.
[2] Le ms. Asselin porte Nalmury نلمري.
[3] Dans le texte arabe, ces obélisques sont désignées sous le nom d'aiguilles مسلّتي

DEUXIÈME CLIMAT.

Feuillet 30 verso.
CAÏS.

La ville de Caïs قيس, située sur la rive occidentale « du Nil, « est ancienne et bien bâtie. On y cultive la canne à sucre et « diverses sortes de fruits et de légumes. »

De Caïs à Demrout دمروط, vers le nord, on compte environ 18 milles.

De Caïs à Miniet ebn-el-Khassib منية ابن الخصيب, « ville déli- « cieuse située sur la rive *orientale* du Nil, entourée de jardins « où l'on cultive la canne à sucre et la vigne », une demi-jour- « née. »

ACHMOUNI.

De Miniet à Achmouni الاشموني, « petite ville abondante en « toutes sortes de fruits et de céréales, et où l'on fabrique des « étoffes bien connues », une demi-journée.

Feuillet 31 recto.

Vis-à-vis est Bousir بوصير, « bourg où l'on dit que Pharaon « opérait ses prestiges, et dont il reste des monuments. »

ANSANA.

De Bousir à Ansana انصنا, « ville ancienne, située à l'orient « du Nil, entourée de cultures, et connue sous la dénomination « de *ville des enchanteurs*, parce que ce fut de là que Pharaon fit « venir ceux qu'il voulait opposer à Moïse (sur qui soit le salut), » 6 milles.

A deux milles de distance environ du Nil sont divers petits villages, parmi lesquels on distingue el-Nedjasié النجاسية, dont « le territoire est fécond; et vis-à-vis, sur la rive occidentale « du Nil, Minsawa منساوه [2], entouré de jardins et de palmiers »; « puis, au-dessous d'Achmouni, Takha طخا, « où l'on fabrique « diverses étoffes de laine. On dit que le crocodile est nuisible « sur la rive d'Achmouni, mais non point sur celle d'Ansana. »

D'Ansana à el-Maragha المراغه, petit village entouré de jardins sur la rive occidentale du Nil, environ 5 milles.

D'el-Maragha à Termend ترمند, sur la même rive, environ 5 milles.

De là à Soul صول, bourg commerçant qui abonde en fruits

---

[2] Ou Minsara منساره d'après le ms. Asselin.

et en légumes, et qui est très-peuplé, environ une journée.

Soul est situé à l'embouchure du canal dit el-Menhi المنهى, qui aboutit à l'orient des oasis, qui sert à l'arrosage de beaucoup de terres, et d'où dérivent les canaux du Faïoum dont nous parlerons ci-après.

Du bourg de Soul à Akhmim اخمم, sur la rive orientale, et à 2 milles du Nil, environ 1 journée.

Akhmim et el-Boullina البولينا sont deux villes où l'on voit un grand nombre d'édifices, et auprès desquelles on cultive les cannes à sucre et où croissent beaucoup de dattiers. A Akhmim on voit l'édifice nommé el-Berba البربا, « construit par le grand
« Hermès avant le déluge. Ce personnage avait prévu par son art
« que le monde devait périr dans une catastrophe; mais il ne sa-
« vait pas si ce serait par l'eau ou par le feu : il fit donc cons-
« truire d'abord des maisons de terre, sans mélange d'aucune ma-
« tière combustible, et il les orna de peintures et d'emblêmes
« scientifiques, dans la pensée que, si le monde périssait par le
« feu, ces édifices subsisteraient et gagneraient même en solidité,
« et que la postérité pourrait lire ce qu'il avait écrit. Puis il or-
« donna qu'on lui construisît des édifices de pierre très-dure; il
« y fit représenter toutes les sciences qu'il jugeait être nécessaires
« (aux hommes), et il dit: Si la catastrophe a lieu par les eaux, les
« édifices de terre seront dissous, mais ceux-ci subsisteront, et les
« sciences ne périront pas.

« Lorsque le déluge arriva, les choses se passèrent ainsi qu'Her-
« mès les avait prévues. » Du reste, il existe des édifices du même genre soit à Esné, soit à Dendera; mais celui d'Akhmim est le plus solidement construit et le plus remarquable par la beauté de ses sculptures; et, en effet, on y voit non seulement la représentation des astres, mais encore celle de divers arts, et un grand nombre d'inscriptions. L'édifice est situé au milieu d'Akhmim, comme nous l'avons dit.

Au-dessus de l'embouchure du canal, et sur la rive occidentale du Nil, est la ville de Zamakher زماخر, remarquable par ses édifices, ses eaux courantes, ses jardins et la variété de ses productions. Elle est extrêmement jolie. De là, toujours sur la même rive et à 5 milles de distance, est la montagne de Taïlamoun طيلمون, qui, venant de l'ouest, obstrue le cours du Nil, en sorte que les eaux ne peuvent franchir cet obstacle qu'avec des efforts impétueux, ce qui intercepte la navigation entre le Caire et Asouan.

« Les gens du pays disent qu'il y avait autrefois sur cette mon-
« tagne, dans un château dont il ne reste que de faibles vestiges,
« un génie malfaisant qui adressait la parole aux navigateurs, et
« que ceux-ci ne pouvaient atteindre à cause de la violence du
« courant et des tourbillons qui existent autour de la montagne.
« Aujourd'hui même ces lieux sont d'un accès très-difficile. De cette
« montagne à celle de Tansef تانسف, on compte environ 2 jour-
« nées. Il existe dans cette dernière une caverne où l'on voit une
« fente très-étroite. Les oiseaux dits boukir بوقير [1], aquatiques et
« de couleur mélangée, se rassemblent un certain jour de l'année
« en troupes dans cette caverne; et, passant leur tête à travers la
« fente, s'envolent au delà, jusqu'à ce que l'un d'entr'eux, s'y trou-
« vant pris, y meure et ôte ainsi aux autres l'envie d'y passer. C'est un
« fait très-connu en Égypte et constaté dans beaucoup d'écrits.

« De la montagne de Taïlamoun à Assiout (Osiout ou Siout)
« السيوط, ville considérable sur la rive occidentale du Nil, dont
« les environs sont très-fertiles, on compte une journée de navi-
« gation.

« D'Assiout à Akhmim, 1 demi-journée idem.

« D'Akhmim à Kebt, 1 demi-journée.

« Kebt est une ville située sur la rive orientale du Nil, peu-

[1] Le boukir paraît appartenir à la famille des hérons. Voyez M. Ét. Quatremère, *Mémoires sur l'Égypte*, t. II, pag. 61 et 62.

« plée de diverses races mélangées et particulièrement de Grecs
« qui y cultivent beaucoup de légumes, entre autres des raves et
« des laitues dont ils recueillent la graine pour en extraire de
« l'huile, avec laquelle ils fabriquent diverses sortes de savon
« très-estimé qu'on vend au Caire et qu'on exporte au loin.

« De là à Cous توس, également à l'est du Nil, 7 milles.

« Cous est une ville considérable, commerçante et de beau-
« coup de ressources, mais l'air n'y est pas sain, le teint des habi-
« tants est pâle, et peu d'étrangers échappent à l'insalubrité
« du climat. »

De Cous à Demamil دماميل, ville de construction récente, en
très-bon air, sur la rive orientale, 7 milles. Les habitants de
Demamil sont de races mélangées, surtout de Mogrebins; ils
sont très-hospitaliers. De là à Camoulé تولـه[1], 5 milles.

« Camoulé est un bourg considérable, abondamment pour-
« vu de tout ce qui contribue au bien-être de la vie. Un voya-
« geur digne de foi rapporte que, parmi les fruits de toute espèce
« qu'on y recueille, il y a vu des raisins d'un goût, d'une beauté
« et d'une grosseur incomparables; il ajoute qu'il lui prit l'en-
« vie d'en peser un grain qui se trouva être du poids de 12
« drachmes. Il y a aussi beaucoup de melons, diverses sortes de
« figues bananes d'une grosseur extraordinaire, des grenades,
« des pêches, des poires, et en général des fruits de toute espèce
« qui se vendent à très-bas prix.

« Au nord de ce bourg est une montagne courant nord et
« sud jusqu'à Assiout, et qui s'appelle Bouran بران, où sont les
« trésors du fils d'Achmoun, fils de Misraïm, qui sont encore de
« nos jours l'objet de recherches.

« De Camoulé à Esné اسنا, sur la rive gauche du Nil, une jour-
« née de navigation. »

Esné est une ville des plus anciennes, bâtie par les Égyp-

[1] Le ms. B. porte Manoulé منوله.

tiens. Elle est entourée de champs labourés, de jardins fertiles et délicieux. « Le raisin y est en telle abondance et d'une « qualité si supérieure, qu'on le fait sécher pour le transporter « ensuite dans toute l'Égypte. Il existe à Esné des édifices très-« anciens, et des vestiges très-curieux. »

De là à Ermont ارمنت, sur la rive droite, ville également ancienne, produisant des fruits excellents, une journée de navigation.

D'Ermont à Asouan اسوان, dont nous avons parlé dans le premier climat [1], une journée de navigation.

Pour revenir au canal dérivé du Nil dont il a déjà été question, nous dirons qu'il a son origine sur la rive gauche auprès de la ville de Soul ضول, où il porte le nom d'el-Menhi المنهى; qu'il se dirige par le nord-ouest vers Behnesé البهنسا, ville florissante à 4 journées de distance (de Soul) sur la rive occidentale, et à 7 fortes journées du Caire.

« C'est à Behnesé qu'on fabrique les tissus précieux qui tirent « leur nom de celui de cette ville, et servent à faire des habits « royaux et des vêtements pour les personnes considérables. On « en fabrique aussi de communs dont la valeur sert de base pour « établir le prix des plus riches. La longueur de la pièce d'étoffe « est de 30 aunes, plus ou moins, et le prix s'en élève à en-« viron 200 mitscal la paire. On ne fabrique aucun de ces tissus, « soit en laine, soit en coton, soit riche, soit commun, sans y « inscrire la désignation de l'espèce, afin que le chaland sache « bien ce qu'il achète : c'est un usage ancien qui subsiste en-« core de nos jours. Du reste, ces étoffes sont partout très-es-« timées, soit pour vêtements, soit pour meubles.

« Le canal descend ensuite, vers le nord, à Ahnas اهناس, pe-« tite ville située à 2 journées (de la précédente), et dont le « territoire est très-fertile et le négoce considérable. De là à

[1] Voyez ci-dessus, pag. 35.

« Delass دلاس, située sur la rive orientale du Nil, et à 2 milles du
« fleuve, on compte 2 journées de marche.

« Delass est une petite ville où l'on fabrique des mors de
« cheval et divers ouvrages en fer. Du temps des anciens Égyp-
« tiens, elle était comptée au nombre des villes les plus floris-
« santes ; mais les Berbers, par leurs violences, et les Arabes,
« par leur méchanceté, l'ont réduite, ainsi que ses environs, à
« un état misérable. »

Le canal se termine au Faïoum الفيوم, et décharge ses eaux
dans les lacs d'Akna اثنى, et de Tihmat تهمت : nous en parlerons dans le III° climat. « Terfet ترفت, et Semista سمسطا, sont
« deux villages fortifiés, situés à 2 milles du Nil. On y cultive
« la canne à sucre ; on y fabrique de la mélasse et du sucre en
« pains, dont la majeure partie est transportée au Caire.

« Ce que nous venons de dire (au sujet de l'Égypte) suffit [1].
« Cette contrée est tellement peuplée, que les villes ne sont dis-
« tantes entre elles que d'une journée, ou de deux au plus, et
« que les villages s'y touchent pour ainsi dire de tous côtés et
« sur les deux rives du fleuve. »

Du Caire à Asouan, on compte 25 journées de marche.

---

[1] En traduisant ce qui concerne la fertilité de l'Égypte et la nature de ses productions, nous nous sommes permis nous-même de supprimer un grand nombre
de répétitions.

Feuillet 32 verso.

CINQUIÈME SECTION.

Littoral de la mer Rouge. — Mocattam. — Adzab ou Aïdab. — Djidda.
La Mecque. — Médine.

Feuillet 32 verso.

Cette section comprend la description des pays situés sur les bords de la mer de Colzoum, celle de la ville d'Adzab عذاب[1], du désert qui porte son nom, « qui est au sud de cette ville, et « où l'on ne peut se diriger qu'au moyen des montagnes et des « collines, le sol étant généralement plat, stérile et composé de « sables mouvants. Souvent le guide le plus habile s'y égare « et ne parvient à retrouver son chemin qu'à l'aide du cours du « soleil et des étoiles. »

Dans cette section est aussi comprise une partie de la mer de Colzoum, de ses îles soit désertes, soit habitées, de ses ports les plus connus, et des petits districts[2], tels que ceux de Suès السويس, d'Essakia السقية, de Djohfa الجحفه, de Djidda جده, et d'Andjar الجار[3], qu'on y trouve; et enfin la description des villes méditerranées de Sankian صنكان, de la Mecque مكة, de Taïf الطايف, de Codeïd قديد, de Médine المدينه, et d'Adzab عذاب. Nous donnerons cette description aussi complétement et aussi clairement[4] qu'il nous sera possible.

Feuillet 33 recto.

MOCATTAM.

Nous disons donc que la chaîne du Mocattam, qui s'étend

---

[1] La véritable orthographe de ce nom paraît être عيذاب.
[2] Le texte arabe porte : الكور الصغار.
[3] Le ms. B., l'*Abrégé* et, plus loin, notre ms. lui-même portent el-Djar الجار.
[4] Le ms. B. porte : « aussi exactement. »

depuis le Caire jusqu'auprès de Syène, en traversant le désert, est d'une longueur remarquable ; quant à sa hauteur, elle varie beaucoup. « La surface du terrain s'aplanit même en certains « lieux bas nommés el-djamim مَجَالِم, d'où l'on extrait de la « terre rouge et de la chaux. Le Mocattam contient de l'or en « abondance, et, avec de l'art, on en retire de très-pur qui s'y « trouve mêlé avec la terre » Il touche d'une part à l'Égypte, et de l'autre à la Mer Rouge, qu'on nomme aussi mer du Hedjaz. « Divers rois y cachèrent leurs trésors. On y voit un « grand nombre de temples et des monuments très-curieux.

« De cette chaîne, et du côté de la mer, dépend une mon-
« tagne ronde, taillée à pic[1], et dont l'accès est impossible à
« cause du poli de sa surface et à cause de sa hauteur. On ra-
« conte que là sont les trésors considérables du grand-prêtre
« dont cette montagne porte le nom, et ceux de certains rois
« d'Égypte, consistant en or, en argent, en pierreries, en terres
« travaillées, en figures curieuses, en représentations des idoles
« figuratives des astres. Ces rois apprirent par leur art qu'un
« roi des Francs avait formé le dessein de les attaquer d'après
« ce qu'il avait entendu dire de leurs richesses et de leur habileté
« à faire de l'or. Ils en éprouvèrent une grande frayeur. En effet
« ce roi franc ayant équipé mille vaisseaux, conquit l'Égypte,
« dont les principaux habitants s'enfuirent et se réfugièrent dans
« cette montagne, et les autres dans les oasis, emportant leurs
« richesses avec eux. Le motif de l'expédition du roi franc fut
« qu'un grand-prêtre ayant été obligé de se réfugier en Europe
« pour se soustraire aux persécutions d'un prince égyptien, il
« détermina le roi à entreprendre cette conquête par l'appât des
« richesses qu'il y trouverait. La conquête eut lieu en effet; le
« grand-prêtre l'accompagna vers la montagne en question, mais
« n'ayant pu la gravir, et déçu dans son espérance, il porta

[1] منحوت.

« le roi franc à s'approprier les richesses des autres habitants de
« l'Égypte, et, chargé de ces dépouilles, à retourner dans son
« pays.

« A l'ouest de cette montagne sont les pays d'Ahrié اهريه,
« de Chérouné شرونه, de Beiadh بياض, et de Soul صول. A l'est
« sont les demeures des Bili بلى[1], des Djehiné جهينه et de Sofa-
« ra صفارة. Ces Bili, qui habitent au nord de Colzoum, sont
« des Arabes capables de toute sorte d'actions condamnables,
« avides, de mauvaise foi, de mœurs dépravées, et sanguinaires
« au dernier point. Si vous parvenez à les vaincre, ils se dis-
« persent; si vous vous fiez à leurs paroles, ils vous tuent sans
« miséricorde. Enfin ils n'ont aucune sorte de respect pour rien,
« ni de religion. Dieu les a châtiés par un grand nombre de
« misères et d'infirmités, mais ils sont incorrigibles et leur
« existence est dans le mal.

« A l'extrémité des contrées décrites dans la présente sec-
« tion[2], est le désert d'Adzab, qui n'est fréquenté que par un
« petit nombre de nomades d'el-Bedja البجه, à cause du manque
« d'eau. La traversée, depuis Cous قوص jusqu'à Adzab, est au
« moins de 20 journées.

« Il y a dans ce désert un puits dont les eaux présentent un
« phénomène des plus singuliers : il consiste en ce que, lors-
« qu'on en a bu, elles ne s'écoulent point par les voies ordi-
« naires; elles ne séjournent pas non plus dans l'estomac de
« l'homme, mais elles sont évacuées très-promptement.

« La traversée de ce désert est impraticable durant la saison
« des grandes chaleurs et pendant le semoum d'été, à cause de
« l'aridité qui résulte de ce vent empoisonné, et parce qu'alors
« le sol est brûlant au point d'occasionner la mort : les voyageurs

---

[1] Notre ms. porte Tili, mais cette leçon vicieuse est corrigée par le ms. B., qui nous donne aussi Colzoum au lieu de قوم.

[2] Lisez الجزء et non البحر comme porte notre ms.

« préfèrent donc (pour se mettre en route) les derniers jours de
« l'automne. » A l'extrémité du désert et sur les bords de la Mer
Salée, est la ville d'Adzab, où s'effectue le passage à Djidda, qui
est d'un jour et d'une nuit de navigation.

Aïdab[1] a deux gouverneurs, dont l'un est nommé par le chef
des Bedjah, et l'autre par les princes d'Égypte. Ces deux officiers
perçoivent chacun par moitié les revenus de cette ville. Le gouverneur égyptien est chargé de faire transporter à Aïdab les
vivres et toutes les espèces de provisions, et celui qui commande au nom du chef des Bedjah se charge de tirer ces différents objets de l'Abyssinie. Ce dernier, qui réside dans les déserts, n'entre que rarement dans la ville. Les habitants d'Aïdab
parcourent continuellement tous les cantons du pays de Bedjah
pour y vendre et y acheter; ils en rapportent du beurre, du maïs
et du lait. Ils ont un grand nombre de barques qui servent pour
la pêche, et ils prennent quantité de poisson d'un goût exquis.
Aujourd'hui, c'est à Aïdab qu'on lève un droit de 8 dinars sur
chacun des pèlerins du Maghreb. On reçoit en payement, et indifféremment, l'or en morceaux ou monnayé.

Nul d'entre les voyageurs qui se rendent du Maghreb à
Djidda, pour s'acquitter du pèlerinage, ne passe sans exhiber sa
quittance. Lorsque le navire a traversé la mer et qu'il est parvenu à bon port à Djidda, il mouille à une certaine distance
du port, et des vérificateurs se présentent de la part du gouverneur, examinent tout ce qui est susceptible du payement
des droits et le constatent sur leurs registres; ensuite ils descendent avec tous les passagers, et ils perçoivent le tribut. S'il
arrive que l'un d'entre eux ne soit point en état de payer ce
qu'il doit, ils l'exigent du capitaine. Quelquefois on emprisonne
le voyageur durant un espace de temps tel qu'il manque l'épo-

---

[1] Nous empruntons littéralement ici la traduction de M. Ét. Quatremère. Voyez ses excellents *Mémoires sur l'Égypte*, t. II, pag. 162.

que du pèlerinage; d'autres fois, par faveur divine, il advient que quelqu'un paye pour lui.

Ce tribut est perçu pour le compte du prince de la Mecque, et il lui sert à solder ses troupes, attendu que ses autres revenus sont insuffisants pour ses besoins et pour ceux des personnes dont il est entouré.

« La mer décrite dans la présente section est difficile à traverser, remplie d'abîmes, de bancs de sable et d'écueils. Il y existe diverses îles inhabitées en hiver. » Mais lorsque la navigation devient praticable, ces îles sont fréquentées par des peuplades au teint basané qui y viennent, au moyen de barques, se livrer à une pêche abondante. Ils font sécher au soleil le « poisson, le réduisent en farine pour en faire du pain, et « s'en nourrissent. Leur principale industrie consiste dans cette « pêche, dans celle des petites perles, et des tortues de mer, « dont l'écaille est de très-belle qualité. »

La plus considérable de ces îles est celle de Na'aman نعمان, qui est peuplée. Celle dite Samari سامری, est habitée par une peuplade de Juifs samaritains : on les reconnaît pour tels en ce que, lorsqu'un d'eux veut en injurier un autre, il lui dit *la mesas* (c'est-à-dire, ne me touchez pas). Ils descendent des Juifs qui adorèrent le veau d'or au temps de Moïse.

« On pêche dans cette mer un gros poisson de forme à peu « près carrée, presqu'aussi large que long : on l'appelle behar « المهار. Son poids s'élève souvent à un demi-cantar[1]. Il est de « couleur rouge et d'un goût excellent. Il y en a un autre de la « longueur d'une palme et demie, qui a deux têtes pourvues « d'yeux et de bouche, dont il fait usage alternativement : on « appelle ce poisson le stylet الخرسم. On pêche aussi dans « cette mer un poisson nommé el-faras الفرس, de la famille « des chiens de mer, ayant sept rangs de dents et environ 10

---

[1] De 11 à 12 kilogr. — Voy. la Chresthom. arabe de M. de Sacy, t. I, p. 305.

CINQUIÈME SECTION. 135

« palmes (90 pouces) de longueur. Son attaque est très-dange-
« reuse.

« Tous les bâtiments qui naviguent dans cette mer sont com-
« posés de planches cousues avec des cordes de palmier, cal-
« fatées avec de la résine pilée, et enduites de graisse de chien
« de mer. Le capitaine se tient assis sur la proue, muni d'ins-
« truments nautiques nombreux et convenables. Il examine at-
« tentivement le fonds des eaux pour reconnaître les écueils, et
« il indique au timonnier la direction qu'il faut prendre. Sans
« ces précautions, il serait impossible de naviguer dans cette
« mer, car elle est tellement périlleuse pour les hommes et
« pour les navires, qu'on n'y navigue point la nuit. On mouille
« de jour dans quelque endroit convenable, et l'on n'en repart
« que de jour. C'est une mer sujette à des orages affreux, se-
« mée d'îles inhospitalières, et qui enfin n'offre rien de bon,
« soit dans ses profondeurs, soit à sa surface. Elle n'est pas
« comme la mer de la Chine ou l'Océan indien, dont le
« fond recèle les perles les plus rares, dont les montagnes
« contiennent les pierres les plus précieuses, dont les rivages
« sont couverts de villes florissantes et de résidences royales ;
« où croissent l'ébène, le bois de Brésil البقم, le rotting, le bois
« d'aloès, le camphre et divers parfums, où l'on trouve la chèvre
« qui porte le musc. La mer de Colzoum ne produit que l'am-
« bre, et encore vient-il de la mer de l'Inde. Nous avons indiqué
« son étendue dans la partie du présent ouvrage où il est ques-
« tion des mers en général [1]. »

Sur la rive orientale de cette mer, dépendante de la 5ᵉ section du IIᵉ climat, sont les points fortifiés de Hali حلي, de Ser-
rain سرين, de Sokia سقيا, de Djidda جدة, de Djofa الجفل, et
d'el-Djar الجار [2]. Hali est une petite ville qui dépend du gouvernement de Téhama. C'est un lieu de relâche tant pour les

---

[1] Voyez ci-dessus, pag. 5. — [2] Voyez ci-dessus, pag. 130, note 3.

« navires qui viennent de l'Iémen que pour ceux qui viennent
« de Colzoum. On y perçoit des droits de péage à l'entrée et
« à la sortie, et tout y est apporté du dehors. »

De là, par le désert, à la ville de Attour عتر[1], on compte
5 journées au sud; et à Sankian صنكان, 2 journées faibles.

« Sankian est également une ville peu considérable, dont les
« naturels sont tellement sédentaires, que, lors même qu'il y
« meurt un grand nombre d'individus, personne ne sort du pays.
« Ils n'entreprennent aucun voyage ni pour affaires, ni par plai-
« sir, mais on va chez eux. Le pays produit peu, bien que les
« habitants soient riches en troupeaux. Leur industrie est gros-
« sière, leurs mœurs économes, leur physionomie laide; cepen-
« dant leur pays a part aux bienfaits du Très-haut.

« Serraïn est situé sur la côte, à 5 journées au sud de Hali.
« C'est une ville bien fortifiée, bien pourvue d'eau, et bien fré-
« quentée, comme tout le monde sait. On y perçoit des droits
« sur les navires qui vont dans l'Iémen ou qui en reviennent
« chargés de provisions, de marchandises ou d'esclaves. Une
« moitié de ce droit appartient au gouverneur de Tehama, et
« l'autre à celui de la Mecque. »

De Sarraïn à Sakin, port également très-fréquenté, on compte
3 journées; de là à Djidda, en suivant la côte, 3 journées.

« Djidda est le port de la Mecque; il en est à 40 milles de
« distance. La ville est très-peuplée et son commerce est con-
« sidérable : aussi les habitants sont-ils riches. La mousson qui
« souffle avant l'époque du pèlerinage est très-favorable à Djidda
« en ce qu'elle y amène une grande quantité de provisions et
« de marchandises de prix. C'est, après la Mecque, la ville la
« plus importante de tout le Hedjaz. Il y a un gouverneur qui
« commande au nom du prince de la Mecque, et qui veille à
« tous les besoins de l'administration. Elle possède un grand

---

[1] Dans notre manuscrit ce nom est presque illisible; l'*Abrégé* porte Atter.

CINQUIÈME SECTION.

« nombre de bâtiments qui naviguent à diverses destinations.
« La pêche y est très-abondante, ainsi que la récolte des lé-
« gumes. C'est là, dit-on, que descendit Eve après sa sortie du
« paradis terrestre; c'est là que reposent ses restes mortels. »

La Mecque[1] est une ville tellement ancienne que son origine se perd dans la nuit des temps; elle est célèbre, florissante, et l'on s'y rend de tous les points du monde musulman. Située entre deux collines, sa longueur du nord au sud est d'environ deux milles, et du sommet du mont Djiad à celui du mont Coaïcan on compte un mille de distance. Elle est bâtie d'argile et de pierres extraites de ces montagnes. Elle a peu de rues, et au milieu se trouve la mosquée nommée el-Haram, bâtiment sans toit, qui ressemble à une clôture circulaire, renfermant la Kaaba. Ce dernier édifice est couvert; et, mesuré à l'extérieur, il a 24 coudées de côté, tant à l'orient qu'à l'occident. Sur le côté oriental de la Kaaba, il y a une porte à peu près de la hauteur d'un homme, et qui est de niveau avec le pavé de ce sanctuaire, dans un des coins duquel se trouve la pierre noire. La longueur du mur septentrional regardant la Syrie, ainsi que celle du mur opposé qui regarde l'Iémen, n'est que de 23 coudées. De ce côté, règne une enceinte consacrée, dont la longueur est de 50 coudées et dans laquelle on voit la pierre blanche, tombeau d'Ismaël, fils d'Abraham (que le salut soit sur eux deux!). A l'orient de la mosquée el-Haram se trouve la coupole d'Abbas, le puits de Zemzem et la coupole des Juifs. Le mur qui entoure la Kaaba est couvert, pendant la nuit, de lampes et de torches allumées. Ce monument a deux toits, dont le plus élevé sert à l'écoulement de l'eau des pluies, par une gouttière en bois qui la conduit sur le tombeau d'Ismaël dont nous avons parlé. Toute la partie extérieure de la Kaaba est d'ailleurs couverte d'étoffes de soie

---

[1] Voyez le texte et la traduction de ce passage dans l'*Edrisii Africa* de Hartmann, pag. 458 et suivantes.

d'Irâc qui la dérobent entièrement à la vue. Son élévation est de 27 coudées. Ces étoffes sont attachées au moyen de crochets et d'agrafes. Le khalife résidant à Bagdad en envoie tous les ans de nouvelles pour remplacer les anciennes; nul autre que lui n'a ce privilége.

La tradition porte que la Kaaba fut la demeure d'Adam, et que, construite de pierre et d'argile, elle fut détruite par le déluge, et resta en ruines jusqu'à ce que Dieu ordonnât à Abraham et à Ismaël de la reconstruire. Ces deux patriarches unirent leurs efforts et la reconstruisirent avec les mêmes matériaux.

Dans toute la ville de la Mecque, il n'y a d'eau courante que celle qui y est amenée d'une source très-éloignée; Moctader, prince Abbasside, acheva cet aqueduc. Ces eaux sont saumâtres et désagréables au goût; les meilleures sont celles du puits de Zemzem; l'on peut en boire, mais il ne faut cependant pas en faire un usage continu. On ne trouve pas à la Mecque d'arbres à fruits; on n'y voit que les espèces propres aux déserts. Le prince de la Mecque habite un château nommé el-Marba'at المربعة, situé à 3 milles environ à l'occident de la ville. C'est un édifice en pierre, auquel est joint un jardin nouvellement établi, où l'on voit des dattiers, beaucoup de palmiers-*doum* et divers arbres transportés d'ailleurs.

Le prince hachémite qui exerce l'autorité suprême à la Mecque n'a point de cavalerie, mais un corps de fantassins que l'on nomme hallebardiers (حرابة). Il porte des habits et un turban de couleur blanche, et paraît à cheval en public. Il administre bien; il fait preuve de justice et d'équité, et il exerce la bienfaisance autant que sa position le lui permet. A deux époques fixes, au commencement du mois de redjeb, et au temps où l'on s'y réunit pour le pèlerinage, on vend à la Mecque les marchandises qui y sont apportées du dehors. La plupart des habitants sont riches, tant en matières d'or et d'argent, qu'en troupeaux de

CINQUIÈME SECTIO.

toute espèce. Ils n'ont d'autres céréales que celles qu'on leur apporte de différentes contrées. Les dattes leur arrivent de divers pays voisins, et les raisins, que leur territoire ne produit qu'en très-petite quantité, leur viennent de Taïf. Ceux d'entre les Mecquois qui n'ont pas de fortune souffrent de la faim et sont exposés à bien des maux. En sortant de la Mecque, on trouve de tous côtés des vallées où l'on voit des eaux courantes, des sources qui ne tarissent jamais, des jardins clos de murs et des champs ensemencés.

De la Mecque à Médine, qu'on appelle aussi Iathrib يثرب, on compte, par la route la plus commode, 6 journées, savoir :

De la Mecque à Batn-mer'i بطن مرع, où se trouvent une source surgissant du lit sablonneux d'un torrent, et des bosquets de palmiers fréquentés par les Arabes, 16 milles.

De Batn-mer'i à A'sfan عسفان, fort construit à 10 milles de distance de la mer, auprès d'une source d'eau douce, et habité par une peuplade dite Djehiné جهينة, 33 milles.

D'A'sfan à Codeïd قديد, petit fort à 5 milles de la mer, habité par des Arabes de race mélangée, dont la principale ressource consiste dans la récolte des dattes, et entouré de déserts, 24 milles.

De Codeïd à el-Djohfa الجحفة, village bien peuplé, quoique non entouré de murs, situé à 4 milles de la mer, lieu de réunion pour les pèlerins de Syrie, 26 milles.

D'el-Djohfa à el-Abra الابرا, où sont des puits, 27 milles.

De là à Essakia السقيا, lieu situé sur les bords d'une rivière, entouré de jardins et de vergers de palmiers, habité par des Arabes de la tribu de Taï ط et par d'autres, 27 milles.

De là à Rouïtha الرويثة, lieu inhabité, où est un étang, 36 milles.

De là à Sebala سبالة, lieu peu habité, où sont des sources d'eau potable, 34 milles.

De Sebala à Melel ملل, station où sont des sources d'eau douce, 17 milles.

De là à Chedjer جر, lieu de réunion pour les habitants de Médine, peuplé d'un petit nombre d'Arabes, 12 milles.

De Chedjer à Médine, 6 milles.

Total, 258 milles [1].

L'autre route de la Mecque à Médine passe par des montagnes et des défilés. On suit le précédent itinéraire jusqu'à Codeïd, puis on passe par les lieux suivants : el-Khowar الخوار, Seniet el-Morat سنية المراة, Medlé Mudjah مدله مجاح, Batn Medhedj بطن مدج, Batn Dhat Kechd بطن ذات كشد, Adjrad اجرد, Dhi Chemir ذى شمر, Batn Aghda بطن اغدا, Medledjet la'four مدلجة بعلور, el-A'ïtha العيثا, Edhan el-Cahet اذان لقاحة, Djebel el-O'urdj جبل العرج [2], Theniet el-A'ïar ثنيه الاعيار [3], Rima ريما, Haï A'mr ben A'ouf حى عمرو بن عون.

Médine est située dans une plaine dont le sol est imprégné de sel; elle était autrefois entourée de murailles et de fossés. De nos jours, ses fortifications consistent en murs de terre; ils furent construits par les ordres de Cassim eddaoulet el-Ghari, qui peupla la ville et pourvut à la subsistance de ses habitants. La population y est pauvre, sans industrie, sans commerce. Autour de Médine, croissent, en grande quantité, des dattiers dont les fruits sont excellents; c'est la principale ressource des Médinois; car ils ne possèdent que peu de bestiaux et peu de champs cultivés. On y boit de l'eau d'une rivière amenée du côté de l'est, par les soins d'Omar ben el-Khattab (que Dieu lui soit favorable!). Cette rivière prend sa source au nord de la ville; on a creusé un fossé pour la détourner de son cours. Médine est grande comme la moitié de la Mecque; les eaux nécessaires pour l'arrosement des dattiers et des autres cultures sont des eaux

---

[1] Le texte du ms. B. porte par erreur, 270.
[2] La montagne des boiteux. — [3] La montée des ânes.

CINQUIÈME SECTION.

de source, puisées par des esclaves. Le champ des ronces بقيع الغرقد (le cimetière) est situé à l'orient de Médine.

Couba قبا est hors de la ville, à deux milles de distance; il y avait autrefois des maisons où se réunissaient les premiers sectateurs du prophète الانصار. C'est maintenant un bourg bien peuplé; il y a une source d'eau courante.

A six milles, au nord de la ville, est le mont Ohod احد, le plus voisin de Médine; le territoire se compose de champs cultivés appartenant aux Médinois. A quatre milles au sud, et sur le chemin de la Mecque, est une rivière nommée Wadi el-A'kik وادى العقيق, dont les bords sont couverts de dattiers et de cultures, et habités par des tribus d'Arabes. De Médine à la mer, on compte 3 journées. Le port de cette ville se nomme el-Djar الجار, bourg bien peuplé, qui était jadis la ville la plus voisine de Djidda.

L'itinéraire de Médine à Djidda est comme il suit :

De Médine à Hassab حسب, 1 journée.

De Hassab à A'rib عريب, lieu situé au pied d'une montagne, et près d'une source d'eau douce, 1 journée.

D'A'rib à el-Djar الجار, port de mer où abordent les navires, mais peu commerçant, 1 journée.

D'el-Djar à Djidda جدّة, environ 10 journées.

On suit le littoral de la mer, à plus ou moins de distance, par une plage sablonneuse, à travers laquelle on se dirige, soit au moyen de la mer, soit en observant la direction des montagnes. A soixante milles, à l'orient de la Mecque, est Taïf طايف. Voici les noms des lieux par lesquels il faut passer :

De la Mecque à Cabr ben el-Murtefa' قبر بن المرتفع [1], bourg fréquenté par des Arabes vagabonds; de là à Carn el-Menazel قرن المنازل, fort situé à l'embranchement de deux routes; de là à Taïf.

Quand on prend par el-Akik العقيق, on passe par A'rafat عرفات,

---

[1] Le ms. B. porte, f° 64 recto, Berin ou Terin el-Murtefa برين ou ترين المرتفع.

lieu situé à 3 milles de la Mecque, puis par Batn Na'man بطن نعمان, lieu planté de palmiers; on gravit ensuite la montée de Kouda كدى d'où l'on aperçoit Taïf. Cette ville fut la résidence de la tribu de Thakif. Elle est petite, bien peuplée, bien pourvue d'eau douce; le climat y est tempéré, les fruits abondants, les champs fertiles, on y recueille beaucoup de raisins; les raisins secs de Taïf sont très-estimés et on en exporte au loin une quantité considérable. La majeure partie des fruits consommés à la Mecque provient de ce lieu. « On y fait beaucoup de commerce, on y tra-« vaille le cuir parfaitement, et les chaussures de Taïf sont pro-« verbialement connues. » La ville est bâtie sur le penchant du mont Ghazwan غزوان, où sont les habitations des Beni Sa'd بنى سعد, dont le nom est employé proverbialement pour dire une famille très-nombreuse, et celles d'une partie de la tribu de Beni-Hodheïl بنى هديل. Dans tout le Hedjaz, il n'est pas de lieu dont la température soit plus froide que ne l'est le sommet de cette montagne; l'eau y gèle quelquefois en plein été. Du côté de l'orient, résident les Beni Halal بنى هلال, ainsi que les Beni Sa'd et les Hodheïl; du côté de l'occident, les Modledj مدلج et d'autres qui font partie des tribus de Modhar مضر.

Les districts et lieux fortifiés dépendants de la Mecque sont: Nedjed el-Taïf نجد الطايف, Nedjeran نجران, Carn el-Menazel قرن المنازل, A'kik عقيق, O'kadh عكاظ, Lima ليمة, Turba تربة, Bicha بيشة, Kicha كيشة, Djoras جرس, Serat سرات[1]; et dans le Téhama: Sankian صنكان, Seraïn سرين, Sakia السقية, Ghachm غشم, Baïch بيش et A'k عك. Ceux qui sont sous la dépendance de Médine sont: Taïma تيما, Daumet el-Djandel دومة الجندل, Elfara' الفرع, Dhou'l-Merouet ذو المروة, Wadi'l-Cora وادى القرا, Madian مدين, Khaïber خيبر, Fadak فدك, Coura O'rina قرى عرينة, Wahida الوحيدة, Siara السيارة, Rohba الرحبة, Sebala السبالة,

---

[1] Variantes d'après l'*Abrégé*, Lia, Tarba, Maisa, Caisa, Sabara.

CINQUIÈME SECTION.

Sebaba سبابة, Rahet راهط, A'dzab عذاب, Akhal الكحل, Hamia حمية.

L'itinéraire de la Mecque à San'a صنعا est comme il suit : De la Mecque à Cabr el-Murtefa قبر المرتفع [1], où est un puits; de là à Carn el-Menazel قرن المنازل, gros bourg; de là à Safr صفر, où sont deux sources d'eau douce et potable; de là à Keri كرى [2], où l'on trouve de l'eau et des palmiers; de là à Rouïtha رويثة, gros bourg dont les environs sont arrosés d'eau courante et plantés de nombreux palmiers; de là à Tebala تبالة, petite ville bâtie dans un bas fonds et entourée de champs cultivés et de palmiers: puis à Bicha Iaktan بيشة يقطن, petite ville bien peuplée, bien bâtie, où sont des champs ensemencés, de l'eau courante et quelques palmiers; puis à Hasda حسدا [3], où il y a un puits peu abondant et peu d'habitants; puis à Biat بيات [4], bourg considérable dont les environs sont bien plantés de palmiers, et où l'on trouve une source d'eau douce; puis à Sabkha سبخة, lieu inhabité; de là à Cacha كشة, bourg considérable où l'on trouve des sources, des vignes, de beaux palmiers et des légumes; de là à Nedjem نجم, bourg peuplé ayant un puits; de là à Sadoum-Rah سدوم راح, bourg considérable, assez peuplé, et dont les constructions sont contiguës les unes aux autres; il y a des sources d'eau douce et beaucoup de vignes. Djoras en est éloigné de 8 milles.

Djoras et Nedjeran sont l'une et l'autre d'une grandeur à peu près égale; ces deux villes sont environnées de palmiers; on y prépare des cuirs. Cet article forme la principale ressource du pays et est l'objet du commerce de ses habitants, qui ont la réputation d'être très-habiles dans ce genre de fabrication. De Sadoum on se rend à Mehdjera مهجرة, gros bourg pourvu de

---

[1] Ou Tirin el-Murtefa d'après le ms. B.
[2] Ou Caze d'après la version latine. — [3] Ou Djasda.
[4] La version latine porte Niab.

Feuillet 36 verso.

sources d'eau et d'un puits très-profond et très-abondant. Il existe à Mehdjera un arbre connu sous le nom de Talhat el-Melik طلحة الملك, et qui ressemble à un saule, excepté qu'il est plus grand. Cet arbre sert de limite entre le territoire de la Mecque et celui de l'Iémen. De là on va à A'rca عرقة[1], joli bourg, puis à Sa'da صعدة, ville petite mais bien peuplée, où l'on fabrique d'excellents cuirs qui sont exportés dans l'Iémen et dans le Hedjaz. De là à Sana' on compte 180 milles. De là on va à el-A'mechïé الاعشية, lieu inhabité, où est une source peu abondante; de là à Djenouan جنوان, place bien fortifiée, enfermant deux mares d'eau. Ses habitants sont des O'marites de race mélangée. Cet endroit abonde en vignes qui produisent des raisins d'une grosseur extraordinaire. Les raisins secs de Djenouan sont d'un goût excellent et d'un prix élevé. On en exporte dans les pays circonvoisins ainsi que dans les pays éloignés. On compte de Djenouan à Sana', 72 milles; on en compte 48 de Djenouan à Sa'da. De Djenouan dépendent plusieurs bourgs et habitations, des champs cultivés, des eaux employées à l'agriculture. La population se compose d'Arabes de la tribu de Ghassan غسان et d'autres. A l'ouest de Djenouan, est situé le pays des Abadhites اباضية, pays très-peuplé, pourvu de places bien fortifiées, de champs fertiles et de nombreux édifices.

De là on va à A'nafit عنافت, ville entourée de vignes, mais de peu de palmiers. Ses habitants boivent de l'eau d'un grand étang qui est alimenté par des sources; de là à Rabda ربدة, petite ville entourée d'un grand nombre de vignes, de champs bien cultivés et de sources d'eau. Ses habitants possèdent du gros bétail et des chameaux. Il y a à Rabda un puits abandonné[2] et un château dont il est question dans les anciennes chroniques. De Rabda à San'a il n'y a qu'une station. Nous avons parlé de cette dernière

---

[1] La version latine porte Adhia.

[2] Les deux mss. portent معطلة; la version latine porte puteus altissimus.

CINQUIÈME SECTION. 145

ville dans le premier climat. La route que nous venons de tracer est ordinairement accomplie, par les caravanes, en vingt stations. Quant à la route de la Mecque à Dhou-Sohaïm دو سحم, dans le Khaulan خولان, elle traverse les pays suivants : de la Mecque, on se rend à Malkan ملكان, où les voyageurs font habituellement halte ; de là à Ialamlam يلملم, montagne dont la direction est de l'est à l'ouest, et qui sert de rendez-vous aux habitants du Téhama ; puis, à un endroit solitaire pourvu d'eau de source, 1 journée.

Puis à Caïna قينة, petite ville avec deux puits, 1 journée.

Puis à Darca درقة et à O'lbob علبب, bourgs peuplés, 1 journée.

Puis à Hachaba حشبة [1], petit bourg ayant de l'eau en abondance, 1 journée.

De là à Canouna قنونا, où est un puits, 1 journée.

De là à Bicha-Haran بيشة حاران, où l'on rencontre des Arabes nomades et une source d'eau excellente, 1 journée.

De là à Hali حلى, petite ville située sur le bord de la mer, et dont nous avons parlé en son lieu, 1 journée.

De Hali la maritime jusqu'à la rivière de Sankian صنكان, qui coule vers la ville du même nom, 1 journée.

De là à Bichat-Iaktan, dont il a été question dans l'itinéraire de San'a, 1 journée.

De là à Haran el-Carîn حاران القرين, ville petite, bien peuplée, pourvue d'eau courante et entourée de quelques palmiers, 1 journée.

De là, on va à Khaulan Dhi-Soheïm, forteresse bien bâtie, dont les habitants sont connus par leur fierté et jouissent d'une grande considération. Tous les pays que nous venons de nommer sont situés dans le Téhama, province de l'Iémen. Le Téhama est couvert, comme d'un réseau, d'une chaîne de montagnes qui commencent à la mer de Colzoum qu'elles dominent,

[1] La version latine porte Habascia.

DEUXIÈME CLIMAT.

et dont un embranchement se dirige vers l'orient. Voici quelles sont les limites du Téhama : à l'ouest, la mer de Colzoum ; à l'est, une chaîne de montagnes se dirigeant du sud au nord. L'étendue de cette province, en long, depuis Sordja سرجه jusqu'à A'den عدن, en suivant les bords de la mer, est de 12 journées; sa largeur est de 4 journées de marche, depuis les montagnes jusqu'au territoire d'A'labaca علابقة [1]. Elle a au levant les villes de Sa'da, de Djoras et de Nedjeran; au nord, la Mecque, la ville de Djidda ; au sud, San'a, éloignée à peu près de 10 journées. Des Arabes de diverses tribus viennent camper dans le Téhama. Quant à la Mecque, c'est le centre et le lieu de réunion de tous les peuples de la presqu'île d'Arabie, car, de la Mecque à San'a, on compte 20 stations; de la Mecque à Zebid زبيد, également 20 ; de la Mecque à Iemamé, 21; de la Mecque à Damas, 30; de la Mecque à Bahreïn, 25. Nous parlerons de toutes ces contrées, en temps et lieux convenables.

[1] La version porte *ditionem Alabaeorum*.

SIXIÈME SECTION.

Arabie. — Golfe Persique. — Hadramaut. — Oman. — Iémame.

Nous allons d'abord, selon notre usage, énumérer les pays habités et les provinces connues, qui seront ensuite décrits dans la sixième section du présent ouvrage : ce sont Djoras جرس [1], Bicha بيشه, Tebala تبالة, O'kadh عكاظ, Nedjeran نجران, Iahsseb la supérieure يحصب علو, Iahsseb l'inférieur يحصب سفل [2], Mareb مارب, Chedjer شجر, Chibam شبام, Hadramaut حضرموت, Sour صور, Calhat قلهات, Mascat مسقط, Sohar صحار, el-Akr العقر, Dhofar ظفار, Soa'l سعال, Malkha ملخه, Ser-O'man سرعمان, Betsroun بثرون [3], Hadjar حجر, Hadrama حضرمة, el-Cariatain القريتين, Wadjera وجره, Rama رامة, Ma'aden el-bacra معدن البقرة, Salmia سلمية, Borca برقة, Adih اتح, Hadjar حجر, Berman برمان, el-Djil الجيل, Djolfar جلفار. Dans le golfe Persique, les îles d'Abroun ابرون, de Hamer حمر, de Keïch كيش, de ben-Kawan بن كاوان [4], Derdour الدردور, les deux montagnes de Kessaïr et de A'ouaïr جبلا كسير وعوير. Dans la province de Kerman : Sabrïn السابرين et les montagnes de Maskau مسكن. Toutes ces contrées sont habitées par des peuples dont nous parlerons ci-après.

Les villes de Djoras, de Hanwan حنوان, de Nedjeran, sont à peu près égales en grandeur et en population [5]. C'est là qu'on

---

[1] Variantes d'après l'*Abrégé* : Djoras, Ofor, Manea, Soroman, Mâden, Alnacaa, Assa, Hobal, Hebnr.

[2] Ce dernier est ajouté ici d'après une note marginale du ms. B.

[3] Le ms. A. porte ثمرور. — [4] Notre ms. porte اركدان.

[5] Les deux manuscrits portent تتقارب في المقدار والعمارة ; c'est donc par erreur qu'on a mis dans la version latine : *dicimus . . . . . esse regiones vicinas*.

fabrique les peaux dites ïemanié, d'une qualité supérieure à toute autre, ainsi que nous l'avons déjà dit. Le pays est couvert de cultures et de villages. Il s'y fait beaucoup de commerce.

De Djoras à Hanwan on compte 4 journées.

De Hanwan à Nedjeran, 6 journées.

De Djoras à Nedjeran, 6 journées.

Tebala est un fort dépendant de la Mecque : il en est éloigné de 4 journées. On y trouve de l'eau courante, des champs cultivés et des palmiers.

« Il est situé auprès d'une colline de terre. Lorsque el-Hedjadj « ebn Ioussuf vint prendre possession de Tebala au nom du ca- « life Abd-ul-Melik ben-Merwan, n'apercevant pas cette ville « lorsqu'il s'en approchait, il demanda où elle était : Devant « nous, lui répondit-on, au bas de la colline. Certes, dit-il, une « ville qui peut être cachée par un tertre, est chose de peu d'im- « portance, et il s'éloigna. On a dit depuis, proverbialement : C'est « moins que Tebala pour el-Hedjadj. »

De Tebala à Bicha on compte 50 milles.

De Bicha à Djoras, 4 journées.

De Tebala au marché d'O'kadh سوق عكاظ, 3 journées.

Ce dernier lieu est un gros bourg dont les environs sont fertiles, plantés en palmiers et bien arrosés. Il s'y tient, tous les dimanches, un marché où l'on apporte toute sorte d'objets utiles aux villageois de ce canton. Lorsque la nuit arrive, chacun se sépare et retourne chez soi. D'O'kadh à Nedjeran, on compte 5 journées.

Dhofar ظفار est la capitale du district de Iahsseb. C'était autrefois une des villes les plus considérables et les plus célèbres. Les rois de l'Iémen y faisaient leur résidence, et « on y voyait les « palais de Zeïdan. Ces édifices sont maintenant en ruines et la « population a beaucoup diminué. Toutefois, les habitants ont « conservé quelques débris de leurs anciennes richesses ; ils pos-

SIXIÈME SECTION.   149

« sèdent des champs cultivés et des dattiers en assez grand nom-
« bre pour subvenir à leurs besoins. »

De Iahsseb, qui s'appelle aussi Dhofar, à Damar دمار, 36 milles.

De Damar à Sana' صنع, 40 milles.

De Iahsseb la supérieure علو يحصب au fort de Tsadjeh نجه [1].
36 milles.

De Tsadjeh à el-Hind الهند, 27 milles.

Hind est un fort construit sur une haute colline où sont des puits, et habité par des arabes Khaulan خولان; il est situé à 140 milles de San'a.

De Dhofar au fort de A'lak علق [2], habité par des Arabes d'ancienne race. Sources d'eau douce; quelques palmiers. 14 milles.

De Dhofar à Mareb مارب, 3 journées.

« Mareb, qui n'est aujourd'hui qu'un bourg, était autrefois
« une ville très-célèbre parmi les Arabes. On y voit les ruines de
« deux châteaux, dont l'un fut, dit-on, construit par ordre de
« Salomon fils de David, et l'autre, par celui de Belkis, femme
« de ce prince. C'est à Mareb que fut élevée cette digue si fameuse
« par l'utilité dont elle était pour l'irrigation de la contrée, et
« parce que sa destruction soudaine fut un mémorable exemple
« de la justice divine irritée par l'impiété des anciens habitants. »

De Mareb à la ville de Chibam شبام [3], qui dépend du Hadramaut, 4 journées.

Les deux villes principales de cette province sont Tarim تريم et Chibam. Nous avons déjà parlé de la première; quant à Chibam, c'est une citadelle très-forte, bien peuplée, construite

---

[1] Le ms. A. porte Nadjeh نجه et Djend جند; l'*Abrégé* porte خند Khond.

[2] Notre ms. présente ici une lacune qui se trouve remplie par l'*Abrégé* et par le ms. B. ainsi qu'il suit : *ab hac ad arcem Sofi iaseb ubi sunt palmæ et rivi aquarum è suavibus fontibus manantium,* XVI M. P. — [3] C'est évidemment la même ville qui a été mentionnée par Niebuhr (*Descr. de l'Arabie,* p. 240) sous le nom de Schibam, et dont il a été question ci-dessus, p. 53. Il faut donc considérer comme fautive l'orthographe du ms. A. qui porte partout Sabam سبام.

sur le penchant de la montagne du même nom, dont la cime est tellement escarpée qu'on n'y peut parvenir qu'avec de grands efforts. Le sommet de cette montagne est couvert de villages, de champs cultivés, d'eaux courantes et de palmiers. « On y trouve
« des cornalines, des améthystes et des onyx. Au premier coup
« d'œil, ces pierres semblent n'avoir que peu d'éclat. Elles sont
« de couleur terreuse, et ne peuvent être reconnues que par les
« personnes habituées à les chercher; mais, travaillées et polies,
« elles acquièrent toute leur beauté et tout leur prix. On dit
« qu'on les trouve dans certaines vallées dont les cailloux sont
« de couleurs diverses, parmi lesquels il faut les choisir. On les
« apporte ensuite aux ouvriers chargés de les travailler, et elles
« passent dans le commerce. »

A l'orient du Hadramaut touche le pays de Chedjer شجر, habité par des Arabes de Mehret مهرة [1] qui sont de race non mélangée.
« Les dromadaires que produit ce pays n'ont point leurs pareils
« en vitesse. On rapporte même qu'avec très-peu de soins, on
« parvient à leur faire comprendre ce qu'on veut d'eux. On leur
« donne des noms par lesquels on les appelle; ils viennent et
« obéissent sans le moindre retard. Le principal bourg de Mehret
« est Chedjer. Le langage des habitants est tellement corrompu
« qu'on a de la peine à les comprendre : c'est l'ancien hamiarite.
« Cette contrée est très-pauvre. Les seules ressources de ses ha-
« bitants consistent dans le transport des marchandises et dans
« le commerce des chèvres et des chameaux. Ils nourrissent
« leurs bestiaux d'une espèce de poisson connu sous le nom
« de wark ورق [1], qui se pêche dans la mer d'Oman, et qu'on
« donne aux bestiaux après l'avoir fait sécher au soleil. Les ha-
« bitants de Mehret ne connaissent ni le blé, ni le pain. Ils
« vivent de poisson, de dattes, de laitage, et ne boivent que
« très-peu d'eau ; ils sont tellement accoutumés à ce régime, que

[1] Ou وَزَق Wazak d'après le ms. B.

SIXIÈME SECTION.

« lorsque, voyageant dans une contrée voisine, il leur arrive
« de manger un peu de pain ou quelque mets farineux, ils en
« sont incommodés et tombent quelquefois malades sérieuse-
« ment. On dit que la longueur totale du pays de Mehret est de
« 900 milles, et sa largeur de 15 à 25. Il se compose en entier
« de sables mouvants. » De l'extrémité du pays de Chedjer شجر
jusqu'à A'den عدن, on compte 300 milles.

Le pays de Mehret est contigu, du côté du nord, à celui
d'O'man عُمان. « Ce dernier est indépendant, uniquement peu-
« plé d'indigènes, et fertile en fruits des pays chauds, tels
« que la datte, la figue banane, la grenade, la figue, le rai-
« sin et autres semblables. » Les deux villes de Sour صور et de
Calhat قلهات en dépendent. Elles sont situées sur les bords
du golfe Persique [1], « petites, mais bien peuplées; on y boit de
« l'eau de puits, et on y pêche des perles en petite quantité. »
Elles sont à une forte journée, par terre, l'une de l'autre; par
mer, la distance est moindre. De Sour صور au cap el-Mahdjemé
المجمة, par terre 5 journées [2], et par mer, 2. Ce cap s'élève beaucoup au-dessus du rivage, « mais du coté de l'orient, il se couvre
« d'herbes et se perd sous les eaux en forme de banc, sans qu'on
« sache jusqu'où il s'étend, ce qui cause souvent des naufrages. »
Il y a sous ce cap des pêcheries de perles. De Calhat, en suivant
la côte, jusqu'à la ville de Sohar صحار, on compte 200 milles,
et non loin de là (de Calhat), sur le rivage, est le bourg de
Damar دمار « de peu de ressources et peu habité pendant l'hiver,
« mais qui acquiert pendant l'été l'importance d'une ville popu-
« leuse à cause de la pêche des perles, car Damar est renommée

---

[1] Il semblerait, d'après la version latine (pag. 53), que Calhat seul est situé sur le bord de la mer, mais nos deux manuscrits ne laissent aucun doute à cet égard.

[2] Et non pas quinze comme le porte l'*Abrégé*; au surplus le fait rapporté par notre auteur se trouve confirmé par des témoignages plus récents. Voyez Malte-Brun, *Précis de la Géogr. univ.* tom. III, pag. 206 (anc. édit.).

« par la beauté de celles qu'elle produit. » De Mascat مسقط à Sohar, villes l'une et l'autre bien peuplées, on compte 450 milles sans habitations. Sohar محار est située sur le golfe Persique. C'est l'une des villes les plus anciennes du pays d'O'man, et « des plus riches en biens anciennement ou récemment acquis. » Anciennement, « il y venait des marchands de toutes les parties « du monde, pour l'importation des productions de l'Iémen, « et l'exportation de toute sorte d'objets, ce qui contribuait « à la prospérité du pays (d'ailleurs) fertile en dattes, en fi- « gues bananes, en grenades, en coings et autres fruits de qua- « lité supérieure. » Il s'y faisait des expéditions pour la Chine ; mais cet état de choses a cessé, et voici pourquoi. Il existe au centre du golfe Persique, vis-à-vis de Mascat, une île nommée île de Keïch كيش, de forme carrée, de 12 milles de long sur autant de large. « Dans cette île est une ville aussi nommée Keïch, dont « un certain gouverneur de l'Iémen s'empara. Il la fortifia, la « peupla et y équipa une flotte, à l'aide de laquelle il se rendit « maitre du littoral de l'Iémen. Cet homme occasionna beaucoup « de dommages aux voyageurs et aux marchands, dépouilla cha- « cun de son bien, et affaiblit le pays tellement que le commerce « se détourna de la voie d'O'man et se reporta vers A'den عدن. « Avec sa flotte, il ravagea les côtes du Zendj زنج, et celles de « Gamran غامران. Les habitants de l'Inde le redoutent et ne lui « résistent qu'à l'aide de navires dits el-mechiat, dont nous avons « déjà parlé[1], et dont quelques-uns de la longueur d'une galère, « quoique d'une seule pièce de bois, sont susceptibles de porter « 200 hommes. Un voyageur contemporain nous a rapporté que « le gouverneur de Keïch possède cinquante de ces navires tous « d'une seule pièce, sans compter beaucoup d'autres qui sont de « pièces rapportées. Cet homme continue actuellement encore « ses expéditions déprédatrices ; il est fort riche, et nul ne peut

[1] Voy. ci-dessus, p. 71 de la présente traduction. Ici les deux mss. portent مشفيات.

SIXIÈME SECTION.   153

« lui résister. On trouve à Keïch des champs cultivés, des bœufs, Feuillet 39 recto.
« des moutons, des vignes et des pêcheries de belles perles. » De
Sohar à cette île, on compte 2 journées de navigation. « Elle
« dépend de l'Iémen et de Mascat, dont elle est à 1 journée de
« navigation. El-Mes المس (ou el-Tiz التيز) et Chat شط sont situées
sur la côte du Kerman. Vis-à-vis de Sohar, à une distance de 2 journées par terre, sont deux villes séparées par une rivière dite el-Falh
الفلج : l'une de ces villes se nomme So'al سعال, et l'autre O'fra
عفر. Elles sont l'une et l'autre peu considérables, mais bien peuplées, et entourées de champs cultivés et de palmiers. Leurs habitants boivent les eaux de la rivière dont il vient d'être fait mention.
La contrée dont elles dépendent s'appelle Nazoua نزوه [1]. A une
demi-journée de ces villes est celle de Mandj منج, qui est de peu
d'importance, et située au pied de la montagne de Charam شرم,
« où sont les sources de la rivière » d'el-Falh الفلج. Cette rivière
est considérable; ses bords sont couverts de champs cultivés et
de villages jusqu'à la mer où elle se jette, auprès de Djolfara
جلفاره. Beaucoup d'habitants du pays d'Oman sont des dissidents
شراة, « dont la plupart vivent aujourd'hui réunis dans un petit
« pays nommé Bechroun بشرون, à l'ouest d'Oman, sur une
« montagne où sont leurs villages fortifiés et qui leur appartient :
« Bechroun est situé au bas de cette montagne. D'après ce qu'on
« rapporte, la circonférence du pays d'Oman est de 900 milles.
« Le climat y est très-chaud, et il paraît que sur le sommet
« (même) du mont Charam شرم il ne tombe que peu de neige.
« Entre le Nedjd نجد [2] et l'Oman, il n'y a que des déserts con-
« tigus. On trouve dans ce dernier pays une espèce de serpent
« dite el-I'rbad العربد (d'où provient le nom de mo'arbid qu'on
« donne aux ivrognes), qui siffle et saute, mais qui ne mord pas.
« On dit que, renfermé dans un vase de verre dont l'orifice est

[1] Ou نروة Taroua.
[2] Pays très-connu à cause de la beauté des races de chevaux qu'il produit.

20

« bien bouché, puis dans une boîte, et transporté hors du pays
« d'Oman, il s'échappe du vase et qu'on ne le retrouve pas.
« Cette expérience a été souvent faite, et le fait est de notoriété
« publique. Il existe aussi dans cette contrée un petit animal ap-
« pelé Courad القراد qui, lorsqu'il s'attache avec ses ongles à un
« homme, lui occasionne une tumeur qui s'accroît au point que
« les vers s'y mettent, et que ces vers pénétrant dans l'intérieur
« du corps, finissent par causer la mort. Il y a dans le milieu de
« l'Oman une grande quantité de singes très-nuisibles qui se
« réunissent quelquefois en troupe, en sorte que, pour s'en dé-
« fendre, on est obligé de leur faire la guerre à coups de flèches
« et d'autres armes meurtrières. »

De Sohar à Bahreïn بحرين, on compte environ 20 journées;
mais le trajet d'Oman, soit à la Mecque, soit à d'autres contrées, est très-difficile, à cause de l'aridité des déserts. On va par
mer à Aden, et de là on continue sa route par mer ou par terre.
Il y a également beaucoup de difficultés à se rendre de Sohar,
qui dépend de l'Oman, à Bahreïn, situé du côté du nord, à
cause de l'état de guerre et de rixes continuelles dans lequel
vivent les Arabes, et qui ne laisse aux voyageurs aucune sécurité, soit pour leurs personnes, soit pour leurs biens. Le pays
d'Oman est limitrophe, du côté du nord-ouest, à celui d'Ié-
« mamé يمامة, gouverné, avant l'islamisme, par cette reine si fa-
« meuse et si souvent mentionnée dans nos livres, qui fut dé-
« pouillée de ses biens, de ses esclaves, et mise à mort par ordre
« du calife Omar ben-Alkhattab. L'Iémamé est arrosé par une
« rivière dite Afnan افنان, sur les bords de laquelle sont des
« villages et des champs cultivés. La principale résidence s'ap-
« pelle Hadrama حضرمة. Il y a beaucoup de palmiers et plus
« de dates même que dans le Hedjaz حجاز. »

On compte également au nombre des villes de l'Iémamé,
Hadjar حجر, aujourd'hui ruinée, qui était la résidence de la reine;

SIXIÈME SECTION.

auprès de là, sont les deux villes de Bourca برته et de Salamia سلمه, à peu près égales en grandeur et en population.

L'itinéraire de l'Iémamé à la Mecque est celui-ci :

D'Iémamé à A'rdh عرض, une journée.

A Khodaia' الخديعة, idem.

A Thania الثنية, idem.

A Sofra السفرا, idem.

A Sada صدا, idem.

Au fort de Cariateïn قريتين, qui est sur la route de Bassora, « et où les deux routes se séparent, » une journée.

De Cariateïn à Dama دامة, même distance.

A Tandja طنجه, idem.

A Sarba صربة, idem.

A Djadila جديله, idem.

A Falha فلحه, idem.

A Rocaïba رقيبة, idem.

A Couba قبا, idem.

A Maran مران, idem.

A Wadjera وجرة, idem.

A Awtas اوطاس, idem.

A Dhat i'rk ذات عرق, qui dépend du Téhama, idem.

Au jardin d'ebn A'mer بستان ابن عامر, idem.

A la Mecque, idem.

S'il plaît à Dieu, nous décrirons en leur lieu toutes ces stations dans le plus grand détail.

« Au nombre des villes de l'Iémamé est Hadjar, dont nous « avons déjà parlé. » Entre Hadjar et Hadrama, on compte 2 journées.

La dénomination d'I'rdh عرض s'applique, « dans cette contrée, » à la rivière d'Afnan افنان, qui sépare la province en haute et en basse, et sur les bords de laquelle sont des villages bien peuplés, des champs cultivés, des palmiers et d'autres arbres.

20.

DEUXIÈME CLIMAT.

Les noms de ces villages sont : Manboukha منبوخه, Wabra وبرة, Carfa قرفة, A'bra عبرا, Behicha بهيشة, Sal السال, A'meria عامرية, Nisan نيسان, Bourca-Dahek برقه ضاحك, Salamia سُلَيْمِه, Toudhih توضح, Mecrat المغرات et Medjaza المجازة [1].

Tous ces villages, peu éloignés les uns des autres, sont à des distances à peu près égales. Entre Salamia et Sal, on compte une journée; et entre Sal et Hadrama de l'Iémamé, la même distance. « Salamia est un joli bourg entouré de vergers et de « palmiers dont les fruits sont d'une belle couleur et d'un goût « agréable. Sal est également un lieu peu considérable, habité « par de misérables Arabes; il y a des puits et des sources d'eau « thermale. »

Quand on veut aller de l'Iémamé à Bassora البصرة, on se rend d'abord à Sal, 1 journée.

Puis, à Salamia, 1 journée.

Puis, par le désert, à Marab مراب, lieu habité par des Arabes, 3 journées, pendant lesquelles on tâche de se procurer de l'eau de puits dans des lieux stériles.

De Marab à Saman سمان, encore 3 journées.

« Saman est habité par des Arabes affamés, nus, et que leur « pauvreté met à l'abri de toute attaque. »

De Saman à Tandja طنجه, petit village dont le territoire est limitrophe à celui de Bahreïn, 1 journée.

De là à la ville de Kadhima كاظمة, fort situé sur une montagne très-élevée, 4 journées que les voyageurs font, accompagnés par des Arabes qui connaissent les puits et les sources.

De Kadhima à Dahaman دهان, 1 journée.

De là à Bassora, 1 journée.

Total, 15 journées.

« De l'Iémamé à Bahreïn, on en compte environ 13.

« De l'Iémamé à l'Oman, également 13 journées.

[1] Voyez pour les variantes pag. 55 de la version latine.

SIXIÈME SECTION.

« Il existe un chemin pour se rendre, en suivant le littoral,
« de l'Oman à Bahreïn. Il passe par Sohar, Damar, Mascat,
« el-Djebel et Djolfar, lieux où sont des pêcheries de perles,
« et vis-à-vis desquels il existe en mer un vaste écueil, tantôt
« un peu apparent, tantôt caché sous les eaux. Les navigateurs
« qui vont de Bassora à l'Oman, lorsqu'ils sont parvenus sur
« les limites de cet écueil, débarquent leurs marchandises sur
« la rive, afin d'alléger le navire ; et quand ils ont franchi l'obs-
« tacle, ils les chargent de nouveau et continuent leur route
« jusqu'à l'Oman.

« Lorsque vous voulez vous rendre de Djolfar à Bahreïn, vous
« pouvez jeter l'ancre dans le port de Sabkha سبخة, où l'on trouve
« de l'eau douce. Ces parages sont couverts d'abîmes, de bancs
« de sable et de lieux d'un difficile accès. On les connaît sous
« le nom de mer de Kithr قطر ; il s'y trouve un grand nombre
« d'îlots déserts, fréquentés seulement par des oiseaux aquati-
« ques ou terrestres qui s'y rassemblent et y déposent leurs
« fientes. Lorsque le temps le permet, on va charger ces fientes
« avec des embarcations et on les transporte à Bassora et en d'au-
« tres lieux, où elles se vendent à très-haut prix, attendu qu'elles
« sont considérées comme un puissant engrais pour la vigne, pour
« les dattiers et en général pour les jardins. Au surplus, cette mer
« de Kithr est peu fréquentée et elle est redoutée des voyageurs
« et des marins. On fait voile de là vers le port de Macfoud مقفود
« qui offre un excellent hivernage, avec de l'eau douce ; puis vers
« la côte de Hadjer هجر, première dépendance de Bahreïn ; puis
« vers Bassora, en suivant le littoral qui est désert, et dont nous
« parlerons, s'il plaît à Dieu, dans la description du troisième
« climat. »

Quant à Ma'aden el-Bacra [1] معدن البقرة, c'est un bourg grand

Feuillet 40 recto.

Feuillet 40 verso.

---

[1] L'*Abrégé* porte Nacra; mais nos deux manuscrits s'accordent sur l'orthographe de ce nom.

et populeux où se réunissent les pèlerins de Bassora et de Koufa. Celui qui veut se rendre à Médine prend d'abord par Dhat el-Iémin ذات اليمين, puis par Casaïlé تسايلة, lieu très-fréquenté par les Arabes, et où l'on trouve de l'eau saumâtre; 47 milles.

Puis, par Batn Nakhl بطن نخل, beaucoup d'eau douce et de palmiers; 36 milles.

Ensuite, par Taref طرف, lieu désert, fréquenté de temps en temps par des Arabes, et où sont des étangs d'eau pluviale; 22 milles.

De là à Médine, on compte 15 milles.

Relativement au golfe Persique, nous avons dit que c'est un canal qui dérive de la grande mer des Indes [1], mais qui forme une mer séparée et différente de toute autre. Sur le littoral de l'Iémen sont les deux monts Kessaïr كسير et A'ouaïr عوير d'où dépend le lieu nommé Derdour دردور où la mer prend le nom de Ghazra غزرة. A Derdour les eaux tournent sans cesse comme une meule de moulin, et forment un tourbillon continuel, en sorte que, si un navire ou tout autre objet y tombe, il est inévitablement englouti. Ce lieu est situé au sud de l'île d'Ebn-Kawan ابن كاوان, laquelle est éloignée de celle de Keïch كيش de 52 milles, ce qui forme une demi-journée de navigation. La longueur de l'île d'Ebn-Kawan est (aussi) de 52 milles, et sa largeur de 9. Les habitants sont dissidents, de la secte des Abadhis; « ils possèdent des champs cultivés, des cocotiers et d'au-« tres arbres. » De là, on aperçoit les montagnes de l'Iémen et dans le voisinage est le gouffre de Derdour dont nous venons de parler, et qui forme, vis-à-vis des monts Kessaïr et A'ouaïr, un détroit qui peut bien être franchi par de légères embarcations, mais non pas par les vaisseaux de la Chine. Kessaïr et A'ouaïr sont deux écueils tellement couverts par les eaux qu'on ne les voit pas; mais la mer s'y brise avec violence, et les marins ins-

[1] Voyez ci-dessus, pag. 4.

truits les connaissent et les évitent. Il existe trois gouffres de ce genre : le premier est celui que nous décrivons; le deuxième, celui qui se trouve dans le voisinage de Comar قمار, et le troisième, Derdour دردور, est situé à l'extrémité de la Chine, entre Siraf سيران et Mascat-Seïf ben-Essaffaf مسقط سيف بن الصفاف, vers un cap qui s'avance dans la mer et qui se termine par une petite île.

« On trouve dans cette mer (le golfe Persique) un poisson
« nommé defsin دفسين, à tête carrée, avec deux cornes de la lon-
« gueur du petit doigt et très-minces. Son corps est grêle, sa
« bouche ressemble à un entonnoir, il ne l'ouvre ni ne la ferme.
« L'intérieur de cet entonnoir est rouge et mou ; il est pourvu de
« dents dont le poisson se sert pour couper avant d'avaler. On dit
« que la chair de ce poisson est salutaire aux personnes attaquées
« de l'éléphantiasis : c'est du moins ce que rapportent les habitants
« de la Perse et ceux du Kerman. »

SEPTIÈME SECTION.

Suite des côtes du golfe Persique. — Mekran. — Sedjestan. — Sind. — Moultan.

Les villes décrites dans cette septième section sont : Kia كيه, Kir كير, Ermaïl ارمآييل, Casri-bend قصربند, Fira-bouz فيربوز, Khour خور, Canbely تنبلي, Menhabery منحابرى, Dibal ديبل, Niroun نيرون, Mansouria منصوريه, Wandan واندان, Asfaca اصفقة, Darek درك, Masourdjan ماسورجان, Fardan فردان, Kirkaïan كيركايان, Cadira تديرا, Besmek بسمك, Touberan طوبران, Moultan ملتان, Djandour جندور, Sandour سندور, Dour دور, Atry اترى, Calery قالرى, Nira نيرا, Masouam مسوام, Charousan شروسان, Bania بانيه, Mamehel مامهل, Kanbaïa كنبايه, Soubara سوبارة, Sebdan سبدان et Seïmour سيمور. Dans la partie de la mer comprise dans la présente section, sont : l'île de Thara ثارة, les deux écueils Kessaïr et A'ouaïr كسير وعوير, le Derdour دردور, l'île de Dibal ديبل, où se trouve la ville de Keskihar كسكهار, l'île de Aubkin اوبكين, l'île de Mind مند, celle de Koulam-mely كولم ملى, et celle de Sendan سندان[1]. Toutes ces contrées sont habitées par des peuples de religions, de coutumes et de mœurs diverses. Nous rapporterons à ce sujet tout ce que nous en avons appris de certain, nous confiant dans le secours divin.

Nous disons donc que le commencement de la présente section comprend, à partir de l'orient, le littoral du golfe Persique, et,

---

[1] Pour l'orthographe de ces noms, nous avons suivi les leçons du ms. Asselin. Voy. au surplus la version latine, pag. 56 et 57.

vers le sud, la ville de Dibal ديبل, « qui est très-peuplée, bien
« que son territoire soit peu fertile et ne produise guère d'autres
« arbres que des dattiers. Les montagnes y sont arides et les
« plaines stériles. Les maisons y sont construites en terre et
« en bois, mais le pays n'est habité que parce que c'est une
« station pour les vaisseaux du Sind et autres. Le commerce
« s'opère sur des articles très-variés et on s'y livre avec beaucoup
« d'intelligence. Il vient à Dibal des navires chargés des produc-
« tions de l'Oman, et aussi des bâtiments de la Chine et des
« Indes. Ils apportent des étoffes et autres objets de Chine, ainsi
« que des parfums et aromates de l'Inde. Les habitants (de Dibal),
« qui sont en général fort riches, achètent ces marchandises en
« gros et ils les gardent jusqu'au moment où, les navires étant
« partis, elles commencent à devenir rares. Alors ils en opèrent
« la vente, vont trafiquer dans le pays, placer leurs fonds à inté-
« rêt, ou bien employer ces fonds comme ils l'entendent. Entre
« l'embouchure du grand Mehran مهران الكبير (l'Indus) et Dibal,
« on compte 6 milles[1], en se dirigeant vers l'ouest; de Dibal à
« Niroun نيرون à l'ouest du Mehran, 3 journées. Niroun est à moi-
« tié chemin (de Dibal) à Mansoura منصوره[2]. C'est là que les per-
« sonnes qui vont de l'une à l'autre de ces villes passent le fleuve. »

Niroun[3] est une ville peu considérable, mais elle est fortifiée « et ses habitants sont riches. » Les arbres y sont rares.
De là à Mansouria, on compte un peu plus de 3 journées.

Cette dernière ville (Mansoura ou Mansouria) est entourée
par un bras du Mehran dont elle est cependant éloignée. Elle
est à l'occident de la principale branche de ce fleuve, qui
coule depuis sa source jusqu'à Calery قالرى, ville située à une
journée de Mansouria. A Calery, il se divise en deux branches

---
[1] Et non point trois journées, comme on lit dans la version latine. Cette correc-
tion est essentielle.

[2] Le ms. Asselin et l'*Abrégé* portent partout Mansoura. — [3] L'*Abrégé* porte Fairua.

dont la principale se dirige vers Mansouria; l'autre coule vers le nord jusqu'à Charousan شروسان, puis se détourne vers l'ouest et vient rejoindre la principale pour ne plus former qu'un seul fleuve. Cette jonction a lieu à 12 milles au-dessous de Mansouria. Le Mehran passe ensuite à Niroun, puis se décharge dans la mer. L'espace occupé par Mansouria est d'un mille carré. Le « climat y est chaud. Le pays produit des dattes en abondance, « ainsi que des cannes à sucre. Il n'y a guère d'autres fruits, si « ce n'est cependant une espèce de fruit gros comme une pomme, « qu'on appelle limouna, dont la saveur est très-acide, et une « autre qui se rapproche de la pêche, soit pour la forme, soit « pour le goût.

« Mansouria fut bâtie au commencement du règne d'Al-Man-« sour, de la famille des Abbassides. Ce prince donna son surnom « (de victorieux) à quatre villes différentes, afin de leur porter « bonheur, et pour qu'elles subsistassent toujours. La première « est Bagdad dans l'Irâc; la deuxième, la Mansoura du Sind, qui est « celle dont il est ici question; la troisième, celle d'Almassissa « المصيصة sur la Méditerranée; la quatrième, celle de Mésopotamie.

« Celle dont nous parlons ici est grande, populeuse, riche et « commerçante. Ses environs sont fertiles, ses édifices construits « en briques, en tuiles et en plâtre; c'est un lieu de délassements « et de plaisirs. Le commerce y est florissant, les bazars remplis « de monde et bien fournis de marchandises. Le bas peuple porte « le costume persan, mais les princes affectent de revêtir la tuni-« que, et de laisser tomber leurs cheveux à la manière des princes « indiens. La monnaie est d'argent ou de cuivre; le poids de la « drachme locale est quintuple de celui de la drachme (ordinaire). « On y voit aussi des monnaies tartares طاطريه qui y ont cours. Le « poisson y est abondant, la viande à bas prix et les fruits étran-« gers ou indigènes, en quantité. Le nom de la ville est, en indien, « Mirman ميرمان. Elle est comptée au nombre des dépendances

SEPTIÈME SECTION.

« du Sind, ainsi que Dibal, Niroun, Bania, Calery, Atry, Charou-
« san, Djandour, Menhabery, Besmek et Moultan.

« Bania est une petite ville dont les habitants sont de race
« mélangée et riches. On y vit à bon marché et très-agréable-
« ment. »

De Bania à Mansouria, on compte 3 journées.
A Mamehel, 6 idem.
A Dibal, 2 idem.

« De là à Mamehel et à Kanbaïa, le pays n'offre qu'une plage
« maritime sans habitations, presque sans eau et par conséquent
« impraticable pour les voyageurs.

« Mamehel est situé entre le Sind et l'Inde. Sur les limites du
« désert dont il vient d'être parlé, habite une peuplade très-brave
« nommée Mend المند, qui fait paître ses troupeaux jusqu'au-
« près de Mamehel. Elle est nombreuse, possède beaucoup de
« montures et de chameaux, étend ses excursions jusqu'à Dour
« دور sur les bords du Mehran, et quelquefois même elle pénètre
« jusqu'aux limites du Mekran.

« Dour الدور est située sur les bords du Mehran, qui coule à
« l'occident de cette ville. Elle est agréable et comparable à
« Moultan sous le rapport de la grandeur.

« De là à Besmek بسمك, 3 journées.
« A Atry اثرى, 4 idem.
« De cette dernière à Calery قالرى, 2 idem.

« Calery قالرى, sur la rive occidentale du Mehran du Sind,
« est une jolie ville, bien fortifiée et très-commerçante. C'est dans
« son voisinage que le Mehran se partage en deux branches dont
« la plus grande coule vers l'ouest jusqu'auprès de Mansouria, qui
« est sur la rive occidentale, et la seconde vers le nord-ouest,
« puis vers le nord, puis, en continuant, vers l'ouest. L'une et
« l'autre se réunissent ensuite au-dessous de Mansouria à une dis-
« tance d'environ 12 milles. » Bien que cette ville (Calery) soit

Feuillet 41 verso.

CALERY.

à une certaine distance de la route, cependant elle est très-fréquentée, à cause de la bonté des opérations commerciales qu'on fait avec ses habitants. De là à Mansouria, on compte une forte journée ou 40 milles[1].

« De Calery à Charousan شروسان, 3 journées. »

Cette dernière est remarquable par sa grandeur, par le nombre de ses fontaines et de ses canaux, « par l'abondance de ses « productions et par la richesse de son commerce. Elle est très-« fréquentée. » De Charousan à Menhabery منهابرى, ville située dans un bas fond, « bien bâtie, d'un aspect agréable, entourée « de jardins, de sources et d'eaux courantes, » on compte 3 journées, et de cette dernière ville à Firabouz[2] فيربوز, 6 journées.

De Menhabery à Dibal, 2 idem.

Pour aller de Dibal à Firabouz, on passe par Menhabery, et entre ces deux dernières, par une petite ville nommée Khour الخور, qui est bien peuplée.

Quant à Firabouz, c'est une ville dont les habitants sont riches, « d'un commerce sûr, gens de parole, ennemis de la « fraude, généreux et bienfaisants. » Elle dépend de la province du Mekran, ainsi que les villes de Kir كير, de Darek درك, de Rasek راسك (habitée par des schismatiques), de Beh بَه, de Bend بند, de Casri-bend, d'Asfaca اصفقه, de Fahlafahra فهلفهره, de Maskan مسكن, de Taïz تيز[3] et de Balabac بلبـق[4].

« Le Mekran est un pays vaste, mais en majeure partie désert « et misérable. La principale de ses villes est Kirousi كيروسى, qui « est grande à peu près comme Moultan. Les palmiers y abon-

---

[1] Il résulte du paragraphe précédent et de la répétition même du fait énoncé par notre auteur, que la bifurcation du Sind a lieu à Calery et non point à Mamehel, ainsi qu'il faudrait le conclure de la version latine pag. 57.

[2] Les mss. portent tantôt Firbouz et tantôt Kirbouz; l'*Abrégé* porte Firabuz.

[3] Les cartes anglaises portent Tiz.

[4] Ou Belin.

« dent, la campagne y est cultivée et il s'y fait beaucoup de
« commerce. » A l'occident est Taïz, petit port de mer fréquenté
par des bâtiments du Fars et par ceux qui viennent du pays
d'Oman, ainsi que de Keïch, île du golfe Persique, située
à une forte journée de navigation. De Taïz à Kir, on compte 5
journées.

De Kir à Firabouz, 2 fortes journées.

Entre Kir et Ermaïl sont deux districts qui se touchent, dont
l'un, nommé Rahoun راهون, dépend de Mansouria, et l'autre,
dit Kelwan كلوان, dépend du Mekran. « Ces deux districts sont
« assez fertiles; ils produisent des dattes en petite quantité, mais
« la principale ressource de leurs habitants consiste en trou-
« peaux. » Celui qui veut se rendre de Firabouz au Mekran doit
passer par Kir. De là à Ermaïl, qui dépend du Mekran, 2 journées.

« Ermaïl ارماييل est à peu près de la même grandeur que Fira-
« bouz. Elle est bien peuplée et ses environs sont très-agréables.
« Ses habitants sont riches. » D'Ermaïl à Canbely قنبلى, 2 journées.

Canbely le dispute à Ermaïl en grandeur, en richesse et en
population. Elle est située à un mille et demi de la mer. L'une
et l'autre sont situées entre Dibal et le Mekran. De Firabouz à
Darek درك, ville populeuse et commerçante, 3 journées.

« Au sud-ouest de Darek est une montagne très-haute, qu'on
« nomme montagne du sel, attendu que ses eaux sont, en effet,
« presque toutes salées. Il y a des habitations. »

De Darek درك à Rasek راسك, 3 journées.

« Les habitants de Rasek sont schismatiques. Leur territoire
« se subdivise en deux districts dont l'un porte le nom d'el-Kha-
« roudj الخروج et l'autre, celui de Kirkaïan كيركايان. On y cultive
« beaucoup de cannes à sucre et on y fabrique du faniz [1] dont il
« se fait un grand commerce. Cette culture et cette fabrication

[1] Sorte de sucrerie.

« sont aussi très-répandues à Maskan ماسكان et dans le district de
« Casran تصران. Les habitants de Maskan, de Djawran جوران et
« de Touberan طوبران sont, en majeure partie, schismatiques.
« Le territoire de Maskan touche à celui de la province de Ker-
« man كرمان. Ses habitants jouissent d'une grande réputation
« de bravoure. Ils ont des dattiers et des chameaux, des céréales
« et des fruits des pays froids. Les habitants du Mekran parlent le
« persan et un dialecte particulier à leur province. Ils portent la
« tunique, la robe à manches, l'ardié, la fouta et le mandil brodé
« en or, comme les habitants de l'Irâc et de la Perse. »

Fahlafahra, Asfaca, Bend et Casri-bend sont des dépendances du Mekran, « qui ont entre elles beaucoup de ressemblance sous le
« rapport de l'étendue, de la nature et de l'importance du com-
« merce, et de l'état de la population. »

De Fahlafahra à Rasek, on compte 2 journées.
De Fahlafahra à Asfaca, 2 idem.
D'Asfaca à Bend, 1 idem vers l'ouest.
D'Asfaca à Darek, 3 idem.
De Bend à Casri-bend, 1 idem.
De Casri-bend à Kia, 4 idem.
De Mansouria à Touberan, environ 15 idem.

Touberan طوبران est dans le voisinage de Fahradj فهرج, qui appartient au Kerman. « C'est une ville bien fortifiée et située
« sur les bords d'une rivière du même nom (de Touberan) qui
« sont cultivés et fertiles. » De là à Ferdan فردان, ville commerçante et dont les environs sont bien peuplés, on compte 4 journées.

A l'ouest de Ferdan, et sur la route de Touberan, est la ville de Kirkaïan « dont le territoire est très-peuplé, très-fertile, et
« où croissent la vigne et diverses sortes d'arbres fruitiers; mais
« on n'y trouve pas de palmiers. » De Touberan à la ville de Mos-

SEPTIÈME SECTION.   167

tah مسیح[1] située au milieu du désert, et où l'on élève beaucoup de chameaux et de moutons, on compte 3 journées.

De Touberan à Moultan ملتان, sur la limite du Sind, 10 journées.

« Moultan est voisine de l'Inde, et quelques auteurs même la
« placent dans cette contrée. Elle égale Mansoura منصورة en
« grandeur, et elle porte le surnom de maison d'or. On y voit
« une idole vénérée par les Indiens, qui viennent la visiter en pè-
« lerinage des points les plus reculés de leur pays, et lui offrir
« des objets précieux, des ornements et des parfums en quan-
« tité prodigieuse. Cette idole est entourée de serviteurs et d'es-
« claves qui se nourrissent et s'habillent du produit de ces riches
« offrandes. Elle est de forme humaine et à quatre côtés, assise
« sur un siége construit en briques et en plâtre, entièrement cou-
« verte d'une peau qui ressemble à du maroquin rouge, en telle
« sorte qu'on ne lui voit que les yeux. Quelques personnes assu-
« rent que l'intérieur est en bois, d'autres le nient. Quoi qu'il en
« soit, son corps est entièrement couvert, ses yeux sont formés
« de pierres précieuses, sa tête coiffée d'une couronne d'or enri-
« chie de pierreries. Elle est, comme nous l'avons dit, carrée,
« et ses bras, au-dessus des coudes, paraissent au nombre de
« quatre.

« Le temple habité par cette idole est au milieu de la ville de
« Moultan et dans le plus fréquenté de ses bazars. Cet édifice est
« en forme de dôme; la partie supérieure du dôme est dorée; la
« construction en est très-solide, ainsi que les portes; les colonnes
« sont fort hautes, les murs coloriés. Autour du dôme, sont les
« habitations des desservants de l'idole, et de ceux qui vivent
« sur les produits du culte dont elle est l'objet. Il n'y en a aucune
« dans l'Inde ni dans le Sind qui soit plus vénérée. Elle est, pour

[1] L'*Abrégé* porte Masnih.

« ces peuples, le but d'un pèlerinage pieux, et ils se font une loi
« de lui obéir, à tel point que, lorsque les princes voisins du
« Moultan projettent quelque expédition contre ce pays, soit pour
« le ravager, soit pour enlever l'idole, ses prêtres n'ont qu'à se
« rassembler, à faire craindre son courroux aux agresseurs et à
« leur prédire leur ruine, pour que ceux-ci renoncent à leur des-
« sein. Sans cette crainte, la ville de Moultan serait détruite. Il
« n'est donc pas étonnant que ses habitants vénèrent l'idole, exal-
« tent son pouvoir et disent que sa présence est l'effet d'un secours
« divin. Dans l'ignorance où ils sont du nom de la personne qui
« l'a érigée, ils se bornent à dire que c'est une merveille.

« Moultan est une grande ville dominée par une citadelle, mu-
« nie de quatre portes et entourée d'un fossé. Les objets nécessaires
« à la consommation y sont abondants, et les contributions modi-
« ques; aussi le peuple y est-il à son aise. Elle porte le nom de
« la maison d'or Farkh فرخ, parce que Mohammed ben Ioussuf,
« frère de Hedjadj, y trouva 40 behars d'or (le behar pèse 333
« mines[1]) renfermés dans une maison. Or, farkh et behar ont
« une signification identique. Les environs de la ville sont ar-
« rosés par une petite rivière qui se jette dans le Mehran du
« Sind. »

A un mille de Moultan est Djandour جنـدور, réunion de châteaux très-solidement construits, très-hauts et bien fournis d'eau douce. Le gouverneur y passe le printemps et les temps de délassement. Ebn Haukal rapporte que, de son temps, le gouverneur se rendait tous les vendredis de ces châteaux à Moultan, monté sur un éléphant, d'après un usage ancien. La majeure partie de la population est musulmane. L'autorité judiciaire et l'administration civile le sont également.

[1] La mine est un poids d'environ deux livres. Notre auteur, pour expliquer le sens du mot farkh, nous parle du behar, dont la valeur malheureusement n'est pas facile à déterminer.

SEPTIÈME SECTION.

Au sud de Moultan, à trois journées de distance, est Sandour سندور, ville renommée par son commerce, ses richesses, le luxe des vêtements, et par l'abondance qui règne sur les tables de ses habitants. Elle est censée faire partie de l'Inde et est située sur les bords d'une rivière qui se jette dans le Mehran, au-dessus de Semend سمند. De Moultan, en se dirigeant vers le nord, on trouve un désert qui s'étend jusqu'à la limite orientale du Touberan. « De Moultan jusqu'après Mansoura, le pays est occupé par
« une peuplade belliqueuse qu'on appelle Nedha ندهه [1]. Elle se
« compose de tribus nombreuses qui vivent répandues entre le
« Touberan, le Mekran, le Moultan et Mansoura, à la manière des
« nomades Berbers. Les Nedha ont des résidences particulières,
« des marécages où ils se réfugient et qui sont situés à l'ouest du
« Mehran. Ils possèdent d'excellents chameaux et ils en élèvent
« particulièrement une espèce appelée careh الترح, très-estimée
« dans le Khorasan et dans le reste de la Perse, et qui ressemble
« au chameau de Balkh et à la chamelle de Samarcande, en ce
« qu'elle est d'un bon naturel et qu'elle porte deux bosses, à la
« différence des chameaux de nos contrées, qui n'en ont qu'une. »

De Mansoura aux limites du Nedha [2], on compte 6 journées.

Des limites du Nedha à la ville de Kir كبر, environ 10 journées.

Du Nedha à Taïz تيز, à l'extrémité du Mekran, 16 journées.

La ville que les Nedha fréquentent le plus pour leurs ventes, pour leurs achats et autres affaires, est Candaïl تنداييل [3]. Kirkaïan كيركايان est un canton connu sous le nom de Eïl ايل [4], habité par des Musulmans et par d'autres peuplades dépendantes du Nedha

---

[1] Le ms. A. porte Berha برهه.
[2] Neniz suivant ici le ms. A.
[3] Les cartes anglaises portent Kandabil.
[4] Et non point Abil. Nos deux manuscrits sont d'accord sur l'orthographe de ce nom, qui paraît d'origine turque.

Feuillet 43 verso.

« dont il vient d'être question. Ce pays produit des céréales, du
« raisin, des fruits, des chameaux, des bœufs et des moutons.
« Il porte le nom d'Eïl, parce qu'un homme de ce nom le con-
« quit (anciennement) et en fit la prospérité. » De Candaïl à Mansoura, on compte environ 10 journées.

SIND.

Au Sind appartiennent les villes de Khour Kekhlia خور كخلية,
de Kousa كوسة et de Cadira تديرا. Ces deux dernières sont à
peu près d'égale grandeur et font quelque commerce avec les
Nedha. Du Touberan dépendent Mebiak مبياك, Kirkaïan كيركايان,
Soura سوره, Ferdan فردان, Kechran كشران et Masourdjan ماسورجان.
Entre le Touberan et Mansoura, ce sont de vastes déserts, et du
côté du nord, vers le Sedjestan, des contrées également stériles
et d'un difficile accès.

« Masourdjan est une ville bien peuplée, commerçante, en-
« tourée de villages et bâtie sur les bords de la rivière de Toube-
« ran, ville dont elle est éloignée de 42 milles. »

De Masourdjan à Darek-ïamouna درك يامونه, on compte 141
milles.

Feuillet 44 recto.

De Darek-ïamouna à Firabouz فيربوز qu'on écrit aussi par un
sin (Firabous), 175 milles.

Les pays de l'Inde qui touchent au Sind sont : ceux de Mamehel مامهل, de Kanbaïa كنباية, de Soubara سوبارة, de Khabiroun خابيرون, de Sendan سندان, de Masouïa ماسويه, de Seïmour
صيمور et les îles maritimes [1] d'Aubkin اوبكين, de Mend مند, de
Koulam-mely كولم ملى et de Sendan سندان. Les villes de
l'Inde sont en très-grand nombre; nous citerons entre autres :
Mamehel, Kanbaia, Soubera, Asaoul اساول, Djenaoul جناول,
Sendan سندان, Seïmour صيمور, Djandour جاندور, Sandour
سندور, Roumelé روملة; dans le désert: Kalbata كلبطة, Aughocht
اوغشت, Naharwarah نهرواره et Lehawour لهاور.

[1] *Sic.*

SEPTIÈME SECTION. 171

« Mamehel est compté par divers auteurs au nombre des villes
« de l'Inde, et par d'autres au nombre de celles du Sind. Elle est
« située à l'extrémité du désert qui s'étend entre Kanbaïa, Dibal et
« Bania; c'est une ville de médiocre importance, sur la route des
« voyageurs qui vont du Sind à l'Inde. Il s'y fait un peu de com-
« merce; ses environs sont habités et produisent des fruits en pe-
« tite quantité, mais il y a beaucoup de troupeaux. De là à Man-
« soura, par Bania, on compte 9 journées. »

De Mamehel à Kanbaïa, 5 journées.

Cette dernière ville, située à trois milles de la mer, est très-
jolie; elle est réputée station maritime. On y trouve des marchandises de tout pays, qu'on expédie ensuite pour d'autres contrées.
Elle est à l'extrémité d'un golfe [1] où les vaisseaux peuvent entrer
et jeter l'ancre. Il y a beaucoup d'eau et une bonne forteresse
« construite par le gouvernement de l'Inde pour prévenir les in-
« cursions des habitants de l'île de Keïch كيش. » De Kanbaïa à
l'île d'Aubkin اوبكين, une journée et demie de navigation.

D'Aubkin à Dibal ديبل, 2 journées.

« Kanbaïa est fertile en blé et en riz. Ses montagnes produi-
« sent le cana indien [2]; ses habitants sont idolâtres (boudhis-
« tes). De là à l'île de Mend, dont les habitants sont voleurs, le
« trajet est de 6 milles.

A Kouly كول, sur le rivage, également 6 milles.

Et à Soubara, environ 5 journées.

Soubara سوبارة, située à un mille et demi de la mer, est une
ville très-bien peuplée, « très-commerçante et considérée comme
« un des entrepôts de l'Inde. On y pêche des perles et elle est
« voisine de l'île de Bara بارة, laquelle est petite, et où crois-
« sent quelques cocotiers et le *costus* (sorte de racine aromati-
« que). »

---

[1] Et non point sur les bords d'un fleuve, ainsi qu'il résulterait de la version latine.
[2] La version latine porte : *cana est arbor è cujus desumuntur hastæ lancearum.*

Feuillet 44 recto.

KANBAÏA.

DEUXIÈME CLIMAT.

De Soubara à Sendan, on compte également 5 journées.

Sendan سندان, à un mille et demi de la mer, « est bien peu-
« plée, et ses habitants se font remarquer par leur industrie et leur
« intelligence; ils sont riches et d'humeur belliqueuse. La ville est
« grande; elle fait un grand commerce d'exportation et d'impor-
« tation. » A l'est de Sendan est une île du même nom, grande,
bien cultivée, où croissent le cocotier, le palmier, le cana et le
rotting, et qui dépend de l Inde.

De Sendan à Seïmour صيمور, ville grande, bien bâtie, où croissent des cocotiers en quantité, le henné, et dont les montagnes
produisent beaucoup de plantes aromatiques qu'on expédie au
loin, 5 journées.

A cinq milles en mer (de Koulam-mely كولم ملى), on trouve
l'île de Mely ملى qui est grande et jolie; elle se compose d'un
plateau assez élevé, mais peu montueux et couvert de végétation.
L'arbre à poivre croît dans cette île, ainsi qu'à Canderina نَدريله
et à Djerbatan جَرْبَتَن [1], mais on ne le trouve pas ailleurs que
dans ces trois pays. C'est un arbrisseau dont le tronc ressemble
à un cep de vigne, la feuille à celle des convolvulus, mais est
plus longue; il porte des grappes semblables aux grappes du che-
bouca شبوقة, abritées chacune de la pluie par une feuille, qui
se recourbe quand le fruit est mûr. Le poivre blanc est celui
qu'on recueille au commencement de la maturité et même auparavant. Ebn Khordadbéh rapporte que les feuilles se recourbent
au-dessus de la grappe pour la garantir de la pluie, et qu'elles
reviennent à leur situation naturelle lorsque la pluie a cessé; ce
fait serait surprenant.

Kanbaïa كنبايه, Soubara سوباره, Sendan سندان et Seïmour
صيمور font partie de l'Inde. « Cette dernière dépend d'un pays
« dont le roi se nomme Belhara بلهارا. Son royaume est vaste,

---

[1] L'*Abrégé* porte Candaria et Girabtan.

SEPTIÈME SECTION. 175

« bien peuplé, très-commerçant, très-fertile, et paie des impôts
« considérables, en sorte que ce prince est immensément riche.
« Ce pays produit beaucoup d'aromates et de parfums.

« Le nom (ou plutôt le titre) de Belhara بلهارا signifie roi des
« rois, et il est héréditaire ici, comme dans les autres parties de
« l'Inde, où, lorsqu'un roi monte sur le trône, il prend le nom
« de son prédécesseur et le transmet à son héritier. C'est une
« coutume constante dont ces peuples ne s'écartent jamais.
« Il en est de même chez les rois de Nubie نوبه, du Zendj زنج,
« de Ghana غانه, de la Perse فارس et dans l'empire romain,
« relativement à l'hérédité des noms. L'ouvrage d'Obeïd-allah
« ben-Khordadbéh contient à cet égard un passage qui, puisque
« l'occasion s'en présente, mérite d'être cité. »

« Les rois, dit-il, portent en général des titres héréditaires.
« C'est ainsi que ceux de la Chine [1] s'appellent tous Baghbough
« باغبوغ (ou Baghboun باغبون par un *noun*), depuis des siècles;
« titre qui se transmet par ordre de succession chez les Chinois.
« Au nombre des rois de l'Inde sont le Belhara بلهارا, le Djabé
« جابة, le Tafir طافر, le Hazr حزر, l'A'bet عابة, le Domi دمى et
« le Cameroun قامرون. Chacun de ces noms n'est porté que par
« le prince qui règne sur une province ou sur une contrée; nul
« autre n'a le droit de se l'attribuer, mais quiconque règne, le
« prend. Chez les Turks ترك, les Tibétains تبت et les Khazars [2]
« خزر, le roi s'appelle Khakan; cependant chez les Khizlidj
« خزلج, il prend le titre de Khaï khouïa خيخويه [3] qui est héré-
« ditaire. Dans le Raneh رانج, les rois s'appellent Fandjab فنجب:

---

[1] Pour donner une idée de l'incorrection du ms. de la bibliothèque du Roi, re-
marquons ici que le copiste a substitué l'Iémen à la Chine. Heureusement le ms.
Asselin nous met à portée de rectifier cette erreur.

[2] Voyez le mémoire sur les Khazars inséré dans le Journ. Asiat. (t. III, pag. 156)
par M. Klaproth.

[3] Ou Caïkhouïé d'après le ms. B.

« dans l'empire romain, ils prennent le titre de César قيصر, titre
« héréditaire pour tous ceux qui exercent le pouvoir suprême.
« Chez les Ghoz الاغزز, celui de Chahi-chah شاه شا c'est-à-dire, roi
« des rois, également héréditaire ; chez les Persans enfin, celui
« de Cosroës الكاسرة.

« Parmi les peuples qui habitent le Soudan, les noms des
« rois dérivent de ceux des pays ; ainsi le possesseur de Ghana
« غانه s'appelle Ghana ; le roi de Kaougha كوغه, Kaougha. Mais
« en voilà suffisamment sur ce sujet. »

Au nombre des villes de l'Inde comprises dans la présente section, sont celles de Khabiroun خابيرون et d'Asaoul اساول, toutes deux bien peuplées, commerçantes, riches, industrieuses et produisant des choses utiles. A l'époque où nous écrivons, les musulmans sont parvenus dans la plupart de ces contrées et en ont fait la conquête ; s'il plaît à Dieu, nous décrirons par la suite celles qui leur sont limitrophes et plusieurs autres.

HUITIÈME SECTION.

Suite du Sind. — Partie de l'Inde. — Côtes du Guzarate et du Malabar. — Malwa. Caboul. — Candahar.

Feuillet 45 recto.

La présente section contient la description d'une partie du littoral de l'Inde comprenant Barouh بروح [1], Sindapour سندابور, Bana بانه, Canderina قندرينه, Djerabatan جربتان, Kalkaïan كلكايان, Loulowa لولوا, Ghendjé كنجه, Semendiroun سمندرون; et dans l'intérieur des terres, Daoulca دولقه, Djenaoul جناول, Nahrawara نهروارة, Candahar قندهار, Roumelé رومله, Kalbata كلبطه et Aughouchta اغشته, sur la limite des déserts; Kaboul كابل, Khouas خواس, Hasek حسك, Mourides موريدس, Madiar ماديار, Tatta تته, Dadda دده, Manibar منيبار [2], Malwa ملوه, Niaset نياست, Atrasa اطراسا, Nidjeh نجه, Cachemire l'inférieure قشمير السفلى, Meïdara ميدرة, Karmout كارموت, Cachemire la supérieure قشمير العليا, le Canodj القنوج, Rastané راستانه, et les îles de la mer des Indes, Mullen ملّن, Balabac بلبق, Terwaklidj ترواقلج, Mosnaha مسنه et Semindar سمندار. Nous décrirons tous ces pays, sans rien omettre de ce qu'ils offrent de remarquable et de curieux.

Barouh بروح est une ville grande, belle et bien bâtie en briques et en plâtre. Ses habitants sont riches, commerçants, et se livrent volontiers à des spéculations et à des expéditions lointaines. C'est une station pour les navires venant de Chine, comme pour ceux venant du Sind. De là à Seïmour صيمور, on compte

BAROUH.

---

[1] Barouch dans le golfe de Camboge. — [2] Malabar.

2 journées, et à Nahrawara نهرواره, 8 journées de marche, par un pays plat, « où l'on voyage en chariots à roues. Dans tout le « Nahrawara et ses environs, on ne voyage pas autrement que sur « des chariots traînés par des bœufs qu'on dirige à volonté. Ces « chariots sont munis de liens et de courroies, et servent au trans- « port des marchandises. »

Entre Barouh et Nahrawara sont deux villes, dont l'une s'appelle Henaoul حناول ou Djenaoul, et l'autre Doulca دولقه. Elles sont de grandeur à peu près égale, et distantes l'une de l'autre d'un peu moins d'une journée. Doulca est sur le bord d'un fleuve qui se jette dans la mer, et qui y forme un golfe à l'ouest duquel est Barouh (dont le nom se prononce aussi Bárous بروس). L'une et l'autre de ces villes sont situées au pied d'une chaîne de montagnes qui sont au nord, et qu'on nomme Oundaran اوندرن; « elles sont de couleur blanche tirant sur le jaune. Il y croît du « cana ainsi que des cocotiers en petite quantité. » Dans le voisinage de Henaoul est la ville d'Asaoul اساول, qui ressemble beaucoup aux deux précédentes, tant sous le rapport de l'étendue, que sous celui de l'état de la population. On fait, dans toutes les trois, de bonnes affaires de commerce.

Quant à la ville de Nahrawara نهرواره, elle est gouvernée par un grand prince qui prend le titre de Belhara. Il a des troupes, des éléphants, adore l'idole de Boudha, porte sur sa tête une couronne d'or, et s'habille de riches étoffes; il monte beaucoup à cheval, particulièrement une fois la semaine, accompagné uniquement de femmes au nombre de cent, richement vêtues, portant aux pieds et aux mains des anneaux d'or et d'argent, les cheveux en tresses. Elles se livrent à des jeux et à des combats simulés, tandis que le roi les précède. Les vizirs et les commandants de troupes n'accompagnent jamais le roi, que lorsqu'il va combattre des rebelles ou s'opposer aux entreprises de ceux d'entre les rois ses voisins qui empiéteraient sur le territoire de son pays. Il possède beaucoup d'éléphants, et c'est en cela que consiste la force principale de son armée. Son pouvoir est héréditaire, ainsi que le titre de Belhara qu'il porte et qui signifie *roi des rois*. La ville de Nahrawara est fréquentée par un grand nombre de négociants musulmans qui s'y rendent pour leurs affaires. Ils y sont honorablement accueillis par le roi et par ses ministres, et y trouvent protection et sûreté.

Les Indiens sont naturellement portés à la justice, et ils ne s'en écartent jamais dans leurs actions. Leur bonne foi, leur loyauté, leur fidélité aux engagements sont connues, ils sont si renommés pour ces bonnes qualités, qu'on accourt chez eux de partout, que leur pays est florissant et leur situation prospère. Entre autres traits caractéristiques de leur amour pour la vérité et de leur horreur pour le vice, on cite celui-ci : lorsque quelqu'un a droit d'exiger quelque chose d'un autre, s'il vient à le rencontrer, il n'a qu'à tracer sur la terre une ligne circulaire et à y faire entrer son débiteur (ce à quoi celui-ci ne manque jamais de se prêter), le débiteur ne sort point de ce cercle sans avoir satisfait son créancier ou obtenu la remise de la dette.

Les habitants de Nahrawara se nourrissent de riz, de pois, de fèves, de haricots, de lentilles, de mach [1], de poisson et d'animaux morts de mort naturelle, car ils ne tuent point de volatiles ni d'autres animaux. Ils ont une très-grande vénération pour les bœufs, et, par un privilége particulier à leur espèce, ils les enterrent après leur mort. Lorsque ces animaux sont affaiblis par l'âge et incapables de travailler, ils les dispensent de tout ouvrage, en ont soin et leur donnent à manger sans leur imposer aucune charge.

Les peuples de l'Inde brûlent leurs morts et ne leur élèvent pas de tombeaux. Lorsque le roi meurt, on fabrique un chariot

---

[1] Sorte de légume sec qu'on nomme en portugais *mungo*. Le nom arabe ou persan de cette graine rappelle involontairement celui de *maïs*.

de la grandeur convenable et élevé d'environ deux palmes au-dessus du sol; on y met le catafalque surmonté d'une couronne; on y dépose le corps revêtu de ses ornements funèbres, et on le promène ainsi dans toute la ville, traîné par des esclaves, la tête nue et les cheveux traînant jusqu'à terre, afin que tout le monde puisse le voir; un héraut précède et prononce en indien des paroles dont le sens est: « Peuples, voici votre roi un tel, fils d'un tel. Il vécut joyeux et puissant durant tant d'années. Il n'est plus : il a laissé échapper de ses mains tout ce qu'il possédait; il ne lui reste plus rien et il n'éprouvera plus aucun mal. Souvenez-vous qu'il vous a montré le chemin et que vous devez nécessairement le suivre. » Cela dit, et lorsque toutes les cérémonies sont achevées, on conduit le corps à l'endroit où l'on a coutume de brûler ceux des rois, et on le jette dans les flammes. Ces peuples ne s'affligent ni ne se lamentent pas beaucoup dans ces occasions.

Dans toutes les contrées de l'Inde ou du Sind où il se trouve des musulmans, ceux-ci ensevelissent leurs morts secrètement, de nuit et dans leurs maisons; mais, non plus que les Indiens, ils ne se livrent pas à de longues lamentations.

Dans le pays du Belhara, le concubinage est permis entre toutes personnes, si ce n'est avec des femmes mariées. Ainsi un homme peut avoir commerce avec sa fille, sa sœur, sa tante paternelle ou maternelle, pourvu qu'elle soit célibataire.

Vis-à-vis de la ville maritime de Barouh بروج est l'île de Moullan ملّي qui produit du poivre en quantité et qui est distante de Sindan سندان, de deux journées. De cette dernière à Balabac بلبق, on compte également 2 journées. « Balabac produit des « noix de coco, des figues bananes et du riz. » C'est ici qu'a lieu le changement des directions vers les différentes îles de l'Inde. De là au lieu dit le *grand a'ime,* on compte 2 journées. De

---

[1] La version latine porte Malac.

HUITIÈME SECTION.

cette île (de Balabac) à celle de Serendib سرنديب¹, 1 journée et plus.

De la ville de Barouh, en suivant la côte, à Sindapour سندابور, 4 journées.

Sindapour سندابور est sur un grand golfe où les navires jettent l'ancre. C'est une ville commerçante, où l'on voit de beaux édifices et de riches bazars. De là à Banah بَانَه², sur la côte, 4 journées.

Banah est une jolie ville située sur un grand golfe, où les navires mouillent, et d'où ils mettent à la voile. Dans les montagnes environnantes croissent le cana قنا et le tébachir طباشير³. « Les racines du cana qu'on recueille ici sont transportées dans « l'orient et dans l'occident. Quant au tébachir, on le falsifie « en le mélangeant avec de la cendre d'ivoire; mais le véritable « est celui qu'on extrait des racines du roseau dit el-cherky « الشرڪي, comme nous l'avons déjà dit. » De Banah à Fanderina فندرينه, on compte 4 journées. Fanderina est une ville bâtie à l'embouchure d'une rivière qui vient du Manibar⁴, où mouillent les navires venant des îles de l'Inde et du Sind. « Ses habitants « sont riches, ses marchés bien approvisionnés et son commerce « florissant. » Au nord de cette ville est une montagne très-haute, couverte d'arbres, de villages et de troupeaux. On y recueille le cardamome القاقله, dont il se fait un grand commerce. Le cardamome, dont la végétation ressemble à celle des graines du chanvre, porte des gousses où sont renfermées les graines. De Fanderina à Djerabatan, ville populeuse, située sur une petite rivière, « fertile en riz et en céréales, et qui, dit-on, appro« visionne les marchés de Serendib, » 5 journées. « Le poivrier « croît dans les montagnes voisines. » De Djerabatan à Sandji

---

¹ Ceylan. — ² Le ms. Asselin et l'*Abrégé* portent نانه Nanah.
³ Sorte de roseau dont on extrait une liqueur sucrée. Voyez Garcias *de Aromat.* liv. I, chap. 12. — ⁴ Malabar.

DEUXIÈME CLIMAT.

صنگی[1] et à Keïkasar كيكسار, villes maritimes et voisines l'une de l'autre, dont les environs « produisent du riz et des céréales; » 2 journées[2]. De là à Kelkaïan كلكايان, 1 journée.

De Kelkaïan à Loulou لولو et à Ghandjeh كنجه, 1 journée[3]. Leurs environs sont fertiles « en riz et en blé, » et produisent abondamment du bresillet, arbre dont la végétation ressemble à celle du laurier rose, « des cocotiers et des noix de coco. » De Ghandjeh à Semindar سمندار, 30 milles[4].

Semindar est une ville grande, commerçante, riche, et où il y a beaucoup de profits à faire. C'est une station maritime dépendante du Kanoudj كنوج, roi de ce pays. Elle est située sur une rivière qui vient du pays de Cachmir قشمير. « On peut se « curer dans cette ville du riz, diverses céréales et (particulière- « ment) d'excellent froment. On y apporte du bois d'aloès du pays « de Karamout كاموت, distant de 15 journées, par un fleuve dont « les eaux sont douces. Le bois d'aloès qu'on tire de ce pays est de « qualité supérieure et d'un parfum délicieux. Il croît dans les « montagnes du Caren قارن. De cette ville dépend une île distante « d'une journée de navigation, grande, peuplée, fréquentée par « des marchands de tous les pays, laquelle est à 4 journées de « l'île de Serendib. » Au nord et à 7 journées de distance de Semindar سميندار, est la ville de Cachmir l'intérieure قشمير الداخلية, célèbre dans toute l'Inde, « et sous la domination du Kanoudj. » De Cachmir à Karamout, 4 journées.

De Cachmir à Kanoudj كنوج, ville belle et commerçante qui donne son nom au roi du pays, et qui est bâtie sur les bords d'une grande rivière dont les eaux tombent dans le Mosela مسلى, environ 7 journées.

---

[1] L'*Abrégé* porte Hangi. — [2] Le ms. Ass. et l'*Abrégé* ne portent qu'une journée.
[3] Le ms. A. porte deux journées.
[4] Ici se trouve dans la version latine, pag. 65, la description de l'île dont il est question un peu plus bas dans l'un et l'autre de nos manuscrits.

HUITIÈME SECTION.

Ce fleuve de Mosela est désigné par l'auteur du livre des Merveilles, sous le nom de *fleuve des parfums*. Il prend sa source dans les montagnes de Caren قارن, baigne les murs de la ville d'Asnand اسناند [1], passe au pied de la montagne de Lounia لونيه, puis auprès de la ville de Kelkaïan كلكيان, et enfin se jette dans la mer. Ses bords produisent divers aromates, ainsi que l'indique son nom. Entre Rasnand رسناند et Cachmir l'extérieure الخارجة, on compte 4 journées. Cachmir قشمير est comptée au nombre des villes les plus célèbres. Ses habitants sont en guerre avec les Turks infidèles [2], « et ils éprouvent souvent du dommage « de la part des Turks Khizildjis الترك الخزلجيه. » Au nombre des dépendances du Kanoudj est Atrasa اطراسا, distante de Cachmir l'extérieure, de 6 journées, et située sur les bords du Gange indien جنجس الهند. Elle est grande, bien bâtie, bien arrosée, et c'est l'une des plus fortes places du Kanoudj, dont les limites s'étendent jusqu'à Kaboul كابل et jusqu'à Lahor لهاور. « Le Kanoudj « est un roi qui dispose de nombreuses armées, d'un vaste em- « pire, d'un grand nombre d'éléphants (il n'est aucun prince « de l'Inde qui en possède autant). Il jouit d'un grand pouvoir « et de beaucoup de richesses, et il est redoutable par la force « de ses armes. » De Atrasa اطراسا à Ianaset ياناست [3], grande ville, également bâtie sur les bords du Gange indien, 5 journées.

De là à Madiar, sur le Gange, 7 journées.

« Madiar est une ville entourée de beaucoup de villages, riche, « commerçante et populeuse. »

De là à Nahrawara نهروارا, dont il a déjà été question, sur la rive occidentale du Gange, 7 journées.

De Madiar à la ville de Malwa ملوه, 5 journées.

Malwa est une ville agréable, très-fréquentée, entourée de

---

[1] L'*Abrégé* porte Asnaband.
[2] La version latine porte Cafar-tarac, ce qui ne présente aucun sens.
[3] L'*Abrégé* porte Tanazet.

nombreux villages, de constructions et de métairies. Au nombre de ses dépendances, on compte Dada دده et Tata تته.

De Malwa à Dada, 4 journées.

De Dada à Tata, 2 journées.

Le Labor est un pays qui confine[1] au précédent.

De Morides موريدس à Tata, 3 journées.

Morides, ville de commerce, est une place très-forte, gardée par les troupes de Kaboul. Elle est située sur le penchant d'une montagne très-haute, où croissent en quantité les espèces de plantes connues sous les noms de cana et de khaïzoran, à la distance de 8 journées de Candahar تندهر, ville bâtie dans les montagnes dont il vient d'être question, et à travers lesquelles le chemin de l'une à l'autre de ces villes est tracé.

« Candahar est une ville considérable et très-peuplée. Ses habitants sont remarquables par la manière dont ils laissent croître leur barbe qui leur descend jusqu'aux genoux, et qui est large et très-touffue, ce qui a donné lieu à une façon de parler proverbiale. Leur figure est ronde; ils portent le costume turk. Le pays produit du blé, du riz, diverses céréales, des moutons et des bœufs. Ils mangent les moutons morts naturellement, mais jamais de bœufs, comme nous l'avons dit plus haut [2]. » De Candahar à Nahrawara نهروارة, on compte 5 journées en chariot. « Les peuples de Candahar sont souvent en guerre avec ceux de Kaboul, » laquelle est une ville indienne voisine du Tokharestan طخارستان, grande et bien bâtie. Ses montagnes produisent du bois d'aloès excellent, et ses environs, des noix de coco et des myrobolans de l'espèce qui tire son nom (Kabouli) de celui de cette ville, et qui croît dans les montagnes. « Dans les lieux bas, on sème des bulbes de safran en

---

[1] Je traduis ainsi par conjecture, car le mot manque.

[2] Le ms. A. présente ici une lacune que nous remplissons au moyen du ms. Asselin et de l'*Abrégé*.

HUITIÈME SECTION.

« quantité, et cette substance devient l'objet d'un commerce
« d'exportation considérable. C'est un objet d'un produit éventuel
« qui dépend de l'état de l'atmosphère. La ville de Candahar est
« défendue par une citadelle très-forte, située sur un rocher es-
« carpé qui n'est accessible que par un seul chemin : elle est habitée
« par des musulmans; il y a un quartier dont la population est
« juive infidèle. Aucun roi ne peut prendre le titre de Chah,
« si ce n'est après avoir été inauguré à Kaboul. En vertu d'une
« ancienne loi, la prise de possession du pouvoir a lieu dans
« cette ville, où l'on accourt des pays étrangers et de très-loin.
« Dans les terres fertiles du pays de Kaboul, on cultive beau-
« coup d'indigo de qualité supérieure à toute autre, et qui, par
« ce motif, est très-renommé et fait l'objet d'un grand com-
« merce. On y fabrique aussi quantité d'étoffes de coton qui s'ex-
« portent en Chine, dans le Khorasan et dans le Sind. » Il y a
dans les montagnes de Kaboul des mines de fer très-connues. Ce
métal est d'une couleur grise, marbrée, et devient très-tran-
chant [1].

Arzelan ارزلان, Khaouas خواس et Khibar خبر sont, ainsi que
divers villages et lieux fortifiés, des dépendances de Kaboul. De
Kaboul à Khaouas, on compte 4 journées.

De Khaouas à Hasek حسك, 5 journées.

De Hasek à Kaboul, par un pays assez uni, 3 journées.

De Kaboul à Kalbata كلبطة, 4 journées.

Kalbata et Roumela رومله sont sur la limite du désert qui
sépare le Moultan du Sedjestan. Ce sont deux pays de moyenne
grandeur, habités par des Sindi, des Indiens et un petit nombre
de Sedjestani. Ils produisent du blé, du riz et des fruits en
petite quantité. « On y boit de l'eau de source et de puits, et
« on y fabrique des étoffes de coton qui se débitent dans le voi-

---

[1] Ces détails sont très-exacts, mais ils n'ont été qu'imparfaitement rendus par les auteurs de la version latine.

« sinage. A l'orient du Moultan est la ville d'Aughocht اوغشت ¹,
« située à 4 journées de Candahar, et à une égale distance de
« Moultan. Dans ses environs, le cana croît en faible quantité.
« Ses habitants sont peu nombreux, mais riches. » D'Aughocht à
Roumela, 10 journées.

De Roumela à Kalbata, 3 journées.

D'Aughocht à Sandour سندور, 3 journées.

Voilà tout ce que nous avions à dire, relativement aux pays compris dans la présente section. « Quant à la partie maritime, ce que
« nous avons rapporté des îles qui s'y trouvent paraît suffisant.
« Cependant, il est bon de savoir que celui qui part de l'île de
« Serendib سرنديب (Ceylan) dont il a été question dans le pre-
« mier climat, et qui désire aborder sur le continent par le che-
« min le plus court, doit attérir sur la côte de Djerabatan جرباتن
« qui n'en est qu'à un peu moins d'une demi-journée. S'il est
« forcé de courir vers l'est, il abordera soit à Kaikasar كيكسار,
« soit au pied de la montagne el-Omry الامرى, laquelle est très-
« haute, court vers le nord et forme un grand rescif dans la mer.
« De ce rescif à Serendib, on compte environ 4 journées. Toute
« cette montagne fort connue, ainsi que nous l'avons dit plus
« haut, est couverte de bois de bresillet qui s'exporte au loin.
« La racine du brésillet calme sur-le-champ les douleurs occa-
« sionnées par la morsure des serpents. »

---

¹ L'*Abrégé* porte Arghost.

NEUVIÈME SECTION.

Suite de l'Inde. — Chine.

Cette section comprend diverses villes de l'Inde et de la Chine ; les premières sont Aourchin اورشين sur le bord de la mer, Loukin لوتين, Cakela قاتلى, Atragha اطراغا ; et les villes chinoises, Tarighourghan طريغورغن, Cattighora قطيغورا, Kachghara كاشغارا, Khaïgoun خيغون, Asfiria اسفيريا, Asfira اسفيرا[1], Boura بورا, Toukha طوخا, Atraghan اطراغن et Carnaboul قرنابول ; dans l'océan, les îles d'Aourchin اورشين et de Senasa سناسا. Chacune de ces contrées offre des particularités que nous allons décrire, avec le secours divin.

Aourchin اورشين est une petite ville sur le rivage de la mer ; mais ce qui lui a valu quelque célébrité, c'est l'île de même nom, île qui est d'une vaste étendue, couverte de montagnes et de forêts, « où l'on voit une grande quantité d'éléphants, à la chasse desquels « on se livre pour obtenir l'ivoire, dont il se fait une exportation « considérable. Les rapports au sujet de la manière dont se fait « cette chasse varient beaucoup. D'après un grand nombre de re- « lations, il paraît que les chasseurs se rendent dans les lieux où « l'éléphant a coutume de passer la nuit ou qu'il fréquente, et « y creusent des fosses semblables à celles que pratiquent les « Berbers pour la chasse au lion. L'ouverture de la fosse est « large, et le fond étroit. Ils en couvrent la superficie de bran-

---

[1] Le ms. A. et l'*Abrégé* portent Aurisin اوريسين, Askiria اسقيريا et Askira اسقيرا.

« ches d'arbres, d'herbes et de terre, afin qu'elle ne soit pas
« apparente. Lorsque les éléphants viennent, soit pour passer la
« nuit, soit pour se désaltérer dans les lieux où ils ont coutume
« de le faire, si l'un d'eux vient à passer au-dessus de la fosse,
« il y tombe et les autres prennent la fuite. Les chasseurs le
« voyant tomber dans ce piége, se hâtent de sortir de leurs re-
« traites, accourent, ouvrent le ventre et déchirent les entrailles
« de l'animal, et le laissent mourir pour revenir ensuite le dé-
« pecer, retirer les chairs par fragments et en extraire l'ivoire et
« les os des jambes. D'autres relations de l'Inde portent que les élé-
« phants, dans leur pays, marchent en troupes, passent la nuit dans
« les forêts au nombre de deux, de trois ou de quatre ensemble,
« et cherchent quelque arbre pour s'appuyer et dormir les uns
« sur les autres, mais debout, à cause de l'épaisseur de leur tarse
« et de la longueur de leurs jambes. Les chasseurs viennent de
« jour, coupent la majeure partie du tronc de l'arbre, en sorte
« qu'il ne tient presque plus à rien. Lorsque la nuit arrive et que
« les éléphants viennent, selon leur coutume, pour reposer adossés
« contre l'arbre, leur poids simultané l'ébranle, le fait tomber et
« occasionne ainsi leur chûte. Alors les chasseurs accourent avec
« des pieux, leur brisent la tête et en retirent l'ivoire, qui se vend
« dans le commerce à très-haut prix, et qui, transporté au loin,
« est employé à la fabrication de divers objets. On dit que les
« deux grosses défenses de l'éléphant pèsent quelquefois 16 can-
« tars et plus [1].

« Quant à ce qui concerne la reproduction de l'éléphant, les
« marchands qui font les voyages de l'Inde racontent que la fe-
« melle met bas ordinairement dans des eaux dormantes; qu'aus-
« sitôt que le petit y est tombé, la mère s'empresse de le re-
« lever sur ses jambes, de le faire sortir de l'eau et de le lécher
« jusqu'à ce que sa peau soit bien sèche, et qu'elle lui enseigne

[1] De 3 à 400 kilogrammes.

NEUVIÈME SECTION.   187

« ensuite à marcher jusqu'à ce qu'il ait acquis toute sa force.
« Béni soit le créateur de toutes choses! On ne connaît parmi
« les quadrupèdes aucun animal plus intelligent ni plus facile
« à dresser. Une chose qui lui est particulière, c'est qu'il ne porte
« jamais ses regards sur les parties sexuelles de l'homme.

« Les princes indiens sont jaloux de posséder beaucoup d'élé-
« phants. Ils les payent fort cher, en ont grand soin, en élèvent
« de jeunes pour les accoutumer à la compagnie de l'homme,
« et en mènent de grands à la guerre, chargés de douze hommes
« armés et cuirassés de fer. Un homme s'assied sur le cou de
« l'animal, armé d'une pique au lieu de bride, le frappe sur la
« tête avec un pieu de bois ou avec tout autre instrument dis-
« posé à cet effet, et dirige ainsi l'animal. Les éléphants, à la
« guerre, se ruent les uns sur les autres, en sorte que le plus fort
« abat le plus faible. Ils reviennent volontiers à la charge après
« un premier assaut. Toutes ces particularités sont très-connues
« dans l'Inde. Il naît beaucoup de ces quadrupèdes dans l'île
« d'Aourchin اورشین; on les transporte de là dans tout l'Indos-
« tan. On y trouve aussi des mines de fer et de la rhubarbe qui
« croît dans les montagnes; on sait que la rhubarbe de Chine est
« plus estimée que toute autre, attendu qu'elle est plus dure,
« mieux colorée et plus efficace dans les maladies du foie et au-
« tres. On trouve également dans cette île un arbrisseau qui res-
« semble au ricin ($κρότων$), si ce n'est qu'il porte beaucoup d'épi-
« nes proéminentes qui empêchent de le palper; on l'appelle
« Chehghir شکیر : ses racines sont noires. Les princes chinois et
« indiens s'en procurent pour en extraire un poison violent;
« c'est une chose connue. En effet, lorsque ces princes veulent
« faire mourir quelqu'une de leurs femmes, un domestique ou
« toute autre personne, ils emploient toujours le poison.

« Dans tous les golfes des côtes de la Chine et des Indes, on
« voit dans la mer des reptiles luisants, de couleurs variées et

« d'espèces diverses. Les navigateurs les connaissent, les distin-
« guent, comprennent, par la distinction de leurs espèces, à
« quel golfe ils appartiennent, et se dirigent en conséquence.
« C'est un fait également très-connu. Ces reptiles se nomment
« en indien Mizrat المبزرة. »

D'Aourchin à Loukin لوقين, jolie ville à l'embouchure d'une rivière où les vaisseaux mouillent, on compte, en suivant le rivage, 3 journées.

De là à Tarighourghan طريغورغن, ville bien bâtie sur le bord de la mer, 4 journées.

Vis-à-vis de Tarighourghan et à une demi-journée de navigation, est une île fréquentée par les voyageurs. On dit qu'il y existe un puits d'où il sort des flammes qui paraissent et disparaissent par intervalles. De là à Cattighora قطيغورا, ville située sur les bords de la mer, à l'embouchure d'une rivière et où l'on fait de bonnes affaires de commerce, 6 journées.

Cattighora est comptée au nombre des dépendances de la Chine.

De là à Senf صنف, île chinoise, dont il a été question dans le premier climat[1], 3 journées.

De là à Kachgara كاشغرا, 4 journées.

« Kachghara est une ville chinoise, florissante et bien peuplée.
« Il s'y fait un commerce considérable de toute sorte de mar-
« chandises et beaucoup d'expéditions, en sorte que c'est une
« place très-animée. Elle est située sur une petite rivière venant
« du nord et prenant sa source dans la montagne de Cattighor
« قطيغور, où se trouvent des mines d'argent dont le minerai est
« de qualité supérieure, et facile à extraire pur de sa gangue. »

De Kachghara à Khaïghoun خيغون, 8 journées.

« Khaïghoun est une ville chinoise, commerçante et fréquen-
« tée. On trouve dans son territoire l'animal qui porte le musc

[1] Voyez ci-dessus, pag. 83.

NEUVIÈME SECTION. 189

« et la civette. Le premier est une espèce de chèvre ou plutôt de
« gazelle, mais il est plus petit ; sa peau est de couleur fauve ti-
« rant sur le rouge, et douce au toucher ; il se nourrit de plantes
« odoriférantes, et il porte une poche ou vésicule renfermant
« une liqueur qui est d'abord rouge comme du sang, et qui de-
« vient ensuite violette ; cette poche tient au cordon ombilical
« auquel est attaché le jeune chevreau. L'animal, fatigué de la
« porter, la déchire tantôt avec ses ongles, tantôt avec ses dents,
« et elle tombe alors. L'auteur du livre des Merveilles rapporte
« qu'il existe dans le Tibet, près la ville de Wahlan وحلان, deux
« montagnes séparées par un cours d'eau, où croissent, en quan-
« tité, le nard سنبل et d'autres plantes aromatiques, et où paissent
« beaucoup de chevrettes musquées ; elles viennent à ce cours
« d'eau pour enfler leurs vessies, les remplir de sang, et ensuite
« s'en débarrasser. La chasse de cet animal a lieu à des époques
« déterminées ; on le poursuit afin d'en obtenir le musc ; à cet
« effet, après l'avoir saisi, on le transporte dans les lieux où il
« a été chassé ; il s'y apprivoise facilement, car il n'est pas très-
« farouche.

« Quant à la civette زباد, on la trouve dans tous les pays
« compris dans le second climat sans exception. C'est un ani-
« mal qui ressemble entièrement au chat, si ce n'est qu'il est
« plus grand. On l'enferme dans de grandes cages où on le nour-
« rit de viandes ; vers la fin du printemps et les premiers jours
« de l'été, il commence naturellement à transpirer par les testi-
« cules ; lorsqu'on s'en aperçoit, on recueille le produit de cette
« transpiration dans une bourse de drap, et c'est là la civette pure.
« On remet l'animal en cage comme auparavant, jusqu'à ce qu'une
« seconde et une troisième transpirations aient lieu, et ainsi de
« suite, depuis le commencement de l'été jusqu'à la fin de l'au-
« tomne. On trouve des civettes en quantité dans l'Afrique occi-
« dentale, et particulièrement aux environs de Meltsemin ملتثمين.

DEUXIÈME CLIMAT.

« C'est un animal très-connu; nous l'avons vu de nos propres
« yeux.

« La ville de Khaïghoun خيغون est défendue par une forte
« citadelle, et entourée de jardins qui ne produisent ni raisins,
« ni figues, sur les bords d'une rivière qui se jette dans le Kham-
« dan خندان chinois. De là à Asfiria اسفيريا, qui dépend de la
« Chine, on compte 4 journées.

« Asfiria est située sur une rivière qui se jette dans le Kham-
« dan. Elle est bien peuplée et sert de résidence à des princes
« et à d'autres personnages ou agents du gouvernement. C'est
« un lieu où l'on dépose le produit net des tributs destinés au
« grand roi. Voici comment la chose se passe : les agents du
« fisc apportent à Asfiria les divers tributs provenant du terri-
« toire et des mers de la Chine; ils versent ces sommes entre les
« mains de gens de confiance, les font enregistrer, en reçoivent
« les comptes et s'en retournent chez eux. Lorsque tous ces ver-
« sements ont eu lieu, et à une époque déterminée de l'année,
« la totalité du produit est portée à la ville de Badja باجه où ré-
« side le grand roi, et déposée dans le trésor impérial; c'est une
« coutume constante; par ce moyen, toutes les sommes destinées
« aux dépenses publiques parviennent, sans déduction quelcon-
« que, à leur destination.

« Les habitants d'Asfiria jettent leurs morts dans la rivière et
« ne les ensevelissent jamais. Nous parlerons ci-après du fleuve
« de Khamdan et du parti qu'en tirent les Chinois. »

D'Asfiria à Toukha طوخا, on compte 6 journées.

Toukha est une ville située sur les bords du Kalhy كلهي
chinois. « Elle est commerçante et industrieuse. C'est là qu'on
« fabrique les soieries précieuses connues sous le nom de Toukhy
« et dont il se fait un grand commerce [1]. » De Toukha à Boura
بورا, en descendant le Kalhy, 2 journées.

---

[1] Il paraîtrait d'après le ms. Asselin qu'il s'agit ici d'étoffes rayées ou à fleurs.

NEUVIÈME SECTION.

Et par terre, 4 journées.

« Boura est très-peuplée. Son territoire, très-fertile, produit
« du blé, du riz et une espèce de palmier-*doum* dont le fruit est
« bon à manger. »

De Boura à Kachghara كاشغرا dont il a déjà été question, 8
journées.

D'Asfira اسفيرا à Kachghara, 8 journées.

Asfira est sur un affluent du fleuve nommé Bahanek بهنك.
« Ses habitants sont idolâtres et infidèles. » De là à Tarighourghan طريغيورغن, 7 journées.

D'Asfira à Atraghan اطراغان, 4 journées.

Cette dernière ville est bâtie sur les bords d'un grand lac
d'eau douce dont le centre est d'une profondeur inconnue, et
dont les eaux sont d'un bleu très-foncé. Il produit une espèce
de poisson dont la tête ressemble à celle d'une chauve-souris
et est surmontée d'une crête. Les habitants du pays assurent que
la chair de ce poisson est, pour l'homme qui s'en nourrit, émi-
nemment aphrodisiaque, ainsi que celle du sakankour سقنقور [1].
D'Atraghan à Carnaboul قرنابول, 4 journées.

« Cette dernière ville est petite, mais peuplée. Elle est située
« au pied d'une montagne et sur les bords d'une rivière qui a son
« embouchure dans le Kalhy; elle est exposée aux incursions
« de tribus turkes alliées des Khizildjis خزلجيه qui pillent sou-
« vent ses villages et ses troupeaux. »

De Carnaboul à Loukha, « dont on vient de parler, » 6 journées.

De Loukin لوقين, sur les côtes de l'Indostan, à Cakela, 7 journées.

Cakela قاتلا est sur le bord d'une rivière qui se jette dans le
Bahanek بهنك indien. Ses habitants élèvent beaucoup de vers à
soie, voilà pourquoi l'on donne le nom de Cakely à une espèce
de soie et à une sorte d'étoffe. De là à Cachemire قشمير, 10
journées.

[1] Voyez ci-dessus, pag. 31, not. 5.

Et à Atragha, 4 journées.

« Atragha اطراغا est une grande ville qui fait partie des posses-
« sions d'un prince indien. Elle est gardée par de nombreuses
« troupes de soldats destinés à combattre les Turks الاتراك. Ce
« pays produit du riz et du blé. »

D'Atragha à Atraghan اطراغان, 10 journées.

Les fleuves indiens qui coulent dans les contrées décrites dans
la présente section, sont : le Bahanek بهنك, le Kalhy كلهي et
une partie du grand Khamdan خمدان chinois. Le premier prend
sa source dans les montagnes les plus septentrionales de l'Inde,
coule vers l'est, dans la direction d'Atragha, où il se réunit à la
rivière de Cakela, et se jette dans la mer auprès de la ville de
Tarighourghan طربغورغن. « Les Djebelkis جهلك (peuplade
« indienne) rapportent que leur roi, après s'être précipité dans
« ce fleuve, leur apparaît de temps en temps. Lorsque quelqu'un
« a commis un crime, il entre dans le milieu des eaux et y reste
« une heure et plus, tenant dans les mains diverses herbes odo-
« riférantes ; il les coupe par petits morceaux, les jette peu à peu
« sur la surface des eaux du fleuve, en faisant des prières et des
« invocations. Lorsqu'il veut sortir, il agite l'eau avec ses mains,
« prend un peu d'eau (mélangée avec les herbes [1]), la répand
« sur sa tête, puis s'incline en signe d'adoration, et sort de
« l'eau. »

Au nombre des fleuves de Chine est le Kalhy كلهي. Parmi les
Chinois qui habitent sur ses bords, « à une certaine époque
« consacrée par l'usage, » celui qui a commis un crime dont il
veut se purifier, vient vers le fleuve, accompagné d'une foule de
gens qui lui souhaitent gloire et bonheur éternels, puis il se précipite dans le fleuve, et il périt submergé dans ses eaux.

[1] Les mots placés entre deux parenthèses manquent dans le ms. A, mais ils se trouvent dans le ms. Asselin.

DIXIÈME SECTION.

Chine orientale.

Cette section, qui complétera ce que nous avions à dire sur le second climat, comprend, dans la Chine orientale, les villes de Sousa de la Chine سوسة الصين, So'la سُعْلا, Taougha طُوغا, Sinia de la Chine صينية الصــين, Askhara اسخرا, Chedzkhour شذخور, Badjah باجــه, Bechhiar بشهيار, Cacha تاشــا et Saoukha ساوخا: dans la mer orientale, les îles de Namang نمج et de Sabara سباره, et enfin le Khamdan chinois خمدان الصين, l'un des fleuves les plus grands et les plus célèbres dont parlent les historiens et les géographes. Nous dirons donc ce qu'on en sait, sans omettre aucun détail.

« Sousa سوسة est une ville très-grande et très-célèbre, soit à
« cause du nombre de ses édifices, soit à cause de l'importance
« de son commerce, de l'abondance de ses productions, de la ri-
« chesse de ses habitants qui jouissent d'un grand crédit com-
« mercial dans tout l'univers. On y fabrique le غذار ghazar chi-
« nois, sorte de porcelaine dont rien n'égale la bonté, et des
« étoffes de soie précieuses à cause de la beauté de la matière,
« et de la solidité comme de l'élégance du travail. Cette ville
« est située sur la rive orientale du Khamdan, à 14 journées de
« Caïtowa قايطو, à 16 de Sinia صينية et à 8 de So'la سُعْلا.

« Cette dernière ville n'est pas très-considérable, mais elle est
« bien bâtie, bien peuplée, commerçante et fréquentée, tant
« par les habitants du voisinage, que par ceux des pays plus
« éloignés, qui viennent s'y approvisionner de divers objets. On

« y fabrique des étoffes de soie et des vases d'argile. » De So'la à Sinia, on compte 17 journées; et à Taougha, ville non fortifiée, mais commerçante et distante de 8 journées de Sinia, 8 journées.

« Sinia de la Chine صينية الصين est située à l'extrémité de cet « empire. Aucune ville ne l'égale, soit sous le rapport de la gran- « deur, soit sous celui du nombre des édifices, de l'importance « du commerce, de la variété de marchandises qu'on y trouve, « du nombre de négociants qui y viennent des diverses parties « de l'Inde situées dans le voisinage de la Chine. C'est la rési- « dence d'un prince chinois de race royale, mais cependant « vassal du Baghbough بغبوغ, lequel est le grand empereur, « comme nous l'avons dit [1]. » De là à Askhara اسخرا [2], 8 journées.

« Cette dernière ville est bâtie dans une plaine marécageuse « d'une vaste étendue, où il ne croît que du safran, soit cultivé, « soit sauvage. Cette substance y est de qualité supérieure, et il « s'en fait un grand débit dans toute la Chine. On travaille la soie « dans cette ville et on y fabrique des vases d'argile.

« Dans les pays que nous décrivons, il n'est point d'arts plus « estimés que ceux de potier d'argile et de dessinateur; mais ce « dernier est mis au-dessus de tous les autres. D'après ce que « rapportent les auteurs les plus dignes de foi, les princes chinois « et la plupart des princes indiens, bien loin de négliger le des- « sin, en font leur principale occupation, et s'y appliquent autant « que des maîtres et des artistes de profession, à tel point que, « lorsqu'ils ont un grand nombre d'enfants, ils préfèrent toujours « celui qui excelle le plus dans l'art du dessin et de la peinture, « après lequel vient immédiatement l'art de fabriquer des vases « d'argile. Les personnes qui s'appliquent au dessin portent le « nom de *grands*, et les potiers celui de *petits* artistes. »

[1] Voyez ci-dessus, pag. 99 et 100.
[2] Le ms. A. porte Askhar, et la version latine, pag. 69, Asanho et Asahda.

DIXIEME SECTION.

D'Askhara à Badjah باجه, on compte 4 journées.

« Badjah est la résidence du prince connu sous le nom de
« Baghbough بغبوغ. C'est là que sont sa garde, ses trésors, son
« harem et ses esclaves. D'après ce que rapporte l'auteur du livre
« intitulé : *Histoire des princes du monde*, le Baghbough a toujours
« cent femmes dotées à prix d'argent; et lorsqu'il n'en possède
« pas un tel nombre, il ne peut prétendre au titre de roi des
« rois. Il doit posséder aussi mille éléphants équipés pour la
« guerre et montés du nombre d'hommes nécessaire et conve-
« nablement armés, pour jouir de cette prérogative; l'une et
« l'autre de ces conditions sont indispensables. En Chine, l'au-
« torité royale dérive du père à ses frères ou aux plus proches
« parents du roi. Ces princes sont généralement équitables,
« compatissants et doués des qualités les plus louables. La ville
« de Badjah est bâtie sur les bords du Khamdan خمدان qu'on
« remonte quand on veut se rendre à Haïfoua حايفوا, à Djan-
« koua جانكوا [1] et autres lieux connus de la Chine. » De Badjah à
Charkhou شرخو [2], ville située à 4 journées de la mer orientale,
sur les bords d'une rivière qui y a son embouchure, 4 journées.

De Charkhou à Bechhiar بشهيار, 9 journées.

« Bechhiar est la résidence d'un chef qui gouverne un vaste
« pays au nom du Baghbough, ayant sous ses ordres de la ca-
« valerie, des esclaves et d'autres troupes destinées à repousser
« les agressions des tribus turkes du voisinage, connues sous
« les noms de Hamani حانيه et de Khizildji خزلجيه. Le gou-
« verneur (chinois) fait garder par de la cavalerie les portes
« des hautes montagnes qui séparent sa province du Turkestan.
« Ces troupes sont vêtues et équipées absolument comme les
« Turks. »

De Bechhiar à Cacha قاشا, « ville habitée par une secte qui ne

---

[1] Nous suivons ici l'orthographe des mss., quelque fautive qu'elle puisse être.
[2] La version latine porte Sadcho.

« professe pas les mêmes croyances que les Chinois et qui brûle « ses morts, selon la coutume indienne, » 8 journées.

De Saroukha سارخا[1] à Badjah, 10 journées.

Le Khamdan chinois خمدان الصين est un grand fleuve dont les bords sont très-peuplés. L'auteur du livre des Merveilles rapporte qu'on y voit un arbre dit *arbre de fer* et nommé, en indien, Barchoul بارشول; que cet arbre, dont le diamètre est d'une coudée, est fixé au milieu du fleuve, à une hauteur d'environ dix coudées au-dessus des eaux, et terminé vers son sommet par trois pointes aiguës. Cet auteur ajoute qu'un homme se tient assis dans le voisinage, tenant un livre à la main, et récitant les paroles suivantes : Fleuve béni, sentier du paradis d'où ta source découle et vers lequel tu diriges les hommes! heureux celui qui, monté sur la cime de cet arbre, se précipitera dans tes eaux! Alors, un ou plusieurs d'entre les assistants, émus par ces paroles, montent sur l'arbre et se précipitent dans le fleuve, accompagnés des vœux et des prières de la foule. On dit que le Kank كنك est l'un des affluents du Khamdan.

Quant à l'île de Namang نمغ, qui se trouve dans la mer orientale, elle est fréquentée par les navigateurs chinois, qui n'y abordent que lorsqu'ils sont en troupes nombreuses. L'auteur du livre des Merveilles raconte qu'elle est habitée par des hommes à queue et gouvernée par l'un d'entre eux.

Persuadé que les détails dans lesquels nous venons d'entrer paraîtront suffisants à toute personne sensée, c'est ici que nous terminerons la description des pays compris dans le deuxième climat.

[1] Ou plutôt Charoukhia شارخية, conformément à la leçon du ms. B.

FIN DU DEUXIÈME CLIMAT.

TROISIÈME CLIMAT.

PREMIÈRE SECTION.

Suite de l'Afrique occidentale. — Sous el-Acsa. — Pays des Berbers. — Noun. — Sedjelmasa. — Dar'a. — Aghmat. — Maroc. — Fèz. — Meknès. — Sala. — Telemsan. — Melila. — Oran. — Alger. — Bougie. — Constantine.

Après avoir décrit, dans les livres précédents, les pays compris dans les deux premiers climats, nous avons jugé convenable d'observer dans celui-ci la même méthode relativement aux bourgs, aux villes et aux provinces, en indiquant leurs distances respectives en milles et en journées. « Nous traiterons séparément « de chaque pays, en ayant soin de faire connaître son état ac- « tuel, les courants d'eau, les rivières, les lacs et les étangs qui « s'y trouvent, les montagnes qu'on y remarque, avec l'indication « de leur étendue; nous parlerons aussi des plantes, des arbres, « des mines, des animaux; nous indiquerons les sources des « fleuves, leurs cours et leurs embouchures, d'après les notions « et les relations existantes : le tout en son lieu, d'une manière « claire et précise, conformément au plan que nous nous sommes « tracé, et avec le secours du Tout-Puissant. »

La première partie du troisième climat commence à l'océan ténébreux qui baigne la partie occidentale du globe terrestre.

Du nombre des îles de cet océan est celle de Sara سارة, située près de la mer Ténébreuse. On raconte que Dhou'l Carnaïn y aborda avant que les ténèbres eussent couvert la surface de la mer, y passa une nuit, et que les habitants de cette île assaillirent ses compagnons de voyage à coups de pierres et en blessèrent plusieurs. Il est une autre île qui se nomme Saa'li سعالى, dont les habitants ressemblent plutôt à des femmes qu'à des hommes; les dents leur sortent de la bouche, leurs yeux étincellent comme des éclairs et leurs jambes ont l'apparence de bois brûlé [1]; ils parlent un langage inintelligible et font la guerre aux monstres marins. Sauf les parties de la génération, nulle différence ne caractérise les deux sexes, car les hommes n'ont pas de barbe; leurs vêtements consistent en feuilles d'arbres. On remarque ensuite l'île de Hasran حسران, d'une étendue considérable, dominée par une montagne au pied de laquelle vivent des hommes de couleur brune, d'une petite taille et portant une longue barbe qui leur descend jusqu'aux genoux; ils ont la face large et les oreilles longues; ils vivent des végétaux que la terre produit spontanément et qui ne diffèrent guère de ceux dont se nourrissent les animaux. Il y a dans cette île une petite rivière d'eau douce qui découle de la montagne. L'île de Ghour الغور, également considérable, abonde en herbes et en plantes de toute espèce. Il y a des rivières, des lacs et des forêts qui servent de retraite à des ânes sauvages et à des bœufs qui portent des cornes d'une longueur extraordinaire. Non loin de là est l'île de Mostachiin مستشيين. « On dit que cette île est peuplée, qu'il y a « des montagnes, des rivières, beaucoup d'arbres, de fruits, de « champs cultivés. » La ville qui s'y trouve est dominée par une citadelle. « On raconte qu'à une époque antérieure à Alexandre, « il y avait dans cette île un dragon qui dévorait tout ce qu'il

---

[1] سوقهم كالخشب المحرق. On ne sait pourquoi les auteurs de la version latine ont traduit ces mots par *halitum velati lignum comburens*.

« rencontrait, hommes, bœufs, ânes et autres animaux. Lorsque
« Alexandre y aborda, les habitants se plaignirent des dommages
« que leur causait ce dragon et ils implorèrent le secours du
« héros; le monstre avait déjà dévoré la majeure partie de leurs
« troupeaux; chaque jour on plaçait auprès de sa tanière deux
« taureaux tués; il sortait pour les dévorer, puis se retirait jus-
« qu'au lendemain, en attendant un nouveau tribut. Alexandre
« demanda aux habitants si le monstre était dans l'usage de sortir
« par un seul endroit ou par plusieurs; ils répondirent qu'il sor-
« tait toujours par le même. Alors Alexandre se fit indiquer le
« lieu, il s'y rendit suivi de plusieurs d'entre les habitants et
« accompagné de deux taureaux; aussitôt le monstre s'avança
« semblable à un nuage noir; ses yeux étaient étincelants comme
« des éclairs et sa gueule vomissait des flammes; il dévora les
« taureaux et disparut. Alexandre fit placer, le lendemain et le
« jour suivant, deux veaux auprès de sa caverne; mais cette proie
« ne suffit pas pour apaiser la faim du monstre. Alexandre or-
« donna aux insulaires de prendre deux taureaux, de les écor-
« cher et de remplir leurs peaux d'un mélange d'huile, de soufre,
« de chaux et d'arsenic, et de les exposer à l'endroit indiqué. Le
« dragon sortit de sa retraite et dévora cette nouvelle proie; quel-
« ques instants après, se sentant empoisonné par cette composi-
« tion, où l'on avait, d'ailleurs, eu soin de mettre aussi des cro-
« chets en fer, il faisait tous les efforts imaginables pour la vomir,
« mais les crochets s'étant embarrassés dans son gosier, il se ren-
« versa la gueule béante. Alors, conformément aux dispositions
« faites par Alexandre, on fit rougir une barre de fer et, l'ayant
« placée sur une plaque de même métal, on la lança dans la gueule
« du monstre : la composition s'enflamma dans ses entrailles et il
« expira. C'est ainsi que Dieu fit cesser le fléau qui affligeait les
« habitants de cette île; ils en remercièrent Alexandre, lui témoi-
« gnèrent une grande affection et lui offrirent des présents consis-

« tant en diverses curiosités de leur île ; ils lui donnèrent, entre
« autres choses, un petit animal qui ressemblait à un lièvre,
« mais dont le poil était d'un jaune brillant comme de l'or ; cet
« animal, appelé a'radj عراج, porte une corne noire et fait fuir
« par sa seule présence les lions, les serpents, les bêtes sauvages
« et les oiseaux. »

Dans la même mer se trouve l'île de Calhan قلهان, dont les habitants sont de forme humaine, mais portent des têtes d'animaux : ils plongent dans la mer, retirent de ses abîmes les animaux dont ils ont pu se saisir et s'en nourrissent ensuite. Une autre île de la même mer s'appelle l'île des deux frères magiciens جزيرة الاخوين الساحرين, Cherham شرهام et Cheram شرام. « On
« raconte que ces deux frères exerçaient la piraterie sur tous les
« vaisseaux qui venaient à passer auprès de l'île ; ils réduisaient
« en captivité les navigateurs et s'emparaient de leurs biens ; mais
« Dieu, pour les punir, les métamorphosa en deux rochers que
« l'on voit s'élever sur les bords de la mer. Après cet événement,
« l'île redevint peuplée comme auparavant. » Elle est située en face du port d'Asafi اسفى, et à une distance telle que, lorsque l'atmosphère qui environne la mer est sans brouillard, on peut, dit-on, apercevoir du continent la fumée qui s'élève de l'île.
« Cette particularité a été racontée par Ahmed ben Omar sur-
« nommé Raccam el-A z, qui, chargé par le prince des fidèles
« Ali ben-Iousuf ben-Taschfin [1] du commandement de sa flotte,
« voulait y aborder ; mais la mort le surprit avant qu'il eût pu
« accomplir ce projet. On a recueilli des détails curieux, relati-
« vement à cette île, de la bouche des Maghrourin, voyageurs de
« la ville d'Achbouna (Lisbonne) en Espagne, lorsque le port
« d'Asafi reçut ce nom à cause d'eux. Le récit (de cette aven-

---

[1] Voyez, au sujet de ce prince, le quatrième de la dynastie des Moravides, *Casiri bibliot. ar.-hispana*, t. II, pag. 216 et suiv., et le *Specchio dell'impero di Marocco*, récemment publié par M. Graberg de Hemso, pag. 257.

« ture) est assez long, et nous aurons l'occasion d'y revenir
« quand il sera question de Lisbonne. »

Dans cette mer il existe également une île d'une vaste étendue et couverte d'épaisses ténèbres. On l'appelle l'île des moutons جزيرة الغنم, parce qu'il y en a beaucoup en effet; mais la chair de ces animaux est amère, à tel point qu'il n'est pas possible d'en manger, s'il faut ajouter foi au récit des Maghrourin. Près de l'île que nous venons de nommer, se trouve celle de Raca راقا, qui est l'île des oiseaux جزيرة الطيور. On dit qu'il s'y trouve une espèce d'oiseaux semblables à des aigles, rouges et armés de griffes; ils se nourrissent de coquillages et de poissons, et ne s'éloignent jamais de ces parages. On dit aussi que l'île de Raca produit une espèce de fruits semblables aux figues de la grosse espèce, et dont on se sert comme d'un antidote contre les poisons. « L'auteur du livre des Merveilles rapporte
« qu'un roi de France, informé de ce fait, envoya sur les lieux un
« navire pour obtenir le fruit et les oiseaux en question, mais le
« vaisseau se perdit, et depuis on n'en entendit plus parler. »

A la présente section appartient encore l'île de Chaslend الشاصلند[1], dont la longueur est de 15 journées, sur 10 de largeur. Il y avait autrefois trois villes grandes[2] et bien peuplées: des navires y abordaient et s'arrêtaient pour y acheter de l'ambre et des pierres de diverses couleurs; mais, par suite des révolutions et des guerres qui eurent lieu dans ce pays, la plupart de ses habitants périrent. « Beaucoup d'entre eux franchirent la mer pour
« se transporter sur le continent de l'Europe روم, où leur race
« subsiste encore très-nombreuse, à l'époque où nous écrivons;
« nous en reparlerons quand il sera question de l'île d'Aralanda
« ارالندة. »

L'île de Laca لاقة produit beaucoup de bois d'aloès; on pré-

---

[1] Le ms. A. porte صاصلبو; la version latine, Sahelia.
[2] La version latine porte : tres parvæ urbes.

tend qu'il est sans odeur sur les lieux, mais qu'il acquiert du parfum aussitôt qu'il est exporté et qu'il a traversé la mer. Ce bois est noir et très-lourd. « Les marchands se rendent à cette « île pour se procurer du bois d'aloës, ils en exportent au loin. « Les rois de la partie la plus occidentale de l'Afrique l'ache- « taient jadis dans ce pays. On raconte aussi que l'île de Laca « était autrefois habitée, mais qu'elle a cessé de l'être, parce que « les serpents s'y sont excessivement multipliés. » D'après ce que nous apprend Ptolémée de Peluse, la mer Ténébreuse renferme vingt-sept mille îles peuplées et non peuplées. Nous ne croyons devoir parler ici que de quelques-unes d'entre celles qui sont situées dans le voisinage de la terre ferme et qui jouissent d'un certain degré de culture et de civilisation.

La présente section comprend le désert de Noul [1] Lamta نول لمطة, Tazekaghet تازكغت et Agharnou اغرنو; les villes du pays de Sous el-Acsa سوس الاقصى, savoir : Taroudant تارودانت, Tiouïouïn تيويوين et Tamamet تامامت. Elle comprend aussi le pays des Berbers بربر, Sedjelmasa سجلماسة, Dar'a دَرْعَة, Daï داى, Tadela تادلة, Cala't Mehdi ben Tewala قلعة مهدى بن توالة, Fèz فاس, Meknasa مكناسة, Sala سلا et autres ports de la grande mer; les villes de Telemsan تلمسان, Tatan تطن, Cara ترا, Safrava صفروى, Maghaïla مغيلة, Acarsif اقرسيف, Karnata كرناطة, Wadjera وجرة, Melila مليلة, Wahran وهران (Oran), Tahart تاهرت, Achir اشير; dans le pays de Gharb el-Awsat (Afrique centrale) : Tenès تنس, Berechk برشك, les îles des Beni Mazghana جزاير بنى مزغانة (Alger), Tadlas تدلس [2], Bedjaïa بجاية (Bougie), Djidjel جيجل, Meliana مليانة, Alca'la القلعة, Aimasila المسيلة, Ghadir الغدير, Mocra المقرة, Nacaous نقاوس, Tobna طبنة, Cosantina القسنطينة (Constantine), Tandjes

---

[1] Il s'agit ici, sans aucun doute, du pays de Noun, mais nous croyons devoir suivre l'orthographe que donnent nos deux mss.

[2] Les deux mss., la version latine et l'*Edrisii Africa* de Hartmann portent partout Andalos.

PREMIÈRE SECTION.

التنجس, Baghaïa باغاية, Tifas تيغاس, Dour-Medīn دورمدين, Belezma بلزمة, Dar Meloul دارملول et Mila ميلة.

« La plupart des villes que nous venons d'énumérer sont
« peuplées d'hommes d'origine berbère. Ces peuples habitaient
« anciennement la Palestine فلسطين, à l'époque où régnait Dja-
« lout (Goliath) fils de Daris, fils de Djana, autrement appelé
« Abou Zenana le Moghrebin, fils de Lewa, fils de Ber, fils de
« Caïs, fils d'Elias, fils de Mesr. David (sur qui soit la paix!)
« ayant tué Djalout le berber, les Berbers passèrent dans le
« Maghreb, parvinrent jusqu'aux extrémités les plus reculées de
« l'Afrique et s'y répandirent. Les tribus de Mazana مزانة, de
« Maghaïla مغيلة et de Darisa ضريسة s'établirent dans les mon-
« tagnes; celle de Lewata لواتة, dans la terre de Barca برقة, une
« portion de la tribu de Hawara هوارة, dans les montagnes de
« Nafousa نفوسة, et les autres, dans les contrées les plus recu-
« lées vers l'occident. D'autres tribus se joignirent à celles que
« nous venons de nommer et peuplèrent le pays. Voici les noms
« des principales tribus berbères : Zenata زناتة, Darisa ضريسة,
« Maghaïla مغيلة, Macdar مقدر, Benou Abdi-rabbihi بنو عبد
« ربه, Warnedjoum ورنجوم [1], H‑ra هرة, Harawa هراوة, Matmata
« مطمطة, Lamta لمطة, Sanhadja صنهجة, Hawara هوارة, Ketama
« كنامة, Lewata لواتة, Mazana مزانة, Sadrat صدرات, Bedlasen
« بضلاسن, Madiouna مديونة, Zioudja زيوجة, Merasa مراسة, Ca-
« lema قالة, Ourba أوربة, Hatita هطيطة, Walita وليطة, Benou Men-
« hous بنو منهوس, Benou Semdjoun بنو سجون, Benou Warcalan
« بنو وارقلان, Benou Basdaran بنو بسدران, Benou Zidedji بنو
« زيدجي, Wazdaza وزداسة, Warhoun ورهون. » Quant aux pays de
Noul l'ultérieure نول الاقصى et de Tazekaghet تازكغت, ils appartiennent aux Lamtouna de la plaine لمتونة الصحرآ, alliés des Sanhadja. Sanhadj et Lamt étaient deux frères dont le père se nommait Lamt fils d'Aza', descendant de Himīar حمير, et la mère,

[1] Ces trois derniers noms ne se trouvent pas dans le ms. A.

Tazkaï el-Asdja, issue de la famille de Zenata. Sanhadj et Lamt avaient un frère utérin dont le père se nommait al-Massour, fils de Mathni, fils de Kela', fils d'Eïmen, fils de Sa'id, fils de Himïar; il se nommait Hawar, à cause d'une expression tirée de la langue arabe dont il fit usage dans une occasion. Comme les tribus arabes campent souvent à la proximité des tribus berbères, un long voisinage a fait adopter à ces dernières l'usage de la langue arabe, de sorte que les deux peuples n'en forment plus qu'un.

Il arriva qu'un jour un émir arabe nommé al-Massour, qui habitait avec sa tribu dans le Hedjaz, ayant perdu un chameau, sortit pour aller le chercher; il passa le Nil auprès du Caire (مصر), alla dans le Maghreb, et, s'étant aventuré jusque dans les montagnes de Tripoli طرابلس, il demanda à l'esclave qui l'accompagnait, dans quel pays ils se trouvaient, à quoi l'autre répondit qu'ils étaient dans l'Afrikia. En ce cas, nous sommes fous, répondit le maître, en employant le mot de tehawarna تهورنا, qui est synonyme de hamaca حمق. Voilà d'où dérive ce nom d'Hawar. Al-Massour poursuivit cependant sa route, alla dans la tribu de Zenata et conclut avec elle une alliance; il vit Tazkaï, mère de Sanhadj et de Lamt dont il vient d'être fait mention. Al-Massour devint éperduement amoureux de cette dame, qui était aussi belle que sage, la demanda en mariage et l'obtint. A l'époque dont il est question, Tazkaï était veuve et avait auprès d'elle ses deux fils Sanhadj et Lamt. Elle mit au monde un enfant mâle qui fut nommé al-Mathni المثنى; quelque temps après, al-Massour mourut, son fils Mathni et les deux frères Sanhadj et Lamt restèrent chez leur mère et chez leurs oncles de la famille de Zenata. Lamt et Sanhadj eurent chacun beaucoup d'enfants, et leur famille parvint à soumettre de nombreuses peuplades; ce fut alors que les tribus berbères s'étant réunies pour s'opposer à ces étrangers, les vainquirent et les

PREMIÈRE SECTION.

refoulèrent jusque dans les déserts voisins de la mer ténébreuse. Les peuplades de cette tribu se fixèrent dans ces contrées, où elles n'ont cessé de mener une vie nomade jusqu'à nos jours. « Elles possèdent beaucoup de chameaux grands et prompts à la « course, et changent souvent de campement. Les deux sexes « font usage de vêtements tissus de laine; les hommes portent « des turbans dits el-kerazi الكرازى ; ils se nourrissent de lait « de chameau et de la chair de ces animaux séchée au soleil. « Les marchands étrangers leur apportent du blé et surtout du « raisin sec dont ils extraient une boisson très-douce. Leur pays « produit beaucoup de miel ; les mets qu'ils préparent sont d'un « goût exquis ; on fait cas surtout de celui qu'ils nomment el-« berïet asoulwa البرية اسلوا, et qu'ils préparent de la manière « suivante : ils prennent du blé, le font griller à un degré con-« venable, le broient ensuite grossièrement, y mettent du miel « en guise de graisse, le pétrissent et le font cuire ; lorsque « cette pâte est ainsi préparée, ils en remplissent leurs besaces. « C'est un mets délicat et tellement nourrissant, qu'une personne « qui n'en aurait mangé le matin qu'une poignée, en y joignant « un peu de lait pour boisson, pourrait marcher jusqu'au soir « sans éprouver la moindre faim. »

Il n'existe dans le pays d'autre ville que celle de Noul Lamta, car celle d'Azca أزكى appartient au Lamta. Noul l'occidentale est à la distance de 3 journées de la mer. On compte, de Noul à Sedjelmasa, 13 journées.

Noul est une ville bien peuplée, située sur une rivière qui vient du côté de l'orient, et dont les rivages sont habités par les tribus de Lamtouna et de Lamta. On y fabrique des boucliers connus sous le nom de boucliers de Lamta, qui sont les plus parfaits qu'on puisse imaginer. « Ces boucliers étant d'une très-« bonne défense et très-légers à porter, les peuples du Maghreb « s'en servent dans les combats. On fabrique aussi dans la même

Feuillet 53 recto. « ville des selles, des mors de cheval et des bâts de chameau.
« Les habitants de Noul Lamta possèdent beaucoup de vaches et
« de moutons, et ont, par conséquent, du lait, du beurre et
« de la graisse en abondance. La ville de Noul sert de refuge
« aux peuples de cette contrée et leur offre des ressources dans
« les circonstances extraordinaires. On y fabrique des vêtements
« appelés sefsarié سفسارية et des barnous dont une paire se paye
« environ cinquante dinars. » Parmi les tribus de Lamta, on
compte celles de Masoufa مسوفة, de Wechan وشان et de Te-
malta تمالته; les Benou Mansour بنو منصور, les Maïa ميّة, les Djé-
dala جدالة, les Lamtouna لمتونة, les Benou Ibrahim بنو ابراهيم.
Les Benou Taschfin et les Benou Mohammed بنو محمد dépendent de la tribu de Sanhadj. La ville d'Azkaï آزكى, du pays de
Lamta, est un des premiers ports du désert; de là à Sedjelmasa, on compte 13 journées, et à Noul, 7 [1].

Azkaï, quoique petite, est bien peuplée; ses habitants portent
une sorte de tunique en laine qu'ils nomment al-cadawer القدّاور.
Les voyageurs qui ont visité cette ville prétendent que les filles,
lorsqu'elles ont atteint l'âge de quarante ans, se prostituent au
premier venu. La ville s'appelle Azoucai أزكى en langue berbère,
et Cocadam قوقدم en génois [2]. Celui qui veut se rendre à Sala
سلى, à Tekrour تكرور et à Ghana غانة du pays des noirs, doit néces-
SEDJELMASA. sairement passer par ici. Quant à Sedjelmasa, c'est une capitale
ornée de nombreux édifices et fréquentée par des voyageurs de
tous les pays; elle est entourée de jardins, de vergers, de champs,
et ses environs sont très-agréables; elle n'a point de citadelle,
mais elle contient un grand nombre de palais, de maisons et
d'édifices de toute espèce contigus les uns aux autres. Elle est située sur les bords d'un fleuve venant du côté oriental du désert;
la crue de ce fleuve, pendant l'été, ressemble à celle du Nil, et
ses eaux sont employées pour l'agriculture de la même manière

[1] Le ms. A. porte 9. — [2] بالجناويه

que le sont celles du Nil chez les Égyptiens. Les récoltes sont abondantes et certaines; il arrive souvent qu'après quelques années d'inondation, la terre produit spontanément du blé l'année suivante. Ordinairement cependant, après l'inondation annuelle, les habitants ensemencent les champs et, la récolte faite, ils les laissent en jachère. « Ebn Haucal raconte qu'il suffit de semer
« une fois pour que l'on puisse moissonner ensuite pendant six
« années consécutives, mais il ajoute que le froment ainsi produit
« finit par dégénérer en une espèce de grain qui tient le mi-
« lieu entre le froment et l'orge, et qui s'appelle ïerden tizdad
« يردن تيردد. On peut se procurer à Sedjelmasa toute sorte de
« fruits en abondance, et notamment une espèce de dattes vertes
« nommée el-bouni البوني, dont les noyaux sont très-petits et qui
« surpasse en douceur tous les fruits. Les habitants de cette ville
« cultivent aussi le coton, le cumin, le panais et le henna; ils
« exportent ces divers articles dans le Maghreb et ailleurs. Les
« constructions de Sedjelmasa sont fort belles, mais, durant les
« derniers troubles, une grande partie a été ruinée. Les habi-
« tants mangent du chien et du lézard حردون, en berbère
« aczim اقزيم. Les femmes supposent que c'est à cette nourriture
« qu'elles doivent l'embonpoint qui les caractérise. D'ailleurs,
« presque tout le monde, dans ce pays, est atteint d'ophthal-
« mies et beaucoup de personnes même perdent la vue. »

La distance qui sépare Sedjelmasa d'Aghmat-Warika اغمات وريكة est d'environ 8 journées, et de Sedjelmasa à Dar'a دَرْعَة, on en compte 3 fortes. Cette dernière n'est entourée ni de murs, ni de fossés; c'est seulement une réunion de bourgs rapprochés les uns des autres et de champs cultivés. Elle est habitée par des tribus berbères de race mélangée, et est située sur la rivière de Sedjelmasa. « On y cultive le henna, le cumin, le panais et l'in-
« digo. Le henna y réussit surtout et parvient à la hauteur d'un
« arbre, de sorte que, pour en recueillir la graine, on est obligé

« de se servir d'échelles; cette graine est ensuite exportée dans
« tous les pays. Ce climat (le troisième) est le seul où l'on re-
« cueille la graine du henna. Quant à l'indigo, celui que l'on
« cultive à Dar'a n'est pas très-bon, mais on en fait usage dans
« le Maghreb parce qu'il y est à bas prix : il arrive souvent qu'on
« le mêle avec de l'indigo étranger de qualité supérieure et qu'on
« le vend ainsi mélangé. » On compte 4 journées de Dar'a à Sous
el-Acsa, dont la ville principale est Taroudant. Le pays de Sous
contient un grand nombre de bourgs dont les maisons sont rapprochées les unes des autres. « Il produit d'excellents fruits de
« toute espèce, savoir : des noix, des figues, du raisin, des abri-
« cots, des grenades, des oranges très-estimées, des pêches, des
« pommes (doubles comme les mamelles d'une femme) et la
« canne à sucre d'une qualité tellement supérieure, qu'on n'en
« voit nulle part ailleurs qui puisse lui être comparée, soit sous
« le rapport de la hauteur et de l'épaisseur de la tige, soit sous
« celui de la douceur et de l'abondance du suc. On fabrique dans
« le pays de Sous, du sucre qui est connu dans tout l'univers ; il
« égale en qualité les sucres appelés suleïmani et teberzid, et il
« surpasse toutes les autres espèces en saveur et en pureté. On fa-
« brique dans le même pays des étoffes fines et des vêtements d'une
« valeur et d'une beauté incomparables. Les habitants sont de
« couleur brune ; on remarque parmi eux beaucoup de femmes
« d'une beauté parfaite qui sont, en général, très-habiles dans les
« ouvrages manuels. Du reste, Sous produit du blé, de l'orge,
« du riz et diverses autres denrées qui se vendent à très-bon
« marché. Le seul reproche qu'on puisse faire à ce pays, c'est le
« défaut d'urbanité, la grossièreté et l'insolence de ses habitants,
« car toute idée de subordination leur est étrangère. Ils appar-
« tiennent à des races mélangées de Berbers Masmoudis; leur ha-
« billement consiste en un manteau de laine dans lequel ils s'en-
« veloppent entièrement ; ils laissent croître leurs cheveux, dont

« ils ont un très-grand soin; ils les teignent chaque semaine avec
« du henna et les lavent avec du blanc d'œuf et de la terre d'Es-
« pagne; ils s'entourent le milieu du corps d'un caleçon de laine
« qu'ils appellent esfakis اسفاقس. Les hommes sortent constam-
« ment armés d'un javelot muni, à son extrémité, d'une pointe
« en fer; ils mangent beaucoup de sauterelles frites. Sous le rap-
« port des opinions religieuses, les habitants du pays de Sous se
« divisent en deux classes: ceux de Taroudant sont Maleki avec
« quelques modifications; ceux de Tiouïouïn تويويں professent
« les dogmes de Mousa ben-Djafar; au surplus, ces peuples vivent
« dans un état continuel de troubles, de combats, de vengeances
« et de représailles; ils sont très-gourmands, et l'on remarque
« chez eux beaucoup de personnes grasses. Ils font usage d'une
« boisson appelée anzis آنزیز, agréable au goût et plus enivrante
« encore que le vin, parce qu'elle est plus forte et que les subs-
« tances dont elle se compose sont plus réduites et plus con-
« centrées; pour la préparer, ils prennent du moût de raisin
« doux et le font bouillir jusqu'à ce qu'il n'en reste qu'un tiers
« dans le vase; ils le retirent ensuite et le boivent. Il n'y a qu'un
« habitant de Sous qui puisse faire impunément usage de cette
« boisson. Ils considèrent comme permis tout ce qui ne cause
« pas une complète ivresse.

« Entre les deux villes de Taroudant et de Tiouïouïn, on
« compte une journée de voyage à travers des jardins, des vignes,
« des vergers plantés d'arbres à fruits de toute espèce. Du pays de
« Sous à Aghmat, on compte 6 journées; on passe par les cam-
« pements des tribus berbères Masmoudies dites: Antali-Netat
« انتلى نتات, Benou-Wasnou بنو واسنو, Ankatoutaoun انكطوطاون,
« Anstit انسطيط, Ar'an ارعن, Aknafis اكنفيس et Antourkit انتوركيت.
« De ce pays dépend Nefis el-Djebel نفيس لجبل, petite ville en-
« tourée d'habitations et de campements de tribus connues sous
« le nom de Nefis, qui récoltent du blé, des fruits, et qui ont de

« tout en abondance. Il y a une mosquée et un bazar bien fourni,
« particulièrement en raisins secs d'une saveur exquise et très-
« estimés dans tout l'Occident. »

Pour se rendre de Taroudant es-Sous à Aghmat-Warika, on passe au pied de la montagne dite Djebel Daran el-A'dhem جبل داران الاعظم, remarquable par sa hauteur, par la fertilité du terrain et par le grand nombre d'habitations dont elle est couverte; elle s'étend vers l'orient, depuis Sous, sur les bords de l'océan, jusqu'à la chaîne des montagnes Nefousa نفوسة, dont elle prend le nom; elle se confond ensuite avec la chaîne des montagnes de Tripoli, où le terrain devient tout à fait plat. « Plusieurs personnes assurent cependant que ces mon-
« tagnes s'étendent jusqu'à la Méditerranée et qu'elles se ter-
« minent vers le lieu nommé Awthan اوثان. Quoi qu'il en soit,
« elles produisent toute sorte de fruits et sont couvertes de
« toute espèce d'arbres rares. Des sources d'eau y jaillissent de
« toutes parts et leurs flancs sont embellis par des plantes tou-
« jours vertes. » Sur les points culminants, on trouve plus de soixante-dix citadelles, parmi lesquelles il en est une placée d'une manière tellement avantageuse et construite si solidement, qu'elle est, pour ainsi dire, inexpugnable. Située, en effet, sur le sommet de la montagne, quatre hommes suffisent pour en défendre l'entrée, chose facile à concevoir, car le seul sentier qui y conduit est étroit, escarpé et semblable à une échelle; une bête de somme ne saurait y monter qu'avec beaucoup de peine. Cette citadelle se nomme Tanimallat تانمللت[1]. « C'était le
« quartier général du Masmoudi Mohammed ben-Toumert, à
« l'époque où il parut dans le Maghreb; il la fortifia et la choisit
« pour en faire le dépôt de ses trésors et même le lieu de sa sé-
« pulture. Lorsqu'il mourut à Djebel el-Kewakeb جبل الكواكب,

---

[1] La version latine, pag. 75, porte Tanimal; le ms. A., Tanlalat.

« les Masmoudis y transportèrent son corps et l'y enterrèrent.
« De nos jours, son tombeau est considéré par les Masmoudis
« comme un lieu saint, et il est pour eux l'objet d'un pèleri-
« nage. Ce tombeau est construit en forme de dôme, mais sans
« dorures ni ornements, conformément aux lois qui régissent
« ces peuples. Sur la montagne dont il est question, croissent
« des figuiers dont le fruit est d'une douceur extraordinaire, et
« des vignes dont le raisin est de forme oblongue, d'un goût
« sucré et presque toujours sans pépins; on en sert sur les tables
« des rois du Maghreb et on en compose des sorbets; l'usage
« de ce raisin est aussi salutaire qu'agréable. Il s'y trouve éga-
« lement des noix et des amandes. Quant aux coings et aux gre-
« nades, l'abondance en est telle que, pour un kirat قيراط [1],
« on peut s'en procurer une charge d'homme. Les prunes, les
« poires, les abricots, les oranges et la canne à sucre sont telle-
« ment abondants, que les habitants n'en font entre eux aucun
« commerce; ils possèdent en outre l'olivier, le caroubier et
« diverses autres espèces d'arbres, parmi lesquelles on remarque
« celle qui s'appelle Arcan ارجان [2]; la tige, les branches et les
« feuilles de cet arbre ressemblent à celles du prunier; le fruit,
« par sa forme oblongue, ressemble à l'olive; lors de son premier
« développement, la peau en est mince et verte, mais elle de-
« vient jaune quand le fruit est mûr; il est d'un goût âpre et
« acide et n'est point mangeable; on le recueille cependant vers
« la fin de septembre et on le donne aux chèvres, qui broutent
« l'enveloppe extérieure et laissent le noyau intact; après l'avoir
« lavé et cassé, on le presse et on en extrait une substance grasse

Feuillet 55 recto.

---

[1] La valeur du kirat n'est pas connue avec précision ; elle varie depuis le vingtième jusqu'au vingt-quatrième du dinar. Voyez la *Chrestomathie arabe* de M. de Sacy, t. I, pag. 55, deuxième édition.

[2] *Elæodendron Argan.* Voyez, au sujet de cet arbre, le *Specchio dell'impero di Marocco*, pag. 115.

« d'un très-beau noir, mais désagréable au goût. Cette huile est
« très-connue dans l'Afrique occidentale, où elle sert pour l'éclai-
« rage. Les marchands qui vendent de l'isfendj اسفنج (sorte
« de pâtisserie) dans les carrefours l'emploient pour la friture ;
« lorsqu'elle tombe dans le feu, elle exhale une odeur fétide,
« mais, cuite avec l'isfoundj, elle n'est pas désagréable. Les
« femmes Masmoudies s'en servent pour faire croître, tresser et
« teindre leurs cheveux ; par ce moyen, ils deviennent lustrés
« et d'un très-beau noir. »

La ville d'Aghmat-Warika اغات واريكة est bâtie, du côté du
nord, au pied de la montagne, sur un sol excellent, couvert de
végétation, et sillonné par des eaux qui coulent dans toutes les
directions. Autour de la ville, sont des jardins entourés de murs,
et des vergers remplis d'arbres touffus. Le site de cette ville est
admirable, et son territoire offre un coup-d'œil ravissant ; les
eaux y sont excellentes et le climat très-sain. Une rivière peu
considérable, qui traverse la ville, y apporte ses eaux du côté
du midi et en sort au nord. Il existe des moulins à farine sur
cette rivière dont on introduit les eaux dans la ville, le jeudi,
le vendredi, le samedi et le dimanche ; les autres jours de la semaine, on les détourne pour l'arrosement des jardins.

« La ville d'Aghmat est située, ainsi que nous venons de le
« dire, au pied de la montagne de Daran. La fonte des neiges a
« lieu vers la fin de l'hiver, époque à laquelle les eaux se préci-
« pitent dans les vallons. Il arrive souvent qu'il gèle dans l'inté-
« rieur de la ville ; les enfants s'amusent alors à glisser sur la
« glace ; elle est tellement épaisse qu'elle ne se rompt pas ; c'est
« un fait dont nous avons été plusieurs fois témoin. » Les habitants d'Aghmat sont des Hawara هوارة, naturalisés berbers par
suite de leur voisinage et de leurs rapports avec les indigènes.
« Ils sont riches et commerçants ; ils envoient dans le pays des
« noirs un grand nombre de chameaux chargés de cuivre rouge et

« colorié ¹, de vêtements et tissus de laine, de chapelets en verre,
« en nacre et en pierres, de différentes drogues et parfums, et
« d'ustensiles en fer. Celui qui confie de telles commissions a ses
« serviteurs ou à ses esclaves possède, dans la caravane, cent,
« quatre-vingts ou soixante-dix chameaux chargés. Durant la domi-
« nation des Motletsem المتلثم (des Moravides), il n'était pas de
« gens plus riches que les habitants d'Aghmat. Ils avaient coutume
« de placer, aux portes de leurs maisons, des signaux destinés à
« indiquer l'importance de leurs richesses. Ainsi, par exemple,
« si quelqu'un d'entre eux possédait 4,000 dinars pour son usage
« personnel et pouvait disposer de 4,000 autres pour les besoins
« de son commerce, il plantait à droite et à gauche de la porte
« de sa maison deux lances longues et flexibles, qui s'élevaient
« jusqu'au toit. (Leurs maisons étaient, pour la plupart, con-
« struites en briques et en terre.) Lorsqu'un chaland venait à
« passer devant la maison et qu'il voyait ces lances ainsi plan-
« tées, il les comptait, et, par leur nombre, il savait quelle était
« la somme d'argent que possédait le propriétaire. A l'époque
« actuelle, la conquête du pays par les Masmoudis a fait éprouver
« aux habitants d'Aghmat des pertes considérables; cependant,
« ils sont riches et conservent un crédit qui n'a point changé. On
« est fort incommodé, dans cette ville, par les scorpions, et la pi-
« qûre de cet insecte est souvent mortelle. Les vivres, les fruits
« y sont à très-bas prix; on y élève beaucoup de troupeaux. »

Au nord d'Aghmat, à la distance de 12 milles, est Maroc مراكش
fondée en 470, par Iousuf ben-Taschfin, sur un emplacement
qu'il avait acheté fort cher des habitants d'Aghmat, et qu'il choisit
pour être le lieu de sa résidence. Cette ville est située dans un
bas-fond, où l'on ne voit qu'un petit monticule appelé Idjliz
اجليز, dont le prince des fidèles, Ali ben-Iousuf ben-Taschfin,
fit extraire des pierres pour bâtir son palais dit Dar el-Hadjar.

¹ Le texte porte ملوّن.

« d'un très-beau noir, mais désagréable au goût. Cette huile est
« très-connue dans l'Afrique occidentale, où elle sert pour l'éclai-
« rage. Les marchands qui vendent de l'isfendj اسفنج (sorte
« de pâtisserie) dans les carrefours l'emploient pour la friture ;
« lorsqu'elle tombe dans le feu, elle exhale une odeur fétide,
« mais, cuite avec l'isfoundj, elle n'est pas désagréable. Les
« femmes Masmoudies s'en servent pour faire croître, tresser et
« teindre leurs cheveux; par ce moyen, ils deviennent lustrés
« et d'un très-beau noir. »

La ville d'Aghmat-Warika اغات واريكة est bâtie, du côté du nord, au pied de la montagne, sur un sol excellent, couvert de végétation, et sillonné par des eaux qui coulent dans toutes les directions. Autour de la ville, sont des jardins entourés de murs, et des vergers remplis d'arbres touffus. Le site de cette ville est admirable, et son territoire offre un coup-d'œil ravissant; les eaux y sont excellentes et le climat très-sain. Une rivière peu considérable, qui traverse la ville, y apporte ses eaux du côté du midi et en sort au nord. Il existe des moulins à farine sur cette rivière dont on introduit les eaux dans la ville, le jeudi, le vendredi, le samedi et le dimanche; les autres jours de la semaine, on les détourne pour l'arrosement des jardins.

« La ville d'Aghmat est située, ainsi que nous venons de le
« dire, au pied de la montagne de Daran. La fonte des neiges a
« lieu vers la fin de l'hiver, époque à laquelle les eaux se préci-
« pitent dans les vallons. Il arrive souvent qu'il gèle dans l'inté-
« rieur de la ville; les enfants s'amusent alors à glisser sur la
« glace; elle est tellement épaisse qu'elle ne se rompt pas; c'est
« un fait dont nous avons été plusieurs fois témoin. » Les habitants d'Aghmat sont des Hawara هوارة, naturalisés berbers par
suite de leur voisinage et de leurs rapports avec les indigènes.
« Ils sont riches et commerçants; ils envoient dans le pays des
« noirs un grand nombre de chameaux chargés de cuivre rouge et

« colorié [1], de vêtements et tissus de laine, de chapelets en verre,
« en nacre et en pierres, de différentes drogues et parfums, et
« d'ustensiles en fer. Celui qui confie de telles commissions à ses
« serviteurs ou à ses esclaves possède, dans la caravane, cent,
« quatre-vingts ou soixante-dix chameaux chargés. Durant la domi-
« nation des Motletsem المتلثم (des Moravides), il n'était pas de
« gens plus riches que les habitants d'Aghmat. Ils avaient coutume
« de placer, aux portes de leurs maisons, des signaux destinés à
« indiquer l'importance de leurs richesses. Ainsi, par exemple,
« si quelqu'un d'entre eux possédait 4,000 dinars pour son usage
« personnel et pouvait disposer de 4,000 autres pour les besoins
« de son commerce, il plantait à droite et à gauche de la porte
« de sa maison deux lances longues et flexibles, qui s'élevaient
« jusqu'au toit. (Leurs maisons étaient, pour la plupart, con-
« struites en briques et en terre.) Lorsqu'un chaland venait à
« passer devant la maison et qu'il voyait ces lances ainsi plan-
« tées, il les comptait, et, par leur nombre, il savait quelle était
« la somme d'argent que possédait le propriétaire. A l'époque
« actuelle, la conquête du pays par les Masmoudis a fait éprouver
« aux habitants d'Aghmat des pertes considérables; cependant,
« ils sont riches et conservent un crédit qui n'a point changé. On
« est fort incommodé, dans cette ville, par les scorpions, et la pi-
« qûre de cet insecte est souvent mortelle. Les vivres, les fruits
« y sont à très-bas prix ; on y élève beaucoup de troupeaux. »

Au nord d'Aghmat, à la distance de 12 milles, est Maroc مراكش
fondée en 470, par Iousuf ben-Taschfin, sur un emplacement
qu'il avait acheté fort cher des habitants d'Aghmat, et qu'il choisit
pour être le lieu de sa résidence. Cette ville est située dans un
bas-fond, où l'on ne voit qu'un petit monticule appelé Idjliz
اجليز, dont le prince des fidèles, Ali ben-Iousuf ben-Taschfin,
fit extraire des pierres pour bâtir son palais dit Dar el-Hadjar.

[1] Le texte porte ملوّن.

Comme le terrain sur lequel est construite la ville ne renferme pas d'autres pierres, les maisons sont bâties en terre et en briques. L'eau dont les habitants ont besoin pour arroser leurs jardins est amenée au moyen d'un procédé ingénieux dont l'invention est due à Obeïd-allah ben-Iounès « et qui fut employé
« avec succès, attendu qu'il n'était pas nécessaire, pour trouver
« l'eau, de creuser le sol à une grande profondeur. Lorsqu'il
« vint à Maroc (vers l'époque de la fondation de cette ville), il
« n'y existait qu'un seul jardin appartenant à Abou'l-Fadhl, client
« du prince des fidèles, dont il vient d'être fait mention. Obeïd-
« allah dirigea ses recherches vers la partie supérieure du ter-
« rain attenant à ce jardin; il y creusa un puits carré de larges
« dimensions, d'où il fit partir une tranchée dirigée immédia-
« tement vers la surface du sol; il continua son creusement par
« degrés, du haut en bas, en ménageant la pente, de telle sorte,
« que, parvenue au jardin, l'eau coulât sur une surface plane
« et se répandit sur le sol, ce qui n'a pas discontinué depuis. Au
« premier abord, on n'observe pas une différence de hauteur
« suffisante pour motiver l'émanation de l'eau du fonds à la su-
« perficie; mais, en y apportant plus d'attention, on voit que
« ce phénomène tient au juste nivellement du terrain.

« Le prince des fidèles approuva beaucoup cette invention, et
« il combla son auteur de présents et de marques de considéra-
« tion. Les habitants de la ville, voyant le procédé réussir, s'em-
« pressèrent de creuser la terre et d'amener les eaux dans les jar-
« dins; dès lors, les habitations commencèrent à se multiplier, et
« la ville de Maroc prit un aspect brillant. A l'époque où nous
« écrivons, cette ville, l'une des plus grandes de l'Afrique occi-
« dentale, est la capitale du Lamtouna; on y compte un grand
« nombre de palais appartenant à divers personnages plus ou
« moins considérables; les rues sont larges, les places publiques
« vastes, les édifices hauts et solides, et les marchés bien fournis.

« Il y existait une grande mosquée construite par le prince Iousuf
« ben-Taschfin; mais, lorsque les Masmoudis se rendirent maîtres
« de la ville, ils firent fermer la porte de cette mosquée, afin
« qu'il ne fût pas possible (aux fidèles) d'y remplir les devoirs
« qu'impose la religion; ils en firent construire une autre pour
« leur propre culte. Ces changements furent accompagnés de
« scènes de pillage, de meurtre et de trafic de choses illicites,
« car, d'après la doctrine qu'ils professent, tout leur est permis.

Feuillet 56 recto.

« Les habitants de Maroc boivent de l'eau des puits, lesquels
« sont peu profonds. Ali ben-Iousuf ben-Taschfin avait entrepris
« de faire amener à Maroc les eaux d'une source distante de quel-
« ques milles de la ville, mais il ne termina pas cet ouvrage. Ce
« furent les Masmoudis qui, après la conquête du pays, achevèrent
« les travaux commencés, amenèrent les eaux dans la ville et établi-
« rent des réservoirs du côté occidental de Dar el-Hadjar, enceinte
« isolée de la ville, où se trouve le palais du prince. »

Maroc a plus d'un mille de long sur à peu près autant de large.
A trois milles de distance, coule une petite rivière appelée Tansift
تانسفت, qui ne tar<gap> jamais. « Durant l'hiver, c'est un torrent. Ali
« ben-Iousuf avait fait élever, sur cette rivière, un pont d'une
« construction ingénieuse et singulière; il avait fait venir, à cet
« effet, des architectes espagnols et d'autres personnes habiles;
« l'ouvrage fut construit et avec toute la solidité possible; mais,
« au bout de quelques années, les eaux emportèrent la ma-
« jeure partie des piles et entraînèrent les matériaux jusque
« dans la mer. » Cette rivière est alimentée par des sources qui
jaillissent de la montagne de Daran, du côté d'Aghmat-Aïlan.
Aghmat-Aïlan est une petite ville, au pied de la montagne de
Daran et à l'orient d'Aghmat-Warika dont nous venons de parler.
Ces deux villes sont éloignées de 6 milles l'une de l'autre.

Feuillet 56 verso

AGHMAT-AÏLAN.

« Aghmat-Aïlan اغمات ايلان est belle, riche, populeuse et ha-
« bitée par des juifs. Ali ben-Iousuf leur avait défendu de s'éta-

« blir à Maroc et même d'y passer la nuit, sous peine des châ-
« timents les plus sévères.

« Les habitants de Maroc mangent des sauterelles; autrefois
« on en vendait journellement trente charges, plus ou moins, et
« cette vente était assujettie à la taxe ou redevance dite *kebala*
« قبالة, qui se percevait sur la plupart des professions et sur la
« vente des objets de première nécessité, tels que le millet, le
« savon, le cuivre, les fuseaux à filer, quel que fût leur volume
« et selon leurs quantités. Lorsque les Masmoudis s'emparèrent
« du pays, ils supprimèrent entièrement ces sortes de taxes, en
« exemptèrent (le commerce) et condamnèrent à mort quiconque
« les exigerait; c'est pourquoi, de nos jours, on n'entend plus
« parler de *kebala*[1] dans les provinces soumises aux Masmoudis. »
Au midi de Maroc habitent des tribus berbères qui dépendent
des Masmoudis et qui sont connues sous les dénominations de
Nefis نغيس, Benou Iadfer بنو يدفر, Dokal دكال, Radjradja رجراجه,
Zouda زودة, Haskoura هسكورة et Hazradja هزرجه. Les Masmou-
dis-Warika[2] habitent à l'orient et à l'occident d'Aghmat.

De Maroc à Sala, en suivant le littoral de la mer, on compte
9 journées; on passe par Tounīn تونسين, ville située à l'entrée
d'une plaine longue de 2 journées et habitée par les tribus berbères Cazoula, Lamta et Sadrat. De Tounīn on va à Tictīn تيقطين[3]
et au bourg de Ghafsic غفسيق, situé à l'autre extrémité de la
plaine, où croît en abondance l'espèce de plante épineuse dite
sidra السدرة, dont le fruit porte le nom de *nabca* النبق. On y
trouve des tortues de terre d'un volume plus considérable que

---

[1] Ce mot *kebala* ressemble beaucoup à l'espagnol *alcabala* d'où nous avons fait *gabelle*. C'est à l'obligeance et au savoir de notre confrère M. Étienne Quatremère, que nous sommes redevable de l'explication du passage qui précède et de ce curieux rapprochement.

[2] La version latine porte ici : *Domini varicæ*.

[3] La version latine porte Jabactin; le ms. A. تيقطين.

celui des tortues de mer, et dont les écailles sont employées comme cuvettes et comme vases à pétrir la farine. De Ghafsic à Omm-rebi' ام ربيع, bourg considérable, le pays est habité par des berbers de diverses tribus, telles que les Rahouna رهونة, une partie de celles de Zenata et de Tamesna تامسنا. Il existe plusieurs tribus comprises sous la dénomination de Tamesna; de cette dernière, dépendent également plusieurs autres; telles sont les Berghawata برغواطة, les Mitmata مطمطة, les Benou-Teslat بنو تسلت, les Benou-Ouïcamran بنو اويقمران, les Zacara زقارة et une partie des Zenata dont les Benou-Iadjfas بنو يجفس [1] font partie. Toutes ces peuplades sont adonnées à l'agriculture, élèvent du bétail et des chameaux, et fournissent d'excellents cavaliers. L'extrême limite du pays qu'elles occupent est le port de Fedhala فضالة, sur l'océan; la distance entre ce port et le fleuve d'Omm-rebi' est de 3 journées.

Le bourg d'Omm-rebi' est situé sur un fleuve navigable dont le cours est rapide et bruyant à cause de la pente du terrain, et dont le lit est plein de rochers. « Les habitants de ce bourg élè-
« vent beaucoup de troupeaux, cultivent avec succès le blé et
« toute espèce de céréales, ainsi que le coton et le cumin. Ce
« bourg est situé au midi de la rivière; après l'avoir traversée,
« on entre dans un lieu couvert de tamarins et de broussailles
« où vivent des lions qui attaquent les passants; cependant, les
« gens du pays n'en ont aucune frayeur; ils les combattent avec
« beaucoup d'adresse et corps à corps; ils les abordent presque
« nus, sans autres armes que des bâtons noueux de *sidra* et des
« couteaux. Ces animaux sortent quelquefois des forêts, péné-
« trent jusque dans le bourg et enlèvent des ânes ou des bes-
« tiaux. »

D'Omm-rebi' on se rend à Aïghisal ايغيسل, joli bourg pourvu

---

[1] Pour les variantes, voyez la version latine, pag. 77.

218 TROISIÈME CLIMAT.

de sources dont l'eau jaillit du milieu des rochers et est employée à l'arrosage, une journée.

De là à Ancal انقال, bourg également pourvu d'eau et connu sous le nom de Dar el-Morabetin, dans un site agréable, entouré de champs cultivés et dont les habitants élèvent des chameaux et du bétail, une journée.

« Auprès de là s'étend une longue plaine où les autruches se
« réunissent en troupes, paissent librement par centaines et se
« répandent sur les collines environnantes; on les chasse à cheval
« et on en prend une quantité considérable; quant aux œufs, le
« nombre de ceux qu'on trouve dans cette plaine est vraiment
« incroyable. On en exporte au deh.., mais c'est une nour-
« riture peu saine. La chair de l'autruche est froide et sèche;
« on emploie la graisse avec succès contre les maux d'estomac et
« autres. »

D'Ancal à Makoul مكول, une journée. Makoul est situé dans un vallon, auprès de la plaine de Kharaz خراز حص, longue de 12 milles et sans eau. « C'est un bourg bien fortifié, peuplé de Ber-
« bers, et qui offre beaucoup de ressources. »

De Makoul à Aksis آكسيس, une faible journée à travers la plaine de Khoraz. « A l'extrémité de cette plaine, coule une rivière qui
« ne tarit jamais; elle est entourée de forêts peuplées de lions;
« on rencontre ces animaux nuit et jour; il existe à Aksis un lieu
« destiné à leur donner la chasse et où l'on en tue quelquefois
« trois ou quatre dans une semaine. Les lions craignent beaucoup
« la clarté du feu et ils n'osent jamais attaquer les personnes mu-
« nies de flambeaux. »

D'Aksis à la ville de Sala سلا, une journée. Sala, dite la neuve, est située sur le bord de la mer. Anciennement cette ville (qu'on nommait Chala شالة) était à deux milles de la mer, sur les bords de la rivière d'Asmir اسمير, qui, de nos jours, baigne aussi les murs de Sala et se jette dans la mer auprès de cette ville; l'ancienne Sala

(Chala) est maintenant inhabitée; on y voit seulement quelques restes d'édifices et de constructions colossales, entourés de pâturages et de champs qui appartiennent aux habitants de la nouvelle ville. Cette dernière est située, comme nous venons de le dire, sur le bord de la mer et fortifiée de ce côté; elle est belle, bien que bâtie sur un terrain sablonneux, et possède de riches bazars. « Le commerce d'exportation et d'importation y est
« florissant, les vivres à bas prix et en abondance; on y voit des
« vignes, des vergers, des jardins, des champs cultivés. Le port
« est fréquenté par des navires qui viennent de Séville اشبيليه et
« d'autres lieux de l'Espagne; le principal objet d'importation est
« l'huile; on prend, en échange, toute sorte de comestibles des-
« tinés pour le littoral de l'Espagne. » Les navires qui abordent à Sala ne jettent point l'ancre dans la rade, parce qu'elle est trop découverte; ils pénètrent dans la rivière dont il vient d'être question, mais jamais sans pilote, à cause des écueils qui obstruent son embouchure, et des détours qu'elle forme. « La
« marée y monte deux fois par jour; les vaisseaux entrent au
« moment de la haute mer et ils en sortent avec le reflux. La
« pêche est tellement abondante que le poisson ne trouve quel-
« quefois pas d'acheteurs. »

De Sala aux îles des oiseaux جزاير الطير, on compte 12 milles, en se dirigeant vers le sud, et de Sala à Fedhala فضالة, également 12 milles. « Les vaisseaux d'Espagne et des autres points
« de la mer méridionale y abordent et y chargent du blé, de
« l'orge, des fèves et des pois, ainsi que des brebis, des chèvres
« et des bœufs. »

De Fedhala à Anfa آنفا, 40 milles. « Anfa est un port égale-
« ment visité par les vaisseaux marchands, qui viennent y cher-
« cher de l'orge et du blé. Le pays environnant est habité par
« des Berbers des tribus de Benou-Iadhfar بنو يافضار, de Kal كال
« et autres. »

TROISIÈME CLIMAT.

Feuillet 57 verso.

D'Anfa à Mazighan مازيغن, port de mer, 60[1] milles en ligne directe.

De Mazighan à Beïdha-Djoun بيضا جون, 30 milles.

De Beïdha au port de Ghaït الغيط, 50 milles.

De Ghaït à Asafi اسفى, 50 milles.

D'Anfa au cap formé par la montagne de fer جبل الحديد, 60 milles.

De ce cap à Ghaït, dans le golfe, 50 milles.

Feuillet 58 recto.

Du cap Mazighan à Asafi, en ligne directe, 85 milles; en ligne oblique, 130 milles.

Asafi était anciennement la dernière station des navires; de nos jours, on la dépasse de plus de 4 journées maritimes. « Le pays adjacent est cultivé et peuplé de Berbers Radjradja, « Zouda et autres; les vaisseaux y viennent et, après avoir opéré « leur chargement, ils remettent à la voile aussitôt que le temps « est calme et le vent favorable. Le nom d'Asafi fut donné à ce « port, à cause d'un événement que nous raconterons quand « nous aurons à parler de la ville d'Achbouna (Lisbonne), si- « tuée dans la partie occidentale de l'Espagne, persuadés que nous « sommes que le mieux est de traiter chaque chose en son lieu.

« Du port d'Asafi à celui de Maset ماست, à l'extrémité du « golfe, on compte 150 milles.

« Ghaït est un port très-sûr, où l'on vient chercher de l'orge « et du blé. Parmi les tribus berbères les plus voisines, on cite « celle de Dakala دكالة, d'origine Masmoudie, qui s'adonne à l'agri- « culture et qui élève des bestiaux; les possessions de cette tribu « s'étendent jusqu'à Maset; elle vit sous des tentes, dans des lieux « fort arides.

« D'Aghmat on se rend, en suivant la direction du nord-est, « aux deux villes de Daï داى et de Tadela تادلة, en 4 journées; « ces deux villes sont à la distance d'une journée l'une de l'autre.

---

[1] La version latine porte 75 milles.

PREMIÈRE SECTION.

« Daï est située au pied d'une montagne qui fait partie de la
« chaîne du Daran[1]. On y exploite des mines de cuivre; le mé-
« tal est en général très-pur, de qualité supérieure et de couleur
« blanchâtre; il s'allie facilement avec d'autres métaux et on
« l'emploie dans la fabrication des mors. Lorsqu'on le bat, sa
« qualité s'améliore et il n'est pas sujet à se fendre comme les
« autres cuivres[2]. Plusieurs personnes supposent que les mines
« de cuivre dont il est ici question dépendent du pays de Sous :
« c'est une erreur, car la ville de Daï ne fait aucunement partie
« de ce pays, dont elle est éloignée de plusieurs journées de che-
« min. Le métal qu'on extrait de ces mines n'est pas seulement
« employé sur les lieux à divers usages, on l'exporte aussi au
« loin.

« La ville de Daï est petite, mais bien peuplée et fréquem-
« ment traversée par des caravanes. On y cultive beaucoup de
« coton, moins cependant qu'à Tadela qui en produit une quan-
« tité considérable; presque tous les tissus (de coton) dont on
« fait usage dans le Maghreb viennent de ces pays. Les villes de
« Daï et de Tadela possèdent abondamment tout ce qui est né-
« cessaire à la vie; elles sont habitées par des Berbers de diffé-
« rentes tribus. A l'est de Tadela et de Daï habitent les Berbers
« connus sous les noms de Benou-Welihim بنو وليهم, Benou-
« Wizkoun بنو ويزكون et Mendasa مندوسه. Sur le penchant de
« la montagne qui touche à la ville de Daï, vit une peuplade
« Sanhadja appelée Amlu املو.

« De Tadela à Tatan-wa-Coura تطن وقرى, petite ville habitée
« par des Berbers de tribus mélangées, où l'on cultive beau-
« coup de blé et où l'on élève des troupeaux, 4 journées.

« De Tatan-wa-Coura à Sala, 2 journées. »

[1] فى اسفل جبل خارج من جبل درن
[2] واذا طرق جاد ولم يتشرح كما يتشرح غيره من انواع النحاس

Feuillet 58 recto.

De Sala à Fèz فاس, 4 journées. La ville de Fèz peut être regardée comme une réunion de deux villes séparées par une rivière dont les sources sont connues sous le nom de Sanhadja, et dont les eaux font tourner un grand nombre de moulins à farine.

La partie septentrionale de la ville se nomme Caroubin القاروبيين, et la partie méridionale, Andalos اندلس. « L'eau
« est rare dans ce quartier, quoiqu'un canal en traverse la partie
« supérieure. Quant à Caroubin, l'eau circule abondamment dans
« les rues, et les habitants s'en servent pour laver leurs habita-
« tions durant la nuit, de sorte que, tous les matins, les mai-
« sons et les cours sont parfaitement propres; on trouve, d'ail-
« leurs, des fontaines dans toutes les maisons. Chacun des deux
« quartiers de Caroubin et d'Andalos a sa mosquée et son imam
« particuliers; les habitants des deux quartiers sont en rixes
« continuelles les uns avec les autres et se livrent souvent des
« combats sanglants.

« La ville de Fèz renferme beaucoup de maisons, de grands
« édifices et de palais; ses habitants sont industrieux; ils ont
« des troupeaux en abondance; le blé et les fruits sont à meil-
« leur marché à Fèz qu'en aucun pays de l'Afrique. On y voit de
« toutes parts des fontaines surmontées de coupoles ornées de
« peintures; les alentours sont très-peuplés, les jardins et les
« vergers bien cultivés, et les habitants opulents. »

De Fèz à Sedjelmasa, 13 journées. On passe par Safrawa صفروى, on se rend ensuite à Cala't-Mehdi, à Tadela, à Daï, à Cha'b es-Safa شعب الصفا, et l'on traverse la haute montagne qui se trouve au sud.

Safrawa est à une journée de distance de Fèz et à deux de Cala't Mehdi; c'est un bourg bien peuplé, « mais où il se fait
« peu de commerce. La plupart des habitants sont laboureurs
« et élèvent des chameaux; les eaux y sont douces et abondantes.

PREMIÈRE SECTION.

« Cala't Mehdi est une place très-forte, située au sommet d'une
« montagne élevée; il y a des bazars; on s'y livre à l'agriculture
« et à l'éducation des troupeaux.

« De Cala't Mehdi à Tadela, 2 journées. Auprès de Cala't-
« Mehdi habitent diverses tribus Zenata, savoir : les Benou-Sim-
« djoun بنو سجون, les Benou-O'djlan بنو عجلان, les Benou-Tes-
« kedlet بنو تسكدلت, les Benou-Abd-allah بنو عبد الله, les Benou-
« Mousa بنو موسى, les Benou-Marouni بنو مارونى, les Tekleman
« تكلمان, les Arilouchan اريلوشن, les Antacfakan انتقفاكن et les
« Benou-Sameri بنو صامرى. »

De Fèz à Meknasa ou Meknès مكناسة, on compte 40 milles,
en se dirigeant vers l'occident. « Meknasa est une grande ville
« située sur la route de Sala. L'itinéraire de Fèz à Meknasa est
« comme il suit :

« De Fèz on se rend à Maghaïla مغيلة, ville autrefois popu-
« leuse, commerçante, bien construite, située dans une plaine
« parfaitement arrosée, couverte d'arbres fruitiers, mais aujour-
« d'hui ruinée. »

De Maghaïla à la rivière de Sanat سنات, puis à la plaine des
palmiers خص النخلة, puis à Meknasa.

« Cette dernière ville porte aussi le nom de Tacadart تاقدرت,
« située sur une hauteur, elle n'a éprouvé aucun notable chan-
« gement. A l'est de Meknasa coule une petite rivière sur la-
« quelle sont des moulins; tout autour on voit des maisons,
« des jardins et des champs cultivés; le sol y est très-fertile.
« Cette ville porte le nom de Meknas le berbère, personnage
« qui vint s'établir dans le Maghreb avec sa famille et qui mit
« en état de culture divers terrains contigus. Du pays de Mek-
« nasa dépend Beni-Ziad بنى زياد, ville peuplée, renfermant des
« bazars, des bains et quelques édifices remarquables; les rues
« sont arrosées par des ruisseaux d'eau courante. A l'époque des
« Moravides, Beni Ziad était, après Tacadart, la ville la plus

« florissante de cette contrée ; ces deux villes sont distantes l'une
« de l'autre et de Beni-Tawra بنى تاوره, d'un quart de mille ; Beni-
« Tawra était autrefois une ville populeuse et riche. Le pays
« produit une quantité de fruits qui excède les besoins de ses
« habitants ; une grande rivière qui vient du côté du midi se
« divise, au-dessus de la ville, en deux branches, dont l'une
« fournit de l'eau dans toutes les rues et dans la plupart des
« maisons. Entre Tawra et Beni-Ziad se trouvent deux bourgs :
« l'un d'eux s'appelle el-Cassr القصر ; il est sur la route de Ta-
« cadart à Souc el-Cadimé سوق القديمة, à la distance de deux
« jets de flèche. Il fut fondé, entouré de murs et muni d'un
« château par l'un des émirs Moravides ; il n'y avait que quel-
« ques bazars et l'on y faisait peu de commerce, lorsque l'émir
« vint s'y établir. L'autre bourg, situé à l'est de celui-ci, porte
« le nom de Beni-A'touch بنى عطوش ; les maisons y sont nom-
« breuses et entourées de jardins. Le pays produit des céréales,
« ainsi que des olives, des figues et du raisin en abondance. Du
« dernier de ces lieux, on se rend, en suivant le cours d'un ruis-
« seau qui vient de Beni-A'touch, à Beni-Bernous بنى برنوس,
« campement dépendant de Meknasa, autour duquel on cultive
« du blé, de la vigne, beaucoup d'oliviers et d'arbres à fruits.

« Au nord du château d'Abou-Mousa قصر ابى موسى se trouve
« Souc el-Cadimé (le vieux marché), où l'on se rend tous les
« jeudis et où se rassemblent des Beni-Meknas et des marchands
« d'autres pays. Les tribus de Beni-Meknas qui habitent cette
« contrée sont les Benou-Sa'id بنو سعيد et les Benou-Mousa
« بنو موسى. Celles qui l'habitent également, mais qui ne font point
« partie des Meknasa, sont : les Benou-Besil بنو بسيل, les Ma-
« ghaïla مغيلة, les Benou-Mas'oud بنو مسعود, les Benou-A'li
« بنو على, les Wariaghel ورياغل, les Demerw دمرو, les Warba واربة
« et les Sabghawa صبغاوة.

« Le territoire que nous venons de décrire est remarquable

« par la fertilité du sol, la richesse de la végétation et la bonté
« des productions. Ses habitants portent des vêtements com-
« plets et des turbans[1]. » A 3 journées de distance de Meknasa
est Cassr Abd-el-Kerim, petite ville habitée par une tribu berbère dite Danhadja دنهاجة, et située sur la rivière d'Olkos اولكس
(Luccus) qui, après l'avoir traversée, coule dans la direction du
sud. La ville est éloignée de la mer d'environ 8 milles[2]. « La
« majeure partie du territoire est sablonneuse; cependant il y a
« quelques champs cultivés et fertiles; on y trouve du gibier et
« du poisson. Il s'y tient un marché fréquenté; les habitants se
« livrent à l'exercice de divers métiers. »

De Cassr Abd-el-Kerim à Sala, on compte 2 journées, savoir :
de Cassr à Ma'moura المعمورة, une, et une de Ma'moura à Sala. « La
« rivière d'Olkos est une des plus considérables du Maghreb; elle
« reçoit les eaux d'un grand nombre d'affluents; ses rivages sont
« couverts de champs cultivés, de bourgs et de campements.

« Fèz est le point central de l'Afrique occidentale; ses en-
« virons sont habités par des tribus berbères qui parlent l'arabe;
« ce sont : les Benou-Iousuf بنو يوسف, les Benou-Lawa بنو لاوة,
« les Behloul بهلول, les Zawawa زواوة, les Medjassa مجاصة, les
« Ghiata غياتة et les Salalhoun سلالحون. La ville est populeuse
« et fréquentée par des voyageurs de tous les pays; il y vient
« des caravanes qui y apportent de belles étoffes et des marchan-
« dises de toute espèce. Les habitants sont riches et jouissent de
« toutes les recherches du luxe et de toutes les commodités de
« la vie. »

De Fèz à Sebta سبتة (Ceuta), sur le détroit de Gibraltar بحر
الزقاق, en se dirigeant vers le nord, 7 journées.

De Fèz à Telemsan, 9 journées; voici l'itinéraire qu'on suit.
De Fèz on se rend vers la rivière de Sebou سبو, « qui vient

---

[1] يلبسون الأكسية و يربطون العمائم
[2] Le ms. B. porte 3 milles seulement.

« des environs de Djebel el-Cala' جبل القلعة et poursuit son
« cours en passant à 6 milles à l'orient de Fèz. Dans l'angle
« formé par cette rivière et par celle qui coule à Fèz, il existe
« plusieurs bourgs et villages. »

De là à Tamala ثمالة [1], 1 journée. « Tamala est un bourg situé
« sur une rivière qui vient du côté du midi et qui s'appelle
« Wadi-Enbaouz وادى انباوز. »

Puis à Kernata كرناطة, ville ruinée, dont le territoire produit, par irrigation, du raisin, du blé et des fruits, 1 journée.

De là à Bab-Zenata باب زناتة, rivière voisine de celle d'Enbaouz, dont les bords sont parfaitement cultivés et où l'on élève des troupeaux, environ 10 milles.

De là au fort de Kermata قلعة كرمطه, qui domine les bords de la rivière d'Enbaouz, 1 journée.

De Kermata, en passant au bas de la montagne, à Marawez مراوز [2], fort de peu d'importance, 1 journée.

De là à la rivière de Masoun مسون, 1 journée; on passe par Tabrenda [3], place forte, bâtie sur une colline qui domine les bords de la rivière de Malouïa ملوية, laquelle se jette dans celle de Sa' صاع et se décharge dans la mer, entre Djerawa ebn-Caïs جراوة ابن قيس et Melila مليلة.

De là à Sa', petite ville ruinée par les Masmoudis, située au pied d'une colline, sur une grande rivière, 1 journée.

De là à Djerawa, située à 6 milles de la mer, 1 journée.

De là à Barcana برقانة, place forte, 1 journée.

De Barcana à A'lawaïn العلوين, « gros bourg situé sur une
« grande rivière qui vient du midi, » 1 journée.

De là à Telemsan, 1 journée. « Telemsan est une ville très-
« ancienne, entourée d'une forte muraille et divisée en deux
« quartiers. Son territoire est arrosé par une rivière qui vient de

---

[1] Le ms. B. porte Tamalta تمالتة. — [2] L'*Abrégé* porte Mezawaz.
[3] Les mss. A. et B. portent تابرندة; la version, Taberida.

« Sakhrataïn مخرتين[1], montagne où s'élève un fort qu'avaient fait
« construire les Masmoudis et où ils résidaient, avant de s'être
« rendus maîtres de Telemsan; cette rivière passe à l'est de la
« ville, fait tourner plusieurs moulins et arrose les champs situés
« sur ses bords. On trouve à Telemsan toutes choses en abon-
« dance et surtout de la viande excellente; on y fabrique des ob-
« jets d'un débit facile, et on s'y livre avec succès au commerce;
« ses habitants sont les plus riches du Maghreb, en exceptant
« ceux d'Aghmat-Warika et ceux de Fèz; il est vrai toutefois que
« Fèz possède un territoire plus vaste, des ressources plus éten-
« dues et des édifices plus importants.

« De Fèz à Beni-Tawda بنى تاودة, on compte 2 journées. Cette
« ville fut fondée par un émir qui vivait antérieurement à el-
« Moletsem; elle est située dans le voisinage de la montagne de
« Ghamara غارة; son territoire était autrefois défendu par une
« forte muraille contre les incursions des brigands de Ghamara
« qui infestaient les environs de la ville. Beni-Tawda est à la dis-
« tance de 3 milles de Ghamara. Entre Beni-Tawda et Fèz s'étend
« une plaine traversée par la rivière de Sebou سبو. De Sebou,
« sur la route de Beni-Tawda, à Fèz, on compte 20 milles.

« La plaine est habitée par des tribus berbères connues sous
« le nom de Lamta. Leur territoire s'étend depuis Tawda jusqu'à
« la rivière de Sebou et jusqu'au bourg d'A'kacha اكاشة. Entre ce
« bourg et Beni-Tawda, on compte une journée; entre ce même

Feuillet 60 recto.

---

[1] Ici la version latine contient (p. 79) un passage qui manque dans nos deux mss.,
et que nous croyons devoir transcrire : « Atque in isto monte, contra meridionalem
« urbis plagam porrecto, sunt vineæ; et ad ejus radices molendinæ secus ingentem
« rivum aquæ dulcis rapidæque, qui rivus appellatur Rivus Annasrani (christiani).
« Ad hunc rivum extructa sunt monasteria, oratoria aliaque religiosorum ædificia,
« cum viridariis amplissimis, et nominatur ibi rivus ille Alfuara (scaturigo), et inde
« ad urbem usque se extendit. Non longè ab eâdem urbe extat fons celebris, Om-Iahia
« dictus, è quo rivus in urbem influens concluditur in lacum, ac tùm dispensatur in
« domos, irrigationes hortorum, balnea, cauponas et similia. »

« bourg et la ville de Fèz, 2 journées. La ville de Beni-Tawda
« fut la première du Maghreb où s'établirent des hommes qui,
« rebelles à la loi divine, déclarèrent permis les crimes les plus
« abominables. Les Masmoudis la ruinèrent de fond en comble,
« renversèrent ses murs et rasèrent ses édifices, de sorte qu'il
« n'en reste plus que l'emplacement. Cependant, à l'époque où
« nous écrivons, une centaine d'individus y cultivent les champs
« à cause de la bonté du sol et de la richesse de la végétation.
« Les caravanes qui partent de Telemsan pour Sedjelmasa vont
« d'abord à Fèz, de là à Safrava ou Sofro, puis à Tadela, en-
« suite à Aghmat, de là à Dar'a, et enfin à Sedjelmasa.

« Il existe une seconde route par le désert; bien qu'elle soit
« peu fréquentée, nous l'indiquerons ici :

« De Telemsan à Tarou تارو, 1 journée.

« A la montagne de Tamerit تامريت, 1 journée.

« A Ghaïat غايات, bourg ruiné, avec un puits peu profond,
« 1 journée.

« A Sadrat صدرات appartenant à une tribu berbère, 1 journée.

« A Djebel-Tiwi جبل تيوى, ville ruinée, au pied d'une mon-
« tagne, où est une source d'eau jaillissante, 1 journée.

« A Fatat فتتات, où est un puits au milieu d'une plaine,
« 1 journée.

« A Cha'b es-Safa شعب الصفا, lieu situé près les sources d'une
« rivière, à une journée de distance des montagnes de Daran,
« 2 journées.

« A Tendeli تندلى, bourg habité, 1 journée.

« Au bourg de Tesnan نسنان, 1 journée.

« A Tacartab تغرتب, 1 journée.

« A Sedjelmasa, 3 journées.

« La ville de Telemsan peut être considérée comme la clé de
« l'Afrique occidentale. C'est un lieu de passage des plus fré-
« quentés par les voyageurs. »

PREMIÈRE SECTION.

La distance de Telemsan à Tenès est de 7 journées.

« On se rend de Telemsan à A'lawaïn العلوين, bourg considé-
« rable; de là à Babelout بابلوت, gros bourg bien peuplé et bâti
« sur les bords d'une rivière où il n'y a pas de moulins, mais
« qui sert à l'arrosage des champs, 1 journée.

« De là à Semni سمنى, bourg situé sur les bords de la Marghit
« مرغيت, 1 journée.

« De là à Rahl es-Safassif رحل الصفاصف, lieu arrosé par les
« eaux d'une rivière qui vient de l'est, c'est-à-dire, du côté d'Ef-
« kan افكان. De Rahl à Efkan, 1 journée.

« Il y avait autrefois à Efkan des moulins, des bains et des
« constructions entourées d'une muraille de terre, mais tout cela
« est actuellement ruiné.

« De là on se rend à Tahart تاهرت.

« De là à Me'asker معسكر, gros bourg bien arrosé, 1 journée.

« De là à la montagne dite Ferhan Mara فرحان مارا, puis à
« A'ïn es-Safassif عين الصفاصف, 1 journée.

« De là à Ialal يلل, où l'on trouve de l'eau en abondance.

« De là à Ghada غدة, ville de peu d'étendue, mais remar-
« quable par une foire où l'on se réunit à jour fixe, 1 journée.

« De là à Souc-Ibrahim سوق ابراهم, ville située sur les bords
« du Chelif شلف.

« De Souc-Ibrahim à Badja باجة, 1 journée.

« Badja est une jolie petite ville dont les environs sont plantés
« de figuiers. On fait, avec les fruits de cet arbre, une espèce
« de pâte en forme de brique, qui s'exporte dans les pays envi-
« ronnants.

« De là à Tenès تنس, 1 journée.

« Tenès est à 2 milles de la mer; construite en partie sur une
« hauteur entourée de murs, c'est une ville très-ancienne dont
« les habitants boivent de l'eau de source. A l'est, coule une ri-
« vière qui sert, durant l'hiver et durant le printemps, aux be-

« soins publics. Le territoire de cette ville est fertile ; il produit
« du blé et d'autres céréales ; le port est fréquenté par des na-
« vires ; on y trouve des fruits de toute espèce, et surtout des
« coings d'une grosseur et d'un parfum admirables.

« De Telemsan à Wahran وهـران (Oran), on compte deux
« fortes journées, et même trois. Voici comment :

« En quittant Telemsan, on se dirige vers les bords de la ri-
« vière de War وار, où l'on stationne, 1 journée.

« De là à Tanit تانيت, une autre journée.

« De ce bourg on se rend à Wahran. Cette dernière ville, si-
« tuée dans le voisinage de la mer, est entourée d'un mur de terre
« construit avec art. On y trouve de grands bazars, beaucoup
« de fabriques ; le commerce y est florissant ; » elle est située
vis-à-vis d'Almeria المرية, sur la côte d'Espagne, dont un intervalle de 2 journées de navigation la sépare. C'est de Wahran
qu'on tire en grande partie les approvisionnements du littoral
de l'Espagne. Aux portes de Wahran est un port trop peu considérable pour offrir quelque sécurité aux navires ; mais à 2 milles
de là, il en existe un plus grand (Mers el-Kebir) où ils peuvent
mouiller en toute sûreté ; il n'en est pas de meilleur ni de plus
vaste sur toute la côte du pays des Berbers.

« Quant à la ville de Wahran, ses habitants boivent de l'eau
« d'une rivière qui y vient de l'intérieur du pays, et dont les
« rives sont couvertes de jardins et de vergers. On y trouve du
« miel, du beurre, du bétail ; il y vient d'Espagne des navires
« de tout tonnage. Les habitants de cette ville sont industrieux
« et fiers, et ils jouissent de beaucoup de crédit. »

Voici l'itinéraire de Tenès à Almasila المسيلة, ville qui appartient aux Beni-Hamad dans l'Afrique moyenne غرب الاوسط.

De Tenès à Beni-Wazlefen بنى وازلفن, une faible journée par
des montagnes escarpées.

« Benou-Wazlefen est un gros bourg entouré de vignes, de

PREMIÈRE SECTION.

« jardins et de champs où l'on cultive l'oignon, le chanvre, le
« henna et le cumin. Les meilleurs vignobles se trouvent sur le
« bord de la rivière de Chelif شلف. »

De Tenès à Chelif, on compte 2 journées.

De Wazlefen à Khadra الخضرة, 1 journée.

« Khadra est une petite ville fortifiée, sur le bord d'un ruis-
« seau qui coule dans un pays cultivé. On y trouve des bains et
« un marché très-fréquenté par les habitants de ces contrées.

« De Khadra à Meliana مليانة, 1 journée.

« Meliana est une ville très-ancienne, située dans un pays
« fertile et bien cultivé; il y coule une rivière qui arrose ses jar-
« dins, ses champs, et qui fait tourner des moulins; ses environs
« sont baignés par les eaux de la rivière de Chelif. »

A 3 jours de chemin, vers le sud, s'étendent les montagnes de Wanschiris وانشريس, « habitées par les tribus berbères dont
« les noms suivent : Meknasa مكناسه, Harsoun حرسون, Orba
« اوربة, Benou-Khalil بنو خليل, Ketama كتامة, Mitmata مطمطه,
« Benou-Melilat بنو مليلت, Benou-Wartedjan بنو وارتجان, Benou-
« Khalifa بنو خليفة, Islaten يصلاتن, Zoulat زولات, Benou-Wat-
« nesous بنو واتمسوس, Zawawa زواوة, Nezar نزار, Matghoura
« مطغورة, Wartedin وارتدين, Benou-Abi-Belal بنو ابى بلال, Izkerou
« ايزكروا, Benou-Abi-Hakim بنو ابى حكم et Hawara هوارة. » Ces
montagnes occupent un espace de 4 journées et se prolongent
jusqu'au voisinage de Tahart.

De Meliana à Keznana كزنانة, 1 journée.

« Keznana est une place forte très-ancienne, entourée de
« champs cultivés; elle est située sur la rivière de Chelif; il
« s'y tient un marché où l'on se réunit tous les vendredis »

De Souc-Keznana (marché de Keznana) on se rend au bourg
appelé Righa ريغة, 1 journée. « Ce bourg ressemble, sous tous
« les rapports, au précédent. »

De là à Mawargha ماورغة, bourg peu considérable, 1 journée.

Feuillet 61 recto.

De là à Asirzir اسيرزير, située dans un pays fertile, avec un marché à jour fixe, 2 journées.

De là à Tamerkida تامركيدة, 1 journée.

De là à Almasila المسيلة, 1 journée.

Feuillet 62 verso.

« La ville d'Almasila fut restaurée par les soins d'Ali ben-Andalousi, sous le règne d'Edris ben-Abd-allah, ben-el-Ha-san, ben-el-Hoseïn, ben-A'li, ben-Abi-Taleb. Elle est située dans une plaine, au milieu de champs cultivés dont les pro-ductions excèdent les besoins des habitants. Les Berbers qui habitent cette plaine sont : les Benou-Berzal بنو برزال, les Ren-dah رنداح, les Hawara, les Sadrat et les Mezana مزانة. Alma-sila est commerçante, bien peuplée, et bâtie sur les bords d'une rivière peu profonde où se pêche une sorte de petit pois-son couvert de raies rouges, d'une espèce particulière à cette contrée, et qu'on vend à Cala't Beni-Hamad; les deux villes d'Almasila et de Cala't Beni-Hamad sont éloignées de 12 milles l'une de l'autre. Cala't Beni-Hamad est une des villes les plus considérables de la contrée; « elle est riche, populeuse, rem-plie de beaux édifices et d'habitations de toute espèce ; on y trouve de tout en abondance et à bas prix. » Elle est située sur le penchant d'un monticule d'un accès difficile et entouré de murs. « Ce monticule s'appelle Tacarbest تاقربست; au-dessus est une forteresse qui domine toute la plaine. »

Le pays est infesté de scorpions grands, noirs et dont la mor-sure est mortelle. Les habitants font usage, pour se préserver de leur venin, d'une infusion de la plante dite *alfolion alharani* الفوليون الحراني : il suffit, à ce qu'on dit, d'en prendre deux drach-mes pour se garantir de toute douleur durant une année. La personne qui m'a raconté cette particularité avait été dans le cas de faire elle-même l'épreuve du remède. Elle me dit qu'ayant été piquée par un scorpion, elle but une infusion de cette plante et ne ressentit qu'une douleur passagère; et que, le même accident lui étant arrivé trois fois dans le cours de l'année, elle n'en fut nullement incommodée. L'alfolion croît abondamment dans les environs de Cala't Beni-Hamad.

L'itinéraire de Telemsan à Almasila est comme il suit :

« De Telemsan à Tahart تاهرت, 4 journées, savoir :

« De Telemsan à Tadara تادرة, bourg situé au bas d'une mon-
« tagne où se trouve une source d'eau, une journée.

« De là à Nadaï نادى, petit bourg situé dans une plaine où
« sont des puits peu profonds, une journée.

« De là à Tahart, 2 journées.

« Tahart est à 4 journées de la mer. Cette ville était autre-
« fois divisée en deux grands quartiers, l'un ancien, l'autre mo-
« derne. L'ancien était entouré de murs, situé sur un monticule
« peu élevé, et habité par des Berbers qui s'adonnaient avec
« succès au commerce et à l'agriculture; ils possédaient des
« chevaux de race pure, du gros bétail et des brebis; ils avaient
« aussi du beurre et du miel en abondance. La ville de Tahart
« est entourée de jardins et de vergers parfaitement arrosés.
« C'est un très-beau pays.

« De Tahart à A'ber عبر, petit bourg situé sur les bords d'un
« ruisseau, une journée.

« De là à Darast دارست, bourg petit, mais où se trouvent des
« champs cultivés et du bétail, une journée.

« De là à Mama ماما, petite ville entourée d'une muraille en
« briques et en terre et d'un fossé, 2 journées.

« De là on passe au bourg d'ebn-Modjbir قرية ابن مجبر, habité
« par des Zenata.

« De là à Aschirziri اشرزيرى, une journée.

« De là à Setib سطيب ou Setif سطيف, puis au bourg de Han
« هان, situé dans une plaine sablonneuse, une journée.

« De là à Almasila المسيلة, on compte une journée.

« Voici les tribus qui habitent entre Telemsan et Tahart : ce

« sont les Benou-Medin بنو مدين, les Wartaghir ورتطغير, les Zeïr
« زير, les Wartid ورتيد, les Mani مانى, les Oumanwa اومانوا, les
« Sendjasa سنجاسة, les Ghamda غمده, les Ialouman يلومان, les
« Warmaksiz ورماكسيز, les Tadjīn تاجين, les Wachican وشقان,
« les Maghrawa مغراوة, les Benou-Rachid بنو راشد, les Tam-
« talas تمطلاس, les Menan منان, les Racara رقاره et les Timani
« تيمنى. Toutes ces tribus sont issues des Zenata. Maîtres de
« ces plaines, ces peuples changent souvent leurs campements;
« cependant ils possèdent des demeures fixes; ce sont d'ailleurs
« des cavaliers dangereux pour la sûreté des voyageurs; ils sont
« remarquables par leur sagacité, par leur esprit et surtout par
« leur habileté dans l'art de lire dans l'avenir au moyen de pro-
« nostics tirés de l'omoplate des moutons [1]. Voici la généalogie
« des Zenata telle qu'on la rapporte. Zenata était fils de Djana;
« celui-ci, fils de Dharis ou Djalout, qui fut tué par David (sur
« qui soit la paix!); Dharis était fils de Levi, fils de Nefha, père
« de tous les Nefzawa نغراوة; Nefha et Ebn-Leva aîné étaient fils
« de Ber, fils de Caïs, fils d'Élias, fils de Modhar. Les Zenata
« étaient originairement des arabes de race pure, mais, par suite
« des alliances qu'ils ont contractées avec les Masmoudis leurs
« voisins, ils sont devenus eux-mêmes Berbers. »

Revenons maintenant à Wahran : nous disons que cette ville est distante de Tenès de deux journées de navigation, c'est-à-dire, de 204 milles.

De Tenès à Berechk برشك, on compte, en suivant la côte, 66 milles.

De Tenès à Meliana, par terre, 2 journées.

De Meliana à Tahart, 3 journées.

---

[1] Telle est la signification des mots علم الكتف d'après le témoignage de Hamdan ben Osman Khodja, confirmé par celui de mon savant ami M. Ét. Quatremère.

PREMIÈRE SECTION.

« Berechk est une petite ville bâtie sur une colline et en-
« tourée d'une muraille de terre; elle est voisine de la mer. Ses
« habitants boivent de l'eau de source. Elle fut prise par le grand
« roi Roger.

« De là à Cherchal شرشال, on compte 20 milles. Entre ces
« deux dernières villes est une montagne d'un difficile accès, ha-
« bitée par la tribu berbère des Rabia ربيع.

« Cherchal est une ville de peu d'étendue, mais peuplée; on
« y trouve des eaux courantes et des puits peu profonds, beau-
« coup de fruits et notamment des coings d'une grosseur énorme
« (litt : gros comme de petites citrouilles) et d'une qualité très-
« estimée. On y cultive aussi des vignes et quelques figuiers; du
« reste, la ville est entourée de plaines désertes dont les habi-
« tants élèvent des bestiaux et recueillent du miel et des dattes;
« le gros bétail forme leur principale ressource; ils sèment de
« l'orge et du blé, et ils en récoltent plus qu'ils ne peuvent en
« consommer. »

De Cherchal à Aldjezaïr Beni-Mazghana الجزاير بنى مزغانة (Alger),
on compte 70 milles.

Aldjezaïr est située sur le bord de la mer; ses habitants
boivent de l'eau douce. « C'est une ville très-peuplée, dont le
« commerce est florissant et les bazars très-fréquentés. Autour
« de la ville s'étend une plaine entourée de montagnes habitées par
« des tribus berbères qui cultivent du blé et de l'orge, et qui
« élèvent des bestiaux et des abeilles. Ils exportent du beurre et
« du miel au loin. Les tribus qui occupent ce pays sont puis-
« santes et belliqueuses.

« D'Alger à Tamedfos تامدفوس (Matifou), en se dirigeant vers
« l'est, 18 milles.

« Tamedfos est un beau port auprès d'une ville petite et
« ruinée. Les murs d'enceinte sont à demi renversés, la popula-
« tion peu nombreuse; on n'y voit, pour ainsi dire, que des dé-

236 TROISIÈME CLIMAT.

Feuillet 62 verso.

« bris de maisons, de grands édifices et d'idoles en pierre. On
« dit que c'était autrefois une grande ville. »

De Tamedfos à Mers el-Dedjadj مرسى الدجاج, 20 milles.

« Cette ville est d'une étendue considérable et entourée de
« fortifications : la population y est peu nombreuse ; souvent
« même, pendant l'été, les habitants prennent la fuite et se re-
« tirent dans l'intérieur des terres, afin d'éviter les attaques des
« corsaires qui débarquent sur la côte. Il y a un bon port. Le
« froment réussit à merveille dans ses environs ; les viandes et
« les fruits y sont excellents ; on y trouve une espèce de figues
« qui s'exportent au loin, soit sèches, soit en pâtes. »

De Mers el-Dedjadj à Tedlès بَدَّلَس[1], 24 milles.

« Tedlès, située sur une hauteur, est entourée d'une muraille.
« Le pays environnant présente un aspect riant ; tous les objets
« de consommation y sont à bas prix. »

De Tedlès à Bedjaïa بجاية (Bougie), par terre, 70 milles[2].

Bedjaïa, située près de la mer, sur des rochers escarpés, est
abritée, au nord, par une montagne dite Mesioun مسيون, très-
élevée, d'un difficile accès et dont les flancs sont couverts de
plantes utiles en médecine, telles que le bois de hadhadh الحضض,
le scolopendre السقولوبندريون, el-barbaris البارباريس, la
grande centaurée القنطوريون الكبير, le rezavend الرزاوند, le cas-
toun القسطون, l'absinthe الافسنتين et autres semblables. « On
« trouve, dans les montagnes, une espèce de scorpions de cou-
« leur jaune, peu dangereux.

Feuillet 63 recto.

BEDJAÏA
OU
BOUGIE.

« De nos jours, Bedjaïa fait partie de l'Afrique moyenne et
« est la capitale du pays de Beni-Hamad. Les vaisseaux y abor-
« dent, les caravanes y viennent, et c'est un entrepôt de mar-

---

[1] Nous avons suivi, pour le nom de cette ville, les deux mss. L'*Abrégé* porte Andalos.

[2] L'*Abrégé* porte *totidemque itinere maritimo*. Le ms. A. ajoute : « et par mer 90 », ce qui ne se trouve pas dans le ms. B.

« chandises. Ses habitants sont riches et plus habiles dans divers
« arts et métiers qu'on ne l'est généralement ailleurs, en sorte
« que le commerce y est florissant. Les marchands de cette ville
« sont en relation avec ceux de l'Afrique occidentale, ainsi qu'avec
« ceux du Sahara et de l'orient; on y entrepose beaucoup de
« marchandises de toute espèce. Autour de la ville sont des
« plaines cultivées où l'on recueille du blé, de l'orge et des
« fruits en abondance. » On y construit de gros bâtiments, des
navires et des galères, car les montagnes et les vallées environnantes sont très-boisées et produisent de la résine et du goudron d'excellente qualité. On s'y livre à l'exploitation des mines
de fer qui donnent à bas prix de très-bon minerai; en un mot,
c'est une ville très-industrieuse. A la distance d'un mille de
Bedjaïa coule une grande rivière qui vient du côté de l'ouest,
des environs de la montagne de Djerdjera جرجرة, et qui,
près des bords de la mer, ne peut être traversée qu'en bateau;
plus loin, dans l'intérieur des terres, les eaux de cette rivière
sont moins profondes et on peut la passer à gué. La ville de
Bedjaïa est un centre de communications.

Bedjaïa est éloignée d'Arbedjan اربجان, d'un peu plus d'une journée;

De Belezma بلزمة (ou Telezma), de 2 fortes journées;

De Setif سطيف, de 2 journées;

De Baghaïa باغاية, de 8 journées;

De Cala't Bechir قلعة بشير (ou Achir), de 5 journées. (Cette dernière place dépend de Bichkara بشكرة ou Biskara بسكرة.)

De Tifas تيفاس, de 6 journées;

De Calema قالمة, de 8 journées;

De Tibsa تبسة, de 6 journées;

De Dour-Medīn دور مدين, de 11 journées;

De Cassrain القصرين, de 6 journées;

De Tobna طبنة, de 7 journées.

Feuillet 63 recto.

« La ville de Bedjaïa est située sur l'emplacement d'une for-
« teresse qui avait été construite par Hamad ben-Belikin حماد بن
« بليكين. C'était là que résidaient les Beni-Hamad; avant la fon-
« dation de Bedjaïa, c'était la capitale de leur empire, l'entre-
« pôt de leurs trésors, de leurs biens, de leurs munitions de
« guerre, de leurs blés. Il s'écoula de nombreuses années sans
« qu'elle éprouvât de révolutions ni de changements. On y trouve
« des fruits, d'excellents comestibles à prix modique, et une
« grande variété de viandes. Dans ce pays, ainsi que dans ceux
« qui en dépendent, le bétail et les troupeaux réussissent à mer-
« veille, et les récoltes sont tellement abondantes, qu'en temps
« ordinaire, elles excèdent les besoins des consommateurs, et
« qu'elles suffisent dans les années de stérilité : en un mot, on
« n'y éprouve jamais de disette. Nous avons parlé plus haut de
« la ville en elle-même et de la nature de ses constructions; il
« nous reste à dire qu'elle est adossée à un mamelon qui la do-
« mine et qui est entouré de tous côtés par les murailles de
« la ville. Du côté du midi s'étendent de vastes plaines où l'on ne
« voit ni montagne, ni colline quelconque. Ce n'est qu'à une cer-
« taine distance, et même après avoir parcouru quatre journées
« de chemin, que l'on commence à en apercevoir confusément.

« A 12 milles à l'ouest de Bedjaïa et de Cala't قلعة, et dans
« la province de Tibsa, est la ville d'Almasila dont nous avons
« parlé plus haut. A l'est de Cala't et à la distance de 8 milles
« est située Ghadir, ville dont les habitants sont des Bédouins
« qui se livrent aux travaux de l'agriculture, car le terrain fer-
« tile et partout cultivé produit d'abondantes récoltes. Almasila
« est distante de 18 milles de Ghadir. »

Voici l'itinéraire de Bedjaïa à Cala't.

De Bedjaïa à Almodhic المضيق; puis à Souc el-Ahad سوق الاحد
(le marché du dimanche); à Wadi-Waht وادى وفت; à Hissn Takilat حصن تكيلات, où l'on fait halte.

PREMIÈRE SECTION.

« Hissn Takilat est une place forte située sur une hauteur qui
« domine les bords de la rivière de Bedjaïa; c'est un lieu de
« marché. On y trouve des fruits ainsi que de la viande en
« abondance. Hissn Takilat renferme plusieurs beaux édifices, des
« jardins et des vergers appartenant en majeure partie à Iahia
« ben-el-Ghadir. »

De Hissn Takilat on se rend à Tadrakt تادْرَكْت ; ensuite à Souc
el-Khamis سوق الخميس (le marché du jeudi); de là à Hissn Bekr
حصن بكر.

« Cette dernière ville est au milieu de vastes pâturages et sur
« les bords d'une rivière qui coule au midi. Il s'y tient un mar-
« ché. »

De Hissn Bekr on se dirige vers Hissn Warfou حصن وارفو, que
l'on appelle aussi Wafou.

De là vers Cassr القصر, où l'on laisse la rivière de Bedjaïa à
l'ouest, pour se tourner vers le midi, du côté de Hissn el-Hadid
حصن الحديد, une journée.

On se rend ensuite à Cha'ra الشعرا; puis à Cabour Beni-
Berakech قبور بني براكش [1]; puis à Tawart تاورت, gros bourg
peuplé, situé sur une rivière d'eau salée, et où l'on fait halte.
« Les habitants de ce bourg boivent de l'eau de puits creusés
« dans le lit d'un torrent qui vient de l'est et qui est ordinai-
« rement à sec. »

De Tawart on se rend aux montagnes d'Albab الباب, à travers
lesquelles coule la rivière salée; c'est un défilé dangereux pour
les voyageurs, à cause des fréquentes attaques des Arabes; puis
à Sacaïf السقايف, place forte.

De là à Nadhour الناظور.

---

[1] Le ms. A. porte قصور بني تراكس; on lit ensuite dans le texte arabe : الى
تاورت وهي مدينة كبيرة عامرة على نهر ملح وبها المنزل وشرب اهلها من
عيون محتفرة ببطن وادى ياتيها من جهة المشرق وهذا الوادى لا ماء به ،

Feuillet 63 verso.

TROISIÈME CLIMAT.

De là à Souc el-Khamis سوق الخميس, où l'on fait halte ; tout le pays est infesté de brigands.

« Souc el-Khamis est une place forte située sur le sommet « d'une montagne où l'on trouve de l'eau de source. Cette place « est suffisamment forte pour rendre vains les efforts des Arabes « qui voudraient s'en emparer ; du reste, il y a peu de sources « et peu de champs cultivés.

« De là on se rend à Tamata الطماطة, qui est sur un plateau « élevé.

« De là à Souc el-Atsnaïn سوق الاثنين (le marché du lundi), « château fort, autour duquel rôdent continuellement les Arabes, « et défendu par une garnison.

« De là à Tafelkat تافلكت, place forte ; puis à Tarka تارك, petite « forteresse ; puis à A'tia عطية, fort situé sur le sommet d'une « montagne. On passe ensuite par trois lieux fortifiés et l'on par- « vient au fort de Cala't.

« Les habitants de tous ces lieux vivent avec les Arabes dans « un état de trêve qui n'empêche pas qu'il ne s'élève entre eux « des rixes individuelles dans lesquelles l'avantage reste ordinai- « rement aux Arabes. En effet, les troupes locales ont *les mains* « *liées*, tandis que leurs adversaires peuvent impunément leur « causer du dommage, d'où il suit que les Arabes exigent con- « tinuellement le *prix du sang*, tandis qu'eux-mêmes ne le payent « jamais. »

D'Almasila on se rend à Tobna en 2 journées.

Tobna طبنة est une ville appartenant au pays de Zab الزاب ; elle est jolie, pourvue d'eau, « située au milieu de jardins, de « plantations de coton, de champs ensemencés de blé et d'orge, « et entourée d'une muraille de terre. Ses habitants, qui sont « un mélange de diverses peuplades, se livrent avec succès au « négoce. On y trouve des dattes en abondance, ainsi que d'au- « tres fruits.

PREMIÈRE SECTION.

« D'Almasila on se rend à Mocra المقرة, petite ville, où l'on
« cultive des céréales et beaucoup de lin. »

De Mocra à Tobna, on compte une journée.

De Tobna à Bedjaïa, 6 journées.

De Tobna à Baghaï باغاى, 4 journées.

De Tobna, en se dirigeant vers l'est à Dar-Maloul دار ملول,
une forte journée.

« Cette ville était autrefois très-peuplée et très-commerçante ;
« ses champs sont cultivés, et du haut de la citadelle on peut
« apercevoir une étendue de pays considérable. Les habitants de
« Dar-Maloul boivent de l'eau de source. »

Entre Dar-Maloul et Nacaous نقاوس, 3 journées. A une forte
journée de là, s'élève la montagne d'Aouras اوراس.

La distance de Dar-Maloul à Cala't قلعة est de 3 journées.
Quant à l'Aouras, on considère cette chaîne de montagnes comme
faisant partie de celles de Daran du Maghreb. « Sa configuration
« est celle d'un *lam* ل recourbé vers ses extrémités; elle s'étend
« sur 12 journées de long. On y trouve beaucoup d'eau, des ha-
« bitations nombreuses, des peuples fiers, belliqueux et redou-
« tables à leurs voisins.

« De Tobna à Nacaous, bourg dont les environs sont plantés
« de noyers dont les fruits s'exportent au dehors, 2 journées.

« De Nacaous à Almasila, 3 ou 4 journées. »

De Nacaous à Biskara بسكرة, 2 journées.

« Biskara est une place bien fortifiée, située sur une émi-
« nence. On y trouve un bazar et des dattes de qualité supé-
« rieure. »

De là au fort de Naous باوس [1], situé au pied de la montagne
d'Aouras, 3 journées.

« Naous est une belle ville peuplée d'indigènes, mais les

---

[1] Le ms. B. porte باوس.

« Arabes, depuis peu, s'en sont rendus maîtres; ils ne laissent
« sortir les habitants qu'accompagnés d'une escorte. »

De là à Almasila on compte 4 milles.

A 4 journées à l'est de Cala't Beni-Hamad est située Mila
ميلة [1], ville dont les environs produisent beaucoup de dattes et
d'autres fruits. Elle est peuplée de Berbers de différentes tribus, mais les Arabes sont maîtres de la campagne. Cette ville
était autrefois soumise au pouvoir de Iahia ben-el-A'ziz, prince
de Bougie.

De Mila à Cosantinat el-Hava قسنطينة الهوا (Constantine), on
compte 18 milles à travers un pays de montagnes.

« La ville de Constantine est peuplée, commerçante; ses ha-
« bitants sont riches, font le commerce avec les Arabes et s'asso-
« cient entre eux pour la culture des terres et pour la conserva-
« tion des récoltes. Le blé qu'ils conservent dans des souterrains
« y reste souvent un siècle sans éprouver aucune altération. Ils
« recueillent beaucoup de miel et de beurre qu'ils exportent à
« l'étranger. Cette ville est bâtie sur une espèce de promontoire
« isolé, de forme carrée; il faut faire plusieurs détours pour y
« monter; on pénètre par une porte, située du côté de l'ouest,
« dans l'intérieur de la place qui n'est pas très-grande; on y re-
« marque des excavations où les habitants enterrent leurs morts,
« et, de plus, un édifice très-ancien, de construction romaine,
« dont il ne reste plus que les ruines; on y voit également un
« édifice romain, jadis destiné aux jeux scéniques, et dont l'ar-
« chitecture ressemble à celle de l'amphithéâtre de Termêh ترمه,
« (Taurominium) en Sicile. »

Constantine est entourée de tous les côtés par une rivière;
ses murs d'enceinte n'ont partout que trois pieds de haut, si ce
n'est du côté de Mila. La ville a deux portes : l'une, celle de

---

[1] Le ms. A. porte partout Melila مليلة.

Mila, du côté de l'ouest; l'autre (Bab el-Cantara), la porte du pont, du côté de l'est. Ce pont est d'une structure remarquable. Sa hauteur, au-dessus du niveau des eaux, est d'environ cent coudées *rechachi* رشاشي. « C'est aussi l'un des monuments de
« l'architecture romaine. Il se compose d'arches supérieures et
« d'arches inférieures au nombre de cinq, qui embrassent la lar-
« geur de la vallée. Trois de ces arches, celles qui sont situées
« du côté de l'ouest, à deux étages, ainsi que nous venons de le
« dire, sont destinées au passage des eaux, tandis que leur partie
« supérieure (litt : leur dos) sert à la communication entre les
« deux rives. Quant aux deux autres, elles sont adossées contre
« la montagne.

« Ces arches sont supportées par des piles qui brisent la vio-
« lence du courant et qui sont percées, à leur sommet, de pe-
« tites ouvertures (ordinairement inutiles). Lors des crues extra-
« ordinaires qui ont lieu de temps à autre, les eaux qui s'élèvent
« au-dessus du niveau des piles, s'écoulent par ces ouvertures.
« C'est, nous le répétons, l'une des constructions les plus cu-
« rieuses que nous ayons jamais vues.

« Il existe dans toutes les maisons [1] des souterrains creusés
« dans le roc; la température constamment fraîche et modérée
« qui y règne, contribue à la conservation des grains. » Quant à la rivière, elle vient du côté du midi, entoure la ville du côté de l'ouest, poursuit son cours vers l'orient, puis tourne vers le nord, baigne le pied de la montagne à l'occident et retourne de nouveau vers le nord, pour aller se jeter enfin dans la mer, à l'ouest de la rivière de Sahar سهر.

« Constantine est l'une des places les plus fortes du monde;

---

[1] Ici le ms. B. porte ce qui suit : « Dans toute la ville, il n'est pas de porte de « maison, grande ou petite, dont le seuil ne soit formé d'une seule pierre; en général « aussi les piliers des portes se composent soit de deux, soit de quatre pierres. Ces « maisons sont construites en terre et le rez-de-chaussée est toujours dallé. »

« elle domine des plaines étendues et de vastes campagnes en-
« semencées de blé et d'orge. Dans l'intérieur de la ville, il
« existe un abreuvoir dont on peut tirer parti en temps de siége. »

De Constantine à Baghaï, on compte 3 journées.

De Constantine à Bougie, 6 journées.

De Constantine à Djidjel, 4 journées.

De Djidjel à Bougie, 50 milles.

De Constantine à Abras ابراس, 5 journées.

D'Abras à Bougie, 4 journées.

De Bougie au fort de Bachar بشر, 2 journées.

De Bachar à Tifas نيفاس, 2 fortes journées.

De Tifas à Calema قالة, même distance.

A Cassraïn القصرين, 3 journées.

A Dour-Medîn, 6 journées.

De là au port d'el-Coll القل, 2 journées, en traversant une contrée fréquentée par les Arabes.

« Pour se rendre de Constantine à Bougie, on passe à Nahr النهر.

« De là à la plaine de Fara فارة.

« De là au bourg de Beni-Khalef بني خلف.

« Puis à Kaldis كلديس, place forte.

« De là à Bougie, 20 milles. Il n'y a, dans cet intervalle, ni « montagne, ni vallon.

« Kaldis est sur une hauteur escarpée et dominant les bords « de la rivière de Constantine.

« De Kaldis à la montagne de Sahaw سحاو, 8 milles.

« Au haut de cette montagne, remarquable par sa hauteur, « est une citadelle ; on monte durant 5 milles environ, avant « d'en atteindre le sommet qui forme un plateau dont l'éten-
« due est de 3 milles. Les Arabes qui l'habitent sont pacifiques ;
« ils descendent, en suivant les bords de la rivière de Chal شال,
« à Souc Iousuf سوق يوسف, bourg situé au pied d'une mon-

« tagne d'où jaillisent diverses sources, et à la distance de 12
« milles.

« De là on se rend à Souc Beni-Zendoui سوق بني زنكُوى, place
« forte, située dans une plaine peu fertile, où se tient un mar-
« ché à jour fixe.

« Les Beni-Zendoui sont des Berbers très-farouches qui ne
« payent d'impôts que lorsqu'ils y sont forcés par des envois de
« troupes; ils marchent toujours armés de pied en cap et cou-
« verts de boucliers de Lamta.

« De là on se rend à Tala تالة, place forte, actuellement en
« ruines, où l'on fait halte.

« De là à Beghara البغارة, à Sahel el-Bahr ساحل الجهر, à
« Mesdjid Behloul مسجد بهلول, à Mezare' مزارع, puis à Djidjel
« جيجل. »

La ville de Djidjel est située sur les bords de la mer, dans
une presqu'île. « La flotte du roi Roger s'en étant emparée, les
« habitants se retirèrent à un mille de distance, dans les mon-
« tagnes; ils y construisirent un fort; durant l'hiver, ils reve-
« naient habiter le port; mais, à l'époque de l'arrivée de la flotte,
« ils se réfugiaient presque tous dans les montagnes, ne laissant
« dans la ville qu'un petit nombre d'individus et quelques mar-
« chandises. Depuis cette époque, Djidjel est devenue déserte
« et ruinée. Cependant le pays est très-fertile et la côte très-
« poissonneuse. »

De Djidjel on se rend au cap de Marghiten مرغيطن[1], à Dje-
zair el-A'fiéh جزاير العافية, à Fedj ez-Zerzoun فج الزرزون, au fort
de Mansouria المنسورية, sur les bords de la mer.

De là à Matousa ماتوسة, bourg peuplé d'où l'on fait venir du
plâtre destiné pour Bougie.

De Mansouria à Bougie, on compte 50 milles.

---

[1] Le ms. B. porte, مرطيغن.

Pour revenir a Djidjel, cette ville a deux ports : l'un, du côté du midi, d'un abord difficile et où l'on n'entre jamais sans pilote ; l'autre, du côté du nord, appelé Mers es-Cha'ra, parfaitement sûr et d'un fond de sable, mais où il ne peut entrer que peu de navires.

De Djidjel a Coll القل, située à l'extrémité du pays compris dans la présente section, 70 milles.

Coll, ville autrefois petite, mais florissante, possède un port fermé par des montagnes, et où l'on voit des constructions.

De Coll à Constantine, on compte 2 journées, en se dirigeant vers le sud et en traversant un pays soumis au pouvoir des Arabes.

Non loin de Bougie, du côté du midi, est le fort de Setif سطيف ; la distance qui sépare ces deux points est de 2 journées.

« Setif est une place forte dont les environs produisent beau-
« coup de noix excellentes. »

De Setif à Constantine, on compte 4 journées.

Près de Setif est une montagne appelée Atekdjan اتكجان[1], habitée par la tribu de Ketama كتامة. On y voit une citadelle qui appartenait autrefois aux Beni-Hamad ; près de là, vers l'ouest, est la montagne de Halawa حلوة, distante d'une journée et demie de Bougie.

Les possessions de la tribu de Ketama s'étendent au delà des pays de Coll et de Bone بونة. « Cette tribu est renommée par
« sa générosité et par l'accueil qu'elle fait aux étrangers. Ce
« sont certainement les gens du monde les plus hospitaliers,
« car ils n'ont pas honte de prostituer leurs enfants mâles aux
« hôtes qui viennent les visiter, et, loin de rougir de cette
« coutume, ils croiraient manquer à leur devoir s'ils négli-
« geaient de s'y conformer; divers princes ont cherché à les y
« faire renoncer, mais toutes les tentatives qu'on a pu faire ont

[1] Le ms. A. porte ابكجان ; la version latine : Ichegian.

« été vaines. A l'époque où nous écrivons, il ne reste plus, de
« la tribu de Ketama, jadis très-nombreuse, qu'environ quatre
« mille individus, sans y comprendre toutefois quelques familles
« qui vivent paisiblement dans les environs de Setif et qui con-
« sidèrent comme abominables les mœurs des Ketama habitant
« les environs de Coll et les montagnes qui touchent à la pro-
« vince de Constantine.

« A 2 journées de cette dernière ville est une place forte ap-
« pelée Belouca بلوقة, lieu de marché avec un faubourg où l'on
« trouve des puits abondants.

« Belouca est bâtie en pierre et située dans une plaine; les
« maisons y sont généralement grandes et anciennes; elle était
« habitée dès l'avénement du Messie. Vu du dehors, le mur de
« cette ville paraît très-élevé; mais, comme le sol intérieur est
« encombré de terre et de pierres jusqu'au niveau des créneaux
« (شرفات), dès qu'on est entré dans la place, on n'aperçoit plus
« aucun mur. Quant à Bachar بشر, c'est une forte place dépen-
« dante de Biskara بسكرة et qui se trouve actuellement au pou-
« voir des Arabes.

« On compte de Bachar à Bougie 4 jours de chemin, et 2
« de Bachar à Constantine. »

Nous venons d'énumérer les villes et les pays compris dans
la présente section, et nous avons décrit avec les détails convenables ce qui nous a paru digne d'être remarqué. Il nous reste
à parler du littoral de la mer, des golfes, des caps, et à indiquer les distances en milles, soit par les routes directes, soit
par les chemins détournés. Comme nous ne pouvons comprendre, dans la description de la côte, celles de ses parties qui
font partie du troisième et du quatrième climat, nous avons
jugé convenable de ne nous occuper d'abord que des lieux
compris dans la présente section, dans l'ordre où ils se présen-
teront.

TROISIÈME CLIMAT.

Nous disons donc que Wahran وحران (Oran) est située sur le bord de la mer, comme nous l'avons dit plus haut.

De là au cap de Mechana مشانة[1], en ligne droite, on compte 25 milles, et 32 en ligne oblique.

De Mechana au port d'Arzew ارزو, 18 milles.

Arzew est un bourg considérable, où l'on apporte du blé que les marchands viennent chercher pour l'exportation.

De là on se rend à Mostaghanem مستغانم, petite ville, située « dans le fond d'un golfe, avec des bazars, des bains, des jar- « dins, des vergers, beaucoup d'eau et une muraille bâtie sur « la montagne qui s'étend vers l'ouest. La largeur du golfe est « de 34 milles en ligne oblique, et de 24 en ligne directe. »

De Mostaghanem à Houdh-Ferouh حوض فروح, 24 milles en ligne oblique, et 15 en ligne directe. C'est une belle rade, à l'extrémité de laquelle est un bourg peuplé.

La ville la plus voisine de Houdh-Ferouh, du côté de l'est, est Mazouna مازونة, située à 6 milles de la mer, « et au milieu « de montagnes d'où découlent des sources. Il y a des bazars « très-fréquentés et de hautes maisons; il s'y tient aussi une « foire où les habitants des environs viennent apporter les pro- « ductions du pays. »

De Houdh-Ferouh au cap de Djoudj جوج, 24 milles, en ligne oblique, et 12 milles, par terre. A partir de ce cap, le golfe s'étend en forme d'arc, vers le midi.

De là aux îles d'Alhamam جزاير الحمام, 24 milles par les détours, et 18 en ligne droite.

Des îles d'Alhamam jusqu'à l'embouchure de la rivière de Chelif شلف, 22 milles.

De là à Colou' el-Ferranin قلوع الفرانين, 12 milles. (Le mot Colou' signifie algue marine.)

---

[1] La version latine porte Mesafe.

PREMIÈRE SECTION.

De Colou' à Tenès تنس, 12 milles, en suivant les bords du golfe.

De là à l'extrémité du golfe, 6 milles. Ainsi, depuis le cap de Djoudj jusqu'à l'extrémité du golfe, on compte 76 milles en ligne oblique, et 40 en ligne droite.

De l'extrémité du golfe jusqu'au port d'Amtakou امتكوا, 10 milles.

D'Amtakou à Wacour وقور, port étroit, situé à l'extrémité du golfe, et qui n'est abrité que contre les vents d'est, on compte, en ligne oblique, 40 milles; en ligne directe, 30.

De Wacour à Berechk, 20 milles.

Nous avons déjà parlé de Cherchal: dans l'intervalle compris entre Cherchal et Berechk, en suivant les bords de la mer, est une montagne d'un accès difficile, habitée par une peuplade berbère dite Rebia, ربيعة [1].

De Cherchal à Battal بطال, cap vis-à-vis duquel est une petite île, 12 milles. C'est à ce cap que commence le golfe de Hour هور, dont l'étendue est de 40 milles en ligne directe, et de 60 en ligne oblique.

Hour est aussi le nom d'un petit bourg situé dans le fond d'un golfe, à quelque distance de la mer, et habité par des pêcheurs. Cet endroit est très-dangereux; une fois tombé, on y périt sans ressource.

« De l'extrémité du golfe de Hour à Aldjezaïr Beni-Mazghana
« (Alger), dont nous avons parlé plus haut, 18 milles.

« De là à Tamedfos, port auquel touchent des champs cul-
« tivés, 18 milles.

« De là à Mers el-Dedjadj, dont nous avons également parlé,
« 20 milles.

« De là au cap de Beni-Djenad بني جناد [2], 12 milles.

---

[1] L'*Abrégé* porte Rebaïaa.
[2] Le ms A. ne met pas le mot بني.

« De là à Tedlès, 12 milles.

« De Tedlès au cap dit Beni-Abd-Allah, 24 milles en ligne
« oblique, et 20 en ligne droite.

« De là au golfe de Rafoun رفون[1], 20 milles en ligne droite,
« et 30 en ligne oblique.

« De là[2] à Dahs el-Kebir دهس الكبير, en ligne oblique, 30
« milles, et 25 en ligne droite.

« De là à Dahs el-Saghir دهس الصغير, 8 milles.

« De là au cap de Djeria جرية, 5 milles.

« De là à Bougie, par mer, 8 milles, et 12 par terre.

« De Bougie à Matousa ماتوسة, en ligne oblique, 12 milles,
« et 8 en ligne droite.

« De Matousa à Mansouria المنصورية, située au fond d'un golfe,
« 10 milles en ligne oblique.

« De Mansouria à Fedj ez-Zerzour فج الزرزور, 12 milles.

« De là au cap de Marghiten, 11 milles.

« De ce cap à Bougie, 45 milles.

« De Marghiten à Djidjil, 5 milles.

« De Matousa[3] à Fedj ez-Zerzour, 25 milles en ligne droite.

« De Fedj ez-Zerzour à Djidjil, en ligne oblique, 20 milles.

« De Djidjel جيجل à l'embouchure de la rivière dite Wadi el-
« Cassab وادى القصب, qui vient de Mila, en suivant la direction du
« midi, 20 milles.

« De Wadi el-Cassab au port dit Mers ez-Zeitoun مرسى
« الزيتون[4], 30 milles en ligne oblique et 20 en ligne directe.

« C'est ici que commencent les hautes montagnes d'Errahman
« جبال الرحمن, habitées par des peuplades qui s'y réfugient toutes
« les fois qu'arrive la flotte (probablement du roi de Sicile),

---

[1] Le ms. A. porte اصفون.
[2] Le ms. A. porte ici زفون.
[3] Le ms. B. porte partout منوسة.
[4] Le ms. A. porte مرسى الزيتونة ; le ms. B. porte plus bas la même leçon.

« ne laissant personne sur la côte, ainsi que cela a lieu à Coll,
« ville qui est abandonnée pendant l'été.

« De Coll au port dit Mers Oustoura مرسى استورة, on compte
« 20 milles.

« De là à Mers el-Roum مرسى الروم, 80 milles en ligne obli-
« que et 18 en ligne droite.

« De là à Takouch تكوش, village très-peuplé, 18 milles.

« De là à Ras el-Hamra راس لحمرا, 18 milles.

« De Ras el-Hamra à Bone بونة, située au fond d'un golfe, et
« dont nous donnerons ailleurs la description, s'il plaît à Dieu,
« 6 milles. »

La distance totale de Bone à Bougie est, en ligne directe, de
200 milles.

DEUXIÈME SECTION.

Baghaï.—Cabsa.—Bone.—Bizerte.—Tabarca.—Cabes.—Sfaks.—Tunis.— Ruines de Carthage.—Mahdia.—Tripoli.—Leptis.

Cette section comprend des villes, des pays, des forteresses, des châteaux et des peuples d'origines diverses. Au nombre des pays dont nous allons traiter sont Camouda قودة, Baghaï باغاى, Meskiana مسكيانة, Medjana مجانة, Badja باجة, Bona بونة (Bone), le port de Kharaz مرسى الخرز, Benzert بنزرت, Arbes الاربس, Marmadjena مرماجنه, Castilia قسطيلية, Nilfan نيلفان (ou Bilcan بيلقان), Takious تقيوس, Zaroud زرود, Cabsa قبصة (ou Cafsa قفصة), Nafta نفطه, Albama الحمه, Tunis تونس, Aclibia اقليبيه, Heraclia هرقليه, Sousa سوسه, Mahdia المهديه, Sfaks سفاقس, Cabes قابس, Raghogha رغوغا, Sabrat صبرت, Tripoli طرابلس et Lebda لبدة (Leptis). Les forts, citadelles et habitations situés sur le littoral seront décrits à la fin de la présente section, s'il plaît à Dieu.

Baghaï est une grande ville entourée d'une double muraille en pierre; « elle a un faubourg entouré également de murs où « se tenaient autrefois les marchés qui se tiennent actuellement « dans la ville même, le faubourg ayant été abandonné par suite « des fréquentes incursions des Arabes. » C'est un pays remarquable par la quantité de dattes qu'il produit. « Il y coule une « rivière qui vient du côté du midi; on y trouve aussi des puits « abondants, mais le nombre de ces puits n'est plus aussi con- « sidérable qu'il l'était jadis. Autrefois il y avait beaucoup d'eau « de source et un grand nombre d'habitations. Les environs « sont habités par des Berbers qui trafiquent avec les Arabes;

DEUXIÈME SECTION.

« leurs principales ressources consistent en blé et en orge. Ils
« confient la gestion de leurs affaires à des cheikhs.

« Près de là, à la distance de quelques milles seulement, est
« la montagne d'Aouras اوراس, longue à peu près de 12 jour-
« nées, et habitée par des peuplades qui exercent une grande
« influence sur leurs voisins.

« De Baghaï à Constantine, on compte 3 journées.

« De Baghaï à Tobna, du pays de Zab, 4 journées.

« De Baghaï à Castilia, également 4 journées.

« Cette dernière ville, appelée aussi Tawzer توزر, est en-
« tourée d'une forte muraille, et ses environs sont couverts de
« palmiers qui produisent des dattes très-estimées dans toute
« l'Afrique. On y trouve également de beaux citrons d'un goût
« excellent, des fruits et des légumes en abondance; mais l'eau
« est de mauvais goût, indigeste et souvent très-rare, attendu
« qu'on est obligé de la faire venir de loin. Le blé et l'orge n'y
« croissent pas abondamment. »

Non loin de là, au sud-est et à la distance d'une petite journée, est située la ville d'Alhama, « où l'eau n'est pas non plus
« de très-bonne qualité, mais où l'on trouve beaucoup de pal-
« miers. »

De là à Takious, on compte à peu près 20 milles.

« Takious est située entre Alhama et Cabsa تبصة. On y
« sème des céréales; on cultive le henna, le cumin et le panais.
« Le pays produit des dattes excellentes et des légumes en abon-
« dance. »

On compte de Takious à Cahsa, une journée.

Cette dernière ville est entourée d'un mur et assez jolie; il
y coule une rivière dont l'eau est meilleure que celle de Castilia. Au milieu de la ville est une source d'eau dite el-tarmiz
الطرميد. « Les bazars de Cabsa sont très-fréquentés et les fabri-
« ques dans un état prospère. On voit, autour de la ville, de

« nombreuses plantations de palmiers, des jardins, des vergers
« et des maisons de plaisance. On y cultive des céréales, ainsi
« que le henna, le cumin et le coton. Les habitants de cette
« ville sont devenus Berbers, et la plupart d'entre eux parlent
« la langue latine-grecque [1]. »

« En se dirigeant vers le sud-ouest, la ville la plus voisine
« de celle que nous venons de décrire est Cassira قصيره, à l'orient
« de laquelle sont Nacaous نقاوس et Hamounes حمونس, pays qui
« ont entre eux beaucoup de ressemblance, tant sous le rapport
« de la qualité des eaux, que sous celui de la nature des pro-
« ductions. On y recueille beaucoup de dattes, mais le blé y
« est rare et l'on est obligé d'en faire venir du dehors.

« Cabsa est un lieu central par rapport à divers autres, ainsi,
« par exemple ; de Cabsa à Caïrowan, en se dirigeant vers le
« nord, on compte 4 journées au sud-ouest.

« De Cabsa à Bilcan بيلقان, ville pourvue d'eau, mais ruinée
« depuis l'époque à laquelle les Arabes s'en rendirent maîtres, »
4 journées au midi.

A Zaroud زرود, située auprès de la montagne de Nofousa, 5
journées.

A Nafta نفطة, « ville où l'on trouve de l'eau courante et dont
« les habitants s'adonnent au commerce et à l'agriculture, » 2 faibles journées.

De Cabsa à Nefzawa (ou Naczawa نقزاوة), dans la direction du
midi, 2 journées et quelque chose.

De Tawzer à Nefzawa, une forte journée et demie.

De Cabsa, en se dirigeant vers le midi, à la montagne de
Nofousa, environ 6 journées.

---

[1] Par les motifs exposés dans la relation de l'Egypte par Abd-Allatif, traduction de M. de Sacy, pag. 496 et 499, et d'après l'avis de M. Ét. Quatremère, nous croyons devoir substituer le mot اغريقي *agriki* au mot افريقي *afriki*, qu'on lit bien distinctement dans nos deux manuscrits.

DEUXIÈME SECTION.

« Cette montagne est très-haute et elle s'étend sur un espace « d'environ 3 journées de longueur. Là sont situées deux villes « dont l'une, appelée Charous شروس est pourvue d'eaux cou-« rantes, entourée de vignes qui produisent d'excellents raisins, « et de figuiers. En fait de céréales, on y cultive de l'orge avec « lequel on fabrique d'excellent pain; les habitants de cette « ville ayant d'ailleurs la réputation d'être d'habiles boulangers. »

De Cabsa à Sfaks, 3 journées.

« Entre les montagnes de Nofousa et la ville de Nefzawa est « située celle de Louhaca لوحقه, à l'ouest de laquelle, à peu de « distance, sont Biskara بسكره et Maous ماوس. Toutes ces villes « sont à peu près également grandes, populeuses et commer-« çantes. »

De la montagne de Nofousa à Warcalan وارقــلان (ou Wardjelan), on compte 12 journées.

De Nafta à Cabes قابس, une journée et quelque chose.

Cabes est une grande ville « bien peuplée, dont les environs « sont couverts de jardins et de vergers qui produisent plusieurs « variétés de fruits; on y trouve du blé, des dattes et différents « objets manufacturés que l'on chercherait en vain ailleurs. Les « environs de Cabes sont plantés d'oliviers et la ville est ceinte « d'un mur très-solide, et entourée de fossés. Les bazars offrent « une grande diversité de marchandises. On fabriquait autrefois « de belles étoffes de soie dans cette ville, mais aujourd'hui « la principale industrie consiste dans la préparation des cuirs « destinés pour l'exportation. »

La rivière qui coule à Cabes vient d'un grand lac, à 3 milles de distance et sur les bords duquel est situé Cassr-Sadja تصرصّه, bourg bien peuplé; la ville de Cabes en est éloignée de 3 milles. Quant à Cassr-Sadja, c'est une petite ville dont le « bazar est situé du côté de la mer, et où l'on compte beaucoup « de fabricants de soie. On y boit de l'eau de la rivière de Cabes;

Feuillet 67 verso.

Feuillet 67 verso.

« cette eau n'est pas très-bonne, mais les habitants sont obligés
« de s'en contenter.

CABES.

« Cabes est située à la distance de 6 milles de la mer, du
« côté du nord et auprès d'un bois limité par des sables con-
« tigus d'un mille d'étendue. Ce bois se compose d'une réunion
« de vergers, de vignes et d'oliviers (l'huile étant l'objet d'un
« grand commerce). On y trouve aussi des palmiers qui pro-
« duisent des dattes d'une bonté et d'une douceur au-dessus de
« tout éloge. Les habitants de Cabes ont coutume de les cueillir

Feuillet 68 recto.

« fraîches et de les placer dans des vases; au bout d'un certain
« temps, il en découle une substance mielleuse qui couvre la
« superficie du vase. On ne peut manger de ces dattes avant
« que ce miel ait disparu, mais alors il n'est pas de fruit, même
« dans les pays renommés pour leurs dattes, qui soit compa-
« rable à celui-ci. »

Le port de Cabes est très-mauvais, car on n'y est pas à l'abri
des vents. Les bateaux jettent l'ancre dans une petite rivière où
l'on éprouve l'action du flux et du reflux[1] et où les navires d'un
faible tonnage peuvent mouiller. « La marée s'y fait ressentir
« jusqu'à la distance d'un jet de flèche. Les gens du pays sont diffi-
« ciles à vivre[2], vains, orgueilleux et voleurs de grand chemin. »

De Cabes à Sfaks ساقس, on compte, en suivant les bords
du golfe, 70 milles.

SFAKS.

« De Cabes à Cabsa, en se dirigeant vers le sud-ouest, 3 jour-
« nées.

« Sfaks est une ville ancienne et bien peuplée; ses marchés
« sont nombreux, ses édifices vastes. On y remarque un bazar
« construit en pierre et dont les portes sont revêtues d'épaisses
« lames de fer. Au-dessus de ses murs sont des tours des-

---

[1] Ce fait a été remarqué par Shaw et par divers autres auteurs.

[2] واهلها قلة الدمانة

DEUXIÈME SECTION. 257

« tinées au logement des troupes. On y boit de l'eau de source.
« Les plus beaux fruits y sont apportés de Cabes et l'on peut
« s'en procurer à bon compte. On y pêche beaucoup d'excellent
« poisson; la pêche a lieu généralement au moyen de filets dis-
« posés avec art dans les eaux mortes. La principale production
« du pays consiste en olives; il est impossible de trouver de
« l'huile supérieure à celle de Sfaks. Le port est très-bon, et,
« en somme, le pays offre beaucoup de ressources; les habitants
« aiment le faste et la dépense. Cette ville fut prise par Roger
« le Grand en 543 de l'hégire (1148 de J. C.); bien qu'elle
« soit encore très-peuplée, sa prospérité n'est plus ce qu'elle
« était autrefois. Le roi Roger y entretient un gouverneur. »

De Sfaks à Mahdia المهدية, on compte 2 journées.

« Cette dernière ville offre un port des plus fréquentés par
« les navires venant de l'orient et de l'occident, de l'Espagne,
« de la Grèce et d'autres contrées. On y apportait (autrefois) des
« marchandises en quantité et pour des sommes immenses. A
« l'époque présente le commerce y a diminué. Al-Mahdia était
« le port et l'entrepôt de Caïrowan قيروان; elle fut fondée par
« al-Mahdi Obeïd-Allah qui lui donna son nom. Située sur une
« presqu'île qui s'avance dans la mer, c'est un lieu de passage
« quand on veut se rendre par Raccada رقادة, à Caïrowan. La dis-
« tance entre Caïrowan et Mahdia مهدية est de 2 journées.

« Cette dernière ville était autrefois extrêmement fréquentée
« et le commerce y était très-florissant, car les voyageurs s'y
« établissaient souvent ou y revenaient volontiers[1]; les construc-
« tions en étaient belles, les lieux d'habitation ou de prome-
« nade agréables, les bains magnifiques, les caravansérails nom-
« breux, enfin Mahdia offrait un coup d'œil d'autant plus ravissant
« que ses habitants étaient généralement beaux et proprement

Feuillet 68 recto.

Feuillet 68 verso.

MAHDIA
OU
AL-MAHDIA.

---

[1] Nous suivons le sens le plus probable, nos deux manuscrits étant ici très-défectueux.

« vêtus. On y fabriquait des tissus très-fins et très-beaux, connus
« sous le nom de tissus de Mahdia et dont il se faisait en tout
« temps une exportation considérable, car ces tissus étaient ini-
« mitables sous tous les rapports.

« L'eau de puits ou de citerne qu'on boit à Mahdia n'est pas
« de bonne qualité. La ville est entourée de murailles en pierre
« et fermée au moyen de deux portes construites en lames de fer
« superposées sans emploi d'aucun bois. Il n'en existe point dans
« le Maghreb ni ailleurs d'aussi habilement ni d'aussi solidement
« fabriquées, et c'est un objet très-curieux; il n'y a du reste à
« Mahdia ni jardins, ni vergers, ni plantations de dattiers; les
« fruits y sont apportés des châteaux de Monastir قصور المنستير,
« situés à 30 milles par mer. Ces châteaux, au nombre de trois,
« sont habités par des religieux auxquels les Arabes ne font au-
« cun mal et dont ils respectent les habitations et les vergers.
« C'est à Monastir que les habitants de Mahdia vont, par mer et
« au moyen de barques, ensevelir leurs morts, car il n'y a point
« de cimetière chez eux.

« De nos jours, Mahdia se compose de deux villes; savoir, al-
« Mahdia proprement dite et Zawila زويلة [1]. La première sert de
« résidence au sultan et à ses troupes; elle est dominée par un
« château construit de la manière la plus solide, et dans lequel
« on voyait, avant la conquête de cette ville par le grand Roger
« en 543 (1148), le réservoir dit les Voûtes d'or طيقان الذهب
« dont les princes du pays tiraient vanité. Mahdia avait (ancienne-
« ment) été prise par Hasan, fils d'Ali, fils de Tennin, fils de
« Moëz, fils de Badis, fils d'al-Mansour, fils de Belkin, fils de
« Zeiri le Sanhadji.

« Zawila est remarquable par la beauté de ses bazars et de

[1] Ceci est conforme à ce qu'on lit dans la *Chrestomathie arabe* de M. de Sacy, tom. I, pag. 496, et dans la *Notice d'un manuscrit contenant la description de l'Afrique* publiée par M. Ét. Quatremère, page 46.

« ses édifices, ainsi que par la largeur de ses rues et de ses
« carrefours. On y compte beaucoup de négociants riches et intel-
« ligents. Les habitants de cette ville portent des vêtements de
« couleur blanche, en sorte que, tant sous le rapport physique
« que sous le rapport moral, ils sont des modèles de perfection [1];
« en effet leurs connaissances commerciales sont très-étendues et
« leur régularité dans les affaires est au-dessus de tout éloge.

« La ville est entourée tant du côté de la terre que de celui
« de la mer, de murailles en pierre, et le long du premier de
« ces côtés, règne un grand fossé qui se remplit au moyen des
« eaux pluviales. Au dehors et du côté de l'ouest, il existait
« avant l'invasion des Arabes en Afrique, un vaste enclos re-
« marquable par la beauté et la bonté des fruits qu'il produi-
« sait, mais toutes les plantations ont disparu. Auprès de Zawila
« sont des villages, des châteaux, des métairies dont les habi-
« tants se livrent à l'agriculture et à l'éducation des bestiaux.
« Les productions du pays sont le charbon, l'orge, les olives ;
« on en exporte beaucoup d'huile pour le levant. Les villes
« de Mahdia et de Zawila sont séparées l'une de l'autre par une
« aire de l'étendue d'un jet de flèche et qu'on nomme Ramlé
« رملة. Comme Mahdia est la capitale de l'Afrique, c'est par
« la description de cette ville que nous terminons celle de ce
« pays, pour passer ensuite au Nefzawat نفزاوات [2].

« Nous disons donc que Sobeïtala سبيطلة était avant l'isla-
« misme la ville de Gerges, roi (ou plutôt de Grégoire, préfet)
« des Romains d'Afrique ; elle était remarquable par son étendue
« ainsi que par la beauté de son aspect, par l'abondance de ses

---

[1] Cette observation tient à ce que, d'après les idées des Orientaux, la couleur blanche est de toutes la plus considérée.

[2] Ceci manque dans le ms. A. M. Hartmann écrit Nekzawa. Voyez ce qu'il dit au sujet de Sobeïtala, *Edris. Afr.*, pag. 253, 254. Voyez aussi, relativement à cette ville (l'ancienne Sufetula), Shaw, page 259 de la traduction française.

« eaux, par la douceur de son climat et par ses richesses. Elle
« était entourée de vergers et de jardins. Les musulmans s'en
« emparèrent dès les premières années de l'hégire, et mirent à
« mort le grand roi nommé Gerges. De là à Cabsa قبصة on
« compte un peu plus d'une journée, et à Caïrowan, 70 milles.

« Cette dernière capitale قيروان [1] était l'une des villes les plus
« importantes du Maghreb, soit à cause de son étendue, soit à
« raison de sa population et de ses richesses, de la solidité de ses
« édifices, des avantages que présentait son commerce, de l'abon-
« dance de ses ressources et de ses revenus avant l'époque où
« les révoltes, les séditions, les jalousies se manifestèrent parmi
« ses habitants. Leurs principales vertus étaient la bienfaisance,
« la fidélité aux engagements, l'abandon des choses douteuses et
« l'éloignement de tout vice et de tout désordre propre à altérer
« les bienfaits des sciences, enfin la tendance au bien; mais Dieu,
« en faisant tomber cette ville au pouvoir des Arabes, a répandu
« sur elle toute sorte de calamités. Actuellement il en subsiste à
« peine quelques ruines, dont une partie est entourée de murs
« en terre; ce sont les Arabes qui y dominent et qui mettent
« le pays à contribution; les habitants y sont peu nombreux,
« et leur commerce ainsi que leur industrie sont misérables.
« D'après l'opinion des personnes prévoyantes, cette ville ne doit
« pas tarder à recouvrer son ancienne prospérité. L'eau y est abon-
« dante, et celle que boivent les habitants provient d'un grand ré-
« servoir qui est d'une construction remarquable : il est de forme
« carrée; au centre est une espèce de cloître dont chaque face
« a cent coudées et qui est tout rempli d'eau. Caïrowan se com-
« posait autrefois de deux villes, dont l'une était Caïrowan pro-
« prement dite, et l'autre Sabra صبرة. Cette dernière était le

---

[1] L'ancien *vicus Augusti*. On ne reconnaît par l'exact et judicieux Shaw dans l'étymologie qu'il propose, page 259, du nom moderne de cette ville; le mot *caravane* n'a aucun rapport avec le nom de Caïrowan.

« siége du gouvernement, et on y comptait plus de trois cents
« bains dans les maisons particulières, sans compter les bains
« publics. Elle est maintenant totalement ruinée et dépourvue
« d'habitants. A trois milles de distance étaient les châteaux de
« Raccada رقادة, si hauts, si magnifiques, entourés de si beaux
« jardins du temps des Aglabites qui y passaient la belle saison.
« Ils sont actuellement ruinés de fond en comble.

« De Caïrowan à Tunis تونس on compte un peu plus de deux
« journées de caravane; cette dernière ville est de toutes parts
« entourée de murs. Les campagnes environnantes produisent
« des céréales, objet principal du commerce des Tunisiens avec
« les Arabes. De nos jours cette ville est florissante, peuplée et
« fréquentée par les populations voisines et par les étrangers
« de pays lointains; elle est environnée de solides retranche-
« ments en terre, et elle a trois portes. Tous les jardins sont
« situés dans l'intérieur de la ville; il n'y a rien au dehors qui
« vaille la peine d'être cité. Les Arabes de la contrée y apportent
« du grain, du miel, du beurre en abondance, de sorte que le
« pain et les pâtisseries qu'on y fait sont d'excellente qualité. »
Tunis était autrefois une place très-forte et elle portait le nom
de Tarchiz طرشيز; ce furent les Musulmans qui, lorsqu'ils s'en
emparèrent, la reconstruisirent et lui imposèrent son nouveau
nom. « On y boit de l'eau de citerne; mais la meilleure provient
« de deux puits très-vastes et très-abondants, creusés par les soins
« de divers pieux Musulmans. Cette ville n'est pas très-éloignée
« de la célèbre Carthage dont le territoire produisait jadis tant
« et de si beaux fruits, et de plus du coton, du chanvre, du carvi,
« de la garance; mais Carthage est actuellement ruinée. »

Tunis est bâtie au fond d'un golfe qui est formé par la mer
et auprès d'un lac creusé (de main d'homme); ce lac est plus
large que long, car sa largeur est de huit milles et sa longueur
n'est que de six. Il communique avec la mer par un canal dont

l'embouchure s'appelle Foum-el-Wadi فم الوادى. Il n'existait point anciennement, mais on le creusa dans la terre ferme de manière à l'amener jusqu'auprès de Tunis, ville qui, comme nous venons de le dire, est distante de la mer de six milles.

« La largeur de ce canal *creusé* est d'environ 40 coudées; sa
« profondeur de trois à quatre toises, fond de vase. La lon-
« gueur du creusement auquel on donne le nom de fleuve النهر
« est de quatre milles. Lorsqu'on y introduisit les eaux de la mer,
« elles s'élevèrent au-dessus du niveau (du lac) de la hauteur
« d'environ un quart de toise[1], puis elles devinrent stationnaires.
« A l'extrémité du canal, sa surface s'agrandit et sa profondeur
« augmente. On appelle ce lieu Wakour وقور (ou du chargement);
« c'est là que jettent l'ancre les vaisseaux chargés de bestiaux
« ou de marchandises; l'excédant des eaux introduites dans le
« canal *creusé* atteint la ville de Tunis qui est bâtie sur les bords
« du lac. Parvenus au Wakour, les navires opèrent leur déchar-
« gement au moyen de petites barques susceptibles de naviguer
« à plus basses eaux; l'introduction des navires de la mer dans
« le canal et jusqu'au Wakour ne peut avoir lieu qu'un à un,
« attendu le défaut d'espace. Une partie du lac s'étend vers l'ouest,
« en sorte que ses rives de ce côté sont à trois milles et demi
« de Carthage, ville actuellement ruinée, dont il ne subsiste
« qu'une portion entourée de murs de terre, nommée Mo'allaca
« المعلقة, et habitée par des chefs d'Arabes, connus sous le nom
« de Beni-Ziad بنى زياد.

« Quant à la ville de Carthage[2] قرطاجنة, au temps où elle flo-
« rissait, c'était l'une des plus renommées du monde, à cause de
« ses étonnants édifices et de la grandeur de puissance qu'attes-
« taient ses monuments. On y voit encore aujourd'hui de remar-

---

[1] Le ms. B. porte : « à la profondeur d'une toise بعمق قامة.
[2] La traduction de ce passage a été donnée par nous, d'après le ms. A., dans le *Nouveau Journal Asiatique*, tome I, page 375.

« quables vestiges de constructions romaines, et par exemple le
« théâtre, qui n'a pas son pareil en magnificence dans l'uni-
« vers. En effet cet édifice est de forme circulaire et se compose
« d'environ cinquante arcades encore subsistantes; chacune de
« ces arcades embrasse un espace de plus de trente choubras
« (environ vingt-trois pieds); entre chaque arcade et sa pareille
« (littér. sa sœur) est un pilier aussi haut que large, dont les
« deux pilastres ont quatre choubras et demi (environ trois pieds
« et demi) de largeur. Au-dessus de chacune d'elles s'élèvent
« cinq rangs d'arcades les uns au-dessus des autres, de mêmes
« formes et de mêmes dimensions, construites en pierres calcaires
« dures de l'espèce dite kedan كدان d'une incomparable bonté.
« Au sommet de chaque arcade est un cintre, et sur le cintre
« de l'arcade inférieure [1] on voit diverses figures et représenta-
« tions curieuses d'hommes, d'animaux, de navires, sculptées
« sur la pierre avec un art infini. Les autres édifices de ce genre,
« et même les plus hauts, ne sont pour ainsi dire rien en com-
« paraison de celui-ci. Il était anciennement destiné, d'après ce
« qu'on rapporte, aux jeux et aux spectacles publics.

« Parmi les curiosités de Carthage, sont les citernes, dont le
« nombre s'élève à vingt-quatre sur une seule ligne. La longueur
« de chacune d'elles est de cent trente pas et sa largeur de vingt-
« six. Elles sont toutes surmontées de coupoles, et dans les inter-
« valles qui les séparent les unes des autres, sont des ouvertures
« et des conduits pratiqués pour le passage des eaux; le tout
« est disposé géométriquement avec beaucoup d'art. Les eaux
« venaient à cette citerne d'un lieu nommé la fontaine de Choukar
« شوقار, situé à 3 journées de distance [2], dans le voisinage
« de Caïrowan. L'aqueduc s'étendait depuis cette fontaine jus-
« qu'aux citernes sur un nombre infini de ponts où l'eau coulait

[1] Ceci manquait dans le ms. A.
[2] Cette distance manquait également dans le ms. A.

« d'une manière égale et réglée. Ces ponts se composaient d'ar-
« ches construites en pierre[1], basses et d'une hauteur médiocre
« dans les lieux élevés[2], mais extrêmement hautes dans les vallées
« et dans les bas-fonds.

« Cet aqueduc est l'un des ouvrages les plus remarquables
« qu'il soit possible de voir. De nos jours il est totalement à sec
« ainsi que les citernes, l'eau ayant cessé de couler par suite de
« la dépopulation de Carthage, et parce que, depuis l'époque de
« la chute de cette ville jusqu'à ce jour, on a continuellement
« pratiqué des fouilles dans ses débris et jusque sous les fonde-
« ments de ses anciens édifices. On y a découvert des marbres
« de tant d'espèces différentes qu'il serait impossible de les dé-
« crire. Un témoin oculaire rapporte en avoir vu extraire des
« blocs de quarante choubras (environ trente pieds) de haut, sur
« sept (environ soixante-trois pouces) de diamètre. Ces fouilles
« ne discontinuent pas; les marbres sont transportés au loin
« dans tous les pays, et nul ne quitte Carthage sans en charger
« des quantités considérables sur des navires ou autrement; c'est
« un fait très-connu. On trouve quelquefois des colonnes en
« marbre de quarante choubras (environ trente pieds) de circon-
« férence.

« Autour de Carthage sont des champs cultivés et des plaines
« qui produisent des grains et divers autres objets de consom-
« mation. » A l'ouest est un district fertile dont le chef-lieu se
nomme Setfoura سطفورة, et qui compte trois villes peu éloignées
de Tunis, savoir : Achlouna اشلونة, Tebakha تبخة et Bizerte
بنزرت. Cette dernière, bâtie sur les bords de la mer, est plus
petite que Tunis, dont elle est distante d'une forte journée de
marche. « Elle est florissante et peuplée, on y trouve (facilement)
« des compagnons de voyage et il y a un marché permanent. »

---

[1] بالحجر et non بالعجر, comme on lisait dans le ms. A.

[2] فى نشر الارض et non فى نشر الارض.

DEUXIÈME SECTION.

A l'est de Bizerte est le lac du même nom dont la longueur est de 16 milles et la largeur de 8; il communique par une embouchure avec la mer. Plus il pénètre dans les terres plus sa surface s'agrandit, et plus il se rapproche du rivage plus il devient étroit.

« Ce lac offre une singularité des plus remarquables. Elle
« consiste en ce qu'on y compte douze espèces différentes de
« poissons, et que, durant chacun des mois de l'année, une seule
« espèce domine sans mélange avec aucune autre. Lorsque le
« mois est écoulé, l'espèce de poisson (qui lui correspond)
« disparaît et est remplacée par une nouvelle également distincte
« et ne se confondant point avec la précédente qui a disparu, et
« ainsi de suite jusqu'à la fin de l'année, et tous les ans. Voici
« les noms de ces douze poissons : ce sont el-boury البوري [1], el-
« Cadjoudj القاجوج, el-Mahal المحل, el-Talanta الطلنطه, el-Ach-
« bliniat الاشبلينيات, el-Cheblé الشبلة, el-Caroudh القاروض, el-
« Ladj اللاج, el-Djoudjé الجوجة, el-Kohla الكحلا, el-Tanfalou
« الطنفلو, el-Kela القلا.

« Au sud-ouest de ce lac et sans solution de continuité, il en
« existe un autre qui s'appelle le lac de Tandja تنجه, et dont la
« longueur est de 4 milles sur 3 de largeur. Les eaux commu-
« niquent de l'un à l'autre d'une manière singulière, et voici com-
« ment : celles du lac de Tandja sont douces et celles du lac de
« Bizerte salées. Le premier verse ses eaux dans le second durant
« six mois de l'année, puis le contraire a lieu; le courant cesse
« de se diriger dans le même sens et le second lac s'écoule dans
« le premier durant six mois, sans cependant que les eaux de
« celui de Bizerte deviennent douces, ni celles du lac de Tandja
« salées. Ceci est encore l'une des particularités de ce pays [2];

---

[1] Mugicephalus. Voyez ci-dessus, 1ᵉʳ climat, 11ᵉ section, page 32.
[2] Voyez, sur ce qu'il y a de réel dans ce phénomène, le Voy. de Shaw, tome I, page 180 de la traduction française.

« à Bizerte comme à Tunis, le poisson est peu cher et très-
« abondant. »

De Bizerte à Tabarca طبرته, on compte 70 milles. « Cette
« dernière est une place forte maritime, médiocrement peuplée
« et dont les environs sont infestés d'Arabes misérables qui n'ont
« point d'amis et qui ne protégent personne. Il y a un port re-
« cherché par les navires espagnols et qu'ils prennent (pour point
« de relâche) dans leurs traversées en ligne directe [1]. » A peu de
distance sur le chemin qui conduit de Tabarca à Tunis, on trouve
Badja باجة [2], « jolie ville, bâtie dans une plaine extrêmement
« fertile en blé et en orge, en sorte qu'il n'est pas dans le Magh-
« reb de ville de l'importance de Badja qui soit plus riche en
« céréales. Le climat y est sain, les commodités de la vie abon-
« dantes et les sources des revenus productives; les Arabes sont
« maîtres de la campagne. Au milieu de la ville est une fon-
« taine dont les eaux descendent en forme de cascade et ser-
« vent aux besoins des habitants. Il n'existe pas de bois dans ses
« environs, ce sont des plaines ensemencées. Entre Badja et
« Tabarca on compte une journée et quelque chose de plus. Au
« nord, vis-à-vis, et à une forte journée de Badja sur le bord
« de la mer, est la ville dite Mers el-Djoun مرسى الجون (le port du
« golfe).

« Mers el-Djoun est une petite ville, entourée d'une forte
« muraille et munie d'une cassaba; les environs sont peuplés
« d'Arabes. Les habitants vivent des produits de la pêche du
« corail. Cette pêche est très-abondante, et le corail qu'on trouve
« ici est supérieur en qualité à tous les coraux connus, notam-
« ment à celui qu'on pêche à Sebta سبتة (Ceuta) et en Sicile

---

[1] Nous avons préféré le sens le plus probable : voici au surplus le texte arabe de ce passage embarrassant : ومراكب الاندلس تصبى اليها وتاخذها فى قطعـهـا روسيةٔ.

[2] La Vacca de Salluste, *Bell. Jug.* La Baga de Plutarque, *in Mario.*

DEUXIÈME SECTION.

« صقيلية. (Nous parlerons ci-après de Sebta, ville située sur le
« détroit de Gibraltar auprès de l'océan ténébreux.) Les mar-
« chands viennent (à Tabarca) de divers pays pour y faire des
« achats considérables de corail destiné pour l'exportation à
« l'étranger.

« Le banc (littéralement, la mine) est exploité tous les ans.
« On y emploie en tout temps cinquante barques plus ou moins;
« chaque barque est montée d'environ vingt hommes. Le corail
« est une plante qui végète comme les arbres et qui se pétrifie
« ensuite au fond de la mer entre deux montagnes très-hautes.
« On le pêche au moyen d'instruments garnis de bourses nom-
« breuses, lesquelles sont faites de chanvre; on fait mouvoir ces
« instruments du haut des navires; les fils s'embarrassent dans
« les branches de corail qu'ils rencontrent, alors les pêcheurs
« retirent l'instrument et en extraient le corail qui s'y trouve en
« grande abondance. On en vend pour des sommes d'argent
« considérables, et c'est la principale ressource des habitants.
« On boit (à Tabarca) de l'eau de puits, et comme il y a peu
« de champs ensemencés, les céréales y sont apportées par les
« Arabes des campagnes environnantes; les fruits viennent de
« Bone et d'ailleurs. »

Entre Mers el-Kharaz مرسى الخرز et Bone بونة, on compte une
journée faible, et par mer, 24 milles *rousié* روسية.

« Bone بونة est une ville de médiocre étendue. Elle est com-
« parable sous le rapport de la grandeur à Arbes اربس. Elle est
« située auprès de la mer[1]. Elle avait autrefois de beaux bazars
« et son commerce était florissant. On y trouve beaucoup de
« bois d'excellente qualité, quelques jardins, quelques arbres,
« et diverses espèces de fruits destinés à la consommation locale,

---

[1] Nos deux manuscrits nous mettent à portée d'éclaircir ce passage, qui paraît
avoir embarrassé M. Hartmann. Le texte porte على نحر البحر et non pas على بحر
الخزر.

« mais la majeure partie des fruits provient des campagnes envi-
« ronnantes. Le blé y est abondant, ainsi que l'orge, quand les
« récoltes sont favorables, ainsi que nous l'avons dit. Il s'y trouve
« des mines de très-bon fer, et le pays produit du lin, du miel,
« du beurre; les troupeaux consistent principalement en bœufs.
« Cette ville a diverses dépendances et un territoire considérable
« où les Arabes dominent.

« Bone fut conquise par un des lieutenants du grand roi
« Roger, en 548 (1153); elle est actuellement pauvre, médio-
« crement peuplée, et administrée par un agent du grand Roger,
« issu de la famille de Hamad. » Cette ville est dominée[1] par le
djebel ïadoug جبل يدوغ, montagne dont les cimes sont très-éle-
vées, et où se trouvent les mines de fer dont nous venons de
parler. De Bone à Arbes اربس, on compte 2 journées, et d'Arbes
à Caïrowan, 3 ; de même de Badja باجة à la mer, 2 petites
journées.

« Arbes ou Árbous الاربس ou الاربوس est située dans un bas-
« fond et ceinte de bonnes murailles en terre. Au milieu de la
« ville sont deux sources d'eau courante qui ne tarissent jamais
« et qui servent aux besoins des habitants. L'une de ces sources
« s'appelle la source de Rebah عين رباح, et l'autre la source de
« Ziad عين زياد ; l'eau de cette dernière, la meilleure des deux,
« est parfaitement saine. Le territoire d'Arbes contient des
« mines de fer, mais on n'y voit absolument aucun arbre. On y
« recueille de l'orge et du blé en abondance; à 12 milles de là
« et à l'ouest d'Arbes[2] est située la ville d'Abah ابة, dont le ter-
« ritoire produit du safran qui, sous le rapport de la quantité
« (que le terrain produit) comme sous celui de la qualité, est
« comparable au safran d'Espagne. Les territoires de ces deux

---

[1] La version latine porte : *ex parte ipsius septentrionali*, ce qui ne se lit pas dans le texte arabe; c'est évidemment une erreur.

[2] Le ms. A. porte Arnes.

DEUXIÈME SECTION.

« villes n'en font qu'un et se confondent. Au centre d'Abah est
« une source d'eau douce très-abondante qui sert aux besoins
« des habitants. La ville était autrefois entourée de murs cons-
« truits en terre, et le prix des objets de consommation y était
« peu élevé; actuellement tout est à peu près en ruines. D'Arbes
« à Tamadit تامديت, on compte 2 journées. Cette dernière ville
« est entourée de murs de terre; on y boit de l'eau de source;
« on y recueille beaucoup d'orge et beaucoup de blé. Dans l'in-
« tervalle compris entre Arbes et Tamadit est un bourg nommé
« Merdjana مرجانة dont les habitants sont en rixes continuelles
« avec les Arabes, et récoltent du blé et de l'orge en quantité
« plus que suffisante pour leurs besoins.

« D'Arbes à Caïrowan قيروان, 3 journées;
« D'Arbes à Tunis تونس, 2 journées;
« De Tandjis تانجس à Constantine قسنطينة, 2 journées;
« D'Arbes à Bedjaïa بجاية, 12 journées;
« De Zemadjna زماجنة à Medjana مجانة, 2 faibles journées, ou
« plutôt une très-forte.

« Medjana est une petite ville dans le territoire de laquelle
« autrefois on cultivait beaucoup de safran. Il y a une rivière
« dont les eaux sont excellentes et proviennent d'une montagne
« voisine où l'on cultive des céréales. Cette montagne est très-
« haute et l'on en extrait des pierres de moulin d'une qualité
« tellement parfaite, que leur durée égale quelquefois celle de
« la vie d'un homme sans qu'il soit besoin de les repiquer, ni
« de les travailler en aucune manière, à cause de la dureté du
« grain et de la cohésion des molécules qui les composent. Les
« Arabes dominent à Medjana et y emmagasinent leurs provi-
« sions. De Medjana à Constantine, on compte 3 journées; du
« même point à Bedjaïa el-Nassrié بجايه الناصرية, 6 journées [1]; »

[1] La version latine indique, page 88, la distance d'une journée entre Bedjaïa
et la mer; cette indication manque dans nos deux manuscrits.

et entre Tunis et el-Hamamat الحمامات, une forte journée. Cet espace est égal à la largeur d'une île dite l'île de Bachek جزيرة باشق [1], « laquelle est une terre de bénédiction, couverte d'habi-
« tations, produisant des olives, des grains et toutes choses en
« abondance. Il y a peu d'eau courante sur la surface de la terre,
« mais des puits en quantité suffisante; en somme le territoire
« de cette île est très-fertile. Elle formait un district dont la ca-
« pitale était Bachek, ville dont il ne subsiste plus que les ruines
« et un fort encore habité. De cette île dépend un autre fort
« situé sur les bords de la mer et nommé Nabel نابل (Napoli).
« Du temps des Chrétiens (ou des Romains) il y avait auprès de
« ce dernier fort une ville, mais elle est actuellement ruinée.
« Le fort de Nabel est peu considérable, mais habité. Il en est
« de même du fort de Tousihan توسيهان, dans le voisinage duquel
« on voit encore les vestiges d'une ville qui était florissante à
« l'époque de la domination chrétienne. » Entre Tunis et Caïrowan est la montagne dite de Zaghwan زغوان, qui est très-
haute, et qui, par ce motif, est prise par les vaisseaux en pleine
mer pour point de reconnaissance. « Les flancs de cette mon-
« tagne sont fertiles, ensemencés et peuplés en certains endroits
« de Musulmans non mêlés (avec d'autres races). Il en est de
« même de la montagne d'Esalalt اسلّت [2], dont la longueur est de
« 2 journées de marche, qui est distante de Tunis de 2 journées,
« et de Caïrowan de 15 milles. On y trouve de l'eau courante,
« un grand nombre d'habitations et divers forts, tels que Djouzat
« جوزات, Saf سان, el-Caïtana القيطنة, dar el-Daouaïb دار الدوايب.
« Toute cette contrée est peuplée de tribus berbères qui y élè-
« vent des troupeaux de bœufs, de moutons, des chevaux et des
« mulets. Quant aux Arabes, ils dominent dans les plaines.
« Il nous reste à indiquer les routes fréquentées dans ce pays:

[1] Ou Basec. — [2] Ou Uselett, d'après la carte jointe au Voy. de Shaw.

« On peut se rendre de Caïrowan à Tihant ou Tahart تهرت¹, de
« Caïrowan à el-Djahinataïn الجهينتين, en une journée; à Sabiba
« سبيبة, en une journée. Sabiba est une ville ancienne, bien
« arrosée, environnée de jardins, pourvue d'un bazar solide-
« ment construit en pierres, et dont dépend un faubourg où sont
« des caravanserails et où se tiennent des marchés. Les eaux
« qu'on y boit sont des eaux de source; elles servent à l'irrigation
« des jardins et à celle des champs où l'on cultive du blé, du
« cumin, du carvi et des légumes.

« De là à Merdjana مرجانة, bourg appartenant aux Hawara,
« une journée;

« De Merdjana à Medjana مجانة, ville dont nous avons déjà
« parlé, 2 journées;

« De Medjana à Meskana مسكانة, bourg ancien, plus grand que
« Medjana, dont le territoire arrosé d'eau de source est bien cul-
« tivé, et dont le bazar s'étend en longueur sur une seule ligne,
« une journée.

« De là on se rend à Baghaï باغاى, ville florissante que nous
« avons déjà décrite dans la présente section. L'itinéraire de Ti-
« madi تجادى à Baghaï et à Almasila المسيلة est tel que nous
« l'avons indiqué; mais il existe une route de Caïrowan à Alma-
« sila autre que celle dont nous avons parlé; la voici :

« De Caïrowan à Djeloula جلولة, petit bourg entouré de murs,
« eau courante, beaucoup de beaux jardins et de palmiers, une
« journée.

« De là à Ahdi احدى, joli bourg, eau de puits, champs ense-
« mencés d'orge et de blé, une journée.

« De là à Tamhana طامنة auprès d'une grande plaine où l'on
« cultive l'orge et le blé en abondance, une journée.

« De là à el-Arbadh اربض, une journée.

¹ La distance manque.

TROISIÈME CLIMAT.

« D'el-Arbadh à Tifach تيفاش, ville ancienne, entourée de
« vieux murs construits en pierres et en chaux, jardins, vergers,
« grande culture d'orge, une journée.

« De Tifach à Cassr el-Afriki قصر الافريقي, bourg non entouré
« de murs, dont les environs produisent du blé et de l'orge,
« une journée.

« De là au bourg de Azkou ازكو, eaux de source, jardins,
« champs ensemencés d'orge et de blé, et très-fertiles, une
« journée.

« De là au bourg de Berdawan بردوان, qui fut autrefois consi-
« dérable, culture d'orge et de blé, une journée.

« De là à el-Bahrouned البهروند, bourg situé dans un bas-
« fond où sont des puits d'eau douce. Il y avait autrefois un
« marché. Le pays est en majeure partie peuplé de Berbers
« Ketama et Mazata. Une journée.

« De là au bourg de Masit ماسيت, arbres et habitations, une
« journée.

« De là à Dekha, دكهة où est un marché fréquenté par les
« Ketama, une journée.

« De là à Ousmasa اوسمسة, village berber, eaux courantes,
« blé et orge, une journée.

« De là à Almasila المسيلة, un peu moins d'une journée.

« D'Almasila à Wardjelan وارجلان, on compte 12 journées.
« Cette dernière ville est fréquentée par de nombreuses tribus
« et habitée par des négociants fort riches qui font le commerce
« du Soudan, du Ghana et du Wangara d'où ils tirent de l'or
« qui est ensuite frappé à Wardjelan et au coin de cette ville.
« Ils sont en général de la secte dite Wahabia وهبية, c'est-à-dire
« qu'ils sont schismatiques et dissidents.

« De Wardjelan à Ghana, on compte 30 journées.

« De Wardjelan à Kaougha, environ un mois et demi de
« marche.

DEUXIÈME SECTION.

« De Wardjelan à Kaougha كوغه, 13 journées.

« Revenons maintenant à Cabes قابس, ville d'Afrique, située
« sur les bords de la mer et dont nous avons déjà fait mention.

« De Cabes à Fouwara الفوارا, ancien bourg actuellement ruiné,
« 30 milles;

« De Fouwara à Abar-Khabet ابار خبت, 30 milles;

« De là à Sabra صبرة, 24 milles;

« Du fort de Sabra à Tripoli طرابلوس, une journée.

« Tout le pays que nous venons de décrire est désert par
« suite des dévastations qu'y ont commises les Arabes; il ne sub-
« siste plus de traces des anciennes habitations; les fruits, les
« biens de la terre, la population, tout a disparu; le pays est
« abandonné à des tribus d'Arabes dites Merdas مرداس et Rebah
« رباح.

« La seconde route de Cabes à Tripoli passe par Wadi-Hanes
« وادى حانس, Bir Zenata بير زناتة, Tamedfit تامدفيت, Bar el-Abbas
« بار العباس, Masa ماسا, Bir es-Safa بير الصفا. »

Quant à Tripoli طرابلوس, c'est une ville forte, entourée d'une
bonne muraille, située sur le bord de la mer; ses édifices sont
d'une blancheur remarquable et la ville est coupée de belles
rues; « il s'y tient des marchés; les objets du commerce et les
« produits de l'industrie sont exportés au loin. Avant l'époque
« actuelle, tous ses quartiers étaient bien peuplés et ses environs
« couverts d'oliviers, de figuiers, de dattiers et de toute sorte
« d'arbres à fruits; mais diverses tribus s'étant répandues dans la
« campagne et ayant cerné la ville, la population réduite à la mi-
« sère fut obligée de l'abandonner, après avoir vu ses plantations
« détruites par les Arabes et les sources des eaux épuisées par
« eux. »

En 540 de l'hégire (1145 de Jésus-Christ), le grand roi Roger
prit cette ville et réduisit en esclavage les habitants; « il en est
« actuellement possesseur et elle fait partie de ses états. Le

35

TROISIÈME CLIMAT.

« territoire de Tripoli est fertile en céréales de qualité supé-
« rieure, comme tout le monde sait. »

De Tripoli, en se dirigeant vers l'est jusqu'à la ville de Sort ou
Sert مدينة صرت, on compte 230 milles ou 11 journées, savoir :

De Tripoli à el-Medjeteni المجتني, 20 milles;
D'el-Medjeteni à Wardasa ورداسة, 22 milles;
De Wardasa à Raghoura رغورة, 25 milles;
De Raghoura à Tawargha تاورغة, 25 milles;
De Tawargha à el-Monessef المنصف, 25 milles;
D'el-Monessef à Cossour Hasan ben el-No'man el-Ghasani,
تصور حسن بن النعمان الغساني, 40 milles;
De ce dernier lieu à el-Assnam الاصنام, 30 milles;
D'el-Assnam à Sort صرت, 40 milles. »

« La route qu'on suit pendant ce trajet s'éloigne ou se rap-
« proche plus ou moins de la mer, et les terres que l'on par-
« court sont occupées par les Oudabab ودباب, tribus arabes.

« Sort est une ville ceinte d'un mur de terre, et située à 2
« milles de la mer. Elle est entourée de sables. On y voit des
« restes de plantations de dattiers, point d'oliviers, mais beau-
« coup de mûriers et de figuiers. Ces arbres y seraient encore
« en plus grand nombre sans les dévastations continuelles des
« Arabes. A Sort, l'herbe est plus rare qu'à Audjela اوجلة, et les
« dattiers en nombre moins grand qu'à Wadan ودان. Autrefois
« les dattiers y suffisaient à la consommation de la population; il
« y avait aussi des jujubiers, mais actuellement il ne s'en ren-
« contre plus que dans le lit des torrents ou sur les sommets
« des collines; les fruits ont entièrement disparu. L'eau des
« puits est rare et l'on ne fait usage que de celle qu'on garde
« dans les citernes. La majeure partie des habitants de la ville
« de Sort est berbère.

« De Tripoli au mont Meferda جبل مفردة, 3 journées;
« De Tripoli au mont Nofousa جبل نفوسة, 6 journées; »

DEUXIÈME SECTION.

Du mont Nofousa à Sfaks, 9 journées.

« De Nofousa à Castilia قسطيلية, 6 journées.

« Les habitants du mont Nofousa sont des Musulmans schis-
« matiques de la secte de ben-Menbah el-Yemani بن منبه الجماني,
« dont nous avons déjà parlé à l'occasion de l'île de Djerbé جربه.

« De Nofousa à la montagne de Demar جبل دمر, 3 journées
« par un pays sablonneux; cette montagne est peuplée de ber-
« bers Rahana رهانه qui y élèvent des chameaux; ils montent
« ordinairement les blancs, qu'ils préfèrent comme plus légers et
« résistant mieux (que les autres) à la fatigue. Ils s'en servent pour
« aller au loin surprendre les tribus arabes qu'ils peuvent ren-
« contrer dans les déserts, s'emparer de leurs chameaux, et re-
« tourner dans leurs montagnes avec le butin qu'ils ont fait; ils
« n'ont pas d'autre industrie; il n'est aucune des tribus arabes
« habitant dans leur voisinage qui n'ait à se plaindre d'eux, et
« rien n'est plus difficile que de les atteindre, soit parce que leurs
« courses sont très-rapides, soit parce qu'ils connaissent parfaite-
« ment le pays et qu'ils y trouvent des lieux de refuge assurés. Le
« mont Demar دمر s'étend du côté du midi jusqu'au Wadan ودان.

« Après avoir ainsi décrit les pays dépendants de Tripoli, nous
« allons indiquer les caps, promontoires, châteaux et lieux situés
« sur la côte qui font partie de la présente section, et ce d'après
« les renseignements que nous avons obtenus. Que Dieu nous
« assiste dans ce travail!

« De la ville de Bone بونة à el-Tarf الطرف, 6 milles.

« De cette même ville au golfe d'Azcac ازقاق, 40 milles.

« Azcac est un golfe à l'extrémité duquel se trouve le port
« d'el-Kharaz مرسى الخرز, dont un des caps s'avance dans la mer. »

D'el-Kharaz à Tabarca طبرقة, 24 milles; et de là auprès du golfe,
15 milles en ligne droite, et 24 milles en suivant les contours.
On remarque dans ces parages une dune de sable distante de 6
milles de la mer et connue sous le nom d'el-Menchar رملة المنشار.

TROISIÈME CLIMAT.

D'el-Menchar au fort d'Abi-Khalifa اں خليفة, 10 milles.

De là, en traversant directement le golfe, 20 milles, et en suivant les contours, 28 milles, et au cap d'el-Tarf الطرن, 12 milles.

D'Abi-Khalifa à Benzert (Bizerte) بنزرت, dont il a déjà été question, 8 milles.

De Bizerte à beni-Wedjass بنى وجاس, 12 milles.

De là au cap dit Ras el-Djebel راس الجبل, en côtoyant une baie sur les rives de laquelle on remarque divers châteaux, 13 milles.

Du cap de Beni-Wedjass à Mers el-Wad مرسى الواد, 3 milles.

« Mers el-Wad est un port où une petite rivière vient se jeter « dans la mer. »

De Cassr Mers el-Wad à Cassr Tersa Daoud قصر ترسه داود, 3 milles.

De Cassr Tersa Daoud à Cassr Sounïn قصر صونين, 5 milles.

De Cassr Sounïn au cap dit Ras el-Djebel راس الجبل, 2 milles.

Ce lieu est également nommé el-Kenisa الكنيسة (l'église). « C'est « à el-Kenisa que commence le golfe au fond duquel se trouvent « le lac et la ville de Tunis. »

Du pied de la montagne, en suivant les contours du golfe, jusqu'à l'embouchure de la rivière dite el-Badjarda بجردة, on compte 6 milles.

De ladite embouchure à Cassr Halla قصر حلة (ou Djalla), 4 milles.

De Cassr Halla à Cassr Djerdan قصر جردان, 2 milles.

De Cassr Djerdan à Carthage قرطاجنة, 2 milles.

« La ville de Carthage, dont nous avons déjà parlé, n'est plus « qu'un lieu couvert de ruines. »

De Carthage à Halk el-Wad حلق الواد (la Goulette), 3 milles.

« La Goulette est située au fond du golfe de Tunis. »

De la Goulette à Cassr Djeham قصر جهم, 12 milles.

A Cassr Kerbas قصر قربص, 16 milles; et à Afran افران (Porto-

Farina) où est un cap qui s'avance dans la mer, 14 milles. Le contour de tout le golfe est de 74 milles; mais, en allant directement de Ras el-Djebel à Afran, la distance n'est que de 28 milles.

Du fond du golfe, où est la Goulette, au cap d'Afran, 28 milles en ligne directe, 56 en suivant les contours.

D'Afran à Cassr el-Nakhla قصر النخلة, 6 milles.

De Cassr el-Nakhla à Benzert (Bizerte) بنزرت, 12 milles.

De Bizerte à Bone بونة, 30 milles.

De la Goulette de Tunis à Bone [1], 70 milles.

Vis-à-vis de Bone se trouvent deux montagnes distantes l'une de l'autre de 7 milles. L'une se nomme Djamour el-Kebir جامور الكبير, et l'autre Djamour el-Soghaïr جامور الصغير.

De Djamour el-Kebir à Bone بونة, 12 milles.

De Bone au cap dit Ras el-Rakhima الرخيمة, par la route directe, 1 mille (Rakhima est au fond d'un golfe dont les eaux sont peu profondes); par les contours, 6 milles.

Du cap d'el-Rakhima à Tarf el-Baghla طرف البغلة [2]. Tarf el-Baghla est au pied de la montagne dite Adar ادار (le cap Bon), située du côté d'Aklibia اقليبية (Gallipoli d'Afrique), à l'est.

De Ras el-Rakhima à Djamour el-Soghaïr, 6 milles.

« Les deux Djamour sont des montagnes auprès desquelles on « va mouiller en cas de vent contraire. »

On compte d'Aklibia à Bone, 30 milles;

D'Aklibia à el-Monastir المنستير, un jour de navigation;

D'Aklibia à Cassr Beni-Marzouk قصر بني مرزوق, 7 milles;

De Cassr Beni-Marzouk à Cassr Lebna قصر لبنة, 8 milles;

De Cassr Lebna à Cassr Saad قصر سعد, 4 milles;

De Cassr Saad à Cassr Caria قصر قرية, 8 milles;

---

[1] La version latine porte ici *ad Nabam* au lieu de *ad Bonam*, et ailleurs *Nuba* au lieu de *Bona*, mais c'est évidemment par erreur.

[2] La distance manque.

De Cassr Saad à Tousihan راس توسيهان, 10 milles.

Tousihan est un cap qui s'avance à la distance d'un mille et demi dans la mer, et qui a la forme d'une dent molaire; il est distant du fond du golfe de 4 milles.

De Tousihan à Nabel (Napoli d'Afrique) نبل, 8 milles.

« Nabel était, sous les Chrétiens, une ville grande et bien « peuplée; mais l'île de Bachek باشق étant tombée au pouvoir « des Musulmans dès les premiers temps de l'hégire, Nabel « perdit sa splendeur et son état florissant, à tel point qu'il n'en « reste que le château et quelques ruines. Ces vestiges, qui em- « brassent une grande étendue de terrain, prouvent que Nabel « dut être considérable autrefois. »

De Cassr Nabel à Cassr el-Khaïat قصر الخياط, fort situé à près de 2 milles de la mer, 8 milles;

De Cassr el-Khaïat à Cassr el-Nakhil قصر النخيل, 6 milles;

De Cassr el-Nakhil à el-Hamamat الحامات, 7 milles.

« En revenant de Hamamat à Tunis, la route est d'une jour- « née, distance égale à l'étendue en largeur de l'île de Bachek, « dont il a déjà été question. Cette partie de la côte porte le « nom de Hamamat, ainsi qu'un château bâti sur un terrain qui « s'avance en mer à près d'un mille. »

De Hamamat à Almenar المنار, 5 milles.

Almenar est un château assez éloigné de la côte.

D'Almenar à Cassr el-Marssad قصر المرصد, et à Cassr el-Morabetïn قصر المرابطين, 6 milles. Ce château se trouve au fond du golfe dit Djoun el-Medfoun جون المدفون [1].

De Cassr el-Morabetïn au cap de Djoun el-Medfoun, 6 milles;

De ce cap à Hercalia هرقلية, 8 milles;

D'Hercalia à Sousa سوسة, 18 milles.

« Sousa ou Sous est une ville bien peuplée; il s'y fait beau-

---

[1] Il existe ici dans le ms. A. une lacune considérable que nous avons remplie au moyen du ms. B. (Feuillets 113 verso et suiv.)

DEUXIÈME SECTION.

« coup de commerce. Les voyageurs y affluent de toutes parts;
« on en exporte divers objets fabriqués ou autres que l'on ne
« peut se procurer que là, et notamment certains turbans aux-
« quels on a donné le nom de turbans de Sousa. Il s'y tient des
« marchés; la ville est environnée d'une forte muraille en pierres
« de taille; on n'y boit que de l'eau de citerne. »

De Sousa à Secanes سقانس, 8 milles;

De Secanes à Cassr Beni-Djehad قصر بني جهاد, 4 milles;

De Cassr Beni-Djehad aux châteaux de Monastir منستير, 2 milles;

Du fort d'Aklibia à Monastir, en ligne droite, 100 milles (une journée de nagivation), ou 120 milles en suivant les contours:

De ......[1] à Monastir, 9 milles;

De cette île à Cassr Lamta قصر لمطه, 10 milles;

A el-Dimas الدیماس, 12 milles;

A Mahdia مدينة المهدية, 20 milles;

De Monastir à Mahdia, 30 milles;

De Monastir à Cassr Lamta, 7 milles;

De Cassr Lamta à el-Dimas, 8 milles;

D'el-Dimas à Mahdia, 8 milles.

« La ville de Mahdia, dont on a déjà donné la description,
« est environnée par les eaux de la mer; elle est située à l'entrée
« d'un golfe qui court dans la direction du sud. »

De Mahdia à Cassr Selcata قصر سلقطة, 6 milles;

De Cassr Selcata à Cassr el-A'lia قصر العالية, 6 milles;

De Cassr el-A'lia à Cassr Caboudia قصر تابودية, 13 milles.

« Caboudia est un château situé sur le bord de la mer, qui
« est ici très-poissonneuse. »

De Caboudia à Cassr Melian قصر مليان, 8 milles;

---

[1] Ce nom de lieu manque, mais tout porte à croire qu'il s'agit de l'île dite Kuriat, située en effet à peu de distance de la côte, et dont il est fait mention dans la version latine, page 90.

À Cassr el-Rihan قصر الريحان, 4 milles;
A Cassr Canata قصر تناطة, 4 milles.

« On fabrique à Canata, avec de l'argile de couleur rouge,
« beaucoup de poterie que l'on transporte à Mahdia. »

De Canata à Cassr el-Lauza قصر اللوزة, 4 milles.
De Cassr el-Lauza à Cassr ez-Ziad قصر الزيد, 6 milles.
De Cassr ez-Ziad à Cassr Medjounès قصر مجونس, 8 milles.
De Cassr Medjounès à Cassr Camnas قصر قامناس, 8 milles.
De Cassr Camnas à Cassr Nezel قصر نزل, 2 milles.
De Cassr ez-Ziad jusqu'aux limites du territoire de Cassr Nezel, 18 milles.
De là à Cassr Habla قصر حبلة[1], 2 milles, en suivant la côte.
De Cassr Habla à Sfaks سفاقس, 5 milles.

En somme, de Caboudia à Sfaks, on compte 40 milles en suivant les contours du golfe, ou 30 milles en ligne directe.

Vis-à-vis de Cassr ez-Ziad en mer, vers l'orient, est l'île de Kerkené ترقنه, située entre Cassr ez-Ziad et Sfaks. On compte de Caboudia à Kerkené 20 milles, et de Kerkené à Sfaks environ 15 milles.

« Kerkené est une île jolie et bien peuplée, quoiqu'il ne s'y
« trouve aucune ville; les habitants demeurent sous des cabanes
« de roseaux. L'île est bien fortifiée; elle produit beaucoup de
« raisin, des jujubes, du cumin, et de l'anis. Le roi Roger s'en
« empara l'an 548 de l'hégire (1153).

« On voit, près d'un château qui se trouve dans l'île, des grot-
« tes ou cavernes qui servent, aux habitants, de refuge contre les
« invasions auxquelles ils peuvent être exposés. On donne à ces
« grottes le nom de Kerbedi ترېدى.

« De Kerbedi à Beït Cosseïr بيت قصير, 20 milles.
« L'île a 16 milles de long sur 6 milles de large. »

[1] Voyez, pour les variantes résultant de la présence ou de l'absence des points diacritiques, la version latine, page 90 et suiv.

DEUXIÈME SECTION.

De cette ville à Tarf el-Ramla طرف الرملة, 4 milles.

De là, revenant au midi vers le point où commence le golfe, à Cassr Madjous قصر ماجوس, 4 milles.

De là à Cassr Nabka قصر نبقه, 10 milles.

De Cassr Nabka à Cassr Tenida قصر تنيدة, 8 milles.

De Cassr Tenida à Cossour el-Roum قصور الروم, 4 milles.

De Cossour el-Roum à la ville de Cabes قابس, précédemment décrite, 75 milles.

De Cabes, en suivant la côte, jusqu'à Cassr ebn-A'ïchoun قصر بن عيشون, 8 milles, et à Cassr Zadjouna قصر زجونة, 8 milles.

De Cassr Zadjouna à Cassr Beni-Mamoun قصر بني مامون, 20 milles.

De Cassr Beni-Mamoun à Amroud امرود, 11 milles.

D'Amroud à Cassr el-Djarf قصر الجرف, 18 milles.

Ainsi, de Ras el-Ramla راس الرملة, à Cassr el-Djarf, par le désert, on compte 50 milles, et en faisant des détours, 150 milles.

De Cassr el-Djarf à l'île de Djerbé جزيرة جربة, 4 milles.

« Cette île est peuplée de Berbers, généralement bruns de
« couleur, enclins au mal, et qui ne parlent aucune autre lan-
« gue que le berber. Ils sont toujours disposés à se révolter, ne
« voulant recevoir de loi de personne. Le roi Roger, vers la fin
« de l'an 529 de l'hégire (en 1134), équipa une flotte qui s'em-
« para de cette île. Les habitants se soumirent d'abord et restè-
« rent tranquilles jusqu'en l'an 548 (1153), époque à laquelle
« ils secouèrent le joug. Roger, pour les punir, y envoya une
« nouvelle flotte. L'île fut de nouveau conquise, et ses habitants
« furent réduits en esclavage et transportés à la ville [1].

« La longueur de l'île de Djerbé est, de l'est à l'ouest, de 60
« milles, et sa largeur, à partir du cap oriental, est de 15 milles.
« De ce cap à la terre ferme, on compte 20 milles. La partie la

---

[1] Probablement à Mahdia.

« plus étroite de l'île est vers le cap dit Ras Kerïn راس كرين, et
« la plus large vers le cap dit Ras el-Tidjan راس التيجان.

« Du côté de l'est, cette île touche à celle de Zirou زيرو,
« qui est fertile en dattes et en raisins. On compte environ
« un mille de distance entre la terre ferme et l'île de Zirou. Elle
« est située vis-à-vis Cassr Beni-Khattab قصر بني خطاب. Les habi-
« tants de cette île sont des musulmans schismatiques de la secte
« dite Wahabia الوهبية; ceux des forts et châteaux voisins de ces
« deux îles appartiennent à la même secte. Ils pensent que leurs
« vêtements seraient souillés par le contact de ceux d'un étran-
« ger; ils ne lui prennent pas la main, ne mangent pas avec lui;
« ils le font manger séparément dans de la vaisselle réservée à cet
« usage; les hommes et les femmes se purifient tous les matins;
« ils font usage d'eau ou de sable pour leurs ablutions. Si un
« voyageur étranger s'avise de tirer de l'eau de leurs puits pour
« boire, et qu'ils s'en aperçoivent, ils le maltraitent, le chassent
« du pays et mettent le puits à sec. Les vêtements des hommes
« impurs ne doivent pas être mis en contact avec ceux des hom-
« mes qui sont purs, et *vice versâ*; ils sont néanmoins hospitaliers;
« ils invitent les étrangers à des repas et les traitent bien. Ils res-
« pectent les propriétés des personnes qui viennent se fixer chez
« eux et sont justes à leur égard.

« De la partie de l'île de Djerbé, nommée el-Tidjan التيجان,
« à Cosseïr el-Beït قصر البيت, on compte 90 milles.

« D'el-Tidjan au pont de Kerkené قرتنة, 62 milles. »

Revenons maintenant à Tarf el-Djarf طرف الجرف, dont nous avons déjà parlé. De ce point, en suivant le rivage de la mer, au cap dit Ras el-Awdia راس الاودية, on compte 24 milles.

De Ras el-Awdia aux forts ou châteaux dits el-Zarat الزرات [1], 20 milles.

---

[1] Ici se termine le passage omis dans le ms. A.

DEUXIÈME SECTION.

« Ces châteaux, au nombre de trois, sont situés vis-à-vis de
« l'île de Djerbé, et n'en sont séparés que par un bras de mer de
« 20 milles de large. »

De ces trois châteaux à Cassr Beni-Dakermïn (ou Dakoumïn
قصر بني داكرمن (داكومس), 25 milles.

De Cassr Beni-Dakermin à Cassr el-Hara قصر الهرى, 6 milles.

De Cassr el-Hara à Cassr Djerdjis قصر جرجس, 6 milles.

De Cassr Djerdjis à Cassr Beni-Khattab قصر بني خطاب, 25
milles.

Cassr Beni-Khattab est situé sur les confins, à l'ouest, d'un
lac d'eau saumâtre nommé Sabâkh el-Kelâb سبخ الكلاب, et situé
en face de l'île de Zirou زرو, « dont la longueur est de 40 milles
« sur un demi-mille de largeur. Une partie de cette île, cou-
« verte d'habitations, produit du raisin et des dattes; l'autre est
« couverte d'eau à la profondeur d'une stature d'homme. »

De Cassr Beni-Khattab à Cassr el-Chammakh السماخ, 25
milles.

Ces deux lieux sont séparés par une baie dite Djoun Solb el-
Himar جون صلب الحمار.

De Cassr el-Chammakh à Cassr es-Saleh قصر الصالح, 10 milles.

Cassr es-Saleh est bâti sur un cap nommé Ras el-Makhbez راس
المخبز, qui court de l'est à l'ouest sur une étendue de 5 milles.

De Cassr Ras el-Makhbez à Cassr Koutïn قصر كوتين, 20 milles.

De Cassr Koutïn à Cassr Beni-Ouloul قصر بني اولول, 20 milles.

De Cassr Beni-Ouloul au port dit Mersa Merkia مرسى مركيا,
20 milles.

De Mersa ou Cossour Merkia à Cassr A'fsalat قصر عفسلات, 20
milles.

De Cassr A'fsalat à Cassr Serba قصر سربة, 4 milles.

De Cassr Serba à Cassr Sinan قصر سنان, 2 milles.

De Cassr Sinan à Cassr Bendari قصر بنداري, 3 milles.

De Cassr Bendari à Cassr Gharghara قصر غرغرة, 10 milles.

36.

De Cassr Gharghara à Cassr Ssaïad قصر صياد, 6 milles.

De Cassr Ssaïad à la ville de Tripoli طرابلوس, dont la description complète vient d'être donnée, 20 milles.

De Tripoli au cap dit Caliousa قاليوسة, 24 milles.

De Cassr Caliousa à Cassr el-Kitab قصر الكتاب, 8 milles.

De Cassr el-Kitab à Cassr Beni-Ghasan قصر بني غسان, 12 milles, et à l'embouchure de la rivière dite Wad-Lades واد لادس, 18 milles.

De Wad-Lades au cap el-Cha'ara رأس الشعرآ, 14 milles.

De ce dernier cap à celui de Caliousa قاليوسة on compte 40 milles en ligne droite et 52 milles en ligne oblique.

De Cassr el-Gha'ara au cap Chirikes رأس شريكس, 4 milles, et au cap el-Mesen رأس المسن, qui s'avance dans la mer, 4 milles.

D'el-Mesen à Lebda لبدة (Leptis magna), 4 milles.

« La ville de Lebda est située à peu de distance de la mer.
« Elle était autrefois très-florissante et très-peuplée; mais les
« Arabes étant venus camper sur son territoire, s'emparèrent des
« troupeaux et inquiétèrent les habitants à tel point que ceux-ci
« furent contraints d'abandonner la ville. Il n'en reste plus que
« deux châteaux assez considérables où des Berbers de la tribu
« de Hawara هوارة ont établi leur domicile. Indépendamment de
« ces châteaux, on voit encore, à Lebda, un fort situé sur le
« bord de la mer et occupé par des artisans; il s'y tient un mar-
« ché qui est assez fréquenté. Le territoire de Lebda produit des
« dattes et des olives dont on retire, dans la saison convenable,
« d'assez abondantes récoltes d'huile. »

De Lebda à Cassr Beni-Hasan قصر بني حسن, 17 milles.

De Cassr Beni-Hasan à Mersa Makrou مرسى مكرو, bon mouillage où les navires sont à l'abri de tous les vents, 1 mille.

Du port de Makrou[1] à Cassr Hachem قصر هاشم et à Cassr Samia قصر سامية, 12 milles.

---

[1] La version latine porte Nakebdou.

DEUXIÈME SECTION. 285

De Cassr Samia à Soueïca ebn-Metskoud سويقة ابن متكود, 12 milles.

De Soueïca ebn-Metskoud à Kenan تنان, 20 milles.

De Tripoli à Kenan, on compte par le désert 180 milles, et par les détours, 210 milles.

« Soueïca ebn-Metskoud, dont il est parlé ci-dessus, tire son
« nom de celui d'une tribu d'Arabes dite Beni-Metskoud. Le pays
« est peuplé de Berbers de la tribu des Hawara هوارة, qui sont
« entièrement sous la dépendance des Arabes. Il y a un marché
« très-renommé et un grand nombre de forts ou châteaux. Les
« habitants cultivent de l'orge au moyen d'irrigations, et les Ara-
« bes viennent se pourvoir chez eux des choses nécessaires à leur
« subsistance. »

Ici finit la seconde section du troisième climat, contenant, sur celles d'entre les côtes de la mer Méditerranée qui y sont comprises, tous les renseignements qu'il nous a été possible de nous procurer.

TROISIÈME SECTION.

Désert de Barca. — Adjedabia. — Audjela. — Zawila.

La contrée comprise dans cette section se compose, en majeure partie, de déserts « fréquentés par des Arabes méchants, « vicieux, et jaloux de leurs voisins. » Là sont Zawila ebn-Khattab زويلة ابن خطاب, Mestih مستيح, Zala زالة, Audjela اوجلة, et Barca برقة. Sur les rivages de la mer, on remarque divers châteaux dont nous donnerons la description. Les plus célèbres d'entre ces contrées sont celles de Sirt[1] (ou Sort) صرت et d'Adje-
« dabia اجدابية; mais, de nos jours, elles sont devenues misé-
« rables et dépeuplées à tel point qu'il n'en subsiste (pour ainsi
« dire) que les noms. Cependant il y aborde des navires chargés
« d'objets de consommation et le pays n'est pas entièrement
« improductif. Nous en décrirons les villes, les territoires, les
« châteaux, les fleuves, tels qu'ils sont actuellement. Tout secours
« et toute force viennent du Très-haut. »

Barca برقة est une ville de grandeur moyenne, dont l'en-
« ceinte est peu habitée et les marchés peu fréquentés; autre-
« fois il n'en était pas de même. C'était la première station pour
« les voyageurs qui se rendaient de l'Égypte à Caïrowan. De
« Barca dépendent divers villages arabes situés dans une plaine
« d'une journée d'étendue, environnée de montagnes, et dont
« le sol est naturellement de couleur rouge. Les vêtements des
« habitants sont de cette même couleur, en sorte qu'on les
« reconnaît à ce signe dans les pays environnants. Le concours

[1] Nous écrivons ce mot d'après la prononciation actuelle des habitants de Tripoli.

« des voyageurs (à Barca) est considérable à certaines époques,
« parce que cette ville n'est voisine d'aucune qui puisse lui être
« comparée en fait de ressources, et que d'ailleurs elle est si-
« tuée sur une côte stérile. Le pays produisait autrefois du coton
« d'une qualité particulière et différente de toute autre. Il y avait
« et il y existe encore des tanneries où l'on prépare des cuirs de
« bœuf et des peaux de tigre provenant d'Audjela. Les vaisseaux
« et les passagers qui viennent d'Alexandrie الاسكندرية ou de
« l'Égypte a Barca, y apportent de la laine, du miel et de l'huile »
et en exportent une espèce de terre utile en médecine, connue
sous le nom de terre de Barca, et qui, mélangée avec de l'huile,
est employée avec succès contre la gale, la teigne, et comme
vermifuge. Cette terre est une sorte de poussière, qui, jetée sur
le feu, exhale une odeur de soufre et une fumée puante; elle
est d'une saveur également très-désagréable.

De Barca à Audjela اوجلة on compte, par le désert, 10 journées de caravane.

De Barca à Adjedabia اجدابية, 6 journées ou 152 milles.

De Barca à Alexandrie, 21 journées ou 550 milles [1].

« Le pays compris dans cet intervalle se nomme pays de Barkin
« ارض برتين (ou plutôt de Barnik برنيق) [2].

« Adjedabia اجدابية est une ville située dans un lieu couvert
« de cailloux roulés. Elle était autrefois entourée de murs, mais
« il n'en subsiste plus que deux forts dans le désert. La distance
« qui sépare Adjedabia de la mer est de 4 milles. Il n'y a dans
« ses environs aucune espèce de végétation. La population se com-
« pose de juifs et de musulmans dont la profession est celle de
« marchands forains. Un grand nombre d'Arabes et de Berbers
« errent dans ces solitudes. Il n'existe aucun cours d'eau, soit dans
« le pays de Barca, soit dans celui d'Adjedabia; on n'y boit que
« de l'eau de citerne et on se sert d'eau de puits pour arroser

[1] Dans le ms. A. cette distance manque. — [2] Bérénice?

« le peu de blé, d'orge et de menus grains qu'on y cultive.

« La distance d'Adjedabia à Zala زالة est de 5 journées.

« Audjela اوجلة est une ville petite, mais bien peuplée, et
« dont les nombreux habitants se livrent à un négoce tel que le
« comportent leurs besoins et ceux des Arabes (leurs voisins).
« Cette ville est située dans un pays désert; le sol qui l'envi-
« ronne produit des dattes et des légumes pour la consommation
« des habitants. C'est par Audjela qu'on pénètre dans la majeure
« partie du pays des noirs, comme par exemple dans le Kowar
« كوار, et le Koukou كوكو. (Bâtie) sur un fonds de roche très-
« dure [1], elle est très-fréquentée par les allants et par les ve-
« nants. Les territoires d'Audjela et de Barca ne forment qu'une
« seule province. L'eau y est rare, et l'on n'y boit que de celle
« des citernes [2].

« D'Audjela à Zala زالة, on compte 10 journées, en se dirigeant
« vers l'ouest.

« Zala est un bourg où se trouve un bazar fréquenté. La po-
« pulation se compose de Berbers, de Hawara هوارة, et de mar-
« chands; on y trouve bienveillance et protection [3].

« De Zala à Zawila زويلة, 10 journées, en passant par un bourg
« nommé Mestih مستيح.

[1] C'est par conjecture que nous traduisons ainsi les mots في رصيف طريق.

[2] La description d'Audjela citée par Abulféda n'étant pas complète, nous croyons devoir joindre ici le texte arabe d'Édrisi :

مدينة اوجلة مدينة صغيرة متحضرة فيها قوم ساكنون كثير والتجارة
بها على قدر احتياجهم واحتياج العرب وهى فى ناحية البرية يطيف بها نخل
وغلات لاهلها ومنها يدخل الى كثيرة من ارض السودان مثل بلاد كوار
وبلاد كوكو وهى فى رصيف طريق والوارد اليها والصادر كثير وارض
اوجلة وبرقة ارض واحدة ومياهها قليلة وشرب اهلها من المواجل

[3] Le ms. B. ajoute qu'on entre aussi par Zala dans le Soudan ou pays des noirs.

TROISIÈME SECTION.

« De Zala au territoire de Wadan ودان, 3 journées.

« Wadan est une oasis (litt. une île) plantée de palmiers touffus
« et couverte d'habitations.

« De Zala à Sirt صرت (ou Sort), 9 journées.

« De Sirt au territoire de Wadan, 5 journées.

« Wadan وادان est un district situé au midi de Sirt صرت, où
« sont deux châteaux distants l'un de l'autre d'un jet de flèche.
« Celui de ces châteaux qui est le plus voisin de la plaine est
« inhabité, celui qui touche au désert est habité. Il y a beaucoup
« de puits dont les eaux servent à l'arrosage du dhorra. On voit
« des bois à l'occident de la ville, qui est entourée de nombreu-
« ses plantations de mûriers, de figuiers de l'espèce dite *dhaheb*
« داهب, et de palmiers produisant des dattes molles et douces;
« car si les dattes d'Audjela sont plus abondantes, celles de Wa-
« dan sont supérieures en qualité. C'est par ici qu'on entre dans
« le pays des noirs et ailleurs.

« De Zawila ebn-Khattab زويلة ابن خطاب à Sirt (ou Sort), on
« compte 5 fortes journées; et de la même ville au petit marché
« dit Soueïca ebn-Menkoud سويقة ابن منكود ou ebn-Metskoud ابن
« متكود, 16 journées.

« La ville de Zawila ebn-Khattab du désert زويلة ابن خطاب
« الصحرا est petite, mais il y a des bazars; on entre (aussi) par là
« dans le pays des noirs. On y boit de l'eau douce provenant de
« puits. Il y croît beaucoup de palmiers dont les fruits sont excel-
« lents; c'est un lieu fréquenté par des voyageurs qui y apportent
« toutes les marchandises et tous les objets nécessaires aux habi-
« tants. Les Arabes errent dans la campagne et ils y commettent
« autant de dégât qu'il leur est possible. Tout le pays que nous
« venons de décrire est soumis à leur domination.

« De Cossour el-A'tech تصور العطش (on se rend) à Cafez تافز,
« lieu appartenant aux Nassrat et aux A'mirat ناصرة وعميرة, tribus
« arabes; de là à Tolomietha el-Zelk تلميثة الزلك, lieu soumis au

« pouvoir de diverses tribus berbères devenues arabes, et portant
« les noms de Mezata مراتــة, de Zenata زناتة, et de Fazara فزارة.
« Ces Berbers sont des cavaliers très-braves, très-orgueilleux;
« ils font usage de longues lances et protégent le pays contre
« les incursions des (brigands) Arabes.

« L'étendue du littoral compris dans la présente section est,
« en ligne directe, de 7 journées de navigation, ou de 700 milles;
« et en suivant les contours du golfe, de 13 journées, ou de
« 1300 milles, savoir :

« Du cap Canan قانان à Sirt صرت, dont nous avons déjà parlé,
« 3 journées de navigation.

« De Sirt à Maghdach مغداش, 1 journée et demie.

« De là à l'île blanche جزيرة البيضا, 1 journée et demie.

« A Cassr Sarbioun قصر سربيون, 1 journée.

« A Cassr Cafez قصر قافز, 1 demi-journée.

« A . . . . . . سرس, une demi-journée[1].

« Aux tours de Berouh الابراج بروح, 4 journées.

« A Tewkara توكرة, 50 milles.

« A Tolomietha طلميثه[2], 50 milles.

« Au cap الطرن, 2 journées de navigation.

« Tel est l'itinéraire considéré isolément : mais notre intention
« est de le compléter au moyen de l'indication des châteaux. » Le
voyageur qui, partant du cap Canan, veut se rendre aux châteaux
de Hasan قصور حسان, a quatre fortes journées à faire dans un
désert aride, « plat et monotone. Ces châteaux, de nos jours,
« sont inhabités et il n'en subsiste que des ruines poudreuses;
« mais on y trouve deux puits peu profonds où les voyageurs peu-
« vent s'approvisionner d'eau en quantité suffisante pour leurs
« besoins. »

[1] Le ms. B. porte une journée; mais, soit qu'on adopte cette évaluation, soit qu'on préfère celle du ms. A., l'addition des nombres ne donne point un total exact. — [2] Ou Tamina طامينه, d'après le ms. B.

TROISIÈME SECTION.

De là à Assnam اصنام, 30 milles.

Le golfe porte le nom de Zediq زديق. En creusant des fosses dans le sable et dans les cailloux, sur les bords de la mer, on trouve de l'eau. « On appelle ce lieu Assnam, parce qu'il existe « auprès de là, dans le désert, un grand nombre d'idoles, ou-« vrage des anciens Grecs. »

De Assnam on va à el-Carnaïn[1] القرنين, château considérable bien habité, et au centre duquel est un puits profond, de nos jours alimenté par les eaux pluviales.

« De là à Sirt صرت, dont nous avons suffisamment fait men-« tion, on compte 13 milles. »

De là à Cassr el-A'badé قصر العبادة, sur le bord de la mer, 34 milles.

De Cassr el-A'badé à Iahoudié يهودية, « lieu habité et arrosé « au moyen de puits dont on fait tirer l'eau par des bêtes de « somme, 34 milles. »

De Iahoudié à Cassr el-A'tech قصر العطش (le château de la Soif), « où sont trois puits et des cultures, 34 milles. »

De Cassr el-A'tech à Manhoucha منهوشة, 3 journées sans eau, et par un terrain bas et imprégné de sel.

Manhoucha est située sur les bords de la mer; on s'y procure de l'eau en creusant des trous dans les cailloux et dans le sable « du rivage[2]. « Ce nom de Manhoucha ou de *morduc* lui a été « donné parce qu'il y a dans les sables qui l'environnent une « sorte de vipère longue tout au plus d'un empan, dont la mor-« sure est nuisible et dangereuse, surtout durant la nuit, pour

---

[1] Je suppose qu'il s'agit ici de Cyrène : l'indication qui précède autorise cette conjecture. Au surplus, le nom est fautivement écrit dans la version latine, pag. 92, lig. 30.

[2] Tel est, ce me semble, le sens de ces mots : ومياهها فى احساء تحتفر فى الرمل على البحر ; je ne puis donc adopter la version latine qui porte, pag. 93, *et ejus incolæ habent aquam in cisternis.*

« celui qui n'y prend pas garde. On y rencontre aussi des trou-
« peaux de bœufs sauvages, beaucoup de loups, et (même) des
« lions qui attaquent les voyageurs, lorsque ceux-ci paraissent les
« redouter. »

De Manhoucha à Bir el-Ghanam بير الـغنم (le puits des Moutons), situé à l'extrémité des terrains salés dépendants de Manhoucha مهنوشة, environ 13 milles.

De là à Faroukh الفاروخ, 1 journée de 30 milles.

De Faroukh à Harcara حرقرة, 25 milles.

De là à Tawsemt توسمت[1], 20 milles.

De là à Solouc سلوق, 24 milles.

De là à Barca برقة, 15 milles.

Quant à la distance qui sépare Solouc سلوق de Cafez قافز, elle
est d'une journée.

Cafez est un château construit au milieu de la plaine de Ber-
nic برنيق. A l'est de Cafez, s'étend un bois غابة, qui touche à la
mer, dont Cafez est distante elle-même de 4 milles. Du même
côté, et auprès de Cafez, est un étang qui s'étend le long de la
mer, mais qui en est séparé par des dunes de sable. Cet étang
est d'eau douce, sa longueur est de 6 milles, « et sa largeur
« d'un demi-mille. C'est vers la moitié de la première de ces
« distances que commence le bois dont il vient d'être parlé. Le
« pays est occupé par des tribus errantes[2]. »

De Cafez à Cassr Tewkara قصر توكرة (l'ancienne Teuchira ou
Arsinoé), 2 journées.

« Ce dernier lieu est considérable et bien habité. Il y existe
« une peuplade berbère. Les champs qui l'environnent sont cul-
« tivés et arrosés; on y cultive des menus grains.

---

[1] Nous suivons ici le ms. A. et la version latine; le ms. B. porte Baousemt.

[2] Après le mot قبايل, il existe un mot illisible dans l'un comme dans l'autre
manuscrit.

TROISIÈME SECTION.

De là (de Cassr Tewkara) à Camanès قانس[1], château, 10 milles.

De Camanès à Awtelit اوطليط, château habité, 1 demi-journée[2].

De là à Arba' Boroudj اربعة بروج (les quatre tours), château, 1 journée.

De là à Cassr el-A'ïn قصر العين (le château de la Fontaine), 10 milles.

De là à Tolomïetha طلميثة, « place très-forte, ceinte de mu-
« railles en pierre, 10 milles.

« Tolomïetha (l'ancienne Ptolemaïs) est un lieu bien habité
« et fréquenté par les navires. On y apporte de bonnes étoffes de
« coton et de lin qu'on y échange contre du miel, du goudron et
« du beurre. Les navires viennent d'Alexandrie. Autour de cette
« ville campent des tribus nomades, savoir : vers l'occident, les
« Rawah رواح, et vers l'orient, les Heïb هيب.

« Nous décrirons par la suite, s'il plaît à Dieu, les pays qui
« touchent à cette contrée. »

---

[1] La version latine porte (p. 93) Mamacques. — [2] Le ms. A. porte 2 journées.

QUATRIÈME SECTION[1].

Alexandrie. — Missr ou Fostat. — Faïoum. — Branches du Nil. — Lac de Tennis. — Damiette.

Feuillet 75 recto.

La présente section comprend, indépendamment de la description de Santarié سنترية, des déserts qui s'étendent jusqu'au territoire de Barca برقة et d'Alexandrie الاسكندرية, celle de diverses parties de la haute et de la basse Égypte jusqu'au grand Nil, celle du Faïoum فيوم, celle du Rif ريــف dans l'Égypte moyenne[2], et en général celle des districts de la basse Égypte, dépendants de Missr مصر ou qui font partie de son territoire. S'il plaît à Dieu, nous décrirons tous ces pays en détail, avec ordre, suite et clarté, ainsi que les monuments et les curiosités de l'Égypte, les objets d'exportation et d'importation, et les moyens d'obtenir la mesure de la hauteur des eaux.

Nous disons donc que la distance en ligne directe qui sépare la ville de Barca برقة de celle d'Alexandrie الاسكندرية est de 21 journées, et voici comment :

De Barca برقة à Cassr Nedamé قصر ندامة, on compte 6 milles;
De là à Takenest تاكنست[3], 26 milles;

---

[1] Les auteurs de l'*Abrégé* ont mal à propos compris cette section dans la précédente; c'est ce qui fait qu'on lit, page 107 de la version latine : DE QUARTA PARTE NULLA FIT MENTIO.

[2] Voyez, au sujet du Rif, la *Relation de l'Égypte par Abd-allatif*, traduction de M. de Sacy, pag. 397 ; voyez aussi les *Recherches critiques et historiques sur la langue et la littérature de l'Égypte*, pages 179 et suiv. par M. Quatremère.

[3] La version latine porte Nachemest, mais ici nos deux manuscrits sont d'accord.

QUATRIÈME SECTION. 295

De là à Maghar el-Rakim مغار الرقم (les cavernes inscrites), où la presente voie rejoint la voie supérieure, 25 milles [1];

De là au puits de Halimé جب حليمة, 35 milles;

De là à Wadi Makhil وادى مخيل, 35 milles [2];

De là au puits d'Almeïdan جب الميدان, 35 milles;

De là à Djenad el-Saghir جناد الصغير, 35 milles;

De là au puits d'Abdallah جب عبد الله, 30 milles;

De là à Merdj el-Cheikh مرج الشيخ, 30 milles;

De là à el-Akbat العقبة, 20 milles;

De là aux boutiques de Abi Halimé حوانيت ابى حليمة, 20 milles;

De là à Djerbet el-Coum جربة القوم, 35 milles;

De là à Cassr el-Chammas قصر الشماس, 15 milles;

De là à Sikket el-Hamam سكت الحمام (le chemin des Pigeons), 15 milles;

De là au puits d'el-A'ousedj جب العوج, 30 milles;

De là à Kenaïs el-Harir كنايس الحرير et aux moulins, 34 milles;

De là à Haniet el-Roum حنيت الروم, 30 milles;

De là à Dhat el-Hammam ذات الحمام, 34 milles;

De là à Thounia تونية, 18 milles;

De là à Alexandrie الاسكندرية, 20 milles.

Tel est l'itinéraire qu'on suit en prenant la voie supérieure par le désert; quant à l'itinéraire du littoral, le voici:

D'Alexandrie au cap dit Ras el-Kenaïsé راس الكنايسة (ou des Églises), on compte 3 journées de navigation.

De ce cap au port dit Mers el-Tarfawi مرسى الطرفاوى, une journée;

De là au commencement du golfe dit Djoun Ramada جون رمادة, 50 milles;

[1] Cette distance est omise dans le ms. B.
[2] Même observation.

De là à Akbat es-Sollam عقبة السلم[1].

D'Akbat es-Sollam à Mers A'mara مرسى عمارة, 10 milles.

De là à Mellaha الملاحة, 30 milles.

De là à Lakka لكّة, 10 milles.

De Lakka dépendent deux châteaux construits dans le désert; l'un d'eux se nomme Keb كب, et l'autre Cammar قمار.

De Lakka au port de Tabraca مرسى طبرقة (Tobrouk), 50 milles.

De Tabraca au port dit Ras Tini راس تيني[2], 1 journée et demie de navigation.

De là à Boundarié بندرية, 2 journées.

De Boundarié, où la mer forme une courbure exactement dirigée vers le couchant, au cap dit Tarf Ta'adia طرف تعدية, deux journées sans habitations; « la côte se compose de montagnes « et de ravins où personne ne passe, à cause de l'aspérité, de « l'escarpement et de la stérilité (des lieux). » C'est à partir du cap Ta'adia que commence le golfe de Zedik ou de Zedin زديق ou زدين. La longueur de ce golfe, qui, passant par Boundarié[3], s'étend jusqu'à Alexandrie, est, en ligne directe, de 6 journées de navigation ou de 600 milles; mais en suivant les contours du littoral, de 11 journées et demie, ou de 1150 milles[4].

« A partir de l'extrémité des dépendances de Tolomietha « لينثة, dont il vient d'être question, commencent les posses- « sions des tribus arabes dites Rawah et Heïb رواح et هيب, qui « sont nombreuses et qui possèdent beaucoup de chameaux et « de moutons. Leur pays est sûr et tranquille, leurs montagnes « cultivées; ils s'y livrent à l'exercice de la chasse; le térébinthe, « le genévrier et le pin y croissent en quantité; on y voit beaucoup

---

[1] Il y a lieu de croire qu'il s'agit ici de l'ancienne Catabathmus.

[2] La version latine porte Iathna.

[3] Le ms. A. porte: وهذا الجون الذى ياتى البندرية الى ان ياتى الى الاسكندرية, ce qui nous met à portée de rectifier le passage de la version latine où on lit : *litus verò istud cujus initium constituitur in Bondaria.*

[4] Nous suivons ici la leçon du ms. B. feuillet 120, lig. 1.

« de champs ensemencés, de terrains fertiles et de dattiers, et
« l'on y recueille d'excellent miel. La dernière des dépendances
« des Heïb est Lakka لكة.

« A 10 milles environ de Boundarié, est un château considé-
« rable, habité par une peuplade dite Naham حمر; le château
« porte le même nom. Ces hommes s'occupent beaucoup de l'é-
« ducation des abeilles, de la vente du miel et de l'extraction
« du goudron qu'ils obtiennent du genévrier et qu'ils transpor-
« tent en Égypte. »

Quant à Alexandrie الاسكندرية, c'est une ville bâtie par
Alexandre, qui lui donna son nom. Elle est située sur les bords
de la Méditerranée, et l'on y remarque d'étonnants vestiges et
des monuments encore subsistants, « qui attestent l'autorité et
« la puissance de celui qui les éleva, autant que sa prévoyance
« et son savoir. Cette ville est entourée de fortes murailles et de
« beaux vergers. Elle est vaste, couverte de hauts et nombreux
« édifices, commerçante et riche. Ses rues sont larges et ses cons-
« tructions solides; les maisons y sont carrelées en marbre, et
« les voûtes inférieures des édifices soutenues par de fortes co-
« lonnes. Ses marchés sont vastes et ses campagnes productives. »

Les eaux du Nil, qui coule à l'occident de cette ville, passent
par des aqueducs au-dessous des maisons, et parviennent à des
citernes obscures et contiguës les unes aux autres; quant à la
ville, elle est bien éclairée et parfaitement construite. Il y existe
un minaret (ou plutôt un phare) qui n'a pas son pareil au monde
sous le rapport de la structure et sous celui de la solidité; car,
indépendamment de ce qu'il est fait en excellentes pierres de
l'espèce dite Kedan كدان, les assises de ces pierres sont
scellées les unes contre les autres avec du plomb fondu et
les jointures tellement adhérentes, que le tout est indissoluble, bien que les flots de la mer, du côté du nord, frappent
continuellement cet édifice. La distance qui sépare le phare

de la ville est, par mer, d'un mille, et par terre de 3 milles. Sa hauteur est de 300 coudées de la mesure dite rechachi رشاشي, laquelle équivaut à 3 empans[1], ce qui fait donc 100 brasses قامة de haut, dont 96 jusqu'à la coupole, et 4 pour la hauteur de la coupole. Du sol à la galerie[2] du milieu, on compte exactement 70 brasses; et de cette galerie au sommet (du phare), 26. On monte à ce sommet par un escalier construit dans l'intérieur, et large comme le sont ordinairement ceux qu'on pratique dans les tours. Cet escalier se termine vers le milieu (du phare), et là l'édifice devient, par ses quatre côtés, plus étroit. Dans l'intérieur et sous l'escalier, on a construit des habitations. A partir de la galerie, le phare s'élève jusqu'à son sommet, en se rétrécissant de plus en plus jusqu'au point de pouvoir être embrassé de tous les côtés par un homme[3]. De cette même galerie on monte de nouveau, pour atteindre le sommet, par un escalier de dimensions plus étroites que celles de l'escalier inférieur; cet escalier est percé, dans toutes ses parties, de fenêtres destinées à procurer du jour aux personnes qui montent, « et « afin qu'elles puissent placer convenablement leurs pieds en montant. »

Cet édifice est singulièrement remarquable, tant à cause de sa hauteur qu'à cause de sa solidité; il est très-utile en ce qu'on y allume nuit et jour du feu pour servir de signal aux navigateurs durant leurs voyages; ils connaissent ce feu et se dirigent en conséquence, car il est visible d'une journée maritime (100

---

[1] Environ 27 pouces.

[2] Je préfère traduire حرام par *galerie* plutôt que par *étage*. La leçon suivie par le savant Hartmann, page 350 (الحرم), ne me paraît admissible sous aucun rapport.

[3] C'est ainsi du moins que j'entends ces mots : بمقدار ما يستدير الانسان من كلّ ناحية. La version latine adoptée par M. Hartmann « et detur locus circumeundi per omnes partes, » ne me présente pas un sens assez clair.

QUATRIÈME SECTION. 299

milles) de distance. Durant la nuit il apparaît comme une étoile; durant le jour on en distingue la fumée.

Alexandrie est située au fond d'un golfe[1] et entourée d'une plaine et d'un vaste désert où il n'existe ni montagne ni aucun objet propre à servir de point de reconnaissance. Si ce n'était le feu dont il vient d'être parlé, la majeure partie des vaisseaux qui se dirigent vers ce point s'égareraient dans leur route. On appelle ce feu *fanous* فانوس, et l'on dit que celui qui construisit le phare fut le même (homme) qui fit construire les pyramides existantes sur les limites du territoire de Fostat الفسطاط, à l'occident du Nil; d'autres assurent que cet édifice est du nombre de ceux qui furent élevés par Alexandre à l'époque de la fondation d'Alexandrie. Dieu seul connaît la vérité du fait. Auprès de cette ville on voit les deux aiguilles (obélisques). Ce sont deux pierres de forme quadrangulaire, et plus minces à leur sommet qu'à leur base. La hauteur de l'un de ces obélisques est de 5 brasses[2], et la largeur de chacune des faces de sa base, de 10 empans (90 pouces), ce qui donne un total de 40 empans de circonférence. On y voit des inscriptions en caractères syriens سيرياني. L'auteur du Livre des Merveilles rapporte que ces obélisques ont été taillés dans la montagne de Tarim ou Iarim تريم ou يريم, à l'ouest du pays d'Égypte. On lit sur l'un d'eux ce qui suit :

Moi Ia'mor يعمور بن شداد ben-Cheddad, j'ai bâti cette ville à un âge encore éloigné de la vieillesse, ma mort ne paraissant point prochaine, ni mes cheveux blanchis par les ans; à une époque où les pierres étaient comme de l'argile, où les hommes ne connaissaient d'autre maître « que Ia'mor[3]. » J'ai élevé les portiques

---

[1] ى تقعر الجون.

[2] Les deux manuscrits portent خمس قم, et non pas quatre, comme on lit dans la version latine.

[3] Telle est la leçon donnée par le ms. B., bien préférable, selon nous, à celle du

38.

de la ville; j'ai fait couler ses fleuves, j'ai planté ses arbres; j'ai voulu surpasser les anciens rois qui la gouvernèrent, en y faisant construire des monuments admirables. J'ai (donc) envoyé Thabout ben-Mara, de la tribu de A'd, et Makdam ben-el-O'mar (ou el-Ghomar), ben-Abi Réghal le Thamoudite, à la montagne de Tarim de couleur rouge. Ils en ont extrait deux pierres qu'ils ont apportées (ici) sur leur dos; et comme Thabout eut une côte brisée, je lui consacrai les peuples de mon royaume. Fedan ben-Djaroud el-Moutefeki m'érigea ces pierres dans un temps de prospérité.

Cet obélisque se voit dans un angle de la ville, du côté de l'orient; l'autre est dans l'intérieur de la ville, à quelque distance.

On dit que la salle d'audience de Salomon, fils de David, qu'on voit au midi d'Alexandrie, fut construite par le même Ia'mor ben-Cheddad. D'autres en attribuent la construction à Salomon. Les colonnes et les arcades de cet édifice subsistent encore de nos jours. Il forme un carré long; à chaque extrémité sont seize colonnes, et sur les deux côtés longitudinaux, soixante-sept; dans l'angle septentrional est une colonne de très-grandes dimensions portant un chapiteau et assise sur un entablement en marbre, dont les côtés sont de forme carrée, et ont 80 empans (environ 60 pieds) de circonférence. La hauteur de la colonne, depuis sa base jusqu'à son chapiteau, est de 9 brasses. Ce chapiteau est sculpté, ciselé avec beaucoup d'art, et fixé d'une manière très-solide. Du reste, cette colonne est isolée, et il n'est personne, soit à Alexandrie, soit en Égypte, qui sache pourquoi elle fut mise en sa place isolément. Elle est, de nos jours, très-

---

ms. A. et à celle de la vers. latine qui porte : « hominibus nondùm dominis subjectis. » Quelque peu de foi que mérite la prétendue inscription ci-dessus traduite, encore est-il juste d'épargner à son auteur le reproche d'être tombé dans une contradiction aussi palpable que celle qui résulterait de ce passage comparé avec ce qu'on lit un peu plus bas.

QUATRIÈME SECTION.

inclinée; mais, d'après la solidité de sa construction, elle paraît à l'abri du danger de tomber.

Alexandrie fait partie de l'Égypte et c'est l'une des villes capitales de ce pays. Les confins de l'Égypte sont, au sud, la Nubie; au nord, la Méditerranée; du côté de la Syrie, le désert de l'Égarement; à l'est la mer Rouge, et à l'occident les oasis.

La longueur du cours du Nil est, savoir:

Depuis le rivage de la mer où ce fleuve a son embouchure, jusqu'aux terres de Nubie, situées derrière les oasis, d'environ 25 journées.

Des frontières de la Nubie jusqu'à la partie la plus méridionale de ce pays, d'environ 8 journées.

De là à l'extrême limite dont nous avons déjà parlé [1], d'environ 12 journées.

Quant à la ville de Fostat سطاط ou de Missr مصر, elle reçut son nom de Missraïm, fils de Cham, fils de Noé (sur qui soit le salut!), qui en fut le fondateur dès son origine [2]. L'ancienne Missr se nommait aussi A'ïn Chams عين شمس ; mais lorsque, dans les premiers temps de l'islamisme, Amrou ben-el-A'ssy et les musulmans qui l'accompagnaient, vinrent et s'emparèrent de cette ville, ils campèrent autour de Fostat et peuplèrent le lieu de Missr, c'est-à-dire le lieu où est située la Missr actuelle.

On dit que cette ville fut appelée Fostat, parce que Amrou ben-el-A'ssy s'étant emparé de Missr, et ayant voulu se rendre à Alexandrie, il ordonna que sa tente fût portée et dressée devant lui. Mais une colombe descendit sur le faîte [3] de la tente, et y pondit ses œufs. Lorsque Amrou fut informé de

---

[1] Voyez ci-dessus, Ier climat, IVe section.

[2] Le judicieux Hartmann a très-bien démontré les contradictions diverses que présente ici le texte de notre auteur.

[3] Pour comprendre ceci, il est bon de savoir que les tentes des personnages considérables, chez les Arabes, ne se terminent pas en pointe comme les nôtres, mais que la partie supérieure est disposée presqu'horizontalement.

cette circonstance, il ordonna qu'on laissât la tente dressée comme elle l'était, jusqu'à ce que la colombe eût terminé sa ponte : ce qui fut fait. Par Dieu ! dit-il, nous ne porterons pas préjudice à celui qui nous aime et qui se réfugie auprès de nous, et nous nous garderons d'affliger cette colombe par la destruction de ses œufs. Il laissa donc subsister la tente, alla résider à Missr jusqu'à l'éclosion des œufs, puis il partit.

« La ville de Missr porte, en langue grecque [1], le nom de Ban-
« blouna بنلونة (Babylon). Elle est très-considérable, soit sous le
« rapport du nombre de ses édifices, soit sous celui de l'abondance
« de toutes les commodités de la vie et de tout ce qui est beau
« et bon. Les rues en sont larges, les édifices solides, les mar-
« chés bien fournis, les maisons contiguës, les champs renom-
« més par leur fertilité. Quant aux habitants, il y en a beaucoup
« d'éminents par leur piété aussi bien que par leur rang et par
« leurs richesses; ils ne sont ni travaillés par les sollicitudes, ni
« dévorés par le chagrin; ils jouissent d'une grande sécurité, d'un
« calme parfait, car l'autorité publique les protége et la justice
« règne parmi eux. » La longueur de la ville est de 3 parasanges. Le Nil y vient de la partie supérieure de son territoire, passe auprès et au midi de la ville, fait un long détour vers l'occident, puis se divise devant Missr en deux branches [2] qui se réunissent enfin pour n'en plus former qu'une seule. Dans cette île on voit beaucoup de jolies habitations et d'édifices construits sur les bords du fleuve. Elle s'appelle Dar el-Mekias دار المقياس, ou la maison du nilomètre; nous en parlerons ci-après. On y passe au moyen d'un pont qui est supporté par une trentaine de bateaux. L'autre branche est beaucoup plus large, et on la traverse

---

[1] Le ms. A. porte en langue persane : باللسان الكجمى.
[2] Ici la version latine porte : « qui constituentes parvam insulam rursus conjun-
« guntur. » Cette leçon, qui sans doute est la bonne, manque dans nos deux manuscrits.

au moyen d'un pont composé d'un nombre double de bateaux (c'est-à-dire d'environ soixante). Un second pont donne accès au lieu connu sous le nom de Djizé جيزة, où l'on remarque d'élégantes habitations, de hauts édifices et des bazars.

« Le terrain auprès de Missr مصر se compose d'argile qui n'est
« pas pure, mais imprégnée de sel. Les édifices et les châteaux
« qu'on voit dans cette ville ou dans ses environs sont à plusieurs
« étages; la plupart ont cinq, six, ou même sept étages, et sou-
« vent elles contiennent cent et même un plus grand nombre d'ha-
« bitants. Ebn-Haukal rapporte, dans son ouvrage, qu'à l'époque où
« il l'écrivait, il existait dans le lieu nommé el-Mawkaf الموقف[1], une
« maison connue sous le nom de Dar Abd-el-A'ziz دار عبد العزيز,
« où l'on apportait journellement quatre cents outres d'eau pour
« la consommation des personnes qui y étaient logées, et qu'on
« y comptait cinq mosquées, deux bains et deux fours.

« Les plus grands édifices de Missr مصر sont construits en
« briques. Les rez-de-chaussée restent ordinairement inhabités.
« Il y a dans cette ville deux grandes mosquées servant à la réu-
« nion (des fidèles) et à la *khotba* خطبة. L'une d'elles fut bâtie [2]
« par ordre de Amrou ben-el-Assy, au milieu de bazars qui l'en-
« tourent de toutes parts. C'était autrefois une église grecque;
« elle fut convertie en mosquée par ordre de Amrou. L'autre,
« située au sommet du Mawkaf, fut construite par Aboul-Abbas
« Ahmed ben-Touloun. Ce personnage en bâtit une autre dans
« le quartier dit el-Kerafat القرافة, habité par de pieux céno-
« bites. Il en existe encore une dans l'île formée par les deux
« bras du Nil et une sur la rive occidentale du Nil, au lieu dit
« Djizé الجيزة. »

[1] Il est en effet question de ce lieu dans la traduction d'ebn-Haukal par M. W. Ouseley, p. 30; mais le mot موقف, pris dans une acception plus générale, signifie « un lieu de réunion ou d'attente pour les ouvriers. »

[2] *Sic.*

« On trouve à Missr quantité de marchands de comestibles, « de boissons et de beaux habits. La ville est abondante en res-« sources et en douceurs de toute espèce. Elle est de tous côtés « entourée de vergers, de jardins, de plantations de dattiers et « de cannes à sucre, arrosés par les eaux du Nil qui fertilisent « le pays depuis Syène jusqu'à Alexandrie. L'inondation et le « séjour des eaux sur les terres ont lieu depuis le commencement « des chaleurs jusqu'à la fin de l'automne; alors les eaux s'écou-« lent; on ensemence les champs, et l'on n'a plus besoin de les « arroser. Il ne tombe en Égypte ni pluie ni neige, et, à l'excep-« tion du Faïoum, il n'y a point dans ce pays de ville où l'on « voie de l'eau courante qui reste sans emploi.

« Le Nil coule, en général, vers le nord, et la largeur des « terrains habités sur ses rives est, depuis Syène jusqu'à Fostat, « entre 1 demi-journée et 1 journée. Au-dessous de Fostat, cet es-« pace s'agrandit, et cette largeur, depuis Alexandrie jusqu'aux « dernières alluvions qui s'étendent du côté de la mer de Col-« zoum, est d'environ 8 journées[1]. A l'exception des rives du Nil, « tout en Égypte est stérile, mais dans la partie cultivée on ne « voit que jardins, vergers, arbres, villages, villes, population et « commerce. L'espace (cultivable) compris entre les deux rives « du fleuve est, s'il faut en croire divers auteurs, de 5634 mil-« les. La longueur de son cours, d'après l'auteur du livre inti-« tulé *Khazané* خزانة, est de 4596 milles[2]. Quant à sa largeur « (moyenne), elle est, en Nubie et en Abyssinie, de moins de « 3 milles, et en Égypte, de 3 milles. C'est un fleuve auquel « nul autre ne peut être comparé.

« Quant à l'île située en face de Missr, et dont nous avons

---

[1] Nous suivons ici la leçon donnée par le ms. A., qui porte :
وعرضها من الاسكندرية الى الجرن الذى ينصل بحر القلزم نحو ثمانية ايام
[2] Le ms. A. porte 5596.

QUATRIÈME SECTION.

« déjà indiqué les édifices, les agréments et le mekias, » elle s'étend, en largeur, entre les deux branches du Nil, de l'est à l'ouest, tandis que sa longueur est du sud au nord. La partie supérieure, où est situé le nilomètre, est large; le milieu plus large; la partie inférieure se termine en pointe. La longueur de cette île, d'une extrémité à l'autre, est de 2 milles, et sa largeur (moyenne), d'un jet de flèche.

Le mekias est situé vers l'extrémité la plus large de l'île, du côté de l'orient, et non loin de Fostat. C'est un édifice considérable, intérieurement entouré d'arcades soutenues par des colonnes [1]. Au centre est un bassin vaste et profond où l'on descend par un escalier de marbre, et au milieu duquel on voit une colonne également en marbre, qui porte inscrite une graduation en nombres indiquant des coudées et des doigts (ou fractions de coudée). Au-dessus de la colonne est une construction solide en pierres, peinte de diverses couleurs où l'or et l'azur s'entremêlent avec d'autres teintures solides. L'eau parvient à ce bassin au moyen d'un large canal communiquant avec le Nil; elle ne pénètre cependant pas dans ce bassin avant la crue du fleuve; or, cette crue a lieu au mois d'août [2]. La hauteur nécessaire pour arroser convenablement la terre du *sultan* est de 16 coudées; lorsque les eaux s'élèvent à 18 coudées, l'irrigation s'étend sur toutes les terres des deux rives [3]; lorsque la crue s'élève à 20 coudées, elle est préjudiciable; lorsqu'elle n'est que de 12 coudées, elle est à peine suffisante. « La coudée équivaut à 24 doigts. »

Feuillet 77 verso.

---

[1] Le texte du ms. B. porte كُلَّ au pluriel; il est donc impossible d'adopter la version de M. Hartmann qui suppose (page 372) qu'il s'agit ici de la colonne du Mekias.

[2] Le savant commentateur remarque avec raison que cette indication est fautive, puisque la crue du Nil a lieu, comme tout le monde sait, vers l'époque du solstice d'été.

[3] Tel est, ce me semble, le sens des mots اروى جميع الارضين التي هناك. Voyez, au sujet de ce passage, les observations de M. Hartmann, *Edrisii Africa*, p. 375 et 376.

Le dommage résultant d'une crue qui excède 18 coudées consiste en ce qu'alors les eaux emportent les arbres et ruinent (les constructions). Celui qu'occasionne une crue inférieure à 12 coudées est la sécheresse et (par suite) la stérilité.

Au midi de Fostat est le bourg de Menf منف, et au nord la ville dite A'ïn Chams عين شمس; l'un et l'autre sont peu considérables et situés vis-à-vis le mont Mocattam جبل المقطم. On dit que c'étaient des lieux de plaisance du temps de Pharaon (sur qui soit la malédiction divine!).

« Menf est aujourd'hui, en majeure partie, ruinée. A'ïn Chams
« subsiste en bon état de conservation. Au sommet du Mocattam
« est un lieu connu sous le nom de *Fournaise de Pharaon*. Il y
« avait un miroir tournant au moyen d'un mécanisme. Lorsqu'il
« (le roi) sortait de l'une des deux villes, c'est-à-dire, de Menf
« ou d'A'ïn Chams, il faisait monter dans cet endroit un homme
« qui disposait le miroir de manière que l'image du roi fût tou-
« jours devant les yeux des habitants et qu'en aucun temps la
« crainte respectueuse qu'il inspirait, ne cessât d'exercer sur eux
« son empire [1].

« Aux environs de Fostat le crocodile n'est point un animal
« nuisible; on dit même que, soit qu'il descende de l'Égypte su-
« périeure, soit qu'il remonte le Nil, parvenu vis-à-vis de Fostat,
« il nage, renversé sur son dos, jusqu'à ce qu'il ait dépassé cette
« ville. On ajoute que c'est l'effet d'un talisman; c'est ainsi qu'il
« (le crocodile) n'est point nuisible à Boussir بوصير, tandis qu'il
« l'est à Achmouni اشمون, bien qu'il n'y ait entre ces deux lieux

---

[1] Voici le texte de ce passage :

وعلى راس جبل المقطم مكان يعرف بتنور فرعون وكانت مراة تدور بلولـب كان اذا خرج من احد الموضعين اعنى منف او عين شمس اصعـــد من يعدّله ليعاين تخصه ولا تفقّد هيئته (ou هيبته).

QUATRIÈME SECTION.

« que la largeur du Nil (qui les sépare). Rien n'est plus surpre-
« nant. »

A A'ïn Chams, du côté de Fostat, croît le balsan بلسان, plante dont on extrait le baume. On ne connaît pas au monde d'autre lieu qui produise cette substance. « Au-dessous de Fostat est le
« village de Sirwa ضيعة سيروا, très-agréable, et où l'on fabrique
« de l'hydromel très-renommé. Au territoire de Fostat touche le
« Mocattam où sont les tombeaux de divers prophètes, tels
« que Joseph, Jacob, et autres Israélites (sur qui soit le salut!).

« A 6 milles de Missr, on voit les pyramides. Elles furent
« construites sur un plateau uni, et l'on ne voit dans les envi-
« rons aucune montagne contenant de la pierre à bâtir. La hau-
« teur de chacune d'elles, à partir du sol, est de 400 coudées,
« et sa largeur, tout autour, est égale à la hauteur[1]. Le tout est
« construit avec des blocs de pierre de 5 empans de haut, sur 15
« ou 10 de long, plus ou moins, selon que l'architecture l'exige.
« Ces blocs sont unis (scellés) les uns aux autres, et à mesure
« que l'édifice s'élève au-dessus du niveau du sol, ses propor-
« tions se rétrécissent, en sorte que sa cime offre à peine l'es-
« pace nécessaire pour faire reposer un chameau[2].

« Celui qui veut se rendre aux pyramides, par terre, passe à
« Djizé par le pont, puis au bourg de Dahchoun دهشون, où est
« la prison de Joseph (sur qui soit la paix!); 3 milles.

« De Dahchoun aux deux pyramides, on compte 5 milles, et
« des pyramides à la rive la plus voisine du Nil, 5 milles.

« Sur les parois de leurs murs, on voit quelques inscriptions
« en partie effacées, et dans l'intérieur de chacune d'elles est
« un chemin où l'on peut passer. Entre les deux pyramides, il

---

[1] Ces mesures sont d'autant plus défectueuses que les mots ارتفاعها مع الى semblent indiquer la hauteur perpendiculaire. Voyez, au surplus, la *Relation de l'Égypte*
d'Abdallatif, trad. de M. de Sacy, p. 216 et 217.

[2] نحو مبرك جمل.

« existe un canal creusé sous terre et donnant passage de l'une
« à l'autre. On dit que ces monuments sont des tombeaux de
« rois, et qu'avant d'être employés à cet usage, ils servaient de
« greniers à blé. »

A l'ouest de Missr, et à 2 journées de distance de cette ville,
est celle de Faïoum فيوم, « qui est grande et entourée de ver-
« gers, de jardins et de champs cultivés [1]. Elle est bâtie sur les
« rives de la rivière d'Ellahoun اللهون, de laquelle, d'après ce
« qu'on rapporte, Joseph le juste dériva deux canaux destinés à
« recevoir les eaux au temps de la crue, et à les conserver cons-
« tamment. Il consolida ces ouvrages au moyen de pierres de
« taille.

« Le territoire du Faïoum est fertile, abondant en fruits, en
« céréales, et particulièrement en riz. L'air y est pernicieux à
« ceux qui viennent des contrées lointaines, et (en général) aux
« étrangers.

[1] Nous croyons devoir donner, par extraits, le texte arabe de ce passage important :

الفيوم مدينة كبيرة .... ولها جانبان على وادى اللاهون وهو ما يقال ان
يوسف عم اتخذ لها فى مجريان لها فى وقت الفيض ليدوم لهم الما فيها وقومها
بالحجارة المنضدة... وبها اثار بنيان عظيم ونواحيها مسماة بها ومنسوبة اليها
وكانت هذه العمارة المحيطة بها كلها تحت سور يجتمع على جميع اعمالها ويحيط
بجميع مدنها وبقاعها وما بقى منه الان شى الا ما لا يرى بشى ونهر اللهون
اخترقته واجرى الما فيه يوسف الصديق عم وذلك لما كبرت سنه واراد الملك
راحته وانتزاعه عن الخدمة وقد كثرت حاشيته واهله من ذريته وذرية ابيه
فاقطعه ارض الفيوم وكان الفيوم بحيرة تصب اليها المياه وكانت ذات اجام
وقصب وكان الملك يكره ذلك منها لانها كانت قريبة منه فلما وهبها ليوسف
عم نهض الى ناحية صول واحتفر الخليج المسمى بالمنهى حتى اتى به الى موضع

QUATRIÈME SECTION. 309

« On voit à Faïoum des vestiges de grandes constructions, et
« son territoire porte le même nom que la ville. Ces construc-
« tions qui entouraient tout le Faïoum, régnaient au pied d'un
« mur qui renfermait tous les districts du Faïoum, et contenait
« dans son enceinte toutes ses villes et tous ses lieux habités. Il
« reste aujourd'hui si peu de chose de ce mur que c'est comme
« rien.

« La rivière d'Ellahoun fut creusée et les eaux y furent ame-
« nées par Joseph le juste (sur qui soit le salut!).

« Comme il était devenu vieux, le roi désirait lui procurer
« du repos et le dispenser du soin des affaires, et alors le nombre
« de ses domestiques et des membres de sa famille et de la fa-
« mille de son père, s'était considérablement accru. Il (le roi)
« lui concéda le territoire de Faïoum, lequel était un marais
« où les eaux se déversaient et où croissaient des joncs et des
« roseaux; chose qui déplaisait au roi, parce que ce lac était dans
« son voisinage.

« Lorsqu'il en eut fait don à Joseph, celui-ci se rendit du côté

اللهون ثم بنا اللهون واوثقه بالحجارة والكلس واللبن والصدن كالحائط المرتفع
وجعل على اعلاه فى الوسط بابا وحفر من ورايه خليجًا يدخل على الفيوم شرقيًا
وعمل خليجًا غربيًا متصلًا بهذا الخليج يمرّ به من خارج الفيوم يقال له تنهمت
يخرج الما من لجونه [1] الى الخليج الشرقى يجرى الى النيل وخرج ما للخليج الغربى
يصب الى صحرا تنهمت فلم يبق من الما شى الا وخرج وكل ذلك فى ايام
يسيرة ثم امر الفعلة فقطعوا القصب التى هناك والعصاب وعقد الادياس والطرفا
وكان ذلك فى وقت جرى الما فى النيل فدخل فى راس للخليج المسمى بالمنهى يجرى
حتى وصل اللاهون فقطعه الى خليج الفيوم وسار الما اليها وسقاها وعمّر
جميعها وصارت لجة وكان ذلك فى سبعين يومًا فلما نظر اليها الملك قال هذا
عمل الف يوم فسميت ذلك الفيوم

[1] Sic.

« de Soul صول[1], où il fit creuser le canal connu sous le nom de
« Menhi المنهى, qu'il amena jusqu'à l'emplacement d'Ellahoun
« اللهون. Ensuite il construisit (la digue) d'Ellahoun, et la conso-
« lida au moyen de pierres grosses et petites, de chaux, de bri-
« ques et de coquillages, (ce qui forma) comme un haut mur,
« au sommet et vers le milieu duquel il fit placer une porte. Der-
« rière, il creusa un canal qui s'étendait au-dessus du Faïoum,
« du côté de l'orient. Il en fit creuser un autre vers l'occident,
« qui venait rejoindre le premier en passant par les dehors du
« Faïoum, (territoire) qu'on appelle Tenhémet[2]. L'eau s'écoula de
« la vallée au canal oriental, et de là vers le Nil. Quant aux eaux
« du canal occidental, elles s'écoulèrent dans le désert de Tenhé-
« met تنهمت, à l'occident, et il n'en resta rien absolument; tout
« cela eut lieu en peu de jours. Alors il (Joseph) ordonna qu'on
« se mît à l'œuvre. On coupa les roseaux, les plantes aquatiques
« qui se trouvaient là, ainsi que les touffes de jonc et les tama-
« riscs, et cela durant que les eaux coulaient dans le Nil. Ces
« eaux s'introduisirent alors dans le canal de Menhi, et parvin-
« rent à Ellahoun. Ensuite on coupa (la digue) vers le canal du
« Faïoum. Les eaux entrèrent ainsi dans cette province, l'arro-
« sèrent, et en couvrirent toute la surface, en sorte qu'elle de-
« vint (comme) une nappe d'eau. Tout ce travail fut fait en
« soixante-dix jours; et lorsqu'il fut terminé, le roi dit, en le
« considérant : Voilà un ouvrage de *mille jours*. C'est de là que
« vient le nom d'*Elfaïoum*.

« Ensuite Joseph dit au roi : Le bien public exige que tu me
« confies une famille par chaque district de l'Égypte. Le roi y
« ayant consenti, Joseph ordonna que l'on bâtît un village pour
« chacune de ces familles. Il y avait quatre-vingt-cinq familles;
« il y eut donc autant de villages. Lorsque les constructions fu-

[1] Il y a probablement une erreur dans l'indication de ce lieu, Soul étant situé au nord du Faïoum. — [2] Ou تنهمت d'après le ms. A.

QUATRIÈME SECTION.

« rent achevées, Joseph assigna à chaque village une quantité
« d'eau suffisante pour arroser les terres, mais rien au delà; puis
« il assigna à chaque peuplade l'eau nécessaire pour sa boisson
« durant le temps même de la retraite des eaux. Telle est la des-
« cription du Faïoum. »

Feuillet 78 verso.

Quand on part de Missr pour se rendre, en remontant le Nil,
dans l'Égypte supérieure, on va de Fostat à Miniet el-Soudan
منية السودان, joli port situé sur la rive occidentale du Nil, et
environ à 15 milles de Missr.

Feuillet 79 recto.

De là à Beiadh بياض [1], bourg entouré de champs cultivés et de
jardins produisant toute sorte de fruits, 20 milles.

De là à Hama el-Soghaïr حمى الصغير, 20 milles.

De là à Hama el-Kebir حمى الكبير, bourg situé sur la rive orientale, et dont le territoire est cultivé en blé, en vergers, en vignes
et en cannes à sucre, 10 milles.

De là à Deïr el-Faïoum دير الغيوم ou el-Batoum البتوم, sur la
rive orientale, 20 milles.

De là au bourg de Tounes ou de Iounes قرية تونس ou يونس,
sur la rive occidentale et à quelque distance du Nil, 2 milles.

De là à Dahrout دهروط, sur la rive occidentale, 1 demi-
journée.

De là à Caïs القيس, ville bâtie sur la rive occidentale, 20
milles.

Caïs القيس est une ville très-ancienne dont nous avons parlé
dans la partie de la description de l'Égypte contenue dans le IIe
climat. Nous avons donné l'itinéraire de cette ville à Asouan
اسوان [2]; il est donc inutile de revenir là-dessus.

Quant aux pays situés au-dessous de Missr مصر, celui qui veut

---

[1] Ce mot manque dans le ms. A. et dans la version latine.
[2] Voyez ci-dessus, p. 124 et suiv. Les auteurs de la version latine ont pensé
que notre auteur donnait ici cet itinéraire. C'est une inadvertance de laquelle il est
surprenant que le docte Hartmann ne se soit pas aperçu.

s'y rendre en descendant le Nil doit passer d'abord par Miniet منية; 5 milles;

Puis par el-Caïd القايد, ville considérable, entourée de jardins, 5 milles;

Puis par Choubra شبرة, gros bourg où l'on fabrique de l'hydromel aromatisé qui est très-renommé, 5 milles;

Puis par Iasous يسوس, joli bourg, 5 milles;

Puis par Sarout سروت [1], 5 milles;

Puis par Salcan سلقان, 5 milles;

Puis par Zafita زفيتة, bourg où se rassemblent tous les navires destinés à la pêche du gros poisson, et situé à l'extrémité supérieure de l'île où le Nil se partage en deux branches, vis à vis de la ville de Santouf سنطوف (sic). Celle-ci est au sommet du canal qui descend à Tennis تنيس et à Damiette دمياط.

Au-dessus de Chantouf شنطوف, le Nil se partage en deux branches dont les eaux descendent et parviennent à la mer. De chacune de ces branches dérivent deux canaux également dirigés vers la mer. L'un de ces grands bras, dont le point de partage est auprès de Chantouf, court du côté de l'orient et parvient à Tennis. De ce bras dérivent trois canaux. L'un d'eux part d'Antouhi انتوهي, sur la rive occidentale, passe à Tabcouïs تبقويس [2], et revient à la branche principale, auprès de Damasis دمسيس. Au-dessous de ce point est un canal creusé sur la rive occidentale, et dont les eaux parviennent à Damiette.

Quant à l'autre branche, elle se dirige, à partir de Chantouf, vers l'occident, et passe auprès de Faïs el-Nahar فيس النهار [3]. Il

---

[1] Le ms. B. porte Seroudas سرودس et Chalcan شلقان.

[2] La version latine porte Nicaus.

[3] L'*Abrégé* porte « auprès de Tennis. » Cette leçon fautive a beaucoup embarrassé M. Hartmann; la rectification que nous fournissent les deux manuscrits est loin de lever tous nos doutes, et nous ne pouvons que dire avec l'habile commentateur : « In « descriptione horum canalium omninò hæreo hæsitoque. »

QUATRIÈME SECTION.

en dérive un canal passant à l'ouest, formant une courbure auprès du bourg de Bebih ببيه[1], et d'où dérive le canal qui parvient à Alexandrie, et qui porte le nom de canal de Chabour شابور. L'origine (ou la prise d'eau) de celui-ci est au-dessous de Bebih ببيه. L'eau n'y coule pas durant toute l'année, mais seulement durant le temps de l'inondation du Nil. Lorsque les eaux de ce fleuve ont baissé, le canal reste à sec, et il n'est aucunement navigable.

De cette grande branche qui se dirige vers Rachid رشيد (Rosette), au-dessous de Mandioun منديون, de Samounes سمونس, et de Fouah فوه et au-dessus de Rachid, part un bras du fleuve qui se rend vers un lac permanent, lequel s'étend le long du rivage (de la mer), vers l'occident, jusqu'à 6 milles environ d'Alexandrie, « en sorte que les marchandises apportées
« par les navires (du lac) sont transportées par terre à Alexan-
« drie.

« Sur ces divers canaux, on voit de toutes parts des villes
« florissantes et des bourgs très-peuplés. Nous en décrirons la
« majeure partie, s'il plaît à Dieu. »

Celui qui veut descendre de Missr مصر à Tennis تنيس, a 9 journées de chemin à faire.

De Tennis à Damiette, on compte 1 journée de navigation.

De Damiette à Rachid, 2 journées.

D'Alexandrie à Missr, 6 journées.

De Rachid à Alexandrie, 1 journée.

De Missr on se rend à Zafita زفيته[2], « dont nous avons déjà
« parlé comme d'un lieu où se rassemblent les navires destinés
« à la pêche. Ces navires sont quelquefois au nombre de cent
« et plus. »

Vis-à-vis de Zafita زفيته, sur la rive gauche, est Chantouf

---

[1] La version latine porte Malig.
[2] La même version porte Rafina.

TROISIÈME CLIMAT.

شنطون, jolie ville. De là à Chenwan شنوان, on compte 25 milles; car on descend à el-Chameïn الشامين, « bourg situé sur la rive « orientale du fleuve, et dans le territoire duquel on cultive « beaucoup de cannes à sucre, d'oignons et de concombres, 10 « milles; » vis-à-vis, et sur la rive occidentale, est Tant طنت, « joli « bourg dont les environs sont très-productifs en céréales; » de Tant à Chenwan, petite ville, on compte 15 milles.

De là en descendant à Cachrat el-Abrah تشرة الابرح, environ 12 milles. « Ce dernier bourg est situé vis-à-vis de Chirdjé « شيرجة. »

De là, toujours en descendant, à Salahié صالحية, environ 10 milles.

« Salahié est une ville très-populeuse, bien bâtie et dont le « territoire est bien cultivé; mais les habitants sont voleurs, « méchants et connus par leurs mauvaises mœurs. »

Au dessous est Miniet el-A'tafy منية العطفى dans la province de Gharbié.

De là à Chioudjé شيوجه[1], 10 milles.

Puis on descend à Djedwa جدوة, « petite ville où sont des « marchés très-fréquentés et très-bien fournis, et où l'on voit « beaucoup de navires spécialement destinés au passage des « troupes[2]; » 15 milles. »

De Djedwa جدوة à . . . . . .[3], 20 milles.

De là à Miniet el-A'ttar منية العطار, « bourg entouré de vergers « et de jardins, » et situé vis-à-vis d'Antouhi انتوهي, « autre bourg « sur la rive gauche, dont le territoire est également bien cul- « tivé et où se tient un marché à jour fixe, » 20 milles. »

---

[1] Le ms. A. porte Sioubé; la version latine, Siona.

[2] لتعدية الساكن d'après le ms. A., ou لتعدية العساكر « des habitants, » d'après le ms. B.

[3] Ce nom de lieu manque dans nos manuscrits ainsi que dans l'*Abrégé*.

QUATRIÈME SECTION.

De Miniet el-A'tafy منية العطفى, dont il vient d'être question, à Chamaïrac شميرق, sur la rive gauche, 10 milles.   *Feuillet 79 verso.*

A partir d'un peu au-dessous de Chamaïrac, bourg situé vis-à-vis de Djedwa جدوة, jusqu'à Antouhi انتوى, ci-dessus indiqué,   *Feuillet 80 recto.*
environ 10 milles.

Au-dessous d'Antouhi la branche du Nil se subdivise en deux bras, dont l'un se dirige vers l'occident et l'autre vers l'orient; ils forment une île, se joignent auprès de Choubra شبرة et de Damasis دمسيس, coulent ensemble durant un court intervalle, puis se subdivisent (de nouveau) en deux branches dont l'une, l'orientale, se dirige vers Tennis تنيس, et l'autre, l'occidentale, vers Damiette دمياط.

Revenons à Antouhi où le Nil se divise. Celui qui veut descendre par le bras *oriental* passe d'abord à Miniet A'ttar منية عطار, bourg situé vis-à-vis d'Antouhi, puis à Bathat el-A'sel بثة العسل, joli bourg entouré de jardins, vis-à-vis duquel, sur la rive occidentale, est situé un bourg plus grand, (également) connu sous le nom de Bathat بثة [1], puis à Atrit اتريت [2] sur la rive orientale, puis à Djandjar جنجر, lieu dont le territoire est très-fertile en céréales, et vis-à-vis duquel se trouve sur la rive occidentale Miniet Haufi منية حوفى, bourg considérable; puis à Manbit منبيت, lieu situé sur la rive orientale vis-à-vis de Warouwa ورورة, bourg très-peuplé où se trouve un joli bazar; puis à Hamaria حمارية vis-à-vis de Miniet el-Haroun منيت الحرون, sur la rive occidentale, d'où l'on descend à Saharecht le Grand محرشت الكبرى sur la rive orientale, puis à Saharecht le Petit محرشت الصغرى sur la rive occidentale, « où l'on cultive avec succès diverses plantes et no-« tamment le sésame et le chanvre; » puis à Miniet Ghamr منيت

---

[1] Le ms. A. porte بنة et la version latine Banna; mais cette leçon est vicieuse, à en juger d'après le ms. B. où les noms propres de lieux sont, en général, écrits d'une manière plus correcte. Voyez, au surplus, l'*Edrisii Africa*, page 395.

[2] La version latine porte Anzit.

غر (ou Mit Ghamr ميت غر), bourg sur la rive orientale, « où est
« un marché; il s'y fait constamment un grand commerce d'im-
« portation et d'exportation. » Sur la rive opposée est Miniet Racba
منية رقبة; de là, en suivant la rive occidentale, on descend à Miniet
el-Firan منية الفيران [1] « où l'on cultive le cumin, l'oignon et l'ail
« sur l'emplacement de l'ancien château du prince. »

A l'orient de ce lieu est Dacarcous دقرقوس, « bourg très-
« considérable, entouré de vergers et de champs cultivés, et où
« se tient une foire tous les mercredis. » De là on descend à
Miniet Fimas منية فيماس, « joli bourg dont le territoire est entièrement productif et fertile, » en face duquel, sur la rive occidentale, est situé Hanout حانوت, « bourg arrosé par des eaux cou-
« rantes, où l'on cultive beaucoup de beau lin. Cette culture forme
« la principale ressource des habitants. » De là à Miniet Asna منية
اسنا à l'orient du canal, puis à Damasis دمسيس, dont il a été
déjà fait mention. « Damasis est un bourg très-peuplé; il s'y tient
« tous les samedis une foire très-fréquentée par les marchands,
« où l'on vend et l'on achète des étoffes et des marchandises de
« toute espèce. »

Celui qui se propose de descendre par le bras *occidental* va
d'Antouhi انتوي à Malih ملح, ville commerçante, située vis-à-vis
de Miniet A'bd-el-Melik منية عبد الملك, gros bourg sur la rive orientale, dont le territoire est très-productif; 20 milles.

De Malih à Tantana طنطنة, petite ville située sur la rive occidentale, « dont les habitants se livrent au commerce et vivent
« dans un état paisible et prospère; » 15 milles.

De Tantana à Talti طلطل sur la rive occidentale, vis-à-vis de
Dja'faria جعفرية, bourg sur la rive droite; 15 milles.

De Talti à Belous بلوس [2] sur la rive occidentale, vis-à-vis de
Santa, « bourg agréable et bien peuplé. »

---

[1] Le ms. A. porte Kirawan كيروان; la version latine, Moniet Alamran.

[2] La version latine porte Folous, mais nos deux manuscrits donnent بلوس.

QUATRIÈME SECTION.

De Belous à Sounbat سنباط, « ville dont les habitants culti-
« vent le lin[1], se livrent au commerce et sont fort riches, et qui
« est située sur la rive gauche du Nil, vis-à-vis de la ville de
« Wancassr ونقاصر. »

De Sounbat on se rend à Choubra شبرة, « ville située à l'em-
« bouchure du canal qui fait face à Damasis دمسيس, dont nous
« avons fait mention ci-dessus[2]. »

Celui qui veut se rendre de Damasis à Tennis تنيس par le Nil,
descend d'abord jusqu'à Miniet Bedr منية بدر, environ 2 milles.
C'est de là que part, du côté oriental, le canal de Chancha شنشا,
qui passe auprès de la ville de ce nom, « ville très-agréable, dont
« les environs sont bien cultivés et plantés d'arbres et de cannes
« à sucre. »

De là à Albouhat البوهات, ville située sur la rive orientale,
« bien peuplée, possédant des bazars et ceinte d'anciennes mu-
« railles en pierre; » 24 milles.

De là à Safnas سفناس, « petite ville bien peuplée, » 18 milles.

De là en se dirigeant par terre vers l'occident à Tanah طناح,
ville située sur la rive orientale du canal de Tennis; 25 milles.

De là au lac de Zar زر, situé dans le voisinage de Farama فرما.
Ce lac touche au lac de Tennis تنيس qui n'est séparé de la mer
que par un intervalle de 3 milles. Il est très-vaste, et, indépendamment de l'île[2] de Tennis, on y remarque celle de Hissn el-
Ma حصن الماء, située vis-à-vis et non loin de Farama. Bardouin
بردوين, qui conquit la Syrie à une époque postérieure à l'hégire,
parvint jusque-là; et ayant couru le risque d'y rester submergé
avec son cheval, il revint sur ses pas[3].

---

[1] Ceci se trouve conforme à ce qu'on lit dans l'itinéraire de Benjamin de Tudèle, page 121.

[2] Et non de la ville, ainsi que porte la version latine.

[3] Il s'agit ici de Baudouin, frère de Godefroy de Bouillon, qui, d'après le récit d'Abulfaradj (*Hist. dynast.* page 377), mourut à Jérusalem en 1118 de J. C. Voyez aussi *Abulfedæ Annal. muslem.* tome III, page 372.

TROISIÈME CLIMAT.

A l'est de Tennis, en tirant tant soit peu vers le sud [1] et dans le lac de ce nom, est l'île de Touna تونه; au midi de Tennis est l'île de Nabalia نبلية; à l'occident du canal de Chancha شانشا, dont nous venons de parler, il existe un grand nombre de villages et de bourgs, lieux cultivés et produisant toute sorte de denrées utiles.

Celui qui veut aller de Damasis دمسيس à Tennis تنيس par le grand canal, passe d'abord par Miniet Bedr منية بدر, dont il a été question ci-dessus; puis il se rend à Bana بنا [2], bourg situé sur la rive occidentale à 10 milles. « Bana est un lieu parfaite-« ment cultivé et très-fertile, » au-dessus duquel le Nil se partage en deux branches qui forment une petite île, à l'occident de laquelle est le bourg de Boussir بوصير; de l'autre côté, c'est-à-dire sur la branche orientale, est Rahl-djerah رحل جراح, ville petite, mais dont le territoire est riche et fertile. Entre Rahl-djerah et l'embouchure du canal de Chancha شانشا, on compte 40 milles.

De même, de Boussir بوصير et de Bana بنا à Miniet-ebn-Djerah منية ابن جراح, située sur la rive orientale, et à Semenoud سمنود, « ville jolie, riche, peuplée, située sur la rive opposée, et où « l'on trouve à bon marché tout ce qui est nécessaire à la vie; » 12 milles.

De Semenoud, en se dirigeant par terre vers l'occident, à Sandafa سندفة [3], ville située sur les bords du canal de Bolkina بلقينة, 8 milles.

De Semenoud سمنود à Tha'banié ثعبانية, « ville populeuse et com-« merçante, » située sur la rive occidentale du canal, 18 milles.

De là à Miniet A'sas منية عساس, « bourg dont le territoire est « très-fertile, » 12 milles.

---

[1] وبالشرق من تنيس مع الجنوب قليلا.
[2] Le ms. B., que nous suivons ici, offre une leçon qui justifie pleinement la conjecture émise par M. Hartmann, *Edrisii Africa*, page 408.
[3] L'*Abrégé* porte Sandaca.

QUATRIÈME SECTION.

De là on descend à Djoudjar جوجر, vis-à-vis de Wanch el-Hadjar ونش الحجر¹, « petite ville située sur la rive orientale, » 12 milles.

De Wanch el-Hadjar à la ville de Toukha طوخا (ou Tarkha طرخا d'après le manuscrit B.), 12 milles.

Cette dernière ville est située sur la rive occidentale du Nil, à 12 milles de Djoudjar جوجر. C'est au-dessous de là que le Nil se partage en deux branches dont l'une, l'orientale, se dirige vers le lac de Tennis تنيس, et l'autre, l'occidentale, vers Damiette دمياط. Celui qui, de Toukha, veut descendre à Tennis passe d'abord à Miniet Chahar منية شهار, ville petite, mais populeuse, commerçante et riche, située vis-à-vis de Mahallé Damnia محلة دمنية, bourg situé sur la rive orientale, « à 5 milles « de distance. »

Miniet Damnia منية دمنية est au-dessous de Chahar شهار².

De Mahallé Damnia محلة دمنية à Kibab Baziar قباب بازيار, bourg considérable³, 12 milles.

De là en descendant à Kibab el-A'rif قباب العريف, 16 milles.

De là au bourg de Damou دمو, 15 milles.

De Damou à Tamakh طماخ⁴, « ville populeuse et commer- « çante, sur la rive orientale, 2 milles. »

De là à Chamous شموس, bourg, 10 milles.

De là à Cariet el-Anssar قرية الانصار sur la rive occidentale, 20 milles.

De là à Cariet Wabida قرية وبيدة sur la rive orientale, 20 milles.

De là à Barnabliz برنبليز sur la rive occidentale, 20 milles.

Puis à Sebista سبستة, 40 milles.

---

¹ Le ms. A. porte Waranch el-Hadjar; la version latine, Nasc el-Hadjiar.
² Nous suivons ici le ms. B., feuillet 125, *recto et verso*.
³ Le ms. A. porte قباب بارباز; la version latine, Cqebab al-Bazbar.
⁴ Nous suivons ici nos deux manuscrits : l'*Abrégé* porte Tanah طناح.

320.

Enfin au lac de Tennis بحيرة تنيس vers l'occident, 15 milles.

Les eaux de ce lac sont douces en été lors de l'inondation du Nil. En hiver et jusqu'à la saison des chaleurs, les eaux de la mer prennent le dessus et communiquent (à celles du lac) leur salure. Il y existe des villes entourées d'eau et semblables à des îles, telles que Nabli نبلى, Touna تونه, Samnat سمناة, Hissn el-Ma حصن الماء, et on ne peut y aborder qu'au moyen de barques. « On tire de Tennis, ainsi que de Damiette, des étoffes fines de l'es- « pèce dite Dabiki دبيق et Chorb شرب. Sous le rapport de la tein- « ture, rien n'égale les étoffes de Tennis, et elles sont tellement « belles et précieuses, qu'un seul manteau, lorsqu'il est broché « en or, vaut quelquefois mille dinars, et sans or, cent ou deux « cents environ. La matière principale de ces étoffes est le lin. « Quant à celles qu'on fabrique à Chata شطا, à Dînwa دينوا et « à Damira دميرة et dans le voisinage de ces îles, elles sont « sans doute très-fines; mais elles n'approchent pas de celles de « Tennis [1]. »

Ce lac a peu de profondeur. On le traverse presque partout sur des bacs. On y rencontre (quelquefois) deux bâtiments s'é- loignant l'un de l'autre, voguant en sens contraire à pleines voiles par le même vent, et se croisant avec une égale vitesse.

Quant à Damiette دمياط, c'est une ville bâtie sur les bords et à une certaine distance de la mer. « On y fabrique des étoffes de l'es- « pèce dite Dabkié دبقية et d'autres qui, pour la perfection du tra- « vail, approchent de celles de Tennis[2]. » Le bras du Nil sur lequel Damiette est située est dérivé de celui qui descend à la ville de Tennis et dont le point de départ est au-dessous de Toukha طوخا dont nous avons déjà parlé. Celui qui, partant de Missr, désire s'y

---

[1] Notre texte contient ici une anecdote fabuleuse et sans intérêt que nous nous abstenons de traduire.

[2] Voyez, au sujet de ces étoffes, les *Mém. géogr. sur l'Égypte* de M. Quatremère, t. I, p. 308 et 309.

QUATRIÈME SECTION.   321

rendre, passe par les villes, bourgs et lieux habités dont nous avons donné l'énumération, jusqu'à ce qu'il soit parvenu à Toukha. Prenant ensuite la branche occidentale du Nil qui coule vers Damiette, il parcourt, en descendant, 10 milles jusqu'à Damira دميرة [1], petite ville située sur la rive occidentale du canal, « où « l'on fabrique de jolies étoffes destinées à l'exportation, et où « il se fait beaucoup de commerce; » de Damira, en descendant le canal, à Cherencas شرنقاس, « ville petite, industrieuse et « commerçante, » située sur la rive occidentale, 17 milles.

De là à Saremsah سرمساح (ou Charemsah شرمساح), petite ville située sur la rive orientale, 20 milles.

De là à Miniet el-O'louk منية العلوق, « bourg bien peuplé, où « l'on trouve des pressoirs à sucre et des productions de la terre « en abondance et qui est situé sur la rive orientale du canal, » 20 milles.

De là à Fareskou فارسكو [2] sur la même rive, 10 milles.

De Fareskou à Boura بورة, « gros bourg dont le territoire est « très-productif, » 15 milles.

Et de Boura à Damiette [3] . . . . .

« Ce qui fait, pour la distance totale de Toukha à Damiette, 105 milles.

« De même de Toukha à Damasis دمسيس, on compte 110 « milles.

« De Damasis à Antouhi انتوهى, environ 90 milles.

« De l'embouchure d'Antouhi à Chantouf شنطوف, 100 « milles.

[1] Le ms. A. porte Dahira دهره.

[2] Nous suivons ici l'orthographe de nos deux manuscrits, quelque vicieuse qu'elle puisse être. Toutes les cartes (sauf toutefois celle de Paul Lucas) portent *Fareskour*, et c'est ainsi que nous avons nous-même entendu prononcer ce nom sur les lieux.

[3] L'addition des quantités ci-dessus ne donne que 92 milles : on peut supposer que la distance entre Boura et Damiette est de 13 milles.

« Et de Chantouf à Fostat فسطاط, 50 milles. »

Mais, pour revenir au canal de Mahallé خليج المحلة, nous disons que son point de départ est au-dessous de Tantana طنطنى[1] et qu'il coule vers l'occident jusqu'à Chermah شرماح[2] situé sur le canal de Damiette.

De ce point à Miniet Ghazal منية غزال à l'orient, on compte 20 milles.

« Ce bourg, très-agréable et offrant beaucoup de ressources, « est situé vis-à-vis de Mahallet-Abi'l-Heïthem محلة ابى الهيثم sur « la rive occidentale. »

De Miniet Ghazal à l'embouchure du canal de Bolkina ترعة بلقينة[3], « bourg dont le territoire est couvert de jardins et de « cultures, » 15 milles.

A partir de là, commence un autre canal qui coule directement à l'ouest, « vers Sakha سخا, et sur lequel on voit d'abord « à l'occident Dar el-Bacar دار البقر; » plus bas, également à l'occident, le bourg de Ma'tamadié معتمدية, puis celui de Matboul مطبول à l'occident, « où se tient un marché à jour fixe, » puis Sakha سخا. « Sakha est dans les terres, et c'est un chef-lieu de « district. » De là, en se dirigeant vers le midi, on va à Mahallé Sirt محلة صرت, puis à Menouf el-A'lia منوف العليا, « bourg dont le « territoire est fertile et les dépendances bien peuplées; » puis à Sekaf سكاف, « joli village dont les habitants vivent dans l'abon- « dance de toutes choses; » puis enfin à Chantouf شنطوف.

Reprenons notre itinéraire à l'embouchure du canal de Bolkina dont nous venons de parler. De là on descend à Mahallé المحلة, « grande ville où sont des marchés bien fournis, et où il « se fait constamment des affaires de commerce »

A 45 milles de Mahallé on trouve la ville de Sanhour صنهور

---

[1] Le ms. A porte Tanta. — [2] La version latine porte Seremsah.

[3] Nos deux manuscrits sont d'accord sur l'orthographe de ce nom. La conjecture émise par M. Hartmann (*Edris. Afr.* page 422) se trouve donc confirmée.

QUATRIÈME SECTION. 323

où aboutit le canal de Bolkina. Cette ville a vis-à-vis d'elle, à l'orient et à 1 mille et demi de distance, celle de Sendia سندية[1], jolie ville située à 15 milles de distance, par terre, de Semenoud سمنود. Cette dernière ville est sur le canal de Tennis et de Damiette.

De Sendia on se rend à la ville de Mahallé المحلة; de là à Mahallet el-Dakhel محلة الداخل, bourg situé à l'occident du canal; de là à Damira دميرة, « où l'on marque d'un signe les étoffes dites Choroub [2]; » l'une et l'autre sont de grandes villes « où l'on fa-« brique (des tissus) pour les riches et pour les pauvres; » de là on se rend à Damiette.

« Nous venons de décrire d'une manière suffisante les canaux « orientaux (du Nil), ainsi que leurs ramifications. Il nous reste « à traiter convenablement des canaux occidentaux, et de l'état « des pays situés sur leurs rives. »

Nous disons donc que le voyageur qui désire descendre de Missr à Alexandrie passe d'abord devant l'île d'Ancach انقاش et devant Embabé مبابه[3], villes situées entre les deux rives du Nil, « et où l'on avait coutume d'apprivoiser les bêtes sauvages à l'é-« poque de la domination du prince de l'Égypte [4]; » 10 milles.

Puis à Akhssass اخصاص, « lieu couvert de vergers, d'ttt◼︎◼︎ « et de jardins d'agrément; » 20 milles.

De là en descendant le Nil à Dhorouat دروة, 5 milles.

De là à Chantouf شنطوف, petite ville bien peuplée « dont le « territoire est fertile » et qui est située vis-à-vis d'Omm-Dinar ام دينار, joli bourg sur la rive occidentale, 20 milles.

De là à Achmou (ou plutôt Achmoun) Djoreïch اشمو جريش, petite ville sur la même rive, 15 milles.

---

[1] On trouve sur la carte du général Reynier un lieu du nom de *Seneta* dont la situation paraît correspondre à celle de la ville dont il est ici question.

[2] — *Sic*. التى تريم (تريم ou) بها الثياب الشروب.

[3]

[4] كانتا برسم تربية الوحوش فيهما فى مدة ايام الامير صاحب مصر.

De là à el-Khoreïch ou el-Djoreïch الخريش ou الجريش sur la rive orientale, 18 milles.

« Cette dernière ville est jolie, située dans un vaste et beau pays, commerçante, bien bâtie et entourée de vignobles et de vergers. »

De là à Remal el-Sanim رمال الصنم . . . . .

Par la permission du Très-haut, il s'opère en ce lieu un prodige consistant en ce que, si l'on enterre un os dans le sable, au bout de six jours il se convertit en une pierre très-dure.

De Remal el-Sanim on se rend à Abi-Iahnes ابى يحنس, gros bourg entouré de jardins; de là à Tarnout ترنوط, petite ville bien peuplée où il se fait beaucoup de commerce; et de Tarnout à Chantouf, 50 milles.

Auprès de Tarnout ترنوط est une mine de sel natron d'une excellente qualité; on en expédie dans tous les pays. Tarnout ترنوط est sur le canal de Chabour شابور; en effet lorsque ce bras du Nil est parvenu à Remal el-Sanim رمال الصنم, il se subdivise en deux canaux, dont l'un, *l'occidental*, passe à Tarnout ترنوط, à Bestama بستامة, à Tanout طنوت, à Chabour شابور, gros bourg, à Mahallet el-Seïda محلة السيدة, à Resial رسيال, à Caranta ou Faranta ترنطة ou فرنطة, à Souc abi-Mena سوق ابى منا, à Caranfil ترنفيل, à el-Karioun الكريون, à Ssabar صبر, et enfin à Alexandrie الاسكندرية.

Ce canal n'est rempli d'eau et on n'y peut naviguer qu'à l'époque de la crue du Nil, attendu que son niveau est plus élevé que celui des basses eaux du fleuve. Ce canal, lorsqu'il est parvenu à Ternout ترنوط, forme une courbure et se dirige vers l'orient au point de coïncider avec l'autre auprès de Malig[1], et de manière à former l'île de Biar بيار.

Quant au point de départ du canal *oriental*, il est auprès de

[1] Nos deux manuscrits étant à peu près illisibles ici, nous croyons devoir suivre la version latine.

QUATRIÈME SECTION.

Remal el-Sanim رمال الصنم. Ce canal se dirige vers le nord, et va rejoindre l'autre auprès de Bebih ببيج[1]. « Dès son origine, au-dessous, on trouve sur la rive orientale des champs cultivés et de nombreux villages qui se succèdent sans interruption jusqu'auprès de Menouf el-Asfali منوف الاسفلى. » De là il (le canal) passe à Thana تنا, puis à Cabicha قبيشا, puis à Beïdaria بيدارية, lieu situé en face d'el-Menar المنار ou Bebih ببيج, sur la rive occidentale : c'est là que les deux canaux se réunissent et n'en forment plus qu'un. Au-dessus de Bebih est un bourg dit Colaïb el-O'mmal قليب العمال. Le Nil descend ensuite vers le nord jusqu'à Sa صاه bourg situé sur la rive orientale, vis-à-vis de Chakla شكلا sur la rive occidentale, 15 milles.

« De Sa صاه à Estafia اصطافية, joli bourg bien peuplé, sur la « rive orientale, 20 milles.

« De là à Mahallet el-A'louï محلة العلوى, gros bourg entouré de « jardins et de cultures, situé vis-à-vis de Sornabi سرنبى, autre « bourg sur la rive occidentale, 15 milles. »

De Mahallet el-A'louï محلة العلوى à Fouah فوه, 15 milles.

« Fouah est une jolie ville dont le territoire produit des fruits « et toutes choses en abondance; il y a un marché, et c'est un « lieu de commerce. » Vis-à-vis de Fouah, le Nil se divise en deux branches de manière à former l'île dite d'el-Raheb الراهب, à l'extrémité de laquelle est située Sendioun سندیون, « qui fut jadis « une ville, mais qui est aujourd'hui ruinée[2], et dont il ne « subsiste que les vestiges et divers villages contigus. » De Fouah فوه à Sendioun sur la rive orientale, on compte environ 15 milles.

Sur la rive opposée est le bourg de Samdisi سمديسى distant de Sornabi سرنبى de 15 milles. Un peu au-dessous de Samdisi سمديسى, dérive un bras du Nil peu considérable qui se décharge

---

[1] La version latine porte Malig.
[2] Je lis ici درست لكنها.

dans le lac Mart مارة¹ situé au nord-ouest et dont l'étendue est à peu près de 40 milles de long sur 2 milles de large. Ce lac a peu de profondeur jusqu'auprès du rivage de la mer dont il suit les contours. A une distance de 6 milles de Rachid رشيد (Rosette), son embouchure est d'environ dix brasses de longueur sur une largeur égale à celle d'un jet de pierre. Ce lac communique avec un autre qui a 20 milles de long et une largeur moindre que celle du premier. Les eaux n'en sont point profondes, « cepen- « dant il est navigable jusqu'à son extrémité. » De ce point jusqu'à Alexandrie, on compte 6 milles. Les voyageurs quittent (ici) les navires et continuent leur route par terre et en caravane jusqu'à Alexandrie.

Quant à la descente à Rosette par le grand bras du Nil, en voici l'itinéraire : de Samdisi سمديسى à Hafer حافر, bourg situé vis-à-vis de Nessoubis el-Romman نصوبس الرمان, bourg sur la rive orientale, 20 milles.

De Hafer حافر à el-Hadidia الحديديه ², 15 milles.

Et de là à Rachid رشيد (Rosette). . . . .

« Cette dernière ville est florissante. Il y a des marchés, du « commerce, de l'industrie. La campagne qui l'environne produit « du blé, de l'orge, toute sorte de légumes, des dattes et des « fruits en abondance; on y trouve en quantité du poisson de « mer et du poisson du Nil; on y pêche le Delis دليس ³, on le « sale, on le transporte au loin, et c'est un objet de commerce. »

« La plupart des bourgs et des villages de l'Égypte sont dans « le Djauf جون (ou plutôt dans le Hauf حون) et dans le Rif ريف.

---

¹ Maréotis.

² La version latine porte Giodaidia, mais nos deux manuscrits sont d'accord sur l'orthographe que nous proposons.

³ Il faut probablement lire ici دلينس, c'est-à-dire *la telline*, sorte de coquillage bivalve au sujet duquel on peut consulter la *Chrestomathie arabe* de M. de Sacy, t. I. p. 147, et la traduction d'*Abd-allatif* par le même auteur, p. 147 et 314.

QUATRIÈME SECTION.

« Le Rif est la contrée située au midi du Nil[1]. La majeure partie
« des habitants de ces villages sont des Coptes chrétiens et jaco-
« bites. Ils possèdent un grand nombre d'églises. C'est un peuple
« inoffensif et qui vit dans l'abondance de tous biens. Ebn-Hau-
« kal rapporte, dans son ouvrage, que les femmes coptes accou-
« chent souvent de deux ou de trois enfants à la fois, et qu'on
« ne peut attribuer une telle fécondité qu'à l'influence de l'eau
« du Nil. »

De Rachid à Alexandrie, on compte 60 milles, savoir :

De Rachid aux Sables الرمال et à Boukir بوقير, 30 milles.

De là à el-Cassreïn القصرين et à Alexandrie, 30 milles.

« On pêche à Alexandrie une espèce de poisson rayé dont le
« goût est agréable, et qui s'appelle el-A'rous العروس[2].

« Nous avons donné l'itinéraire de Missr مصر à Asouan
« اسوان et au Saïd الصعيد. Nous avons également décrit la route
« de Missr à Afrikia افريقية[3]. » Notre intention est maintenant
d'indiquer, station par station, le chemin qui conduit de Missr
à Sedjelmesa par Behnesa بهنسا, et qui fut suivi par les Moravides المرابطين, en 530 de l'hégire (1137 de J. C.).

De Missr à Behnesa بهنسا, on compte 7 journées.

De Behnesa à Djob-Manad جب مناد, 1 journée.

Puis à Feïdia فيدية, 1 journée.

Puis 2 journées sans eau.

A la fontaine de Caïs عين قيس, 1 journée.

A Ghaïat غيات, 1 journée.

A la montagne d'Amtalas جبل امطلاس, 1 journée.

---

[1] Voyez sur le Hauf et sur le Rif, la même traduction, p. 397, et les *Recherches critiques et historiques sur la langue et la littérature de l'Égypte*, pages 179 et suiv.

[2] D'après notre auteur, l'usage de ce poisson, rôti ou cuit de toute autre manière, procure des rêves agréables ; mais ce conte, dont le sens est difficile à comprendre, ne nous paraît pas mériter la peine d'être traduit en entier.

[3] Ou plutôt à Mahdia.

A Nasnat نسنات, 1 journée.

A la rivière de Castara وادى قسطرة, 1 journée.

A la montagne de Sarwaï جبل سروى, 1 journée.

Au désert de Tebdit صحرآ تبديت, 3 journées sans eau.

A l'étang de Chenawa غدير شناوة, dont l'eau est potable, 1 journée.

Au mont Tati جبل تاتى, 1 journée.

A Samela ساملا, 1 journée.

A Sirou, dans la montagne, سيرو فى الجبل, 1 journée.

Au désert de Metalawat متالاوت, 6 journées sans eau.

A Necaou نقاو, 1 journée.

A Salouban سلوبان, montagne. 1 journée.

Au mont Wedjad جبل وجاد, 1 journée.

A Nadrama ندرامة.

Au mont Cozoul جبل قزول, 1 journée.

Au mont Aïdemour ايدمر, 3 journées de désert sans eau.

A Soulkaïa سلكايا, 2 journées.

A Tamet تامت, 1 journée.

A Sedjelmasa سجلمسه, 1 journée.

Ce chemin est rarement fréquenté. « Les Moravides الملثمون, « pour le parcourir, prirent des guides. »

De Missr مصر à Bagdad بغداد, on compte 570 parasanges, ce qui équivaut à 1710 milles.

Pour aller de Missr à Iathrib يثريب (Médine), on passe par les lieux suivants : el-Djoub الجب, el-Bouaïb البويب, Menzil ebn-Sadea منزل ابن صدقة, A'djeroud جرود, Rouïtha الرويثه, Kersa كرسى, Hafar الحفر; Aïlah ايله, Madian مدين, A'ra الاعرا, Kelaia كلاية, Cha'ab شعب, Beïdha البيضا, Wadi'lcora وادى القرا, Roheiba رحيبه, Dhi'l-Merwet ذى المروة, Mor مر, Soueïda السويدا, Dhi-Khachab ذى خشب, Médine ou Iathrib.

Il existe une autre route qui suit les bords de la mer de Colzoum, savoir : de Missr à A'ïn Chams عين شمس (Héliopolis), à

QUATRIÈME SECTION.

Matarié المطرية, Birket el-Djob بركت الجب, lac où se déchargent les eaux du canal du Caire, خليج القاهرة, le puits d'A'djeroud جب عجرود, le puits d'el-A'djouz جب العجوز, Colzoum قلزم, Batn Moghaïra بطن مغيرة, port auprès duquel il existe un lac, le golfe de Faran جون فاران, Merbad مربد, Iathran يثران ou Bathran بثران, lieu dangereux où se perdent souvent les navires durant la tempête : en effet, c'est une baie qu'une haute montagne domine; lorsque le vent vient à souffler de ce côté, il s'engouffre, descend vers la mer, soulève les ondes, et fait périr tous les navires qui s'y trouvent; lorsque c'est le vent du midi qui souffle, il n'y a aucun moyen d'en sortir. Cette baie dangereuse comprend un espace d'environ 6 milles; on dit que c'est là que Pharaon fut submergé. Auprès de Faran فاران, il existe également un endroit difficile à traverser lorsque le vent souffle de l'est à l'ouest ou de l'ouest à l'est. Cet endroit s'appelle Djeïlan جيلان.

De Djeïlan on se rend au mont Sinaï جبل طور, à Aïlah ايله, à Hakel الحقل, à Madian مدين, à Hawra الحورا, à el-Djar الجار, à Khodeïd خويد, à A'sfan عسفان, à Batn Mer'i بطن مرع, et à la Mecque مكة. « L'itinéraire de Missr مصر à Farama الفرما est comme il suit :

« De Missr à Belbeïs بلبيس, 1 journée.

« De là à Cabous قابوس, ville, 1 journée.

« De là à Kharkhir خرخير, 1 journée.

« Nous parlerons ci-après de l'état actuel de Farama, s'il plaît
« à Dieu. »

CINQUIÈME SECTION.

Suite des côtes de la mer Rouge. — Palestine. — Ascalon. — Jérusalem. — Naplouse. — Acre. — Tibériade. — Damas. — Ba'lbeck. — Seïde — Beïrout. — Tripoli de Syrie. — Hems.

Cette section comprend une partie de la mer de Colzoum et du désert de l'Égarement, une partie de la Méditerranée et des villes, ports et forteresses situés sur son littoral, la Palestine, le pays de Damas, le Hedjaz supérieur, et une partie du désert existant à l'occident de ces provinces.

Les pays les plus connus (dans ces limites) sont Colzoum قلزم, Faran فاران, Aïlah ايله, Madian مدين, Khaïbar خيبر, Wadi'l Cora وادى القرى, el-Hadjar الحجر, Tabouk تبوك, Douma دوما, Ma'den el-Bacra معدن البقرة, el-Ghadi الغدى, Sebala السبالة, Rahet راهط, Farama فَرَمَا, Ascalan عسقلان, Ghazza غزه, Ramlé الرملة, Jérusalem بيت المقدس, Tabarié طبرية, Naplouse نابلس, Damas دمشق, Ba'lbek بعلبك, Hems حمص, Jaffa يافا, Césarée قيسارية, Arsouf ارسوف, Acre عكا, Sour صور, Beïrout بيروت, Na'ima الناعمة, Djobaïl جبيل, Tripoli اطرابلوس, Antartous انطرطوس, Belinas بلينـاس, Djebali جبلي, Ladikié اللاديقية, Soueïda (ou Soueïdié) سويدة, Antakié انطاكية[1]. Nous décrirons en détail, s'il plaît à Dieu, les édifices, les curiosités qu'on y remarque, les objets d'industrie qu'on y fabrique, ceux qu'on y apporte du dehors, ceux qu'on en exporte, ainsi que les distances respectives des lieux, soit en parasanges, soit en milles, ainsi que leur situation.

« La mer de Colzoum s'étend, en longueur, sur un espace
« d'environ 30 journées, et sa plus grande largeur est de 3 jour-

---
[1] Pour l'orthographe de ces noms, nous suivons, en général, les leçons du ms. B.

« nées ; ensuite elle se rétrécit au point que d'une rive l'on
« peut apercevoir la rive opposée. C'est vers l'endroit le plus
« large qu'est situé Colzoum. »

Cette mer ressemble à un fleuve. Au-dessus du niveau de ses eaux s'élèvent des montagnes et des écueils apparents ; au-dessous, sont des écueils cachés, « à travers lesquels les navires ne
« peuvent se frayer un passage que par des voies connues seule-
« ment des marins expérimentés, qui joignent à la connaissance
« de leur art celle des lieux dangereux. La navigation n'a lieu
« que de jour ; durant la nuit, personne n'ose s'y hasarder, à
« cause des bordées qu'il faut faire en route, des difficultés à
« vaincre, des écueils à éviter.

« Le nom de Colzoum s'appliquait autrefois à deux villes, mais
« elles ont été presque entièrement ruinées par les Arabes qui s'en
« sont emparés et ont dépouillé de leurs biens les habitants,
« en sorte qu'il y règne une profonde misère. Le nombre des
« maisons a progressivement diminué ; les voyageurs ont craint
« d'y venir, le commerce a cessé, et toute ressource a disparu.
« Les habitants boivent de l'eau d'une source dite el-Serbes السربس,
« située au milieu des sables ; mais cette eau est salée au point
« qu'on peut à peine l'avaler. »

De Missr مصر à Colzoum, on compte 90 milles.

De Colzoum à Farama الفرما, vers le nord, 7 journées.

Telle est également la distance qu'il y a entre la Méditerranée et la mer de Colzoum. Cet espace est connu sous le nom de désert de l'Égarement, parce que ce fut là qu'errèrent les enfants d'Israël au temps de Moïse (sur qui soit le salut!).

C'est à Colzoum قلزم qu'on construit les bâtiments destinés à naviguer sur la mer Rouge : le mode de fabrication de ces navires est très-curieux. En effet, on étend d'abord en large la carène sur la terre, et l'on n'adapte, sur les portions adhérentes de cette carène, aucune planche avant qu'elle ait été parfaitement préparée; ensuite on comprime (ces planches) au moyen de cordes faites de fibres de palmier, et l'on opère leur cohésion au moyen de liens solides; cela fait, on calfate (le navire) avec de l'huile de poisson et de la poix pilée. Le fond de ces navires est plat et peu profond, afin qu'ils puissent supporter beaucoup de charge sans se briser sur les écueils.

De Colzoum à Faran Ahroun فاران اهرون, 40 milles.

Cette ville, située au fond d'un golfe, est fréquentée par les Arabes de la contrée. « Auprès de Faran ازا فاران et du côté de la
« mer, est un lieu creusé par ses flots dans les flancs d'une montagne
« de roches très-dures. Les vagues s'y brisent et forment des tour-
« billons, en sorte que, lorsque le vent souffle avec violence, il
« est difficile d'y passer; on ne traverse ce lieu qu'avec beaucoup
« de peines et souvent même on y périt. C'est, d'après ce qu'on
« rapporte, dans cette mer que Pharaon fut submergé. »

De là on se rend au mont Sinaï, Djebel-Tour جبل طور, peu éloigné de la mer, et s'étendant dans la même direction qu'elle. Il existe une route frayée entre la mer et cette montagne qui est très-haute, et où l'on monte par des degrés. On trouve au sommet un oratoire مسجد et un puits d'eau courante où les voyageurs se désaltèrent. De Tour طور on va à Massdef مصدن, lieu agréable, quoique sablonneux, dont les eaux sont limpides et où l'on pêche des perles. De là à Charm el-Beït شرم البيت, port sans eau (potable). De là au cap Abi-Mohammed راس ابي محمد, port également sans eau. C'est là que commence la montée d'Aïlah عقبة ايلة. Aïlah est une petite ville fréquentée par des Arabes qui y sont les maîtres. De là on peut se rendre à el-A'ouïd العويد, port où l'on trouve de l'eau, et qui est situé vis-à-vis et à 10 milles de distance de l'île de No'man نعمان. « Cette île est peuplée de
« misérables Arabes qui vivent des produits de la pêche. » De là au port de Tena طنة, où l'on trouve de l'eau; puis à A'touf عطون; puis à Hawra حورا, bourg habité par des chérifs qui

CINQUIÈME SECTION. 333

possèdent dans leur voisinage une mine où ils fabriquent des vases en terre qui sont un objet considérable d'exportation. Non loin et au midi de ce bourg, est la montagne de Radhoua رضوى, d'où l'on extrait quantité de pierres à aiguiser, qu'on expédie en orient et en occident. On y boit de l'eau de puits qui est douce; il y a un port et un château; puis à Wadi'l-Safra وادى الصفرا, beau port; puis à Couaïa' القويعة, port habité où l'on est obligé d'apporter l'eau de loin; puis à Djar ou el-Djar الجار; puis à el-Djohfa الجحفة; puis à Codeïd قديد; puis à A'sfan عسفان; puis à Djidda, « pays, châteaux et lieux de refuge dont « nous avons parlé dans la description du deuxième climat [1], et « sur lesquels il est par conséquent inutile de revenir. »

Sur les bords de la mer de Colzoum est la ville de Madian مَدْيَن, plus grande que Tabouk تبوك, et le puits où Moïse (sur qui soit le salut!) abreuva le troupeau de Jethro الشعيب. « On dit « que ce puits est (maintenant) à sec [2], et qu'on a élevé au-des- « sus une construction. L'eau nécessaire aux habitants provient « de sources. Le nom de Madian مَدْيَن dérive de celui de la « tribu à laquelle Jethro appartenait. Cette ville offre très-peu « de ressources, et le commerce y est misérable. »

De Madian à Aïlah ايلة, on compte 5 journées.

D'Aïlah à el-Djar الجار, environ 25 journées.

De Madian à Tabouk, en se dirigeant vers l'est par le désert, 6 journées.

La ville de Tabouk تبوك est située entre el-Hadjar الحجر et l'extrême limite du pays de Damas ou de la Syrie; or, cette limite est à 4 journées (de Tabouk), c'est-à-dire à moitié chemin de Damas. Tabouk est entourée d'une bonne fortification. Ses habitants boivent de l'eau d'un ruisseau qui coule en murmu-

---

[1] Voyez ci-dessus, pages 139 et suiv.

[2] Je lis معطلة, comme porte le ms. B., et non معظمة, leçon donnée par le manuscrit A.

rant. Il y a beaucoup de palmiers. On dit que la tribu d'Elaïka, vers laquelle Dieu envoya Jethro, demeurait ici. Jethro était né à Madian.

El-Hadjar الحجر est à 1 journée de distance de Wadi'l-Cora وادى القرى. C'est une forteresse située dans un pays de montagnes. C'est là qu'étaient les demeures des Themoudites ديار ثمود. On y voit, creusées dans le roc, des cavernes que les habitants d'el-Hadjar et des contrées environnantes appellent *el-abalib* الابالب. Ces montagnes, au premier coup d'œil, paraissent contiguës; mais lorsque le voyageur est parvenu au milieu d'elles, il voit qu'elles existent séparément, et qu'on peut faire le tour de chacune, car elles ne se touchent point. C'est là qu'existe encore aujourd'hui le puits de Themoud. El-Hadjar الحجر est de tous côtés environné de montagnes et de sables qu'il n'est possible de gravir qu'avec beaucoup de difficultés et de peines.

D'el-Hadjar الحجر à Tima تيما, on compte 4 journées; et de Tima تيما à Khaïbar خيبر, également 4 journées.

Khaïbar خيبر est une petite ville, ou plutôt un fort entouré de palmiers et de champs cultivés. C'était, dans les premiers temps de l'islamisme, la résidence des Beni-Coraït et des Nodhaïr بنى قريط و النضير. Samwa ebn-Adia سموا ابن عاديا, personnage auquel le proverbe relatif au paiement des dettes fait allusion, y demeurait[1].

De là à Médine المدينة, on compte 4 journées.

« Auprès de Khaïbar خيبر s'élève la montagne de Radhoua
« رضوى, montagne très-haute dont les bifurcations, les vallées et
« les sommets donnent naissance à des sources d'eau pure et
« limpide, et favorisent la végétation des arbres. On en extrait
« des pierres à aiguiser qui sont transportées au loin. »

---

[1] Il s'agit ici de Samuel, juif célèbre, qui reçut en dépôt les armures d'Amri alkaïs et souffrit tout plutôt que de les livrer. (Note de M. de Sacy.)

CINQUIÈME SECTION. 335

Dans l'intervalle compris entre cette montagne, le territoire des Djoheïna [1] ديار جهينة et la mer, sont des habitations où réside une peuplade issue de la race de Hasan, fils d'Aly, fils d'Abou-Taleb. « Ce sont des tentes tissues de poils. La peuplade dont il « s'agit est nombreuse, et ses mœurs sont semblables à celles des « Arabes. Comme les Arabes, cette peuplade subsiste en cher- « chant des pâturages et de l'eau pour ses troupeaux; enfin il « n'existe entre elle et les Arabes aucune différence sous le rap- « port du genre de vie et des mœurs.

« Ce pays est limitrophe, à l'est, avec la vallée du Jourdain « وادى اردان, et situé à 1 journée de distance d'el-Djohfa الجحفة. »

De là à Abwa ابوا, sur le chemin des Pèlerins (de la Mecque), on compte 6 milles.

De Tima à Doumat el-Djandel دومة الجندل, 4 journées.

« Doumat el-Djandel دومة الجندل est une place forte et un lieu « de refuge très-sûr et bien habité. Son territoire est limité « par la fontaine dite Aïn' el-Nemr عين النمر, et par le désert de « Khachab بريه خاشب, lequel fait partie du désert de Samawara « بادية السمورة (ou plutôt de Sémawa سماوة). Le désert de Kha- « chab s'étend depuis Racca رقة jusqu'à Bales بالس, sur la gauche « du voyageur [2]. »

Tima تيما est une place forte, de construction ancienne, et plus peuplée que Tabouk تبوك, dont elle est à 4 journées de distance.

De Tima تيما aux confins de la Syrie, on compte 3 journées.

« Il existe à Tima تيما de l'eau et des palmiers; c'est un lieu « de passage par le désert et il y a quelques marchands. Le pays « compris entre Aïlah ايله, Tabouk تبوك, et Wadi'l-Cora وادى « القرى est habité par les tribus de Lekhm لخم, de Djoudham « جذام, de Djoheïna جهينة, et de Bili بلى. On y élève des cha-

---

[1] Nom d'une tribu célèbre. — [2] عن يسار الذاهب.

« meaux, et on y trouve en abondance du lait et du beurre. Ces
« tribus sont nomades, hospitalières et généreuses; elles habitent
« sous la tente et se transportent d'un lieu à un autre, sans pos-
« séder de demeures fixes; elles ont des pâturages d'été et des
« pâturages de printemps, qu'elles fréquentent périodiquement.

« Quant à la montagne d'el-Kiam الكام, nous en traiterons ici,
« parce qu'il n'en est point dans l'univers habité qui embrasse une
« plus grande étendue. En effet, cette montagne commence auprès
« de la mer de Colzoum, se prolonge vers la Syrie où elle prend
« le nom de Liban لبنان, puis vers Hems حمص, où elle s'appelle
« mont Behra et Natouh جبل بهرا ونتوح; elle passe à Ladikié
« لادقية (Laodicée), où on la nomme el-Kiam الكام; puis à ......[1],
« et à el-Harounié الهارونية; puis à Marach مرعش; puis à Samisat
« سميساط (Samosate), qu'elle domine; puis à Amad آمد[2], où elle
« prend le nom de Djebel el-Selselé جبل السلسلة. Là elle se
« divise en deux branches, dont l'une se dirige à l'orient, vers le
« fort el-Mansour حصن المنصور, et Bab el-Abwab باب الابواب[3], où
« elle rejoint le mont Cabc قبق[4]; l'autre passe de Amad آمد à
« Miafarekīn ميافارقين, et de là elle se dirige au sud, vers les con-
« fins du Barma بارما[5], où elle prend le nom de montagne du
« Kurde جبل الكرد; puis vers Chehrézour شهرزور; puis vers Hal-
« wan حلوان; puis vers les monts Samira جبل من احواز الصميرة,
« au sud d'Ispahan اصفهان; de là elle se recourbe et se dirige
« vers Cachan قاشان, vers Coum قم, et vers Raï الري, où elle
« atteint les montagnes du Dilem ديلم. Elle suit les bords de
« la mer Caspienne البحر الخزري, touche au lac d'Aral بحر الخوارزم,
« passe au sud du pays des Ghoz الغزية, et parvient à Farab فاراب,
« d'où elle court vers l'est, joint les monts Ferdahas فردحس,
« qui sortent de la mer de la Chine ou de l'océan, traverse le
« Tibet النبت par son milieu, passe au sud-est du pays des Khi-

[1] Ce nom de lieu est illisible dans nos manuscrits. — [2] Amadia. — [3] Derbend.
[4] Caucase. — [5] Nom de lieu qui m'est inconnu.

CINQUIÈME SECTION. 337

« zildjis الكرلجية, en sorte qu'elle embrasse depuis les confins des
« pays de l'islamisme jusqu'à Ferghana فرغانه.

« Une (autre) branche de cette montagne se dirige au midi
« de Ferghana فرغانه, vers les montagnes d'el-Botem البتم [1], dont
« elle tire son nom. Au sud d'Osrouchna اسروشنة et des eaux de
« Samarcande مياه سمرقند, dérivent un rameau vers Nesef نسف,
« au midi du Soghd على جنوب الصغد, vers Kech et Nesef كش
« ونسف et la contrée du Zam زم, sur le Djihoun على لجيهون;
« puis deux autres embranchements, dont l'un se dirige au nord,
« vers Djordjan جورجان, s'étend sur le pays de ce nom, empiète
« sur le Talcan الطالقان, passe auprès de Merw el-Roud مرو الرود,
« auprès de Tous طوس, à l'orient de Nisabour نيسابور (cette ville
« est située au pied de la montagne) se prolonge jusqu'à Raï
« الرى, à la droite du voyageur qui se rend du Khorasan à l'Irâc,
« et se réunit enfin à la chaîne principale, ainsi que nous l'avons
« dit plus haut. »

Les limites de la Palestine فلسطين, première dépendance de
la Syrie, comprennent un espace qui s'étend sur 4 journées de
distance, (de l'est) à l'ouest, c'est-à-dire depuis Refah رفح [2] jusqu'à el-Lahoun اللحون, et en largeur sur 2 journées de marche,
c'est-à-dire depuis Iafa يافا (Jaffa) jusqu'à Ieriha يرحا (Jéricho).
« Za'ra زعرا, les demeures du peuple de Loth ديار قوم لوط, le lac
« Asphaltite بحيرة المنتنة, et les monts Charat جبل شرات, sont com-
« pris dans cette contrée et sont censés en faire partie quant à
« l'administration, jusqu'aux limites d'Aïlah ايله [3]. »

Les demeures du peuple de Loth, le lac Asphaltite, Za'ra et
tout le pays, jusqu'à Baïsan بيسان, et Tabarié طبرية (Tibériade),
sont nommés el-Ghaur الغور, parce qu'en effet ils forment un

---

[1] Voyez, au sujet de ces montagnes, la *Géographie Orientale* attribuée à Ebn-Haukal et traduite par sir W. Ouseley, p. 8. — [2] Le ms. B. porte Zacah زخ.

[3] Je ne sais si j'ai bien rendu le sens de ce passage dont voici le texte arabe : مضمونة اليها وهى منها فى العمل الى حدود ايله.

43

Feuillet 84 bis verso.

bas-fond entre deux montagnes. Toutes les eaux de la contrée de Damas concourent, en se réunissant, à former un fleuve célèbre (le Jourdain), dont l'origine est le lac de Tibériade, auprès de la ville de ce nom, et qui reçoit divers affluents, tels que le Iarmouk يرموك, le Had حد, les rivières de Baïsan انهسار بيسان, et celles qui descendent du Kowarmat كورمات, des montagnes de Jérusalem جبال بيت المقدس, du sépulcre d'Abraham قبر ابراهيم (Hébron), et de Naplouse نابلس. Toutes ces eaux se réunissent et tombent dans le lac de Za'ra[1] بحيرة زعرا, aussi nommé lac de Sodôme et de Gomorrhe بحيرة سادم وغامره, villes qui furent jadis habitées par le peuple de Loth, submergées par la permission de Dieu, et dont l'emplacement est occupé par un lac d'eau fétide qui porte le nom de mer Morte. En effet, il n'y existe rien d'animé, aucun poisson, aucun reptile, aucun de ces êtres vivants qui peuplent les autres eaux, soit courantes, soit tranquilles ; celles de la mer Morte sont chaudes et d'une odeur désagréable. On y voit de petites embarcations destinées à transporter des provisions et des fruits « de Za'ra زعرا « et de Dara الدارة à Jéricho اريحا [2], et aux autres dépendances « du Ghaur الغور وساير اعمال. » La longueur de cette mer est de 60 milles, et sa largeur de 12 milles.

De Jéricho ريحا à Za'ra زعرا, on compte 2 journées.

De Za'ra aux montagnes d'el-Charat جبال الشرات . . . . . .

Et de ces montagnes à l'extrémité d'el-Charat الشرات, 2 journées.

De Jéricho ريحا à Jérusalem بيت المقدس, on compte 1 journée.

De Jérusalem à A'san عسان[3] et à Balca البلقا[4], 2 journées.

---

[1] La version latine porte partout Zoghar.

[2] Les mss. portent tantôt اريحا, et tantôt اريحا, ريحا, يريحا ou يريحا.

[3] Le ms. A. porte A'man et la version latine, Ghasan. Cette dernière ne donne qu'une journée de distance de Jérusalem à Ghasan.

[4] Ou, d'après la carte de M. Paultre, Balca.

CINQUIÈME SECTION.

De Jérusalem à Caïsarié قيسارية (Césarée), 1 forte journée.

« Riha ريحا (Jéricho), dont il vient d'être fait mention, est
« l'une des résidences les plus agréables des pays de Ghaur غور,
« de عما [1], et de Baïsan بيسان. La principale production du
« Ghaur غور est l'indigo. La couleur du teint des habitants est
« brune, tirant sur le noir. El-Haï الحى est un petit pays dépen-
« dant de la Palestine, où les eaux sont chaudes et l'air malsain.
« Quant à la ville de Baïsan بيسان, elle est très-petite, et il y
« croît beaucoup de dattiers. On y voit aussi la plante dite Sa-
« man سامان, dont on fait les nattes dites Samanié الحصور السامانية.
« Cette plante ne se trouve que là; dans tout le reste de la Syrie
« on la chercherait vainement.

« La Palestine n'est (en général) arrosée que par des eaux
« pluviales et par des torrents. Il y a peu d'arbres; cependant ce
« pays est bien cultivé, et c'est peut-être le plus fertile de la
« Syrie. Les deux villes principales sont Ramlé رملة, et Beït el-
« Mocaddas بيت المقدس (Jérusalem). La première est jolie, bien
« peuplée; il y a des marchés, du commerce, du revenu.

« De là (de Ramlé) à Jaffa يافا, située sur les bords de la Mé-
« diterranée, on compte 1 demi-journée. »

De Ramlé à Caïsarié قيسارية (Césarée), 1 forte journée.

« Nablous نابلس (Naplouse) est la capitale du pays de Samarie;
« on y voit un puits creusé par le patriarche Jacob (sur qui soit la
« paix!), puits auprès duquel le seigneur Messie السيد المسيح
« s'assit et demanda de l'eau à la Samaritaine; il y existe aujour-
« d'hui une belle église. Les habitants de Jérusalem disent que
« ce n'est que là (à Naplouse) et dans une autre ville située à
« 30 milles de Ghazza غزة (Gaza) sur le chemin de l'Égypte [2],
« que l'on trouve encore des Samaritains. »

---

[1] Mot illisible.
[2] Dans une note marginale, le ms. B. porte qu'il s'agit ici de la vallée de l'Égarement.

TROISIÈME CLIMAT.

De Palestine فلسطين[1] à A'scalan عسقلان (Ascalon), on compte une forte journée, et d'Ascalan à Ghazza غز, environ 20 milles. « Cette dernière ville est maintenant au pouvoir des chrétiens. « Le mouillage de Ghazza s'étend depuis Misas ميساس[2] jusqu'à « A'scalan عسقلان, vers l'orient, sur un espace de 20 milles.

« El-A'rich العريش est une ville où l'on voyait deux mosquées « d'une construction remarquable. Son territoire sablonneux pro- « duit des dattes et divers autres fruits; elle est située dans le « voisinage de la mer.

« Le chemin qui conduit de Ramlé رملة à . . . . .[3] est comme « il suit :

« A Merdoud مردود, une journée;

« De Merdoud à Ghazza غز, une journée;

« De Ghazza à Refah رفح (ou Zecah زخ), ville agréable, مدينة « صالحة, une journée;

« De là à el-A'rich العريش, une journée; »

D'el-A'rich à Warada وارادة, station près de la mer, une journée;

De Warada وارادة à Farama فرما, ville située sur les bords de la Méditerranée, et dans le voisinage du lac de Tennis بحيرة تنيس, une journée.

« A'scalan عسقلان (Ascalon) est une ville entourée d'une double « enceinte de murailles; il y a des marchés, mais point de jar- « dins, point d'arbres dans ses environs. Le roi de Jérusalem « صاحب القدس, à la tête d'une armée de chrétiens, de Francs et « autres, s'en empara en 548 de l'hégire (1153 de Jésus-Christ), « et les chrétiens la possèdent encore à présent. Cette ville est « comptée au nombre des dépendances de la Palestine; elle a « au sud deux beaux districts, savoir : Hamal حمال dont la capitale

---

[1] *Sic.*
[2] Le ms. A. porte Nisan نيسان.
[3] Mot illisible, probablement el-A'rich.

CINQUIÈME SECTION. 341

« est Darab دراب, et Cherat شراة dont la capitale est Adrah ادرح [1]. « Ces deux districts sont extrêmement fertiles; ils produisent en « abondance des olives, des amandes, des figues et des grenades. « Toute la population du pays appartient à la tribu de Caïs « قيس.

« Au sud-est de cette contrée [2] est le bourg de Mona مونة. « Pour se rendre de là à Ghasan غسان, on passe par un défilé de « montagnes qu'on nomme el-Moudjab الموجب; il y coule une « rivière large et profonde, encaissée entre deux mamelons de « montagnes tellement peu éloignées l'une de l'autre, que deux « hommes placés sur une rive peuvent se parler et s'entendre. « La descente (dans cette vallée) est de 6 milles, et la montée « d'une égale hauteur. »

D'A'scalan, ville maritime dont il vient d'être fait mention, au fort dit Makhour el-Ewel ماخور الاول, situé sur les bords de la mer, vis-à-vis de Koum Zendjil كوم زنجل et de Beït Djebraïl بيت جبرايل, 25 milles;

De là à Makhour el-Thani ماخور الثاني, 25 milles;

De là à Iafa يافا (Jaffa), port de Jérusalem distant de 2 petites journées de cette ville, ... (la distance manque).

Beït el-Mocaddas بيت المقدس (Jérusalem) est une ville illustre, ancienne et pleine d'antiques monuments. Elle porta le nom d'Ilia ايليا [3]. Située sur une montagne d'un accès facile de tous les côtés, elle s'étend de l'ouest à l'est. A l'occident est la porte dite d'el-Mihrab باب المحراب; au-dessous est la coupole de David (sur qui soit le salut!); à l'orient, la porte dite de la Miséricorde باب الرحمة, laquelle est ordinairement fermée et ne s'ouvre que lors de la fête des rameaux; au midi, la porte de Seïhoun باب الصهيون (Sion); au nord, la porte dite d'Amoud el-Ghorab

---

[1] Ou peut-être Adra' ادرع. Le ms. A. porte Adradj ادرج.
[2] Les quatre premières lignes de ce paragraphe manquent dans le ms. A.
[3] Ælia capitolina.

باب عمود الغراب. En partant de la porte occidentale ou d'el-Mihrab, on se dirige vers l'est par une large rue et l'on parvient à la grande église dite de la Résurrection كنيسة القيامة, et que les Musulmans appellent Comamé كمامة. Cette église est l'objet du pélerinage des chrétiens de tous les pays de l'orient et de l'occident. On y entre par la porte occidentale, et l'on parvient sous le dôme qui couvre toute l'enceinte et qui est l'une des choses les plus remarquables du monde. L'église est au-dessous de cette porte, et il n'est pas possible de descendre dans la partie inférieure de l'édifice par ce côté; on y descend du côté du nord par une porte donnant sur un escalier qui a trente marches, laquelle porte s'appelle Bab Santa-Maria باب سنتة مرية. A son entrée dans l'église, le spectateur trouve le saint sépulcre, édifice considérable, ayant deux portes et surmonté d'une coupole d'une construction très-solide, très-forte et faite avec un art admirable; de ces deux portes l'une fait face, du côté du nord, à la porte de Santa-Maria, l'autre fait face au sud et se nomme Bab el-Saloubié باب الصلوبية (porte du crucifiement) : c'est de ce côté qu'est le péristyle de l'église, péristyle vis-à-vis duquel est, vers l'orient, une (autre) église considérable, immense, où les chrétiens célèbrent leurs saints offices et font leurs prières et leurs oblations.

A l'orient de cette église, en descendant par une pente douce, on parvient à la prison où le seigneur Messie fut détenu et au lieu où il fut crucifié. La grande coupole est circulairement percée à ciel ouvert, et l'on y voit tout autour et intérieurement des peintures représentant les prophètes, le seigneur Messie, sainte Marie sa mère, et saint Jean-Baptiste. Parmi les lampes qui sont suspendues au-dessus du saint sépulcre, on en distingue trois qui sont en or et qui sont (placées) dans un lieu particulier. Si vous sortez de l'église principale en vous dirigeant vers l'orient, vous rencontrerez la sainte demeure qui fut bâtie

CINQUIÈME SECTION.

par Salomon, fils de David, et qui fut un lieu de pèlerinage du temps de la puissance des Juifs. Ce temple leur fut ensuite ravi et ils en furent chassés à l'époque de l'arrivée des Musulmans. Sous la domination musulmane il fut agrandi, et c'est (aujourd'hui) la grande mosquée connue par les Musulmans sous le nom de Mesdjid el-Acsa مسجد الاقصى. Il n'en existe pas au monde qui l'égale en grandeur, si l'on en excepte toutefois la grande mosquée de Cordoue en Andalousie; car, d'après ce qu'on rapporte, le toit de cette mosquée est plus grand que celui de la Mesdjid al-Acsa. Au surplus, l'aire de cette dernière forme un parallélogramme dont la hauteur est de deux cents brasses باع, et la base de cent quatre-vingts. La moitié de cet espace, celle qui est voisine du Mihrab[1], est couverte d'un toit (ou plutôt d'un dôme) en pierres soutenu par plusieurs rangs de colonnes; l'autre est à ciel ouvert. Au centre de l'édifice est un grand dôme connu sous le nom de Dôme de la roche; « il fut orné « d'arabesques en or et d'autres beaux ouvrages, par les soins de « divers califes musulmans[2]. » Au-dessous est la roche tombante; cette roche est de forme quadrangulaire comme un bouclier; l'une de ses extrémités s'élève au-dessus du sol de la hauteur d'une demi-brasse ou environ, l'autre est adhérente au sol; elle est à peu près cubique, et sa largeur égale à peu près sa longueur, c'est-à-dire près de dix coudées عشر ذراعا. Au-dessous est une caverne ou une retraite obscure, de dix coudées de long sur cinq de large, et dont la hauteur est de plus d'une toise; on n'y pénètre qu'à la clarté des flambeaux. Le dôme est percé de quatre portes; en face de celle qui est à l'occident, on voit l'autel sur lequel les enfants d'Israël offraient leurs sacrifices;

---

[1] Le mihrab est, dans les mosquées, le lieu destiné à indiquer la direction de la Ka'aba de la Mecque, vers laquelle les musulmans doivent se tourner pour faire leurs prières.

[2] وهذه القبّة مرصعة بالفصّ المذهب والاعمال الحسنة من بنا خلفا المسلمين

auprès de la porte orientale est l'église¹ nommée le saint des saints, d'une construction élégante; au midi est une chapelle qui était à l'usage des Musulmans; mais les chrétiens s'en sont emparés de vive force et elle est restée en leur pouvoir jusqu'à l'époque de la composition du présent ouvrage. Ils ont converti cette chapelle en un couvent où résident des religieux de l'ordre des templiers, c'est-à-dire des serviteurs de la maison de Dieu². Enfin la porte septentrionale est située vis-à-vis d'un jardin bien planté de diverses espèces d'arbres et entouré de colonnes en marbre sculptées avec beaucoup d'art. Au bout du jardin est un réfectoire pour les prêtres et pour ceux qui se destinent à entrer dans les ordres.

En sortant de ce lieu d'adorations et en vous dirigeant vers l'orient, vous parviendrez à la porte de la Miséricorde, condamnée ainsi que nous venons de le dire, mais auprès de laquelle est une autre porte par laquelle on peut entrer et sortir, et qui se nomme Bab el-Asbat باب الاسباط (ou des tribus israélites); à la distance d'un jet de flèche de cette dernière est une très-grande et très-belle église sous l'invocation de sainte Marie et connue sous le nom de Djesmanié جسمانية; c'est là qu'est le tombeau (de la Vierge) en vue de la montagne des Oliviers جبل زيتون, distante de Bab el-Asbat باب الاسباط d'environ un mille. Sur le chemin par lequel on monte à cette montagne on voit « une autre « église, grande et solidement construite, qu'on nomme l'église « de Pater Noster باتر نستر; » sur le sommet de la montagne, une grande église où des hommes et des femmes demeurent cloîtrés, attendant ainsi la rémunération divine; au sud-est de la montagne, le tombeau de Lazare qui fut ressuscité par le seigneur Messie; et à 2 milles du mont des Oliviers, le bourg d'où

---

¹ Le ms. A. porte القبّة la coupole.

² بيوتا يسكنها الجيل المعرفون بالداوية ومعناه خدام بيت الله

fut amenée l'ânesse qui servit de monture au seigneur Messie lors de son entrée à Jérusalem اورشلم; ce bourg est actuellement désert et ruiné.

C'est à partir du tombeau de Lazare que commence la voie qui conduit au Jourdain وادى الاردن, fleuve éloigné de la ville sainte d'une journée de distance. Avant d'arriver sur ses bords, vous rencontrez la ville d'Erikha اريحا (Jéricho), située à 3 milles du fleuve. Auprès du Jourdain est une grande église sous l'invocation de saint Jean, desservie par des moines grecs رهبان الاغريقيين. Le Jourdain sort du lac de Tibériade, et verse ses eaux dans le lac de Sodôme et de Gomorrhe, « villes que le Très-Haut sub- « mergea en punition des crimes de leurs habitants. » Au midi de ce fleuve est un vaste désert.

En ce qui touche la partie méridionale de Jérusalem : en sortant par la porte de Sion باب الصيهيون, vous trouvez, à la distance d'un jet de pierre, l'église de Sion, église belle et fortifiée, où se trouve la salle où mangea le seigneur Messie avec ses disciples, ainsi que la table, encore subsistante de nos jours, et qu'on va visiter le jeudi. De la porte de Sion on descend dans un fossé connu sous le nom de vallée de l'Enfer وادى الجهنم, auprès duquel est l'église de Saint-Pierre على اسم بطرس. C'est dans ce fossé qu'est la source de Selwan سلوان (de Siloë), où le seigneur Messie donna la vue à un aveugle qui auparavant n'avait jamais joui de la lumière du jour. Au midi de cette source est le champ qui fut acheté par le Messie pour la sépulture des étrangers. Non loin de là sont un grand nombre de maisons creusées dans le roc, et habitées par de pieux cénobites.

Bethlehem بيت لحم, lieu où naquit le Messie, est situé à 6 milles de la ville sainte. On trouve à mi-chemin le tombeau de Rachel, mère de Joseph, et de Benjamin, fils de Jacob (sur qui soit le salut!). Sur ce tombeau sont douze pierres placées debout; il est surmonté d'un dôme construit en pierres.

L'église de Bethlehem est belle, solide, vaste et ornée à tel point qu'il n'est pas possible d'en voir qui lui soit comparable. Elle est bâtie sur un terrain plat : la porte « est située du côté de « l'occident, » et l'intérieur orné de très-belles colonnes en marbre. Dans l'angle du temple qui fait face au septentrion et sous le temple, on voit la grotte dans laquelle naquit le seigneur Messie, et dans cette grotte, la crèche où il était placé. En sortant de Bethlehem on voit, vers l'orient, l'église consacrée aux anges qui annoncèrent aux bergers l'arrivée du Messie.

De Bethlehem à la mosquée d'Ibrahim مسجد ابراهيم (ou temple d'Abraham), on compte 8 milles, dans la direction du sud. C'est un bourg qui tire sa célébrité de ce que les restes mortels d'Abraham, d'Isaac et de Jacob reposent dans la mosquée qui s'y trouve, chacun auprès de la femme qui fut son épouse. Il est bâti sur le penchant d'une colline couverte d'oliviers, de figuiers, de sycomores et d'autres arbres à fruits. Au nord de Jérusalem, on ne voit pas de constructions.

De la ville sainte à Nablous نابلس (Naplouse), on compte 2 journées.

De Ramlé رملة à Naplouse, 1 forte journée.

De la ville sainte à Annan عنان, ou Amman عمان, et à Balca بلقا, un peu plus de 2 journées.

De la même ville à Tabarié طبرية (Tibériade), 90 milles.

De Tabarié à Ramlé, 3 journées.

Tabarié طبرية est la plus grande et la capitale des villes du Jourdain.

De Tabarié à Sour صور (Tyr), on compte 2 fortes journées.

De là à la montée d'Ablac عقبة ابلق, moins d'une journée.

De là à Baïsan بيسان, moins d'une journée.

De là à Ghacha غشا[1], ville du pays de Ghaur مدينة الغور.

Puis aux confins du pays du Jourdain....

[1] La version latine porte Aana.

CINQUIÈME SECTION.

Puis au lieu connu sous le nom de Djemilé جميلة, 1 journée.

D'Akka عكا (Acre) à Tabarié طبرية (Tibériade), on compte 2 journées faibles.

Cette dernière ville est belle et construite sur une colline qui s'étend, en longueur plus qu'en largeur, sur un espace d'environ 2 milles; au pied cette colline, du côté de l'ouest, est un lac d'eau douce. La longueur de ce lac est de 12 milles, et sa largeur d'une égale étendue. « On y voit naviguer des bâtiments « qui transportent des provisions à la ville; celle-ci est entourée « de murailles très-fortes. On y fabrique des nattes de l'espèce « dite sammié, d'une beauté qu'il est difficile de surpasser. On y « voit des bains d'eaux thermales; ces eaux sont chaudes en toute « saison, sans qu'il soit nécessaire de faire du feu pour les échauf-« fer. L'un de ces bains est très-grand, et se nomme bain d'el-« Demaker الدماقر. L'eau, au moment où elle jaillit, est tellement « chaude, qu'on peut l'employer soit à épiler un chevreau, soit à « plumer une poule, soit à durcir un œuf; elle est salée. Le bain « dit d'el-Loulou اللولو (ou des Perles) est plus petit que le précé-« dent, et l'eau en est douce; mais sa chaleur s'évapore dans les « bassins où elle est reçue. On s'en sert pour les ablutions, et on « l'emploie à d'autres usages. Quant au bain dit d'el-Mondjidet « المجدة, l'eau en est chaude et douce (tout à la fois). A l'excep-« tion du bain dit le Petit, il n'en est point où il soit nécessaire « d'allumer du feu. Ce dernier bain fut construit par un prince « musulman, dans sa maison, pour son usage particulier, et pour « celui de sa famille et de ses clients. A sa mort, il le laissa au « public, en sorte que tout le monde peut y entrer. C'est le seul « dont l'eau soit échauffée artificiellement. Au midi de ce bain « on voit diverses autres sources, telles que celle des Hommes « blessés [1], celle des Chérifs, etc., dont les eaux sont naturelle-

---

[1] C'est par conjecture que je traduis ainsi ces mots; le texte porte عين الموقعين.

« ment chaudes, et où accourent de tous côtés les boiteux, les
« paralytiques, les personnes attaquées d'affections venteuses,
« d'ulcères et de gale. Ces malades restent durant trois jours
« dans l'eau, et se rétablissent par la permission de Dieu.

« Les villes maritimes de la Palestine sont Ascalon عسقلان,
« Arsouf ارسون, et Jaffa يافا. Elles se ressemblent beaucoup en ce
« qui touche l'étendue, les agréments, l'état des habitants; outre
« qu'elles sont les unes et les autres jolies, bien fortifiées et
« bien peuplées, et entourées de quantité de vignes et d'oliviers.
« Jaffa, en particulier, est le port de Jérusalem, ville dont elle
« est à 3 faibles journées de distance.

« De Jaffa à Ramlé رملة, on compte 20 milles.

« Caïsarié قيسارية (Césarée) est une grande ville entourée d'un
« faubourg, et défendue par une citadelle très-forte.

« De là à Jaffa, on compte 30 milles. »

De Césarée à Naplouse نابلس, 1 journée.

De Césarée à Ramlé رملة, 2 journées.

De Césarée à Khaïfa خيفة, sur le rivage, 2 journées.

Khaïfa خيفة est située au pied du cap (ou mont) Carmel كرما,
cap qui s'avance dans la mer en formant un port, où peuvent
mouiller en sûreté de gros navires et autres : c'est le port de
Tibériade طبرية, ville qui en est éloignée de 3 petites journées.

De Khaïfa à Acre عكا, on compte, par terre, 30 milles;

Et par mer, directement, 18 milles.

Akka عكا (Acre ou Saint-Jean-d'Acre) est une grande ville
dont le territoire est vaste et couvert de villages, le port bon
et sûr, et dont la population se compose de races diverses et
mélangées.

D'Acre à Tibériade, on compte 2 journées.

D'Acre à Hissn el-Zeït حصن الزيت, fort situé sur les bords de
la mer, 12 milles.

De là à Nawakir نواقير, montagnes au nombre de trois, de couleur blanche [1], très-hautes, et qui se prolongent le long de la mer, on compte environ 18 milles.

Du centre de ces montagnes à Alexandrie الاسكندرية, 5 milles.

D'Alexandrie à Sour صور (l'ancienne Tyr), 15 milles [2].

« Sour est une jolie ville sur le bord de la mer, avec un port
« où l'on jette l'ancre et d'où l'on met à la voile. Elle est ancienne
« et forte, et la mer l'environne de trois côtés. Elle a un faubourg.
« On y fabrique de très-beau verre et de la vaisselle d'argile. On
« y fait aussi des étoffes blanches de qualité supérieure, riches,
« précieuses, et qu'on transporte au loin. On en fabrique rare-
« ment d'aussi belles dans les environs. »

De Sour à Tabarié طبرية (Tibériade), on compte 2 fortes journées.

De là (de Sour) on se rend à A'deloun عدلون, fort construit auprès de la mer.

De là à Sarfand صرفند, autre fort, 20 milles.

De là à Saïda صيدا (Seïde), 10 milles.

Entre Sour صور et Sarfand صرفند on rencontre la rivière de Lanta نهر لنطة, qui descend des montagnes et se jette ici dans la mer.

De Sour à Demechk دمشق (Damas), on compte 4 journées.

Cette dernière ville est considérée comme l'une des plus nobles de la Syrie. La situation en est admirable, le climat sain et tempéré, le sol fécond, les eaux abondantes, les productions variées, les richesses immenses, les troupes nombreuses, les édifices superbes. De cette ville dépendent un territoire montueux et une vallée cultivée et fertile qu'on appelle el-Ghauta الغوطة,

---

[1] Il ne faut point entendre par là que ces montagnes sont constamment couvertes de neige; rien ne serait moins exact. Notre auteur veut seulement parler de la couleur du sol.

[2] Il existe en effet, dans le voisinage de Sour, un lieu dont le nom (Skanderoune) rappelle celui d'Alexandrie.

dont la longueur est de 2 journées de marche, et la largeur d'une journée. Là sont des villages aussi considérables que des villes : tels sont el-Mazzé et ses faubourgs المزة وديارها, Farda فردا, Harsena حرسنة, Koukia كوكبا, Balas بلاس, Kafr-Sausana كفر سوسنة, Beït el-Hawa بيت الهوا, où l'on voit une mosquée comparable à la mosquée de Damas. C'est à partir de là que commence la vallée d'el-Benefesedj البنفسج (ou des violettes), dont la longueur est de 12 milles sur 3 de largeur, entièrement plantée d'arbres à fruits et arrosée par cinq rivières. « La population de chacun de ces villages s'élève de mille à deux mille personnes. La majeure partie d'el-Ghauta الغوطة se compose de vergers et de jardins traversés par des cours d'eau, en sorte que la quantité et la bonté des fruits que produit cette vallée sont incomparablement supérieures à tout ce qu'on peut imaginer, et que le pays de Damas est l'un des plus délicieux qui soient sortis de la main du Créateur. »

Les eaux qui arrosent el-Ghauta الغوطة proviennent d'une source dite el-Faïdja الفيجه, laquelle surgit du sommet d'une montagne; elles descendent comme une grande rivière du haut de cette montagne avec un bruit et un fracas surprenants qu'on entend de fort loin. Dans l'intervalle compris entre le « village de Eïl ايل et la ville, ces eaux se partagent en divers « canaux connus sous les noms de Nahr-Berid نهر بريد, Nahr-« Boura نهر بورة, Nahr-Bardi نهر بردى, Nahr-Canat el-Marah نهر « قناة المره, Nahr-Banas نهر باناس, Nahr-Sacath نهر سقط, Nahr-« Cheïkour نهر شيكور, et Nahr-A'dié نهر عادية; les eaux de ce « dernier ne sont point potables, parce que c'est là qu'on jette « les immondices, les ordures, les impuretés de la ville; il la « traverse par le milieu et il est coupé par un pont sur lequel « on passe. Les autres canaux dont nous venons de parler ser« vent également à la circulation des eaux dans les rues, dans les « marchés, dans les maisons, dans les bains et dans les jardins.

CINQUIÈME SECTION. 351

« On voit à Damas la mosquée la plus grande, la plus belle,
« la plus solidement construite, la plus curieuse qui existe dans
« l'univers, tant sous le rapport du dessin, du plan, que sous celui
« de l'art qui présida à l'exécution des ornements. Ces ornements
« se composent de dorures, de ciselures sur briques[1] et de mar-
« bres polis ; elle est de forme quadrangulaire et connue sous le
« nom de mosquée du Mizab ميزاب (ou du canal). Quand on
« arrive par la porte dite d'el-Djeïroun جيرون, on monte par un
« large et bel escalier de marbre qui a environ trente marches ;
« mais quand on vient des côtés de Bab el-Berid باب البريد (la
« porte du courrier), d'el-Coubbé el-Khadhra القبة الخضرا (la cou-
« pole verte), de Cassr el-Bakīn قصر البقين (le château des bonnes
« œuvres), de Hadjar el-Dheheb حجر الذهب (la pierre d'or), et
« de Bab el-Faradis باب الفراديس (la porte des jardins), on entre
« de plain-pied et sans être obligé de monter aucune marche.
« On remarque dans cette mosquée divers monuments curieux ;
« entre autres le sanctuaire الخزار, et la coupole qui est au-dessus
« du mihrab محراب [2] près du lieu le plus secret du temple عند
« المقصورة.

« On dit que cet édifice fut construit par les Sabéens الصبية [3]
« et que c'était pour eux un lieu de prières. Ensuite il passa aux
« mains des Grecs Ioniens اليونانيين, qui y exerçaient leur culte ;
« puis à celui des princes adorateurs d'idoles qui y consacraient
« leurs simulacres ; puis à celui des Juifs, vers l'époque du
« meurtre de Iahia fils de Zacharie, personnage dont la tête fut
« exposée auprès de la porte dite Bab Djeïroun باب جيرون. Les
« chrétiens s'emparèrent ensuite de cet édifice, qui devint une

لا اغرب منه رسمًا ولا ابدع منه تطبيعًا بانواع الفصفص المذهب والاجر [1]
المحكوك

[2] Voyez au sujet du mihrab la note ci-dessus, page 343.

[3] Ces détails sont conformes à ce qu'on lit dans la Géographie attribuée à d'Ebn-Haukal. Voy. la version anglaise de cet ouvrage, p. 42 et 43.

« église consacrée aux cérémonies de leur religion; enfin il tomba
« au pouvoir des Musulmans qui le convertirent en mosquée.
« Sous le règne du calife Walid, fils d'Abd-el-Melik, fils de
« Merwan, de la dynastie des Ommiades, il fut restauré et pavé
« en marbre; les chapiteaux des colonnes furent dorés, ainsi que
« le mihrab, les parois des murs incrustées de pierres imitant
« les pierres précieuses [1], et l'intérieur du dôme fut en totalité
« couvert d'inscriptions (comme il est d'usage de le faire sur les
« murs des mosquées) en lettres d'or tracées avec un art et une
« netteté admirables; on ajoute que le calife fit placer au-dessus
« du toit de la mosquée une couverture en plomb parfaitement
« construite et où les eaux parvenaient au moyen de tuyaux de
« plomb; en sorte que, lorsqu'on avait besoin de laver la mos-
« quée, on débouchait (litt. on ouvrait) ces tuyaux et on inondait
« le pavé du temple avec toute la facilité possible. La restauration
« de cet édifice coûta à Walid-ben-Abd-el-melik, à ce qu'on assure,
« une somme égale à deux années du revenu de toute la Syrie.

« Damas دمشق est une ville récente; elle portait autrefois le
« nom d'un de ses quartiers (actuels), el-Djabié الجابية. La ville
« fut fondée en ce lieu avant l'époque de l'islamisme; c'est de
« là que dérive le nom de Bab el-Djabié باب الجابية, porte située
« vis-à-vis d'un terrain couvert d'habitations et de vergers, arrosé
« par cinq rivières et qui s'étend sur un espace de 6 milles en
« largeur et de 3 milles de long. Parmi ses portes, on remarque
« Bab-Barma باب بارما, Bab el-Selamé باب السلامة, Bab el-Faradis
« باب الفراديس, située vis-à-vis du couvent des Maronites دير مران,
« et Bab el-Soghaïr باب الصغير (la petite porte).

« Cette ville présente la réunion de divers arts utiles et de
« diverses industries; on y fabrique beaucoup d'étoffes de soie

[1] Notre texte porte مرصعة باشباه الجواهر, assertion plus vraisemblable que celle qu'on lit p. 43 de la version anglaise de la Géographie d'Eb-Haukal : *studded with precious stones.*

CINQUIEME SECTION.

« et de bourre de soie خرز, et notamment des brocards d'un
« prix très-élevé et d'une perfection de travail inimitable; il s'en
« fait une exportation considérable dans les contrées voisines et
« dans les pays lointains. Ces étoffes égalent ce qui se fait de
« plus beau dans l'empire grec الروم et approchent des produc-
« tions les plus rares des fabriques d'Ispahan et de Nisapour.
« Soit en fait de tissus de couleurs uniques المصمت, soit en fait
« de tissus dans le genre des robes de Tennis, et en général en
« tout genre de fabrication, il est impossible de rien voir de plus
« parfait que ce qui sort des mains des ouvriers de Damas.

« Sur les cours d'eau qui circulent dans l'intérieur de la ville,
« on a établi un grand nombre de meules et de moulins, car le
« blé est très-abondant à Damas ainsi que les fruits. Quant aux
« confitures, la quantité et la bonté de celles qu'on y fabrique
« sont au-dessus de tout éloge comme au-dessus de toute des-
« cription. Enfin sous les rapports du bien-être, de la sécurité,
« de la prospérité, de l'industrie et du commerce, cette ville
« l'emporte sur toutes les autres de la Syrie. »

De Damas à Ba'lbek بعلبك, en se dirigeant vers le nord, on
compte 10 journées.

Cette dernière ville est située au pied d'une montagne; elle
est forte et entourée d'une muraille « en pierres de 20 choubras
« (environ 15 pieds) d'épaisseur; elle est traversée par une ri-
« vière qui passe au milieu de la ville, qui procure de l'eau à
« un grand nombre de maisons et qui fait tourner plusieurs
« moulins. Son territoire produit en abondance tout ce qui est
« nécessaire à la vie et beaucoup de fruits; les vignes ainsi que
« les arbres fruitiers y donnent une quantité de produits qui
« excède les besoins de la consommation.

« Ba'lbek renferme des monuments curieux qui, tant à raison
« de leur élévation qu'à raison de leur solidité, exigent une
« mention particulière; nous voulons parler des deux édifices

« destinés à donner des jeux الملعبين, savoir, le grand et le petit.
« On rapporte que le premier fut construit du temps de Salomon
« fils de David; il est d'un aspect admirable. On employa à sa
« construction des pierres qui ont chacune plus ou moins de
« dix coudées ذرعا de long; une partie de l'édifice repose sur
« des colonnes d'une hauteur imposante. Le second est à peu
« près en ruines; il n'en reste debout qu'un mur long de dix
« coudées sur dix coudées de haut, et sept pierres dont une à
« la base de l'édifice, deux à son sommet, et quatre autres au-
« dessus de celles-ci. Il y a dans cette ville toute sorte d'édifices
« admirables [1]. »

De Damas à Beirout بيروت, on compte 2 fortes journées;
De Damas à Saïda صيدا (Seïde), même distance;
De Damas à Adra'at اذرعات ou Bathnia' بثنيه, 4 journées;
De Damas à Naplouse نابلس en se dirigeant vers l'ouest, 6 journées;
Et de Damas à Tripoli de Syrie طرابلس الساحلية, 5 journées.

Saïda صيدا (Seïde) est une ville située sur le bord de la mer
« et entourée de murs en pierre. On en rapporte la fondation à
« une femme qui vivait avant l'époque de l'islamisme. Elle est
« grande et bien bâtie, ses marchés sont fournis de toute sorte
« de marchandises, ses jardins plantés d'arbres et abondamment
« arrosés. Les dépendances de cette ville sont considérables;
« elles se divisent en quatre districts qui touchent au mont Liban,
« savoir : le district de Hariz الحريز, arrosé par la rivière d'el-Har
« الحر, et renommé pour sa fertilité; le district d'el-Cherbé الشربة,
« également très-agréable; le district de Kafr-Keïlan كفر كيلان,
« et enfin le district d'el-Rami الرامى, nom d'une rivière qui des-
« cend des montagnes et qui se jette dans la mer. Toutes ces
« dépendances comprennent près de six cents villages; on y boit

وفى هذه المدينة من البنا كلّ شى عجيب. [1]

CINQUIÈME SECTION.

« de l'eau amenée des montagnes par des canaux. » Il existe à Saïda une source qui jouit de beaucoup de célébrité à cause des propriétés (aphrodisiaques) des poissons qu'elle nourrit [1].

De Saïda à el-Hama الحمة [2], fort construit au bord de la mer, 8 milles;

De là à Calmoun قالون, fort construit au bord de la mer, 5 milles.

« Ce dernier fort domine un pont jeté sur une large rivière ; « il est d'une bonne défense et construit au fond d'une baie. »

De là à Na'ama ناعمة, place forte et ville de moyenne grandeur, 7 milles.

« Le caroubier croît en abondance à Na'ama et les fruits de « cet arbre surpassent en grosseur et en bonté tous ceux de « même espèce qu'on peut se procurer ailleurs; on les porte en « Syrie et en Égypte où ils sont connus sous les noms de caroube « de Damas; mais si cette dernière contrée en produit une quan- « tité considérable, on peut dire qu'on en recueille encore plus « à Na'ama et qu'ils sont supérieurs en qualité. »

De Na'ama au cap de Beïrout بيروت, 24 milles.

« Beïrout بيروت est également située sur le bord de la mer, « entourée d'une bonne et forte muraille, et dominée par une « montagne où l'on trouve des mines de fer. Ce métal est sus- « ceptible de prendre une trempe excellente et on en débite « beaucoup dans toute la Syrie. Au midi de Beïrout, il existe une « forêt de pins qui s'étend jusqu'au mont Liban sur un espace « de 12 milles dans tous les sens. On boit à Beïrout de l'eau de « puits. »

De là à el-Moradesié المرادسية, fort, 8 milles.

---

[1] Nous croyons devoir abréger ce passage en le traduisant. Le lecteur qui désirerait plus de détails à ce sujet peut consulter la version latine, page 117.

[2] Le ms. B. porte el-Haïba الحيبة.

De là à Nahr el-Kelb نهر الكلب, petit fort auprès de la mer, 6 milles.

De là à Djounié جونية, « forteresse considérable située au-« près de la mer et peuplée de chrétiens Jacobites, » 4 milles.

De là à A'tfat Selam عطفة سلام, grand golfe dont la longueur est de 10 milles; puis à Madjour Djenbel ماجور جنبل [1], fort; puis à l'embouchure de la rivière d'Ibrahim نهر ابراهيم, 3 milles.

De cette rivière à Djebaïl جبيل, « jolie ville sur le bord de « la mer, entourée de bonnes murailles et de dépendances vastes « plantées d'arbres fruitiers et de vignobles; bon mouillage où « l'on ne trouve pas d'eau courante, mais seulement de l'eau de « puits, » 5 milles.

De Djebaïl جبيل la maritime au fort de Bathroun بترون, et de là au cap el-Hadjar الحجر, 5 milles.

Du fort du cap el-Hadjar حصن الحجر à Tarabolous el-Cham طرابلس الشام (Tripoli de Syrie), 8 milles.

« Tripoli de Syrie طرابلس الشام est une ville très-consi-« dérable, bien fortifiée et environnée de villages et de bourgs « agréables dont le territoire est planté en oliviers, en vignes, « en cannes à sucre et en arbres fruitiers. Les étrangers affluent « dans cette ville que la mer entoure de trois côtés. C'est l'un « des entrepôts [2] de la Syrie, c'est-à-dire un lieu où l'on vient « déposer toute sorte de marchandises, de richesses et d'objets « de commerce. Divers forts et lieux habités dépendent de Tri-« poli. Tels sont le fort du cap حصن الانف, dont il vient d'être « question, le fort Calmoun حصن القلمون, le fort Abi'l-A'das ابي « العدس et Armousié ارموسية. Quant aux villages, on compte « parmi les plus renommés, el-Chakikié الشقيقية, el-Zenbourié « الزنبورية [3], el-Ra'abié الراعبية, el-Harth الحرث et Amioun اميون,

---

[1] Ou Makhour-Djoubaïl ماخور جبيل, d'après le ms. A. et d'après la version latine. — وهي معقل من معاقل الشام.

[2] Variantes du ms. B.: الحرش — الحنبورية.

CINQUIÈME SECTION.

« où l'on voit plus de plantations d'oliviers et d'arbres fruitiers
« que dans les autres. A 4 milles au midi de Tripoli, est un re-
« tranchement qui fut construit par Ebn-Mikhaïl le Franc ابن
« ميخيل الافرنجى, et au moyen duquel il s'empara de la ville. Ce
« retranchement est très-fort et situé entre deux rivières. »

Vis-à-vis de Tripoli, il existe quatre îles rangées sur une seule
ligne. La première et la plus voisine du rivage est l'île de Nar-
djes النرجس (ou des narcisses) : « elle est petite et déserte; »
puis l'île d'el-A'moud العمد (des colonnes); puis celle d'el-
Raheb الراهب (du moine); puis celle d'Ardekoun اردكون.

De Tripoli, en suivant le rivage de la mer, on parvient à Ras
el-Hissn راس الحصن, petite ville située à l'extrémité d'un golfe
dont la longueur en ligne directe est de 15 milles, et du double
en suivant les contours. On le nomme golfe d'A'rca جون عرقة,
et il y existe, vers le milieu, trois forts peu éloignés les uns
des autres, savoir : Loteros لوتروس, situé du coté de Tripoli,
Babïé بابية, auprès d'une rivière qui porte le nom de rivière de
Babïé نهر بابية, et enfin Hissn el-Hamâm حصن الحمام (le fort des
colombes). De là on se rend à A'rca عرقة, ville populeuse « bâtie
« au pied d'une colline, avec une haute citadelle et un grand
« faubourg également très-peuplé. Il s'y fait beaucoup de com-
« merce. Les eaux qu'on y boit proviennent, au moyen de ca-
« naux, d'une rivière qui passe tout auprès de la ville, qui arrose
« quantité de vergers et de plantations de cannes à sucre, et qui
« fait tourner des moulins. »

A'rca عرقة est à 3 milles de la mer. La citadelle est forte.
« les ressources abondantes : les habitations sont construites en
« terre et en plâtre. »

Quant au pays de Hems حمص[1], il a pour capitale la ville de ce
nom, « ville agréable, située dans une plaine populeuse, fré-

---

[1] Volney et la plupart des voyageurs modernes écrivent *Homs*. Telle est, en effet,
la prononciation actuelle du nom de cette ville.

« quentée par des voyageurs qui y apportent des marchandises
« de toute espèce, en sorte que ses bazars sont bien fournis et ses
« habitants dans une situation prospère. Les femmes y sont très-
« jolies. On y boit de l'eau dérivée, auprès du village de Djosié
« جسية, d'une rivière qui coule à une journée de distance de la
« ville du côté de Damas. Quant à la rivière dite el-Arbat الاربط [1]
« ou el-Macloub المقلوب (l'Oronte), elle coule à un jet de flèche
« d'une des portes; elle est peu considérable; cependant il y a
« sur ses bords de nombreux villages et des vergers d'où l'on
« apporte des fruits à la ville. Du temps de la domination mu-
« sulmane [2], il y avait beaucoup de vignes, mais elles ont été
« presque entièrement détruites. Le territoire de Hems est extrê-
« mement fertile et le climat l'un des plus tempérés de la Syrie. »
Hems est préservée par un talisman, de l'approche des serpents
et des scorpions, en sorte que, lorsqu'un de ces animaux touche
à la porte de la ville, il périt sur-le-champ. On y voit, au-dessus
d'un dôme, une statue en bronze représentant un homme à cheval et tournant au gré des vents, et, sur les parois des murs
de ce dôme, une pierre où est sculptée l'image d'un scorpion.
Lorsqu'une personne a été mordue ou piquée, elle prend avec
de l'argile l'empreinte de cette image, applique cette argile sur
la blessure, et est guérie à l'instant. « Les rues et les chemins (de
« Hems) sont tous pavés en pierres très-dures. On y voit l'une
« des mosquées les plus grandes qui existent en Syrie. »

De Hems حمص à Haleb حلب (Alep), on compte 5 journées.

De Hems à Antarsous انطرسوس (Tortose) [3], sur les bords de
la mer, 2 journées.

Pour se rendre d'A'rca عرقة à Antarsous انطرسوس, on passe

---

[1] اربط doit être une faute pour ارنط.

[2] Ceci prouve qu'à l'époque où notre auteur écrivait, cette partie de la Syrie était au pouvoir des Croisés.

[3] Les mss. portent tantôt Antartous, tantôt Antarsous et tantôt Antarchous.

par une place forte nommée Sendj سنج, et l'on arrive à Antarsous, ville située au fond d'un golfe, en grande partie entouré de montagnes et dont la largeur en ligne directe est de 15 milles. Antarsous est une ville maritime peu considérable mais forte. A peu de distance dans la mer, il existe une île dite d'Arwad ارواد, île considérable, bien habitée, où l'on voit une église « très-grande, très-haute, très-forte et dont les portes sont en « fer, en sorte que c'est une espèce de citadelle. »

D'Antarsous, en se dirigeant par terre vers le midi, au fort d'el-Khawabi حصن الخوابى, bâti sur le sommet de la montagne, on compte 15 milles.

« Cette dernière place est très-forte; elle est habitée par des « Hachichis [1], sorte de gens qui ne sont pas musulmans, qui ne « croient à aucune révélation ni à la résurrection des morts (que « leur secte soit maudite!).

« Antartous انطرطوس est le port de Hems حمص. »
De cette dernière ville à Damas, on compte 5 journées.
De Tripoli de Syrie à Damas, également 5 journées.
L'itinéraire de Damas à Iathreb يثرب (Médine) est comme il suit :
De Damas à une petite rivière, et de là à Da'ah دعه, 1 journée.
De Da'ah à Dhat el-Menazel ذات المنازل, bourg peuplé; puis à Ianou' ينوع, 1 journée.
De là à el-Bathnié البثنية, 1 journée.
De là à Damna دمنة (ou Dama دمة), bourg, 1 journée.
De là à Tabouk تبوك, ville, 1 journée.
De là à el-Mohaddatha المحدثة . . . .

---

[1] Voici le texte de ce passage dont le contenu confirme les résultats obtenus par M. de Sacy dans ses savantes et curieuses recherches sur les Hachichis ou Assassins : واهله حشيشية خوارج فى الاسلام لا يعتقدون شيًّا من البعث ولا القيامة من بعد الموت.

Puis à el-Acra' الاقرع, 1 journée.

A el-Hanifia الحنيفية, 1 journée.

A el-Hadjar الحجر, forte citadelle dans les montagnes du pays des Themoudites, 1 journée.

De là à Wadi وادى, très-petite ville sur une petite rivière.

Puis à Rohba رحبة, 1 journée.

A Dhi'l-Merwet ذى المروة, 1 journée.

A el-Mar المرّ, 1 journée.

A Soueïda السويدة, 1 journée.

A Dhi-Khachab ذى خشب, 1 journée.

Et enfin à Médine ou Iathreb يثرب, 1 journée.

La distance de Damas دمشق à Racca الرقة est d'environ 18 journées.

« Le pays qu'on nomme Cham شام (la Syrie) comprend di-
« verses provinces ou districts, tels que la Palestine بلاد فلسطين,
« ses dépendances et Jérusalem القدس, les pays d'A'mran كورة
« عمران, de Lak لك, d'Iebna يبنا, d'Iafa يافا (Jaffa), de Caïsarié
« قيسارية (Césarée), de Nablous نابلوس (Naplouse), de Sebista
« سبسطة (Sebaste), d'A'scalan عسقلان (Ascalon), de Ghazza غزه
« (Gaza), et de Beït Djebraïn بيت جبرين.

« Au midi de ces contrées, est la terre d'el-Tih التيه (ou de
« l'Égarement), dans laquelle les Israélites errèrent durant qua-
« rante ans, sans entrer dans aucune ville, dans aucun lieu ha-
« bité, dans aucune maison, sans changer de vêtements et sans
« qu'aucun d'eux cependant contractât de souillure.

« La longueur de cette terre de l'Égarement est d'environ 6
« journées. Elle touche à la Palestine du côté du midi.

« De la Syrie dépendent encore le pays du Jourdain, dont la
« principale ville est Tabarié طبرية (Tibériade), el-Lahoun
« اللهون, le district de Samaria كورة سامرية, c'est-à-dire Nablous
« نابلوس (Naplouse), Beïsan بيسان, Erikha اريحا (Jéricho), Zo'ra
« زعرا, A'cha عشا, Djesen جسن, Khadrawil خدرويل et Sousna,

CINQUIÈME SECTION.   361

« districts d'Akka عكة (Acre), de Nassra ناصرة (Nazareth) et de
« Sour, auxquels touche, du côté de l'orient, le pays de Damas
« dont les dépendances sont : el-Ghauta الغوطة, le pays de Ba'lbek
« بعلبك ; el-Beca'a البقاع, la contrée du Liban اقلم لبنان et les dis-
« tricts de Hawla كورة حولة, de Tarabolous طرابلوس (Tripoli), de
« Djebail جبيل, de Beïrout بيروت, de Saïda صيدا (Seïde), de
« Bathnia بثنية, de Djoul جول, de Djolan جولان, de Tahira
« طاهرا, d'el-Balca البلقا, de Djirīn el-Ghaur جيرين الغور, de Ka-
« far Tab كفرطاب, d'A'man عمان, d'el-Serat السرات, de Sabra صبرا
« et d'el-Djabié الجابية.

« Cette contrée est bornée à l'orient par des déserts, et au
« midi par les pays de Samara سمارة et de A'd عاد. Le territoire
« de Damas touche à ceux de..... [1] العراصم et de Canasrīn
« قنسرين dont nous reparlerons dans la description du quatrième
« climat.

« Damas دمشق est le *pôle* et la capitale de la Syrie. De cette
« ville à Ba'lbek بعلبك, on compte 2 journées.

« A Hems حمص, 15 journées.

« A Tabarié طبرية, 4 journées.

« A Tripoli طرابلوس, sur la Méditerranée, 5 journées.

« A l'extrémité d'el-Ghauta الغوطة اقصى, où commence le dé-
« sert, 1 journée.

« A Beïrout, 2 journées.

« A Seïde, 2 journées.

« A Adhra'at اذرعات, autrement dite Bathnia بثنية, 4 journées.

« A el-Djoul الجول, 2 journées.

« La plus grande longueur de la Syrie est depuis Malatia
« ملطية jusqu'à Refah رح [2], savoir :

« De Malatia ملطية à Mendj منج, 4 journées.

« De Mendj à Haleb حلب (Alep), 2 journées.

---

[1] Mot illisible. — [2] Voyez, sur ce nom de lieu, la note 2, page 337 ci-dessus.

TROISIÈME CLIMAT

« De Haleb à Hems حمص, 5 journées.
« De Hems à Damas دمشق, 5 journées.
« De Damas à Tabarié طبرية, 4 journées.
« De Tabarié à Ramlé الرملة, 3 journées.
« Et de Ramlé à Refah رح, 2 journées.
Total, 25[1] journées.

[1] Nos deux manuscrits portent (sans doute par erreur) 35.

SIXIÈME SECTION.

Irâc (Babylonie). — Cadesia. — Koufa. — Wasit. — Obolla. — Bassora. — Khouzistan (Susiane). — Muchircan. — Ahwaz. — Sous. — Asker-Mokarram. — Tuster ou Chuster. — Fars. — Chiraz. — Istakhar (Persépolis). — Djour. — Darabdjerd — Siraf. — Sabour ou Chapour.

La présente section comprend, dans la partie occidentale des contrées qu'elle est destinée à décrire, une portion des déserts où sont situés Feïd فيد, Taghlabia التغلبية (ou Tha'labia تعلبية), Remala رمالة, Hira الحيرة, Cadesia القادسية, Samman صمان, Fara'a الفارعة, Kadhema كاظمة, et là, au nord du pays de Bahreïn ارض البحرين[1], el-Cathif القطيف, Raza رازة[2], el-Ahsa الاحسا, A'fir العفير[3], Hordj حرج, Bicha بيشة (ou Bisa بيسة), et l'île d'Awâl جزيرة اوال. Le reste des contrées comprises entre le Bahreïn بلاد البحرين et l'O'man عمان, se compose de déserts arides et habités par les Arabes. C'est là que se termine la mer du Fars بحر الفارس, sur les bords de laquelle sont les pays d'A'badan عبادان, d'Obolla الابلة, de Mehra مهرا, de Nan نان[4], de Siniz سينيز[5], de Hanana حنانا, de Nedjirem نجيرم, de Samar صمار, de Siraf سيراف, et de Hissn A'mara حصن عمارة, qui tous dépendent du Fars, et auxquels touchent, sur le littoral du Kerman كرمان, Choura شورة, Hormuz

Feuillet 90 verso.

---

[1] Rien de plus clair que ce passage dont les auteurs de la version latine ne paraissent pas avoir bien compris le sens.

[2] Le ms. A. porte Zaza; la version latine, Zara.

[3] Le ms. A. porte Ghafir.

[4] La version latine porte Can.

[5] Le ms. A. porte Senbes سنبس; la version latine Sembin; la carte de Guill. Delisle indique, dans ces parages, un lieu du nom de Chiniz.

46.

Feuillet 90 verso.

هرمز (Ormuz), et les déserts des montagnes de Cofs بوادي جبال ¹.القفس Au nombre des îles de cette mer, on compte l'île de Kharek جزيرة خارك l'île de Labet لابـــت ², laquelle est vis-à-vis et auprès de Siraf سيران et du cap Safan طرن الصفان, et l'île d'Awâl اوال.

Cette section contient (donc) la description des lieux habités de l'Irâc العراق ³, Hira حيرة, Cadesia قادسية, Koufa كوفة, Soura سورا, el-Cassr القصر, Nahr el-Melik نهر الملك (le fleuve royal), Kartaria كرتاريا ⁴, Wasit واسط, el-Bataïh البطائح (les marécages), Foum el-Silh فم الصلح, Madar مدار (ou Madhar مذار), Macnah المقنع ⁵, Beïan بيان, Suleïmanan سليمانان, Obolla الابلة, Bassra البصرة (Bassora), A'badan عبـــادان, Harharaï حرحراي ⁶, et de plus, sur les limites du Khouzistan خوزستان, la ville de Nachian ناشيان, Haï ج, el-Zaroun الزرون, Daïra ديرا, Achek اشك, Azem ازم, Sebil سبيل ⁷, Aïdakh ايدخ, Dar-Hormuz دار هرمز, Souc el-Arba' سوق الاربعا (le marché du mercredi), Hormuz هرمز (Ormuz), qui porte aussi le nom d'Ahwaz اهواز, Asker-Mokarrem عسكر مكرم, Djondi-Sabour جندى سابور, Touster تستر (ou Chuster), Karkha كرخة, Sous السوس, Corcoub قرقوب, Tib الطيب, Metoub متوب, Bardoun بردون, Bassinna بصنا.

Parmi les dépendances d'Ispahan اصبهان, Bendedjan بندجان, Beïdha بيضا, et Ispahan اصبهان, et parmi celles du Fars فارس, Redjan الرجان, Karoun كارون, Noubendedjan نوبندجـــان, Djour جور, Chiraz شيراز, Ahwaz اهواز, Babeïn بابين, Kisa كيسا, Kham خم, et Djorhom جرهم. Nous traiterons de ces contrées et nous décrirons ce qui s'y trouve, après avoir invoqué le secours divin.

---

¹ La version latine porte Cofs ou Cafas.
² La version latine porte Lameth.
³ L'ancienne Babylonie et l'ancienne Chaldée.
⁴ Le ms. A. porte كوتار, et la version latine, Kutharia.
⁵ Miftah مفتح, d'après le ms. A.; Manbeg, d'après la version latine.
⁶ Ms. A., جرجان; version latine, Giargiaraï.
⁷ La version latine et la carte de Guillaume Delisle portent Sambil.

SIXIÈME SECTION.

Nous disons donc que la ville de Faïd فيد est située au milieu des déserts, entre Bagdad et la Mecque. « Ces déserts sont ha-
« bités par les Azarat العزارة[1], les Djoheïna جهينة, les Lakhm لخم,
« les Bili بلى, et par d'autres tribus mélangées de l'Iemen, c'est-
« à-dire par les Rebia, ربيعة et les Modhar مضر, issus pour la plu-
« part des   [2] et des Benou-Asad بنو اسد[3]. Ces déserts,
« connus sous le nom d'el-Habir الهبير (ou des Sables), sont ceux
« qui s'étendent par ondulations (litt. par fentes), en largeur, jus-
« qu'à Adjmar اجمر[4], et en longueur, depuis la montagne de Tabi
« طبى jusqu'à la mer du Fars (le golfe Persique), vers l'orient,
« et qui, depuis la montagne de Tabi, se prolongent jusqu'à el-
« Djofar الجفار, dépendance de l'Égypte.

« Au nombre des villes qui s'y trouvent, on remarque Taghla-
« bia التغلبية (ou Tha'labia تعلبية), lieu où se réunissent les
« Arabes et où se tient un marché très-fréquenté, et Zebala زبالة,
« jadis peuplé, mais dont il ne reste que les vestiges; c'est un
« lieu de station et de refuge pour les voyageurs, qui ne mérite
« ni le nom de ville ni celui de fort. »

Quant à Cadesia القادسية, c'est une ville située sur les limites
du désert; « elle fut bâtie par les Chosroës, rois du Fars. Elle
« est petite; il y a des palmiers, de l'eau, et la majeure partie
« des cultures consiste en herbages. Les voyageurs s'y approvi-
« sionnent de fourrages pour la nourriture des chameaux qui y
« passent, soit en allant au Hedjaz, soit en revenant de cette pro-
« vince. » Cette ville (Cadesia) est située à l'occident de Bagdad,
et c'est l'une des places fortes de la frontière de l'Irâc. De Cadesia à Koufa الكوفة, on compte 2 journées, et de Cadesia à la
ville de la paix (Bagdad), 61 parasanges.

---

[1] Probablement pour فزارة. Voyez *Pocockii Specimen historiæ Arabum*, p. 49.
[2] Mot illisible.
[3] Nom de deux jumeaux célèbres dans l'histoire des Arabes.
[4] Voyez sur ce nom, Niebuhr, *Description de l'Arabie*, p. 219.

Koufa est bâtie sur les rives de l'Euphrate. « On y voit de « beaux édifices, des bazars bien fournis, des fortifications res- « pectables; dans les environs, une infinité de villages, des champs « cultivés, des plantations de dattiers. Ses habitants sont riches. « Les constructions de cette ville ressemblent à celles de Bas- « sora, sous les rapports de la solidité et de l'élégance. L'eau y « est douce, le climat sain, la population de pure race arabe « devenue sédentaire. »

A six milles de Koufa الكوفة est un grand dôme, supporté de tous côtés par des piliers d'une hauteur considérable, et muni d'une porte qui reste constamment fermée. Il est en totalité couvert de voiles ou d'étoffes précieuses, et le sol est tapissé de nattes Samanié. On dit que c'est là qu'est le tombeau d'Aly, fils d'Abou-Taleb, et que le terrain qui environne le dôme servit à la sépulture de sa famille. « Ce dôme fut construit par Abou'l-Haïdja « Obeïd-Allah, fils de Hamdan, durant le règne des Abbassides, « le lieu de la sépulture d'Aly étant resté caché durant la domi- « nation des Ommiades.

« Cadesia القادسية et el-Hira الحيرة sont sur la lisière du désert, « du côté du couchant; à l'orient (au contraire) ce ne sont qu'eaux « courantes, jardins contigus et plantations de dattiers dont les « fruits sont excellents. Ces deux villes, ainsi que Koufa الكوفة, « sont entre elles à un peu moins d'une journée de distance. « Hira الحيرة est une ville petite, bien bâtie, sur un sol fertile et « pleine d'édifices. Elle était autrefois plus considérable qu'elle « ne l'est aujourd'hui; mais un grand nombre de ses habitants, « ainsi que de ceux de Cadesia القادسية, s'étant transportés « à Koufa الكوفة, la population de ces deux villes a diminué; « elles dépendent l'une et l'autre du gouvernement de l'Irâc. « Le montant de leurs contributions est porté au divan de Bag- « dad, et les intendants de l'administration sont sous les ordres « de ceux de cette dernière résidence. »

SIXIÈME SECTION.

Les deux villes de Wasit واسط مدينتا sont construites sur les bords du Dedjlé دجلة (du Tigre), « et séparées par un grand « pont de bateaux qui facilite la communication de l'une à l'autre « ville, dans chacune desquelles on voit une mosquée où l'on « prononce la *khotba* [1]. La ville occidentale porte le nom de « Kaskar كسكر; la construction en est due à Hedjadj ben-Iousouf « el-Maksi. Elle est entourée de cultures, de dattiers et de ver- « gers, et les habitations s'y touchent. L'autre, située sur la rive « orientale, s'appelle Wasit de l'Irâc واسط العراق, et, comme sa « *sœur*, elle est parfaitement bâtie; ses rues sont larges, ses édi- « fices d'une hauteur remarquable, ses jardins nombreux, ses « richesses considérables; ses habitants, de belle apparence, or- « dinairement vêtus de blanc, et portant de larges turbans (sur « la tête), sont un mélange de races de l'Irâc et d'autres. Il n'y « a point de marécages à Wasit; le sol y est de bonne qualité, « le territoire vaste, et le climat plus sain que n'est celui de « Bassora البصرة. C'est une dépendance de l'Irâc, et elle ressortit « au gouvernement de Bagdad. Le territoire de Wasit forme « cependant un district particulier et distinct des autres districts « de l'Irâc. Le produit des contributions est porté à la ville de « la paix (Bagdad), et c'est de cette ville que vient toujours l'ins- « titution du gouvernement de Wasit. »

De là à Bagdad, on compte 8 journées;
A Bassora, 7 journées;
A Koufa, 6 journées, en passant par les marais.
De Koufa à Bassora, environ 12 journées;
De Koufa à Médine المدينة, environ 20 journées;
De Koufa à Bagdad, 5 journées;
De Koufa à Cadesia, 2 journées.
De Cadesia à el-O'daïb العذيب, lieu où commence le désert, 6 milles.

[1] Ou le prône du Vendredi.

De Wasit on descend, par le Tigre, à Nahraban نهر ابان[1]; c'est un trajet, par eau, d'une demi-journée, et par terre, d'une journée.

De là (de Wasit) on se rend à Dedjlet el-Ghauza دجلة الغوزة[2]; puis à Nahr Ma'akel نهر معقل; puis enfin dans le grand fleuve de Bassora. فيض البصرة.

BASSRA OU BASSORA.

« Cette importante ville n'existait pas du temps des (anciens)
« Persans. Le plan en fut tracé par les musulmans sous le califat
« d'Omar; elle fut fondée par O'tba ben-Gazwan عتبة بن غزوان. A
« l'ouest, elle est bornée par le désert; à l'est, par un très-grand
« nombre (plus de cent mille) canaux, sur chacun desquels flottent
« des nacelles, et qui portent les noms, soit de celui qui les creusa,
« soit du quartier auquel ils aboutissent[3]. La ville est bâtie sur
« un terrain plat; il n'y a ni montagnes ni rien qui intercepte la
« vue. Ahmed ben-Ia'coub, auteur du livre intitulé *el-Mesalek*
« *we'l Memalek*, raconte qu'il y avait à Bassora plus de sept mille
« mosquées; mais aujourd'hui la plupart d'entre elles sont aban-
« données et il ne subsiste que quelques édifices construits au-
« tour de la grande mosquée. Divers marchands qui ont visité
« cette ville rapportent qu'en 536 (1141 de J. C.), on pouvait
« s'y procurer 500 rotls[4] de dattes pour un dinar. On y voit un
« canal connu sous le nom de Nahr Obolla نهر الابلة, dont la lon-
« gueur est de 12 milles; telle est aussi la distance qui sépare
« Bassora d'Obolla. Sur les rives de ce canal, sont des maisons
« de plaisance et des vergers contigus de telle sorte qu'ils sem-

---

[1] Le ms. A. porte Nahraman.

[2] Le même ms. porte Dedjlet el-Ghaur.

[3] Voici le texte de ce passage :

بغربيها البادية وبشرقيها مياه الانهار منغرشة وهى نيف ماية الف بجرى فى جميعها السماريات ولكل احد منها اسم ينسب الى صاحبه الذى احتفره او الى الناحية التى يصب فيها

[4] Environ 500 livres.

SIXIEME SECTION.

« blent ne former qu'un seul jardin, et (en effet) ils sont tous
« compris dans une seule enceinte de murs. Divers autres canaux
« plus ou moins considérables communiquent avec celui-ci, et
« quant aux palmiers, ils sont tellement semblables les uns aux
« autres sous le rapport de la hauteur et de la beauté de la végé-
« tation, qu'on les croirait tous coulés dans le même moule, ou
« (plutôt) plantés à la même époque.

« Tous les cours d'eau qui environnent Bassora, du côté de
« l'orient, communiquent les uns avec les autres, et se subdi-
« visent en divers canaux, dans la plupart desquels le flux et le
« reflux de la mer se font sentir. A la marée montante, les eaux
« (douces) des canaux sont refoulées sur les vergers et les champs
« cultivés, et les arrosent. A la marée descendante, ces eaux des-
« cendent et reprennent leur cours naturel. Il y a un grand
« nombre de canaux creusés (de main d'homme) où l'eau ne
« coule pas, mais qui sont destinés à recevoir l'excédant des
« eaux amenées par la marée. Ces eaux, pour la plupart, sont
« salées. »

Obolla الابلة a l'un de ses quartiers bâti sur ce canal, du côté
du nord, et l'autre, l'oriental, sur la rive occidentale du Dedjlé
دجلة (du Tigre). « Cette ville, quoique petite, est ornée de
« grands et beaux édifices, entourée de jardins, bien peuplée,
« et florissante sous tous les rapports. » Au-dessous d'Obolla sont
el-Meftah[1] الفتح et el-Madar المدار[2], sur les bords du Tigre, villes
comparables entre elles « sous le rapport de l'étendue, du genre
« des constructions et du commerce. Mais Obolla est plus grande,
« plus peuplée, plus riche, et ornée d'édifices plus vastes.

« A l'extrémité du territoire de Bassora في حدود البصرة, et entre
« les villages et lieux cultivés qui en dépendent, on voit beau-
« coup de roseaux et de marais habités au milieu desquels les

---

[1] La version latine porte Manbeg. — [2] Ou plutôt مَدَار.

« bateaux et les nacelles naviguent au moyen de perches[1], à
« cause du peu de profondeur des eaux, et parce que leur cours
« est obstrué par la fange. Quelquefois, lorsque le Tigre et l'Eu-
« phrate الدجلة والفرات grossissent excessivement par suite des
« pluies d'hiver et versent leurs eaux par torrents dans ces ma-
« rais, divers lieux se trouvent creusés (outre mesure), et d'autres
« bouchés par la vase. »

De Bassora à A'badan عبادان, on compte 2 journées ou 36
milles.

A'badan est une place petite, mais forte, bâtie sur les bords
de la mer, « à l'endroit où se réunissent toutes les eaux du Dedjlé
« دجلة (du Tigre). » C'est un lieu de marché et de refuge pour
ceux qui naviguent dans cette mer. Il est situé sur la rive occidentale du fleuve, qui s'élargit ici beaucoup, et couvre quantité
de terrains.

D'A'badan à Khachabat الخشابات, 6 milles.

Khachabat est précisément à l'endroit où le Dedjlé دجلة
décharge ses eaux dans la mer du Fars (le golfe Persique). Ce
sont des pilotis[2] au-dessus desquels s'élèvent des cabanes où
se tiennent les garde-côtes munis de bateaux, pour pouvoir
monter dans ces cabanes ou descendre sur le rivage. La côte
occidentale (litt. la droite) de la mer du Fars dépend de l'Arabie, et l'orientale (litt. la droite), du Fars. La largeur de cette
mer est de 210 milles, et sa profondeur, de 70 à 80 brasses.

De Khachabat خشابات à la ville de Bahreïn بحرين مدينة, située
sur la côte occidentale, on compte 210 milles.

---

[1] C'est par conjecture que nous traduisons ainsi le mot المدافع. Au surplus,
voici le passage en entier :

وبين حاراتها وقراها اجام كثيرة وبطائح ما معمورة تسمى اليها السماريات
والزوارق بالمدافع لقرب قعرها و ارتدام مجاريها بالتراب

[2] Le mot خشابات signifie en effet « des pièces de bois. »

SIXIÈME SECTION.

De Bassora à Bahreïn, par la grande route, 11 journées; « mais en suivant les contours du rivage, 18 journées sans eau, « à travers des tribus d'Arabes habitués à transporter de l'eau « avec eux. Cette route est fréquentée, mais elle est dangereuse. »

De Bassora à Médine, environ 20 journées : on rejoint le chemin de Koufa كوفة auprès de Ma'aden el-Bacra معدن البقرة [1].

L'itinéraire de Bassora à Bahreïn, par A'badan, est comme il suit :

D'A'badan à [2]   , une journée sans eau et sans habitations;

Puis à Hadouba الحدوبة, une journée;

A A'rmadja عرجا, une journée;

A Hanian حنيان, une journée;

A el-Cora القرى, une journée;

A Meslakhat مسلخة, une journée;

A el-Ahsa الاحسا, une journée;

A Hems حمس, une journée;

Puis au rivage de la mer, une journée.

Toutes ces stations sont des ports ou des lieux dépourvus d'eau. « Ils sont fréquentés par des Arabes nomades. »

El-Ahsa الاحسا cependant est une petite ville située sur les bords du golfe Persique, vis-à-vis d'Awâl اوال, et dans le pays des Carmathes [3]; elle est peu considérable, mais jolie, « et l'on « y trouve des bazars où il est possible de s'approvisionner des « choses nécessaires à la vie. »

El-Cathif القطيف est une ville assez considérable, située dans le voisinage de la mer [4].

---

[1] La version latine porte Maaden el-Nocra.

[2] Ce nom de lieu manque dans nos manuscrits ainsi que dans la version latine.

[3] وهي بلاد القرامطة

[4] Le ms. A. porte : « dans le voisinage de Bahreïn. »

D'el-Cathif à el-Ahsa الاحسا, 2 journées.

D'el-Ahsa à Hems حمص sur les bords du golfe Persique, 2 journées.

D'el-Cathif à Bicha بيشة (ou plutôt Bisa بيسة), une forte journée.

A partir d'el-Cathif, le pays qui s'étend jusqu'à Bassora est un vaste désert où l'on ne trouve point d'eau, point de villes, point de places fortes; il est fréquenté particulièrement par une tribu d'Arabes qui porte le nom de A'mer Rebia' عامر ربيعة. Les villes du Bahreïn sont Hadjar هجر, Hems حمص, el-Cathif القطيف, el-Ahsa الاحسا, Bicha بيشة, el-Zara الزارة, el-Khatha الخطى, où l'on fabrique les lances connues sous le nom de khathié. « L'île prin-
« cipale du Bahreïn se nomme île d'Awâl جزيرة اوال. La distance
« qui la sépare du territoire du Fars برّ الفارس est d'une journée
« de navigation, et de cette île au continent de l'Arabie برّ العرب,
« on compte la même distance [1]. La longueur et la largeur de
« l'île d'Awâl sont de 6 milles.

« De là à Bassora, la distance est de 540 milles, car de l'île
« d'Awâl à celle de Kharek خارك, on compte 240 milles [2].

« Cette dernière île a 3 milles d'étendue dans tous les sens.
« La plupart des céréales et le riz y croissent en abondance. Il y
« a des vignobles, des plantations de dattiers, enfin c'est une île
« agréable et couverte de pâturages. Quant à l'île d'Awâl [3], sa
« capitale se nomme Bahreïn البحرين, et c'est une ville bien peu-
« plée dont les environs sont fertiles et produisent du grain et

[1] Il y a certainement ici quelque erreur de copiste. En effet, la distance qui sépare l'île d'Awâl de la côte d'Arabie est de 4 lieues marines tout au plus, tandis que de cette île au cap Bardistàn (sur la côte du Fars), on compte près de 50 lieues.

[2] Apparemment la distance de Bassora à l'île de Kharek est évaluée à 300 milles.

[3] Nous suivons le ms. B., car ce passage manque dans le ms. A. A s'en rapporter à la leçon fournie par ce dernier, il s'agirait ici de l'île de Kharek et non de celle d'Awâl; or, la chose est invraisemblable.

SIXIÈME SECTION. 373

« des dattes en abondance. Il y a beaucoup de sources dont les
« eaux sont douces, et parmi lesquelles on remarque les sources
« dites A'ïn bou-Zeïdan عين بو زيدان, A'ïn Marilgha عين مريلغة,
« et A'ïn Ghadar عين غدار, toutes situées au milieu du pays.
« Plusieurs d'entre elles forment des cascades d'une force suffi-
« sante pour faire tourner des meules de moulin. Celle qu'on
« appelle A'ïn Ghadar عين غدار offre un phénomène singulier,
« qui consiste en ceci : c'est une source considérable dont l'ori-
« fice est circulaire, et a 60 choubras (environ 4 pieds et demi)
« de diamètre; l'eau qui en découle s'élance du fond à la super-
« ficie à une hauteur de 50 brasses; divers géomètres et savants
« habiles ont mesuré la hauteur de cet orifice et en ont trouvé
« le niveau égal à celui de la mer. Les gens du pays affirment
« tous, d'un commun accord, qu'il existe une communication
« entre la source et la mer, mais c'est une erreur; la chose
« est absolument impossible, car les eaux de la source sont
« douces, agréables à boire et fraîches, tandis que celles de la
« mer sont chaudes et amères. Si la chose était telle que le rap-
« portent les gens du pays, certes les eaux de la source seraient
« aussi salées que le sont celles de la mer.

« L'île est gouvernée par un chef indépendant. Les habitants
« des deux rives sont satisfaits de sa justice et de sa piété, et
« quand il meurt, il n'est remplacé que par une personne qui
« l'égale en vertus et en équité.

« C'est dans cette île que résident les navigateurs qui se livrent
« à la pêche des perles. Ils habitent la ville, où des marchands,
« porteurs de sommes considérables, se rendent, de toutes les
« parties du monde, et séjournent durant des mois entiers, en
« attendant la saison de la pêche. Ces marchands louent des
« plongeurs moyennant un salaire dont le taux est fixé, mais qui
« s'accroît en raison de la bonté de la pêche et du degré de con-
« fiance (que mérite le plongeur). La pêche a lieu en août et en

Feuillet 92 verso.

« septembre[1], et même avant cette époque, si les eaux sont assez
« limpides. Chaque marchand est accompagné du plongeur qu'il
« a loué, et toute la flottille sort de la ville au nombre de plus
« de deux cents doundj دونج; la doundj est une sorte de barque
« plus grosse qu'une barque ordinaire, construite avec un entre-
« pont que les marchands divisent en cabines au nombre de cinq
« ou de six, aucun d'entre eux ne devant empiéter sur la cabine
« d'un autre, dans le navire. Chaque plongeur a un compagnon
« qui lui est attaché pour l'ouvrage, et qui, à raison de ses ser-
« vices, a part au salaire, quelque faible qu'il puisse être; cet
« aide se nomme le moussfi المصفى. Les pêcheurs sortent donc
« tous ensemble de la ville accompagnés d'un guide habile. Il y
« a certains lieux qu'ils connaissent et où ils savent, à n'en pou-
« voir douter, qu'ils trouveront des huîtres à perles; car l'huître
« a des bancs autour desquels elle tourne, où elle pénètre, d'où
« elle sort, selon les divers temps et lieux qu'elle connaît préci-
« sément. Lorsque les pêcheurs sortent d'Awâl اوال عن [2], ils sont
« précédés du guide, et ils le suivent dans leurs navires avec
« ordre, sans le dépasser ni sans s'écarter de sa route. Parvenu
« à celui d'entre les lieux où l'on pêche les huîtres à perles, le
« guide se dépouille de ses vêtements, plonge dans la mer et
« regarde. S'il trouve ce qui lui convient, au sortir de l'eau il
« fait abattre la voile de sa doundj et jeter l'ancre; les autres na-
« vires s'arrêtent également, jettent autour de lui leurs ancres,
« et tous les plongeurs se mettent à l'œuvre. La profondeur
« de ces bancs varie depuis moins de deux jusqu'à trois brasses.

Feuillet 93 recto.

« Lorsque le plongeur s'est dépouillé de ses vêtements, ne con-
« servant que ce qu'il faut pour cacher ses parties génitales, il
« se bouche les narines avec du khilindjil خلنجل, sorte d'on-
« guent composé de cire fondue avec de l'huile de sésame; il

[1] فى شهر اغشت وشتنبر
[2] Le ms. A. porte, par erreur, عن اول.

« prend avec lui un couteau et un petit sac destiné à contenir
« les huîtres qu'il pourra trouver. Chaque plongeur est muni
« d'une pierre pesant quatre quintaux ou environ, laquelle est
« attachée à une corde mince, mais solide, et destinée à être
« jetée dans l'eau de l'un des côtés de la barque. L'aide ou com-
« pagnon tient avec force cette corde, tandis que le plongeur,
« plaçant ses pieds sur la pierre et serrant avec ses mains la corde,
« s'apprête à s'élancer dans la mer. Alors le compagnon lâche la
« corde, et le plongeur et la pierre descendent rapidement au
« fond de l'eau, le plongeur (toujours) placé sur la pierre et
« tenant (toujours) la corde. Lorsqu'il est parvenu au fond de
« la mer, il s'assied, ouvre les yeux, regarde autour de lui, et
« ramasse avec promptitude et agilité toutes les huîtres qu'il
« peut trouver. S'il parvient à remplir son sac, c'est à merveille;
« sinon, il tâche de s'écarter un peu, sans quitter la pierre ni la
« corde; s'il est fatigué, il remonte à la surface de l'eau, reprend
« haleine, et plonge de nouveau pour faire de nouvelles recher-
« ches. Lorsque le sac est plein, le compagnon le tire du haut
« de la barque, le vide dans sa cabine, et le renvoie au plongeur
« qui est dans la mer; car s'il y a beaucoup d'huîtres, celui-ci
« continue ses recherches en raison de cette abondance. Lorsqu'ils
« se sont livrés à cet exercice durant deux heures, les plongeurs
« remontent, se rhabillent et se livrent au sommeil; le moussli
« se met alors à ouvrir les huîtres; le marchand assiste à l'opé-
« ration depuis le commencement jusqu'à la fin, en recueille le
« produit, et en prend note par écrit. Vers quatre heures après
« midi, on soupe et on se couche; on dort toute la nuit, et le
« lendemain, après le déjeuner, au moment favorable pour la
« pêche, on se déshabille, on plonge de nouveau; et ainsi de suite
« tous les jours. Lorsqu'on a épuisé un banc, on se transporte
« sur un autre. La pêche dure jusqu'à la fin du mois d'août, époque
« à laquelle les pêcheurs retournent ensemble à l'île d'Awâl اوال,

« rapportent toutes les perles qu'ils ont obtenues, renfermées
« dans des bourses; chacune de ces bourses porte une étiquette
« indiquant le nom du propriétaire et est scellée d'un cachet. Au
« moment du débarquement, toutes les bourses sont retirées
« des mains des marchands et mises en la possession et sous la
« responsabilité du gouverneur. Au jour de la vente, tous les
« marchands se réunissent dans le lieu à ce destiné, et chacun
« prend sa place; on apporte les bourses et on appelle par son
« nom chacun des propriétaires. On brise les cachets l'un après
« l'autre, et l'on verse chaque lot de perles dans un crible sous
« lequel est un autre crible, et puis un troisième. Ces cribles
« sont percés de trous de dimensions telles, qu'ils donnent pas-
« sage aux petites perles et aux moyennes, en sorte qu'il ne
« reste sur le crible supérieur que les grosses, sur le second que
« les moyennes, et que les petites demeurent au-dessus du der-
« nier. On sépare ainsi les espèces, on les estime et on les met
« à prix à haute voix. Si le marchand désire garder sa marchan-
« dise, on l'inscrit sous son nom; s'il préfère la vendre, il la vend
« et en reçoit le prix. Dans tous les cas, celui qui achète paye
« (comptant) ce qu'il doit payer, de telle sorte que le mar-
« chand reste quitte envers le plongeur, et réciproquement, et
« qu'ils se séparent satisfaits les uns des autres. Ils se retirent
« alors pour revenir au même lieu l'année suivante : c'est ainsi
« que la chose se passe toujours.

« Le gouverneur de Keïch كيش, île du golfe Persique dont
« nous avons donné la situation dans le deuxième climat[1], est
« en possession de percevoir un droit ou un tribut dont l'im-
« portance est déterminée, et qui lui est payé par les marchands
« qui se livrent à la pêche des perles. Le montant de ce tribut
« est perçu, pour son compte, au moment de la vente, et lui est

---

[1] Voyez ci-dessus, page 152.

SIXIÈME SECTION.

« envoyé. S'il se trouve, dans la récolte, quelque perle d'une
« beauté rare, le gouverneur (d'Awâl) la réserve et l'inscrit de
« lui-même au nom du Prince des Croyants; mais l'équité pré-
« side toujours à ces sortes de marchés; personne n'est molesté
« et il n'y a aucun légitime sujet de plainte.

« La perle est une production qui croît naturellement dans
« l'espèce de coquillage dont nous venons de parler. Cette pro-
« duction, d'après le rapport des riverains du golfe Persique,
« résulte principalement des pluies de février; s'il ne pleut pas
« dans cette saison, les plongeurs n'en trouvent point de toute
« l'année. C'est un fait considéré comme incontestable et dont
« la réalité ne forme, dans le pays, la matière d'aucun doute.

« L'art du plongeur est, dans le Fars, un art qui est enseigné
« et pour l'apprentissage duquel on dépense de l'argent. Le plon-
« geur doit s'habituer à respirer par les oreilles[1], et il arrive sou-
« vent que, dans les commencements de l'apprentissage, cet or-
« gane est affecté de fluxions violentes, d'où découle une hu-
« meur; on parvient à guérir cette inflammation au moyen de
« certains remèdes. Les plongeurs les mieux payés sont ceux
« qui restent le plus longtemps sous l'eau. Chacun d'eux sait y
« distinguer son camarade, nul n'empiète sur les limites de son
« voisin, ne conteste sa supériorité, mais tous cherchent à se
« surpasser en industrie et en patience.

« C'est dans le golfe Persique qu'existent presque toutes les
« pêcheries de perles. Il y en a environ trois cents qui sont fré-
« quentées et renommées. Nous avons fait mention de la plu-
« part d'entre elles quand l'occasion s'en est présentée, c'est-à-
« dire, quand il s'est agi des rivages des mers et des îles. Les
« pêcheries de ce golfe sont plus riches et plus productives que
« celles des mers de l'Inde et de l'Iémen; c'est pourquoi nous
« nous sommes beaucoup étendu sur ce sujet. Revenons main-

[1] Simple traducteur, je transcris la remarque sans garantir l'exactitude du fait.

« tenant à nos descriptions de lieux et à nos itinéraires, en com-
« mençant par la route qui conduit de Bassora البصرة à Bahreïn
« البحرين, par le désert, route fréquentée par les Arabes, mais
« peu suivie par les négociants. »

En sortant donc de Bassora, on parcourt une journée par une contrée déserte où l'on trouve cependant une source.

De là à Kadhema كاظمة, 1 journée;

Puis par le désert, 3 journées;

Puis à Faria فارية, lieu habité par des Arabes, 1 journée;

Puis à Tadja'a طجعة [1], 1 journée;

Puis à Samman صمّان, 1 journée;

Puis à une station où l'on trouve de l'eau, 1 journée;

Puis à une autre, 1 journée;

Puis à Selimé سليمة, 1 journée;

Puis à Sial السيال, 1 journée;

Puis aux premières terres de l'Iémamé يمامة, pays dont nous avons déjà parlé, 1 journée.

A l'orient de l'embouchure du Dedjlé دجلة (du Tigre) dans la mer d'A'badan بحر عبادان, est le Khouzistan خوزستان [2] dont dépend Ahwaz الاهواز, « ville située dans le voisinage du fleuve
« de Mezkeher مركهر et capitale de la province. Elle est très-
« peuplée; ses environs sont beaux et divers districts en dépen-
« dent. Il y a des marchés, du commerce, des édifices contigus,
« des richesses considérables et beaucoup de ressources en tout
« genre. »

Ahwaz est (comme nous venons de le dire) la capitale du Khouzistan, pays dont le terrain est bas, uni et très-fertile, et le

---

[1] Ce nom de lieu et divers autres manquant dans le ms. A, nous croyons devoir suivre le ms. B.

[2] Les deux manuscrits et la version latine portent constamment Khourestan; mais il est évident qu'il s'agit ici de l'ancienne Susiane ou du pays actuellement connu sous le nom de Khouzistan.

SIXIÈME SECTION.

climat parfaitement sain; on y trouve de l'eau en abondance et le niveau des sources et des puits est par conséquent peu profond. Parmi les villes de cette province on remarque Ahwaz اهواز, Asker-Mokarram عسكر مكرّم, Tuster تستر [1], Djondi-Sabour جندى سابور, Sous سوس, Ram-Hormuz رام هرمز, Muchircan مشرقان, Serv سرو appelée aussi Dorac دوراق [2], Fars الفرس [3], Aïdedj ايدج, Beïan بيان, Haï حىّ [4], Bassinna بصنّا, Souki-Sunbul سوق سنبل, Menadher la grande مناذر الكبرى, Menadher la petite مناذر الصغرى, Corcoub قرقوب, Tib طيب, Kelwan كلوان, Nahrotira نهر تيرى, Memout مموت [5], Berdoun بردون, Karkha كرخه, Azem ازم [6], Souc el-Arba'a سوق الاربعا, Hissn Mehdi (fort de Mehdi) حصن مهدى, situé sur le bord de la mer, Nachian الناشيان, Selaman سلامان.

« Le Khouzistan est arrosé, comme nous l'avons dit plus haut, « par un grand nombre d'eaux courantes, de torrents et de ri-« vières. Parmi ces dernières, la plus remarquable est celle qui « coule à Tuster et qu'on nomme le Dujeil d'Ahwaz دجيل الاهواز. Elle prend sa source dans les montagnes de Lour لور « et c'est sur ses bords qu'on voit la fameuse dérivation des « eaux [7] qui fut pratiquée par ordre du roi Chabour شابور (Sapor). « La construction de cet ouvrage eut lieu de la manière sui-« vante : on construisit des deux côtés de la rivière un aqueduc « très-haut, puis, au milieu même du cours de l'eau, une digue

---

[1] Ou Chuster.
[2] Le ms. A. porte سورت et دوق, la version latine Sorrac et Daurac.
[3] Le ms. A. porte العريش, au lieu de الفرس.
[4] Le ms. A. porte انوح Anouh.
[5] Telle est l'orthographe du man. B. et de la version latine. Le man. A. porte حينى.
[6] La version latine porte ici Mathuth. Le ms. A., بنوت.
[7] La version latine porte Azam, le ms. B. Aram.
[8] Le texte porte شادروان, ce qui signifie littéralement « un jet d'eau. »

« solide en pierres énormes soutenues par des piliers qu'on
« éleva jusqu'au niveau des constructions pratiquées des deux
« côtés. L'eau se trouvant arrêtée tout à coup dans son cours,
« se frayait un passage dans l'aqueduc, et la rivière s'élevait au-
« dessus du sol à une hauteur étonnante. La rivière de Tuster[1]
« coule auprès d'Asker-Mokarram, traverse la ville d'Ahwaz اهواز,
« rejoint la rivière de Sidreh نهر السدره et se jette dans la mer. »

De la rivière de Tuster dérive un embranchement nommé
Muchircan المشرقان, qui se dirige vers l'ouest et traverse Asker-
Mokarram; ici on voit un grand pont construit sur une vingtaine
de bateaux; des navires d'un fort tonnage peuvent flotter sur
cette rivière et pénétrer jusqu'à Ahwaz. La distance entre Asker-
Mokarram et Ahwaz, si l'on va par eau, est de 30 milles. Pendant le flux de la mer et durant les premiers jours de chaque
lune, époque à laquelle les eaux sont le plus hautes, de grands
bâtiments peuvent parvenir jusqu'à la ville; ce qui n'a point lieu
pendant le reflux, car alors les eaux tarissent et il n'en reste
plus qu'un étang où le courant de la marée ne parvient pas.
« Au surplus, les eaux de cette rivière servent à l'arrosement
« des champs et à celui des dattiers et des jardins. »

La rivière de Tab طاب qui sert de limite entre le Khouzistan
et le Fars, baigne la partie méridionale de cette dernière province dont toutes les eaux se jettent dans la mer auprès du fort
de Mahrouïan مهرويان, non loin du fort de Mehdi. « Du reste,
« le Khouzistan confine à la mer, seulement par l'un des côtés
« de l'angle qui s'étend depuis Mahrouïan jusqu'auprès de Su-
« leïmanan vis-à-vis d'A'badan, ville située sur les bords du golfe
« Persique[2]. Le terrain du Khouzistan est sablonneux et plat; il
« n'y a d'autres montagnes que celles qu'on voit dans les environs
« de Tuster.

---

[1] Le ms. B. porte تستر et دستر.
[2] Le ms. A. porte : la mer d'A'badan.

SIXIÈME SECTION. 381

« Muchircan مشرقان est une ville bien peuplée et fréquentée
« par les habitants des pays voisins. Les palmiers qui croissent
« abondamment dans ce pays produisent une espèce particulière
« de dattes nommée *tann* طن. Après en avoir mangé, l'eau qu'on
« boit contracte une saveur et un parfum qui rappellent ceux
« du vin. Les habitants de Muchircan sèment beaucoup de blé,
« d'orge et surtout de riz; ils réduisent cette dernière graine en
« farine dont ils font une espèce de pain qu'ils préfèrent au pain
« de froment. On cultive aussi la canne à sucre avec beaucoup
« de succès dans les environs de Muchircan. »

Sous سوس[1] est une ville considérable, « riche et florissante,
« dont les habitants sont de race mélangée. La campagne qui
« l'environne produit du sucre : dans la ville, on fabrique toute
« sorte d'objets et notamment de belles étoffes de soie qui
« sont exportées dans les pays étrangers et jusqu'aux extrémités
« du Khorasan. Le pays produit beaucoup de fruits. »

Asker-Mokarram عسكر مكرّم est également une grande et belle
ville située sur les bords de la rivière de Muchircan المشرقان.
« On y voit un pont dont nous avons déjà fait mention. Cette
« ville est peuplée de marchands et de gens issus de races di-
« verses. Elle abonde en ressources de tout genre, possède diffé-
« rentes fabriques, et le pays qui en dépend est bien cultivé. »
On y est incommodé par des scorpions d'une espèce particulière qui ressemblent par leur forme aux feuilles de l'andjodan
انجدان (ou de l'assa fœtida); ceux qui sont de couleur jaune
portent le nom de djerrara الجرّار; quiconque en est mordu meurt
sur-le-champ. La distance qui sépare Asker-Mokarram de Tuster
تستر ou دستر est d'une journée.

De Asker-Mokarram à Ram-Hormuz رام هرمز, on compte
2 journées.

[1] Probablement l'antique Suse. Voyez *Kinneir's Geographical Memoir on the Persian empire*, p. 99 et suiv.

« Cette dernière ville est peuplée et assez considérable ; on y
« débite différentes marchandises et l'on y fabrique des soieries
« destinées à l'exportation. »

De Asker-Mokarram à Dorac دورق, on compte environ 4 journées : la même distance sépare Dorac d'Ahwaz.

« Dorac est peuplée d'indigènes et d'étrangers qui se livrent
« beaucoup au commerce. Cette ville s'appelle aussi Médinet
« el-Roustac مدينة الرستاق.

« Nachian ناشيان, ville d'une grandeur moyenne, bien peu-
« plée et arrosée par une rivière qui la partage en deux parties
« égales, est située à 2 journées de distance à l'ouest de Rous-
« tac الرستاق. L'intérieur de cette ville, ainsi que ses alentours,
« présente un aspect agréable. »

Entre Nachian et le fort de Mehdi on compte 2 journées de distance dans la direction de l'ouest.

« Quant à la ville de Tuster, Duster تستر - دستر ou Chuster,
« elle est, comme nous l'avons déjà dit, bâtie sur une éminence. A
« ses portes l'eau s'élève au moyen d'une écluse jusqu'à l'aque-
« duc. On dit que le prophète Daniel fut enseveli dans la ri-
« vière de Tuster. Ebn-Haukal rapporte [1] que ce fut Abou-Mousa
« el-A'chari qui trouva le cercueil de ce prophète. Les Juifs le
« vénéraient dans leurs synagogues et le considéraient comme un
« talisman au moyen duquel ils espéraient, au temps de séche-
« resse, obtenir de la pluie.

« Abou-Mousa retira ce cercueil du fond de la rivière de Zab
« الزب et le transporta par un canal à Sous سوس, où il fit cons-
« truire et enduire de chaux trois tombes dans une desquelles
« il plaça le cercueil. Il fit murer le tout d'une manière solide,
« puis, ayant dirigé vers ce point une partie des eaux de la ri-
« vière, il submergea les tombes. Elles subsistent encore de nos

---

[1] Voyez la traduction anglaise de sir W. Ouseley, page 76.

SIXIÈME SECTION.

« jours au fond des eaux, et l'on assure que quiconque s'y plonge
« est certain de les retrouver. »

La ville d'Achek اشك est située sur les limites de la province
de Fars, et non loin de la montagne d'Aderewan ادروان qui vomit
des flammes et des nuages de fumée. Les feux de ce volcan ressemblent beaucoup à ceux du volcan qu'on voit en Sicile; ils ne
s'éteignent jamais.

« On fabrique à Tuster de belles étoffes de soie. C'était des
« ateliers de cette ville que sortait l'étoffe destinée à couvrir la
« Ka'aba. De nos jours, on fabrique cette étoffe dans l'Irâc, d'où
« on l'envoie à la Mecque tous les ans.

D'Asker à Aïdedj ايدج[1], en suivant la direction de l'est, on
compte 4 journées.

« Aïdedj est une ville située dans le voisinage des montagnes
« dont la chaîne se prolonge jusqu'à Ispahan. Le commerce des
« articles importés du dehors s'y fait avec beaucoup d'activité. »

De Tuster à Djondi-Sabour جندى سابور, on compte une
forte journée.

« Cette dernière ville est bâtie sur une éminence et forte par
« sa position. Ses environs sont plantés en dattiers et en autres
« arbres à fruits, bien arrosés et bien cultivés; ses marchés of-
« frent en abondance divers articles de commerce. »

De Djondi-Sabour à Sous, 1 journée.

« Cette dernière ville, bien que peu considérable, est cepen-
« dant assez peuplée. Elle est entourée de jardins, de plantations
« de dattiers et de cannes à sucre. »

De Sous à Corcoub قرقوب, 1 journée.

C'est ici qu'on fabrique les étoffes peintes et rayées connues
sous le nom de racm el-Corcoubi رقم القرقوبى[2], « ainsi que les
« riches brocards nommés kharad خرد, d'une beauté tellement

---

[1] Le ms. porte ici اندج.
[2] L'espagnol et l'italien *recamare* semblent dériver de l'arabe رقم.

« rare, qu'on en trouve peu de pareils dans tout l'univers. C'est
« à Corcoub, comme à Sous سوس, qu'on fabrique les diverses
« étoffes destinées à l'habillement des princes, et qui se vendent
« à si haut prix. »

A la distance d'une journée de Corcoub, vers le nord, est situé la ville de Tib الطيب, petite, mais riche et belle. « On y
« fabrique des ceinturons [1] semblables à ceux qui se travaillent
« en Arménie, lesquels sont supérieurs à tous ceux qu'on fait
« dans les pays musulmans, et des manteaux noirs [2] dont le
« prix est très-élevé. Il existe à Aïdedj ايدج diverses autres manu-
« factures; l'habileté et l'adresse des ouvriers de cette ville sont
« au-dessus de tout éloge et de toute comparaison. »

De Tib طيب à Wasit واسط, on compte 2 journées.

En se dirigeant vers l'est, non loin de Tib, on trouve Menout
منوت [3], ville située dans une plaine, offrant des ressources de
« toute espèce, et dont les environs sont très-pittoresques. »

« De Menout à Sous سوس, on compte une journée vers l'occi-
« dent. »

« En suivant la même direction et à peu de distance de Sous,
« on trouve Berdoun بردون, ville petite, mais bien peuplée; plus
« loin, Bassinna بصنّا [5], ville distante d'une journée de Sous. La
« même distance sépare Sous de Berdoun.

« Bassinna بصنّا est peu considérable, mais populeuse. On y
« travaille de riches étoffes ainsi que des voiles de femme, qui
« sont connus partout; le nom de Bassinna est brodé en toutes
« lettres sur les lisières de ces tissus. Il se fabrique à Berdoun, à
« Kelwan كلوان, et autres villes environnantes, des voiles sur les-
« quels on a soin d'inscrire le même nom (de Bassinna). »

---

[1] تكك.

[2] بركنات. Le ms. B. porte تركنات, ce qui est une faute.

[3] La version latine porte partout Mattuth. Nos deux mss. donnent Menout.

[4] La version latine porte Basanna.

SIXIÈME SECTION.

De Sous à Ahwaz اهواز, on compte 3 journées.

« Ahwaz et Asker-Mokarram sont dans la même direction. « Ahwaz est au sud d'Asker-Mokarram [1]. Ram-Hormuz رام هرمز « et les deux villes précédentes sont situées aux angles d'un « triangle dont les trois côtés sont égaux. »

D'Asker-Mokarram on se rend en un jour à Souc el-Arba'a سوق الربعا qu'on appelle aussi Souc el-Ahwaz سوق الاهواز, « jolie « ville avec marchés à jour fixe, et faisant un commerce d'expor- « tation et d'importation très-considérable. »

De Souc el-Ahwaz à Dorac دوراق, on compte par eau, 48 milles, et par terre, 72.

On va de Souc el-Ahwaz au fort de Mehdi حصن مهدى par la mer du Fars.

« Cette dernière place est fortifiée et bien bâtie. C'est près de « là qu'est le confluent de toutes les eaux du pays que nous dé- « crivons (du Khouzistan) formant une nappe d'eau de 3 milles « de large. »

De Souc el-Ahwaz à Azam ازم, ville située sur les bords d'une rivière qui se jette dans le fleuve de Tuster, 1 journée.

« Azam est une ville populeuse et commerçante, et où se « rencontrent les marchands venant du Fars dans l'Irâc. En face « de cette ville, de l'autre côté de la rivière et sur le chemin « du Fars, est situé Achek اشك, village bien peuplé. »

D'Ahwaz à Nahrotira نهرتيرى, 1 journée.

« Nahrotira est une ville de quelque importance, bien peu- « plée, et offrant dans ses nombreux marchés une grande abon- « dance d'articles de commerce. On y fabrique de belles étoffes. « Cette ville étant considérée comme une dépendance du Fars, « nous en reparlerons, s'il plaît à Dieu, dans la description de « cette province. »

---

[1] Le ms. A. dit à l'ouest.

De Nahrotira à Beïan بيسان, située sur la rive orientale du Dedjlé (du Tigre), 2 journées.

« Beïan est une ville petite, mais belle. C'est un lieu de pré-
« dications منبر[1], dont les habitants se livrent à l'étude avec plus
« d'ardeur qu'on ne le fait dans les pays circonvoisins. Ahmed
« ben-Ia'coub raconte, dans l'ouvrage intitulé *el-Mesalik* المسالك,
« qu'il existe à Nahrotira deux maisons constamment désertes et
« où l'on ne saurait passer une seule nuit. »

De Beïan à Obolla الابلة, 1 journée.

De Beïan au fort de Mehdi, 1 journée.

Moghandj المغنج et [2] Madar المدار sont situées près d'Obolla sur les bords du Tigre. « La ville de Moghandj est petite, mais
« bien peuplée; et quoiqu'elle ne puisse être considérée comme
« une capitale, cependant ses relations commerciales sont très-
« étendues. Elle est entourée de champs cultivés, de jardins et
« de lieux de récréation. »

De Moghandj à Madar, on compte une faible journée.

« Ces deux villes sont petites et se ressemblent beaucoup
« entre elles, tant sous le rapport de l'étendue que sous celui
« de la bâtisse et de l'importance des monuments. Madar possède
« pour le moins autant de marchés et de fabriques que Mo-
« ghandj. Les habitants des deux villes se jalousent entre eux. Ils
« se font remarquer par leur intelligence et leur activité dans
« les affaires, et passent pour être excessivement avares. »

De Nachian ناشيان à Djabaï الجباى, 12 milles.

« Djabaï se compose d'une ville et d'un village dont les mai-
« sons sont entourées de palmiers, de cannes à sucre et d'arbres
« fruitiers; ses habitants vivent dans l'aisance. C'est de cette ville
« qu'est originaire Abou-Ali el-Djabaï, imam de la secte des

---

[1] Ou plutôt, d'après la remarque de M. de Sacy, une ville où l'on fait la *khotba* ou le prône du Vendredi.

[2] La version latine porte Mabeg; nous suivons l'orthographe des deux mss.

SIXIÈME SECTION. 387

« Motazelites et le plus fameux théologien scolastique de son
« temps. »

De Djabaï à Suleïmanan سلیمانان, on compte 15 milles.

« Cette dernière ville est située sur les bords du Tigre, au
« milieu d'un pays riant et couvert de cultures. Le poisson, la
« viande et les objets nécessaires à la vie y sont abondants. »

De cette ville, par le Tigre, à Beīan بیان, 18 milles [1].

Parmi les villes du Khouzistan les plus voisines du Fars, on remarque Lour لور, « ville petite, mais belle et située au milieu
« d'un pays très-fertile. Les montagnes de Lour sont en partie
« désertes et en partie couvertes de villages et de champs culti-
« vés dont les habitants vivent sous la dépendance des Kurdes. »

De Lour à Tuster, on compte 2 journées.

« Au nombre des villes qui semblent appartenir plutôt au
« territoire du Fars qu'à celui du Khouzistan, on compte Sen-
« bil سنبیل, ville bien peuplée et riche en troupeaux, Zat الزط et
« Haberan الحبران, villes bien peuplées, se ressemblant beaucoup
« entre elles et voisines de Serwan السروان, ville dépendante du
« Fars et de l'arrondissement d'Ispahan. La température de l'air
« y est réputée froide, et en effet il y tombe de la neige en
« hiver. On y trouve en abondance du laitage, du beurre et du
« miel; on y élève beaucoup d'abeilles.

« Achek اشک est un village considérable où cependant il
« n'existe aucune chaire pour les prédications musulmanes[2]. Il y
« a des jardins entourés de murs, des vergers de dattiers et des
« champs cultivés. »

D'Achek à Redjan الرجان [3], on compte 2 journées faibles.

---

[1] Le ms. A. ne compte que 12 milles. La version latine s'accorde sur ce point avec le ms. B. que nous suivons ici.

[2] Voyez la note 1 p. 386.

[3] Ardjan ou Aradjan. Voyez, sur le premier de ces noms, l'*Oriental geography* p. 90, 91, 95 et suiv.

D'Achek à Dorac دوراق, 2 journées.

« On exporte d'Achek des joncs avec lesquels, dans l'Irâc, on
« fabrique des nattes. Ces joncs sont préférés à ceux de Redjan
« ainsi qu'à ceux de tous les autres pays. Achek fut le théâtre
« d'un fait d'armes de la part des Azrékis الازارقة, dont il est fait
« mention dans divers ouvrages historiques. On rapporte que
« quarante de ces hérétiques s'étant retranchés auprès d'Achek
« furent attaqués par les troupes de Fardjel [1]; mais celles-ci fu-
« rent, à deux reprises différentes, défaites si complètement,
« que tout, jusqu'au dernier soldat, fut passé au fil de l'épée
« par les Azrékis.

« Menadher el-kobra مناذر الكبرى et Menadher el-soghra مناذر
« الصغرى sont deux villages considérables et bien peuplés, mais
« il n'y existe aucune chaire منبر [2]. Le territoire de ces vil-
« lages est d'une certaine étendue et suffisamment arrosé. Il y a
« des jardins plantés de palmiers et des champs couverts de
« cultures.

« Il nous reste à tracer les limites du Khouzistan; c'est ce
« que nous ferons plus tard, s'il plaît à Dieu. Cette contrée,
« comme nous l'avons déjà dit, est agréable, fertile, bien peu-
« plée et bien cultivée. Les habitants parlent l'arabe, le persan
« et un autre dialecte qui leur est propre et qui n'est ni arabe,
« ni syriaque سيريان. Leur costume est le même que celui des
« habitants de l'Irâc; ils portent la tunique, le taïlesan [3] et le tur-
« ban. Les gens du peuple s'enveloppent d'une sorte de man-
« teau qu'ils ferment au moyen d'une ceinture. Quant à leurs
« qualités morales, ils sont méchants, envieux et jaloux les uns

---

[1] L'époque à laquelle vivait ce personnage et son nom même nous sont entièrement inconnus. Au sujet des Azrékis, voyez d'Herbelot, *Bibl. orient.* aux mots *Aza-
racah* et *Nafi*.

[2] Voyez, ci-dessus, la note p. 386.

[3] Sorte de manteau fait de poil de chèvre.

SIXIÈME SECTION.

« des autres; leur teint est basané. Le pays produit en abon-
« dance des fruits de toute espèce, excepté des noix. Les détails
« dans lesquels nous venons d'entrer devant paraître suffisants,
« nous allons donner les itinéraires.

« De Redjan الرجان à Achek اشك, on compte 2 journées.

« D'Achek à Dhira ديرا, village, 1 journée.

« De Dhira à Dorac دوراق, 1 journée.

« De Dorac à une station connue sous le nom de Khan خان
« (la distance manque).

« De là à Nachian ناشيان, 1 journée.

« De Nachian au fort de Mehdi حصن مهدى, où se trouve
« une chaire منبر et où l'on a coutume de s'embarquer pour
« voyager commodément, 1 journée.

« Du fort de Mehdi à Beïan بيان, par terre, 1 journée.

« Beïan est situé sur les bords du Tigre. De là on peut aller
« à Obolla الابلة, soit par terre, soit par eau, pour passer en-
« suite dans l'Irâc.

« Voici une seconde route qui, passant par Wasit واسط, con-
« duit à Bagdad.

« De Redjan à Souc-Senbil سوق سنبيل, 1 journée.

« De là à Ram-Hormuz رام هرمز, 2 journées.

« Puis à Asker-Mokarram عسكر مكرم, 2 journées.

« De là à Tuster تستر, 1 journée.

« A Djondi-Sabour جندى سابور, 1 journée.

« A Sous سوس, 1 journée.

« A Corcoub قرقوب, 1 journée.

« A Tib طيب, 1 journée.

« De là à Wasit واسط, 2 journées.

« Il y a, pour se rendre d'Asker-Mokarram à Wasit, une
« route plus courte, mais elle est moins facile que celle que
« nous venons d'indiquer.

ITINÉRAIRE D'AÏDEDJ A ISPAHAN.

« D'Aïdedj ایدج à Khan-Adar خان ادار, 12 milles.
« De là à Resma-Djerd رسما جرد [1], 12 milles.
« A Selend سلند, village, 18 milles.
« A Bouber بوبر, 15 milles.
« A Djewser جوسر, village, 18 milles.
« A Robat رباط, 18 milles.
« A Khan el-Abrar خان الابرار, 11 milles.
« A Ispahan [2] اصفهان, 18 milles.

ITINÉRAIRE DE SOUC EL-AHWAZ A CHIRAZ.

« De Souc el-Ahwaz سوق الاهواز à Azam ازم, 18 milles.
« De là à Khaddeïn خدّين, village, 15 milles.
« A Zat الزط, 18 milles.
« Au pont sur la rivière salée قنطرة على وادى الملح, 18 milles.
« A Redjan qui dépend du Fars, 18 milles.
« A Assfan اصفن, village, 15 milles.
« A Deidjourek دجورك [3], 18 milles.
« A la ville de Noubendedjan نوبندجان, 24 milles.
« A Djerden جردن, 15 milles.
« D'ici à Chiraz شيراز, 15 milles. »

La distance qui sépare Mahrouian مهروبان, lieu situé sur les bords du golfe Persique et Hissn A'maret حصن العمارة, et qui comprend en longueur tout le littoral du Fars, est de 40 milles.

---

[1] Le ms. A. porte Resma-Djenda رسما جند.
[2] Dans le ms. A., ces trois dernières stations sont omises.
Nous donnons cette orthographe par conjecture, le mot étant dépourvu de points diacritiques dans les deux mss.
[3] Ou Hissn ebn-A'maret.

SIXIÈME SECTION. 391

De Hissn-A'maret à Siraf سيران, 2 journées.
De là à Nedjirem نجيرم, 36 milles.

La présente section du troisième climat comprend une grande partie du Fars, savoir : les pays ou villes de Chiniz شينيز, de Djenabé جنابة, de Nedjirem نجيرم, de Siraf سيران, de Hissn ebn-A'maret حصن ابن عمارة, de Djohrom جوهرم, de Djour جور, de Fesa فسا, de Darabdjerd دارابجرد, de Sabour سابور, de Rendjan الرنجان, de Barem بارم, de Roustac el-Roustac رستاق الرستاق, de Fesidjan فسيجان [1], de Houristan حورستان [2], de Kazeroun كازرون, de Kewan كوان, de Djermen جرمن, d'Istakhar اصطخر (Persépolis), de Robat el-Sarmacan رباط السرمقان, d'Aclid اقليد, de Memid مميد [3], de Babeïn بابين, de Kiah كيه [4], de Roudhan رودان, de Sahek صاهك, de Yezd يزد [5], de O'cda عقدة, de Serwan سروان, de Toudj توج [6], de Beïdha بيضا, de Maneïn مانين, de Houran حوران, et divers autres lieux fortifiés que nous nous proposons de décrire.

« Le Fars فارس est limité vers l'orient par une vaste plaine dont la partie supérieure touche au Sind سند, et l'inférieure au pays de Reï رى, à l'occident par le golfe Persique بحر الفارس, au midi par le Mekran مكران, et au nord par le Khouzistan خوزستان.
« Cette province se divise en cinq districts dont le moins consi-
« dérable est celui de Redjan الرجان qui a pour capitale Sabour
« سابور. Ainsi que nous l'avons déjà dit, de ce district dépendent
« les villes de Mend مند, de Noubendedjan نوبندجان et de Kaze-
« roun كازرون. Le district de Redjan porte aussi le nom de sa
« capitale, dont le fondateur fut Sabour (ou Sapor), et où l'on

---

[1] La version latine porte Asigian.
[2] La version latine porte Hurman.
[3] La version latine porte Maimand.
[4] Le ms. B. porte كبه Kabah, la version latine, Katha.
[5] Les deux mss. portent Berd.
[6] La version latine porte Tauag.

« fabrique des étoffes connues sous le nom de Sabourié سابورية.
« Les villes de Chiniz شينيز, d'Ildjan ايلجان, d'Almedjan الجمان,
« de Coul قول et de Bas باس en dépendent. Un autre district est
« celui de Darabdjerd دارابجرد qui ne le cède en importance
« qu'au précédent. On y remarque les villes ci-après, savoir :
« Belseman بلسمان, Koudian كوديان, Berid بريد[1], Fesidjan فسيجان,
« Amdjoud الامجود, Aïdian الايديان, Hawim حويم, Marewan
« ماروان[2], Haswan حسوان, Nouh نوح[3], Barem بارم.

« Quant au district d'Istakhar, les villes qui en dépendent sont
« Beïdha بيضا, Behwaré بهواره, Toudj توج, Maïlin مايلين, Nedan-
« djan الندانجان, Metadewan المتادوان, Kaskian كاسكان, Kerem كرم,
« Herazé الهرازه, Roudhan الرودان, Arkian الاركان et Ircouïéh ايرقونيه[4].

« Le district de Sabour comprend entre autres villes : Nou-
« bendedjan نوبندجان, Sedouman سدومان, Destbadin دست بادين,
« Hindidjan الهندجان, Djidjan جيجان, Tenfouk تنفوك, Dar Kha-
« wend الدار خوند, Meltoun ملتون, Derendjidjan درنجيجان,
« Djoundan جوندن, Mendareh المندارج, Maman الماماه, Rasidjan
« الراسيجان, Rinidjan الرينيجان, Chahidjan شاهجان, Chahbouran
« الشاه بوران, Mour مور, Khanandjan la supérieure خنانجان العليا
« et Khanandjan l'inférieure خنانجان السفلى.

« Du district d'Ardechir-Khouré اردشير خرة, dépendent Chiraz
« شيراز, Djour جور, Babek بابق, Memid ممد, Aïkian العيكان, Ber-
« djan برجان, Kernidjan كرنيجان, Khewan الخوان, Sian سيان,
« Kewan كوان, Siraf سيران, Nedjirem نجيرم, Chiniz شينيز, Djeh
« جه, Kir كبر, Kebir كبير, Kouran كوران, Kiam-Firouz كام فيروز
« et Rewidjan الرويجان.

« Chiraz est la capitale du Fars, la résidence du gouverneur
« et de l'intendant des finances, et le siège du divan. Cette ville,

---

[1] Le ms. B. porte تبرم, sans points diacritiques.
[2] Le ms. A. porte باروان Barewan.
[3] Le ms. A. porte نوح, sans points diacritiques.
[4] Le ms. A. porte Abercounèh ابرقونه; la carte de M. Kinneir, Aberkouh.

« d'origine musulmane, fut bâtie par les ordres de Mohammed
« ben-el-Casem, ben-Abi-O'keïl, neveu de Hedjadj. Le mot Chi-
« raz signifie *ventre de lion*. Elle fut ainsi nommée parce que
« c'était un lieu de consommation, mais non de production.
« Lorsque les Musulmans conquirent le Fars, leur armée dressa
« ses tentes sur l'emplacement où est actuellement Chiraz, et y
« séjourna jusqu'à l'époque de la prise d'Istakhar. Ce campe-
« ment ayant été considéré comme d'un favorable augure, on y
« construisit (peu à peu) des édifices, et il devint une ville qui est
« aujourd'hui très-considérable. Environnée d'un territoire fer-
« tile, elle s'étend sur un espace d'environ 3 milles. Quoiqu'elle
« ne soit point entourée de murs, on peut la comparer à Missr;
« il y a plusieurs bazars. C'est un lieu de cantonnement pour
« les troupes, et où résident les chefs civils et militaires du pays;
« on y boit de l'eau de puits.

« Istakhar اصطخر est également une ville importante où l'on
« voit plusieurs bazars et où l'on trouve à acheter toute espèce
« de marchandises. Les maisons y sont construites en pierre, en
« terre et en plâtre; cette ville est l'une des plus anciennes et
« des plus célèbres du Fars; elle fut la capitale de la Perse jus-
« qu'à l'époque où Ardechir, ayant pris possession du pouvoir
« suprême, établit sa résidence à Djour. On lit dans de vieilles
« chroniques que Suleïman, fils de David (Salomon), se rendait
« en un jour de Tabarié à Istakhar. Il y existe une mosquée
« connue sous le nom de Suleïmanié. La ville est bâtie sur les
« bords du Merwab مرواب [1], rivière que l'on traverse sur le
« pont dit de Khorasan, auprès duquel on voit des construc-
« tions dont l'époque est postérieure à celle de l'islamisme. »
D'Istakhar à Chiraz on compte 36 milles.

« Le climat d'Istakhar est malsain; dans la contrée on trouve

---

[1] La version latine, p. 124, porte Cqerūab.

« une espèce de pommes qui offre cette singularité, que la moi-
« tié du fruit est douce tandis que l'autre est d'un goût excessive-
« ment amer.

De Chiraz à Djour جور, 60 milles.

« Djour fut construite par Ardechir dans un lieu très-maréca-
« geux, ou plutôt sur l'emplacement d'un étang que ce prince fit
« dessécher. C'est une ville considérable, ceinte d'un mur en
« terre et d'un fossé, avec quatre portes; elle est comparable, en
« étendue, à Istakhar, à Sabour et à Darabdjerd; les construc-
« tions y sont vastes et les cours des maisons spacieuses; elle est
« entourée de jardins et de vergers. Le voyageur, en parcourant
« cette ville et ses environs, peut contempler de toutes parts de
« beaux édifices, des maisons de plaisance et des promenades
« charmantes; le climat y est très-sain. On voyait autrefois à Djour
« un belvédère connu sous le nom de *Tirbal* الطربال, élevé par les
« soins d'Ardechir, et construit de telle manière que, du haut de
« ce lieu, une personne pût apercevoir d'un coup d'œil toute la
« ville et ses environs; au sommet était un autel consacré au
« culte du feu. A l'époque de la conquête, les Musulmans
« détruisirent cet édifice et il n'en subsiste, de nos jours, que
« les ruines.

« On fabrique à Djour de l'eau de rose très-pure, répandant
« une odeur suave et conservant longtemps son parfum sans
« éprouver, pour ainsi dire, d'altération. Elle est connue sous
« le nom d'eau de rose *djouri*. »

De Chiraz à Darabdjerd, on compte 15 milles.

« Darabdjerd دارابجرد fut construite par Darius, ainsi que l'in-
« dique son nom; la signification de Darabdjerd est *Dara fecit*[1].
« Cette ville importante et bien peuplée est un centre de com-

---

[1] دارا بكرد. La permutation du ك en ج et du ج en ك est en effet très-com-
mune en persan, ex.: بزركمهر pour بزرجمهر, جوهر pour كوهر, etc.

« munications pour les marchands qui font le commerce du Fars.
« Elle est, comme Djour, entourée d'une forte muraille autour
« de laquelle règne un fossé qui se remplit des eaux devenues
« inutiles à l'arrosement des dattiers, et où croissent beaucoup
« d'herbes et de plantes parasites. On y trouve une sorte de
« poisson qui n'a point d'arêtes, point de vertèbres et point d'é-
« cailles, en sorte qu'il est tout entier bon à manger. Darab-
« djerd a quatre portes. Au centre de la ville s'élève une mon-
« tagne totalement isolée et de forme conique. Les maisons sont
« construites en pierres, en terre ou en plâtre. »

De Darabdjerd à Fesa فسا [1], on compte 54 milles.

« Dans cette dernière ville les édifices sont épars, les rues
« larges et les maisons plus spacieuses et plus hautes que celles
« de Chiraz. Elles sont construites en terre ou en bois de sapin
« et de cyprès. Fesa est commerçante, bien peuplée et d'une
« importance à peu près égale à celle de Chiraz; elle jouit d'un
« climat plus sain. C'est une place forte dont les portes sont re-
« vêtues de fer et les fossés larges et profonds. Dans un vaste
« faubourg est le marché principal où l'on trouve étalées toutes
« sortes de céréales et de fruits tels que la noix, le citron, le
« coing, la datte verte, la datte mûre, la canne à sucre, etc. »

De Fesa à Chiraz, 60 milles.

« Divers bourgs et villages رستاق dépendent de Darabdjerd;
« tels sont Kerm كرم, Behram بهرم, Tebrīn تبرين, Sehan السحان,
« Alabdjerd الابجرد, Aïdian ايديان, Hawim حويم, Ferh فرح, Ba-
« rem بارم, Tasan طسان. Tous ces lieux sont florissants et très-
« peuplés.

« On tire de l'un des villages dépendants de Darabdjerd, de
« la mumie الموميا (sorte de pétrole) d'une incomparable qua-

---

[1] La carte de Guillaume Delisle porte *Passa*; celle qui accompagne le voyage de M. Fraser dans le Khorasan, *Feza*; M. Macdonald Kinneir écrit, comme nous, *Fesa*.

« lité, qui s'exporte au loin et dont l'extraction appartient
« exclusivement au sultan. Cette substance se trouve dans les
« flancs d'une montagne peu élevée et au fond d'une caverne
« dont les environs sont gardés, et dont l'accès est fermé au
« moyen d'une porte sur laquelle on appose, par précaution,
« divers scellés et divers signes. On ouvre cette porte une fois
« l'an et on ramasse les pierres qui se sont formées dans le fond
« de la caverne; chacune de ces pierres est de la grosseur d'une
« grenade; on les marque d'une empreinte en présence d'offi-
« ciers préposés par le sultan, et on les envoie à Chiraz pour y
« être vendues. Cette mumie est la véritable et il n'en existe
« (nous le répétons) aucune autre qui l'égale en bonté. »

De Fesa à Kazeroun كازرون, 56 milles.

« Kazeroun est une ville forte, entourée de murs, close de
« portes en bois revêtu de fer; il y existe une citadelle, un fau-
« bourg et un bazar. »

De Kazeroun à Djour جور, on compte 48 milles.

« Auprès de Kazeroun sont Djidjan الجيجان, ville dépendante
« de Sabour, entourée de murs et commerçante, et Damidjan
« الداميجان, ville entourée de murs en terre.

« Djawendan الجوندان, petite ville industrieuse et commer-
« çante, renferme dans son sein des bazars bien achalandés et
« des fabriques. On compte au nombre de ses dépendances le
« district de Moursan عمل المورسان, où existe une chaire pour la
« khotba[1].

« Hura حرة[2], ville entourée d'une forte muraille en terre et
« d'un territoire assez considérable, fait également partie des
« dépendances de Sabour, ainsi que Dar-Khawend الدار خوند,
« Tenbouk تنبوك, Mendaredj المندارج, bourgs situés dans un

[1] Voyez ci-dessus, p. 386.

[2] On trouve sur la carte de M. Kinneir un lieu du nom de Khurrah, situé non loin de Chiraz.

SIXIÈME SECTION. 397

« pays fertile et abondant en ressources. Il en est de même de
« Ratindjan الراتينجان, de Chahidjan الشاهجان, d'Anboudan
« انبودان[1], de Chadrewan الشادروان, de Khanandjan خنانجان le
« supérieur et l'inférieur, et de Benou-Merdewan بنو مردوان.

« Le territoire de Sabour est limité vers le sud et vers l'occi-
« dent par celui d'Ardechir اردشير dont dépendent la ville de
« Djour précédemment décrite, Babeïn بابىى, la forteresse de
« Samkian الصمكان, Djoursian جور سيان[2], ville fortifiée et lieu de
« marché, Coundjan القونجان, bourg commerçant, et Kewan
« كوان, ville petite, mais forte, où l'on trouve une espèce de
« terre de couleur verte comme de l'herbe, qui est très-bonne à
« manger.

« Parmi les dépendances de la province d'Ardechir, on re-
« marque également Siraf سيراف, ville considérable, située sur
« les bords du golfe Persique, riche et commerçante, et dont
« les habitants sont connus par leur ardeur pour le gain et par
« leur activité dans les affaires. La majeure partie d'entre eux,
« quoique très-pieux, sont tellement enclins à s'absenter de leur
« pays et à courir le monde, que souvent il arrive qu'un mar-
« chand de Siraf reste vingt ans sans retourner dans ses foyers,
« ni sans s'inquiéter de ce qu'il y a laissé. Cette ville est le
« grand marché du Far. Les maisons y sont construites en bois
« de sadj ساج (platane de l'Inde), bien habitées et très-régu-
« lières, car les habitants de Siraf mettent beaucoup de soin et
« dépensent des sommes considérables à la construction et à l'em-
« bellissement de leurs maisons. Les eaux et les légumes pro-
« viennent des montagnes de Kham خم qui dominent la ville et
« dont la chaîne s'étend le long des bords du golfe Persique,
« mais où il n'existe point de cultures. Le climat de Siraf est

---

[1] Le ms. B. semble porter Abiwedan ابيودان.
[2] Le ms. A. porte خورستان.

« d'une chaleur excessive. De cette ville dépendent deux lieux
« où l'on fait la *khotba*[1], savoir : Nedjirem نجيرم, petite ville située
« sur les bords de la mer, et A'îdedjan عيدجان, place forte et
« lieu de marché dont le territoire se nomme Dest Barnic دست
« برنق[2].

« La ville maritime de S'oar صعار est petite, mais ses habi-
« tants sont riches et ils possèdent un territoire bien peuplé
« dont le nom est Rousfan رسفان[3].

« De la province d'Ardechir dépendent aussi le fort de Touh
« توح, Djermac الجرمق[4], Kir كبر[5], ville assez peuplée et dont le
« territoire est considérable; Abour ابور, gros bourg et lieu de
« marché; Semiran سميران, petite ville dont les environs sont
« bien cultivés et bien peuplés; Kewan كوان[6], ville de moyenne
« grandeur, ceinte d'une muraille en terre, renfermant des bazars
« où se réunissent les marchands, et entourée d'un roustac ou
« territoire considérable; car en persan le mot *roustac* رستاق sert
« à désigner ce qu'on appelle *a'mel* عمل et *iklim* اقليم en arabe.

« L'île d'Ebn-Kewan جزيرة ابن كوان, dont la capitale dépend
« de la province d'Ardechir, est dans le golfe Persique, non loin
« de l'île d'Awâl اوال où sont une ville, une mosquée et des
« marchés. Ces deux îles sont l'une et l'autre situées à peu de
« distance du continent. Immédiatement après la contrée que
« nous venons de décrire, vient le district de Redjan الرجان[7]

---

[1] Voyez ci-dessus, p. 386.

[2] Ou Dest Djarin, d'après le ms. A.

[3] Ou Rous'an, d'après le même manuscrit.

[4] Ou Djermen, d'après le même manuscrit.

[5] Le ms. A. porte كبر.

[6] Le ms. A. ne fait aucune mention de Kewan; mais il rapporte à Semiran les détails qui, dans le ms. B., concernent la première de ces villes.

[7] Le ms. A. porte constamment Dedjan, mais, ainsi que nous l'avons fait remar-

SIXIÈME SECTION.

« dont nous avons déjà fait mention, et qui compte un grand
« nombre de villes de grandeurs diverses que nous allons indi-
« quer ici avant de donner les itinéraires. Nous disons donc que
« Redjan, située sur les limites du Khouzistan et du Fars, est
« une ville belle, riche, offrant des ressources de tout genre et
« environnée d'un territoire qui produit du raisin, des pêches
« et des olives. Les eaux cependant y sont de mauvaise qualité
« et à peine potables. Près de la porte de Redjan, du côté du
« Khouzistan, on voit sur la rivière de Tab طاب un pont appelé
« Deïlemi ديلمى, surnom du médecin de Hedjadj ben-Iousouf.
« Ce pont n'a qu'une arche soutenue par deux piles distantes
« entre elles de quatre-vingts pas; la hauteur de cette arche est
« à peu près égale à sa longueur.

« La ville de Sabour سابور¹ fut construite par le roi de ce
« nom. Elle ressemble beaucoup, sous le rapport de la configu-
« ration et de la construction des édifices, à Istakhar, mais elle
« est infiniment plus florissante et plus peuplée ; il y a une
« grande mosquée et une chaire pour faire la *khotba*.

« Reïcheher ری شهر est une ville petite, mais populeuse, dont
« les dépendances sont considérables. Il en est de même de
« Wandj وانج², place forte et chaire pour la *khotba*, d'où dépen-
« dent divers villages et champs cultivés.

« Nedjabé نجابة est une ville importante où l'on fabrique des
« tissus de lin très-estimés et où l'on se livre à divers négoces.

« Chiniz شينيز est une ville située auprès de la mer. On y
« fabrique des tissus de lin connus sous le nom de toiles de

---

quer plus haut (voyez ci-dessus, page 387), il est évident que notre auteur a voulu parler d'Ardjan ou d'Aradjan. M. Kinneir écrit Regan.

¹ Bien que nos deux manuscrits portent partout Sabour, leçon que nous croyons devoir respecter, il est évident qu'il faudrait la rectifier et lire partout شاپور Cha-pour.

² Le ms. A. porte رانج.

400   TROISIÈME CLIMAT.

« Chiniz, et généralement estimés tant sous le rapport de la
« solidité que sous celui de la finesse; ces toiles ont cela de
« particulier que, placées en contact avec d'autres étoffes, elles
« n'y restent point adhérentes, ainsi que la chose a ordinaire-
« ment lieu pour les tissus de lin [1]. Au nombre des dépendances
« de Chiniz sont Ildjan ايلجان, Medjan المجان, Carzal قرزل[2], Bach
« باش[3], places fortifiées et lieux de prédication et de réunion
« pour les fidèles.

« Il nous reste à traiter de divers pays également compris
« dans le Fars; c'est ce que nous nous proposons de faire dans
« la section suivante, s'il plaît à Dieu. » Quant à celle qui nous
occupe, elle comprend la partie du Kerman où sont les villes de
Souria سوريا, d'Hormuz هرمز et les montagnes d'el-Cofs القفص[4],
dont nous parlerons après avoir donné les itinéraires du Fars,
ou du moins les routes les plus connues qui conduisent aux
villes principales de ce pays.

ITINÉRAIRE DE CHIRAZ A SIRAF.

De Chiraz à Kafra كفرة, village, 15 milles.

De là à Nadjed نجد, 15 milles. De Nadjed à Kewan كوان, ville située à moitié chemin de Nadjed au bourg de Ianemdjan الينجان, 6 milles; de Nadjed à Ianemdjan on compte donc 12 milles.

De Ianemdjan à Djour, dont il a été précédemment fait mention, 18 milles.

De Djour au roustac de Dest Sourab دست سوراب, 15 milles.

---

[1] C'est ainsi du moins que nous entendons ce passage :
ومن شانه انه لا يتعلق بالثياب كفعل الكتان فى ذاته وحاله فى التعليق بالثياب الملامسة له

[2] Le ms. A. porte فورل.
[3] Le ms. A. porte ناش.
[4] Voyez ci-après p. 428.

SIXIÈME SECTION. 401

De là à Khar خار, village situé au milieu d'une plaine toute couverte de narcisses, 9 milles.

De Khar à Khan-Azadmerd خان ازادمرد, village, 18 milles.

De là à Kabrend كبرند, village, 18 milles.

De Kabrend à la ville de Maï مدينة مى, 18 milles.

De là à Ras el-A'cbet راس العقبة, où l'on fait halte dans un lieu nommé Adrekian ادركان, 18 milles.

D'Adrekian à Khan Berkiané خان بركانة, 18 milles.

De là à Siraf سيراف, environ 21 milles.

Total, 180[1] milles.

ITINÉRAIRE DE CHIRAZ A DJENABÉ جنابة, LIEU SITUÉ PRÈS DE LA MER.

De Chiraz à Khan el-Asad خان الاسد, lieu situé sur les bords de la rivière de Sekian السكان, 18 milles.

De là à Khan Dest Arden خان دست اردن, 12 milles.

De là à Tirzet تيرزت[2], village, 12 milles.

De Tirzet à Kazeroun كازرون, dont nous avons déjà parlé, 18 milles.

De Kazeroun au village de Zezīn رزين[3], 12 milles.

De là à Toudj توج, 24 milles.

De Toudj à Djenabé جنابة, 36 milles.

Total de Chiraz à Djenabé, 132 milles.

ITINÉRAIRE DE CHIRAZ A ISPAHAN اصبهان.

De Chiraz à la ville de Hazan مدينة الهزان, 12 milles.

---

[1] Ou plutôt 177 milles, si les nombres partiels sont exacts.
[2] La version latine porte Tuberot.
[3] Cette station est omise dans le ms. A. La version latine porte Rozaic au lieu de Zezin.

51

402 TROISIÈME CLIMAT.

Feuillet 99 recto.

De là à Bas Mekrineh باس مكرينه, 11 milles.

De là à Fesa فسا, 18 milles.

De là à Kian كيان, village, 12 milles.

De là à Cassr A'aïn قصر اعين, village, 21 milles.

De là à Istakhar اصطخر, village, 21 milles.

De là à Khan-Rous خان روس, village, 21 milles.

De là à Kird كرد, village, 21 milles.

De là à Kirdet كردة, village, 24 milles.

De là à Khan-Bidjan خان بيجان, 21 milles.

De là à Ispahan اصبهان, 21 milles.

D'où il suit que de Chiraz à Khan-Rous on compte 72 milles, et de là à Ispahan, 93 milles.

La route que nous venons de tracer embrasse une distance totale de 225 milles[1].

ITINÉRAIRE DE CHIRAZ A KHOUZISTAN[2].

De Chiraz à Hawim حويم, 15 milles.

De là à Khalan خلان, village considérable, 12 milles.

De là à Djeraré الجرارة, village où l'on ne trouve que peu d'eau, 15 milles.

De là à Kerkman الكركان, village, 15 milles.

De là à Noubendedjan نوبندجان, « ville importante dont le « commerce est florissant, et dont il a déjà été question, » 18 milles.

De là à Djerendan الجرندان, village, 12 milles.

De là à Zaïdé زايدة, village, 12 milles.

De là à Khan-Hammad خان حماد, village très-peuplé, 12 milles.

[1] Ou plutôt de 165 milles, en rectifiant l'addition.
[2] N'oublions pas que notre auteur considère Rodjan comme la ville principale de cette province. Voyez ci-dessus, page 391.

SIXIÈME SECTION. 403

De là à Rasen الـراسـى, lieu situé sur la limite du Redjan الرجان, 21 milles.

De là à Bendel بندل¹, 9 milles.

De là au village des Scorpions قـرية العقـارب ou Tecouf Behira تقوف بهيرا, 12 milles.

De Redjan à Souc-Senbil سوق سنبيل, on compte 18 milles.

On parvient ensuite au pont de Bekiar, construit à la distance d'un jet de flèche de Redjan.

La distance totale qui sépare Chiraz de Redjan est donc de 130 milles².

En se dirigeant de Chiraz vers l'orient on peut se rendre à Yezd³, ville située sur les confins du désert du Khorasan. Nous nous bornerons à indiquer ici les distances, nous réservant d'entrer ultérieurement dans plus de détails.

De Chiraz à Zerkian زركان, station située auprès d'un ruisseau dont les eaux sont douces et agréables à boire, 18 milles.

De là à la ville d'Istakhar مدينة اصطخر, 18 milles.

De là à Tiz تيز, village, 12 milles.

De là à Kehmend كمهند, village, 24 milles.

De là à Bend بند, village, 24 milles.

De là à Ircouïéh يرقوية, ville, 36 milles.

De là à Asad الاسد, village et lieu bien fortifié, 39 milles.

De là à Cala'at el-Madjous قلعة المجوس, 18 milles.

De là à Kethah كثه, ville qui dépend de Yezd, 15 milles.

De là à Yezd, dont nous traiterons dans la section suivante, 30 milles.

---

¹ Le ms. A. porte بيدل.

² L'addition des nombres ci-dessus donne 171 milles.

³ Les deux mss. portent partout برد; mais il y a évidemment absence de deux points diacritiques. Les auteurs de la version latine ont lu Yezd.

ITINÉRAIRE DE CHIRAZ A CHIRDJAN الشيرجان, VILLE DU KERMAN.

De Chiraz à Istakhar, 36 milles.

A Wadi Aïad وادى اياد, dépendance du pays de Djour, 24 milles.

A Kelwan كلوان, 14 milles.

A Khoubaïan خوبايان [1], bourg situé sur les bords d'un lac, 18 milles.

Cette ville porte aussi le nom de Zobeïda زبيدة; nous aurons occasion d'en reparler.

De là à Noubendedjan بونندجان, 18 milles.

De là à Sabek صاهك, ville populeuse, 24 milles.

De là à Robat el-Sarmacan رباط السرمقان, « l'intervalle de 24 « milles qui sépare l'un et l'autre de ces lieux est entièrement « désert. »

A Robat Seif Kham رباط سيف خم, 27 milles.

Robat el-Sarmacan dépend du Fars, et la contrée située au delà fait partie du Kerman.

Total de la distance de Chiraz à Sarmacan, 180 milles [2].

De là à Chirdjan شيرجان, on compte 24 milles.

ITINÉRAIRE DE CHIRAZ A BAREM بارم, VILLE DU KERMAN.

De Chiraz à Kharmim خارمم, qui dépend du Kerman, 21 milles.

De là à Djoursian جورسيان, ...

De Djoursian [3] à la station dite Robat رباط, 12 milles.

De là à Kera كرا, village, 12 milles.

---

[1] Le ms. A. porte حومابان.

[2] L'addition des nombres ne donne que 158 milles.

[3] Les mss. et la version latine sont peu d'accord entre eux sur l'orthographe de ce nom.

SIXIÈME SECTION.

De là à Fesa فسا, lieu dont il a déjà été question, 15 milles.
De là à Tasan طسان, ville, 12 milles.
De là à Fesidjan الفسيجان, 18 milles.
A Nazkian النازكان [1], 12 milles.
Puis à Berkian بــركان, ville bien peuplée et florissante, 12 milles.
A Sian سيان [2], 12 milles.
De Sian à Darabdjerd دارابجرد, 3 milles.
De là à Ram el-Mehdi رم المهدى, belle ville et place forte, 15 milles.
A Roustac el-Roustac رستاق الرستاق, 15 milles.
A Foredj فرج [3] ville considérable, 24 milles.
A Barem بارم, ville, 42 milles.
Total de la distance de Chiraz à Barem, 246 milles [4].

« Il nous reste à indiquer les distances respectives des villes
« dans le Fars. Ainsi de Chiraz à Kawan كاوان (ou Kewan كوان),
« joli village où se trouve une mine de laquelle on extrait une
« sorte de terre de couleur verte comme de l'herbe, et même
« d'un vert plus foncé (cette terre est comestible et d'une saveur
« très-agréable), on compte 30 milles. »

De Chiraz à Beïdha بيضا, 24 milles.
De Chiraz à Toudj توج, 96 milles.
De Chiraz à Houma حومة, 42 milles.
De Siraf سيراف à Nedjirem نجيرم, 36 milles.
De Roudhan رودان à Aban ابان, 54 milles.
De Aban à Fohredj فهرج, 75 milles.
De Fohredj à Kethah كثه, 36 milles.

---

[1] La version latine porte Narckan. Dans le ms. A. le nom de Berkian est omis.
[2] La version latine porte Seban. — [3] Le ms. B. porte فرج, peut-être au lieu de فهرج.
[4] L'addition ne donne que 183 milles ; pour qu'elle fût exacte, il faudrait évaluer à 53 milles la distance qui sépare Kharmim de Djourian.

« De Kethah à Meïmend مىمند, et de là à O'cda عقدة, 30 milles.
De O'cda à Babeïn بابين, 65 milles[1].

« Il existe dans le Fars quatre arrondissements connus sous
« le nom de *zem* زم (pluriel زموم), c'est-à-dire cantonnements
« de Kurdes. Chacun de ces *zem* se forme de la réunion d'un
« certain nombre de villages et de villes, et est sous le comman-
« dement d'un chef pris parmi les Kurdes, lequel est chargé de
« réparer les accidents fâcheux qui ont lieu dans sa circonscrip-
« tion, et de veiller tant à la sûreté des routes qu'à ce que per-
« sonne n'éprouve de vexation[2].

« Le premier de ces arrondissements se nomme Zem el-Ha-
« san ben-Khalwiéh زم الحسن بن خالويه ou Remidjan الرميجان; c'est
« le plus voisin d'Ispahan. Il confine d'une part au territoire de
« Sahour سابور, et de l'autre à celui de Redjan الرجان, de
« manière à comprendre tout le pays entre Beïdha بيضا et Ispahan.
« Toutes les villes et tous les villages qui se trouvent compris
« dans ce territoire sont considérés comme faisant partie de
« celui d'Ispahan. Cependant les habitants sont en état hostile
« avec les Nabidjan qui, dans cette même contrée, vivent aux
« environs de Chehriar شهريار.

« Du *Zem* dont il est ici question, à Chiraz, on compte 72
« milles.

« Le second arrondissement est Zem el-Diwan زم الديوان, éga-
« lement connu sous les noms de Huseïn ben-Saleh حسين بن
« صالح, de Souran السوران, et faisant partie des dépendances de
« Sabour. Il confine d'un côté au territoire d'Ardechir, et des

---

[1] La version latine porte 290 milles, et termine ici la sixième section.
[2] Nous croyons devoir transcrire ici le texte arabe de ce passage intéressant :

ولارض فارس اربعة زموم وتفسير الزموم مجال الاكراد ولكل زم منها قرى
ومدن مجتمعة وفيها رييس من الاكراد التزم درك النوايب الكاينة فى ناحيته
وحفظ الطرق وحتى لا يصيب احدا فى ارضه مكروه

SIXIÈME SECTION.

« trois autres à celui de Sabour. La limite de ce *zem* la plus
« voisine de Chiraz en est éloignée de 21 milles.

« Le troisième est le *zem* de Loudjan زم اللوجان ou d'Ahmed
« ben-Elleith احمد بن الليث. Compris dans les dépendances d'Ar-
« dechir, d'une part il est borné par la mer, et des trois autres
« par ces dépendances. La plus courte distance de ses limites à
« Chiraz est de 48 milles.

« Le quatrième[1] a pour limites 1° Maridjan ماريجان, 2° le
« Kerman, 3° le territoire d'Ardechir; il dépend entièrement de
« cette dernière province.

« Les Khoua خوة et les Yezid يزيد [2], tribus Kurdes qui fré-
« quentent cette contrée, sont au nombre de cinq cents familles.
« Chacune de ces tribus peut mettre sur pied environ mille
« cavaliers, et la plupart d'entre elles mènent paître leurs trou-
« peaux dans les champs, l'hiver comme l'été. Aucune de ces
« tribus ne s'éloigne de son *zem* isolément, mais elles décam-
« pent toutes ensemble pour se rendre aux cantons qui leur sont
« assignés, sans empiéter sur le territoire d'autrui. Ebn-Doreïd
« rapporte que ce sont des Arabes issus des Kurdes ben-Marrat,
« ben-O'mar, ben-A'mer.

« Les Kurdes du Fars possèdent des troupeaux de moutons,
« de chameaux et de chevaux communs; en effet, loin d'être de
« belle race, la plupart de ces chevaux ne sont employés que
« comme bêtes de somme. Mais à Houma حومة, dans le Ma-
« ridjan ماريجان, on élève des chevaux de race pure qui se vendent
« à très-haut prix, tant à cause de la beauté de leurs formes qu'à
« raison de leurs qualités généreuses.

---

[1] Les manuscrits nous paraissent présenter une lacune; c'est par conjecture que nous ajoutons ces mots : « le quatrième. »

[2] Ou Yezidis. Voyez, au sujet de ces sectaires, Hyde, *Hist. rel. vet. pers.*, p. 549 et suiv., Niebuhr, *Voyage en Arabie*, t. II, p. 279 et suiv., la notice imprimée à la suite de la description du pachalik de Bagdad, p. 191 et suiv., et mon *Voyage en Arménie et en Perse*, pages 19, 123, 124 et 125.

« On remarque dans le Fars divers châteaux-forts construits
« sur des montagnes très-hautes, et considérés comme impre-
« nables (du moins de vive force) pour quelque prince que ce
« puisse être. On compte au nombre de ces forts :

« Nakianah ناكيانه [1] sur une montagne à triple sommet, sur
« chacun desquels est un fort inaccessible de tous côtés, excepté
« du côté de la mer. C'est un point culminant vers lequel se
« dirigent les navires, car on l'aperçoit de très-loin et on peut,
« en l'observant avec soin, reconnaître par là les côtes et les ports
« du Fars. On dit que cette forteresse fut construite par Dje-
« lendi, fils de Kana'an.

« Kanian كانيان sur une montagne argilleuse dont on ne peut
« atteindre le sommet que par un sentier étroit semblable à ceux
« que pratiquent les fourmis.

« Isfidiadh اسفيدياذ dépendant d'Istakhar, sur une haute
« montagne qu'on ne gravit que par un chemin difficile dont la
« longueur est de 3 milles. Ce fort est imprenable si l'assiégé
« veut s'y défendre; mais il n'y a d'autre eau que de l'eau de
« pluie, on ne peut donc le prendre qu'en le bloquant et par
« famine.

« Iskiwan اسكيوان, dépendance de Bach باش, fort construit sur
« un point excessivement élevé et d'un accès très-difficile. Il y
« a une source d'eau vive.

« Hawdan حودن [2] situé dans un lieu connu sous le nom de
« Soueïca de Kiam-Firouz سويقة من كام فيروز. C'est un fort qu'il
« n'est possible d'apercevoir que d'un côté et dont l'accès est
« très-difficile.

« Bendares بندارس, place très-forte et pour ainsi dire inexpu-
« gnable, située du côté de la province de Redjan et habitée par

---

[1] Ou Dakianah, d'après le ms. A.
[2] Le ms. A. porte حردون.

SIXIÈME SECTION.

« une peuplade d'ignicoles تـوم بجــوس. Il y a une source d'eau
« courante.

« Aïdadj ايدج, place comparable sous tous les rapports à la
« précédente.

« Le Fars est sillonné par un grand nombre de rivières, de
« ruisseaux et de torrents, dont nous allons donner la nomen-
« clature autant du moins que nous le permettront nos connais-
« sances et nos forces, car toute perfection comme toute puissance
« résident en Dieu seul. Les cours d'eau du Fars prennent tous
« leurs sources dans les montagnes voisines d'Ispahan et se jet-
« tent dans le golfe Persique بحر الفارس. Ces eaux sont générale-
« ment douces et agréables à boire; en voici la désignation,
« savoir :

« La rivière de Mesin مسن dont les sources dérivent des envi-
« rons d'Ispahan et de Serdan سردن [1], se réunissent auprès du
« village de Mesin مسن [2] où elles servent aux besoins de la popu-
« lation, se dirigent vers Bab el-Redjan باب الرجان, et coulent
« sous le pont de Bekiar قنطرة البكار, pont qui sert de limite
« entre le Khouzistan et le Fars, et qui est très-remarquable :
« car il ressemble à celui de Cordoue en Espagne dont la cons-
« truction est si belle et si curieuse. Le Mesin arrose ensuite les
« campagnes de Rousiher روسيهر et va se jeter dans la mer au-
« près de Chiniz شينيز.

« Le Sirin سيرين [3] qui sort des montagnes de Danian دنيان
« du pays de Bazih بازج, arrose les campagnes de Badrik بدرك
« et de Khaladjan خلاجان, traverse et sillonne rapidement le
« territoire de. . . . . . . [4], puis se jette dans la mer auprès de
« Rahabé رحابة.

[1] Le ms. A. porte سردان.
[2] Dans le ms. B., cette particularité est omise.
[3] Ou Chirin d'après la géographie attribuée à Ebn-Haukal.
[4] Ce nom de lieu a été laissé en blanc dans nos deux manuscrits.

« Le Sadikian سادكان sort des montagnes de Bazih, pénètre
« dans le Nizek نيزك [1], arrose les territoires de Khan Hammad
« خان حماد, de Ziraberd زيرابرد, de Thabir تابير, de Kerkman
« كركان, s'étend sur le Dest el-Restcan دست الرستقان, puis se jette
« dans la mer.

« Le Derdjend درجند prend sa source dans le Djerendan
« جرزدان, arrose ce pays, passe à Banbouran بانبوران, puis, divisé
« en plusieurs branches, coule vers le Djiladkhan الجلادخان et a
« son embouchure dans la mer.

« Le Warch ورش prend sa source dans le Khanandjan supé-
« rieur خنانجان العليا, se dirige vers Berzian برزيان, réunit ses
« eaux à celles de la rivière de Sabour سابور, passe à Nouh نوح [2]
« ou du moins près l'une des portes de cette ville, et puis se jette
« dans un lac.

« L'Ahseïn احسين sort de Khilal Wadeïn خلال وادين; parvenue
« à Djifan الجيفان, cette rivière se jette dans celle de Nouh نوح [3].

« Le Soukian سكان surgit des campagnes de Rouidjan الرويجان
« auprès d'un village nommé Sarcari سارقري, traverse les terri-
« toires de Siah سياه et de Bewan بوان, se dirige ensuite vers le
« village d'Asek اسك dont il prend le nom, puis se jette dans
« la mer. Il n'y a pas dans le Fars de rivière plus utile à l'agri-
« culture, car ses eaux fertilisent les champs d'un grand nombre
« de bourgs, villages, et autres lieux habités.

« Le Bouseïn بوسين a son origine dans les campagnes de Ma-
« cherem ماشرم et de Nedjirem نجيرم, se dirige vers le Mustedjar
« مستجار, coule sous un pont connu sous le nom de Seboul
« سبول, pénètre dans le Khouré خرة et dans le Dareïn دارين, puis
« a son confluent dans la rivière d'Ahseïn احسين.

[1] Le ms. A. porte تبرك.
[2] Ou peut-être Toudj توج.
[3] Même observation.

SIXIÈME SECTION.

« Le Ker كر¹ prend sa source à Kerwan auprès d'Azd الازد;
« on l'appelle aussi Nekerwan نكروان ou rivière de Kerwan, dé-
« pendance du Bewan بوان, pays très-connu dont nous avons
« parlé plus haut; cette rivière arrose le territoire de Kiam-Firouz
« كام فيروز et celui des villages de Wandjerd واتجرد, de Kasikian
« كاسكان et de Soutouh السطوح, puis verse ses eaux dans le lac
« d'Andjikian بحيرة انجيكان.

« Le Ferwab فرواب ne reçoit ce nom que lorsqu'il est parvenu
« à la hauteur de Djewizcan الجويزقان. Ce cours d'eau passe auprès
« d'Istakhar اصطخر sous le pont de Khorasan قنطرة خراسان, puis
« se réunit au Ker كر.

« Le Niréh نيره prend sa source dans la contrée de Dardjan-
« Siah دارجان سياه, arrose les territoires de Khaïfecan خيفقان,
« de Djour جور et d'Ardechir Khouré اردشير خرة, puis va se
« perdre dans la mer.

« Il existe en outre, dans le Fars, beaucoup de cours d'eau de
« peu d'importance et dont nous nous abstenons de parler de
« peur de causer à nos lecteurs de la fatigue et de l'ennui.

« Il y a dans cette même contrée (le Fars) divers lacs dont
« les bords sont couverts de villages, d'habitations et de cul-
« tures. Nous décrirons les plus considérables et ceux dont les
« bords sont les plus peuplés et les plus productifs, savoir :

« Le lac de Henkian بحيرة حنكان qui reçoit les eaux de la
« rivière de Ker كر. Il est situé dans le pays de Dja'r جعر et
« s'étend jusqu'auprès de Sahek du Kerman صاهك كرمان sur un
« espace d'environ 60 milles de long et de 6 milles de large;
« ses eaux sont salées. Durant les vents chauds de l'été, on re-
« cueille sur ses rives une grande quantité de sel utile à la con-
« sommation ; on y voit une infinité de villages et de champs
« cultivés qui s'étendent jusqu'aux dépendances d'Istakhar.

¹ Il s'agit probablement ici de la rivière que M. Kinneir désigne sous le nom de Kerah.

« Le lac de Bedest Arden بدست اردن dans le pays de Sabour
« سابور. Sa longueur est d'environ 30 milles; ses eaux sont
« douces, mais il est sujet à se dessécher presque entièrement
« quand les vents d'été soufflent, et durant les chaleurs de la
« canicule; alors il n'y reste que très-peu d'eau. Lorsqu'il est
« plein (au contraire), la profondeur de l'eau est de près de six
« brasses, et le lac est couvert de bateaux, car on y pêche en
« abondance de gros et excellent poisson. Les produits de cette
« pêche sont transportés à Chiraz où ils excèdent les besoins de
« la consommation.

« Le lac de Kour كور dans le pays de Sabour سابور, auprès
« du lieu connu sous le nom de Kazeroun. La longueur de ce
« lac, dont les eaux sont salées et qui s'étend jusqu'auprès de
« Mourac موراق, est d'environ 30 milles. On y voit des bateaux
« pêcheurs. Le poisson se vend dans la contrée environnante.

« Le lac de Hemkian حمكان[1], dont les eaux sont salées et dont
« la longueur est d'environ 36 milles. On en extrait beaucoup
« de sel et on y pêche beaucoup de poisson. Sur ces rives sont
« les villages de Teherdjan طهرجان dépendants d'Ardechir Khouré
« اردشير خرة. Ce lac, situé à la distance de 6 milles de Chiraz,
« se prolonge du côté opposé jusqu'auprès de Djour Sian جور
« سيان.

« Le lac de Tasferié تاسفرية auprès duquel est le monastère
« du même nom; sa longueur est d'environ 24 milles; ses eaux
« sont salées et très-poissonneuses; ses bords très-marécageux
« sont couverts de roseaux, de papyrus بردى, de plantes aquati-
« ques حلفا et autres dont les riverains savent tirer parti. Il est
« situé dans la province d'Istakhar et confine avec le territoire

---

[1] Le ms. B. porte Henkiam, mais il y a lieu de craindre qu'il n'y ait dans l'une et dans l'autre leçon quelque erreur de copiste, car ce nom ressemble beaucoup à celui d'un autre lac dont il vient d'être fait mention. D'après la carte jointe au *Narrative of a Journey into Khorasan* par M. Fraser, il faut lire Baktegaun.

« de Zorcan الزرقان, dépendance de Hérat هرات [1]. Il ne nous pa-
« raît pas nécessaire d'insister sur l'utilité et les ressources que
« présentent ces divers lacs.

« Il existe en tous lieux, dans la province de Fars, des tem-
« ples consacrés au culte du feu بيوت نيران; plusieurs d'entre
« eux sont d'une beauté remarquable; tel est celui de Kazeroun
« كازرون, grand édifice où le feu brûle depuis plus de mille ans;
« tel est encore celui de Nedjré نجرة (ou Bedjeré بجرة) dont la
« construction est attribuée à Dara, fils de Darouïé, et tellement
« vénéré des Persans qu'ils jurent par ce temple et que c'est là
« l'un de leurs plus grands serments; ils y font leurs adorations.
« Tels sont le pyrée de Madaïn مادين [2] situé sur les bords de
« l'étang de Djour, et celui qu'on voit auprès de la porte de Sa-
« bour, près du lieu connu sous le nom de Seïr Husseïn سير
« حسين. Il existe un autre dôme consacré au culte du feu près
« la porte de la même ville, dite porte des Sassanides; ce der-
« nier est connu sous le nom de Hethil Kelnous حثيل كلنوس [3].

« Un autre pyrée en grande vénération est celui de Bekia-
« roun بكارون. Un autre très-considérable et que les habitants du
« pays prennent à témoin de la vérité de leurs serments, est
« celui de Siran سيران. Un autre, celui qu'on appelle Nahri
« Mard نهر مرد, est situé près de Chiraz, dans un village connu
« sous le nom de Nizkian نزكان, et sur une éminence que les
« habitants de Siraf سيراف peuvent apercevoir de chez eux. Ce
« village de Nizkian est à un mille au nord de Chiraz sur la
« route qu'on prend pour se rendre, par Yezd, dans le Kho-
« rasan.

« Il y avait autrefois dans le Fars un grand nombre de temples

---

[1] J'ai bien de la peine à croire qu'il s'agisse ici de la ville de Hérat en Khorasan.
[2] Le ms. A. semble porter وادين.
[3] Il n'est pas question de ce temple dans le ms. A.

« consacrés au culte du feu; devenus inutiles par le retour[1] à
« l'islamisme de la majorité des Persans, les lieux où ils s'éle-
« vaient subsistent de nos jours abandonnés et déserts.

« Le territoire du Fars forme un espèce de parallélogramme
« dont chacun des côtés est de 450 milles en suivant une ligne
« droite qui s'étend depuis Redjan jusqu'à Noubendedjan
« نوبندجان, à Kazeroun كازرون et à Khouré خرة, et qui embrasse les
« cantonnements ou zem زم, Darabdjerdj دارابجرد, Toudj توج
« et Barem بارم[2]. La partie occidentale de cette contrée est con-
« sidérée comme sujette à des chaleurs excessives جروم, la partie
« orientale comme jouissant d'un climat frais صرود. Dans la pre-
« mière catégorie sont compris Redjan رجان, Noubendedjan
« نوبندجان, Mehrouian مهرويان, Chiniz شينيز, Djenabé
« جنابة, Toudj توج, Dest el-Restcan دست الرستقان, Khouré خرة,
« Dareïn داريى, Kazeroun كازرون[3], Dest Bareïn دست باريى, Djebi-
« reïn جبيرين. Dest el-Mousican دست الموسيقان, Ram el-Lewadjan
« رم اللواجان, Kir كير, Kenderīn كندرين, Aberd ابرد, Semiran
« سميران, Khanandjan خناجان, Kewan كوان, Siraf سيراف, Nedjirem
« نجيرم, Hissn A'maret حصن عمرة et divers autres lieux.

« Dans la seconde sont Istakhar اصطخر, Beïdha بيضا, Babeïn
« بابيى, Aïdadj ايدج, Kiam-Firouz كام فيروز, Kird كرد, Khalan
« خلان, Serousin سروسين, Isûdjan اسفيجان, Azd الازد, Zouz
« الزوز, Saram صرام, Bazrendj بازرنج, Serdan سردن, Houma حومة,
« Carin القرين, Meskianat المسكانات, Andj الانج, Sahandiat الصاهنديات,
« Barem بارم, Rehnan رهنان, Bewan بوان, Tarekhchan الطرخشان,
« Djewizcan الجويزقان, Aclid اقليد, Sourmac السرمق, Ircouïeh ايرقويه,
« Berdoukhan بردوخان[4], Fanīn فانيى.

[1] D'après l'opinion de divers docteurs orientaux, tous les hommes qui, même avant la prétendue révélation du mahométisme, croyaient à l'unité de Dieu, sont réputés musulmans.

[2] Ou plutôt Tarem.

[3] Le ms. A. porte دز كارزون; le ms. B., كارزون.

[4] Peut-être au lieu de بردخاست Yezdekhast.

« Le climat de la contrée froide صرود est sain et tempéré,
« celui du pays chaud جروم est au contraire lourd et insalubre.

« Ce que nous venons de dire du Fars paraîtra sans doute
« suffisant aux personnes douées d'intelligence et de savoir. La
« présente section comprend les villes de Hormuz هرمز et de
« Moutkhan الموتخان, le village de Sour قرية سور et les montagnes
« des Bolous جبال البلوس qui dépendent du Kerman; mais nous
« traiterons séparément de tout ce qui nous reste à dire de cette
« dernière province, dans la section suivante, s'il plaît à Dieu. »

SEPTIÈME SECTION.

Suite du Fars et du Kerman. — Kethah. — Yezd. — Chirdjan. — Djireft. — Bam. — Hormuz ou Ormuz. — Khabiss. — Welasgherd. — Sedjestan. — Zarendj. — Lac de Derrah ou de Zerrah. — Khorasan. — Canein ou Cain. — Zouzan. — Tubbus.

Au nombre des pays habités qui seront décrits dans cette septième section, il faut comprendre l'arrondissement d'Istakhar اصطخر, « c'est-à-dire les villes qui, comme Kethah كثه, Babeïn « بابين, Fohredj فهرج, et Roudhan الرودان, faisaient, à ce qu'on « dit, partie des dépendances du Kerman, mais dont l'adminis- « tration a passé dans le département du Fars, contrée qui s'étend « sur un espace d'environ cent quatre-vingts milles, et où l'on « remarque les villes suivantes : Ircouïëh ابرقويه [1], Aclid اقليد, « Surmac سرمق, Djewizcan جويزقان, Meskian مسكان, Ardjiman « الارجان, Barem, ville d'Abdul-Rahman برم مدينة عبد الرحمن, « Mehrirdjan مهريرجان, Sahec-el-Kobra صاحك الكبرى, Mehrah « مهراه, Arkian الاركان, Hirah الحيره, Aïdadj ايدج, Houma حومة, « Serdan السردان, Keïber كيبر, Bedjéh بجه, Kerd كرد, et Lourdjan « اللورجان. »

La présente section contient donc la description de la partie du Kerman située au midi des pays ci-dessus indiqués, savoir : Moundjan الموجان, Wardest واردست, Welasgherd ولاسجرد, Djezerman جزرمان, Roudhan الرودان, Roustac-el-Roustac روستاق الروستاق, Chirdjan شيرجان, Yezdechir يزدشير, Zerhend زرهند, Mahan ماهان, Khabiss خبيص, Djenab جناب, Djireft جيرفت, Hormuz هرمز,

[1] Je suis porté à croire qu'il s'agit ici de la ville indiquée sous le nom d'Aberkouh sur la carte de M. Kinneir et ailleurs, mais les mss. portent ابرقويه ou ابرقويه.

SEPTIÈME SECTION.

Setourah ستوره, « Nakiz نقیز [1], » Rifan الریفان, Bam بَمُ, Fohredj فهرج, Barmachïn بارماشین, et Bouchindj بوشنج [1].

A l'orient du Fars et du Kerman commencent des déserts dont l'immensité est telle qu'il n'en existe pas de pareils dans l'univers habité. Cependant on y trouve des villages, et, sur les lisières, des villes dont nous donnerons la description en temps et lieu. A ces déserts touche la majeure partie du Sedjestan سجستان, dont les villes les plus connues sont Zarendj زرنج, el-Tâc الطاق, el-Fars الفرس, Khawas خواس, Sarwan سروان, Bost بست, Raïcan الرایقان (ou Zacan زاقان) Bendjewaï بنجوای, Esfendjaï اسفنجای, Tira تیرى, Chebek شیك, Baghneïn بغنین, Khouré خرة, Cart قرت, Derrah درة, Dorac درق, Calaï قلای, Koukouïeh كوكویه, Meïchoum میشوم et Bachwerd باشورد.

La partie septentrionale de cette contrée touche au Khorasan خراسان, et comprend quelques-unes des villes de cette dernière province, parmi lesquelles on remarque Caneïn قاین (ou Caïn قاین), Zouzan زوزان, Sawamak سواماك, « Baïand بیاند [2], » Malin مالی, Wadican الوادیقان, Sarakhs سرخس [3], Bourendjan بورنجان, et divers lieux du Couhestan توهستان, tels que Bachïn باشین, Kourïn كورین, Tabnïn طبنین, Hàsikïn حاسیكین et Bostaderan بستادران. Nous décrirons tous ces pays un à un, en les distinguant soigneusement par leurs traits caractéristiques, selon l'usage que nous avons suivi précédemment.

Istakhar surpasse, ainsi que nous l'avons dit, toutes les autres villes du Fars en fait d'étendue de territoire, de nombre d'édifices et de population. Elle est située à 96 milles d'Ircouïeh برقویه [4], « place forte, abondante en ressources, très-peuplée,

---

[1] Le ms. A. porte Bousih بوسح.
[2] Ce nom de lieu manque dans la version latine, p. 128.
[3] M. Fraser (*Journey into Khorasan*, page 243) écrit Serrukhs; M. W. Ouseley Sarkhes.
[4] Ou Aberkouh. Voyez, à l'égard de ce nom de lieu, la note p. 416 ci-dessus.

« fréquentée par les marchands, ceinte d'un mur en terre, et
« dont les maisons sont pour la plupart construites en briques
« et en argile. Il n'y a pas, à Ircouïéh, d'eau courante, et ses
« environs, dépourvus d'arbres ainsi que d'édifices, se composent
« de champs où l'on cultive le froment et diverses sortes de cé-
« réales. Les grains y sont à bon marché. On remarque, dans
« le voisinage d'Ircouïéh, des dunes de sable et même de hautes
« montagnes dont la longueur est de plus de 2 milles. » A
moitié chemin, entre Istakhar et Ircouïéh, est un bourg nommé
Bedjéh بجه, « dont le territoire, très-peuplé, porte le nom d'Azd
« ازد. » D'Ircouïéh à Kethah كثه, on compte 123 milles.

« Cette dernière ville (Kethah) est belle, populeuse, com-
« merçante et bien bâtie. Située dans le voisinage du désert, on
« y respire un air pur et salubre. Du reste, son territoire est des
« plus productifs et des plus fertiles, et les cultures s'étendent
« jusqu'aux faubourgs. La plupart des maisons sont construites
« en briques séchées au soleil[1]. Il y a une citadelle très-forte où
« l'on pénètre par deux portes en fer, dont l'une s'appelle la
« porte d'Andour باب اندور, et l'autre la porte de la Mosquée
« باب المسجد, ainsi nommée à cause de sa situation auprès de la
« mosquée principale, laquelle est dans le faubourg. Comme il
« n'y a point de rivière auprès de Kethah, l'eau y est amenée au
« moyen d'un canal souterrain qui part d'un lieu situé à 18 milles
« à l'ouest de la citadelle. Auprès de là est un village, connu
« sous le nom de Bidendj بيدنج, où se trouve une mine d'étain.
« On exploite cette mine et on en exporte au loin les produits.
« Le village est très-agréable. Le territoire de Kethah, vaste et
« fertile, comme nous venons de le dire, est planté de quantité
« d'arbres qui produisent d'excellents fruits; on en fait sécher
« la majeure partie pour la consommation des pays voisins, et

[1] Tel me paraît être le sens des mots والغالب على ابغيتها لبن الطين.

« notamment pour celle de la province d'Ispahan; les montagnes
« environnantes sont également très-boisées. Autour de la ville
« est un faubourg renfermant des bazars parfaitement bien cons-
« truits. Les habitants de Ketbah se font remarquer par leur
« politesse et par leur amour pour l'instruction. »

De Ketbah à Yezd[1], en se dirigeant vers l'orient, on compte
30 milles. Yezd est « une ville de grandeur moyenne, bien peuplée
« et où l'on peut vivre à bon marché. » De là à Hira الحيرا[2], 24 milles.
« On remarque à Hira diverses coupoles et une fontaine. » Hira
est situé sur la lisière du désert, et c'est là qu'on prend la route
du Khorasan. De Ketbah كتّه à O'cda عقده[3], on compte 30 milles.
« Cette dernière ville est petite, mais florissante et populeuse.
« Elle est, comme Ircouïëh, bâtie en briques séchées au soleil,
« et abondante en ressources de toute espèce. » De là à Babeïn
بابين, « jolie ville ceinte de murs en terre, commerçante et
« riche, » 75 milles. De Babeïn à Ispahan, 78 milles. De Ketbah
à Fohradj الفهرج, en se dirigeant vers le sud, 15 milles. « Foh-
« redj est une petite ville bien peuplée, dont les habitants se
« font remarquer par leur intelligence et leur sagacité. » De là à
Aban ابان, petite ville non entourée de murs, 75 milles; d'Aban
à Roudhan الرودان, 50 milles.

Du bourg de Aban à Chirdjan شيرجان[4], « place forte, lieu de
« garnison et de perception d'impôts, » sur la limite du désert,
une faible journée.

« Roudhan رودان est une ville grande, bien bâtie, commer-
« çante, populeuse, possédant un territoire considérable et plu-
« sieurs mosquées où l'on fait la *khotba*, et comparable à Ircouïëh
« ايرقويه sous le rapport de l'étendue et de la beauté des édi-

---

[1] Nos deux manuscrits portent toujours Berd.
[2] Ou Djira, d'après le ms. B.
[3] La carte jointe à la relation du voyage de M. Fraser porte Oogda.
[4] La version latine et le ms. A. portent Mourdjan.

Feuillet 103 recto.

« fices; moins cependant que Houma حومة, ville dont la gran-
« deur et l'importance commerciale égalent celles d'Ircouïéh. »
De là à Chiraz, on compte 36 milles. « De Houma حومة dé-
« pend un territoire connu sous le nom de Tasouh الطسوح.

« Memid ممد, Ketbah كثد, Babeïn بابين et Fohredj فهرج, dont
« il vient d'être question, sont quatre villes formant un seul dis-
« trict, qui possède, par exception à tous autres, quatre chaires
« où l'on prononce la *khotba*[1].

« Dans le voisinage d'Ircouïéh on remarque les villes d'Aclid
« اقليد et de Surmac سرمق (cette dernière, environnée d'un
« territoire vaste, fertile et boisé, est populeuse et commer-
« çante); et Meskian مسكان, bourg où l'on trouve également un
« marché bien approvisionné. »

Au nombre des dépendances d'Istakhar اصطخر il faut compter
1° Sahek صاهك, « ville ceinte de murs de terre, dont les habi-
« tants, riches et vivant dans un état prospère, voyagent beau-
« coup; » de là à Chiraz شيراز, on compte 138 milles. Sahek
صاهك est sur la route qui conduit de Chiraz au Kerman; de là
à Chirdjan شيرجان, capitale de cette dernière province,
90 milles; la distance totale de Chiraz à Chirdjan, en passant
par Sahek, est donc de 228 milles. 2° Beïdha بيضا, place fortifiée avec un faubourg; c'est la ville la plus considérable du pays
d'Istakhar; elle est nommée blanche parce que son château,
qu'on aperçoit de très-loin, est de cette couleur; en persan, on
la nomme Nichabek نشابك; « elle est comparable, en grandeur,
« à Istakhar; les maisons y sont construites en terre, et les
« champs qui l'entourent sont d'une telle fertilité, que la ma-
« jeure partie des fruits qu'on vend à Chiraz viennent de là; ses
« habitants sont riches et ils portent le même costume et le

---

[1] Voici le texte de ce passage, que nous abrégeons en le traduisant :

وليس في جميع الغواني ناحية بها اربعة منابر غير هذه الناحية

« même turban que ceux de l'Irâc. » De Beïdha بيضا à Chiraz
« شيراز, 24 milles. 3° Ardjiman ارجيمان, ville dont le territoire,
« vaste et fertile, s'appelle Maridjan مريجان. 4° Le district de
« Serdan سردان, dont les villes principales, Houma حومة et
« Keïber كبير, possèdent des mosquées et des chaires où l'on
« fait la *khotba*. 5° Bedjéh بجة, bourg dont le territoire se
« nomme el-Azd الازد. 6° Kird كرد, petite ville bien peuplée,
« avec une chaire et des dépendances peu considérables. 7° Lour-
« djan اللورجان, jolie petite ville dont le territoire se nomme
« Serdan سردان. » Telles sont les dépendances de l'arrondissement d'Istakhar اصطخر, ville du Fars dont le territoire touche
au Kerman.

Cette dernière province est située entre le Fars et le Mekran,
et sa capitale se nomme Chirdjan شيرجان. « Chirdjan est en effet
« le siége du gouvernement et la résidence des agents chargés
« de la perception des taxes. Cette ville est entourée de fortes
« murailles de terre, mais les édifices sont construits en pierre
« dure, à cause de la rareté du bois. Les bazars y sont nombreux
« et très-fréquentés, la population riche; on y boit de l'eau de
« puits; c'est la ville la plus considérable du Kerman; ses habi-
« tants se font remarquer par la pureté de leurs mœurs et l'amé-
« nité de leur caractère, et, les négociants surtout, par une
« bienveillance, une sincérité, une docilité supérieures à ce
« qu'on peut trouver de plus louable, en ce genre de qualités,
« dans d'autres contrées. » De là à Djireft جيرفت[1], en passant
par Nadjia ناجية, on compte 6 journées. Djireft est une ville
considérable et populeuse qui s'étend en longueur sur un espace
de 2 milles. « Elle est environnée de beaucoup de champs ense-
« mencés qu'on cultive au moyen d'arrosages. L'eau employée à

---

[1] La version latine porte Girost. M. W. Ouseley, *Oriental Geography*, p. 139 et suiv., écrit Jireft.

« cet usage et à la consommation des habitants provient d'une
« rivière nommée Meri Roud مرى رود, laquelle est petite, mais
« d'un cours rapide et bruyant, car elle coule à travers des ro-
« chers qui ne permettent pas de la traverser autrement qu'à
« gué; elle fait tourner cinquante moulins. Auprès de Djireft est
« une montagne, qu'on nomme Mijan الميزان, cultivée en jardins.
« C'est de là et d'un lieu nommé Dari-Fared دارفارد qu'on tire
« la majeure partie des fruits et du bois qui se consomment à
« Djireft. On y apporte cependant d'ailleurs des dattes fraîches
« ou conservées, des noix, des cédrats, du raisin et des cannes
« à sucre. Les habitants de Djireft sont bien vêtus et bien nour-
« ris; c'est un lieu d'importation des marchandises du Khorasan
« et du Sedjestan; la ville est jolie et agréable sous tous les
« rapports; cent mines de dattes ne coûtent à Djireft que deux
« drachmes; on y met en pratique un très-bon usage, qui consiste
« à ne point recueillir ceux de ces fruits que le vent a fait tom-
« ber, en sorte que les voyageurs peuvent en prendre autant qu'ils
« en ont besoin, et même au delà. »

On compte au nombre des villes du Kerman,

« Meïmend ميمند, ville de grandeur moyenne, distante de
« 25 milles de Chirdjan, bien peuplée, avec un marché; des
« sources nombreuses et des jardins fruitiers parfaitement arrosés. »

Nadjia ناجية[1], ville peu considérable, mais jolie, ornée de
beaux édifices, commerçante et industrieuse. De Nadjia à Chirdjan, en se dirigeant vers le nord, la distance est de 102 milles,
et du même lieu à Djireft, en allant au sud, de 60 milles. « Au
« sud de Nadjia est le bourg de Khir خبر, situé à 72 milles de
« Djireft et à 18 milles de Nadjia. On s'y livre à l'agriculture et
« on y fait un peu de commerce. »

Entre Djireft جيرفت et Fohredj فهرج est Hormuz el-Melik

---

[1] Le ms. A. et la version latine portent Nahia.

SEPTIÈME SECTION.

هرمزالملك, aujourd'hui connu sous le nom de Cariet el-Djouz قرية الجوز. « Ce fut une résidence royale jusqu'à l'époque où le
« siège du gouvernement fut transféré à Chirdjan شيرجان; ac-
« tuellement cette ville est de peu d'importance. Peuplée de
« races mélangées, elle est jolie et fréquentée par les étrangers;
« il y a beaucoup d'eau, des bazars, et on y fait un peu de com-
« merce. » De Hormuz à Djireft جيرفت, vers l'ouest, on compte
1 journée, et à la ville de Bam بم [1], 1 journée.

« Cette dernière (Bam بم) est grande, commerçante et riche;
« on y cultive la vigne et le palmier; beaucoup de villages en
« dépendent. L'air qu'on y respire est plus salubre que celui de
« Djireft. Il y a un château dont les fortifications sont réputées
« les meilleures de toutes celles du Kerman; ses habitants se
« livrent au négoce et à l'industrie; on y fabrique quantité de
« belles étoffes de coton, ce qui forme un objet considérable
« d'exportation; des manteaux en poil de chèvre qui égalent en
« finesse ce qu'il est possible de voir de plus beau (il en est
« dont le prix se monte à 30 dinars); enfin on y fait aussi des
« tissus d'une grande finesse pour turbans. Toutes ces étoffes
« sont d'un travail admirable et d'une solidité telle qu'elles ne
« s'usent et ne se détruisent qu'au bout d'un très-long laps de
« temps; les rois s'enorgueillissent de les porter, les considèrent
« comme très-précieuses et les font conserver avec soin dans leur
« trésor. »

De Bam à Djireft, 2 fortes journées ou 60 milles.

De Bam à Barmechïn بارمشين [2], petite ville située à l'entrée
(litt. au vestibule) du désert, fréquentée, commerçante et populeuse, 1 journée.

On compte également au nombre des villes du Kerman

---

[1] Les cartes anglaises portent Bumm; la version latine Bamm; M. W. Ouseley
écrit Bam.

[2] La version latine porte Cqermasin.

Hormuz la maritime هرمز الساحلية (Ormuz), située sur les bords du golfe Persique. « C'est le principal marché du Kerman et « une ville grande et bien bâtie. Le climat étant très-chaud, les « palmiers croissent en abondance dans ses environs; on y cultive « aussi le cumin et l'indigo; cette dernière substance est d'une « bonté telle que nulle ne lui est comparable et qu'elle a passé « pour ainsi dire en proverbe; on en expédie des quantités con-« sidérables à l'étranger. Les habitants de Ma'oun معون[1] et de « Welasdjerd ولاجرد se livrent beaucoup à la culture de cette « plante, et ils y apportent d'autant plus de soins qu'elle est « pour eux une source de profits très-considérable. On fabrique « dans ces contrées beaucoup de sucre de canne et de sucre « candi; l'orge forme la base de la nourriture des habitants et le « principal objet de leur agriculture. Le pays produit d'excellentes « dattes. » Hormuz est bâtie sur les bords d'un canal dérivé du golfe Persique et qu'on nomme el-Heïz الحيز[2]. Les vaisseaux parviennent par le canal jusqu'à la ville.

Fohredj فهرج est une ville entourée de murs de terre et située sur la limite du désert qui touche au Sedjestan سجستان. Elle est éloignée du Sedjestan de 210 milles, c'est-à-dire de toute l'étendue, en largeur, du désert qui sépare ces deux villes. De Fohredj à Barmechīn بارمشين, ville ci-dessus nommée, on compte 1 journée. Les autres lieux du Kerman étant de peu d'importance, nous allons nous borner à donner les itinéraires les plus connus.

Celui de Chirdjan شيرجان à Roustac el-Roustac رستاق الرستاق, sur la frontière du Fars, comprend un intervalle de 4 journées, savoir: de Chirdjan à Kiahoun كاهون, « joli pays, planté de dat-« tiers, où l'on fait de bonnes affaires de commerce, » 2 journées.

---

[1] La carte de M. Kinneir porte Memaun.
[2] La version latine (p. 129) porte Hamz.

SEPTIÈME SECTION.

De Kiahoun à Khochabad خشاباد, 1 journée.

De là à Roustac el-Roustac, 1 journée.

Celui de Chirdjan à Roudhan رودان, compris dans les limites du Fars, est de 4 journées, savoir: de Chirdjan à Meindh مينذ[1], ville « entourée de murs de terre, industrieuse et commerçante, » 2 journées.

De Meindh à Kerdekian كردكان, ville « dont le territoire est « très-productif et très-fertile, » 6 milles.

De là à Aïas اياس, « ville de moyenne grandeur, dont les ba- « zars sont bien construits, les rues larges, et où l'on voit divers « édifices, » 1 forte journée.

De là à Roudhan, dans le Fars, 1 faible journée.

Celui de Chirdjan à Robat el-Sarmacan رباط السرمقان est de 2 fortes journées, sans lieu habité où l'on puisse stationner. Robat el-Sarmacan n'est qu'un village dépourvu de mosquée.

L'itinéraire de Chirdjan à Bam بم, ville dont il a déjà été question, est ainsi qu'il suit :

De Chirdjan à Chamat شامات, 1 journée.

« Entre ces deux lieux est un territoire vaste, fertile et peu- « plé, connu sous le nom de Kouhestan كوهستان, où l'on trouve « un village du nom de Sultanié سلطانية. »

De Chamat à Behar بهار, petite ville, 1 journée.

De Behar à Djennab جنّاب, petite ville, 1 faible journée.

De là à A'bira عبيرا ou A'bida عبيدا, « ville petite, mais com- « merçante et industrieuse, » 1 faible journée.

D'A'bira à Djoueïn جوين, « ville située dans une plaine et « entourée d'un paysage agréable, » 3 milles.

De Djoueïn à Babeïn بابين, « ville en tout semblable à la « précédente, » 1 journée.

De là à Choursian شورسيان, « ville bien peuplée, bien bâtie,

[1] La version latine porte Maitedh.

« commerçante et entourée d'un territoire fertile, » 1 journée.

De là à Dardjïn دارجين, « ville très-jolie et remarquable par
« ses édifices et ses fabriques, » 1 journée.

De Dardjïn à Bam بم, 1 journée.

Distance totale, 9 journées.

De Choursian شورسيان à Djireft جيرفت, on compte 2 journées.

De Chirdjan à Djireft, en passant par Nadjiba ناجبة[1], ville
dont il a déjà été question, 4 journées, savoir :

De Chirdjan à Hir حير, 1 journée.

De Hir حير à la montagne d'Argent جبل الفضّة, 1 journée.

De là à Dari-Fared دارفارد, lieu fertile et peuplé, 1 journée.

De là à Djireft, 1 journée.

De Chirdjan à Khabiss خبيص, ville, 6 journées, savoir :

De Chirdjan à Karh كرح, village, 1 journée.

De là à Fardïn فردين, « ville et lieu de marché, entourée de
« murs en terre et d'un faubourg, » 1 journée.

De là à Mahan ماهان, « petite ville entourée de cultures où
« sont des sources d'eau courante, » 1 journée.

De là à Nada' ندع, bourg, 1 journée.

De là à Rarou رارو, village, 1 journée.

De là à Khabiss خبيص, 1 journée.

« Cette dernière ville, située sur la frontière du grand désert,
« dans la partie du Kerman dont le climat est le plus chaud,
« est peu considérable, mais bien peuplée. Il y a de l'eau cou-
« rante, beaucoup de palmiers, des fortifications et des res-
« sources. »

De Chirdjan à Zarond زرند[2], on compte 4 journées, savoir :

De Chirdjan à Yezdechir يزدشير, « jolie ville, offrant beau-

---

[1] La version latine porte Nahinin.
[2] La version latine porte Ranand.

SEPTIÈME SECTION.

« coup de ressources, entourée de murs et de fossés, munie de
« portes et possédant plusieurs bazars, » 2 journées.

De là à Djiroud جيرود, ville considérable, industrieuse et commerçante, 1 journée.

De là à Zarend زرند, 1 journée.

« Zarend est une ville de moyenne grandeur, située auprès du
« grand désert, entourée de murs et de champs cultivés, et où
« l'on fait un beau commerce. Il y a des ateliers de corroyage,
« où l'on fabrique des sangles (pour les montures), lesquelles
« sont transportées dans l'Irâc et jusqu'en Égypte. »

L'itinéraire de Djireft à Roustac dans le Fars الرستاق من ارض فارس, est comme il suit :

De Djireft à Canat el-Cham قنات الشام, *roustac*[1], 1 journée.

De là à Ma'oun معون, « petite ville avec marché, » 1 journée.

De là à Welasgherd ولاسجرد[2], ville dont le nom s'écrit aussi Welaskerd ولاسكرد par un *kief* بالكاف, 1 journée.

« Quoique peu considérable en étendue, cette ville est très-
« florissante et très-peuplée. » C'est là qu'on prend la route qui conduit à Hormuz.

De Welasgherd à Adarkian ادركان, petite ville, 1 journée.

De là à Djeïrouman جيزومان, « jolie ville, lieu de réunion,
« de marché et d'approvisionnement, » 1 journée.

De là à Kechestan كشستان, « bourg bien peuplé, » 1 faible journée.

De là à Roustac رستاق, 2 journées.

« Pour se rendre de Djireft à Hormuz la maritime هرمز الساحلية,
« on passe d'abord à Canat el-Cham قنات الشام, 1 journée.

---

[1] Voyez, au sujet du mot *roustac*, le passage traduit p. 398 ci-dessus.

[2] Cette ville est généralement indiquée, sur les cartes, sous le nom de Welazgherd.

« Puis à Welasgherd ولابجرد, où la route se dirige vers l'ouest,
« 1 journée.

« Puis à Kouneïn كونين, ville de moyenne grandeur, très-bien
« bâtie et très-agréable, 1 journée.

« Puis à Metouhan المتوحان, 2 journées, dont une jusqu'à la
« rivière de Welkian نهر ولكان, et l'autre de cette rivière à Me-
« touhan.

« Puis à Hormuz هرمز, ville dont nous avons donné une des-
« cription sur laquelle il est par conséquent inutile de revenir.
« 2 journées. »

L'itinéraire d'Hormuz à Barem بارم [1] est comme il suit :

D'Hormuz à Choura شورا, « village situé sur les bords de la
« mer, sans murs de circonvallation et sans mosquée, dont les
« habitants se livrent à la pêche, car la côte est très-poisson-
« neuse, » 3 journées.

De là à Rouaïset رويست, ville, 3 journées.

De là à Barem بارم, 3 journées.

« Rouaïset est une ville agréable, dont les environs se com-
« posent de jardins et de vergers de palmiers.

« Le persan est la langue de tous les habitants du Kerman, à
« l'exception des Cofs القفص [2], qui parlent une langue différente.
« Quant aux montagnes qui confinent avec le Mekran, et qui
« sont connues sous la dénomination de *montagnes froides*, elles
« sont habitées par des peuples qu'on appelle Ahwas احواس ou
« Hawas حواس. Agriculteurs et nomades, ils possèdent des cha-
« meaux, des troupeaux, des propriétés qu'ils viennent habiter et
« beaucoup de palmiers. On tire, du pays des Ahwas et des en-

---

[1] La version latine porte Fares.

[2] Les mss. portent العَفَص el-A'fs ou القَفَص el-Cafs. Pour faire disparaître toute incertitude, un annotateur a mis en marge du ms. B : القَفَص بالضمّ, Cofs par un *dhamma*. Nous adoptons volontiers cette leçon.

SEPTIÈME SECTION.

« virons, du sucre qu'on transporte dans le Sedjestan et ailleurs.
« Les monnaies qui ont cours dans le Kerman sont le dirhem
« et le dinar.

« Il existe, dans cette province, des montagnes hautes et es-
« carpées, telles que les montagnes de Cofs جبال القفص, les
« montagnes froides جبال الباردة et celles qui contiennent des
« mines d'argent جبال معدن الفضة. Le pays est coupé par de
« vastes déserts et des solitudes arides, et les cultures et lieux
« habités n'y sont pas contigus comme ils le sont dans le Fars.

« Les montagnes de Cofs s'étendent jusqu'au golfe Persique.
« Elles sont bornées au nord par le pays de Nadjirman بلاد
« ناجيرمان; au sud, par la mer et par une partie des déserts
« du Mekran; à l'ouest, par la mer et par une portion du Bo-
« lous بلوص, et des districts de Matihan ماتحان[1] et d'Hormuz[2].
« On dit que ces montagnes sont au nombre de sept, et que
« chacune d'elles est gouvernée par un chef particulier. Les
« peuples qui les habitent sont une espèce de Kurdes très-
« braves et très-farouches, de complexion maigre et de couleur
« basanée. Ils possèdent des troupeaux, des essaims d'abeilles et
« des palmiers. Au nord sont les Bolous البلوص, peuples qui ha-
« bitent tout à fait au pied des montagnes et qui sont remar-
« quables par leur bravoure, leur puissance, le nombre de leurs
« troupes et la sécurité qui règne sur leurs chemins. Ils jouissent
« d'une existence prospère, vivent sous des tentes de poil comme
« les Arabes, et sont redoutés de leurs voisins[3].

« Les montagnes froides جبال الباردة forment divers rameaux
« d'une chaîne qui s'étend au nord-ouest de Djireft. Elles sont
« fertiles, productives et boisées. C'est une contrée où il tombe

---

[1] Le ms. A. porte Mertedjan, مرتجان.
[2] Le même ms. porte Farmes, فرمس.
[3] Voyez, au sujet des Balous ou des Bolous, les auteurs cités par M. W. Ouseley dans son appendice à l'*Oriental Geography*, page 288 et suivantes.

« de la neige tous les ans, et dont les habitants sont vertueux et
« innocents en paroles comme en actions. On y trouve des mines
« de fer dont les produits sont d'excellente qualité.

« A ces montagnes touchent les montagnes des mines d'ar-
« gent على ظهر جيرفت جبال معدن الفضة, situées au midi de Djireft
« et à 1 journée du Darifared دارفارد, district montueux, fertile,
« couvert de villages et d'habitations. »

Quant au grand désert, on appelle ainsi celui qui s'étend
entre le Kerman, le Fars, le Moultan, le Sedjestan, le Couhestan, une partie du Khorasan et jusqu'auprès des pays de
Coumes بلاد قومس et de Reï رى. Il y existe peu d'habitants,
« mais beaucoup de malfaiteurs et de brigands, attendu l'ab-
« sence de toute administration tutélaire. Ce désert est envi-
« ronné de peuplades qui diffèrent entre elles sous le rapport
« des langues et du costume, et qui proviennent soit des dé-
« pendances du Khorasan, du Coumes et du Sedjestan, soit de
« celles du Kerman, du Fars, d'Ispahan, de Cachan et de Reï.
« Vu la difficulté qu'il y a de voyager à cheval, on traverse la con-
« trée avec des chameaux de charge, et cela non sans éprouver
« de grandes peines, par des chemins connus et dont on ne
« saurait s'écarter sans courir le risque de périr, à cause de la
« quantité d'aventuriers et de voleurs qui vont se réfugier dans
« ces déserts. Leurs retraites les plus assurées sont les montagnes
« connues sous les noms de Kerkech-Kouh كركش كوه et de Siah-
« Kouh سياه كوه, où ils enterrent leurs richesses et cachent leurs
« approvisionnements. La première, Kerkech-Kouh كركش كوه, est
« peu considérable, mais isolée et séparée[1] de toutes les autres qui
« environnent le désert. On dit que la circonférence de sa base
« est d'environ 6 milles; il en surgit quelque peu d'eau. Au

---

[1] Cet isolement de montagnes s'élevant abruptes du milieu des plaines est en
effet un trait caractéristique de certaines parties de la Perse.

« sommet de la montagne est un plateau dont les pentes sont
« escarpées et de difficile accès. Quiconque cherche un asile dans
« le flanc de ces rochers est sûr de n'y être pas découvert. La
« montagne dite Siah-Kouh سياه‌كوه, peu éloignée de la précé-
« dente, est également un repaire de voleurs. »

Les chemins connus et frayés qui existent dans ce désert sont
en petit nombre. Nous allons cependant les indiquer en détail.

Le premier est celui qui conduit de Fohredj فهرج, ville dépendante du Kerman, au pays de Sedjestan الى ارض سجستان.

De Fohredj فهرج à el-Ahsa الاحسا et à el-Abar والابار, on
compte 24 milles.

De là à Hordj el-Menaré حرج المنارة, 21 milles[1].

De là à Robat Ma'bed رباط معبد, 21 milles.

De là à Asnid اسنيد, 27 milles.

De là à Bera'an برعان (ou Iera'an يرعان), 24 milles.

De là à Bir el-Cadhi بير القاضى, 24 milles.

De là à Rasak راساك, 18 milles.

De là à Kiaroulseïf كارولسيف (ou Kiaroulcheïf كارولشيف),
12 milles.

De là à Bazardïn بزردين, 14 milles.

De là à Djaroun جارون, 14 milles.

De là à la ville de Sedjestan مدينة سجستان, 18 milles.

Le second itinéraire[2] est celui de Barmachïn برماشين à Sedjestan, savoir : de Barmachïn à Borhan برحان (ou Bordjan برجان),
où une source jaillit du pied de la montagne, 1 journée.

De là à Medra مدراة, où l'on trouve aussi de l'eau, 1 journée.

A Damrah Abad دمراه باد, 1 journée.

A Robat el-Cadhi رباط القاضى, 1 journée.

A Darek دارك, 1 journée.

[1] Cette station manque dans le ms. B.
[2] La version latine porte Cqermasin.

TROISIÈME CLIMAT.

A Djaroun جارون, 1 journée.

A Sedjestan سجستان, 1 journée.

Toutes ces journées sont faibles.

En partant de Barmachīn on peut prendre par Kerwah كروه, 1 journée.

De là à Nedbah ندباه[1], 1 journée.

Puis à Cherwa شروة, 1 journée.

A Temanīh تمانيه, 1 journée.

A Mastikh مستخ, 1 journée.

Mastikh est une petite ville située au milieu du désert et dépendante du Kerman, bien qu'elle soit séparée de cette province. Cette ville est populeuse et entourée de champs cultivés et de palmiers, en quantité suffisante pour la consommation de ses habitants. Il y a ici deux routes : l'une, celle de droite, qui conduit, en 7 journées, à Sedjestan; l'autre, celle de gauche, qui se dirige vers Hérat هراة. Quand on prend la première, on se rend, par le désert, de Mastikh à Diren ديرن, où est une source d'eau vive, 1 journée.

Puis au puits de Kerdoudj كردوج (ou Kerdouh), 1 journée.

A Robat Naberdj رباط نابرج[2], lieu inhabité, 1 journée.

A Tarest Bad تارست باد (ou Narest Bad), aiguade, 1 journée.

A Basbad باسباد[3], station inhabitée, 1 journée.

A Sadah سداح (ou Madah), 1 journée.

A Sedjestan سجستان, 1 journée.

Pour se rendre de Mastikh مستخ à Hérat هراة, on prend à gauche et l'on parcourt deux stations désertes, 2 journées.

Puis l'on parvient à une troisième, dite Robat I'zzet رباط عزة, qui quelquefois est habitée et quelquefois déserte; 1 journée.

---

[1] Ou, d'après la version latine, Codma.
[2] La version latine porte « hospitium Ianouh ».
[3] Ibid. Fesad.

SEPTIÈME SECTION.

De là à Medar مدر, 1 journée.

Puis à Cariat Salem قرية سلم, grand village entouré de champs cultivés, 1 journée.

A Robat Hasak رباط حساك, 1 journée.

A Nadem ندم, 1 journée.

A Semendjan سمنجان, 1 journée.

A l'étang de Nadjah ناجه [1], 1 journée.

A Medhan مدحان (ou Merdjan مرجان), 1 journée.

A Soudan سودان (ou Serdan سردان), 1 journée.

A Nechet نشت, 1 journée.

A Kerderem كردرم, 1 journée.

A A'tiah عطياه, 1 journée.

A Courra قرّة, dépendance du Sedjestan, où a lieu la jonction de la présente route avec celle qui conduit de Sedjestan à Hérat, 1 journée.

De Courra à Derrah دره, 1 journée.

De Derrah Kouïskan دره كويسكان à Herachan حراشان [2], dépendance d'Asferan اسفران, place frontière du pays de Hérat, 1 journée.

De là à l'aqueduc de Sora قنات سرى, 1 journée.

De cet aqueduc à la montagne noire جبل الاسود, 1 journée.

De là à Madman مدمان (ou Madmar مدمار), 1 journée.

Et enfin à Hérat هراة, 1 journée.

Pour se rendre de Barmachïn برماشين à Cariat Salem قرية سلم, on prend une route nouvelle qui passe par Darsenaï دارسنان, « village où il existe des sources d'eau vive, beaucoup de pal- « miers, et au delà duquel on ne trouve pas de lieux habités, » 1 journée.

[1] La version latine porte Iafa, Mergiau, Serdan, Bost et d'autres variantes qu'on trouvera à la page 132 de cette version.

[2] Le ms. A. et la version latine portent Khorasan. Il existe en effet, soit en Arménie, soit en Perse, divers villages de ce nom. Ce nom est écrit خراشان p. 461.

De là à Ras el-Ma راس الما, 1 journée. Ras el-Ma est une
« source dont les eaux s'écoulent dans un grand lac. »

« A partir de là, on a 4 journées de déserts à traverser. Ces
« journées sont fortes, les déserts contigus et la route dange-
« reuse. »

De Cariat Salem قرية سلم à Sedjestan سجستان, on compte
10 journées.

Et du même lieu à Derrah درّه, 10 journées.

« Derrah درّه [1] est un grand village situé dans le voisinage du lac
« où s'écoulent les eaux du Hindmend هندمند (principal),
« fleuve du Sedjestan. »

ITINÉRAIRE DE KHABISS خبيص AU KHORASAN خراسان.

« Khabiss est une petite ville dépendante du Kerman et située
« sur la lisière du désert. Il y a de l'eau courante, beaucoup
« de dattiers, et les céréales y sont à bon compte. De Khabiss à
« un lieu nommé Dowarec الدوارق, on compte 1 journée. Ce lieu
« est couvert de constructions ruinées, sur un espace aussi grand
« que la vue peut s'étendre. Il y a des monticules qui prouvent
« que ce lieu était jadis habité, et cependant on n'y voit ni puits,
« ni fontaine, ni source, ni aucun indice d'eau [2]; de là à Sour

---

[1] Ou Zerrah. Cette indication, qui s'accorde avec les observations modernes, est précisée par notre auteur dans les termes suivants :

ودرّه قرية كبيرة بقرب البحيرة التى يقع فيها نهر الهندمند وهو نهر سجستان

[2] Voici également le texte de ce passage, qui n'est pas sans intérêt :

من خبيص الى مكان يسمّى الدوارق مرحلة وهو موضع فيه ابنية مهدمة كثيرة ما مدّ البصر وبها تلال وعلى انها كانت مسكونة ليس بها بير ولا عين ولا نهر ولا علامة ماء

SEPTIÈME SECTION.

« Roud سور رود[1], lit de torrent dont le sol est couvert de sel et
« où coulent seulement des eaux pluviales. Les terrains de ce
« désert sont (en général) salés.

« De là à la montagne de Narsak نارساك, 1 journée.

« Puis à un lieu connu sous le nom d'el-Houdh الحود, où se
« rassemblent les eaux pluviales, 1 journée.

« A Ras el-Ma راس الما, source dont les eaux tombent dans un
« étang et arrosent quelques cultures suffisantes à peine pour la
« subsistance d'une ou de deux personnes au plus, 2 journées.

« A Kourkouré كوركورة, lieu dépendant du Kouhestan كوهستان,
« sur la frontière du désert,..... (la distance manque).

« A Houseb حوسب, petit château fort, 2 journées.

« A Khour خور, 2 journées.

« A Caïn قاين[2], ville capitale du Kouhestan, dans le Khorasan,
« 1 journée. »

ITINÉRAIRE DE DOWAR دوار A KORIN كرين, DANS LE KHORASAN.

« Dowar دوار est une ville bien peuplée et dominée par deux
« châteaux-forts. Il y a de l'eau courante, des palmiers et quel-
« ques champs cultivés. Cette ville est dans les limites du Ker-
« man.

« De là à un lieu nommé Koudra كودرى, misérable station
« sans maisons, avec une source peu abondante, 1 journée.

« Puis à Sebward (Sebzawar?) سبور, fort ruiné, avec quelques
« palmiers, qui a été délaissé par crainte des voleurs.

« A Derdan دردان, lieu sans habitations, 1 journée.

« A Rend رند, lieu inhabité où se trouve une citerne qui re-
« çoit les eaux pluviales, 1 journée.

---

[1] Je présume qu'il faut lire شور رود, ce qui signifie, en persan, *rivière saumâtre*.
[2] Les mss. portent قاينى et قاين. Nous adoptons cette dernière leçon comme
la plus conforme aux indications données par les cartes.

« De cet étang à Banend بانند, hameau fortifié qui se compose
« d'une vingtaine de maisons et où se trouve un cours d'eau
« qui fait tourner une petite meule; palmiers et champs cultivés;
1 journée.

« A 2 farsakhs[1] avant d'arriver à Banend on trouve une source
« entourée de plantations de palmiers et de quelques maisons
« qui ne sont fréquentées que par des voleurs. Les habitants de
« Banend s'entendent entre eux pour protéger ces plantations.

« De Banend à Arda'a اردعة, misérable station, 1 journée.

« De là au puits de Chek بيرشك, qui fournit de très-bonne
« eau, 1 journée.

« De là à Khour خور, lieu inhabité et situé à 2 journées de
« Houseb حوسب, 1 journée.

« De Khour à Korïn كرين, dépendance de Nisabour نسابور dans
« le Khorasan, 3 journées. »

ITINÉRAIRE DE YEZD يزد[2] A BARCHIN برشين.

« De Yezd à Hira حيرة, source et citerne où tombent les
« eaux pluviales; pays désert : 1 journée.

« De là à Khorané خرانه, bourg bien peuplé, pouvant mettre
« sur pied plus de 200 hommes armés; cultures, jardins, eau
« courante, château-fort construit sur une colline de forme
« ronde, dont le pied est baigné par une rivière qui arrose les
« vignes et les jardins; lieu connu de toute ancienneté par sa
« fertilité : 1 journée.

« De là à la colline de Chah Sind تل شاه سند, station déserte
« où l'on ne trouve que deux citernes destinées à recevoir les
« eaux pluviales, 1 journée.

[1] Environ 3 lieues communes.
[2] Les manuscrits portent برد Berd; mais il n'existe en Perse, du moins à notre connaissance, aucune ville de ce nom. Voyez ci-dessus, p. 419.

« De là, par le désert, à Sa'inda ساعندا, fort contenant en-
« viron 100 hommes; source d'eau courante, cultures, aque-
« ducs, jardins; bien moins peuplé et moins bien fortifié que
« Khorané, dont il vient d'être question : 1 journée.

« De là, par le désert, à Bost Barem بست بارم, lieu inhabité;
« khan ou caravansérail; eau de puits : 1 forte journée.

« De là à Robat Mohammed رباط محمد, fort habité par une
« trentaine d'hommes; sources, cultures : 1 faible journée.

« A Rik ريك, lieu inhabité où est un canal destiné à conduire
« les eaux dans une citerne; sables qui couvrent un espace de
« 6 milles d'étendue : 1 journée.

« A Mehleb المهلب, lieu désert; caravansérail, source : 1 jour-
« née.

« A Robat Houran رباط حوران, fort construit en pierres et en
« plâtre, gardé par trois ou quatre hommes; source; point de
« cultures : 1 journée.

« A Zad Adjret زاد أجرة, lieu inhabité; puits et caravansérail:
« 1 journée.

« A Bostaderan بستادران, 1 journée.

« A Bann بنّ, village contenant au moins 500 âmes; eau cou-
« rante, cultures, pâturages et troupeaux : 1 journée.

« De là, par le désert, à Radouïé رادوية [1]; eau courante, mais
« point d'habitants : 1 journée.

« De là, également par le désert, à Riken ريكن, fort; cul-
« tures, sources d'eau courante, lieu presque toujours inhabité :
« 1 journée.

« A Ansist انسيست, lieu désert, 1 journée.

« Enfin à Barchīn برشين, auprès de Nisabour, 1 journée.

---

[1] Cette station et la suivante manquent dans le ms. A.

AUTRE ITINÉRAIRE, PASSANT PAR YEZD, ISPAHAN ET BABEIN.

« Les trois routes se réunissent à Korïn كرين, gros village non
« entouré de murs, dont la population s'élève à près de 2000 in-
« dividus. Ce village, dont le territoire est considérable, est si-
« tué à 9 milles de Tubbus طبس.

« De Yezd à Chour شور, puits d'eau salée sur la frontière du
« désert, 1 journée.

« A Biré بيرة, hameau dépendant du Kerman et peuplé d'une
« dizaine d'individus, 1 journée.

« A A'ïn Mo'oul عين معول [1], 1 journée.

« A A'mou Souh عمو سوح, source considérable jaillissant d'un
« fond d'argile rouge. Les montagnes environnantes sont de la
« même couleur : 2 journées.

« A Bir Hâd بير حاد, source, lieu inhabité, 1 journée.

« A Zardjouïn زارجوين, citerne recevant les eaux pluviales,
« 1 journée.

« A Chour شور, source d'eau saumâtre, lieu désert où sont
« des voûtes inhabitées, 1 journée.

« A A'ïn Mo'oul عين معول [2], source, sans habitations, 1 journée.

« A Korïn كرين [3], 2 journées.

« A 12 milles de cette dernière station est un grand lac qui
« reçoit les eaux de pluie et les torrents.

« Toute cette route est dangereuse. Les journées sont en gé-
« néral fortes, et on ne voyage qu'avec appréhension et en toute
« hâte. Dans le désert, entre Chour شور et Biréh بيره, à droite et
« à 2 farsakhs de la route qui mène du Khorasan au Kerman, on

---

[1] Le ms. A. porte عين معلود.
[2] Même observation.
[3] Le même ms. porte ici كوبين; au surplus, la plupart de ces noms de lieux ne se trouvant indiqués ni sur les cartes, ni dans les relations de voyage, il devient très-difficile de les transcrire exactement.

SEPTIÈME SECTION.

« voit des sculptures en pierre représentant toute sorte de fruits, tels que des noix, des amandes, des pommes, des poires, des oranges, etc. »

ITINÉRAIRE DE BABEIN بابين A NISABOUR نيسابور.

« De Babeïn à Darmoud دارمود, lieu désert, 1 journée.

« A Houmlé حوملة, citerne, 1 journée.

« A Badan بادان, constructions voûtées et en ruines; puits, 1 journée.

« A Dehek دهك, sables; colline de terre rouge et dure; puits, 1 journée.

« A Ba'alik بعليك, source peu abondante; lieu inhabité, 1 journée.

« A Send Bend سند بند, fort ruiné, peu d'eau, 1 journée.

« A Rechdad رشداد, lieu situé au pied d'une montagne, fort où se trouve un puits, lieu désert.....

« A Derné درنة (ou Derié درية), petit village situé sur une éminence, 1 journée.

« A Nimkethroud نيمكثرود[1], citerne, 1 journée.

« A Korīn كرين, 1 journée.

« La route d'Ispahan à Korīn est dangereuse, peu habitée et peu fréquentée à cause des déserts, des montagnes et des voleurs qu'on est exposé à y rencontrer.

« On passe par les lieux suivants :

« D'Ispahan à Andra اندرة, montagne au milieu d'un désert, puits, 1 journée.

« A Neder Sar ندرسار (ou Beder Sar بدرسار), lieu désert, puits, 1 journée.

« A Afchout افشوط, citerne, 1 journée.

---

[1] Le ms. A. porte تمكيرود Temkiroud.

440   TROISIÈME CLIMAT.

« A Jaderan جادران, montagne au pied de laquelle est une
« source; repaire de voleurs, 1 journée.

« A Badkhan Bad بدخن باد, lieu ruiné et désert, 1 journée.

« A Khaïdidjïn خيدجين, lieu désert, source, 1 journée.

« A Demindar دمندار, source dans un bas-fond, 1 journée.

« A Adan Bad عدان باد, 1 journée.

« A Korïn كرين, 2 journées.

« On peut prendre de Khaïdidjïn خيدجين par Marsan مارسان,
« défilé de montagnes où l'on trouve de l'eau dans une ca-
« verne : 1 journée.

« De là à Na'ïs نعيس, 1 journée.

« A Dema'dïn دمعدين, fort de peu d'importance, 1 journée.

« A Badmé بادمة, source, 1 journée.

« A Hasekïn حاسكين, 1 journée.

« A Bedrest بدرست, 1 journée.

« A Cabresah قبرسه, 1 journée.

« A Nisabour نيسابور, 18 milles.

ITINÉRAIRE D'ISPAHAN A REI.

D'Ispahan à Dalhi دالي[1], village, 1 journée.

De là à Robat A'mer رباط عامر, « lieu aujourd'hui désert, mais
« précédemment occupé par une peuplade qui veillait à la sûreté
« du chemin. Il y a une citerne où s'écoulent les eaux d'un
« ruisseau venant de l'occident. »

Puis à Robat abi-Aly ben-Rustem رباط ابى على بن رستم, 1 journée.

A Derrah دره, place petite, mais forte, 1 journée.

A la ville de Cachan قاشان, par des lieux déserts, stériles et
dangereux, 2 journées.

[1] La version latine porte Dalge.

SEPTIÈME SECTION.   441

A Cariet el-Madjous قرية المجوس, « village dont les habitants
« sont ignicoles, » 1 journée.

A Coum قم, belle ville entourée d'habitations, 1 journée.

« Le pays compris entre Coum et Cariet el-Madjous est par-
« semé de villages et de lieux habités. »

A Kadj كاج¹, « village à demi ruiné où l'on n'a que de l'eau de
« pluie, » 1 journée.

Par le désert, à Deïr el-Hissn دير الحصن, « château-fort, bien
« construit en briques et en plâtre, contenant des habitants et
« une garnison, » 1 journée.

A Dorza درزة, « ville de grandeur moyenne, possédant une
« mosquée, des édifices, des champs cultivés et de l'eau cou-
« rante, » 1 journée.

« (La route passe entre les montagnes dites Kerkech-Kouh
« كركش كوه et Siah-Kouh سياه كوه). »

De là à Reï الرى, grande ville dont nous donnerons plus tard
la description, s'il plaît à Dieu, 1 journée.

Il existe une autre route d'Ispahan à Reï, par le désert, passant entre les deux montagnes dont il vient d'être question. A
partir de Deïr el-Hissn دير الحصن, vous prenez à gauche à travers
les montagnes; de ce lieu à Siah-Kouh سياه كوه, on compte
12 milles.

(D'une montagne à l'autre l'intervalle est de 17 milles.)

Vous revenez ensuite, en prenant à droite, à Dorza درزة,
21 milles.

Et ensuite à Reï.

Telles sont toutes les routes existantes dans ce désert. Après
nous être efforcé de les décrire aussi bien qu'il dépendait de
nous, nous allons passer à ce que la présente section embrasse
de relatif au Sedjestan. Nous disons donc que les (principales)

---

¹ La version latine porte ad *civitatem* Kas.

villes de cette province sont : Zarendj زرنج, Kirouïeh كيرويه, el-Tâc الطاق, el-Fars الفرس, Khawas خواس; Courra ترّة, Djerra جرّة, Bost[1], Zerdan زردان, Zalecan زالقان, Baghneïn باغنين, Darghach درغش, Derthel درثل, Bechenk بشنك, Bendjewaï بنجوای, Kemk كمك, Gharia غربة, el-Cassr القصر, Chiwa شيوی, Esfendjaï اسفنجای et Hamam حامام.

« La principale ville (du Sedjestan) s'appelle Zarendj زرنج.
« Elle est grande, bien bâtie, commerçante. Ses bazars entourent
« la grande mosquée. Ses faubourgs sont populeux et remar-
« quables par la belle construction des marchés. La ville est en-
« tourée de bonnes murailles et de fossés, ainsi que les fau-
« bourgs. Les fossés qui règnent autour des murs d'enceinte
« sont alimentés par des sources d'eau vive et par les eaux qui
« excèdent les besoins de la consommation. La ville a cinq portes
« et les faubourgs treize; ces portes sont enduites en argile
« mêlée de vitriol, car le bois qui s'y trouve serait, sans cette
« précaution, exposé à être rongé et détérioré par les vers. La
« grande mosquée est bâtie dans la ville, sur un terrain dont le
« niveau est inférieur à celui du faubourg. Zarendj est arrosée
« par trois cours d'eau, qui y pénètrent par trois portes diffé-
« rentes, c'est-à-dire, 1° par la porte vieille باب العتيق, 2° par la
« porte neuve باب الجديد, 3° par la porte au blé باب الطعام. Ces
« cours d'eau, de peu d'importance, servent à l'arrosage des jar-
« dins existant autour de la ville et à l'approvisionnement des

---

[1] Variantes du ms. A. : حدّه Hadda, دوست Dost, مودان Mewdan, درعس Dera'as, بل Bel, تشكيك Techkik, etc. Pour celles de la version latine, voy. p. 133 de cette version.

[2] Il est souvent question dans Strabon d'un peuple connu sous la dénomination de *Drangi* et d'une province dite *Drangiane* qui, selon le sentiment commun, répond à ce que l'on appelle aujourd'hui le Sedjestan. D'après la carte dressée en 1834 pour le voyage de M. Burnes, la position de Zarendj répond à celle de la moderne Djelal-Abad. Voyez cette carte et la traduction française de Strabon, t. IV, p. 267, et t. V, p. 98 et 99.

« bains. Le sol du pays est en général sablonneux et plat (on n'y
« voit aucune montagne), et le climat chaud. Il n'y tombe jamais
« de neige, mais des vents violents y soufflent avec une telle
« continuité, que, pour moudre le grain, on y a construit des
« moulins mus par cette force. Les habitants de ce pays sont
« constamment incommodés par le sable.

« Les cours d'eau qui parviennent à Zarendj et traversent cette
« ville dérivent de l'Hindmend هندمند, grand fleuve qui prend
« sa source dans les sommets du Ghaur الـغـور[1], parvient aux li-
« mites du Rahedj رخ et du pays de Derawas دروس (ou Da-
« warch دوارش), puis coule vers Bost بست, longe les limites
« du Sedjestan et se jette dans le lac de Derrah بحيرة درة[2].

« L'étendue et la profondeur des eaux de ce lac augmentent
« ou diminuent selon l'accroissement ou la diminution de ses
« affluents. Il y a sur ses bords des villages et des champs cul-
« tivés. Son étendue, en longueur, est d'environ 90 milles de-
« puis Korïn كرين, sur la route du Kouhestan على طريق كوهستان,
« jusqu'au pont de Kerman قنطرة كرمان, sur la route du Fars على
« طريق فارس. Ses eaux sont douces et on y pêche beaucoup de
« poisson. A l'exception de la partie de ses bords qui touche au
« désert, toutes les autres sont habitées.

« Quant aux cours d'eau qui dérivent de l'Hindmend هندمند,
« ils se répandent sur le sol de la contrée qu'ils traversent, et il
« n'en parvient aucune partie dans le lac.

« Le Sedjestan comprend, indépendamment de Zarendj, di-
« vers autres lieux, dont le territoire produit en quantité du
« blé, des dattes, de l'encens اللبان[3] et du raisin, et dont les

---

[1] Ces montagnes, indiquées sur les cartes sous le nom de Ghoor ou de Gaur, paraissent être les anciennes Paropamisades. Voyez d'Anville, *Géographie ancienne*, t. II, p. 291.

[2] C'est celui qu'on appelle aujourd'hui lac de Zerrah. Voy. ci-dessus p. 434.

[3] Cette particularité est omise dans le ms. B.

TROISIÈME CLIMAT.

« habitants vivent dans l'aisance et vendent à crédit l'excédant
« de leurs récoltes. Ce pays est borné, du côté du midi, par
« le district de Balis ناحية باليس, situé entre le Sedjestan et
« le district de Sind ناحية السند, qui a pour capitale Siwa سيوى,
« bien que le gouverneur réside dans un lieu nommé el-Cassr
« القصر, à deux journées de la ville. »

« Rahedj رج (ou Radjam رجم) est le nom d'une province,
« اقلم, dont les deux villes principales sont Bendjewaï بنجواى
« et Kehek كهك. Cette province est située entre celle dite el-
« Dawar داور[1] et Balis باليس. El-Dawar est un pays fertile,
« limitrophe d'el-Ghaur الغور, de Baghneïn باغنين, de Khilkh خلج
« de Bechenk بشنك, et d'où dépend la ville de Bek بك et celle
« de Darghach درغش, l'une et l'autre bâties sur les rives de
« l'Hindmend. « Quant à Baghneïn, à Khilkh et à Bechenk, ces
« pays confinent avec le Ghaur. »

« Les Khilkhs خلج (ou Khildjis خلج) sont des peuples de race
« turque, qui, dès les temps anciens, parvinrent aux frontières
« de l'Inde et à celles du Sedjestan et du Ghaur. Ils descendirent
« dans ces contrées, les cultivèrent, les fertilisèrent et y éta-
« blirent leurs demeures. Ils possèdent des troupeaux de mou-
« tons, des bœufs, des chevaux et toute sorte de biens en
« abondance, et ils ont conservé le costume et la physionomie
« des Turks[2]. »

« Parmi les villes situées dans les environs de Zarendj, on re-
« marque el-Tâc الطاق, à une journée de distance de Zarendj,
« sur la droite du voyageur qui se rend dans le Khorasan. Elle

---

[1] Le ms B. porte روات.
[2] Voici le texte :

وللخلج صنف من الاتراك وصلوا على قديم الزمان الى تخوم الهند ونواى سجستان والغور فنزلوا بها وعمروها واتخذوها اوطانا وهم اصحاب اغنام وبقر وخيل ونعم كثيرة وهم على زى الاتراك وهيئاتهم

SEPTIÈME SECTION. 445

« est petite, mais bien peuplée et entourée d'un territoire fertile
« et produisant beaucoup de raisin et de fruits qui servent à la
« consommation des habitants du Sedjestan.

« El-Fars الفرس est une ville de grandeur moyenne, ceinte de
« murs et possédant des marchés. C'était autrefois la résidence
« de Rustem le Fort et la capitale de son royaume. On y voit
« encore les vestiges du lieu où l'on attachait ses chevaux[1]. Cette
« ville est entourée de villages et d'habitations et située à une
« journée de distance de Sedjestan (c'est-à-dire de la capitale
« du Sedjestan), sur la gauche du voyageur qui va à Bost بست.

« Khawas خواس[2] est plus grande et mieux bâtie qu'el-Fars
« الفرس ; entourée de murs en terre, elle possède des bazars
« où l'on fait un bon commerce et où l'on peut se procurer
« toute sorte de marchandises. Khawas est à une journée d'el-
« Fars, sur la gauche du voyageur qui se rend à Bost, et à un
« mille et demi de Caraa' قارعة. Son territoire est bien peuplé,
« bien cultivé, couvert de palmiers et d'autres arbres produi-
« sant des fruits en abondance, arrosé par des ruisseaux et des
« canaux. Ses habitants vivent dans l'aisance.

« Djerra جرة est une ville dont les dépendances touchent à
« celles de Courra قرة[3], dont elle est éloignée d'une journée en-
« viron, à droite du voyageur qui se rend du Sedjestan au Kho-
« rasan. Ses dépendances sont agréables et leur étendue est à
« peu près égale à celle des dépendances d'el-Fars الفرس. Il y a
« beaucoup de villages, d'habitations et de lieux cultivés et fer-
« tiles. Les maisons sont construites en pierre et en argile; on
« y boit de l'eau amenée par des canaux.

[1] وهي كان في سالف الدهر دار رستم الشديد ودار مملكه وبها اثر مربط فرسه
[2] Les cartes anglaises portent l'indication d'une ville du nom de Khoos.
[3] En admettant le déplacement d'un point diacritique, on retrouverait ici le nom de la ville de Furrah, située par 31° 50′ de latitude et 59° 10′ de longitude à l'est du méridien de Paris.

TROISIÈME CLIMAT.

« De Djerra à Sedjestan, on compte 3 journées, et à Courra,
« 1 journée.

« Djerra est située entre el-Fars et Courra.

« Cette dernière ville (Courra ترة) est plus grande que Djerra
« et qu'el-Fars. Elle est jolie, ceinte de murs en terre, bâtie
« sur un terrain plat; les maisons y sont construites en argile;
« son territoire contient près de soixante villages; on y recueille
« des dattes, du raisin et toute sorte de fruits en abondance.
« Il est traversé et arrosé par une rivière qui porte le même
« nom que la ville, et dont l'excédant des eaux se jette dans
« le lac de Derrah حيرة ذره, situé à une journée de distance.
« Non loin de Courra[1] est une ville dite Beh به, et (également)
« connue sous le nom de Rahedja راحجة. Cette dernière ville est
« de peu d'importance, à peu près aussi grande et aussi bien
« bâtie qu'el-Fars; mais il en dépend un territoire considérable,
« des villages et des champs produisant du raisin et du fruit en
« quantité. Elle est située à 2 journées de Bost بست. Le nom
« de la première station est Firouz-Bend فيروز بند[2], et celui de
« la seconde, la rivière de Sarwan نهر سروان, pays qui touche
« au Dawar الداور et au Rahedj الرج.

« Quant à la ville de Zalecan الزالقان, située à une journée de
« Bost بست, elle est bien peuplée, entourée de murs, pourvue
« de marchés, d'eau courante, de vergers, de palmiers, de vignes,
« de champs cultivés, de pâturages et de troupeaux; elle est à
« peu près de la même étendue qu'el-Fars; la plupart de ses
« habitants sont tisserands, et leur principal commerce consiste en
« étoffes qu'on vend et qu'on exporte au loin en quantité con-
« sidérable. Les maisons sont construites en briques et en ar-
« gile.

---

[1] Le ms. B. porte : « à une forte journée sur la frontière du désert. »
[2] L'*Oriental Geography*, p. 208 et 210, porte Firouzmend.

SEPTIÈME SECTION. 447

« Sarwan سروان ¹ est une ville petite, entourée de murs et dont
« les maisons sont construites en argile; elle est moins considé-
« rable qu'el-Fars, et elle portait autrefois le nom de Firouz-
« Bend فيروز بند (ou Firouz-Mend فيروز مند). Elle est située à la
« droite du voyageur qui se rend à Rahedj رج; son territoire
« produit du raisin, des fruits, des céréales et, en particulier,
« du bendj بنج ²; il est arrosé par des eaux courantes. »

« Keles كلس est également une ville de peu d'importance,
« mais entourée de murs, commerçante et industrieuse. Ses ha-
« bitants sont artisans et voyageurs. Ils exercent pour la plupart
« le métier de tisserands. De là à Zerendj زرنج, on compte
« 90 milles. Keles est sur les bords de l'Hindmend et sur la li-
« sière du désert. Il y a quelques cultures dans ses environs. »

ITINÉRAIRE DE SEDJESTAN A HÉRAT ³.

La première station se nomme Kerkouïa كركويه.

De là à Dostar دستر, où l'on passe, sur un pont, un cours d'eau dérivé de l'Hindmend, 12 milles.

A Djouïn جوين, village, 1 journée.

A Ansant انسنت, 1 journée.

A Kerkara كركرة, 1 journée.

A Cherchek شرشك, 1 journée.

Au pont sur la rivière de Courra, 1 journée.

De ce pont ⁴ au fort de Derrah دره, sur les bords du lac dans lequel se jette l'Hindmend, 1 journée.

De Derrah à Kouskian كوسكان, 1 journée.

---

¹ Les cartes indiquent une ville du nom de Sarawan environ à 60 lieues au sud-est de l'Hindmend.

² Sorte de racine employée comme soporifique, et plus généralement connue sous le nom de beng بنك.

³ Pour les variantes des noms de lieux, voyez la version latine, p. 133, 134 et 135.

⁴ Le ms. B. porte de Courra.

448   TROISIÈME CLIMAT.

A Djachan جاشان, lieu qui dépend du Asfaran الاسفران, dans le pays de Hérat, 1 journée.

De là au canal Sari سَرى, 1 journée.

A la montagne noire جبل الاسود, 1 journée.

A Djidman جدمان, 1 journée.

A Hérat هراة, 1 journée.

ITINÉRAIRE DE SEDJESTAN A BOST [1].

A Zinoun زينون, 1 journée.

A Sirouroun سرورون, village florissant et résidence royale, 1 journée.

Haroura حرورى, idem, 1 journée,

On traverse, dans l'intervalle, la rivière de Belechk نهر بلشك sur un pont construit en briques.

A Dehek دهك, lieu fortifié dans le désert, 1 journée.

A Ab Chour اب شور, 1 journée.

A Kerourïn كرورين, lieu fortifié, 1 journée.

A Hafchian هفشيان, idem, 1 journée.

A Robat Abdallah رباط عبدالله, idem, 1 journée.

A Bost بست, 1 journée.

ITINÉRAIRE DE BOST A GHARIAH غريه [2].

« Du côté du sud-est [3], de Bost بست à un fort dit Firouz فيروز, « 1 journée.

« A Ma'oun معون, lieu fortifié, 1 journée.

« A Kir كير, 1 journée.

---

[1] La latitude de Bost, d'après la carte d'Arrowsmith, est d'environ 31° 50.

[2] Les manuscrits portent غريه Ghariah, غرية Gharia et عدية A'dia. Les auteurs de la version latine ont lu Araba. Je pense que la vraie leçon est غزنة Ghazna ou غزني Ghizni.

[3] Le ms. B., feuillet 164 *recto*, porte فى جهت الجنوب, du côté du sud.

SEPTIÈME SECTION.

« A Rahedj رج, 1 journée.

« Rahedj الرج, ville qui se nomme aussi Bendjewaï بنجواى, est
« l'une des principales des pays de Dawar الداوَر[1] et de Balis
« بالس; il y a des marchés très-fréquentés pour les grains, les
« bestiaux et toute sorte de productions avantageuses. Le pre-
« mier de ces pays (le Dawar الداوَر) est très-fertile, et il est
« considéré comme une frontière fortifiée du côté du Ghaur
« الغور, de Baghneïn باغنين, de Khildj خلج et de Bechenk بشنك. »

De Bendjewaï à Mekin-Abad, 1 journée.

De là à el-Aouc الاوق, village, 1 journée.

A Djeïkel-Abad جيكل اباد, 1 journée.

A A'zir عزير, 1 journée.

A Djabost جابست, station, 1 journée.

A Houma حومة, 1 journée.

A Habesan حابسان, première limite du pays de Gharia, 1 journée.

A Djesradji جسراج, 1 journée.

A Haroua هروى, bourg peuplé, 1 journée.

A Gharia غرية (ou plutôt Ghazna[2]), 1 journée.

« Cette dernière ville est belle et populeuse; elle possède de
« nombreux marchés et fait un commerce considérable. » C'est
par là qu'on entre dans l'Inde. En suivant cette route, et en venant
de Bendjewaï بنجواى, si vous voulez, vous pouvez, en prenant à
droite, vous rendre à la ville de Balis بالس, située à l'extrémité
du désert. De Bendjewaï à Robat el-Hadjar رباط الحجر, on compte
1 journée.

De là à Robat Kankar رباط كنكر, 1 journée.

De là à Robat Ber رباط بر, 1 journée.

De là à Esfendjaï اسفنجاى, 1 journée.

Distance totale de Robat el-Hadjar à Esfendjaï, 4 journées.

[1] On trouve en effet, sur les cartes anglaises, une contrée indiquée sous la dénomination de *Zemin Dewar*.

[2] Voyez la note 2, p. 448 ci-dessus.

Cette dernière place est très-forte; elle est entourée de champs cultivés et possède des troupeaux. Non loin, à 3 milles de distance, est el-Cassr القصر, château-fort. D'Esfendjaï à Sari سرى, place forte, bien habitée et située à l'extrémité des déserts du Sind مغاور السند, 2 journées.

Le pays produit de l'assa fætida الحلتيت de qualité supérieure, et on en recueille en quantité prodigieuse.

De Bendjewaï à Kehek كهك, en se dirigeant vers l'orient, 3 milles.

De la ville de Bost à celle de Sarwan, également vers l'orient, 2 journées.

« Sarwan سروان[1] est une ville jolie, entourée de murs, riche « et commerçante. » De là, en prenant au nord, jusqu'aux bords de l'Hindmend, 1 journée.

Après avoir passé ce fleuve, on parvient à Derthel درثل, ville située sur ses bords, « d'un aspect agréable, forte par sa posi-« tion[2], possédant des bazars d'une construction solide où l'on « se livre au négoce et où l'on trouve d'abondantes ressources. »

De Derthel à Darghach درغاش, « en suivant les bord du fleuve, » 1 journée.

« Darghach درغاش est une ville jolie, bien bâtie, entourée de « murs et faisant constamment du commerce. Elle est située sur « les bords de l'Hindmend[3]. L'une et l'autre de ces villes font « partie du pays de Dawar داور. De Derthel درثل à Baghneïn « باغنين, à travers les tribus de Bechenk فى قبايل بشنك, on compte 1 journée.

« Hach حاش est une ville dépendant du Bechenk بشنك, grande, « populeuse, non entourée de murs, mais défendue par une « citadelle. »

---

[1] Notre auteur a déjà parlé d'une ville de ce nom. Voyez ci-dessus, p. 447.

[2] حصينة الوضع.

[3] وهى على نهر هندمند.

SEPTIÈME SECTION.

De Hérat هرات, ville dont on trouvera plus loin la description, à Bourendjan بورنجان, ville du Khorasan, « possédant des mar-
« chés, des bains et des édifices contigus, » on compte 8 journées.

De là à Nisabour نيسابور (ou Nichapour), 6 journées.

« Cette dernière ville est située dans une plaine; il n'y a d'autre
« eau courante que celle d'un ruisseau qui tarit durant une
« partie de l'année et qui n'est qu'une dérivation des eaux de
« Hérat. Dans la campagne, on sème des légumes. Nisabour
« égale en étendue la moitié de Merw مرو [1].

Quant à Sarakhs سرخس, elle possède un sol fertile et un
climat tempéré. « Cependant elle n'a point un territoire ni des
« dépendances considérables. Les habitants de ces campagnes
« s'entendent parfaitement au choix et à la production des bonnes
« races de chameaux; ils boivent de l'eau de puits et font moudre
« leurs grains au moyen de manèges mus par des bêtes de
« somme. Leurs maisons sont bâties en argile et en briques
« cuites au soleil. »

De Sarakhs سرخس à Hérat هراة, en se dirigeant vers le sud-
est, 5 journées.

De Sarakhs à Bourendjan بورنجان, 4 journées.

De Bourendjan à Baïand بيانـد, 5 journées, savoir:

De Bourendjan à Malin مالن, qu'on appelle aussi Malin Koua-

---

[1] Cette description de l'ancienne capitale du Khorasan répond peu à l'idée que donnent de l'importance de Nisapour la plupart des géographes orientaux. On lit dans le *Nozhat el-Coloub* (mss. persans de la Bibliothèque du roi, n° 127, p. 224) que les eaux nécessaires à la consommation de cette ville proviennent d'une haute montagne située à deux parasanges à l'est de la ville, et que sur cet espace de terrain la force du cours d'eau est telle qu'elle fait tourner quarante moulins. Voici le texte du passage dont il s'agit:

وآب رود ازكوهى مى آيد شرق نيشابور وآن كوه غايت بلند است واز كوه
تا نيشابور دو فرسنك ودرين دو فرسنك رودخانه چهل آسيا ساخته اند

khour كواخور مالى, et qui ne dépend pas de Hérat, 1 journée.

De Malin à Haïman حايمن, territoire vaste et bien habité, 1 journée.

De Haïman à Sikian سيكان, 1 journée.

De là à Baïand بياند, 2 journées.

« Cette dernière ville, plus considérable que Khour خور, est
« cependant petite. Ses constructions sont en argile; ses mar-
« chés sont constamment ouverts; des champs cultivés et des
« villages en dépendent; les eaux y parviennent au moyen de
« canaux d'irrigation. »

De là à Caneïn قاىىى[1] ou Caïn قاىن, 2 journées.

« Caneïn est une ville florissante et peuplée, ceinte de murs
« en terre et construite en argile; il y a un château entouré
« d'un fossé et une grande mosquée; ce château est le siége de
« l'administration; l'eau est amenée dans la ville par des canaux;
« il y a peu de jardins et les villages sont clairsemés. Cette ville
« est à peu près de la même importance que Sarakhs سرخس;
« c'est la capitale du Kouhestan كوهستان et du Houma حومة. A
« deux journées de distance de Caneïn, sur la route de Nisa-
« bour, on trouve l'espèce d'argile dite tïn el-mehadji طين المحاج,
« qu'on transporte au loin pour être mangée : elle est d'une
« blancheur éblouissante. »

De Caneïn قاىىى à Zouzan زوزان, « ville considérable, forte,
« populeuse et commerçante, » 3 journées.

ITINÉRAIRE DE ZOUZAN A HÉRAT.

De Zouzan à Kharkara خركرة, jolie petite ville, 1 journée.

[1] La version latine porte Babeïn, mais nos deux manuscrits sont d'accord sur l'orthographe que nous transcrivons sans en garantir l'exactitude. Presque toutes les cartes portent Kayn; M. Ouseley lit Kaein. Voyez l'*Oriental Geography*, p. 223.

SEPTIÈME SECTION.

De là à Carkerda كركرده, place forte, mosquée, bazar, 2 journées.

Puis à Bousih بوسح (ou Bouchindj بوشنج), ville, 2 journées.

Puis à Hérat هراة, pays dont nous donnerons plus tard une ample description, s'il plaît à Dieu, 1 journée.

De Caneïn à Tubbus طبس, on compte 3 journées.

Tubbus طبس[1] est plus considérable que Baïand et plus petite que Caneïn; c'est un pays chaud où croît le palmier; « il y a divers « édifices, un mur d'enceinte en terre; les maisons sont également « bâties en argile, et les eaux y sont amenées au moyen « de canaux; il y a plus de jardins qu'à Caneïn, mais il n'y a « point de château. »

De Tubbus طبس à Khour خور, « petite ville située à l'extré- « trémité du désert qu'on nomme désert de Houseb مفاوز حوسب, « 2 fortes journées. »

« De Khour خور à Houseb حوسب, 2 journées. »

« De Caneïn قائنى à Khour, 2 journées. »

« Khour خور est une ville moins considérable que Tubbus; les « maisons y sont construites en terre; il n'y a ni fort, ni châ- « teau; les jardins et les plantations de palmiers y sont rares; « les eaux y parviennent au moyen d'aqueducs construits en « pierres[2]. Houseb حوسب est plus grande que Khour; il y a une « mosquée et une chaire pour la *khotba*, de beaux bazars, et on « y fait beaucoup de commerce.

« De Houseb à Korïn كرين, ville ou plutôt gros bourg sans « murailles, environné d'un vaste territoire, environ 3 jour- « nées.

« De Korïn à Tubbus طبس, 12 milles. »

Au nombre des villes du pays de Nisabour, il faut compter

---

[1] Nous suivons l'orthographe donnée par les cartes d'Arrowsmith et de Kinneir.

[2] Le texte porte : ماوها يدخل البلد فى قنى حجر مسربة لهم

celle de Barchïn برشين[1], qui est florissante, bien peuplée, entourée de murailles très-fortes, de fossés et de jardins. « Cette « ville commerçante est située à 4 journées de Nisabour et à 2 « de Baïand, dont il a déjà été question. » On se rend en effet de Barchïn à Kaïderm كيدرم en une journée; puis à Baïand. « Kaïderm est un lieu de marché, bien peuplé et fortifié. » De Zouzan زوزان, ci-dessus mentionnée, à Sawahek ساوهك (ou Sawamek ساومك), sur la gauche de Sikian عن يسار سيكان, 2 journées.

De Sikian à Baïand بياند, 2 journées.

La distance totale qui sépare Caneïn تانين de Nisabour نيسابور est de 10 journées. « En effet, de Nisabour à Malin مالين, on « compte 4 journées.

« De Malin à Sikian, 2 journées.

« De Sikian à Baïand, 2 journées.

« Et de Baïand à Caneïn, 2 journées.

« Total, 10 journées.

« De Nisabour à Zouzan زوزان, on compte également 10 jour-« nées, savoir :

« De Nisabour à Malin, 4 journées.

« De Malin à Sikian, 2 journées.

« De Sikian à Sawahek ساوهك (ou Sawamek ساومك), 2 jour-« nées.

« Et de là à Zouzan, 2 journées.

« Total, 10 journées.

« De Barchïn à Hasikïn حاسكين, petite ville possédant une « mosquée et une chaire, des champs cultivés et des édifices « contigus, 4 journées.

« De là à Nisabour, 66 milles.

---

[1] Je soupçonne qu'il s'agit ici de Turchiz, ville située entre Tubbus et Nichapour; mais les deux manuscrits et la version s'accordent et portent Barchïn.

SEPTIÈME SECTION.

« De Canein à Barchin, 5 journées.

« De Barchin à Baïand, 3 journées.

« De Barchin au village de Salem قرية سلم, 6 journées.

« Ce village est situé dans le désert dont nous avons déjà fait
« mention. »

HUITIÈME SECTION.

Suite du Sedjestan et du Khorasan. — Nord de l'Inde. — Dawar. — Ghaur. — Gharia ou Ghazna. — Kaboul. — Hérat. — Bousih ou Bouchindj. — Merw el-Roud. — Talecan. — Le Djihoun ou l'Oxus. — Termed. — Balkh. — Bamian. — Badakhchan. — Saghanian. — Wasdjerd ou Wasgherd. — Nasef. — Montagnes de Botm. — Bikind. — Ouch. — Casan.

Feuillet 101 recto [1]. Cette huitième section contient ce qui nous reste à décrire du Sedjestan jusqu'aux limites du pays de Namian بامیان[2] et du Ghaur الغور qui sont situées vis-à-vis de cette province, et de plus la description des pays de Badakhchan بدخشان, de Djil[3] جیل, de Balkh بلخ, de Hérat هراة, de Merw مرو; le reste du Khorasan خراسان jusqu'à l'autre rive du Djihoun جیحون (l'Oxus); les pays de Boukhara بخارا, de Samarcande سمرقند, d'Osrouchna اسروشنة, de Ferghanah فرغانه; le Tibet التبت; et ce qui, dépendant du Chach شاش[4] et du Farab فاراب, touche à cette dernière contrée (le Tibet). Il existe dans ces divers pays un grand nombre de villes, de places fortes, de lieux florissants et peuplés. Nous en parlerons, s'il plaît à Dieu, en suivant la même méthode que nous avons adoptée dans les précédentes sections.

DAWAR. Nous disons donc que la partie orientale du Sedjestan confine avec le Ghaur, et que la province qui touche au Ghaur se

---

[1] A partir du feuillet 107 jusqu'au feuillet 120, le ms. A. est d'une écriture dont les caractères, d'une époque plus récente, ne sont point arabes-africains.

[2] Il y a tout lieu de croire qu'il s'agit ici du pays de Bamian.

[3] Le man. A. porte بلاد الجیل.

[4] Ou شاش, d'après le même manuscrit.

nomme le Dawar الدّاور[1]. « Cette province est vaste, riche et
« fertile; c'est la frontière et la ligne de défense ثغر du côté
« du Ghaur, de Bagneïn بغنين, de Khilkh خلج, de Bechenk
« بشنك et de Hach حاش. Baghneïn est un pays agréable,
« fertile et abondant en fruits; de là à Derthel درتل, on compte
« 1 journée à travers les tribus nomades des Bechenks بشنك.
« Derthel est une ville située sur les bords de l'Hindmend et
« l'une des principales du Dawar. On y remarque des édifices,
« des champs ensemencés; mais elle n'est point entourée de
« murs. Du Dawar dépendent aussi les villes de Bek بك et de
« Badghich بدغش[2], dont il a déjà été fait mention. Le pays est
« habité par une peuplade nommée Khilkh خلج. Les Khilkhs
« sont des gens de race turque, qui, dès une époque reculée,
« envahirent cette contrée, et dont les habitations se sont ré-
« pandues au nord de l'Inde, sur les flancs du Ghaur et dans une
« partie du Sedjestan occidental; ils possèdent des troupeaux,
« des richesses et divers produits de l'agriculture; ils ont toute
« l'apparence des Turks, tant sous le rapport du vêtement, des
« traits caractéristiques et de toutes les habitudes, que sous ce-
« lui de la manière de faire la guerre et de l'armement; ils sont
« pacifiques, ne font et ne pensent rien de mal[3]. »

On traverse le fleuve à Derthel pour se rendre à Sarwan

[1] C'est ainsi qu'il faut certainement lire, et non Rawar. Voyez ci-dessus, p. 449.
[2] Ou plutôt Badghis. Voyez l'*Histoire des Mongols*, tome I, page 242; Briggs, *History of the mehometan power in India*, tome IV, page 611, etc.
[3] Voici le texte de ce passage :

يعمر هذه الارضين قبيلة تسمّى لخلج وهم صنف من الاتراك وتعوا الى هذا
المكان فى قديم الدهر وانصلت عمارتهم الى شمال الهند وظهر الغور وبعض
بلاد سجستان الغربية وهم اصحاب سوايم وانعام وحرث وخير شامل وزيّتهم
زىّ الاتراك فى اللباس والهيئة وجميع افعالهم وفى حروبهم وسلاحهم وهم
مهادنون لا يعولون بشرّ ولا يرونه

سروان, ville située à une journée de distance, « d'une grandeur
« médiocre, mais florissante et peuplée, dont dépendent des
« villages et un territoire qui produit toutes choses avec abon-
« dance. Sarwan est plus considérable qu'el-Fars الفرس et plus
« riche en fruits et en productions de tout genre; le raisin qu'on
« y recueille est transporté à Bost بست, ville située à 2 jour-
« nées, en passant par Firouzend فيروزند, bourg bien peuplé,
« possédant un marché dont l'importance est en proportion avec
« celle du lieu; ce bourg (Firouzend) est situé sur la droite du
« voyageur qui se rend dans le Rahedj الرج, province dont la
« ville principale est Bendjewaï بنجواى, dont nous avons fait
« mention et qui se trouve sur les limites du Sedjestan, vis-à-
« vis de Derthel درثل. Sur la rive méridionale de l'Hindmend est
« Roudhan روذان, ville petite, mais florissante. Quant à la ville
« de Bek بك, elle est limitrophe du Ghaur et est également de
« peu d'importance.

« Le Ghaur الغور est une contrée montagneuse et bien ha-
« bitée, où l'on trouve des sources, des rivières et des jardins;
« cette contrée est facile à défendre et très-fertile; il y a beau-
« coup de champs cultivés et de troupeaux; les habitants parlent
« une langue qui n'est point celle des habitants du Khorasan et
« ils ne sont pas musulmans. Les pays circonvoisins du Ghaur
« الغور sont : les dépendances de Hérat هرات, le Djouzdjan
« جوزجان, le Carawat بلد تراوة, le pays de Daoud ben-Abbas
« بلد داود بن عباس, le fort de Kerwan رباط كروان et le Ghurdjes-
« tan غرجستان [1]. Ces pays sont en général fertiles et la popula-
« tion y est musulmane. La majeure partie des esclaves qu'on
« tire du Ghaur est menée à Hérat et dans le Sedjestan, car les
« habitants des contrées voisines dérobent et emmènent chez
« eux les femmes et les enfants.

[1] La plupart de ces noms de lieu étant écrits sans points diacritiques dans le ms. A, nous suivons le ms. B.

HUITIÈME SECTION.

« De Bendjewaï à Gharia غرية[1], on compte 9 journées, en se dirigeant vers l'orient; savoir : de Bendjewaï à Mekïn Abad مكين اباد, 1 journée.

« De là à Robat el-Aouc رباط الاوق, 1 journée.

« De là au fort de Djeïkel Abad رباط جيكل اباد, 1 journée.

« De là à Cariat A'ziz قرية عزيز, 1 journée.

« De là à Haset حاست, 1 journée.

« De là à Cariat Houma قرية حومة, 1 journée.

« De là à Cariat Habsan قرية حابسان (ou Djabestan جابستان), première dépendance de Gharia, 1 journée.

« De là à Djesradji جسراجى (ou Djeradji جراجى), 1 journée.

« De là au fort de Hedwa رباط هدوا, lieu bien peuplé, 1 journée.

« De là à Gharia, 1 faible journée.

« Gharia غرية est une belle et grande ville entourée de murailles en terre et d'un fossé; il y a beaucoup d'édifices bien habités et des marchés permanents; on y perçoit les contributions et on y fait beaucoup de commerce; cette ville est riche et c'est l'un des entrepôts de l'Inde فرضة الهند. Au territoire de Gharia confine celui de Kaboul كابل, qui est située à 9 journées de distance.

« Kaboul كابل, l'une des grandes villes de l'Inde, est une place forte entourée de murs; il y existe, dans l'intérieur, une bonne citadelle, et au dehors divers faubourgs. Les rois (de la contrée) ne jouissent complétement du droit de souveraineté qu'après avoir été reconnus rois à Kaboul. S'ils se trouvent absents de cette ville, il faut absolument qu'ils y viennent

---

[1] Le ms. A. porte A'dia عدية et le ms. B. Gharia غرية; mais ni l'une ni l'autre de ces leçons n'étant satisfaisante, et le déplacement des points diacritiques permettant de lire Ghazna غزنة, je propose, ainsi qu'on a pu le voir ci-dessus p. 448, d'adopter cette dernière leçon.

« pour y être investis de l'autorité royale[1]. A Kaboul, à Khouriab
« خرياب (ou Khouïab خوياب), et à Sekarend سكرند (ou Seka-
« wend سكاوند), le climat est chaud; cependant le palmier n'y
« croît pas et il y tombe de la neige en hiver[1]. Sekarend سكرند
« est une ville florissante, peuplée, riche et commerçante, située
« à 7 journées de Kaboul et à 7 journées de Khouriab. »

ITINÉRAIRE DU PAYS DE GHAUR A HÉRAT.

Après avoir franchi la frontière du Ghaur, on rencontre, à une faible journée, la ville de Housab حسب.

De là à Auca اوقة, jolie ville entourée de murs en terre, 2 journées.

Puis à Marabadماراباد, « petite ville, comparable en grandeur « à Malin مالى, environnée de quelques jardins et de cultures, » 1 journée.

De là à Astar Abad استار اباد, « ville moins grande que Ma-
« lin, située au milieu des montagnes, avec beaucoup d'eaux
« vives, quelques jardins, quantité de champs cultivés et de
« vignes sur les coteaux; 1 faible journée.

De là à Badjitan باجيتان (ou Nadjitan ناجيتان), « ville à res-
« sources abondantes et d'une étendue considérable, » 1 journée.

De là à Nachan ناشان, « jolie petite ville possédant des bazars « et des fabriques, » 1 journée.

De là à Hérat هراة, 1 journée.

« Cette dernière ville est grande et florissante; elle est dé-
« fendue à l'intérieur par une citadelle, et à l'extérieur en-

---

[1] Voici le texte arabe :

وملوك الشاهية لا تتم لهم الولايت الّا لمن عقدت له بالملك فى كابل وان كان منها على بعد فلا بد له من المسير اليها حتى يعقد له الشاهية بالملك

La même particularité se retrouve dans l'*Oriental Geography*, traduite du persan par M. W. Ouseley, p. 226.

HUITIÈME SECTION. 461

« vironnée de faubourgs; il y a un grand nombre de portes
« toutes en bois revêtu de fer, à l'exception de la porte dite
« Bab Sari باب سرى, qui est entièrement en fer. La grande mos-
« quée qu'on remarque dans la ville est située au milieu des ba-
« zars; la prison est vis-à-vis; cette mosquée est vaste et d'une cons-
« truction élégante; elle est desservie par un grand nombre de
« prêtres et de docteurs musulmans. Hérat est un point central
« de communications, مرصة, entre le Khorasan, le Sedjestan et
« le Fars. Il y a, à 6 milles de distance sur la route de cette
« ville à Balkh بلخ, une montagne entourée de déserts dans la
« direction de Asfaran اسفران; cette montagne n'offre aucune
« ressource soit en bois, soit en pâturages, mais on en extrait
« des pierres de moulin et des dalles pour le pavage des maisons.
« Les jardins qui embellissent les environs de Hérat s'étendent
« à une journée de distance sur la route du Sedjestan, le long
« de la rivière.

« Avant que Hérat devînt ce qu'elle est aujourd'hui, on s'ar-
« rêtait de préférence dans un lieu nommé Kharachan Abad
« خراشان اباد, situé à environ 9 milles de cette ville sur la route
« de Bousih بوسيج[1], à l'occident de Hérat. Ce lieu contenait des
« maisons construites en terre, un château-fort, une grande
« mosquée, et les habitations s'étendaient sur un espace d'un
« mille et demi dans tous les sens.

« La rivière de Hérat prend sa source dans les montagnes du
« Ghaur, auprès d'un village fortifié qu'on nomme Robat Tarwan
« رباط طروان. A peine sortie de ces montagnes, la rivière se di-
« vise en diverses branches ou canaux qui servent à l'arrosage
« des champs. En voici la nomenclature[2]:

---

[1] Ou plutôt Bouchindj بوشنج.
[2] Pour éviter les répétitions, nous avons cru devoir réduire en tableau la nomenclature de ces noms. Nous avons suivi les leçons données par le ms. B.

Noms des diverses branches de la rivière de Hérat.	Noms des lieux qu'elles arrosent
La rivière de Wahri نهر وحرى	Sendasné سنداسنة.
Id. de Arast نهر ارست	Sousan سوسان.
Id. de Chakoukan نهر شكوكان	Cha'lé شعلة.
Id. de Kera' نهر كراع	Kourkian كوركان.
Id. de Ghousidjan نهر غوسيجان ..	Kouk كوك.
Id. de Kenk نهر كنك	Ghaznan غزنان et Kerenkerd كرنكرد.
Id. de Chighr نهر شيغر	Sarakhs سرخس jusqu'à Bousih بوسيج ou plutôt Bouchindj.
Id. de Djir نهر جير	La ville de Hérat مدينة هراة.

« A 3 journées de distance de cette ville, on remarque Ka-
« roudj كروج, ville entourée de forts retranchements, bâtie en
« terre et située dans une gorge de montagnes; elle est envi-
« ronnée de jardins plantés de quantité d'arbres fruitiers et de
« vignes produisant le kichmich تشمش, c'est-à-dire le raisin sec,
« qu'on exporte au loin et qui est si renommé pour la bonté de
« son goût et si estimé dans l'Irâc et ailleurs. On en fait venir
« aussi de Malin Hérat مالى هراة, ville située à une journée de
« distance de Hérat, entourée de jardins où l'on cultive une in-
« nombrable quantité de vignes.

« Nachan ناشان (ou Cachan قاشان) est une ville considérable
« (moins cependant que Malin), commerçante et manufacturière,
« et dont les habitants, qui sont fort riches, s'habillent avec
« beaucoup de recherche et de soin; ils sont orthodoxes[1]. Il y a
« peu d'arbres et peu de fruits; on compte une journée de dis-
« tance de là à Hérat.

« Il faut ranger au nombre des dépendances de cette dernière
« ville Auca اوقة[2], centre d'un commerce considérable et ville

[1] وهم اهل الجماعة.
[2] Le ms. A. porte اوتر.

« entourée de vignobles et de vergers, distante de 3 journées
« de Nadjitan ناجيتان [1]. »

Non loin de Hérat et sur le chemin qui conduit au Sedjestan sont quatre villes comprises sous la dénomination d'Asfaran اسفران [2], savoir :

1° Kerasan كراسان; c'est la plus considérable de toutes, « bien « qu'elle le soit moins que Karoudj كروج; elle est entourée de « nombreux jardins. »

2° Kouaran كواران, « petite ville commerçante et manufactu- « rière. »

3° Kouched كوشد, « jolie ville comparable à la précédente « sous le rapport de l'étendue et des constructions. »

4° Adrachken ادراشكن, « petite ville avec cultures, jardins et « beaucoup d'eau douce. »

Tous ces lieux sont florissants, d'une importance à peu près égale, et éloignés de moins d'une journée de chemin les uns des autres. De Asfaran à Hérat, on compte 3 journées. »

« De Hérat à Caneïn du Couhestan قاىىن من قوهستن, 8 journées. »

« De Hérat à Merw el-Roud مرو الرود, 6 journées. »

« De Hérat à Sarakhs سرخس, 5 journées.

« Bousih بوسىح (ou Bouchindj بوشنج), l'une des dépendances « de Hérat, égale en étendue la moitié de cette dernière ville; « l'une et l'autre sont bâties sur un terrain plat. Bousih est si- « tuée à 6 milles de distance de la montagne; elle est entourée « d'un mur et d'un fossé et elle a trois portes; les maisons y « sont construites en briques et en plâtre avec beaucoup de « soin; les habitants se livrent au négoce, sont riches et pos- « sèdent beaucoup d'eau, beaucoup de jardins; ils tirent de la « montagne quantité de a'ra'r عرعر, sorte de bois de qualité supé-

---

[1] La version latine porte (p. 136) Bagitan.
[2] La version latine porte Esferan; le ms. A. Astewan استوان.

« rieure à toute autre[1] et qu'on transporte au loin; ils boivent de
« l'eau d'une rivière qui passe à Sarakhs سرخس, ville au milieu
« de laquelle on a jeté sur cette rivière divers ponts.

« A l'occident de Bousih بوشنج (ou Bouchindj بوسنج) sont Khar-
« kerdé خركردة et Djerkeré جركرة; on compte 2 journées de
« Bousih à cette dernière ville, qui est bien peuplée, plus petite
« que Kouseri كوسرى, mais où il y a beaucoup d'eau et beau-
« coup de cultures. De Djerkeré à Kharkerdé, on compte 2 jour-
« nées.

« De Kharkerdé à Roudhan رودان (ou Zouzan زوزان), 1 journée.

« Kharkerdé خركردة est une ville de peu d'étendue, mais ex-
« trêmement peuplée; il y a des bazars, divers édifices et de
« l'eau courante en petite quantité; ses habitants possèdent des
« troupeaux.

« En partant de Bousih pour vous rendre à Djerkeré جركرة,
« vous rencontrez, à 12 milles de distance sur la gauche du
« voyageur qui se rend à Nisabour, Kouré كرة, ville où l'on trouve
« en abondance de l'eau, des habitations, des vergers et des
« jardins. Kouré est à 3 milles environ de la grande route طريق
« الجادة.

« La ville la plus considérable (de cette contrée), après Bou-
« sih, est Kouseri كوسرى, place très-forte dont l'étendue est égale
« à peu près au tiers de celle de Bousih. Il y a de l'eau courante
« et des jardins. A l'ouest de Bousih sont Badghich بدغش[2] et
« ses dépendances, la montagne d'argent جبل الفضة, Koua كوة,
« Koughanabad كوغناباد, Bost بست, Djadhwa جادوا, Kanowour
« كانوور, Kalowoun كالوون et Dahestan دهستان.

« Cette dernière ville est considérable; elle s'étend en lon-

---

[1] D'après le *Burhan i Cati'*, cité par M. W. Ouseley (*Oriental geography*, p. 219), عرعر est une sorte d'arbre résineux qui se nomme en persan سرو كوهى, cyprès des montagnes.

[2] Ou Badghis. Voyez ci-dessus, page 457, note 2.

HUITIÈME SECTION.

« gueur sur un espace d'un mille et demi ; construite en briques
« et en terre sur le haut d'une montagne, elle ne possède ni
« vignobles ni jardins, mais on y trouve du plomb اسراب et un
« peu d'eau courante qui surgit du pied de la montagne.

« La montagne d'argent est située sur la route de Hérat à
« Sarakhs, non loin des lieux nommés Kau كو et Kawakir كواكير ;
« elle porte ce nom parce qu'il existe sur son sommet une mine
« d'argent très-riche, très-productive, mais qu'on a cessé d'ex-
« ploiter à cause de la profondeur de la mine et du manque du
« bois nécessaire pour la fusion du métal.

« Kau كو est un bourg qui s'élève dans la plaine et où l'on
« trouve un bazar et des habitations. Il en est de même de
« Koughanabad كوغناباد, de Bost بست et de Djadwa جادوا,
« bourgs dont l'étendue, la population, le commerce, les cons-
« tructions sont de même nature et d'importance égale ; il y a
« de l'eau et des jardins, mais la plupart des champs sont arrosés
« par les eaux de pluie.

« Kanowour كانوور et Kalowoun كالوون sont des lieux situés à
« 3 milles de distance l'un de l'autre ; il n'y a dans l'intervalle
« ni eau courante ni jardins ; on y boit de l'eau de puits et de
« pluie ; les habitants de ces lieux possèdent des champs culti-
« vés, des moutons et des bœufs en quantité. »

En se dirigeant vers l'orient, du côté de Balkh بلخ, on
trouve le district de Keneh كنه, comprenant trois villes, qui
sont : Tir تير, Kenef كنف et Lacschour لقشور[1]. « C'est dans la
« première que réside le prince de la contrée سلطان الناحية. Plus
« considérable que Bousih, Tir est une ville riche, commer-
« çante et bien peuplée ; il y a de l'eau et des jardins ; les mai-
« sons y sont construites en briques cuites au soleil et en argile.
« Kenef كنف est une ville agréable, fréquentée par les étrangers,

---

[1] La version latine (p. 136) porte Lacsur.

« et dont les habitants jouissent d'un bien-être et d'une aisance
« qu'ils doivent à leurs divers genres de commerce. Les maisons
« y sont en argile; il y a beaucoup d'eau courante, des jardins,
« des vignobles, des champs cultivés. Enfin Lacschour لقشور est
« une ville dont la grandeur est à peu près égale à celle de
« Bousih et de Kenef; on y remarque des jardins, des vergers,
« des lieux de délassement منرهات; ses habitants sont riches et
« le commerce y est dans un état prospère, le territoire fertile,
« le climat tempéré; la plupart des champs sont arrosés par les
« eaux pluviales; on y boit de l'eau de puits. »

De Hérat à Tir, 1 journée.

De Tir à Kenef, 1 journée.

De Kenef à Lacschour, 1 journée.

Cette contrée est bornée à l'occident par le Merw el-Roud مرو الرود, province très-florissante et bien peuplée dont la capitale est Merw el-Roud مرو الرود, « ville ancienne, plus considé-
« rable que Bousih بوسم et située dans une plaine, à une (grande)
« distance des montagnes; le territoire en est fertile mais sa-
« blonneux; les maisons y sont construites en terre et à la dis-
« tance d'un jet de flèche du fleuve; on y remarque trois grandes
« mosquées et un château bâti sur une éminence; l'eau est ame-
« née par un grand nombre de canaux à la ville, qui compte
« quatre portes.

« Le fleuve qui baigne les murs de Merw مرو est considérable
« et il en dérive divers cours d'eau qui servent à l'arrosage des
« terre. Ce fleuve, dont le nom est Mourghab مرغاب, prend sa
« source au nord dans les montagnes de Namian ناميان[1], puis il
« coule vers Merw مرو. On voit sur ses bords divers villages dont
« la construction est aussi solide qu'élégante, un grand nombre
« d'habitations agréables et de châteaux-forts. Le climat de Merw
« est sain et tempéré. Ebn-Haukal rapporte qu'on y fait sécher

[1] Probablement Bamian.

HUITIÈME SECTION.

« des tranches de melon pour les transporter au loin [1]. On tire
« de ce pays quantité de soie et de bourre de soie, ainsi que du
« coton de qualité supérieure, connu sous le nom de coton de
« Merw et extrêmement moëlleux; c'est avec ce coton qu'on fa-
« brique diverses étoffes destinées pour l'exportation.

« De cette ville dépendent divers lieux circonvoisins où l'on
« fait la *khotba*, tels sont : 1° Kechmehîn كشمهين, lieu situé à
« une journée (de Merw), sur les bords du fleuve, avec des jar-
« dins, des vergers, des bazars, des caravansérails et des bains.
« 2° Hormuz Cawah هرمزقوه, à une parasange vers la gauche de
« Kechmehîn, à travers les déserts de Senca سنقا [2], sur la
« route qui conduit au Khowarezm خوارزم; c'est une ville de
« moyenne grandeur qui possède divers édifices et des marchés
« fréquentés par les voyageurs. 3° Mesiha مسح, ville comparable
« à la précédente, située à une journée à l'ouest de Merw et
« entourée de cultures et de jardins. 4° Djirenah جيرح, petite
« ville très-commerçante à 9 milles de Merw et à 3 milles de
« Dorac درق, lieu situé sur les bords du fleuve. 5° Dendalcan
« دندالقان [3], jolie ville à 2 journées de Merw, sur le chemin de
« Sarakhs; c'est une place forte entourée de murs, où l'on
« trouve des bazars, des caravansérails, des bains, et où l'on re-
« marque une grande mosquée. 6° Ghaznein الغازنين, ville (éga-
« lement) forte, abondante en ressources, possédant un bazar,
« une grande mosquée, de l'eau courante et des jardins. De là
« à Merw, on compte 4 journées. 7° Nachan ناشان, jolie ville
« dont les bazars sont solidement bâtis, possédant une grande
« mosquée, des caravansérails et des bains, et située à 3 milles
« de Hormuz Cawah هرمزقوه. 8° Sarmacan سرمقان [4], ville consi-

---

[1] حكى لحوقلى ان البطيخ بها يقدّد ويحمل الى ساير الآفاق
[2] Ou de Secaia سقاية, d'après le ms. B.
[3] Le ms. A. porte Deloula'n دلولعان.
[4] Ou peut-être Sarescan سرسقان.

468 TROISIÈME CLIMAT.

Feuillet 112 recto.

« dérable, florissante et riche, et dont le territoire est arrosé par
« des eaux courantes; située à gauche de Dorac درق, elle est plus
« éloignée (de Merw) de 3 milles, Dorac étant située sur les
« bords du fleuve, à 12 milles de Merw, dans la direction de
« Sarakhs سرخس et d'Abiwerd ابيورد. » 9° Cassr Akhif قصر
اخيف, petite ville située à une journée ou à 15 milles de distance sur la route de Merw à Balkh بلخ; « elle est entourée
« de murs en terre et de jardins bien arrosés qui produisent
« beaucoup de fruits. » 10° Derah دره [1], petite ville située à 12
milles de la précédente; « dont le territoire produit des fruits
« et (surtout) du raisin. Le fleuve de Merw la divise en deux
« parties qui communiquent entre elles au moyen d'un pont. »

TALECAN.

Talecan طالقان est une ville dont l'importance égale à peu près
celle de Merw el-Roud مرو الرود; « il y a de l'eau courante, des
« édifices contigus et quelques jardins; les maisons y sont cons-
« truites en terre et l'air y est plus pur et plus salubre que ne l'est
« celui de Merw el-Roud, dont elle est à 72 milles de distance. »
Talecan est bâtie au pied d'une montagne qui fait partie de la
chaîne de Djourcan جبال الجورقان [2], « et où ses habitants possèdent
« diverses métairies; on y fabrique des feutres de laine partout
« renommés; il n'en est point d'aussi solides ni d'aussi compacts
« que ceux-ci. Talecan est située sur la route pavée qui conduit
« de Merw à Balkh [3], » à 60 milles de Carbat القاربات [4].

Cette dernière ville (Carbat القاربات), dépendante du Djouzdjan جوزجان [5], « est moins considérable en étendue, mais plus
« florissante et plus peuplée que Talecan; il y a de l'eau cou-

---

[1] La version latine (p. 136) porte Dorra.

[2] Ou Horcan, d'après la même version.

[3] C'est ainsi du moins que j'entends ces mots : والطالقان على رصيف الطريق
من مرو الى بلخ.

[4] La version latine porte Fariab.

[5] Le ms. A. porte خورجان. Le ms. B. porte Khouzdjan خوزجان.

HUITIÈME SECTION. 469

« rante et douce, des jardins, diverses fabriques, et il s'y fait
« beaucoup de commerce; les maisons y sont construites en
« terre; on y remarque une grande mosquée sans minarets. »
De là à Talecan طالقان, on compte 2 fortes journées, et à Aspourcan اسپورقان [1], dépendance du Djouzdjan, 54 milles, en se
dirigeant vers l'orient. Djouzdjan جوزجان est le nom d'une
contrée et non d'une ville.

« Aspourcan اسپورقان est une ville dont le territoire est arrosé
« par un cours d'eau de peu d'importance; il y a peu de popu-
« lation, peu de jardins et peu de fruits; on y apporte l'eau du
« pays environnant. » De là à Balkh بلخ, on compte 54 milles.

Au nombre des villes comprises dans le Djouzdjan est Anbar
انبار, située à une journée au sud-ouest d'Aspourcan. « Cette
« ville est grande et plus considérable en étendue que Merw el-
« Roud; son territoire, parfaitement arrosé et fertile, se com-
« pose de vignobles et de jardins; il y a divers édifices et des
« ateliers où l'on fabrique des étoffes destinées à l'exportation;
« les maisons sont bâties en terre, mais la ville est jolie et c'est
« là que réside, en hiver comme en été, le prince de la contrée
« سلطان الناحية. » D'Aspourcan à Iehoudia يهودية, on compte un
peu plus de 2 journées, et de Carbat à Iehoudia, « ville en-
« tourée de murs, commerçante, industrieuse et possédant une
« grande mosquée à deux minarets, » 1 journée.

De Iehoudia à Char شار, « petite ville entourée de jardins et
« située dans la montagne, » 1 journée.

Kaïderm كيدرم est également une ville agréable et bien peuplée « dont le territoire produit du raisin et des fruits de toute
« espèce. Cette ville offre beaucoup de ressources et est bâtie

---

[1] Les deux manuscrits portent Astourcan: M. Quatremère pense qu'il faut lire Aspourcan, et nous adoptons d'autant plus volontiers cette orthographe, que nous trouvons sur les cartes de MM. Kinneir, Fraser et Burnes une ville dont le nom (Shibbergan) et la situation se rapportent à celle-ci.

« dans la montagne, » à 4 journées d'Aspourcan et à une journée de Char, dans la direction du sud-est. Marcan مرقان est une ville populeuse située entre Iehoudia et Carbat.

« Djourcan جــورقان est une ville construite entre deux mon-
« tagnes, à peu près comme la Mecque; il y a peu de champs
« cultivés, peu de jardins, de l'eau courante et quelques sources.
« De là à Aspourcan, on compte 3 faibles journées, et d'As-
« pourcan à Zakhar زخــر, au sud-est, 2 journées. On tire de
« Djourcan quantité de cuirs destinés pour le Khorasan. Le pays
« est fertile, paisible, abondant en fruits et commerçant; on y
« trouve facilement des compagnons de voyage, des marchands
« forains et toute sorte d'articles de négoce. »

Sur les limites occidentales du Merw on trouve le A'rh العرج,
ou plutôt deux villes, dont l'une s'appelle Bachïn بشين et l'autre
Chourmïn شرمين; l'une et l'autre de grandeur à peu près égale.
« Le chef de la contrée n'y réside pas, mais il habite la mon-
« tagne de Lokman جبل لكمن [1], où l'on trouve des eaux courantes
« et de vastes cultures; Bachïn produit beaucoup de riz d'ex-
« cellente qualité qu'on transporte à Balkh et ailleurs. On tire
« de Chourmïn du raisin sec très-doux, presque sans pepins et
« dont on exporte au loin des quantités considérables. »

De Bachïn بشين, ville située à une portée de flèche [2] sur la rive orientale du fleuve, à Dorac درق et à Merw el-Roud, on compte une journée de marche. Dorac est également dans le voisinage du fleuve.

De Bachïn à Chourmïn شورمين, en se dirigeant vers le sud, une journée. Chourmïn est dans la montagne de Lokman.

De Merw el-Roud à Anbourd انبورد (ou Abiwerd ابيورد), 6 journées.

[1] Il existe au sud de l'Hindo-Kouch, sous le 35ᵉ parallèle, des montagnes désignées dans les cartes sous le nom de *montagnes de Lughman*.

[2] D'après la version latine, Bachïn serait située à *une lieue* du fleuve. Nos deux manuscrits portent غلوة على.

HUITIÈME SECTION. 471

De la même ville à Merw el-Chahidjan مرو الشاهيجان, 6 journées.

En sorte que de Merw el-Chahidjan à Hérat هراة on compte
12 journées.

De Merw el-Roud à Hérat, 6 journées.

De Merw el-Roud à Balkh, 6 journées.

De Merw el-Roud à Sarakhs, 5 journées.

De Merw el-Roud à Amol امل, ville située à peu de distance
du Djihoun جيحون (de l'Oxus), 6 journées faibles ou 124 milles.

Amol est une ville de grandeur moyenne, bâtie à 3 milles
des rives du Djihoun; « il y a des jardins, des édifices, une po-
« pulation nombreuse, beaucoup de commerce, des ressources
« et des revenus publics[1]; elle est sur la lisière du désert. » De
là à Khowarezm خوارزم, qu'on nomme aussi Djordjanié جرجانية,
12 journées.

De Djordjanié au lac qui porte son nom (le lac d'Aral),
6 journées.

D'Amol امل à Zem زم, en remontant le cours du fleuve,
4 journées.

De Zem à Termed ترمد, par le fleuve, 5 journées.

De Termed à Badakhchan بدخشان, par la même voie,
13 journées.

Ce qui forme, pour la longueur totale des parties du Khowarezm et du Khorasan qui longent les bords du fleuve, un intervalle de 40 journées.

« Zem زم est une ville comparable à Amol امل sous le rapport
« de l'étendue; il y a de l'eau courante, des jardins, des cul-
« tures, du commerce et de l'industrie proportionnellement aux
« besoins locaux. » C'est là que se rassemblent les voyageurs qui
se rendent au Khorasan; car Amol امل est le lieu de passage le

---

[1] جبايات.

plus fréquenté du Mawar'el-Nahar ماورا النهر, pays entouré de déserts, en grande partie sablonneux, qui s'étendent depuis Balkh jusqu'au lac de Khowarezm. Zem زم est située à 4 journées, par eau, de Termed ترمد, ville bâtie sur la rive orientale du fleuve.

Le Djihoun جيحون (l'Oxus) prend sa source dans le pays de Oudjan وجان[1], sur les frontières du Badakhchan بدخشان, et là il porte le nom de Kharïab خرياب; il reçoit cinq affluents considérables qui proviennent des pays de Djil جيل et de Wakhch وخش; alors il devient un fleuve supérieur à tous les fleuves du monde, tant sous le rapport du volume et de la profondeur des eaux que sous celui de la largeur du lit.

Le Kharïab reçoit les eaux d'une rivière qu'on appelle l'Akhsoua اخسوا[2] ou le Menk وهو نهر منك, celles de Than نان ou Belian بليان, de Farghan فارغان, de Andjara'a انجارع, de Wakhchab وخشاب; un grand nombre d'affluents provenant des montagnes de Botm بتم et d'autres rivières, telles que celles du Saghanian انهار الصاغنيان et du Cawadian القواديان, qui se réunissent toutes dans cette dernière province et se déchargent dans le Djihoun.

Le Wakhchab وخشاب prend sa source dans le pays des Turks; parvenu dans le pays de Wakhch وخش, il se perd sous une haute montagne où l'on peut le passer comme sur un pont; on ignore quelle est l'étendue de son cours souterrain; il sort ensuite de la montagne, longe les frontières du pays de Balkh, puis atteint Termed. Le pont (ou plutôt le lieu de la perte du fleuve) dont nous venons de parler sert de limite entre le Djil جيل et Wasdjerd واجرد.

Ce fleuve (le Djihoun) passe à Termed ترمد, à Kilif كيلف, à

---

[1] Nous croyons devoir suivre ici, de préférence à toute autre, les leçons qui nous sont données par le ms. B.

[2] Probablement pour Aksou اقصو, mot qui signifie, en turk, eau ou rivière blanche.

HUITIÈME SECTION. 473

Zem زم, à Amol امل, et finit par décharger ses eaux dans le lac de Khowarezm بحیرة خوارزم; « il n'est d'aucune utilité pour « l'agriculture depuis sa source jusqu'à Zem زم et à Amol امل, « où l'on tire peu de parti de ses eaux. Ce n'est que lorsqu'il a « atteint le pays des Ghoz الغزية qu'on s'en sert pour l'arrosage « des terres et pour d'autres travaux utiles. »

Termed ترمد est une ville située sur les bords du Djihoun (les eaux de ce fleuve baignent ses murs), et sur la route qui conduit au Saghanian صغانیان. « Un vaste faubourg ceint de mu-« railles l'environne de toutes parts; l'on y remarque un château « destiné à la résidence du chef du gouvernement, divers édi-« fices et des bazars. Cette ville est agréable, florissante et peu-« plée; ses places publiques et ses rues sont pavées en briques[1]; « c'est le grand marché de cette partie des rives du Djihoun; « on y boit les eaux de ce fleuve ainsi que celles du Kera کری, « rivière qui vient du Saghanian et qui se jette dans le Djihoun « auprès de Termed. Mendji منجی et Hachem-Djend هاشم جند « sont au nombre des dépendances de cette ville. De là à Balkh, « on compte 2 fortes journées.

« Balkh بلخ, située dans une plaine à 12 milles des montagnes, « est la capitale du pays des Turks[2]; c'est le quartier général de « leurs armées et le lieu de résidence des princes, des juges, « des intendants de l'administration; il y a de beaux bazars où « il se fait beaucoup de commerce et où l'on trouve toute sorte « de marchandises et de richesses; la ville est construite en terre « et en briques cuites au soleil; elle a sept portes; les murs qui « l'entourent sont en terre; ses faubourgs florissants, peuplés, « industrieux et commerçants. La grande mosquée bâtie au « centre de la ville est environnée de bazars. Balkh est située

[1] مفروشة الازقة والشوارع بالاجر.
[2] دار مملكة الاتراك.

« sur les bords d'une petite rivière dont les eaux font tourner
« une dizaine de moulins; cette rivière coule auprès de la porte
« dite New-Behar نوبهار et elle arrose les environs de la ville,
« où l'on voit de toutes parts des vignobles, des vergers, des
« jardins et des maisons de plaisance. On remarque à Balkh des
« colléges où l'on enseigne les sciences, des fondations (ou bourses)
« pour les étudiants et tous les moyens d'instruction qu'il est
« possible de désirer[1]; il y a dans cette ville beaucoup de ri-
« chesses, des personnes d'un rang élevé, des négociants opulents
« et en général beaucoup d'aisance et de prospérité. » Le pays
de Balkh est borné au midi par le Tokharestan طخارستان, le Ba-
khestan باخستان et le Namian نامیان[2]; et au nord, en tirant vers
l'ouest, par le Merw مرو et par le Djouzdjan جوزجان[3]. Cette ville
est un centre de communications pour tous les pays environnants
et un lieu de passage pour les personnes qui se rendent au Tokharestan et au Badakhchan.

On compte au nombre des dépendances de cette dernière
province (le Badakhchan بدخشان) les villes de Houlm حلم[4], de
Semendjan سمنجان, de Tha'lan تعلان, de Sekelkend سكلكند, de
Warawalin وروالین, de Ezherouzewan ازهروزوان, de Talecan
طالقان[5], de Sekimest سکیمست, de Warwaser وروسر, de Houseb
حسب, de Anderab اندراب et de Madrouka مدروكة.

De Balkh à Warwalin, « ville agréable et commerçante, dont
« dépendent divers villages, » 2 journées.

---

[1] Voici le texte :

وبها مدارس للعلوم ومقامات للطلاب والارزاق جارية على من اراد شيًا من ذلك

[2] Je suis toujours porté à croire qu'il s'agit ici de *Bamian*; cette leçon est conforme à ce qu'on lit dans l'*Oriental Geography*, pages 213, 225 et suivantes; mais tous les manuscrits portent Namian.

[3] Les mss. portent خوزجان.

[4] La carte de M. Burnes porte Houlloum.

[5] Ou Talighan, d'après la même carte.

HUITIÈME SECTION.

De Warwalin à Talecan طالقان, 2 journées.

« Talecan [1] est une ville dont la grandeur est égale au quart
« de Balkh. Ses murailles sont construites en terre et ses mai-
« sons en terre et en chaux vive ; elle est située sur les bords
« d'une grande rivière et dans une plaine où sont des vignobles
« et des habitations ; il y a dans la ville des bazars où il se fait
« un bon commerce, et où l'on voit beaucoup d'artisans. »

De Balkh à Houlm حم, ville située à 2 journées à l'ouest de
Warwalin, on a 2 journées de chemin à faire. « Houlm est un
« lieu très-agréable, dont les productions et les ressources sont
« très-abondantes ; il y a de l'eau courante, des champs cultivés
« et toute sorte de biens de la terre. » De là à Semendjan سمنجان,
« jolie ville en tout comparable à la précédente, commerçante,
« peuplée et ceinte de murs en terre, » 2 journées.

De Semendjan à Talecan, 2 journées.

De Semendjan à Anderab اندراب [2], 5 journées.

Cette dernière ville est bâtie au pied d'une montagne. « C'est
« là qu'on emmagasine l'argent provenant de Hariana حاريانة et
« de Bendjehir بنجهير. » Située au confluent de deux rivières
dont l'une s'appelle Anderab et l'autre Kiasan نهر كاسان, « elle
« est entourée de jardins, de vergers et d'enclos plantés en
« vignes et en arbres fruitiers. »

De Talecan à la ville de Badakhchan بدخشان, 7 journées.

De Anderab à la même ville, en se dirigeant vers l'orient,
4 journées.

De Anderab à Hariana حاريانة, en se dirigeant vers le midi,
3 journées.

---

[1] Notre auteur a déjà décrit la ville de Talecan (voyez ci-dessus, page 468). Ceci semble donc faire double emploi.

[2] Les manuscrits portent tantôt Anderab اندراب et tantôt Anderabé اندرابة : le premier de ces noms semble être plus souvent donné à la rivière et le second à la ville. La carte dressée pour le voyage de M. Burnes porte Inderab.

TROISIÈME CLIMAT.

Feuillet 113 verso

« Hariana est une petite ville bâtie au pied d'une montagne
« et sur les bords d'une rivière qui, prenant sa source auprès
« de Bendjehir بنجهير, traverse cette ville sans être employée (à
« l'arrosage des champs) jusqu'au moment où, parvenue à Car-
« wan قروان, elle entre dans les terres de l'Inde et verse ses
« eaux dans le Nahrwara نهرواره.

« Les habitants de Hariana حاريانة ne possèdent ni arbres ni jar-
« dins fruitiers; ils ne cultivent que quelques légumes; mais ils
« se livrent à l'exploitation des mines. Il est impossible en effet
« de voir rien de plus parfait que le métal qu'on en extrait et
« que celui qu'on tire des mines de Bendjehir بنجهير[1], petite
« ville située sur une éminence à une journée de distance de la
« précédente et dont les habitants se font remarquer par la vio-
« lence et la méchanceté de leur caractère. La rivière qui sort
« des montagnes de Bendjehir coule vers Hariana, ainsi que
« nous venons de le dire.

Feuillet 114 recto.

« Les ouvriers qui travaillent à l'une et à l'autre de ces mines
« s'occupent avec beaucoup de persévérance, d'industrie et d'ha-
« bileté de cette exploitation, de la fonte, de l'extraction du
« métal des scories, et en général de ce qui concerne leur
« art. » De là à Carwan قروان, en se dirigeant vers le midi,
2 journées.

« La ville de Carwan قروان est peu considérable, mais jolie;
« ses environs sont agréables, ses bazars fréquentés, ses habitants
« riches; les maisons y sont construites en argile et en briques.
« Située sur les bords de la rivière qui vient de Bendjehir
« بنجهير, » cette ville est l'un des principaux marchés de l'Inde.

De Anderab, dont il vient d'être fait mention, à Tha'lan
تعلان, 2 journées.

---

[1] Il est souvent question de Bendjehir ou de Pendjehir dans les Mémoires de Baber.

HUITIÈME SECTION.

De Tha'lan à Semendjan سمنجان, 2 journées.

De Tha'lan à Balkh بلخ, 6 journées.

Tha'lan تعلان est une ville florissante et bien peuplée, dont le territoire, arrosé par divers cours d'eau, est planté d'arbres et couvert de villages et d'habitations; « on y fait beaucoup de « commerce et l'on y trouve de tout en abondance. » De là à Namian, en se dirigeant vers l'occident, on compte 3 journées.

« Namian نامیان (ou plutôt Bamian) est une ville dont l'éten-
« due est égale à peu près au tiers de Balkh[1]; elle est bâtie sur
« le sommet de la montagne de Namian[2], et il n'y a pas dans
« la contrée d'autre ville qui soit située à une telle élévation.
« De cette montagne découlent diverses rivières et divers cours
« d'eau qui se jettent dans l'Anderab اندراب. Cette ville est
« ceinte de murs et possède un château, une grande mosquée et
« un vaste faubourg. De Namian dépendent Sighourcand سیغورقند,
« Sekawend سكاوند, Kaboul كابل, Bohra بحرا, Carwan قروان et
« Gharia غرية. Les deux premières de ces villes (Sighourcand
« et Sekawend) sont à peu près d'égale importance; elles sont
« l'une et l'autre populeuses et commerçantes. Quant à Kaboul,
« à Carwan et à Gharia (ou Ghazna), nous en avons donné ailleurs
« la description. »

L'itinéraire de Balkh à Namian est comme il suit :

De Balkh à Meder مدر, petite ville bâtie dans une plaine à peu de distance de la montagne, 3 journées.

De Meder à Kah كه, bourg bien peuplé, avec bazar et mosquée où l'on fait la *khotba*, 1 journée.

De Kah à Namian, 3 journées.

---

[1] Le ms. A. contient ici une leçon que nous croyons devoir signaler à nos lecteurs; au lieu de النامیان تكون نحو ثلث بلخ, ce manuscrit porte نحو ثلث فرسخ, ce qui signifie *environ un tiers de parasange.*

[2] « The name of Bamean is said to be derived *from its elevation.* » Burnes, *Travels into Bokhara,* volume I, page 184.

De Balkh à Badakhchan, on compte 13 journées, savoir :
De Balkh à Talecan, 4 journées [1];
Et de Talecan à Badakhchan, 7 journées.

« Ebn-Haukal, dans son ouvrage (géographique), compte de
« Balkh à Aspourkhan [2] اسپورخان, 3 journées.

« D'Aspourkhan à Carban القاربان (ou Carwan قـروان), 3 journées.

« Et de Talecan à Merw el-Roud مرو الـرود, 3 journées. Mais
« ce sont de faibles journées : nous les avons indiquées précé-
« demment. La distance en milles qui sépare Merw de Balkh
« est de 348 milles. Revenons à la description de Badakhchan
« بدخشان.

« Cette ville est peu considérable, mais elle possède beau-
« coup de dépendances et son territoire est fertile; la vigne et
« divers autres arbres y croissent abondamment, et le pays est
« arrosé par des eaux courantes; la ville est défendue par de
« fortes murailles en terre; il y a des marchés, des caravansé-
« raïls, des bains; il s'y fait beaucoup de commerce. Elle est
« bâtie sur la rive occidentale du Khariab خرياب, la plus consi-
« dérable d'entre les rivières qui se jettent dans le Djihoun.
« Dans les montagnes environnantes, on élève beaucoup de bes-
« tiaux; il en provient quantité de chevaux de prix, de juments
« de trait et de mulets; on tire également de ces montagnes, des
« pierres de couleur très-précieuses, telles que le rubis d'un
« rouge vif, le rubis couleur de grains de grenade [3] et autres,
« ainsi que beaucoup de lapis lazuli. Ces pierres sont transpor-

---

[1] L'addition ne donne que onze journées; mais voici comment s'exprime la version latine : « A Balch ad Ta'ecan sex censentur stationes et à Talecan ad adhach-
« scian septem stationes. » D'après la carte de M. Burnes, il faudrait au contraire réduire à quatre journées la distance de Talecan à Badakhchan.

[2] Les manuscrits portent toujours Astourcan. Voyez la note p. 69 ci-dessus.

[3] *Rubinus balassius* ou le rubis *balais*, désignation qui, comme on le sait, dérive du nom de la province de Badakhchan.

HUITIÈME SECTION. 479

« tées dans tous les pays du monde, et il est impossible d'en
« voir de plus belles. On apporte à Badakhchan le musc des envi-
« rons de Wakhan وخان, dans le Tibet. » Badakhchan confine avec
le Canoudj تنوج, dépendance de l'Inde. Les deux provinces
qu'on trouve d'abord au delà du Djihoun sont le Djil جيل et
le Wakhch وخش; bien que distinctes et séparées, elles sont soumises à un seul et même gouvernement. « Elles sont situées entre
« le Kharïab خرياب et le Wakhchab وخشاب, rivières dont la pre-
« mière baigne la partie orientale du Djil جيل et l'autre le pays
« de Wakhch وخش, dont il vient d'être fait mention. » Du Wakhch
وخش dépendent Helawerd هلاورد, Lakend لاكند et Hanik هانك.
Karbek كاربك, Nebeltan نهلتان, Sekendré سكندرة [1], Menk منك,
Andidjaraa' اندجاراع, Tafghiz تافغز et Roustac-Bek روستاق بك font
partie du Djil جيل, province partout très-montagneuse, excepté
auprès du Wakhch وخش et du pays de Akdjer اكجر qui confine
avec celui de Menk منك, dépendance du Djil.

« Helawerd هلاورد est une ville agréable, populeuse, commer-
« çante et fréquentée par les voyageurs. On peut en dire autant
« de Lakend لاكند. Quant à Hanek هانك, c'est une ville agréa-
« blement située au milieu de jardins, de vergers et autres lieux
« de délassement. Les maisons y sont construites en terre, en
« briques et en chaux; il y a plusieurs marchés et beaucoup de
« gens riches. C'est le lieu de la résidence du sultan. » De Hanek
à Menk, on compte 2 journées.

« Menk منك est une ville de grandeur moyenne; les murs
« dont elle est entourée sont en pierre et en plâtre; il y a des
« édifices, des bazars et beaucoup de population; plus considé-
« rable que Hanek هانك, elle est comparable, en étendue, à
« Wakhan وخان et à Keran كران, lieux où l'on fait beaucoup de
« commerce et où l'on se livre très-activement à l'industrie. »

---

[1] La version latine porte Karic, Belemtan, *Alexandra*, Manc, etc.

De Ma'aberar معبرار, petite ville, à Helawerd هلاورد, 2 journées.

De Ma'aberar à Hanek هانك, 2 journées.

Kawendj كاونج est une ville située à environ 3 milles au-dessus de Ma'aberar, en remontant le Kharïab.

La ville de Telmetan تلمتان est à 12 milles de Cantarat el-Hadjar قنطرة الحجر (ou du pont de pierre), sur le chemin de Menk منك. Du pont de Badakhchan au chemin de Menk, on compte 2 journées.

Sorti de Roustac Menk روستاق منك, vous traversez d'abord la rivière d'Andidjaraa' اندجاراع, puis la ville de ce nom, distante de Menk d'une journée.

Andidjaraa' اندجاراع est une très-jolie et très-agréable ville « où « l'on trouve des édifices, des marchés et des ressources de toute « espèce. »

Sorti de là, vous traversez la rivière de Fawghan فاوغن, située à une journée de distance, puis la rivière de Balsan بلسان, et vous arrivez à Menk منك.

De Termed ترمد à Cawadïan نواديان, on compte 2 journées.

« La seconde de ces deux villes (Cawadïan) est moins grande « que la première; elle est cependant entourée de murs; il y a « des bazars où les marchands vivent dans l'aisance; il en dé- « pend des métairies, des champs très-fertiles, des villages et « même une petite ville du nom de Souran سوزن, située à une « journée de distance et très-commerçante. »

De Cawadïan à Saghanian صغانيان, on compte 3 journées.

« Saghanian صغانيان[1] est une ville plus considérable que Ter- « med ترمد, en ce sens qu'elle est entourée d'un faubourg et « de fortes murailles, et que les habitations et les rues y sont « plus vastes; mais la population en est moindre. Les habitants

---

[1] Le ms. A. contient ici trois lignes de texte deux fois transcrites par erreur. Saghanian ou Chaghanian est aussi le nom d'une province très-connue et dont il est souvent question dans l'histoire des invasions de Timour et de Baber.

« de Termed sont plus nombreux, plus riches et plus enclins à
« la dépense. Il existe à Saghanian un château très-fort[1], une
« grande mosquée où l'on fait la *khotba*, et l'on y trouve des
« docteurs et des personnes qui se livrent à l'étude des sciences.
« Il en dépend divers bourgs et villages dont le territoire est
« arrosé par des cours d'eau et par des rivières qui se jettent
« dans la rivière de Cawadïan, auprès de la ville de ce nom et
« au-dessous de Termed. »

De Termed à Saghanian, on compte 4 journées, savoir :

De Termed à Kharmicar خرميقار, « petite ville commerçante,
« dont les maisons sont jolies et le territoire arrosé par des eaux
« courantes, » 1 journée.

De Kharmicar à Sarmankha صرمنخى, « petite ville bien peu-
« plée, commerçante et fréquentée par les allants et les venants, »
1 journée.

De là à Darzandji دارزنجى, « ville agréable, abondante en res-
« sources de toute espèce, possédant des bazars solidement cons-
« truits, de belles rues, des quartiers florissants, des habitations
« durables et une population riche et commerçante, » 1 journée
ou 21 milles.

De là à Saghanian صغانيان, 1 journée[2].

ITINÉRAIRE DE SAGHANIAN A WASDJERD واسجرد.

De Saghanian à Terbed تربد, 9 milles.

De Terbed à Hamouran هوران, 21 milles.

On rencontre, entre ces deux lieux, la rivière de Wakhchab
وخشاب, dont la largeur est ici d'environ 3 milles. « La ville de

---

[1] On lit dans le ms. B. : قهندز حصين.

[2] Nous suivons ici la version latine, nos deux manuscrits indiquant deux journées, sans doute par erreur.

« Hamouran هوران, située à l'occident de cette rivière, est popu-
« leuse et riche; le commerce qu'on y fait est considérable et
« l'industrie très-active; il y a des édifices contigus, des jardins
« et des lieux de promenade agréables. »

De là à Abar-Kachra ابار كشرا, gros bourg bien peuplé,
24 milles.

De ce bourg à Souman سومان, « ville de moyenne grandeur,
« bien peuplée, bien bâtie, possédant des bazars et défendue
« par de fortes murailles, » 15 milles.

De Souman à Andīan انديان, « petite ville, » 1 journée.

De là à Wasdjerd واجرد, 1 faible journée, ou 15 milles.

« Wasdjerd واجرد (ou Wasgherd) est une ville importante où
« l'on remarque beaucoup d'édifices, où l'on fait un grand com-
« merce, et dont les habitants sont riches; il y a beaucoup d'é-
« trangers; les femmes y sont très-belles et les produits de l'in-
« dustrie avantageux. On tire de Souman سومان et de Was-
« djerd واجرد beaucoup de safran d'excellente qualité, et
« cette substance s'exporte au loin. On apporte de Cawadian
« قواديان à Wasdjerd, du cumin, du coton et du[1]
« avec lequel on fabrique la couleur rouge et dont il se fait
« une exportation considérable pour l'Inde. Le sultan perçoit
« un droit (en nature) sur ces diverses productions. » De Wasdjerd واجرد jusqu'au lieu où le Wakhchab وخشاب se perd sous
une montagne, pour reparaître ensuite dans le pays de Wasdjerd, on compte 1 faible journée.

Celui qui veut se rendre à Raset راست s'écarte un peu de
l'orient et parvient en une journée à Dernik درنيك, « petite ville
« bien peuplée, avec bazar, et dont les habitants vivent dans
« l'aisance. »

De là à Harkan حاركان (ou Djarcan جاركان), « ville comparable

[1] Le nom de cette substance est malheureusement illisible dans l'un et dans l'autre de nos manuscrits.

« à la précédente, tant sous le rapport de l'étendue que sous
« celui de la population et du commerce, » 1 journée.

De Harcan à el-Cala' القلعة, place forte située sur la frontière
du « pays de Raset, du côté du pays des Turks, et sur le som-
« met d'une haute montagne..... (la distance manque). La
« garnison de cette place est obligée de se tenir sur ses gardes
« contre les attaques des Turks. »

Raset الراست, ville bâtie sur l'extrême limite de ce côté du
Khorasan, est située entre deux montagnes; c'était par là que
les Turks pénétraient pour se livrer à leurs déprédations; mais
Fadhel, fils de Iahia, fils de Khaled le Barmécide, fit clore ce
défilé au moyen d'une porte dont il commit la garde à des
troupes; depuis cette époque jusqu'à ce jour, les princes du pays
ont continué d'y tenir garnison. Sur les limites du Wakhch وخش
et du Djil جيل sont Wakhan وخان, et Sacnia السقنيا, dépendances du pays des Turks. De Wakhan وخان à Tibet تبت, on
compte 18 journées. Wakhan وخان possède des mines d'argent
très-riches et produisant du minerai d'excellente qualité; on
trouve de l'or dans les vallées lorsque les eaux deviennent tor-
rentueuses; on recueille ce métal et on l'exporte ensuite au
loin. « On tire aussi de ce pays du musc et des esclaves. Sacnia
« سقنية, ville qui dépend du pays des Turks Khizildjis, est à
« 5 journées de Wakhan, et son territoire touche aux possessions
« chinoises [1]. »

Dans le voisinage de Saghanian il existe un grand nombre
de villes populeuses, et entre autres Basend باسند, ville située
à 2 journées de distance, « dont les quartiers sont florissants,
« les édifices contigus et les ressources sociales très-abondantes. »

A une journée au sud-est de Saghanian on trouve Tourab

---

[1] Nous suivons la leçon qui nous est fournie par le ms. B.: وهي تتاخم ارض الصين.

توراب, « jolie ville très-commerçante dont les habitants sont riches
« et se livrent au travail des fabriques et à diverses industries. »

De Tourab à Basend باسند, 1 journée.

A 3 milles de Saghanian est Rankalsa رنكلسة[1], petite ville.

De là à Zeïnoun زينون, en se dirigeant vers l'orient, 1 journée.

De Termed ترمد à Boukhara بخارى, on compte 11 journées,
savoir :

De Termed à Hachem-Djerd هاشم جرد, « petite ville, » 1 journée.

De là à Robat-Darak رباط داراك, 1 journée.

De là à la Porte de fer باب الحديد, « petite ville bien peuplée, »
1 journée.

De là à Keïdek كيدك (ou Keïrek كيرك) « petite ville bien peu-
« plée, comparable à la précédente en fait d'industrie, de re-
« venus et de ressources, » 1 journée.

De là à Racadkend رقدكند, 1 journée.

De là à Surundj سورنج, « jolie petite ville ornée de beaux édi-
« fices et de bazars, » 1 journée.

De là à Nasef نسف, 1 journée.

« Nasef نسف[2] est une grande ville bâtie sur un terrain plat, en-
« tourée de murs et d'un grand faubourg également clos de murs,
« avec quatre portes; il y a dans la ville un château قهندز non
« fortifié, et dans le faubourg une grande mosquée, ainsi que des
« bazars construits entre la mosquée et l'hôtel du gouvernement
« دار الامارة. » La ville a peu de territoire et de dépendances; les
montagnes sont à 2 journées de distance du côté de Kech كش[3],
vers l'orient. A l'occident est un désert qui se termine au Djihoun جيحون et où il n'existe aucune montagne. « Nasef est tra-
« versé par une rivière qui, venant du côté de Kech, coule auprès

---

[1] La version latine porte Rancasa.

[2] Il s'agit ici de la ville généralement connue sous le nom de Nakhcheb نخشب.

[3] Kech ou Kich porte actuellement le nom de Chehri-Sebz; ce fut là que naquit
le fameux Timour.

HUITIÈME SECTION.   485

« de l'hôtel du gouvernement, puis est employée pour les besoins
« de l'agriculture. Il n'y a soit à Nasef, soit dans ses environs,
« aucun autre cours d'eau, et encore celui-ci tarit-il durant les
« années de sécheresse; cependant on trouve dans le pays des
« sources qui servent à l'arrosage des vergers et des jardins pota-
« gers, et l'on y vit, presque sans interruption, dans une abon-
« dance, une tranquillité et une sécurité parfaites. » C'est là
qu'on rejoint la route de Samarcande سمرتند, « route sur la-
« quelle on trouve deux lieux où l'on fait la *khotba*; l'un d'eux
« se nomme Berda بردة, et l'autre Kecha كشة : ce sont deux
« petites villes bien peuplées, possédant des mosquées et autres
« lieux de réunion. »

De Nasef نسف à Maïamra' مايمرع, 1 journée.

De là à Monabekak مناىكاك, 1 journée.

De là à Carahoun قراحون, bourg peuplé, 1 journée.

Et de là à Boukhara بخارى, 1 journée.

ITINÉRAIRE D'AMOL امل A BOUKHARA [1].

« Vous sortez d'Amol et vous parvenez au fleuve, 3 milles.

« Vous le traversez sur une embarcation et vous arrivez à
« Carber قربر, ville florissante, située sur la rive orientale; les
« édifices y sont beaux, ainsi que les rues et les places publiques,
« le territoire cultivé; c'est une place fortifiée. De Carber vous
« allez à Bikend بيكند, ville de moyenne grandeur, située
« à moitié chemin de Boukhara, remplie d'édifices et de mar-
« chés, entourée de murailles très-fortes et de champs cultivés;
« on y voit une grande mosquée dont les constructions, et
« notamment la *kibla* قبلة [2], sont très-ornées; il n'existe nulle

---

[1] Cet itinéraire manque dans le ms. A., ainsi que dans la version latine.

[2] C'est le lieu situé dans la direction de la Mecque et vers lequel les musulmans se tournent pour faire leurs prières.

« part d'édifice plus beau. De là à Boukhara بخارى, 1 journée.

« Boukhara est une ville qui surpasse toutes les autres, soit
« en fait d'étendue, soit en fait de splendeur et d'agréments.
« Nous en parlerons en son lieu, c'est-à-dire quand nous ferons
« la description des pays compris dans le quatrième climat; il
« en sera de même de Samarcande سمرتند, de tout le pays de
« Soghd جملة ارض الصغد (ou de la Sogdiane) et d'Osrouchna
« اوسروشنة [1]. Nous restreignant donc à la description des pays
« compris dans la présente section, nous passons à celle des mon-
« tagnes de Botm جبال البتم. »

Ces montagnes sont hautes, escarpées et d'un difficile accès;
elles sont couvertes de places fortes, de villages florissants, « de
« troupeaux de moutons, de bœufs et de chevaux; » il y a des
mines d'or, d'argent, de vitriol et de sel ammoniac; dans les
flancs de ces montagnes, on trouve par intervalles un grand
nombre de soupiraux d'où s'exhalent des vapeurs semblables,
de jour, à de la fumée, et à de la flamme pendant la nuit; c'est
là qu'on recueille le sel ammoniac de la meilleure qualité. Il y a
dans le Botm trois régions : l'inférieure, la moyenne et la supérieure. C'est de la moyenne et d'un lieu dit Nandji نابجى (ou
Banhi بابحى) que découlent presque toutes[2] les eaux qui arrosent
le pays de Soghd. Après avoir parcouru rapidement un espace de
90 milles, ces eaux parviennent à Tera'an ترعن [3], puis à Mendje-
keth منجكث, puis à Samarcande سمرتند. Il en est d'autres qui,
provenant du Mes'ha مسحا, se réunissent aux premières à Tera'an ترعن, dont elles arrosent le territoire, et se mêlent aux

---

[1] Cette description se trouve en effet pages 167 et suivantes du ms. A. C'est donc par erreur qu'elle est transportée au feuillet 172 verso du ms. B.

[2] Les manuscrits portent *toutes* كلها; mais cette assertion est contredite par notre auteur lui-même un peu plus bas.

[3] Dans la version latine, il est ici question d'un grand lac dont nos manuscrits ne font aucune mention.

eaux de Samarcande. Les rivières du Saghanian صغانيان et du Ferghanah فرغانه proviennent également du Mes'ha, lieu voisin de Nandji نانجى, où, comme nous l'avons dit, la rivière de Samarcande prend sa source [1].

Chebek شبك est une place très-forte située dans la partie septentrionale des montagnes de Botm جبال بتم, « et entourée
« de dépendances peuplées et fertiles; c'est de là et de Semendah
« سمنده qu'on tire la majeure partie des ustensiles en fer qu'on
« emploie dans le Khorasan et dans les pays circonvoisins, tels
« que le Fars et l'Irâc.

« Ces montagnes sont bornées, à l'orient, par une partie du
« Ferghanah فرغانه, pays considérable qui comprend au nombre
« de ses dépendances Bosta l'inférieure بستى السفلا, pre-
« mier pays qu'on rencontre en venant du côté de Khodjend
« جخند; » Ankath انكث, Iasoukh يسوخ, Aderkend ادركند, Roustan روستان, Bosta la supérieure بستى العليا, et de plus Mara'chan مرعشان, Aïdkian ايدكان, Zenderach زندراش, Bedjrenk بجرنك, Asican اسيقان et Heli هلى. Ce sont, en général, des plaines et des pâturages où l'on ne voit aucune montagne; la contrée de Sabra سبرة est cependant en partie plate et en partie montueuse; Tabakhs طباخس, Bamkiakhs بامكاخس et Kena قنا en dépendent. « Cette dernière ville (Kena), qui est l'une des plus
« agréables du Ferghanah من انزه بلاد فرغانه, est ceinte de
« hautes murailles, vaste, commerçante, très-fréquentée par les
« voyageurs et abondante en ressources de toute espèce; il y
« a un grand faubourg rempli de bazars, clos de murs en bon
« état de conservation, et beaucoup de ruisseaux qui arrosent
« quantité de jardins, de vergers et de maisons de plaisance; le
« territoire de Kena s'étend jusqu'aux bords du fleuve Achas
« نهر اشاس [2], sur un espace qui comprend 1 journée de marche. »

[1] Ce dernier paragraphe manque dans le ms. A.
[2] Je pense que Achas est l'un des noms du Sir ou de l'ancien Jaxartes.

Cette ville fut fondée par Nouchirewan نوشروان, qui, l'ayant peuplée de diverses familles, lui imposa le nom de Ez-her-Khané ازهرخانه, c'est-à-dire de toutes maisons[1]. Quant à Khodjend خجند[2], dépendance de Ferghanah, c'est une ville bâtie sur les bords d'un fleuve qui vient du côté du midi. De Kena à Khodjend, on compte 57 milles.

De Bakhsan باخسان à Kena قنا, 30 milles.

De Kena à Iasoukh يسوخ, 2 journées ou 45 milles.

Iasoukh est une ville isolée et éloignée des routes (commerciales); « soixante villages, dont le territoire est fertile et « abondant en toutes choses, en dépendent; le pays produit du « mercure. »

De Iasoukh à Roustan رستان, 1 journée.

De Roustan, « ville agréable, » à Kena, 2 faibles journées.

De Kena à Ouch اوش[3], 1 forte journée ou 30 milles.

« Cette dernière ville est jolie; bâtie sur les bords du fleuve « qui porte son nom, elle possède un vaste faubourg entouré « de fortes murailles qui touchent à celles de la ville, un châ- « teau-fort et des marchés considérables. A peu près de la gran- « deur de Kena, Ouch اوش a trois portes en fer très-solides; « elle est adossée contre une montagne voisine des Turks Tibé- « tains[4]; sur le sommet de cette montagne est un lieu d'ob- « servation destiné à surveiller les Turks et à préserver (la ville) « de leurs déprédations. » De là à Aderkent ادركنت, qu'on nomme aussi Aderkend ادركند, dernière ville du Ferghanah vers l'orient, du côté des Turks, 1 journée.

[1] La version latine porte très-mal à propos, ce me semble : « Misitque ad eam populum è cunctis domibus Arezmerdjane. »

[2] Cette version porte Hanjeara.

[3] Cette ville est indiquée sous le nom de Ush dans la carte jointe à l'important ouvrage publié à Londres en 1826, sous le titre de *Memoirs of Zehir ed-din Muhammed Baber*.

[4] للجبل المجاورة لاتراك النبتية

HUITIÈME SECTION.   489

« Aderkent est une ville grande et populeuse où il y a des
« troupes (en garnison); ses habitants sont doués de vigilance,
« de fermeté et de bravoure; il y a beaucoup de villages, mais
« il n'existe nulle autre ville sous sa dépendance. »

Près de là, du côté du nord, est Casan قاسان[1], « place forte
« dont le territoire est très-fertile. » Casan قاسان est le nom de
la ville et également celui du district, qui comprend un grand
nombre de villages. La distance qui existe entre Carber قربر[2],
en suivant les bords du Djihoun, et Aderkent ادركنت, est de
24 journées.

Ce district confine, du côté du nord, à celui de Manaz-Rou-
dan مناز رودان, dont la ville principale se nomme Khilam خيلام,
et qui est couvert de villages. Nous en reparlerons plus loin,
s'il plaît à Dieu. De Aderkent à la descente de la grande montagne, 1 journée.

De cette descente à la ville de Atas اطاس, 1 journée.

De là à Tibet تبت, en se dirigeant vers le sud-est, 7 journées.

« Atas اطاس est un lieu situé au sommet d'une montagne es-
« carpée; ses habitants sont toujours prêts à combattre, toujours
« fermes, toujours vigilants. »

---

[1] Casan ou Kâsân est le nom d'une ville située sous le 42ᵉ parallèle, à peu de
distance, au nord, du Sir ou du Jaxartes. Voyez les *Mémoires de Baber*, introduction, p. xxxix, et la carte jointe à cet ouvrage.

[2] La version latine porte Concar; mais ni l'un ni l'autre de ces noms ne me sont
connus.

TROISIÈME CLIMAT.

NEUVIÈME SECTION.

Tibet. — Bagharghar. — Tanbia. — Bakhwan. — Djermac. — Buthinkh. — Lac de Berwan. — Oudj.

Cette section comprend la description du pays de Tibet ارض التبت, d'une partie du Bagharghar بغرغر[1] et du pays des Khizil-djis ارض الخزلجية.

Les villes les plus remarquables de la première de ces contrées sont : Tibet تبت, Chanfikh شنفخ, Wakhan وخان[2], Sakita سقينه, Boudan بودان, Oudj اوج, Ramhakh رمخ et Dalakhwa· دلخوا.

Au nombre des pays soumis au khakan de Bagharghar, il faut compter sa capitale, qui se nomme Tanbia' تنبع, Macha ماشة, Djermac جرمق et Bakhwan باخوان.

Dans la Chine extérieure الصين الخارجة, Tokha طخا, Darkhoun دارخون; et dans le pays des Khizildjis بلاد الخزلجية, Bersadjan la supérieure برسجان العليا et Tewaketh توآكت.

Dans ces diverses contrées on trouve des lacs d'eau douce, des rivières, « des pâturages et des lieux de campement d'été pour les Turks. » Notre intention est d'en indiquer la situation, les distances respectives et les limites. Nous en parlerons d'après ce qu'offrent de plus certain et de plus authentique les livres écrits « et composés sous la dictée de Turks qui, ayant traversé

---

[1] Le ms. A. porte Tagharghar; on lit dans divers ouvrages géographiques *taghaz-ghaz*.

[2] Latitude 39° 50′, longitude 70° 15′ à l'est du méridien de Greenwich. Cette ville est quelquefois désignée sous le nom de Oukhan.

NEUVIÈME SECTION. 491

« ces pays ou ayant habité dans leur voisinage, ont pu rapporter
« ce qu'ils en savaient. »

Nous disons donc que la Chine extérieure a pour limites le pays de Bagharghar بغرغر, lequel est voisin de la mer orientale ; du côté du Ferghanah, le pays de Tibet تبت, lequel touche à la Chine (proprement dite) et à diverses parties de l'Inde, et du côté du nord, le pays des Khizildjis ارض للخزلجية.

La principale ville du Bagharghar بغرغر, située à l'orient de la contrée qui nous occupe, s'appelle Tanbia' تنبع, et elle a douze portes en fer. Ses habitants suivent le culte impie de Zoroastre; car il existe parmi les Turks de Bagharghar une peuplade professant le magisme et adorant le feu. « Le khakan réside à Tan-
« bia', très-grande ville entourée de fortes murailles, » située sur les bords d'un fleuve qui coule vers l'orient[1], et séparée de Bersadjan la supérieure برجان العليا, dépendance du Ferghanah, par un intervalle de deux mois de route. Le pays de Bagharghar s'étend jusqu'à la mer orientale et ténébreuse. De Tanbia' تنبع à Bakhwan باخوان, on compte 12 journées, dans la direction du nord-ouest.

« Bakhwan باخوان est une ville dépendante du Bagharghar et
« gouvernée par un prince appartenant à la famille du khakan
« de cette contrée. Ce prince a des troupes, des places fortes et
« une administration; la ville est ceinte de fortes murailles; il y
« a des bazars où l'on fait toute sorte d'ouvrages en fer avec
« une rare perfection; on y fabrique aussi diverses espèces de
« ....[2]. Bakhwan est bâtie sur les bords d'une ri-
« vière qui coule vers l'orient; ses bords sont couverts de cul-
« tures et de pâturages pour les Turks; la ville elle-même est

---

[1] Ces diverses indications portent à croire qu'il s'agit ici de la ville de Cachghar.
[2] Le ms. A. présente ici trois mots illisibles; dans le ms. B. le feuillet est malheureusement mutilé : je présume, d'après ce qui suit, qu'il s'agit d'armes ou d'armures de guerre.

« traversée par des cours d'eau ; la majeure partie des ouvrages
« en fer qu'on y fabrique est destinée pour le Tibet et pour la
« Chine. » Dans les montagnes environnantes, on trouve l'animal
ou plutôt la chèvre sauvage qui porte le musc. « Nous avons dit
« dans le second climat [1] comment on se procure cette subs-
« tance ; il est donc inutile de revenir là-dessus. » De Bakhwan
à Djermac جرمق, on compte 4 journées, « à travers des lieux
« cultivés, des villages et des habitations contiguës, dans la di-
« rection du midi, en déclinant tant soit peu vers l'occident.

« Djermac جرمق [2] est une belle ville et une place forte, ceinte
« de murailles en terre, entre lesquelles est un fossé profond
« et large de soixante et dix pas, et munie de quatre portes en
« fer. Il n'y a point, dans la ville, de bazar autre que celui où
« l'on fabrique les armes. Le gouverneur qui réside à Djermac
« a sous ses ordres de la cavalerie et d'autres troupes ; il est
« chargé de la défense de la place contre les attaques des princes
« tibétains. » De Bakhwan à la ville de Tibet, 14 journées.

« De Djermac à Bersadjan la supérieure برجان العليا, 10 jour-
« nées.

« La ville de Tibet مدينة التبت est grande, et le pays dont
« elle est la capitale porte son nom. Ce pays est celui des Turks
« Tibétains. Ses habitants entretiennent des relations avec ceux
« du Ferghanah, du Botm et avec les sujets du khakan ; ils
« voyagent dans la majeure partie de ces contrées et ils y portent
« du fer, de l'argent, des pierres de couleur, des peaux de léo-
« pard et du musc du Tibet. Cette ville est bâtie sur une émi-
« nence au pied de laquelle coule une rivière qui va se jeter
« dans le lac de Berwan بحيرة بروان, situé vers l'orient ; elle est
« ceinte de fortes murailles et sert de résidence à un prince

---

[1] Voyez ci-dessus, pages 188 et 189.
[2] Ou Khermac خرمق, d'après le ms. A.

« qui a beaucoup de troupes et beaucoup de cavalerie revêtue
« de cottes de mailles et armée de pied en cap; on y fabrique
« un grand nombre d'objets et on en exporte des robes ou
« des étoffes dont le tissu est épais, rude et durable; chacune
« de ces robes coûte une somme d'argent considérable, car c'est
« de la soie de couleur rouge [1]; on en tire également des es-
« claves et du musc destinés pour le Ferghanah et pour l'Inde;
« il n'existe pas, dans le monde connu, de créatures douées
« d'un teint plus beau, d'une taille plus svelte, de traits plus
« parfaits, de formes plus agréables que ne le sont ceux des
« esclaves turks. Les Turks se les dérobent les uns aux autres et
« les vendent aux marchands : il est telle fille dont le prix s'élève
« à 300 dinars. Le pays de Bagharghar est situé entre le Tibet
« et la Chine, et limité au nord par le pays des Khirkhirs خرخير [2]. »

« Au nombre des dépendances du Tibet est Buthinkh بثينخ,
« ville de moyenne grandeur, bâtie sur une éminence, ceinte
« d'une forte muraille en pierre et munie d'une seule porte; il
« y a des fabriques et il s'y fait un commerce très-actif avec les
« pays environnants, c'est-à-dire avec le Kaboul كابل, le Wakhan
« وخان, le Djil الجيل, le Wakhch وخش et le pays de Raset بلاد
« راست; on en tire du fer renommé et du musc.

« On rapporte que le nard indien croît en grande abondance
« dans les montagnes voisines de Buthinkh بثينخ, et qu'au sein
« des forêts qui les couvrent, on trouve des chevrettes à musc
« en quantité; on ajoute que ces animaux broutent la cime de
« la plante, boivent de l'eau de la rivière qui coule à Buthinkh,

---

[1] Voici le texte de ce passage assez embarrassant :

ويتجهز منها بثياب تُصنّع فيها غلاظ الاجرام خشنة لدنة يُباع الثوب منها
بدنانير كثيرة لانها حرير فرفري

[2] Probablement pour Kirghis; le ms. B. porte Khizildjis.

« et que c'est à cette nourriture qu'on doit attribuer la forma-
« tion du musc.

« On voit aussi, dans ces montagnes, une grotte extrêmement
« profonde au fond de laquelle on entend le bruit d'un torrent;
« il est absolument impossible d'atteindre le fond de cet abîme,
« et quant au bruit que font les eaux, on l'entend très-distinc-
« tement. Le Très-haut sait quelle est la cause de ce phéno-
« mène.

« C'est également là que croit la rhubarbe de Chine روند صینی;
« on y trouve cette racine en abondance; on l'exporte en beau-
« coup de contrées orientales et occidentales, où elle se vend;
« elle est très-connue. Chermakh شرماخ est le nom de la rivière
« qui coule à Buthinkh بثینخ (ville), éloignée de 5 journées de
« distance du lac de Berwan بحيرة بروان. Cet intervalle est cou-
« vert de pâturages, de forêts et de châteaux-forts appartenant
« aux Turks Tibétains. » Le lac s'étend, en longueur, sur un
espace de 40 parasanges; sa largeur est de 72 milles; ses eaux
sont douces; « les habitants de Berwan et d'Oudj اهل بروان واهل
« اوج y pêchent beaucoup de poisson.

« Ces deux dernières villes, comprises dans le Tibet, sont si-
« tuées sur les bords du lac, à la distance de 12 parasanges
« *sindi*; or chacune de ces parasanges équivaut à 5 milles. L'une
« et l'autre sont à peu près d'égale grandeur et bâties sur des
« collines riveraines du lac, dont les habitants de ces deux villes
« boivent les eaux. Ce sont deux pays indépendants de toute
« autre contrée¹. Il y a des bazars, des fabriques suffisamment
« pour les besoins des habitants, et sans que ceux-ci soient
« obligés de recourir aux étrangers pour se procurer des objets
« manufacturés. Le lac de Berwan بروان reçoit de tous côtés un
« grand nombre de rivières considérables.

¹ هما بلدان تأمّان بانفسهما.

NEUVIÈME SECTION.

Non loin des villes de Berwan et de Oudj, du côté du midi, est une montagne recourbée en forme de *dal* د, et tellement haute, que ce n'est qu'avec beaucoup de peine qu'on peut atteindre son sommet dont le revers touche aux montagnes de l'Inde. Sur ce sommet est un plateau fertile où l'on voit un édifice carré dépourvu de porte. Quiconque parvient à cet édifice ou passe dans son voisinage éprouve en lui-même un sentiment de joie et de bien-être pareil à celui qu'on ressent après avoir bu du vin; on ajoute même que les personnes qui, après de longs efforts, sont parvenues à monter au faîte de l'édifice, ne cessent pas de rire jusqu'au moment où elles disparaissent en se précipitant dans l'intérieur. « Mais je pense que ceci est « un conte forgé à plaisir et qu'il n'y a rien de vrai [1]; ce n'en « est pas moins une chose de notoriété publique. »

Tokha طخا [2] est une ville de Chine située au delà des montagnes qui environnent cet empire; « quoique peu considérable, « elle est commerçante et bien peuplée. » De Oudj اوج à Tokha, on compte 10 journées de marche de chameau. A l'orient de Tokha est Darkhoun دارخون, ville « de grandeur moyenne, » dépendante de la Chine et la dernière d'entre les possessions chinoises du côté du nord. Son territoire habité confine avec celui des Turks de Bagbarghar [3]. Quant à Atas اطاس, c'est une ville forte et un point de défense contre les attaques des Turks. De là au Tibet, on compte 10 journées, et de même d'Atas à Bersadjan la supérieure برجان الاعلى, 6 jours de route.

« Cette dernière ville appartient au pays des Turks; elle est « forte, entourée de bonnes murailles, et c'est là que la majeure « partie des Turks qui habitent la contrée viennent se réfugier

---

[1] واظن هذا كلامًا مصنوعًا وليس بصحيح.

[2] Le ms. B. porte Kokha كخا.

[3] فتتصل بها عمارة ارض الاتراك البغرغرية.

« et que c'est à cette nourriture qu'on doit attribuer la forma-
« tion du musc.

« On voit aussi, dans ces montagnes, une grotte extrêmement
« profonde au fond de laquelle on entend le bruit d'un torrent ;
« il est absolument impossible d'atteindre le fond de cet abîme,
« et quant au bruit que font les eaux, on l'entend très-distinc-
« tement. Le Très-haut sait quelle est la cause de ce phéno-
« mène.

« C'est également là que croît la rhubarbe de Chine روند صينى ;
« on y trouve cette racine en abondance ; on l'exporte en beau-
« coup de contrées orientales et occidentales, où elle se vend ;
« elle est très-connue. Chermakh شرماخ est le nom de la rivière
« qui coule à Buthinkh بثينخ (ville), éloignée de 5 journées de
« distance du lac de Berwan بحيرة بروان. Cet intervalle est cou-
« vert de pâturages, de forêts et de châteaux-forts appartenant
« aux Turks Tibétains. » Le lac s'étend, en longueur, sur un
espace de 40 parasanges ; sa largeur est de 72 milles ; ses eaux
sont douces ; « les habitants de Berwan et d'Oudj اهل بروان واهل
« اوج y pêchent beaucoup de poisson.

« Ces deux dernières villes, comprises dans le Tibet, sont si-
« tuées sur les bords du lac, à la distance de 12 parasanges
« *sindi*; or chacune de ces parasanges équivaut à 5 milles. L'une
« et l'autre sont à peu près d'égale grandeur et bâties sur des
« collines riveraines du lac, dont les habitants de ces deux villes
« boivent les eaux. Ce sont deux pays indépendants de toute
« autre contrée¹. Il y a des bazars, des fabriques suffisamment
« pour les besoins des habitants, et sans que ceux-ci soient
« obligésde recourir aux étrangers pour se procurer des objets
« manufacturés. Le lac de Berwan بروان reçoit de tous côtés un
« grand nombre de rivières considérables.

ها بلدان تأمان بانفسهما ¹

NEUVIÈME SECTION.

Non loin des villes de Berwan et de Oudj, du côté du midi, est une montagne recourbée en forme de *dal* د, et tellement haute, que ce n'est qu'avec beaucoup de peine qu'on peut atteindre son sommet dont le revers touche aux montagnes de l'Inde. Sur ce sommet est un plateau fertile où l'on voit un édifice carré dépourvu de porte. Quiconque parvient à cet édifice ou passe dans son voisinage éprouve en lui-même un sentiment de joie et de bien-être pareil à celui qu'on ressent après avoir bu du vin; on ajoute même que les personnes qui, après de longs efforts, sont parvenues à monter au faîte de l'édifice, ne cessent pas de rire jusqu'au moment où elles disparaissent en se précipitant dans l'intérieur. « Mais je pense que ceci est « un conte forgé à plaisir et qu'il n'y a rien de vrai [1]; ce n'en « est pas moins une chose de notoriété publique. »

Tokha طخا [2] est une ville de Chine située au delà des montagnes qui environnent cet empire; « quoique peu considérable, « elle est commerçante et bien peuplée. » De Oudj اوج à Tokha, on compte 10 journées de marche de chameau. A l'orient de Tokha est Darkhoun دارخون, ville « de grandeur moyenne, » dépendante de la Chine et la dernière d'entre les possessions chinoises du côté du nord. Son territoire habité confine avec celui des Turks de Bagharghar [3]. Quant à Atas اطاس, c'est une ville forte et un point de défense contre les attaques des Turks. De là au Tibet, on compte 10 journées, et de même d'Atas à Bersadjan la supérieure برجان الاعلى, 6 jours de route.

« Cette dernière ville appartient au pays des Turks; elle est « forte, entourée de bonnes murailles, et c'est là que la majeure « partie des Turks qui habitent la contrée viennent se réfugier

---

[1] واظن هذا كلامًا مصنوعًا وليس بصحيح.

[2] Le ms. B. porte Kokha كخا.

[3] فتتصل بها عمارة ارض الاتراك البغرغرية.

« et se procurer les objets dont ils peuvent avoir besoin. » De Bersadjan à Nowaketh نواكث, sur la limite du pays des Khizildjis, on compte environ 10 journées de marche de caravane ou 5 journées à travers les déserts des Turks. Nous en reparlerons ci-après.

En ce qui concerne Macha ماشة (ou Masa ماسة), c'est une ville située à 5 journées de la ville du khakan de Bagharghar, « auquel elle obéit; elle est florissante et on y fabrique un grand « nombre d'objets. » De Macha à Bakhwan باخوان, on compte 8 journées dans la direction de l'occident. Tels sont les pays compris dans cette neuvième section. « Louanges au Dieu unique! « paix et salut sur le dernier des prophètes! »

DIXIÈME SECTION.

Suite du Bagharghar. — Pays des Khirkhirs. — Possessions chinoises voisines du pays des Turks.

Cette section, qui termine la description des pays compris dans le troisième climat du côté de l'orient, embrasse la partie de la Chine méridionale dans laquelle sont situées quatre villes, dont l'une se nomme Satrouba سطربا ; les noms des trois autres (nous) sont inconnus; de plus la portion centrale du pays de Bagharghar بغرغر[1], où sont trois villes; et une portion considérable du pays des Khirkhirs خرخير voisins de la mer, qui possèdent quatre villes florissantes comprises dans la présente section. Nous compléterons ainsi la description de ces pays, en faisant mention de tout ce qui concerne leur situation, leur configuration et l'appréciation de leurs distances respectives.

Le pays de Bagharghar بلاد البغرغر, dont nous avons déjà indiqué la situation, confine, du côté de l'orient, avec le pays des Khirkhirs بلاد لخرخير, qui n'est pas éloigné de la mer de Chine البحر الصين. Les frontières chinoises touchent à la partie méridionale de ce pays, qui, du côté du nord, est borné par le Kimakié كماكية.

La totalité du pays des Turks est (donc) située au delà du fleuve [2] et dans les parties les plus reculées du Ferghanah, du

Feuillet 117 verso.

---

[1] Le ms. A. porte toujours Tagharghar.
[2] Le texte porte : من خلف النهر. Notre auteur veut dire, je crois, à l'orient du Sir ou du Sihoun.

Chas شاس et du Touran طران. Il est impossible de se faire une idée du nombre de ces Turks, tant il est immense. « Ils sont « gouvernés par des chefs auxquels ils recourent en cas de be-« soin, sous la surveillance et la protection desquels ils vivent, « et auxquels ils soumettent les difficultés qui peuvent survenir « dans leurs affaires. Ces peuples sont nomades et errants ; ils ne « résident jamais dans des demeures fixes, mais ils se transportent « continuellement d'un lieu vers un autre, cherchant leur sub-« sistance là où ils peuvent la trouver. Ils possèdent des cha-« meaux, des moutons, des bœufs en quantité; leurs tentes « sont tissues de poil comme les tentes des Arabes; ils cultivent « cependant la terre, sèment et moissonnent. On trouve chez « eux du lait, de la crème et du beurre abondamment. Ils « élèvent beaucoup de chevaux et mangent la chair de ces ani-« maux ; il la préfèrent même à toute autre. Leurs princes sont « (en général) belliqueux, prévoyants, fermes, justes et de « bonnes mœurs; le peuple est dur de caractère, sauvage, gros-« sier et ignorant. »

Il y a des Turks de races très-diverses; tels sont les Tibé-tains التبنية, les Bagharghars البغرغر, les Khirkhirs الخرخيرية, les Kimakis الكيماكية, les Khizildjis الخزلجية, les Khafaz الخفر, les Ma-khamats الخامات, les Turkechs التركش, les Arkechs الاركش, les Khif-chakhs الخفشاخ[1], les Khilkhs الخلخ, les Ghourbas الغربة et les Bul-ghares البلغارية ; tous habitent les pays au delà du fleuve, du côté de l'océan oriental et ténébreux ; leurs croyances sont éga-lement diverses, « mais ils respectent les musulmans; quant aux « Turks qui ont embrassé l'islamisme, ils font la guerre aux « autres et leur ravissent des esclaves, car tous les musulmans de « race turque qui habitent au delà du fleuve ont coutume de « se réunir en masses pour porter la terreur chez leurs enne-

---

[1] Kiptchaks?

DIXIÈME SECTION.   499

« mis, bien que ceux-ci soient très-courageux, très-forts et très-
« nombreux; et ils (les musulmans) ne craignent en aucune
« façon les Turks. Quant à la ville du khakan des Khizildjis,
« c'est un lieu de commerce et d'affaires pour les musulmans
« et pour les Turks. Dans la description des villes turques
« dont nous avons fait mention, nous avons suivi Abou'l Casem-
« Abdallah ben-Khordadbèh, qui, dans son ouvrage, rapporte
« que ces villes sont au nombre de seize habitées[1], florissantes,
« entourées de murs et de fortifications respectables. Toutes,
« sans exception, sont construites sur des sommets de montagnes
« de difficile accès et environnées de champs où l'on cultive des
« céréales. On en tire des peaux de léopard, d'hermine et de
« renard, du fer, du musc, des esclaves et de la soie.

« La partie des possessions chinoises qui confine avec le pays
« de Bagharghar est gouvernée par des princes appartenant à la
« famille qui règne en Chine; ces princes ont des troupes nom-
« breuses et des richesses considérables; ils surveillent et re-
« poussent avec vigueur les entreprises des Turks, les combattent
« et mettent le pays à l'abri de leurs déprédations. Les habitants
« de cette partie de la Chine ont toute l'apparence extérieure
« des Turks, la même manière de se vêtir et de monter à che-
« val, les mêmes instruments et armes de guerre. Ils possèdent
« beaucoup d'éléphants et se servent de ces animaux dans leurs
« expéditions militaires. Les Turks redoutent leurs attaques,
« respectent leur puissance et s'abstiennent d'excursions dans
« leur territoire; ils portent même en Chine ce dont ils peuvent
« disposer en fait d'objets fabriqués, de la laine, du beurre, du
« sel, beaucoup d'armes et d'armures, telles que des cottes de
« mailles, des cuirasses, des boucliers et des javelots, ainsi que

---

[1] On lit dans l'*Histoire générale des Voyages*, t. VIII, p. 332, que « la géographie
« officielle chinoise compte, dans le Tibet, *seize* villes. »

« des étoffes et du musc; à cause de cela les Chinois ont pour
« eux des ménagements et vivent avec eux en état de paix, tout
« en se tenant toujours sur leurs gardes. »

Le pays des Khirkhirs بلاد خرخير est vaste, fertile, fréquenté par les voyageurs, bien pourvu d'eau et sillonné par diverses rivières qui viennent du côté des frontières chinoises; la principale d'entre ces rivières porte le nom de Menkhaz مخاز[1]; elle est considérable et d'un cours très-rapide; coulant presque toujours sur des roches, ses eaux sont rarement tranquilles comme le sont celles de la plupart des fleuves. Les habitants du pays ont construit, sur le Menkhaz, des moulins où ils réduisent le blé, le riz et diverses autres céréales en farine, dont ils font du pain, ou qu'ils mangent cuites de toute autre manière, et dont ils se nourrissent. L'arbre d'aloës شجر العود et le costus doux القسط الحلو[2] croissent sur les bords de cette rivière, dans les eaux de laquelle on trouve une espèce de poisson dit chetroun شطرون[3], qui, au moment de la copulation, agit comme le sakankour سقنقور du Nil d'Égypte; on dit que ce poisson n'a que peu d'arêtes, que sa chair est articulée (ou striée) et qu'il n'exhale pas la même odeur qu'exhale en général le poisson.

La ville qu'habite le roi des Khirkhirs est forte, entourée de murs, de fossés et de retranchements; elle est située dans le voisinage de la presqu'île des Hyacinthes جزيرة الياقوت, qui est séparée du continent par un isthme et de toutes parts entourée par une montagne ronde, d'un accès tellement difficile qu'on ne peut atteindre son sommet qu'avec des efforts inouïs; quant au sol inférieur de la presqu'île, il est impossible d'y parvenir. On dit qu'il s'y trouve des serpents dont la piqûre est mortelle

---

[1] La version latine porte Menhar.

[2] Probablement le chian fou des Chinois. Voyez Valmont de Bomare, *Dictionnaire d'histoire naturelle*, au mot *costus*.

[3] Sturio?

DIXIÈME SECTION. 501

et quantité de hyacinthes. Les habitants du pays emploient une industrie et des ruses particulières pour se procurer ces pierres précieuses. La distance qui sépare la ville de la mer qui ceint la presqu'île est d'environ 3 journées. Toutes les villes du pays des Khirkhirs sont comprises dans un territoire dont l'étendue est d'environ 3 journées. Elles sont au nombre de quatre, grandes, « entourées de murs et de fortifications et habitées « par des peuples zélés, braves et courageux, qui ont surtout à « redouter les entreprises du roi des Kimakis ملك الكيماكية, prince « belliqueux qui est presque toujours en état de guerre avec « ses voisins.

« On élève dans ce pays beaucoup de chevaux, de bœufs et « de moutons. Les chevaux ont le cou très-court et beaucoup « d'embonpoint; on les engraisse pour les manger; et quant aux « bœufs, on les emploie généralement pour le transport des « fardeaux.

« Les femmes se livrent à toute sorte d'occupations, et les « hommes n'ont à travailler qu'au labourage et à la moisson, « rien de plus. Ces femmes sont dans l'usage de s'appliquer des « ventouses aux mamelles afin de les empêcher de grossir[1]. Elles « sont douées d'une agilité, d'une force et d'une audace tout à « fait viriles.

« Les Khirkhirs brûlent leurs morts et ils en jettent les cendres « dans le Menkhaz مَنخَاز; ceux qui sont à une trop grande dis- « tance de ce fleuve ramassent ces cendres dans la poussière et « les jettent au vent. »

La principale ville du Bagharghar بغرغر est Khizkhiraketh خزخراكت; elle est séparée de la ville du khakan ou roi de la contrée par une faible journée d'intervalle; « elle est abondante

---

[1] والنسا بها يجمن اطران ثدييهن لئلا يعظم. C'est à M. Kazimirski que je dois l'intelligence de ce passage curieux.

« en ressources de toute espèce et industrieuse; on y porte
« beaucoup de fer qui est ensuite transporté dans les autres
« dépendances du pays des Turks. » De Khizkhiraketh خزخراكث
à Nadhwa نضوا, on compte 4 journées.

« Cette dernière ville est bâtie sur les bords d'un grand lac
« qu'on appelle lac de Kowareth بحيرة كوارث, et dont les eaux
« sont douces. On voit voler au-dessus de sa surface quantité
« d'oiseaux d'une espèce particulière, qui pond et qui fait ses
« petits au-dessus de l'eau. Cet oiseau ressemble à la huppe
« هدهد, et son plumage est de diverses couleurs. Les bords de
« ce lac sont fréquentés par un grand nombre de Turks, à cause
« de l'abondance et de la bonté des pâturages. »

De Nadhwa نضوا à la ville du khakan, on compte 4 faibles
journées « à travers un pays habité par des peuplades nomades. »
De cette ville à Nachran نشران [1], en se dirigeant vers le nord,
6 journées.

« Nachran est une grande et belle ville dépendante du Ba-
« gharghar et située sur un fleuve dont les deux rives sont très-
« fertiles. Les troupeaux des habitants paissent sur ses bords et
« dans les environs. Il y a de l'industrie et il s'y fait du com-
« merce. On trouve auprès de cette rivière du lapis lazuli; on
« recueille en abondance cette substance et on en fait des en-
« vois dans le Khorasan, dans l'Irâc et dans les autres contrées
« de l'occident.

« Ici se termine la section dixième du troisième climat. Louanges
« au Dieu unique! que les prières et le salut soient sur N. S.
« Mohammed, sur sa famille et sur ses compagnons jusqu'au
« jour du jugement! »

[1] La version latine porte Nasvan.

FIN DU TOME PREMIER.

TABLE DES MATIÈRES
CONTENUES DANS CE VOLUME.

A

A'badan عبادان, 4, 363, 364, 370, 371.
A'badan (mer d'), 378.
Abadhites أباضية (secte), 144, 158.
Abah ابه, 268, 269.
Aban أبان, 405, 419.
Abar Kachra أبار كشرا, 482.
Abar Khabet أبار خابت, 273.
A'ber ابر, 233.
Abercouh ou Aberkouh, 416. Voyez Ircouïeh.
Aberd ابرد, 414.
A'bet عابة (titre de roi), 173.
A'bida. Voyez A'bim.
Abidos ابدس, 7.
Abi Iahnes ابى يحنس, 324.
Abi Khalifa ابى خليفة.
Abila الابلة, 4.
Abin ابين, 51, 52.
A'bira عبيرة ou A'bida عبيدة, 425.
Abiwerd ابيورد, 468.
Ablac ابلق, 346.
Abou'l-Hassan el-Masshafi ابو الحسن المصحفى, 26.
Abouna (île d') ابونه, 67.
Abour ابور, 398.
A'bra عبرا, 156.

Abra الابرا, 139.
Abras ابراس, 244.
Abroun (île d') ابرون, 147.
Ab Sour اب سور, 448.
Abwa ابوا, 335.
Abyssinie الحبشة, 5, 27, 33, 34, 35, 37, 38, 39, 41, 42, 49, 55.
Acbat. Voyez A'kbat.
Achbouna اشبونة (Lisbonne), 200, 220.
Achek اشك, 364, 383, 385, 387, 388, 389.
Achir اشير, 202.
Achirziri اشيرزيرى, 233.
Achkala اشكالة, 7.
Achlouna اشلونة, 264.
Achmou Djoreich اشمو جريش, 323.
Achmouni اشمونى, 124, 306.
A'choura عاشورا, 86.
Aclibia اقليبية, 252, 277, 279.
Aclid اقليد, 391, 414, 416, 420.
Acre. Voyez Akka.
El-Acra' الاقرع, 360.
A'd عاد, 361.
A'd عاد (tribu de), 48, 49, 54.
Adam (pic d'), 71.
A'dan Abad عدان اباد, 440.

TABLE DES MATIÈRES.

Adarkian ou Adrekan ادركان, 401, 427.
A'den عدن, 49, 51, 146, 151, 152. Commerce de ce pays, 52, 64.
Aderkent ادركنت, 489.
Adjedabia اجدابية, 286, 287, 288.
Adjeroud جرود, 328, 329.
Adjmàr اجمر, 365.
Adjoud اجود (montagne), 57.
Adjrad اجرد, 140.
Adra' ادرع, 341.
Adra'at ادرعات, 354, 361.
Adrachken ادراشكن, 463.
Adrekan. Voyez Adarkian.
Adrewan ادروان (montagne volcanique), 383.
A'dzab ou Aïdhab عذاب, 130, 132.
Afchout افشوط, 439.
A'fir العفير, 363.
Afnan افنان (rivière), 154, 155.
Afran افران, 276, 277.
Afrikia افريقية, 5, 327.
Afrique centrale غرب الاوسط, 21, 202.
— occidentale, 10, 106, 197.
— orientale, 44.
Agharnou اغرنو, 202.
Aghlabites (dynastie), 261.
Aghmat اغمات, 106.
Aghmat Aïlan اغمات ايلان, 214.
Aghmat Warika اغمات وريكة, 207, 210.
— Commerce et richesses de cette ville, 213, 215, 227, 228.
Aghna اغنا, 72.
Aghzaz اغزاز, 9.
Ahdi احدى, 271.
Ahnas اهناس, 128.
Ahrié اهرية, 132.
El-Ahsa الاحسا, 363, 371, 372, 431.
Ahseïn احسين (rivière), 410.
Ahwas احواس (peuplade), 428.
Ahwaz اهواز, 364, 378, 379, 385.
Aiam (île d') الايام, 89.

Aïas اياس, 425.
Aïdedj ايدج, Aïdadj ou Aïdakh ايدخ, 364, 379, 383, 374, 390, 414.
A'ïdedjan عيدجان, 398.
Aïdemour ايدمر (montagne), 328.
Aïdi ايدى, 72.
Aïdian ايديان, 392, 395.
Aïghisal ايغيسل, 217.
El-A'ïkian العيكان, 392.
Aïlah ايله, 5, 328, 329, 330, 332, 333, 335, 337.
Aimant (montagnes d'), 46, 57.
A'in Caïs عين قيس, 327.
A'in Chems عين شمس (Héliopolis), 301, 303, 307, 328.
A'in el-Safasif عين الصفاصف, 329.
A'in Ma'oul عين معول, 438.
El-A'itha العيثا
Ajan (pays d'), 45.
A'k عك, 142.
A'kacha عكاشا, 227.
El-A'kbat العقبة, 295.
A'kbat es-Sollam عقبة السلم, 296.
Akdjer الكجر, 477.
Akent اقنت, 38, 40, 46.
Akhal الكحل, 143.
Akhnim اخنيم, 125, 126.
Akhsas اخصاص, 323.
El-Akik العقيق, 141, 142.
Akka عكا (Saint-Jean d'Acre), 347, 348, 361.
Akna (lac d') اقنى, 129.
A'labaca علابقة, 146.
Alabdjerd الابجرد, 395.
A'lac علق, 149.
A'laki العلاقى (montagne), 35.
A'lawaïn العلوين, 226, 229.
Albab الباب (montagnes), 239.
Albouhat البوهات, 317.
Alcala' القلعة, 202.
Alep. Voyez Haleb.

TABLE DES MATIÈRES.

Alexandrie الاسكندرية, 287, 294, 295, 296, 297, 298, 299, 313, 326, 327, 349.

Alexandre le Grand, 47, 105, 198.

Alger جزاير بني مزغانة, 235, 249.

Alhouma الحمة, 252, 253.

Alhami. Voyez Andjemi.

Ali (tombeau d'), 366.

Almaïd (île d') الماىد, 89, 93.

Almasila المسيلة, 202, 230, 232, 233, 235, 238, 240, 241, 271, 272.

Almedjan المجان, 392.

Almenar المنار, 278.

Almodhic المضيق, 238.

Aloès (bois d'), 45, 47, 500.

Aloès (drogue médicinale), 48, 53, 82, 83, 180, 202.

Alun, 117, 118.

Amad امد, 336.

A'mara عمارة, 15.

Ambre (gris), 64, 105, 135.

Amdjoud الاجود, 392.

El-A'mechié الاعشية, 144.

Amioun اميون, 356.

Amli أملي, 11.

Amlil امليل. Voyez Oulil.

Amol امل, 471, 473, 485.

El-A'moud (île d') العمد, 357.

A'mou Soṇh عمو سوح, 438.

A'mran عمران, 360.

Amroud امرود, 281.

Amtakou امتكو, 289.

Amtalas أمطلاس (montagne), 327.

A'nafit عنافت, 144.

Anberia انبرية, 67, 68, 70, 71.

Auboudan انبودان, 397.

Ancach انقاش, 323.

Ancal انقال, 218.

Ancône, 6.

Andalos الاندلس. Voyez Fez.

Andidjaras' اندجارع, 480.

Anderab اندراب, 475, 477.

Andj الانج, 414.

Andjar انجار, 130.

Andjebeh (île d') الانجبه, 59, 60.

Andjemi انجمى ou Alhami الحمى, 21, 24.

Andjikan (lac d') انجيكان, 411.

Andra اندرة, 439.

Anfa آنفا, 219, 220.

Anfoudja (île d') الانفوجه ou Anfrandje الانفرنجه, 59, 60, 61.

Anfour el-Radini انفور الراديني, 27.

Animaux monstrueux dans les mers de Chine, 96, 97.

Ankelas انكلاس, 117, 118.

Ankouah انكوه,

Ansana انصنا, 124.

Ansant انسنت, 447.

Antakia انطاكية (Antioche), 6, 330.

Antartous انطرطوس ou Antarsous انطرسوس (Tortose), 330, 358, 359.

Anthropophages, 77.

Antioche. Voyez Antakia.

Antidote contre le poison, 201. — Contre la morsure des scorpions, 232.

Antouhi انتوى, 312, 314, 315, 316, 321.

A'ouair عوير, 147, 158.

Aouc الاوق, 449.

A'ouïd العويد, 332.

Aouras اوراس (montagne), 421, 253.

Aourchin اورشين, 185, 187.

Aquilée الاكلايه, 6.

El-A'ra الاعرا, 328.

Arabes (les) de la tribu de A'd, 48, 49, 54.

Arabes (les) très-respectés chez les Zendjs, 58.

Arabe (langue) parlée par les chrétiens de Cotroba, 62.

Arabie, 130 et suiv., 147 et suiv.

Arabie heureuse. Voyez Iémen.

64

A'rafat عرافات, 141.
Aral (lac d') بحر لخوارزم, 336.
Aralanda (île d') ارالَندة, 201.
El-Arbadh الاربض, 271, 272.
Arbedjan اربجان, 237.
Arbes الاربس, 252, 267, 268, 269.
Arbre de fer, 196.
Arbre appelé talhat el-melik طلحة الملك, 144.
Arca ارق, 12.
A'rca عرقة, 144. — Golfe d'Arca, 357, 358.
Archimède cité, 94.
Arda'a اردعة, 436.
Ardechir اردشير (roi), 395, 396.
Ardechir (pays), 397, 398, 406, 407.
A.dechir Khouré اردشير خورة, 392, 411.
Ardekoun (île d') اردكون, 357.
A'rdh عرض, 155.
Ardjiman الارجمان, 416, 421.
Argent (mines d'), 36, 113, 464, 465.
Argent qu'on extrait du sable, 91.
A'rib عرب, 141.
El-A'rich العريش, 340.
Aristote cité, 47, 48, 94.
Arkian الاركان, 392, 416.
Armadja ارجا, 371.
Armes des noirs, 14.
Armousié ارموسية, 356.
A'rous العروس, 327.
Arsouf ارسوف, 330, 347.
Arwad (île d') ارواد, 359.
Arzelan ارزلان, 183.
Arzew ارزو, 248.
Asad الاسد, 403.
Asafi اسفى (port d'), 200, 220.
A'san عسان, 338.
Asaoul اساول, 170, 174, 176.
Ascalon ou A'scalan عسقلان, 330, 341, 347, 360.

Ascaran الاسغران ou Asfaran الاسفران, 448.
Asek اسك, 410.
Asfaca اصفقة, 160, 164, 166.
Asfan اصغى, 390.
A'sfan عسفان, 139, 329, 333.
Asferan اسفران, 433, 461, 463.
Asfira اسفيرا, 185, 191.
Asfiria اسفيريا, 185, 190.
Asirzir اسبرزير, 232.
A'sker Mokarram ou A'sker Mokrem عسكر مكرم, 364, 379, 380, 381, 382, 383, 389.
Askhara السخرا, 193, 194, 195.
Asmir اسمير, 218.
Asnand اسناند, 181.
Asnid اسنيد, 431.
Asouan (Syène), 27, 35, 36, 122, 128, 129, 311, 327.
Asphaltite (lac) بحيرة المنتنة, 337.
Aspourcan اسبورقان, 469, 470, 478.
Assiout السيوط, 126.
El-Assnam الاصنام, 274.
Astarabad استاراباد, 460.
Atas اطاس, 489.
A'tfat Selam عطفة سلام, 356.
A'tia عطية, 240.
A'tiah عطياه, 433.
Atlantique (Océan) اطليطيقس, 94.
A'touf عطوف, 332.
Atragha اطراغا, 185, 192.
Atraghan اطراغان et اطراغن, 185, 191.
Atrasa اطراسا, 181.
Atrit اتريت, 315.
Atry اترى, 160, 163.
A'ttour عتر, 136.
Aubkin اوبكى, 160, 170, 171.
Auca اوقة, 460, 462.
Audaghocht اودغشت, 108, 109.
Audjela اوجلة, 274, 286, 287, 288.

TABLE DES MATIÈRES.

Aughocht اوغشت, 170, 184.
Aughouchta اغشته, 175.
Autruches, 218.
Awal (île d') اوال, 363, 364, 371, 372, 373, 398.
Awthan اوطان, 218.
Awtas اوطاس, 155.
A'zab ou Aïdab عذاب, 5, 42.
A'zair عزير, 449.
Azam ou Azem ازم, 364, 385.

A'zarat العرارة (tribu arabe), 365.
Azcac ازقاق, 275.
Azd الازد, 411, 414, 418, 421.
Azerbaïdjan ازربايجان, 7.
Azka ازق, 107, 205.
Azkaï ازكى, 206.
Azkar ازقار (tribu berbère), 113, 115, 116.
Azkou ازكو, 272.
Azrekis (les) الازارقة, 388.

B

Ba'alik بعليك, 439.
Babeïn بابين, 364, 391, 397, 406, 414, 416, 419, 420, 425, 439.
Babek بابك, 292.
Bab el-Abwab باب الابواب, 336.
Bab el-Mandeb باب المندب, 4, 5, 39.
Babelout بابلوت, 229.
Bab el-Redjan باب الرجان, 409.
Babié بابية, 357.
Bab Zenata باب زناتة, 226.
Bach باش, 408.
Bachar بشر, 244, 247.
Bachek (île de) باشق, 270, 278.
Bachin باشين, 417.
Bachwerd باشورد, 417.
Badakhchan بدخشان, 456, 474, 478.
Badan بادان, 439.
Badghich بدغش, 457, 464.
Badja باجة, 191, 193, 195, 229, 252, 266, 268.
Badjarda بجردة (rivière), 276.
Badjitan باجيتان, 460, 463. Voyez Nadjitan.
Badkhan Bad بدخن باد, 440.
Badmé بادمة, 440.
Badrik بدرك, 409.
Bagdad بغداد, 328, 365, 466, 367, 389.

Baghaï بغاى ou باغاى, 244, 252, 271.
Baghaïa باغاية, 202, 237.
Bagharghar بغرغر, 490, 491, 493, 495, 496, 497, 499. Voyez aussi Tagharghar.
Baghbough بغبوغ (titre du souverain de la Chine), 84, 99, 100, 173, 195.
Baghdad. Voyez Bagdad.
Baghneïn بغنين, 417, 442, 444, 449, 457.
Bahanek بهنك (fleuve), 191, 192.
Bahreïn بحرين (en Afrique), 121, 123.
Bahreïn بحرين (pays d'Arabie), 4, 62, 146, 153, 154, 156, 157, 363, 372, 378.
Bahreïn بحرين (ville), 370, 371.
El-Bahrouned البهروند, 272.
Baiand بياند, 417, 451, 452, 454, 455.
Baïch بيش, 142.
Baie de Zebid, 49.
Baïsan ou Beïsan بيسان, 337, 339, 346, 360.
Bakhouan باخوان, 490, 491, 496.
Balabac بلبق, 164, 178.
Balanc بلنق ou Balabac بلبق, 73, 76.
Ba'lbek بعلبك, 330, 353, 361.

64.

Balca بلغا, 338, 346, 361.
Bales بالس, 335.
Balis بالس ou بانيس, 444, 449.
Balkh بلخ, 456, 461, 469, 473. — Description de cette ville, 473 et suivantes.
Bam بم, 417, 423, 425.
Bamian باميان, 456. Voyez Namian.
Bana بنا, 318.
Banah بنه, 179.
Bananes. Voyez figues bananes.
Banbouran بانبوران, 410.
Banend بانند, 435.
El-Banes البانس ou el-Baies البايس, 57, 59.
Bania بانيا, 160, 163, 171.
Bann بن, 437.
Bara (île de) باره ou Tara تاره, 171.
Barca برقة, 5, 286, 287, 294.
Barcana برقانة, 226.
Barchin برشين, 436, 437, 454, 455.
Bardouin برودين (Baudouin, frère de Godefroy de Bouillon), 317.
Bardoun بردون, 364, 379, 384.
Bar el-A'bbas بار العباس, 273.
Barem بارم, 391, 392, 395, 404, 405, 414, 428.
Bari باري, 6.
Barkin برقين ou Bernik برنيق, 287.
Barma بارما, 336.
Barmachin برمشين, 417, 423, 433.
Barnabliz برنبليز, 319.
Barouh بروح, 175, 176, 178.
Bas باس, 392.
Basbad باسباد, 432.
Bas Mekrineh باس مكرينه, 402.
Bassra (Bassora) بصرة, 1, 156, 157, 364, 367, 371, 372, 378. — Description de cette ville, 368, 369.
Bassinna بصنا, 364, 379, 384.
Bassora. Voyez Bassra.

Batn Aghda بطن اغدا, 140.
Batn Dhat Kechd بطن ذات كشد, 140.
Batn Medhedj بطن مدج, 140.
Batn Mer'i بطن مرع, 139, 329.
Batn Moghaira بطن مغيرة, 329.
Batn Nakhl بطن نخل, 158.
Batn Na'aman بطن نعمان, 158.
El-Bataih البطائح, 364.
Bathat el-A'sel بثة العسل, 315.
El-Bathnié البثنية, 359, 361.
Bathran بثران, 329.
Bathroun بثرون, 356.
Batta بطا, 38, 40, 43.
Battal بطال, 249.
Bazardin بزردين, 431.
Bazih بازح, 409, 410.
Bazrendj بازرنج, 414.
Bebih ببيح, 313, 325.
El-Beca البقاع, 361.
Bechek بشك, 444.
Bechenk بشنك, 457.
Bechhiar بشهيار, 193, 195.
Bechkenk بشكنك, 442.
Bechlik بشليك, 449.
Bechroun بشرون, 153.
Bedest Arden بدست اردن (lac), 412.
Bedja بجة, 416, 418, 421.
El-Bedja (peuplade), 132, 133.
Bedjaïa بجاية (Bougie), 202, 236, 237, 238, 241, 245, 246, 258, 269.
Bedlasen بدلاسن (tribu berbère), 203.
Bedouna بدونة, 45, 55.
Bedrest بدرست, 441.
Beghama بغامة, 19, 21, 113.
Beghara البغارة, 244.
Beh به, 164, 446.
Behar بهار, 425.
Behicha بهيشة, 156.
Behnesa (ou Behnesé) بهنسا, 128, 327.

TABLE DES MATIÈRES.

Behra بهرة (montagne), 336.
Behram بهرم, 395.
Behwaré بهوارة, 392.
Beiadh بياض, 121, 132, 311.
Beian بيان, 364, 379, 386, 387, 389.
Beidaria بيدارية, 325.
Beidha بيضا, 328.
Beidha بيضا, 364, 391, 392, 405, 406, 414. — Origine de ce nom, 420.
Beirout بيروت, 330, 354, 355, 361.
Beit Djebraïl بيت جبرايل, 341.
Beit Djebraïn بيت جبرين, 360.
Bek بك, 444, 457, 458.
Bekiar (pont de), 409.
Bekiaroun بكارون, 413.
Belac بلاق, 25, 27, 33, 34, 36, 37.
Belbeïs بلبيس, 329.
Belezma بلزمة, 202, 237.
Belhara (titre des rois de l'Inde), 172.
Belkis (la reine), 53.
El-Belin البلين où el-Belioun البليون (cavaliers noirs), 35, 42.
Belkina ou Bolkina (canal de) بلقينة, 318, 322, 323.
Belouca بلوقة, 244.
Belous بلوس, 316, 317.
Belseman بلسمان, 392.
Benberan بنبران (montagne), 108.
Benchek بنشك, 450.
Bend بند, 164, 166.
Bend بند, 403.
Bendares بندارس, 408.
Bendedjan بندجان, 364.
Bendel بندل ou Bidel بيدل, 403.
Bendjewaï بنجواى, 417, 442, 444, 449, 458, 459.
Beni-A'touch بنى عطوش, 224.
Beni-Bernous بنى برنوس, 242.
Beni-Helal بنى هلال, 121, 142.
Beni-Hodeïl بنى هديل, 142.

Beni-Hamad بنى حماد, 231, 232, 236, 238, 246.
Beni-Sa'ad بنى سعد
Beni-Tawra بنى تاورة, 224.
Beni-Tawda بنى تاودة, 227.
Beni-Warcalan بنى وارقلان, 203.
Beni-Wedjas بنى وجاس, 276.
Beni-Zidedji بنى زيدجى, 203.
Beni-Ziad بنى زياد, 224.
Benou-A'bdirrabbihi بنو عبدربّه (tribu berbère), 203.
Benou-Asad بنو اسد, 365.
Benou-Basdaran بنو بسدران (tribu berbère), 203.
Benou-Merdewan بنو مردوان, 397.
Benou-Menhous بنو منهوس, 203.
Benou-Semdjoun بنو سمجون, 203.
Benou-Wazlefen بنو وازلفن, 230, 231.
Benzert ou Bizerte, 252, 264, 265, 276, 277.
Bera'an برعان, 431.
El-Berba البربا (édifice remarquable à Akhmin), 135.
Berbat بربات, 46.
Berbera بربرة, 40, 42, 44.
Berbers (pays des) بلاد البربر, 5, 19, 21, 22, 55, 113, 122. — Origine de ce peuple, 202, 203. — Langue berbère, 204, 205. — Tribus berbères et leurs mœurs, 203, 204, 205, 206, 207, 209, 216, 217, 219, 220, 221, 224, 225, 227, 231, 233, 234, 235.
Berdawan بردوان, 272.
Berdjan برجان, 7, 392.
Berdoukhan بردوخان, 414.
Berechk برشك, 202, 234, 235, 249.
Bericha بريشى, 10, 11.
Berid بريد, 392.
Berim el-Ahmar بريم الاحمر (montagne), 123.
Berisa بريسى, 12, 13.

Beriscora برسعرى, 72.
Berisli برسلى ou Bournichli برنشلى, 72.
Berkian بركان, 405.
Berman برمان, 147.
Berwan بروان (lac), 492.
Bersadjan برجان, 490, 491, 492, 496.
Berzian برزيان, 410.
Besmek بسمك, 160, 162.
Bestama بستامة, 324.
Bétel (plante), 70.
Bethlehem بيت لحم, 345, 346.
Betsroun بثرون, 147.
Bewan بوان, 410, 411, 414.
Biar بيار, 324.
Biat بيات, 143.
Bicha بيشة, 142, 147, 148, 363, 372.
Bicha Haran بيشة حاران, 145.
Bicha Iactan بيشة يقطان, 148, 145.
Bilcan بيلقان, 252, 254. Voyez Nilfan.
Bili بلى (tribu arabe), 121, 132, 335, 365.
Binan (île de) بينان, 76.
Bir Chek بير شك, 436.
Bir el-Cadhi بير القاضى
Bir es-Safa بير الصفا, 273.
Biret بيرة, 438.
Bir Had بير حاد, 438.
Birket el-Djob بركت الجب, 329.
Bir Zenata بير زناتة, 293.
Biskara بسكرة, 241, 247.
Bizerte (lac de), 265, 266. — Particularités relatives à ce lac, *ibid.* Voyez Benzert.
Bodja بجة, 5, 35, 41, 42.
Bois de serpent, 23.
Bokht بخت, 32.

Bokrour بكرور, 11.
Bolous بلوس (peuplade), 429.
Bone بونة, 246, 251, 252, 267, 268, 275, 277.
Borca برقة, 147.
Bordjan برجان ou Borhan برحان, 431.
Bost بست, 417, 442, 443, 445, 446, 448, 450, 458, 464.
Bostaderan بستادران, 417, 437.
Bost Barem بست بارم, 437.
El-Botm البتم (montagnes), 337, 480.
Bouaït البويت, 328.
Bouher بوهر, 390.
Bouchindj بوشنج ou Bousih بوسيج, 453, 463, 464.
Boudan بودان, 490.
Boucliers de Lamta, 205.
Bougie. Voyez Bedjaïa.
Boukha بوخه, 66.
Boukhara بخارا, 456.
Boud (Bouddha), 88. — Son culte, 176.
Boukir بوقير, 327.
Boullina البولينا, 125.
Boundarié بندارية, 296.
Boura بورة, 321.
Boura بورا, 185, 190, 191.
Bouran بران, 127.
Bourca Dahek برقة ضاحك, 156.
Bourendjan بورنجان, 417, 451.
Bouseïn بوسين, 410.
Bousih بوسيج Voyez Bouchindj بوشنج
Boussir بوصير, 124, 306, 318.
Brahmes et leurs croyances, 71.
Brésil (bois de), 75. — Ses propriétés, *ibid.*
Bresillet (bois), 184.
Bretagne, 95.
Buthinkh بثينخ, 493, 494.

C

Cabc قبق (montagne), 336.
Cabela (île de) قبلا, 46.
Cabes قابس, 252, 255, 256, 273, 281.
Caboudia قابودية, 279.
Cabous قابوس, 329.
Cabr ben Murtefa' قبر بن مرتفع, 141, 143.
Cabresah قبرسه, 440.
Cabsa قبصة ou Cafsa قفصة, 252, 253, 254, 260.
Cacha كشه, 143.
Cacha قاشا, 193, 195.
Cachan قاشان, 336, 440.
Cachemir ou Cachemire l'intérieure قشمير الداخلية, 180.
—— l'extérieure الخارجية, 181.
—— la supérieure العليا, 175.
—— l'inférieure السفلى, 175.
Cachemire قشمير, 191.
Cachrat el-Abrah قشرة الابرح, 314.
Cadesia القادسية, 363, 364, 365, 366, 367.
Cadira قديرة, 160, 170.
Cafres (peuplade), 55.
El-Caïd القيد, 312.
Caïn. Voyez Caneïn.
Caire (ville), 126, 128, 129.
Cairowan قيروان, 254, 257, 260, 263, 268, 270, 271, 286.
Caïs قيس, 124, 311.
Caisarié (Césarée), 330, 339, 348, 360.
Caïtana القيطنه, 270.
Caïtowa قايطوا, 193.
Cakela قاقلى, 185, 191.
Cala't el-Madjous قلعة المجوس, 403.
Cala't Mehdi ben Tewala قلعة مهدى بن توالة, 202, 222, 223.
Calabre بلاد قلورية, 6.
Calaï قلاى, 417.
Cala't قلعة, 238, 241.
Cala't beni Hamad قلعة بنى حماد, 242.
Cala't Bechir قلعة بشير, 237.
Caldjoun تلجون, 38, 40.
Calema قالمة (tribu berbère), 203.
Calema قالمة ou قالة (ville), 237, 244.
Calery قالرى, 160, 161, 163.
Calhan قلهان, 200.
Calhat قلهات, 147, 151.
Caliousa قاليوسة, 284.
Calmoun قالمون, 355.
Cameroun قامرون (titre de roi), 88, 90, 98, 173.
Cammar قمار, 296.
Camnourié قمنورية, 106, 107.
Camoulé قموله, 127.
Camphre (arbre de), 80.
Canasrin قنسرين, 361.
Canat el-Cham قنات الشام, 427.
Canaux du Nil. Voyez Nil.
Canbely قنبلى, 160, 165.
Candahar قندهار, 175, 182, 183, 184.
Candaïl قندايل, 169, 170.
Canderina قندرينه, 172, 175. Voyez aussi Fanderina.
Caneïn قاين ou Caïn, 417, 435, 452, 453, 454, 455, 463.
Canodj قنوج, 175, 180, 181. (On écrit aussi كنوج ou Kanoudj).
Canouna قنونا, 145.
Cap Bon (le). Voyez Tarf el-Baghla.

Cara قرأ, 202.
Caua'a قارعة, 445.
Caractères mystérieux, 114.
Caranfil قرنفيل, 324.
Caranta قرنطة, 324. Voyez aussi Faranta.
Carawat قروات, 456.
Carbadi. Voyez Kerbedi.
Carcana. Voyez Kerkené.
Caren قارن (montagnes), 180, 181.
Carfa قرفة, 156.
Carfouna قرفونة, 44, 45.
El-Cariatain القريتين, 147, 155.
Cariat A'ziz قرية عزيز, 459.
Cariat el-Anssar قرية الانصار, 319.
Cariat el-Madjous قرية المجوس, 441.
Cariat Habsan قرية حابسان, 459.
Cariat Houma قرية حومة, 459.
Cariat Salem قرية سالم, 433, 434, 435.
Cariat el-Djouz قرية الجوز. Voyez Hormuz el-Melik.
Carin القرين, 414.
Carkerda قرقردة, 453.
Carmathes (pays des), 371.
Carnaboul قرنابول, 185, 191.
Carn el-Menazel قرن المنازل, 141, 142, 143.
Caroubier (pays où croit cet arbre), 355.
Caroubin القاروبين. Voyez Fèz.
Cart قرت, 417.
Carthage (l'ancienne), 261, 262, 263, 264, 276.
Carzal قرزل, 400.
Casailé قسايلة, 158.
Casan فاسان, 489.
Caspienne (mer), son étendue, 7, 8.
Cassira قصيرة, 254.
Cassri Bend قصر بند, 160, 164, 166.
Cassr (ou château fort) القصر, 239, 244.

Cassr القصر, 54, 442, 444, 450.
Cassr Abd el-Kerim قصر ابد الكريم, 225.
Cassr A'ain قصر اعين, 402.
Cassrain القصرين, 237, 244.
Cassraïn ou Cassrein القصرين, 327.
Cassr beni Merzouk قصر بنى مرزوق, 277.
Cassr beni Djehad قصر بنى جهاد, 279.
Cassr beni Khattab قصر بنى خطاب, 283.
Cassr beni Mamoun قصر بنى مامون, 281.
Cassr beni Ouïoul قصر بنى اولول, 283.
Cassr Caria قصر قرية, 277.
Cassr Djeham قصر جهم, 276.
Cassr Djerdan قصر جردان, 276.
Cassr el-Afriki قصر الافريقى, 272.
Cassr el-A'lia قصر العليا, 279.
Cassr el-Caboudia قصر القابودية, 279.
Cassr el-Chammas قصر الشماس, 295.
Cassr el-Khaïat قصر الخياط, 278.
Cassr el-Marssad قصر المرصد, 278.
Cassr el-Morabetin قصر المرابطين, 278.
Cassr el-Nahla قصر النحله, 277.
Cassr el-Nakhil قصر النخيل, 278.
Cassr Halla قصر حله, 276.
Cassr Kerbas قصر قربص, 276.
Cassr Lamta قصر لمطه, 279.
Cassr Lebna قصر لبنة, 277.
Cassr Melian قصر مليان, 279.
Cassr Mers el-Wad قصر مرس الواد, 276.
Cassr Nabel قصر نابل. Voyez Nabel.
Cassr Nabka قصر نبقه, 281.
Cassr Omm I'sa قصر ام عيسى, 117.
Cassr Sa'ad قصر سعد, 277, 278.
Cassr Selcata قصر سلقطة, 279.
Cassr Sounin قصر صونين, 276.
Cassr Tersa Daoud قصر ترسا داود, 276.

TABLE DES MATIÈRES.

Castara وادى قسطرة, 328.
Castes chez les Indiens, 87, 89.
Castilia قسطيلية, 252, 253.
El-Cathif القاطيف, 363, 371, 372.
Cattighora قطيغورا, 185, 188.
Césarée. Voyez Caïsarié.
Ceuta. Voyez Sebta.
Cha'ab شعب, 328.
Cha'b es-Safa شعب الصفا, 222, 288.
Chabour شابور (en Égypte), 313, 324.
Chach شاش, 456.
Chahar شهار. Voyez Miniet Chahar.
Chadrewan الشادروان, 397.
Chahbouran الشاه بوران, 392.
Chahidjan شاهجان, 392.
Chah Sind شاه سند, 436.
Chakikié الشقيقية, 256.
Chakir شاكر. Voyez Mikhlaf Chakir.
Chakla شكلا, 325.
Chal شال, 244.
Chala شالة, 218.
Cham الشام. Voyez Syrie.
Chamaïrac شميرق, 315.
Chamat شامات, 425.
Chameaux des Abyssins, 41.— Pays où se trouvent les meilleurs, 42. — Espèce particulière de chameaux, 169.
Chameh شامه, 111, 113.
El-Chameïn الشامين, 314.
Chamous شموس, 319.
Chancha شانشا, 317, 318.
Chanfikh شنفخ, 490.
Chantouf شنطوف ou Santouf سنطوف, 312, 313, 314, 321, 322, 324.
Chapour (ville et district). Voy. Sabour.
Cha'ra الشعرا, 239.
Charkhou شاركخو, 195.
Charam شرم (montagne), 153.
Charet. Voyez Cherat.
Charm el-Beït شرم البيت, 332.
Charous شروس, 355.

Charousan شروسان, 160, 162, 163, 164.
Chas شاس, 497.
Chaslend الشاسلند, 201.
Chasse aux singes, 62. — Aux éléphants, 185, 186.
Chat شط, 153.
Chata شطا, 320.
Chebek شبك, 417.
Chedjer شجر, 47, 48, 147, 150, 151.
Chedzkhour شذخور, 193.
Chehrezour شهرزور, 336.
Chehriar شهريار, 406.
Chelif شلف (rivière), 231, 248.
Chenawa غدير شناوة (étang), 328.
Chenwan شنوان, 313.
Cheram. Voyez Cherham.
Cherat ou Charat شرات (montagnes), 337, 337.
Cherat شرات (pays), 341.
Cherbé الشربة, 354.
Chérboua (île de) شربوة, 59.
Cherchek شرشك, 447.
Cherchal شرشال, 235, 249.
Cherencas شرنقاس, 321.
Cherham (île de) et Cheram شرهام, 200.
Chérif (le) ou prince de la Mecque, 136, 138.
Chermah شرماح, 322.
Chermakh شرماخ, 494.
Chermi شرى, 15.
Cherouné شرونة, 121, 132.
Cherwa شروة, 432.
Chetroun شطرون (espèce de poisson), 299.
Cheveux des femmes nubiennes, 15.
Chevaux kurdes, 407. — Pays dépourvus de chevaux, 57, 58, 66.
Chèvres à musc, 188, 189.
Chibam شبام, 147, 149.

Chihir الشحير (poisson), 32.
Chine (la), 60. 89, 90, 185, 193, 497 et suivantes. — Administration de la justice en Chine, 89, 90. — Villes de ce pays, 100. — Marchandises chinoises, 50.
Chiniz شينيز, 363, 391, 392, 399, 400, 409, 414. — On y fabrique des tissus estimés, 399, 440.
Chioudjé شيوجه, 314.
Chiraz شيراز, 364, 390, 392, 393, 394, 395, 401, 402, 403, 404, 405, 406, 407, 412, 420.
Chirdjan الشيرجان, 404, 419, 421, 422, 423, 424, 425.
Chiwa شيمى, 442.
Chrétiens, 35, 42, 47, 48, 62, 72.
Citernes de Carthage, 263.
Civette, 189.
Chorb شرب, 320.
Chorma. Voyez Chouma.
Choubra شبرة, 312, 315, 317.
Chouma شومة ou Choumna شومنه, 53, 64, 83.
Chour شور, 119, 438.
Choura شورا, 428.
Choura شورة, 363.
Choursian شورسيان, 425, 426.
Chuster. Voyez Tuster.
Cobour beni Berakech قبور بنى براكش, 239.
Cocadam قوقدم, 206.
Cocotier. Culture de cet arbre, 74.
Codeïd تديد, 130, 139, 333.
Cofs القفس (montagnes), 364.
Cofs القفس (pays), 400. — Langue qu'on y parle, 428.
Colaïb el-O'mmal قليب العمال, 325.
El-Coll القل, 243, 246, 251.
Colou' el-Ferranin قلوع الفرانين, 428.

Colzoum (mer de) بحر القلزم, 5, 39, 47, 130, 134, 135, 330, 331, 333.
Colzoum (golfe de), 5.
Colzoum (ville de), 5.
Comar قمار, 73, 83, 158.
Commerce de la ville d'A'den, 51; — Des Arabes avec la Chine, 60; — Avec l'île de Serendib, 73.
Comor (île de) القمر, 67, 69, 78. — Particularités relatives au roi de cette île, 69.
Concubinage dans l'Inde, 178.
Constantine ou Cosantina قسنطينة, 242, 243, 244, 246, 269.
Coptes, 35, 327.
Coquillages servant de nourriture, 40, 69. — Employés comme monnaie, 68.
El-Cora القرى, 371.
Corail (pêche du), 266, 267.
Corcoub قرقوب, 364, 379, 383, 384, 389.
Cosantina. Voyez Constantine.
Cossour Hassan ben el-No'man el-Ghassani قصور حسن بن النعمان الغسانى, 274.
Cotroba (île de) القطربة, 62.
Coueia' القويعة, 332.
Couha قبا, 141, 155.
Couhestan قوهستان, 417.
Coul قول, 392.
Coum قم, 336, 441.
Coumes قومس, 430.
Coundjan القونجان, 397.
Coura O'rina قرى عرينة, 142.
Courra قرة, 433, 442, 445, 446.
Cous قوس, 127, 132.
Cozoul قزول, 328.
Cristal de roche, 72.
Crocodiles, 31, 32, 306.
Croatie خرواسيه, 6.
Cuivre (mines de), 22. — Préféré à l'or, 66.

TABLE DES MATIÈRES.

D

Da'a دعة, 359.
Dabiki دبيقى (sorte d'étoffe), 320.
Dacarcous دقرقوس, 316.
Dada دده, 182.
Daghouta داغوطه, 79.
Dahaman دهان, 156.
Dahas داحس, 52.
Dahchoun دهشون, 307.
Dahrout دهروط, 311.
Dahs el-Kebir دهس الكبير, 350.
Daï داى, 202, 220, 221.
Daïra ديرا, 364.
Dalakhoua دلخوا, 490.
Dalhi دلحى, 440.
Dalmatie دلماسيه, 6.
Dama دامة, 155.
Damar دمار, 50, 51.
Damas دمشق, 146, 330, 333, 349, 350, 352, 354, 359, 360, 361, 362.
— Mosquée de Damas, 351.
Damasis دمسيس, 312, 315, 316, 317, 318, 321.
Damghala دمغلة, 21.
Damidjan الداميجان, 396.
Damiette دمياط, 312, 313, 315, 319, 320, 321, 323.
Damira دميرة, 320, 321, 323.
Damna دمنة ou Dama دمة, 359.
Damrah Abad دمره اباد, 431.
Damou دمو, 319.
Danian دنيان (montagnes), 409.
Daniel (le prophète), 113, 114. — Son tombeau près de Chuster, 382.
Daou دو, 13.
Daoulca ou Doulca دولقة, 175, 176.
Dara الدارة, 338.
Dar'a درعة, 202, 207, 228.

Darab داراب, 341.
Darabdjerd دارابجرد, 391, 392, 394, 405, 414.
Daran (montagnes), 210, 212, 215, 221, 241.
Darast دارست, 233.
Darca درقة, 145.
Dardjan Siah دارجان سياه, 411.
Dardjin دارجين, 426.
Dareïn دارين, 410, 414.
Darek درك, 160, 164, 165.
Darek دارك, 431.
Dar el-Bacar دار البقر, 322.
Dar el-Daouaïb دار الدوائب, 270.
Dar el-Morabetin دار المرابطين, 218.
Darek Iamouna درك ياموا, 170.
Dargha درغة ou Daghdagha دغدغة, 79.
Dargach درغش, 442, 450.
Dar Hormuz دار هرمز, 364.
Dari Fared دار فارد, 422, 426, 430.
Darisa ضريسة (tribu berbère), 203.
Dar Khawend دار خوند, 392, 396.
Darkhoun دارخون, 490, 495.
Darladeri (mer de) دارلادرى ou Darlaroui دارلاروى, 78, 88, 94.
Dar Meloul دار ملول, 203, 241.
Darmoud دارمود, 439.
Darsenan دارسنان, 433.
Darzandji دارزجى, 481.
Daumet el-Djandel دومة الجندل, 141.
Dattes. Leur abondance à Bassora, 368.
Dawar ou Dowar دوار, 435, 444, 449, 450, 456.
Dawoud داود (ville), 115.
Dedjlet el-Ghauza دجلة الغوزة, 368.
Dehek دهك, 439, 448.

65.

Dehestan دهستان, 464.
Deidjourek دیجورك, 390.
Deïlem (mer de) دیلم, 5, 336.
Deïlemi دیلمی (médecin de Hedjadj ben Iousouf), 399.
Deïr el-Faïoum دیر الفیوم, 311.
Deïr el-Hissn دیر الحصن, 441.
Dekha دكهة, 272.
Delas دلاس, 129.
Delphinos (poisson), 32.
Dema'din دمعدین, 440.
Demamil دمامیل, 127.
Demar دمار (montagne), 275.
Demdem دمدم, 116.
Demhera دمهره (la reine), 67, 68.
Demindar دمندار, 440.
Demrout دمروط, 124.
Dendalcan دندلقان, 467.
Dendema دندمة, 65, 66.
Dendera, 125.
Dera' درع, 106.
Derah دره, 468.
Derdan دردان, 435.
Derdjend درجند (rivière), 410.
Derdour (gouffre de) دردور, 147, 158.
Derendjidjan درنجیجان, 392.
Derné درنة ou Derié دریة, 439.
Derou درو, 79.
Derrah دره, 417, 433, 434, 440, 447. Voyez aussi Zerrah.
Derrah Kouiskan دره کویسکان, 433.
Derthel درثل, 442, 450, 458.
Derwas دروَاس ou Dewarech دوارش, 443.
Désert à l'orient du Fars, 417, 430.
Désert de Tiser. Voyez Tiser.
Désert d'Adzab. Voyez Adzab.
Dest Badin دست بادین, 392.
Dest Bareïn دست بارین, 414.
Dest Barnik دست برنیق, 398.
Dest el-Mousican دست الموسیقان, 414.

Dest el-Restcan دست الرستقان, 410, 414.
Dest Sourab دست سوراب, 400.
Dhat el-Hammam ذات الحمام, 295.
Dhat el Iemin ذات الیمین, 158.
Dhat el-Menazel ذات المنازل, 359.
Dhat I'rk ذات عرق, 155.
Dhi Chemir ذی شمیر, 140.
Dhi Khachab ذی خشب, 328, 360.
Dhi'l merouet ذی المروة ou Dhou'l merouet ذو المروة, 142, 328, 360.
Dhira ou Daïra دیرا, 389.
Dhofar ظفار, 147, 148, 149.
Dhou'lcarnaïn. Voyez Alexandre.
Dhou Sohaïm ذو سحیم, 145.
Digue de Saba, 53, 149.
Dilem. Voyez Deïlem.
El-Dimas الدیماس, 279.
Dinwa دینوا, 320.
Diren دیرن, 432.
Djaba جابة ou Java (île), 80, 81, 98.
Djabaï الجباى, 386.
Djabié الجابیة, 352, 361.
Djabost جابست, 449.
Djachan جاشان, 448.
Djadila جدیله, 155.
Djahinataïn الجهینتین, 271.
Djalous (île de) جالوس, 77, 79.
Djalout جالوت. Voyez Goliat.
Djamour el-Kebir جامور الکبیر, 277.
Djamour el-Soghaïr جامور الصغیر, 277.
Djanaoul ou Djenaoul جاناول, 170, 175. Voyez Henaoul.
Djandjar جنجر, 315.
Djandour جندور, 160, 163, 168.
Djankou جانکو, 85, 100.
Djankoua جانکوا, 175. Voyez Haukoua.
Djar الجار, 135, 141, 329, 333.

TABLE DES MATIÈRES.

Djaroun جارون, 432.
Djawendan الجوندان, 396.
Djauran جوران, 166.
Djebail. Voyez Djobaïl.
Djebali جبلى, 330.
Djebel el-Cala' جبل القلعة, 226.
Djebel el-Kewakeb جبل الكواكب (ville), 210.
Djebel el-O'urdj جبل العرج, 140.
Djebel Tiwi جبل تيوى, 228.
Djedwa جدوة, 314, 315.
Djebesta جبسطه ou Djesta جسطه, 78, 79.
Djebirein جبيرين, 414.
Djehelki جهلكى (peuplade), 192.
Djehineteïn. Voyez Djahinalaïn.
Djehiné ou Djoheïna جهينة (tribu arabe), 132, 335, 365.
Djeikel Abad ou Heikel Abad جيكل اباد, 449.
Djeïlan جيلان, 329.
Djeïrouman جيرومان, 427.
Djeloula جلولة, 271.
Djemilé جبلة, 347.
Djenab جناب, 416, 425.
Djenabé جنابة, 391, 401, 414.
Djenad el-Saghir حناد الصغير, 295.
Djenadil جنادل (montagne), 34.
Djenaoul. Voyez Djanaoul.
Djenbié جنبية, 37, 38, 39.
Djenouan جنوان ou Hanwan حنوان, 144.
Djentama جنطمه, 65, 66.
Djerawa جراوة, 226.
Djerabatan ou Djerbatan جربتن, 172, 175, 179, 184.
Djerbé جربة (île), 281, 282, 283.
Djerbet el-Coum جربة القوم, 295.
Djerden جردن, 390.
Djerdjera جرجرة, 235.
Djerdjis جرجيس (roi), 113.
Djerendan الجرندان, 402, 410.
Djerkeré جركرة, 464.
Djerma جرمة, 109, 113.
Djermac جرمق, 398, 490, 492.
Djermen جرمن, 391.
Djerra جرّة, 442, 445, 446.
Djesen جسن, 360.
Djesradji جسراج, 449, 459.
Djesta. Voyez Djebesta.
Djewizcan الجويزقان, 411, 414, 416.
Djewser جوسر, 390.
Djezaïr el-A'fieh جزاير العفية, 245.
Djezaïr beni-Mazghana جزاير بنى مزغانة. Voyez Alger.
Djezaïr el-Hamam جزاير الحمام, 248.
Djezer جزر, 98.
Djezerman جزرمان, 410.
Djidda جدّة, 49, 53, 130, 133, 135, 136, 141, 146, 333.
Djidjan الجيجان, 392, 396.
Djidjel جيجل, 202, 244, 245, 246, 250.
Djidmal جدمال, 448.
Djifan الجيفان, 410.
Djihani الجهانى (nom d'auteur), 75.
Djihoun جيحون (fleuve), 337, 472, 473, 489.
Djil الجيل, 147, 456, 493.
Djiladkhan الجلادخان, 410.
Djireft جيرفت, 416, 421, 422, 423, 426, 427, 430.
Djirenah جيرنح, 467.
Djirin el-Ghaur جيرين الغور, 361.
Djiroud جيرود, 426.
Djizé جيزة, 303, 307.
Djobaïl ou Djebaïl جبيل, 330, 356, 361.
Djob Manad جب مناد, 327.
Djofa الجفا, 135.
Djofar الجفار, 121, 123, 365.
Djohfa الجحفة, 130, 139, 333, 335.

Djohrom جهرم et جوهرم, 391.
Djolan جولان, 361.
Djolfar جلفار, 147, 157.
Djondi Sabour جندى سابور, 364, 379, 383, 389.
Djoras جرس, 142, 143, 146, 147, 148.
Djordjan (mer de) بحر الجرجان, 7.
Djoreich جريش, 324.
Djorhom جرهم, 364.
Djosié حسية, 358.
Djouah جوه, 40, 42, 44.
Djoub Abdallah جب عبد الله, 295.
Djouda الجوده, 49.
Djoudham جذام, 335.
Djoudj جوج, 248, 249.
Djoudjar جوجر, 319.
Djouein جوين, 425, 447.
Djoul الجول, 361.
Djoulan. Voyez Djolan.
Djoundan جوندن, 392.
Djoun el-Medfoun جون المدفون, 278.
Djoun el-Melik جون الملك, 5.
Djounié الجونية, 356.
Djoun Ramada جون رمادة, 295.
Djour جور (capitale de la Perse à l'é-
poque d'Ardechir), 364, 391, 393, 394, 395, 399, 400.
Djoursian جورسيان, 397, 404, 412.
Djouzat جوزات, 270.
Djouzdjan جوزجان, 337.
Dodjaïl el-Ahwaz دجيل الاهواز (rivière), 379.
Domi دى (titre de roi), 173.
Dongola نقلة, 27, 33.
Dorac دوراق, 379, 382, 385, 388, 389, 468.
Dorac درق, 417.
Dorza درزة, 441.
Dostar دستر, 447.
Douma دومة, 330.
Doumat el-Djandel ou Daumat el-Djandel دومة الجندل, 335.
Dour دور, 160, 163.
Dour Medin دور مدين, 202, 237, 244.
Dowar دوار. Voyez Dawar.
Dawarac الدوارق, 434.
Dragon tué par Alexandre, 199.
Dromadaires, 150.
Droits perçus sur les pèlerins de la Mecque, 133.

E

Eau (Rare dans le Soudan), 11. — Moyens employés pour s'en procurer, chez les Berbers, 22.
Eau de roses, 394.
Eaux thermales, 53, 357.
Ébène (bois d'), 94.
Ebn Haukal cité, 36, 168, 207, 303, 382, 466, 478.
Ebn Kewan (île d') جزيرة ابن كوان, 398.
Ebn Khordadbèh cité, 172, 173.
Écaille de tortue, 49, 68.
Échelles de la Chine, 90.
Écueils de la mer d'Oman, 157, 158.
Edhan el-Cahet اذان القاحة, 140.
Édifices remarquables, 125.
Égarement (désert de l'). Voyez el-Tieh.
Efkan افكان, 229.
Égypte, 294. — Ses limites, 301. — Description de ce pays, 294 et suiv.
Eïl ايل, 169.
Éléphants, 33, 97. — Chasse aux éléphants et autres particularités relatives à ces animaux, 185, 186.

TABLE DES MATIÈRES.

Elfara' الفرع, 142.
Eliaken. Voyez Iaken.
Ellahoun (digue d'), اللهون 308, 309, 310.
Elraheb. Voyez Raheb.
Embabé امبابة, 323.
Émeraudes, 36, 102.
Encens, 54.
Enf el-Hadjar انف الحجر, 356.
Enfants dérobés dans le Soudan, 110.
Ératosthènes cité, 2.
Erikha اريحا, 345, 360. Voyez Jéricho.
Ermail ارمايل, 160, 165.
Ermont ارمنت, 128.
Esalalt اسلالت (montagne), 270.
Escalier des opprimés, 101.
Esclaves (commerce des), 25, 39, 49, 458, 459.
Esclaves nubiennes (recherchées), 25.
Esclavonie اسقلونية, 6.
Esfendjaï اسفنجاى, 417, 442, 449.
Esné اسنا, 127.
Espagne. Son commerce avec l'Afrique, 219.
Essakia السقيا ou السقية, 130, 139.
Estafia اصطفيا, 325.
Étain (mines d'), 80, 418.
Étoffes fabriquées dans l'île de Malaï, 70.
Étoffes ou tissus de lin, 399, 400.
Étoffes précieuses (fabriques d'), 128.
Euphrate (fleuve), 366, 370.
Expédition d'un roi franc en Égypte, 131.
Expiation des crimes chez quelques peuplades indiennes, 192.

F

Fadak فدك, 142.
Fahlafahra فهلفهرة, 164, 166.
Fahradj. Voyez Fohredj.
El-Faïoum (canal d'), 125, 129, 294, 308, 309. — Origine de ce nom, 310.
Fais el-Nahar فيس النهار, 312.
El-Falh العلح (rivière), 153.
Falha فلحة, 155.
Famousa (île de) الموصا, 91.
Fanan فانان, 21.
Fanderina فندرينة, 179. Voyez aussi Canderina.
Fanin فانين, 414.
Fara فارة, 244.
Fara' فرع. Voyez Elfara.
Fara'a الفارعا, 363.
Farab فاراب, 336, 456.
Farama فرما, 329, 330, 331, 340.
Faran (golfe de) جون الغران, 5, 329.
Faran (ville), 330.
Faran Ahroun فاران اهرون, 332.
Fardan فردان, 160, 166, 170.
Fardahas فردحس (montagnes), 336.
Fardin فردين, 426.
Fareskou ou Fareskour فارسكو, 321.
Faria فاريا, 378.
Fars الفارس (pays), 4, 363. — Ses limites, 391. — Ses subdivisions, ibid. Son étendue, 414. — Villes de ce pays, 393 et suivantes. — Mer de Fars, 363, 365, 370.
Fars الفرس (ville), 417, 442, 445, 446, 458.
Fatat فتات, 228.
Fawghan فاوغان (rivière), 480.

Fécondité des femmes coptes, 327.
Fedhala فضالة, 219.
Fedj ez-Zerzoun فج الزرزون ou Zerzour زرزور, 245, 250.
Feïd فيد, 363, 365.
Feïdia فيدية, 327.
Femmes de l'île d'Anberia, 68. — Leur parure, ibid. — Femmes berbères, 207. — Femmes des Khirkhirs, 501.
Fer (mines de), 57, 55, 116, 183, 355.
Ferdehas. Voyez Fardahas.
Ferghana فرغانة ou Ferghanah فرغانه, 337, 456, 491, 492, 493.
Ferh فرح, 395.
Ferhan Mara فرحان مارا (montagne), 231.
Fertilité de sol extraordinaire, 207.
Ferwab فرواب (rivière), 411.
Feu (temples du). Voyez Pyrée.
Fèz فاس, 202, 222, 223, 225, 226, 227, 228.

Fezzan فزان, 112, 115.
Fiente de certains oiseaux employée comme engrais, 157.
Figues bananes, 59.
Firabouz فيربوز, 160, 164, 165.
Firouzbend فيروزبند ou Firouzmend فيروزمند, 446, 447.
Flotte d'un prince de l'Iémen, 152.
Fohredj فهرج, 166, 405, 416, 417, 419, 420, 422, 424, 431.
El-Fondjet الفنجت (peuple), 88.
Foredj فرج. Voyez Fohredj.
Fostat الفسطاط, 299, 301, 306, 307, 321.
Fouah فوه, 313, 325.
Foum el-Silh ou el-Soulh فم الصلح, 364.
Fourmis d'une grosseur énorme, 112.
Fouwara الفوارة, 272.
Froment (espèce particulière de), 207.
Funérailles des rois de l'Inde, 177, 178.

G

Gabelle. Étymologie de ce mot, 216.
Gale. Maladie commune chez les Zaghawiens, 111.
Gallipoli d'Afrique. Voyez Aclibia.
Gamran غامران, 152.
Gange جنجس الهند (fleuve), 181.
Gaza. Voyez Ghazza.
Gerges (le roi), 259, 260.
Giroflier, 82.
Ghacha غشا, 346.
Ghachm غشم, 142.
Ghada غدة, 229.
Ghadamès غدامس, 113.
El Ghadi الغدى, 330.
Ghadir الغدير, 202, 238.

Ghafsic غفسيق, 216.
Ghaïara غيارة, Ghounara غناره ou Ghobara غباره, 20.
Ghaïat غايات, 228.
Ghaïat غيات, 327.
Ghalsani غلساني (montagne), 122.
Ghalwa غلوه, 33.
Ghamara غارة (montagne), 227.
Ghana غانة, 11, 13, 15, 16, 23, 106, 109, 173, 174, 206, 272. — Rois de ce pays, 16, 17. — Leur autorité, 16, 19, 20.
Ghandjé. Voyez Ghendjé.
Gharbil غربيل, 15, 19.
Ghargha غرغة, 112.

TABLE DES MATIÈRES.

Gharia غرية. Voyez Ghazna.
Ghaur الغور (dans la Palestine), 346.
Ghaur الغور (pays montagneux), 443, 444, 449, 456, 457.
El-Ghauta الغوطة, 349, 350, 361.
Ghazna ou Ghizni, 448, 449, 459.
Ghazneïn (ville), 467.
Ghazra (mer de) غزرة, 158.
Ghazwan غزوان (montagne), 142.
Ghazza غزة (Gaza), 330, 360.
Ghendjé ou Ghandjah كنجه, 175, 180.
Ghurdjestan غرجستان, 458.
Ghour الغور (Afrique), 198.
Gibraltar, 5, 225, 267.
Girafes. Communes en Nubie à l'époque où l'auteur écrivait, 33.
Gob el-Camar غب القمر, 54.
Golfe d'Azcac, 275.
Golfe de Colzoum, 5.
Golfe des Herbes جون الحشيش, 45, 46, 48, 54.
Golfe Persique, 4, 47 et suivantes, 158.
Golfe Vert. Voyez golfe Persique.
Goliath le Philistin réputé père des Berbers, 203.
Gouffres marins, 159.
Goulette (la). Voyez Halk el-Wad.
Grecs d'Afrique, 35. — Grecs habitant l'île de Socotra, 47, 48.
Grenouilles employées comme comestible, 45, 55.
Grotte dans le mont Mouroukeïn, 47.
Guardafui (cap), 44, 45.

H

Haberan الحبران, 387.
Habeth (île de) هابط, 82.
Habir (désert de) الهبير, 365.
Hach معاش, 450, 457.
Hachaba حشبة, 145.
Hachem Djerd هاشم جرد, 484.
Hachichis (les Assassins), 359.
Had حد (rivière), 338.
Hadidia حديدية, 326.
Hadié الهادية, 44.
El-Hadjar حجر, 147, 154, 330, 333, 334, 360.
Hadjar حجر, 147, 157.
Hadouba حدوبة, 372.
Hadrama حضرمة, 147, 154, 155.
Hadramaut حضرموت (pays), 47, 53, 147, 150.
Hafer حافر, 326.
El-Hafar الحفر, 328.
Haï ح, 364, 379.
El-Haï الحى, 339.
Haï Amr ben A'ouf حى عمر بن عوف, 140.
Haïloua حايلوا, 195.
Haïman حايمن, 452.
Haïran حيران, 52.
Hakel الحقل, 329.
Haleb حلب (Alep), 358, 361, 362.
Hali حلى, 135, 145.
Halk el-Wad (la Goulette) حلق الواد, 276, 277.
Halwan حلوان, 336.
El-Hama الحمة, 355.
Hama el-Kebir حمى الكبير, 311.
Hama el-Saghir حمى الصغير, 311.
Hamal حمال, 340.
Hamam حمام, 442.
Hamamat حمامات, 270, 278.
Hamaria حمارية, 315.
Hamer حمر, 147.
Hamia حمية, 143.

Hamounes جونس, 354.
Hamouran هوران, 481.
Hamri حامري, 72.
Hanana حنانا, 363.
Hanian حذبان, 371.
Haniet el-Roum خنيت الروم, 295.
El-Hanifia الحنيفية, 360.
Hanik هانك, 479, 580.
Hanout حانوت, 316.
Hanwan حنوان, 147.
El-Har الحر (rivière), 354.
Haran el-Carîn حاران القرين, 145.
Harawa هراوة (tribu berbère), 203.
Harharaï حرحراى, 364.
Hariana حاريانة, 475, 476.
Hariz الحريز, 354.
Harkan ou Djarkan حاركان, 482, 483.
Haroua هروى, 449.
Harounié الهرونية, 336.
Haroura حرورى, 448.
Harra هرّة (tribu berbère), 203.
El-Harth الحرث, 356.
Hasab حسب, 141, 460.
Hasda حسدا, 143.
Hasek حاسك, 46, 54, 64.
Hasek حسك, 175, 183.
Haset حاست, 459.
Hasikin حاسكين, 417, 440, 454.
Hasran حسران, 198.
Hasran حسران ou Haswan حسوان, 392.
Hassan ben el-Mondar cité, 38.
Hathil Kelnous حثيل كلنوس, 413.
Hatita هطيطة, 203.
Hauf حوف, 326.
Hawanit abi Halima حوانيت ابى حليمة, 295.
Hawar et Hawara هوارة (tribu berbère), 204, 210.
Hawas حواس (peuplade), 428.
Hawdan حودان, 408.

Hawim حويم, 392, 395, 402.
Hawla حولة, 361.
Hawra الحورة, 329.
Hawra حورا, 332.
Hazan الهزان, 401.
Hazr حزر (titre de roi), 173.
Hébron, 338.
Hedjadj ben-Iousouf حجاج بن يوسف, 148, 367, 399.
Hedjaz الحجاز, 5, 49.
Heïb حبيب (tribu arabe), 296.
Heïz الحيز, 424.
Helawerd هلاورد, 479, 480.
Hemkian حمكان, 412.
Hems ou Homs حمص (Émesse), 330, 336, 357, 358, 361, 362, 371, 372.
Henaoul حناول, 176. Voyez Djenaoul.
Henkian (lac de) حنكان, 411.
Henna حنة (plante), 208.
Herachan حراشان, 433.
Héraclia هرقلية ou Hercalia اهرقلية, 252, 278.
Hérat هرات et هراة (ville), 413, 432, 433, 447, 448, 450, 453, 456, 460, 461, 462, 463, 465, 466.
Hérat (rivière de) حرات, 462.
Herazé الهرازة, 392.
Hercalia. Voyez Heraclia.
Hérédité du titre de roi en diverses contrées, 173.
Heridj هرج ou Hernedj هرنج, 80, 81.
Herkend (mer de) هركند, 63, 69, 94.
Hermès le Grand, 125.
Hind الحند, 149.
Hind الهند. Voyez Inde.
Hindidjan الهندجان, 392.
Hindmend هندمند ou Helmend (fleuve), 434, 453, 444, 447, 450, 458.
Hira الحيرا, 419.

TABLE DES MATIÈRES.

Hira الحيرة, 363, 364, 366, 416, 436.
Hissn abi'l A'das حصن أبي العدس, 396.
Hissn A'mara حصن عمارة, 363, 390.
Hissn ebn A'mara حصن ابن عمارة, 391.
Hissn Bekr حصن بكر, 239.
Hissn el-Enf حصن الأنف, 356.
Hissn Enf el-Hadjar حصن انف الحجر, 356.
Hissn el-Hadid حصن الحديد, 239.
Hissn el-Hamam حصن الحمام, 357.
Hissn el-Khawabi حصن الخوابي, 357.
Hissn el-Ma حصن الما, 317, 320.
Hissn Mehdi حصن مهدى, 379, 380, 382, 385, 386, 389.
Hissn Tekilat حصن تكيلات, 328, 329.
Hit (ville de l'Irâc), 64.

Hormuz هرمز, 363, 364, 400, 415, 416, 428.
Hormuz la maritime هرمز الساحلية, 424, 427.
Hormuz el-Melik هرمز الملك, 422.
Hormuz Cawa هرمز قوه, 467.
Houd هود (tribu arabe), 54.
El-Houd الحود, 431.
Houd Ferouh حوض فروخ, 248.
Houma حومة, 405, 407, 414, 416, 420, 421, 452.
Hour هور, 248.
Houran حوران, 391.
Houristan حورستان, 391.
Houseb حوسب, 435, 436, 453, 474.
Hura حرة, 396.
Hyacinthes (île des) جزيرة الياقوت, 500.
Hydromel fabriqué en Égypte, 307.

I

Iafa ou Jafa يافا, 330, 337, 339, 341, 347, 360.
Iahoudié ou Iehoudia يهودية, 291, 469.
Iahseb la supérieure علو يحسب, 147, 149.
Iahseb l'inférieure سفل يحسب, 147, 148.
El-Ia'ken اليعكن, 52.
Ialac يلاق, 25. Voyez Belac.
Ialamlam يلملم, 145.
Ianaset ياناست, 181.
Ia'mour ben Cheddad يعمور بن شداد, 299.
Ianemdjan الينجان, 400.
Iarmouk يرموك (rivière), 338.
Iasous يسوس, 312.
Iathrib يثرب. Voyez Médine.

Ibrahim el-Mehdi ابرهيم المهدى, 64.
Idoles des bords du Nil, 28. — De Moultan, 167. — Des îles Fortunées, 10.
Iebna يبنا, 360.
Iemamé يمامة, 4, 154, 155, 156, 378. — Villages de ce pays, 156.
Iémen يمن, 4, 39, 45, 46, 47, 49, 50, 52, 61, 66, 152. — L'un des princes de ce pays s'empare de l'île de Keich, 152.
Ieriha بريحا (Jéricho). Voyez ce mot.
Ildjan ايلجان, 392, 400.
Iles de Khartan et de Martan. Voyez ces mots. — Productions de ces îles, 49, 54, 61.
Ile des Frères magiciens جزيرة الاخوين الساحرين, 200. 66.

Ile des Singes, 61.
Ile des Moutons جزيرة الغنم, 201.
Ile des Oiseaux جزيرة الطيور, 201, 219.
Iles de l'Océan ténébreux, 104, 198, 199, 200.
Iles du premier climat, 49, 54, 61, 66, 67, 68.
Iles de la mer Rouge, 134.
Iles du golfe Persique, 147, 364.
Iles. Leur grand nombre dans la mer de Chine, 57.
Inde, 160, 184 et suiv.
Indiens (diverses castes parmi les), 98.
Indiens (mœurs des), 177.
Indigo et sa culture, 122, 183, 208, 339.
Indus. Voyez Mehran.
Inscription de l'obélisque d'Alexandrie, 300.

Iousouf ben Taschefin يوسف بن تشفين, 213. — Son palais à Maroc, 214, 215.
Irâc عراق, 363, 364.
Ircouié ابرقوية, Abercouh ou Aberkouh ابرقوه, 392, 403, 414, 416, 417.
I'rdh عرض, 155.
Irescore, 72.
Isfidiad اسفيدباد, 408.
Isfidjan اسفيجان, 414.
Iskiwan اسكيوان, 408.
Ispahan اصبهان, 336, 364, 387, 390, 401, 402, 406, 409, 419, 439, 440, 441.
Istakhar اصطخر (district), 391, 392.
Istakhar (ville), 393, 394, 411, 414, 416, 417. — Ses dépendances, 420, 421.
Istakhar (village), 402.

J

Jacobites (chrétiens), 35, 42.
Jaderan زادران, 440.
Jéricho. Voyez Erikha et Riha, 338, 339.
Jérusalem بيت المقدس ou القدس, 330, 338, 349, 341, 342, 345,

360, — (églises principales de), 343, 344.
Jourdain وادى الاردن (rivière), 345.
Juifs, 106, 134, 215. — Juifs de Lemlem, 13 — De l'île de Serendib, 72.
Justice en Chine, 100, 101.

K

Kaaba (temple de la), 137.
Kaboul (pays et ville), 175, 181, 182, 183, 459, 477.
Kabrend كبرند, 401.
Kachgara كاشغر, 185, 188, 191.
Kadhema ou Kadhima كاظمة, 156, 363, 370.

Kadj كاج, 441.
Kafar Tab كفر طاب, 361.
Kafr Keïlan كفر كيلان, 354.
Kafra كفرة, 400.
Kah گ, 477.
Kahoun. Voyez Kiahoun.
Kaiderm كيدرم, 454.

TABLE DES MATIÈRES.

Kalbata كلبطة, 170, 175, 183.
Kaldis كلديس, 244.
Kalhy كلهى, 191, 192.
Kalkaïan كلكايان, 175, 180.
Kalowoun كالون, 464.
Kam (chaîne de montagnes). Voy. Kiam.
Kam Firouz. Voyez Kiam Firouz.
Kamil كامل (titre des rois de Nubie), 33.
Kanbaïa كنبايـة, 160, 163, 170, 171, 172.
Kanem كانم, 21, 24, 34.
Kanian كانيان, 408.
Kank كنك, 196.
Kanowour كانوور, 464.
Kaougha كاوغـا, 11, 21, 272, 273.
Karamout كراموت, 180.
Karh كرح, 426.
Karkha كرخا, 364, 379.
Karnatha كرناطـة, 202, 226.
Karoudj كروج, 462, 463.
Karoun كارون, 364.
Kartaria كرتاريا, 364.
Kaskian ou Kasikan كاسكان, 392, 401.
Kaskar كسكر, 367.
Kau كو, 465.
Kawakir كواكير, 465.
Kawar كوار, 24, 36, 115, 117.
Kawan كاوان, 450. Voyez Kewan.
Kawendj كاونج, 480.
Kazeroun كازرون, 391, 396, 401, 412, 413, 414.
Keb كب, 296.
Kebir كبير, 392.
Kebt قبط, 126.
Kech كش, 337.
Kechestan كشستان, 427.
Kechmehin كشمهين, 467.
Kechran كشران, 170.
Kehek كهك, 444, 450.
Kehmend كهمند, 403.

Keiber كبير, 416, 421.
Keïch (île de) كيش, 59, 147, 153, 158, 165, 171.
Keïch (ville), 152.
Keïdek كيدك ou Keïrek كيرك, 484.
Keïkasar كيكسار, 180, 184.
Kelaïa كلايا, 328.
Kelé كلة (île), 77, 79.
Keles كلس, 447.
Kelmadi قهادى, 72.
Kelwan كلوان, 165, 379, 384, 404.
Kembeli ou Kembele كنبلى, 72.
Kena كنـة, 477. — Fondation de cette ville, 478.
Kenan كنان, 285.
Kenderin كندرين, 414.
Kenef كنف, 465, 466.
Keneb كنب (district), 465.
Kenisa كنيسـة, 276.
Ker كر (rivière), 411.
Kera كرا, 404.
Kerasan كراسان, 463.
Kerbedi. Voyez Carbadi.
Kerdekian كردكان, 425.
Kerderan كردران, 432.
Kerdoudj كردوج, 432.
Keri كرى, 143.
Kerkara كركرة, 447.
Kerkené (île), 280.
Kerkech Kouh كركش كوه (montagne), 430, 441.
Kerkman كركان, 402, 410.
Kerm كرم, 395.
Kerman كرمان, 4, 363, 404, 421, 433, 434, 435. — Langue parlée par les habitants de cette province, 428.
Kermedet. Voyez Kernouat.
Kernidjan كرنيجان, 392.
Kernouat كرنوة, Kermedet كرمدة ou Kermebet كرمبة, 60.
Kerourin كرورين, 448.

Kersa كرسي, 328.
Kenef كنف, 465, 466.
Kerkouié. Voyez Koukouié.
Keskihar كسكهار, 160.
Kesli كسلى, 78.
Kessaïr كسير, 147, 158.
Ketama كتامة (tribu berbère), 203, 246.
Kethah كثه, 403, 405, 406, 416, 417, 418, 419, 420.
Kewan كوان, 391, 392, 397, 414.
Keznana كزنانة, 231.
Khabiroun خابيرون, 170, 174.
Khabiss خبيص, 426, 434.
Khachabat خشابات, 470.
Khaddein خدين, 390.
Khadra الخضرة, 231.
Khadrawil خدرويل, 360.
Khaiber خيبر, 142, 330, 334.
Khaïdidjin خيدجين, 440.
Khaifa خيفة, 348.
Khaifecan خيفقان, 411.
Khaighoun خيغون, 185, 188, 189, 190.
Khakoui خاقوى, 44.
Khaladjan خلاجان, 409.
Khalan خلان, 54.
Kham خم (montagne), 397.
Khamdan خمدان ou Khamendan خمندان, 190, 192, 193, 196.
Khan Adar خان ادار, 390.
Khanandjan خناجان, 397, 410.
Khanandjan supérieur et inférieur, 392.
Khan Azadmerd خان ازادمرد, 401.
Khan Bidjan خان بيجان, 402.
Khancou خانقو, Khankou خانكو ou Khanfou خانفو, 84, 90, 99.
Khan Dest Arden خان دست ازدي, 401.
Khan el-Abrar خان الابرار, 390.
Khan el-Asad خان الاسد, 401.
Khan Hammad خان حماد, 402, 410.
Khan Rous خان روس, 402.
Khar خار, 401.
Kharachan Abad خراشان اباد, 461.
Kharaz مرسى خرز (port), 175.
Kharek (île de) خارك, 364, 372.
Kharkara حركرة, 452.
Kharkerdé خركرده, 464.
Kharkhir خرخير, 329.
Kharmicar خرميقار, 481.
Kharmim خارمم, 404.
Khartan (île de), 45, 48.
Khata الخط (ville où l'on fabrique des lances), 372.
Khaulan خولان, 145, 149.
Khawar الخوار, 140.
Khawas خواس, 417, 442, 445.
Khazané خزانة, 304.
Khewan خوان, 392.
Khilam خيلام, 489.
Khirkhirs (pays des) خرخير, 497, 499, 501.
Khilkhis خلخ ou Khildjis خلج (peuplade), 444, 449, 457. — (Mœurs et coutumes des), 457.
Khizildjis خرلجى, 490, 491.
Khir خير, 422.
Khizkhiraketh خرخراكث, 501, 502.
Khochabad خشاباد, 425.
Khodaia الخديعة, 155.
Khodeïd خوديد, 329.
Khorané خرانه, 437, 446.
Khorasan خراسان, 434, 456.
Khoraz خراز, 218.
Khoua خوة, 407.
Khouas ou Khaouas خواس, 175, 183.
Khoubaïan خوبايان, 404.
Khour خور, 160, 164, 435, 436, 453.
Khouré خرة, 410, 414, 417.

Khouriab خم‌یاب ou Khouiab خویاب, 460.
Khour Kahlia خور کحلیه, 170.
Khouzistan خوزستان (pays), 364, 378, 380, 387, 388, 389, 399. — Villes de ce pays, 379. — Ses limites, 409. — Langue parlée par les habitants du Khouzistan, 388.
Kiah کیه, 160, 166, 391.
Kiahoun کاهون, 424, 425.
El-Kiam الکّام (chaîne de montagnes), 335, 336, 337.
Kiam Firouz کام فیروز, 392, 411, 414.
Kian کیان, 402.
Kiaroulseif کارولسیف ou Kiaroulcheif کارولشیف, 431.
Kicha کبشة, 142.
Kimakié کماکیه (peuplade), 497.
Kir کیر, 392, 398, 414, 448.
Kir کیر, 160, 164, 165, 169.
Kiraber قربر, 489.
Kird کرد, 402, 414, 421.
Kirdt کردة, 402.
Kirkaïan کیرکایان, 160, 165, 166, 169, 170.
Kirouïeh کیرویه, 442.
Kirousi کیروسی, 164.
Kisa کیسه, 364.
Kitab ul-Tebib (ouvrage composé par Ibrahim el-Mehdi), 64.

Koua کوة, 464.
Kouaran کواران, 463.
Kouched کوشد, 463.
Kouda کدی, 142.
Koudian کودیان, 392.
Koudra کودری, 435.
Koufa کوفة, 364, 365, 366, 367, 371.
Koughanabad کوغناباد, 464, 465.
Kouhestan کوهستان, 435.
Koukou کوکو, 21, 22, 36, 111. — Roi de ce pays, 23.
Koukou (fleuve de) کوکو, 116.
Koukouïe کوکویه ou Kerkouïe کرکویه, 417, 447.
Koulam Mely کولم ملی, 169, 170, 172.
Kouly کولی, 171.
Kounein کونین, 428.
Kour کور (lac), 412.
Kouran کوران, 392.
Kouré کرة, 464.
Kourin کورین ou Korin کرین, 417, 435, 436, 438, 439, 440, 453.
Kourkouré کورکورة, 435.
Kousa کوسة, 26, 27, 170.
Kouseri کوسری, 464.
Kouskian کوسکان, 447.
Kouwareth کوارث, 502.
Kowar ou Kawar کوار, 288.
Kowarmat کورمات, 338.
Kurdes (pays habité par les), 406.

L

Labet (île de) لابت, 364.
Laca (île de) لاثا, 201.
Lacs du deuxième climat, 118, 119, 129. — Du troisième climat, 265, 317, 320, 326, 340, 345, 341, 494.
Lacschour لقشور, 465, 466.
Ladikié اللاذقیة (Laodicée), 330, 336.

Lagos (île de) لغوس, 105.
Lahawour ou Lahor لهاور, 170, 181.
El-Lahoun الحون, 337, 360.
Lak لك, 360.
Lakhm ou Lekhm لخم (tribu arabe), 335, 365.

Lakka كلّة, 296, 297.
Lamghoch لمغوش ou Lagos لـغـوس, 104, 105.
Lamta لمط (tribu berbère), 203, 206.
Lamta لمط (ville), 205.
Lamtouna لمتونة, 12, 106, 107, 214.
Landjalous لنجالوس ou Lankialous لنكيالوس (île), 76, 77, 79.
Lanta لنطة (rivière), 349.
Lapis-lazuli, 122.
Las'a لسعا, 52.
Lasma (île de) لاسمه, 91.
Lebda لبده (Leptis), 252, 284.
Lekhm. Voyez Lakhm.
Lemlem لملم, 12, 13. — Langue des habitants de ce pays, *ibid.* — Leurs usages, 16, 20.
Lemlemèh لململة, 21, 23.
Leptis. Voyez Lebda.

Lézards (pays où l'on mange des), 55.
Liban لبنان (mont), 336, 355, 361.
Lima ليمة, 142.
Lions (pays où l'on voit beaucoup de), 217, 218.
Lisbonne. Voyez Achbouna.
Loteros لوتروس, 357.
Louhaca لوحقه, 255.
Loukin لوقين, 84, 185, 188.
Loukia لوقيه ou Lounia لونيه, 5.
Loukia لوتيا (montagne), 111, 116.
Loulou لولو ou Loulouwa لولوا, 175, 180, 182.
Lour لور (pays), 379.
Lour (ville), 387.
Lourdjan اللورجان, 416, 421.
Lous لوس (montagne), 54.
Lune (montagnes de la), 27, 28, 54.

M

Ma'aden el-Bacra معدن البقرة, 147, 157, 330, 371.
Macdar مقدار (tribu berbère), 203.
Macfoud مقفود, 157.
Macha ماشا ou Masa ماسا, 490, 496.
Macherem ماشرم, 410.
Macnah مقنع, 364.
Macoun مقون (montagne), 119.
Madaïn مادين, 413.
Madar مدار, 364, 369, 386.
Madian مدين, 5, 142, 328, 329, 330, 333.
Madiar مادير, 175, 181.
Madjar et Mobdar مجر ومبدار, 51.
Madjour Djenbel ماجور جنبل, 356.
Madman مادمان, 433.
Maghadera مغادرة, 25.
Maghaïla مغيلة, 202, 203, 223.

Maghar el-Rakim مغار الرقم, 295.
Maghraouat مغراوت, 10.
Maghrourin (les frères), 201.
Maghzara مغزارة, 13.
Mahallé محلة, 322, 323.
Mahallé (canal de) خليج المحلة, 322.
Mahallé Damnia محلة دمنية, 319.
Mahallet Abi Heïthem محلة أبي هيثم, 322.
Mahalletel-Dakhel محلة الداخل, 323.
Mahallet el-Seïda محلة السيدة, 324.
Mahan ماهان, 426.
Mahdia المهدية, 252, 257, 258, 259, 279.
Mahdjemé المجمة, 151.
Mahouloun ماحولون, 72.
Mahrouian مهرويان, 380, 390, 424.

TABLE DES MATIÈRES.

Maï مى, 401.
Mailin مايلين, 392.
Maït مايط, 81, 82.
Makhour ماخور, 341.
Makoul مكول, 218.
Makrou مكرو (port de mer), 284.
Malabar ou Manibar, 179.
Malaï ملاى (ville), 69.
Malaï (île de) ملاى, 86, 92.
Malatia ملطيه, 361.
Malin مالى, 417, 451, 452, 454, 460.
Malih مليح, 316.
Malkan ملكان, 145.
Malkha ملخة, 147.
Malmouni ملموني (montagne), 123.
Malouïa ملوية, 226.
Malwa ملوه, 175, 181, 182.
Mama ماما, 233.
Maman مامان, 392.
Mamehel مامهل, 160, 163, 170, 171.
Ma'moura المعمورة, 225.
Manan مانان (montagne), 107.
Manan مانان ou Mathan ماثان, 21, 24.
Manaz Roudhan مناز رودان, 489.
Manbit منبيت, 315.
Manboukha منبوخة, 156.
Mancouba منقوبة, 40.
Mandeb مندب (montagne), 46.
Mandioun مندیون, 313.
Mandj منج, 153.
Maneïn مانین, 391.
Mansoura ou Mansouria المنصورية, 160, 161, 162, 167, 240, 250.
Ma'oun معون, 424, 427, 448.
Maous ماوس, 255.
Marabad ماراباد, 460.
Mara'ch مرعش, 369.
Marab مراب, 156.
Maragha المراغة, 124.
Marakebé مراقبة, 6.
Maran مران, 155.

Marasa مراسة, 15, 19.
Mareb مارب, 53, 147, 149.
Marées (opinions des Arabes sur les causes des), 94.
Marewan مروان, 392.
Marghit مرغبیت, 229.
Marghiten مرغیطن, 245, 250.
Mariages chez les Nègres, 15. — Et ailleurs, 76, 77.
Maridjan مريجان ou الماريجان, 407, 421.
Marka مركة, 44, 45.
Markada مركظة ou Markata مركطة, 27, 36, 39.
Marmadjena مارماجنة (peut-être au lieu de قرطاجنة ou de Carthage), 252.
Maroc مراكش, 213, 214, 216.
Marsan مارسان, 440.
Mart (lac de) مارت, 326.
Martan (île de) مرتان, 45, 48.
Masa ماسا, 273.
Masa. Voyez Macha.
Masakh مسخ ou Masnah مسنح, 28.
Mascat مسقط, 148, 152, 163.
Maset ماست, 220.
Masfahan (îles de) مسفهان, 104, 105, 108.
Masit ماسيت, 272.
Maskan مسكن, 147.
Maskan ماسكان et مسكن, 164, 166.
Masmoudis مصامدى et مصمودى (tribu berbère), 209, 210, 211, 215, 216, 220, 226, 228.
Masouan مسوان, 160.
Masouïa ماسويه, 170.
Masoun مسون (rivière), 226.
Masourdjan ماسورجان, 160, 170.
Massdef مصدف, 332.
Mastikh مستخ, 432.
Ma'tamedié معتمدية, 322.
Matarié المطرية, 329.

Matifou (cap). Voyez Tamedfos.
Matihan ماتحان, 429.
Matmata مطمطة (tribu berbère), 203.
Matousa ماتوسة, 244, 250.
Matriga ou Métraha مطرحة, 7.
Mawargha ماورغة, 231.
Mawkaf موقف, 303.
Mazana مزانة (tribu berbère), 203.
Mazighan مازغن, 220.
Mazouna مازونة, 248.
Me'asker معسكر, 229.
Mechana مشانة, 248.
Mecque (la), 130, 137, 142, 145, 146, 148. — Description de cette ville, 138, 148. — Ses dépendances, 142.
Mecrat المقرة, 156.
Medar مدر, 433.
Médine ou Iathrib يثرب, 130, 139, 141 — Description de cette ville, 328, 359, 360, 367, 371. — Ses dépendances, 140, 142.
Medjan الجان, 400.
Medjana مجانة, 252, 269, 271.
Medjaza المجازة, 156.
Medjeteni المجتني, 274.
Medledjet Ia'four مدلجة يعفور, 140.
Medlè Mudjah مدله محاج, 140.
Medouna مدونة et, 55, 56, 72.
Medra مدراة, 431.
Meferda مغردة (montagne), 274.
El-Meftah المفتح, 369.
Mehdjem الملجم, 52.
Mehdjera محجرة, 143.
Mehiak محياك, 170.
Mebleb مهلب, 437.
Mehra مهر, 363.
Mehrah مهراة, 416.
Mehran مهران (fleuve), 161, 162, 169.
Mehrat مهرة (pays), 150, 151.
Mehrirdjan مهريرجان, 416.
Mehrouian. Voyez Mahrouian.

Meïchoum ميشوم, 417.
Meïda ميدة, 38.
Meïdara ميدرة, 175.
Meïmend ميمند, 406, 422.
Meïndh ميندة, 425.
Mekias ou nilomètre, 305.
Mekin Abad مكين اباد, 449, 459.
Meknasa ou Meknès مكناسة, 202, 203.
Mekran مكران (province de la Perse), 4, 164, 166, 391.
Melel ou Mellel ملل, 13, 15, 140.
Meliana مليانة, 202, 231, 234.
Melila مليلة, 202, 226.
Melinde ملندة, 47, 56.
Mellaha الملاحة, 296.
Meltoun ملتون, 392.
Mely (île de) ملي, 172.
Memid ممبد, 391, 392, 420.
Memout موت, 379
Menadhir la grande مناظر الكبرى, 379, 388.
Menadhir la petite مناظر الصغرى, 379, 388.
El-Menar المنار, 325.
El-Menar. Voyez Almenar.
Menchar رملة المنشار, 275.
Mend ou Mind مند (île), 160, 170, 171.
Mend مند (ville), 391.
Mend مند (peuplade), 163.
Mendaredj مندارج ou Mendareh مندارج, 392, 396.
Mendj منج, 361.
Menf منف, 306.
Menhabery مصابرى, 160, 163, 164.
El-Menhi (canal du Nil), 125, 128, 129, 310.
Menk منك, 479, 480.
Menkhaz مخاز (rivière), 499.
Menouf el-A'lia منوف العليا, 322.

TABLE DES MATIÈRES.

Menouf el-Asfali منون الاسفلى, 325.
Menout منوت, 384.
Menzil ebn-Sadca منزل ابن صدقة, 328.
Mers, 4, 8. — Mers sujettes au flux et au reflux, 94. — Mer de la Chine, 4, 78, 94. — Mer Rouge, 135. — Mer d'O'man, 63. — Mer occidentale ou des Ténèbres, 10, 104. — Mer de Syrie, 5. — Mer de Senf, 86, 87, 94. Mer Résineuse, 86. — Mer de Darladeri, 78, 88, 94. — Mer Salée, 133.
Merasa مراسة (tribu berbère), 203.
Merbad مربد, 329.
Merbat مربط ou Berbat بربط, 46, 53, 54, 74.
Merdj el-Cheikh مرج الشيخ, 295.
Merdjana مرجانة, 269, 271.
Merdoud مردود, 340.
Merenda مرنده, 120.
Meri Roud مرى رود, 422.
Mernaba مرنابا ou Mernaïa مرنايا, 72.
Merouat مرواة, 55.
Merouna. Voyez Medouna.
Mers A'mara مرسى عارة, 296.
Mers el-Dedjadj مرسى الدجاج, 236, 249.
Mers el-Djoun مرسى الجون, 226.
Mers el-Kebir مرسى الكبير, 230.
Mers el-Roum مرسى الروم, 251.
Mers el-Cha'ra مرسى الشعرى, 246.
Mers el-Tarfawi مرسى الطرفوى, 295.
Mers el-Wad مرسى الواد, 276.
Mers ez-Zeitoun مرسى الزيتون, 250.
Mers Oustoura (Stora) مرسى لوستورة, 251.
Merw مرو, 451, 456.
Merwad مرواد (rivière), 393.
Merveilles (Livre des) cité, 29, 38, 46, 102, 112, 183, 189, 106, 302.
Merw el-Roud مرو الرود, 337, 463.

El-Mes المس, 153.
Mesdjid Behloul مسجد بهلول, 244.
Mesen مسن (cap), 284.
Mesin مسن (rivière), 409.
Meskana مسكانة, 271.
Meskian مسكان, 416, 420.
Meskiana مسكيانة, 252.
Meskianat المسكانات, 414.
Meslakhat مسلخة, 371.
Mestih مستيح, 286, 288.
Metadewan المتادوان, 392.
Metalawat متالاوات, 328.
Metoub متوب, 304.
Metouhan متوحان, 428.
Metskoud متسكود, 285.
Mezaré' مزارع, 244.
Mezkeher مزكهر, 378.
Miafarekin ميافارقين, 336.
Mihradj ou Maharadja مهراج (titre de roi dans l'Inde), 89.
Mikhlaf Abin مخلاف ابين, 51.
Mikhlaf Chakir مخلاف شاكر, 52.
Mikhlaf el-Djouda مخلاف الجودة, 49.
Mikhlaf Ghalabeka مخلاف غلابقة, 49.
Mikhlaf Hakem مخلاف حاكم, 46.
Mila ميلة, 202, 242.
Miniet منية, 3 2.
Miniet Abd el-Melik منية عبد الملك, 316.
Miniet A'sas منية عساس, 318.
Miniet Asna منية اسنا, 316.
Miniet Bedr منية بدر, 317, 318.
Miniet Chahar منية شهار, 319.
Miniet ebn-Djerah منية ابن جراح, 318.
Miniet ebn-el-Khassib منية ابن الخصيب, 124.
Miniet el-A'tafi منية العطفى, 314, 315.
Miniet el-A'ttar منية العطار, 314, 315.
Miniet el-Firan منية الفيران, 316.
Miniet el-Haroun منية الحرون, 315.

67.

Miniet el-O'louk منية العلوك, 321.
Miniet el-Soudan منية السودان, 311.
Miniet Fimas منية فماس, 316.
Miniet Ghazal منية غزال, 322.
Miniet Ghamr منية غمر ou Mit Ghamr ميت غمر, 316.
Miniet-Haufi منية حوفى, 315.
Miniet Racba منية رقبة, 316.
Minsawa منساوة, 124.
Mirman ميرمان, 162.
Misan ميسان, 51.
Misas ميساس, 340.
Missr مصر (capitale de l'Égypte), 294, 301, 302, 327, 328, 331. — Ses édifices, 303, 304, 311, 313.
Mocattam (montagne) جبل مقطم, 130, 131, 306, 307.
Mocnefa المقنفذ, 56.
Mocra المقرة, 202, 241.
Modar ou Modhar مضر (tribu arabe), 142, 365.
Modledj مدلج (peuplade), 142.
Modrah مدره, 10.
Moghandj مغنج, 386.
Mohaddatha المحدثة, 359.
Mohammed ben-Toumert محمد بن تومرت, 210.
Mohammed ben-el-Casem ben-Abi O'keïl محمد بن القاسم بن ابى عقيل, 393.
Mona مونة, 341.
Monastir المناستر, 258, 277, 279.
Monbasa منبسة ou Manisa منيسة, 47, 56, 58.
Monessef المنصف, 274.
Monnaies de cuivre, 162.
Monnaies tartares طاطارية, 162.
Montagne brûlante, 60.
Montagne d'argent جبل الفضة, 426, 430, 464.
Montagne noire جبل الاسود, 433, 448.

Montagnes de Kessaïr et de A'ouaïr جبلا كسير وعوير, 147, 158.
Montagnes froides جبال الباردة, 429.
Montagnes du Kerman, 429.
Montagnes du premier climat, 29, 44, 46, 50, 54, 57, 59, 60, 65, 71.
Montagnes du deuxième climat, 107, 108, 111, 113, 119, 122, 123, 147, 176, 183.
Montagnes du troisième climat, 210, 212, 215, 221, 227, 231, 239, 241, 244, 336, 415, 429, 430, 464.
Mor مر, 328.
El-Moradesié المرادسية, 355.
Moravides (dynastie des) المرابطين, 213, 223, 327, 328.
Mosela مسلى (rivière), 180, 181.
Mosnaha مسنح ou Mostah مستح, 167, 175.
Mosquée d'Abraham مسجد ابرهيم, 346.
Mosquée de Damas, 351. — Dépenses qu'occasionna sa construction, 352.
Mostachiin مستشيين, 198.
Mostaghanem مستغانم, 248.
Mostah مستح. Voyez Mosnaha.
Motazelites (secte), 287.
Moudja الموجه (île), 88, 91.
Moudjab الموجب, 341.
Moullan ملى, 178.
Moultan ملتان (pays), 160, 166, 169.
Moultan ملتان (ville), 167, 168.
Moumia المومیا. Voyez Pétrole.
Moundjan الموجان, 416.
Mour مور, 392.
Mourac موراق, 412.
Mourides موريدس, 175, 182.
Mouroukeïn موروقين (montagne), 46.
Moursan المورسان (district), 396.
Moutkhan موتخان, 415.

TABLE DES MATIÈRES. 533

Muchircan مشرقان, 379, 380, 381.
Musa, 188, 189.

Mustedjar مستجار, 410.
Myrobolans, 182.

N

Naa'ma باعمة, 355.
Na'aman (île de) جزيرة نعمان, 134. Voyez aussi No'man.
Nabalia (île de) نبلية, 318.
Nabel نابل, 270, 278.
Nabli نبلى, 320.
Nacaous نقاوس, 202, 241, 254.
Nachan ناشان, 460, 462.
Nachian ناشيان, 364, 379, 382, 386, 389.
Nachran نشران, 502.
Naczawa. Voyez Nefzawa.
Nada' ندع, 426.
Nadai نادای, 235.
Nadem ندم, 433.
Nadhoua نصوا, 502.
Nadhour ناظور, 239.
Nadjia ناجية, 421, 422.
Nadjed نجد, 400.
Nadjirman ناجيرمان, 429.
Nadjitan. Voyez Badjitan.
Nadrama ندرامة, 326.
Nafousa نفوسة (tribu berbère), 203.
Nafta نغطة, 252, 254, 255.
Naham نحم (peuplade), 297.
Nahr Aban نهر ابان, 368.
Nahrawara نهراوارة, 170, 175, 176. — Roi de ce pays, 176, 181, 183.
Nahr el-Kelb نهر الكلب, 356.
Nahr el-Melik نهر الملك, 364.
Nahr Ibrahim نهر ابراهيم, 356.
Nahr Ma'akel نهر معكل, 368.
Nahr Obolla نهر الابلة (canal), 368.
Nahrotira نهرتيرى, 379, 385, 386.
Na'is نعيس, 440.

Naketi ناقطى, 38, 40, 42 46.
Nakhcheb نخشب Nasef ou Nesef نسف, 137, 484, 485.
Nakianah ناكيانه, 408.
Namang نمنج, 193, 196.
Naous ناوس, 241, 242.
Naplouse نابلس, 330, 338, 339, 346, 354, 360.
Narbonne, 6.
Narcisses (île des). Voyez el-Nardjis.
Nard ou nard indien (plante), 189, 493.
El-Nardjis جزيرة النرجس (île), 357.
Narest Bad. Voyez Tarest Bad.
Narsak نارساك, 435.
Nasef. Voyez Nakhcheb.
Nasnat نسنات, 328.
Nassra نصرة (Nazareth), 361.
Nattes (fabrique de), 347.
Nawakir نواقير, 348.
Navires (construction des), 331.
Navigation en Chine, 96. — Chez les Nègres, 34, 35, 39, 40. — De la mer Rouge, 135. — Navigation dangereuse, 46, 57.
Nazareth. Voyez Nassra.
Nazkan النازكان, 405.
Nazoua نزوه, 153.
Nebhena نبهنه, 79.
Neblata نبلته, 112.
Necaou نقاو, 328.
Nechet نشت, 433.
Nedandjan ندانجان, 392.
Nedbah ندباه, 432.
Nedha ندهة (peuplade), 169.

Nedja النجا, 44, 45.
Nedja'at نجاعة, 27, 37, 38, 39.
Nedjabé نجابة, 399.
Nedjasié النجاسية, 124.
Nedjd نجد, 153.
Nedjed el-Taïf نجد الطايف, 142.
Nedjem نجم, 143.
Nedjeran نجران, 142, 143, 146, 147, 148.
Nedjiba نجيبة, 41.
Nedjirem نجيرم, 363, 390, 392, 398, 405, 410, 414.
Nefzawa نفزاوة ou Naczawa نقزاوة, 254, 255.
Nefzawat نفزاوات, 259.
Nefousa نفوسة (montagne), 210, 254, 255, 275.
Nègres (les), 15. — Leurs mariages, *ibid.*
Nekerwan نكروان, 411. Voyez Ker كر
Nerhin نرهين, 60.
Nessoubis el-Romman نصوبس الرومان, 326.
Niberi نيبري, 72.
Nichabek نشابك (nom persan de la ville de Beidha), 420.
Nichapour. Voyez Nisabour.
Nigritie, 34.
Nil (le), 11, 12, 13, 17, 18, 19, 27, 33, 35, 37, 297, 312, 315, 320, 324, 325. — Ses sources, 27. — Longueur de son cours, 301, 304, 305. — Ses diverses branches, 28. — Canaux du Nil, 322, 323, 324.
Nilfan نيلفان, 252.
Nilomètre. Voyez Mekias.
Nimkethroud نيمكثرود, 439.
Nira نيرا, 160.
Niréh نيره (rivière), 411.
Niroun نيرون, 161, 163.
Nisabour نيسابور (Nichapour), 337.
Nisan نيسان, 156.
Nizek نيزك, 410.
Nizkian نيزكان, 413.
Nofousa. Voyez Nefousa.
Noirs (pays des) سودان, 11, 13, 14, 34, 35. Voyez Soudan.
No'man (île de) جزيرة النعمان, 332.
Nouabé نوابة ou Nouabié نوابية, 21.
Noubendedjan نوبندجان, 364, 390, 391, 392, 402, 404, 414.
Nouhoum نحوم, 421.
Noul le plus éloigné نول الاقصى (pays), 106, 203.
Noul نول (ville), 205, 206.
Noul Lamta نول لمط, 202.
Nuages (îles des) جزيرة السحاب, 68, 91. — Origine de ce nom, *ibid.*
Nubie, 24, 25, 32, 35, 301. — Étendue de ce pays, 34, 37.
Nubiennes (femmes). Beauté de leur chevelure, 25.

O

Oasis الواحات, 115, 119, 121, 122, 125.
Oasis intérieures الواحات الداخلة, 27, 36.
O'beid-Allah ben-Iounes عبيد الله بن يونس, 214.
Obeid-Allah ben-Khordadbéh. Voy. Ebn-Khordadbéh.
Obélisques d'Alexandrie, 123, 299.
Obkin. Voyez Aubkin.
Obolla الابلة, 363, 364, 369, 386, 389.

O'cda عقدة, 392, 406, 419.
Océan ténébreux, 197.
Oudeghacht أودغشت, 13. Voyez Audaghocht.
O'fra ou O'far عفر, 153.
Ohod أحد, 141.
Oiseaux noirs dans les mers de Chine, 96, 97.
O'kadh عكاظ, 142, 147, 148.
O'lbob علبب, 145.
Olkos اَلْكَس, 225.
O'man عمان (pays), 4, 40, 53, 59, 62, 63, 74, 153, 154, 155, 156, 157, 363. — Mer d'O'man, 63, 147, 150.
Omm Rebi' ام ربيع, 217,
El-Omry الأامرى (montagne), 184.
Ophthalmie, 119.

Or (pays de l'), 16, 18, 57. — Mines d'or, 36, 39, 41, 66, 67, 76, 78, 93, 94, 131.
Oran. Voyez Wahran.
Otrante, 6.
Osrouchna أوسرشنة, 337, 456.
Ouars ورس (plante), 51.
Oudabab ودباد, 274.
Ouch اوش, 488.
Oudj أوج, 490, 494.
Oukban وخان, 483, 493.
Oulil اوليل, 10, 109.
Oundaran أوندران (montagnes), 176.
Ourba اوربا (tribu berbère), 203.
Ourchin. Voyez Aourchin.
Ousmasa أوسمسة, 272.
Oxus. Voyez Djihoun.

P

Palestine بلاد فلسطين, 330, 360. — Ses limites, 337.
Papyrus بردى, 70, 412.
Parure des femmes, 68.
Pêcheries, 54. — Singulière manière de pêcher, 55.
Pèlerinage de la Mecque, 133.
Péloponèse جزيرة بلبونس, 6.
Perles (pêche des), 373, 374, 377.
Persépolis. Voyez Istakhar.
Pétrification des os dans le sable, 324.
Pétrole (el-moumia الموميا), 395, 396.
Pharaon. Lieu où il fut submergé, 329.
Pierre miraculeuse المهات, 105.

Pierres précieuses, 105, 106, 187, 108, 150, 500, 501.
Poisson monstrueux, 28. — Poissons du Nil, 29, 31, 42. — De la mer d'O'man, 63. — Du lac de Bizerte, 265. — Espèces diverses de poissons, 133, 134, 150, 159.
Pont-Euxin بنطس, 7.
Porcelaine de Chine فخار, 193.
Porto-Farina, 276, 277. Voyez Afran.
Portes ou Ports de la Chine, 90.
Ptolémée cité, 2, 10, 28, 38, 202.
Pyramides, 307.
Pyrées du Fars, 413.
Pyrénées جبل البرتات, 6.
Pyrèthre عاقرقحا, 23.

R

El-Ra'abié الرعابية, 356.
Rabda ربدة, 144.
Raca (île de) راقا, 201.
Racádkend رقدكند, 484.
Racca رقة, 335, 360.
Raccada رقادة, 257.
Rachid رشيد (Rosette), 32, 313, 326.
Radhoua رضوى, 334.
Radouié رادوية, 437.
Rafoun رفون, 250.
Raghogha رغوغا, 252.
Raghoura رغورة, 274.
Rahabé رحابة, 409.
Rahana رهانة, 275.
El-Raheb (île d') جزيرة الراهب, 325, 357.
Rahedj رج ou Radjam رجم, 444, 446, 449, 458.
Rahedja راجحة, 446.
Rahestan راهستان, 464.
Rahet راهت, 143, 330.
Rahl Djerah رحل جراح, 318.
Rahl es-Safassif رحل الصفاصف, 129.
Rahouk الرهوق ou Rahoun الرهون, 71.
Rahoun راهون, 164.
Raï الرى. Voyez Reï.
Raican الرايقان ou Zaçan زاقان, 417.
Raisins d'une espèce particulière, 127.
Ram el-Lewadjan رم اللواجان, 414.
Ram el-Mehdi رم المهدى, 414.
Ram Hormuz رام هرمز, 359, 379.
El-Rami الرامى (district), 354.
El-Rami جزيرة الرامى (île), 74, 75.
Ramlé رملة (en Syrie), 330, 339, 346, 348, 362.
Ramlé رملة (en Afrique), 259.
Raneb ou Ranah رانح, 59, 173. Voyez Zaledj et Zanedj.

Ranid رنيد (titre du roi de Senf), 84.
Rankalsa رنكلسة, 484.
Ranidjan الرانيجان, 406.
Rasak راساك, 431.
Rasek راسك, 164, 165, 166.
Ras el-Awdia راس الاودية, 282.
Ras el-Djebel راس الجبل, 276, 277.
Ras el-Hamra راس الحمرا, 251.
Ras el-Hissn راس الحصن, 357.
Ras el-Ma راس الما, 434, 435.
Ras el-Rakhima راس الرخيمة, 277.
Ras el-Ramla راس الرملة, 281.
Ras el-Tidjan راس التيجان, 284. Voyez el-Tidjan.
Rasen الراسن, 403.
Raset راست, 493.
Rasidjan الراسيجان, 392.
Ras Kerin راس كرين, 282.
Rasnand راسناند, 181.
Ras Tini راس تينى, 296.
Ratindjan الراتنجان, 397.
Rawah رواح (tribu arabe), 296.
Raza رازة, 363.
Rebia' ربيعة, 365.
Rechdad رشداد, 439.
Redjan الرجان, 364, 387, 389, 390, 391, 398, 402, 403, 414.
Refah رخ, 337, 340, 362.
Rehmer رجمر (montagne), 51.
Rehnan رهنان, 414.
Reï ou Raï الرى, 336, 337, 391, 450, 440, 441.
Reïcheher رى شهر, 399.
Religion des Indiens, 99.
— De divers autres peuples, 55, 57, 101.
Remala رمالة, 363.
Remal el-Sanim رمال الصنم, 324.

TABLE DES MATIÈRES.

Rend رند, 435.
Rendjan الرنجان, 391.
Resial رسيال, 324.
Resma Djerd رسما جرد, 390.
Rhinocéros. Traditions fabuleuses au sujet de cet animal, 74, 75.
Rhubarbe, 494.
Rif ريف, 294, 326.
Riha ريحا. Voyez Jéricho.
Rik ريك, 437.
Riken ريكن, 437.
Rima رما, 140.
Rinidjan. Voyez Ratindjan.
Rivières de la Chine, 192. — Du Fars, 409, 410, 411.
Robat رباط, 390, 404.
Robat A'bdallah رباط عبد الله, 448.
Robat abi-Ali ben-Rustem رباط ابي علي بن رستم, 440.
Robat Ber رباط بر, 449.
Robat el-Aouc رباط الاوق, 459.
Robat el-Hadjar رباط الحجر, 449.
Robat el-Sarmacan رباط السرمقان, 391, 404, 425.
Robat Hasak رباط حساك, 433.
Robat Houran رباط حوران, 437.
Robat Kankar رباط كنكر, 449.
Robat Kerwan رباط كروان, 458.
Robat Ma'bed رباط معبد, 431.

Robat Mohammed رباط محمد, 437.
Robat Naherdj رباط نابرج, 432.
Robat Seif Kham رباط سيف خم, 404.
Robat Tarwan رباط طروان, 461.
Rocaïba رقيبة, 155.
Roger (le grand), 244, 257, 258, 268, 273, 280, 281.
Rohba الرحبة, 360.
Rois de Koukou, 23. — De Nubie, 33. — Des Indes, 97. — De Ghana, 16.
Roïbahat الرويحات (îles), 67, 68, 69.
Rome, 6.
Roseau oriental القصب الشرقي, 13, 14.
Rosette. Voyez Rachid.
Rouaïset رويست, 428.
Roudhan الروذان, 391, 392, 416, 419, 425, 458, 464.
Rouïdjan الرويجان, 410.
Rouïtha الرويثة, 139, 143, 328.
Roumelé ou Roumela روملة, 170, 175, 183.
Rousfan رسفان, 398.
Rousiher روسيهر, 409.
Roustac رستاق. Signification de ce mot, 398.
Roustac el-Roustac رستاق الرستاق, 391, 405, 416, 424, 425.

S

Sa' صاع, 226.
Sa صاه, 325.
Sa'ali (île de) سعالى, 198.
Saba سبا, 53.
Sabakh el-Kelah سباخ الكلاب, 283.
Sabara (île de) سبارة, 193.
Sabiba سبيبة, 271.
Sabkha سبخة, 143, 157.

Sabar ou Ssabar صبر, 324.
Sables mouvants, 41.
Sable argentifère, 91.
Sabour (territoire de) سابور, 392, 395, 396, 397, 406, 407, 412.
Sabour ou Chapour سابور (ville), 391, 394, 396, 397, 399.
Sabour (rivière de) سابور, 410.

Sabra صبرة, 273.
Sabra صبرا, 361.
Sabrin صابرين, 147.
Sabrat صبرت, 252.
Sacancour سقنقور (poisson du Nil), 31, 102.
Sacaif سقايف, 239.
Sada صدا, 155.
Sa'da سعد, 144.
Sadah سداح, 432.
Sadikan سادكان, 410.
Sadj ساج, 98.
Sadoum Rah سدوم راح, 143.
Sadraiet صدراية (tribu), 111.
Sadrat صدرات (tribu berbère), 203, 228.
Safan صفان (cap), 364.
Safnas سفناس, 317.
Safr صفر, 143.
Safran, 268. — (Commerce du), 183.
Safrawa سفروى, 202, 222, 228.
Saghmara سغمارة, 15, 19.
Sahandiat الصاهنديات, 414.
Sahar سهر (rivière), 243.
Sahara صحار, 115, 116.
Sahaw صحاو (montagne), 244.
Saharecht le grand محرشت الكبير, et Saharecht le petit محرشت الصغير, 315.
Sahek صاهك, 391, 404, 416, 420.
Sahel el-Bahr ساحل البحر, 244.
Sa'id الصعيد (Haute-Égypte), 5, 35, 327.
Saida صيدا, 349, 354, 355, 361.
Sa'inda ساعندا, 437.
Saint-Ange, 6.
Saint Jean d'Acre. Voyez Akka.
Sakka سخى, 87.
Sakha سخا, 322.
Sakhratain سخرتين, 227.
Sakin سكين, 136.

Sakita سقيتة, 490.
Sakouat سقوة, 111.
Sal السال, 156.
Sala سلا, 10, 107, 202, 216, 218, 219, 222, 225. Voyez aussi Chala.
Salahié صالحية, 314.
Salamia. Voyez Salmia.
Salcan سلقان, 312.
Salines d'Oulil, 10.
Salmia سلمية, 147.
Salouban سلوبان, 328.
Saman سمان, 156.
Samar صمار, 363.
Samara سمارة, 361.
Samarcande سمرقند, 337, 456.
Samari (île de) سمرى, 134.
Samarié سمارية, 339, 360.
Samaritains, 134.
Samdisi سمديسى, 325, 326.
Samela ساملا, 328.
Samira صميرة (montagne), 336.
Samisat سمساط (Samosate), 336.
Samkan السمكان, 397.
Samman صمان, 363, 378.
Samnat سمنات, 320.
Samounes سمونس, 313.
Sana' ou Sana'a صنعا (ville d'Arabie), 50, 52, 53, 143, 144, 146.
Sanat سنات (rivière), 233.
Sandji صنجى (île), 93.
Sandji صنجى (ville), 180.
Sandour سندور, 160, 169, 170, 184.
Sanhadja صنهاجة (tribu berbère), 203, 204.
Sanhour صنهور, 323.
Sankian صنكان (ville), 130, 136, 142.
Sankian صنكان (rivière), 145.
Santurié سنتورية, 119, 123, 294.
Santouf. Voyez Chantouf.
Saoukha ساخا, 193, ou Saroukha سارخا, 196.

TABLE DES MATIÈRES.

Sara (île de) سارة, 198.
Sarakhs سرخس, 451, 452, 463.
Saram صرام, 414.
Sarba صربة, 155.
Sarcari سارقری, 410.
Sarfand صرفند, 349.
Sari سری, 448.
Sarout سروت, 312.
Sarwaï سروی (montagne), 328.
Sarwan سروان (ville), 417, 447, 450, 457.
Sarwan سروان (rivière), 446.
Satoios ساطویس, 94.
Satrouba سطربا, 497.
Sauterelles, 216.
Sawamak سواماك, 417, 454.
Savon (fabriques de), 127.
Savone, 6.
Scorpions, 29, 233. — Remède contre leur piqûre, 75.
Sculptures, 430.
Sebaba السبابة, 143.
Sebala سبالة, 139, 140, 142, 330.
Sebdan سبدان, 160.
Sebil سبیل, 364.
Sebista سبستة (Sebaste), 319, 360.
Seboul سبول, 410.
Sebta سبتة (Ceuta), 225, 266.
Sebou سبو (rivière), 225, 227.
Secanes سقانس, 279.
Sedi سدی, 72.
Sedjelmasa سجلماسة, 11, 106, 202, 206, 207, 228, 327, 328.
Sedjestan سجستان (pays), 183, 417, 424, 441, 442, 444, 445.
Sedjestan مدينة سجستان (ville), 431, 432.
Sedouman سدومان, 392.
Seïda. Voyez Saïda.
Seïmour صیمور, 170, 172, 175.
Seïr Husseïn سیر حسین, 413.

Sekaf سكاف, 322.
Sekan ou Sekian السكان, 401.
Sekawend سكاوند ou Sekarend سكارند, 460.
Sel, 11, 411, 412. — Mines de sel natron, 324.
Selahat سلاهط (île volcanique), 80, 82.
Selend سلند, 390.
Selimé سلیمة, 378.
Selwan سلوان (Siloë), 345.
Semghda سمغدة, 15, 19.
Semend سمند, 169.
Semendiroun سمندرون, 175.
Semendjan سمنجان, 433.
Semenoud سمنود, 318, 323.
Semindar سمندار, 175, 180.
Semiran سمیران, 398, 414.
Semista ou Samosate سمسط, 129.
Semné سمنه, 25, 119.
Semni سمنی, 229.
Senbedouna ou Sanbadona سنبدونا, 72.
Senbil سنبیل, 387.
Sendan ou Sindan سندان, 160, 170, 172, 178.
Sendbend سندبند, 439.
Sendefoulat ou Sendifoulat صندفولات (île), 84, 90.
Sendia سندية, 323.
Sendioun سندیون, 325.
Sendj سنج, 359.
Sendouma سندوما, 72.
Sendoura سندورا, 72.
Senf صنف, 83, 84. — Mer de Senf, 89. — Ile de Senf, 92, 188.
Seniet el-Morat سفینة المراة, 140.
El-Serat السرات, 361.
Serat سرات, 142.
Serbes سربس, 331.
Serdan سردان, 409, 414, 416, 421.

68.

Serendib سرنديب (île), 66, 69. — (Roi de), 72. — Villes principales et description de cette île, 73, 74, 75, 76, 77, 179, 189, 184.
Ser O'man سرعان, 147.
Serousin سروسين, 414.
Serpents (manière de prendre les), 23. — (Peuples qui mangent des), 45, 55, 111. — Très-venimeux, 29. — Espèces particulières, 102, 111, 116, 122, 153.
Serraïn سرين, 135, 136.
Serw سرو, 379.
Serwan السروان, 387, 391.
Setfoura سطفورة, 264.
Setib سطيب ou Setif سطيف, 233, 237, 246.
Setourah ستورة, 417.
Séville اشبيليه, 219.
Sfaks سفاقس, 252, 255, 256, 257, 275, 280.
Siah سياه, 410.
Siah Kouh سياه كوه (montagne), 430, 441.
Sial سيال, 378.
Sian سيان, 392, 405.
Siara السيارة, 142.
Sibam, Sabam سبام ou Chibam شبام, 53.
Sicile صقلية, 6, 266, 267.
Sidreh سدرة (rivière), 380.
Sikian سيكان, 452, 454.
Sikket el-Hamam سكت الحمام, 295.
Sila سيلا, 93.
Siloë. Voyez Selwan
Sinaï جبل طور (mont), 332.
Sind سند (pays), 4, 51, 66, 167, 170, 175 et suivantes, 391, 444.
Sindapour سندابور, 175, 179.
Singes (manière de prendre les), 62, 153.

Sinia de la Chine صينية الصين, 193, 194.
Siniz. Voyez Chiniz.
Sion باب الصيهون, 345.
Siouna صيونة, 66.
Siraf سيراف, 363, 391, 392, 397, 401, 405, 413, 414.
Siran سيران, 413.
Sirin سيرين, 409.
Sirou سيرو, 328.
Sirouroun سرورون, 448.
Sirt ou Sort صرت, 274, 286.
Sirwa سيروا, 307.
So'al سعال, 147, 153.
So'ar صعار, 398.
Sobeïtala سبيتلة (l'ancien Sufetula), 259.
Soborma سبرمة, 88.
Sobour سبور, 435.
Socotra سقطرة (île), 45, 46, 47, 48, 61.
Sodome et Gomorrhe سادم وغامرة, 338, 345.
Sofala سفالة, 57, 58, 65, 78, 79. — Montagnes de Sofala, 65.
Sofara سفارة, 132.
Sofra السفرا, 155.
Soghd صغد, 337.
Soghda صغدة, 52.
Sohar صحار, 147, 151, 152, 153, 154.
Sokia سقية, 135.
So'la سعلا, 193, 194.
Sora سرى, 433.
Sordja سرجة, 146.
Sornabi سرنبي, 325.
Souaken سواكن (île), 5.
Souafi سوافي, 50.
Soubara سوبارة, 160, 170, 171, 172.
Souc abi-Mena سوق ابي منا, 324.
Souc beni-Zendouï سوق بني زندوي, 244.

Souc el-Ahad سوق الاحد, 238.
Souc el-Ahwaz سوق الاهـواز, 385, 390.
Souc el-Arba'a سوق الاربعا, 364, 279.
Souc el-Atsnaïn سوق الاثنين, 240.
Souc el-Cadimé سوق القديمة, 224.
Souc el-Khamis سوق الخميس, 240.
Souc Ibrahim سوق ابرهيم, 229.
Souc Iousouf سوق يوسف, 244.
Souc Senbil سوق سنبيل ou Souki Sunbul سوق سنبل, 379, 389, 403.
Soudan سودان (pays des Noirs), 10, 17, 18, 106, 109.
Soueïca ebn-Metskoud سويقة ابن مثكود, 285.
Soueïda السويدا, 326.
Soueïda سويدة, Soueïdié ou Souaïdié سويدية, 6, 330, 360.
Soukan سكان (rivière), 410.
Soul صول, 124, 125, 128, 132, 310.
Soula سولة, 27.
Soulkaïa سلكايا, 328.
Souma سومة, 88.
Sounbat سنباط, 317.
Sour صور, 147, 151.

Sour صور (l'ancienne Tyr), 346, 349, 361.
Soura سورة, 170.
Sources d'eau présentant un phénomène singulier, 373.
Soures سورس (montagne), 39.
Sourmac ou Surmac السرمق, 414, 416, 420.
Sour Roud سور رود, 435.
Souria سوريا, 400.
Sous سوس (l'ancienne Suse), 363, 379, 381, 383, 384, 389.
Sous el-Acsa سوس الاقصى (pays), 202, 208.
Sous el-Acsa سوس الاقصى (ville), 208, 221.
Sous سوس ou Sousa سوسة (en Afrique), 252, 270, 279.
Sousa de la Chine سوسة الصين, 193.
Sousna سوسنا, 360.
Soutouh السطوح, 411.
Suleïmanan سليمانان, 364, 387.
Sultanié سلطانية (dans le Kouhestan), 425.
Sumatra (île), 88.
Syène. Voyez Assouan.
Syrie, 330, 333, 360.

T

Ta'adia. Voyez Tarf Ta'adia.
Tab طاب (rivière), 399.
Tabarca طبرقة, 266, 267, 275.
Tabarié طبرية (Tibériade), 330, 337, 393.
Tabaristan طبرستان, 7.
Tabcouïs تبقويس, 312.
Taben طابن, 98.
Tabi طبى (montagne), 365.
Tabnin طبنين, 417.

Tabouc تبوك, 330, 333, 335, 359.
Tabraça ou Tobrouk مرسى طبرقة, 29.
Tabrenda تابرندة, 226.
Tâc الطاق, 417, 442, 444.
Tacadart تاقدرت, 223.
Tacarbest تاقربست, 232.
Tacartab تقرتب, 228.
Tadela تادلة, 202, 220, 221, 222, 223, 228.
Tadja'a طجعا, 378.

TABLE DES MATIÈRES.

Tadjera تاجرة, 119.
Tadjerias تاجرين (peuple), 115, 119, 121.
Tadjira تاجرة, 21, 25.
Tadlas ou Tedles تدلس, 202, 236, 250.
Tadrakt تادرقت, 239.
Tafelket تافلكت, 240.
Tafir طافر, 173.
Taghiza تغيزا, 107, 108.
Taghlabia تغلبية ou Tha'labia تعلبية, 363, 365.
Tahart تهرت, 202, 233, 271.
Tahira الطاهرة, 361.
Taï طي (tribu arabe), 139.
Taïf الطايف, 130, 141, 142.
Tailamoun طيمون, 126.
Taima تيما, 142.
Taiz تيز, 164, 165.
Takenest تاكنست, 294.
Takha طخا, 124.
Takious تقيوس, 252, 253.
Takouch تكوش, 251.
Tala تالة, 244.
Talecan طالقان, 337, 468.
Talismans, 358.
Talti طلطي, 316.
Tamadit تامديت, 269.
Tamah طماح, 319.
Tamala تمالة, 226.
Tamamet تامامت, 202.
Taman (presqu'île de), 7.
Tamața للطماطة, 240.
Tambour dit el-rahim, 57.
Tamedfit تامدفيت, 273.
Tamedfos ou Matifou تامدفوس, 235, 249.
Tamerit تامريت (montagne), 228.
Tamerkida تامركيدة, 232.
Tamet تامت, 328.
Tamhana طامحانة, 271.

Tanah طناح, 317.
Tanbia تنبع, 495.
Tandja طنجة, 155, 156.
Tandja تنجة, 265.
Tandjis تانجس, 269.
Tandjes التنجس, 203.
Tanimallat تاعللت, 210.
Tanit تانيت, 230.
Tanout طنوت, 324.
Tansef تانسف (montagne), 126.
Tansift تانسفت (rivière), 215.
Tant طنت, 314.
Tantana طنطنة, 316, 322.
Tantana طنطنة (montagne), 113, 115, 116.
Taougha طوغا, 193, 194.
Tara (île de) تارة, 160.
Tarchiz طرشيز, 261.
Taref طرف, 158.
Tarekhchan طرخشان, 414.
Tarest Bad ou Narest Bad تارست باد, 432.
El-Tarf الطرف, 275, 276.
Tarf el-Baghla طرف البغلة (le cap Bon), 277.
Tarf el-Djarf طرف الجرف, 282.
Tarf el-Ramla طرف الرملة, 281.
Tarf Ta'adia طرف تعدية, 296.
Tarfi طرف, 28.
Tarighourghan طربغورغان, 185, 188, 191.
Tarim تريم, 149.
Tarim تريم (montagne), 299, 300.
Tarka تاركا, 240.
Tarnout ترنوط, 324.
Tarou تارو, 228.
Taroudant تارودانت, 202, 209, 210.
Tasan طسان, 395, 405.
Tasferié تسفرية (lac), 412.
Tata, 182.
Tatan تطن, 202.

TABLE DES MATIÈRES.

Tatanwa-Coura تطي وقوري, 221.
Tati تاتي (montagne), 328.
Tawargha تاورغة, 274.
Tawart تاورت, 239.
Tawzer تاوزر, 253, 254.
Tazekaghet تازكغت, 202.
Tebakha تبخة, 264.
Tebala تبالة, 143, 147, 148.
Tebdit تبديت, 328.
Tecouf Behira تقوف بهيرة, 403.
Tehama تهامة (province), 5, 52, 135, 145. — Ses limites, 146.
Teherdjan طهرجان, 412.
Teïm تيم, 121.
Tekrour ou Tokrour تكرور, 10, 107, 206.
Telemsan تلمسان (Tlemesen), 202, 225, 226, 227, 228, 229, 233.
Telmadi تلمادي, 72.
Telmelet تلملة, 118.
Temanih تمانه, 432.
Temples de Bouddha, 81.
Tena طنة, 332.
Tenbouk تنبوك, 396.
Tendeli تندلي, 228.
Tenfouk تنفوك, 392.
Tenes تنس, 202, 229, 230, 234, 249.
Teniet el-Aïar ثنية الاعيار, 140.
Tenhemet تنهمت, 310.
Tennis تنيس (ville), 312, 313, 315, 317, 318, 319, 320.
Tennis (lac de), 320, 340.
Tenouma تنومة, 82.
Terfet ترفت, 129.
Termeh ترمه, 44.
Termed ترمد, 473, 480, 481.
Termend ترمند, 124.
Terwaklidj ترواقلج, 175.
Tesawat تساوات, 118.
Tesnan تسنان, 228.
Tewaketh توكث, 470.

Tha'banié ثعبانية, 318.
Thabir ثابير, 410.
Thana تنة, 325.
Thania الثانية, 155.
Themoudites ثمود (tribu arabe), 334, 360.
Thounia ثونية, 295.
Tib الطيب, 364, 379, 384, 389.
Tibériade (lac de), 345.
Tibériade (ville), 346, 347, 348, 349, 360, 361, 362. Voyez aussi Tabarié.
Tibet تبت (pays), 366, 390, 491.
Tibet (ville), 492.
Tibsa تبسة, 237, 238.
Tifach تيفاش ou Tifas تيفاس, 203, 237, 244, 272.
El-Tidjan التيجان, 282.
Tigre دجلة (fleuve), 367, 369, 378.
El-Tih التيه ou le désert de l'Égarement, 360.
Tihmat (lac de) تهمت, 129.
Tictin تيقطن, 216.
Tima تيما, 334, 335.
Timadi تمادي, 271.
Tira تجرى, 417.
Tirbal الطربال (édifice construit à Djour), 394.
Tirzet تيرزت, 401.
Tirki تيرق, 112.
Tiser (désert de) تيسر, 106, 108, 110.
Tiz تيز, 403.
Tobna طبنة, 202, 237, 240, 241.
Tobrouk. Voyez Tabraca.
Tohnet تهنة, 57, 58.
Tokha طخ, 494.
Tokharestan طخارستان, 182.
Tokrour. Voyez Tekrour.
Tokrouri (prince), 12.
Tortose. Voyez Antartous.
Tortues marines, 44, 63. — Terrestres, 217.

Touberan طوبران, 160, 166, 169.
Toudhih نوضيح, 156.
Toudj توج ou Touh توح, 391, 392, 398, 401, 405, 410, 411.
Toukha طوخا ou Tarkha طرخا, 185, 190, 319, 320, 321.
Touna (île de) تونة, 318, 320.
Tounin تونين, 216.
Touran طوران, 497.
Tous طوس, 337.
Tousihan توسيهان, 270.
Touster ou Chuster تستر (ville), 364, 379, 382, 383, 389.
Touster (rivière). Voyez Tuster.
Tripoli de Syrie ou طرابلس الشام

طرابلس الساحلية, 330, 354, 356, 357, 359, 361.
Tripoli طرابلس (en Afrique), 252, 273, 274, 275, 285.
Truffes, 109.
Tsadjeh تاجه, 149.
Tubbus طبس, 437, 453.
Tunis تونس (ville), 252, 261, 264, 266, 269, 270, 278.
Tunis (lac de), 276.
Turks, 71, 497, 498. — Turks Khizil-djis الترك الخزلجية, 181, 191, 192, 195, 498.
Tuster تستر (rivière), 380.
Tyr (l'ancienne). Voyez Sour.

V ET W

Vallée de l'Enfer وادى الجهنم, 345.
Volcans, 68, 82.
Wabra وبرة, 59, 156.
Wacour وقور, 249.
Wadan ودان, 115, 128, 274, 275.
El-Wadi الوادى, 360.
Wadi Aiad وادى اياد, 404.
Wadi'l-Cora وادى القرى, 328, 330, 334, 335.
Wadi'l-A'laki وادى العلاق, 41, 42.
Wadi'l-A'kik وادى العقيق, 141.
Wadi'l-Cassab وادى القصاب, 250.
Wadi Hanes وادى حانس, 273.
Wadi'l Safra وادى الصفرى, 333.
Wadi Waht وادى وهط, 238.
Wadjera وجرة, 147, 155, 202.
Wad Lados واد لادس, 284.
Wahabia وهبية (secte musulmane), 272, 282.
Wahida الوحيدة, 142.
Wahlan وحلان, 189.

Wahran وهران (Oran), 202, 230, 234, 248.
Wakhan وخان, 490.
Wakhcb وخش, 493.
Wakwak الواق واق, 4, 79, 92.
Walita وليطة (tribu berbère), 203.
Wancassr وانقصر, 317.
Wanchiris وانشريس (montagnes), 231.
Wanch el-Hadjar ونش الحجر, 319.
Wandan واندان, 160.
Wandj وانج, 399.
Wandjerd وانجرد, 411.
Wangara وانقرة (pays de l'or), 11, 13, 16, 18, 21, 106, 112, 272.
War وار, 230.
Warada وارادة, 340.
Warcalan ورقلان, 255.
Warch ورش (rivière), 410.
Wardest واردست, 416.
Wardjelan وارجلان, 13, 18, 23, 109, 112, 117, 255, 272, 273.

TABLE DES MATIÈRES.

Warhoun ورهون (tribu berbère), 203.
Warouwa وروة ou Waroura وزورة, 315.
Wasit واسط, 364, 367, 368, 384, 389.
Wazdasa وزداسه (tribu berbère), 203.
Wazlefen وازلفن, 230, 231.
Wedjad وجاد (montagne), 328.
Welasdjerd ou Welasgherd ولاجـرد, 416, 424, 427, 428.
Welkian ولكان (rivière), 428.

Y

Yezd يزد, 391, 403, 419, 436, 438.
Yezid ou Yezidis يزيد (peuplade), 407.
Yezdechir يزدشير, 416.
Yezdekhas يزدخاس, 416.

Z

Zab بلاد الزاب (pays), 13, 240.
Zab الزاب (rivière), 382.
Zabl (sorte d'écaille de tortue), 68.
Zad Adjret زاد اجرة, 437.
Zafita زفيته, 312, 313.
Zaghawa زغاوة (pays), 21, 24, 34, 106, 111.
Zaghwan زغوان (montagne), 270.
Zakak (mer de) الـرقـاق. Voyez Gibraltar.
Zala زالة, 288.
Zalecan زالقان, 446.
Zaledj (îles de) زالج ou Zanedj زانج, 58, 65.
Zalegh زالـغ, 5, 36, 38, 39, 40, 46.
Zam زم (pays), 337.
Zamakher زماخر, 125, 126.
Zar زار (lac), 317.
Zar'a زعرا (ville), 337.
Zar'a زعرا (lac), 338.
Zarat الزرات, 282.
Zardjouin زاردجوين, 438.
Zarend زارند, 426, 427.
Zarendj زارنج, 417, 442, 444, 447.
Zaroud زرود, 253, 254.
El-Zaroun الزرون, 364.
Zat الزط, 387, 390.
Zawila زاويلة, 115, 120, 258, 259, 288.
Zawila ebn-Khattab زاويلة ابن خطاب.
Zebala زبالة, 365.
Zebid زبيد, 49, 146.
Zedik زديق ou Zedin, 296.
Zem زم (mot désignant une division territoriale chez les Kurdes), 416.
Zemadjna زماجنه, 269.
Zenata زناته (tribu berbère), 202, 223, 234.
Zenbourié الزنبوريه, 356.
Zendj زنج (pays), 45, 56, 58, 59, 66, 79.
Zenghebar ou Zanguebar. Voyez Zendj.
Zerdan زردان, 442.
Zerkan زركان, 403.
Zerrah زره, 434, 443, Voyez lac de Derrah.
Zezin زرين, 401.

TABLE DES MATIÈRES.

Zi-Djeblé زى جبلة, 410.
Zinoun زينون, 448.
Zioudja زيوجه (tribu berbère), 203.
Ziraberd زيرابرد, 410.
Zirou زيرو (île), 282.

Zobeida زبيدة, 404.
Zo'ra زهرا, 360.
Zorcan الزرقان, 412.
Zouz الزوز, 414.
Zouzan زوزان, 452, 454, 464.

FIN DE LA TABLE DES MATIÈRES.

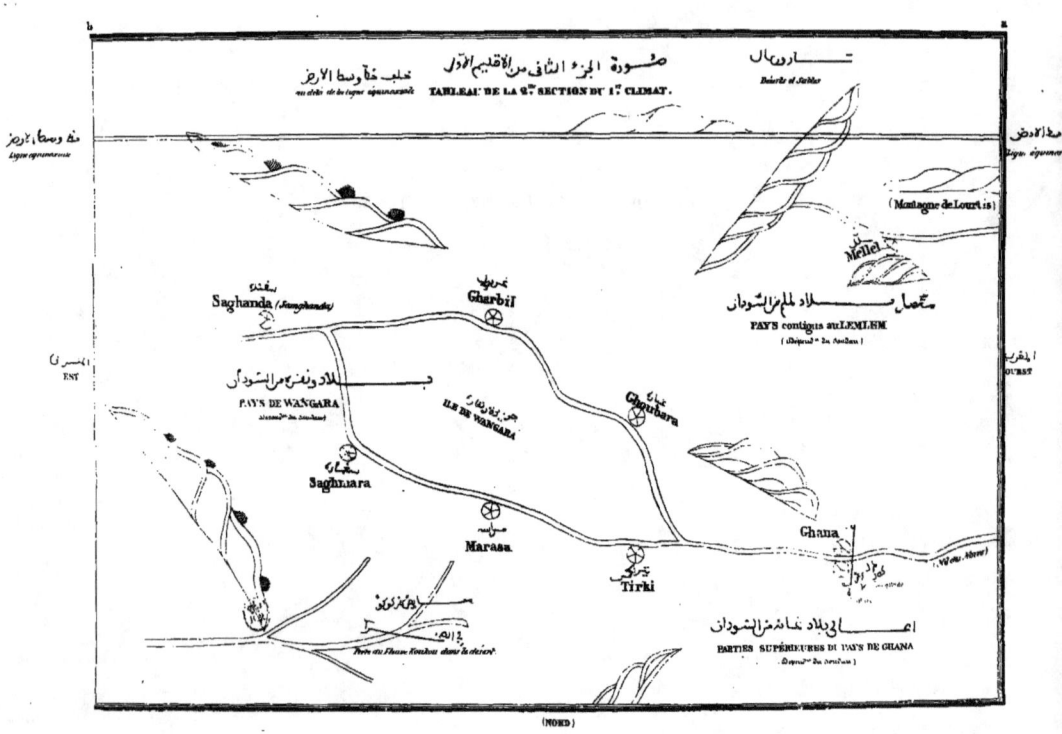

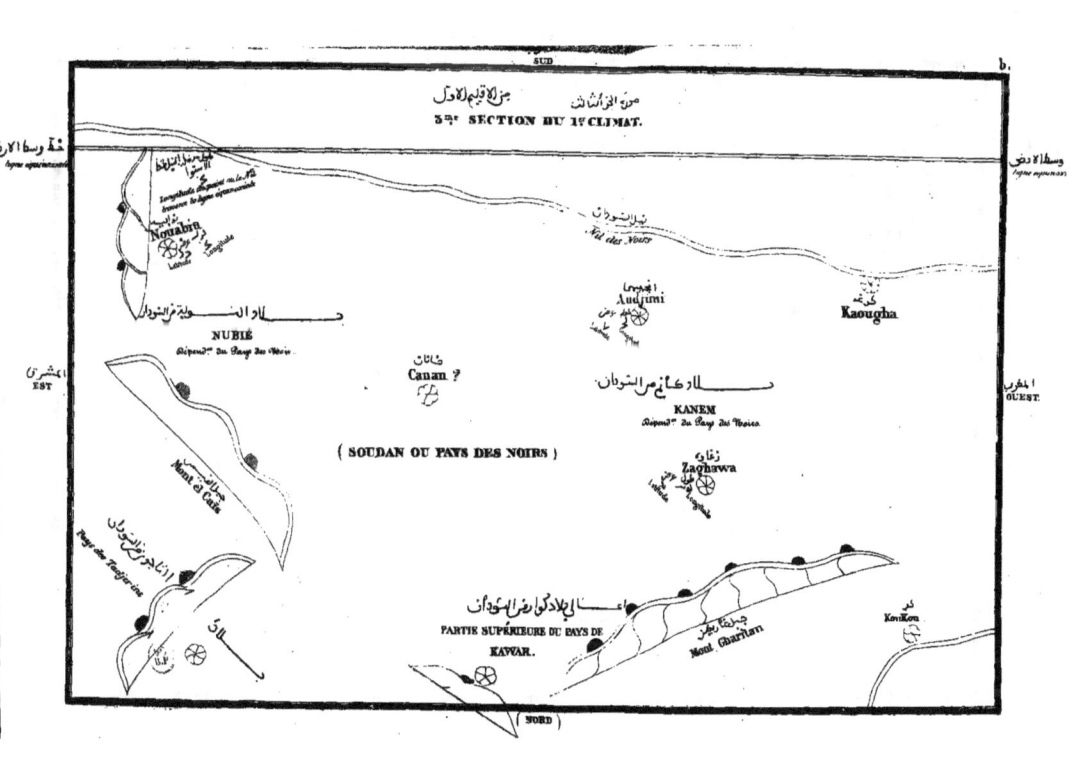

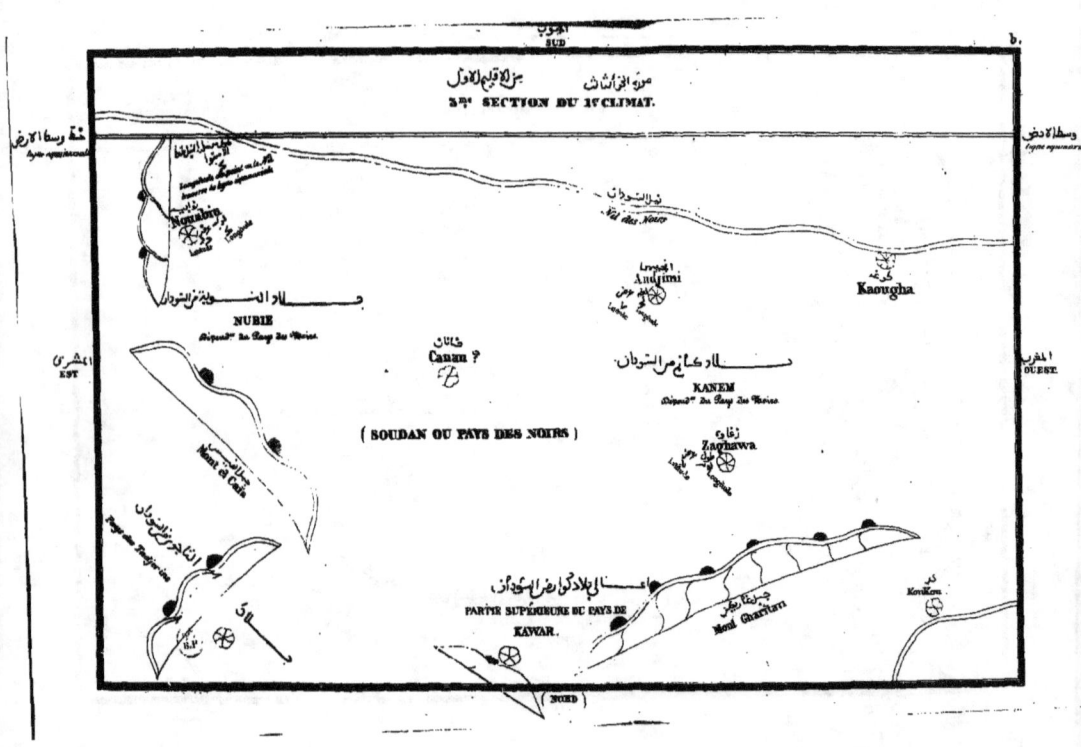

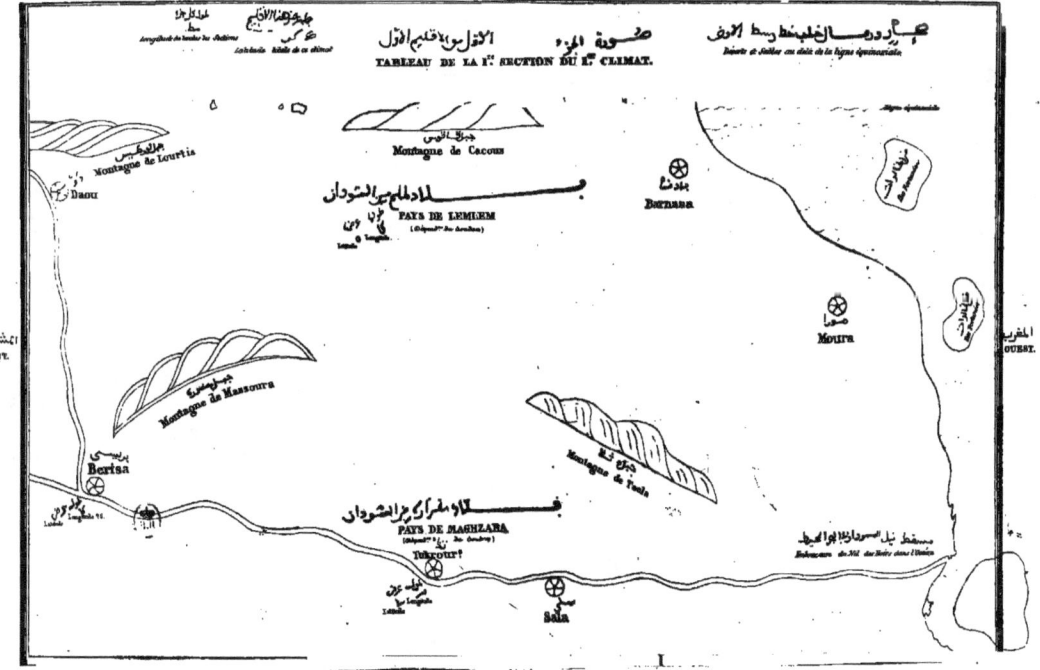

www.ingramcontent.com/pod-product-compliance
Lightning Source LLC
Chambersburg PA
CBHW060506230426
43665CB00013B/1405